주택·상가건물의

경매와 임대차

민일영

博 英 社

머 리 말

저자는 1989. 7. 31. 민사판례연구회의 하계세미나에서 "주택임대차보호법에 관한 제문제"라는 제목으로 주제발표를 한 것이 계기가 되어 주택임대차보호법과 깊은 인연을 맺게 되었다. 그 후 법원행정처 송무심의관과 서울지방법원의 신청단독판사를 거치면서 주택의 경매 현장에서 임차인 보호를 둘러싸고 일어나는 많은 문제점들을 접하게 되어 틈틈이 이에 관한 연구를 하였다.

이러한 연구와 실무경험을 토대로 하여 2004. 8. 서울대학교에서 "주택 경매에 있어서 임차인 보호에 관한 연구"로 박사학위를 취득하였고, 2005. 11. 이 학위논문을 일부 수정하여 "주택의 경매와 임차인 보호에 관한 실무연구"라는 이름으로 책을 출간하였다. 위 책은 이처럼 저자의 박사학위논문을 단행본의 형태로 펴낸 것이어서 그 서술 범위가 자연히 '주택'의 경매에 따른 임차인의 보호문제에 국한되었다.

그런데 근래에는 주택의 경매 못지않게 상가건물의 경매와 관련된 임대차의 문제, 그중에서도 특히 임차인의 보호가 사회문제로 대두하고 있어 이에 관하여도 깊은 연구가 필요하게 되었다. 그래서 주택의 경매뿐만 아니라 상가건물의 경매와 관련된 임대차의 문제를 모두 다른 책을 펴내기로 하고 이 책을 집필하였다.

위와 같이 이 책은 다루는 범위가 종전의 "주택의 경매와 임차인 보호에 관한 실무연구"와 다르기 때문에, 양자를 구별하기 위하여 책의 제목을 "주택·상가건물의 경매와 임대차"로 하였다. 그리고 책의 제목에 걸맞게 주택의 경매는 물론이거니와 상가건물의 경매와 관련된 임대차의 문제를 자세히 다루면서, 민사집행법, 주택임대차보호법, 상가건물임대차보호법을 비롯한 관련 법령들의 제·개정 사항과 그동안 축적된 판례와 학설들을 최대한 반영하려고 하였다. 판례는 2008. 12. 15.자 판례공보에 게재된 것까지 참고하였다. 그리고 부록으로 주택임대차보호법과 상가건물임대차보호법 및 두 법률의 각 시행령을 현행 법령은 물론 최초 제정 이후 개정된 연혁법령들까지 모두 수록함으로써 독자들로 하여금 그 변천과정을 쉽게 확인할 수 있게 하였다.

한편, 이 책을 집필하면서 저자가 그동안 주장해 왔던 견해를 일부 바꾼 부분도 있다. 점유보조자의 주민등록의 유효성을 제한적이나마 인정한 것이 대표적인 예이다. 이는 이 문제에 관한 저자의 종전 견해가 시대상황에 너무 동떨어진 것이 아닌가 하는 반성에서 비롯된 것이다. 앞으로도 변화하는 사회현상에 뒤쳐지지 않으려는 자세를 견지하겠다고 내심 다짐하여 본다.

책을 써가는 동안 우리나라도 이제는 법학관련 논문과 저술이 양과 질의 면에서 상당한 수준에 이르렀음을 새삼 확인하게 되어 뿌듯하였다. 그런 반면 학문에 전념하는 학자가 아닌 실무에 종사하고 있는 사람으로서의 한계를 내내 절감하였다. 저자의 어쩔 수 없는 능력부족에 부끄러움이 앞선다. 이번에도 용을 그리려다 또다시 이무기를 그린 것 같은 진한 아쉬움이 남는다.

끝으로, 많은 참고문헌과 통계자료를 찾아 주신 법원도서관 직원 분들, 여러 가지로 바쁜 가운데도 기꺼이 교정을 보아 주신 오경미 판사님, 멋진 책을 만들어 주신 박영사의 조성호 부장님과 홍석태 차장님을 비롯한 관계자 여러분 모두에게 깊은 감사를 드린다.

2009. 1.
민 일 영

차 례

제 3 장 경매의 진행과 임대차 129

제 4 장 경매의 종결과 임대차 159

약 어 표

– 판례 인용 및 출처의 표기

《인 용》

대판 1995. 4. 7. 94다4332

→ 대법원 1995년 4월 7일 선고 94다4332 판결

[전원합의체 판결의 경우에는 사건번호 뒤에 "(전)"을 부기하였다]

대결 1995. 3. 2. 94마1729

→ 대법원 1995년 3월 2일자 94마1729 결정

서울고법판 1995. 11. 16. 94나216

→ 서울고등법원 1995년 11월 16일 선고 94나216 판결

대구지법판 1995. 10. 5. 95가합1146

→ 대구지방법원 1995년 10월 5일 선고 95가합1146 판결

여주지원판 1997. 11. 5. 97가합146

→ 수원지방법원 여주지원 1997년 11월 5일 선고 97가합146 판결

부산동부지원판 2000. 12. 5. 98가합1446

→ 부산지방법원 동부지원 2000년 12월 5일 선고 98가합1446 판결

헌재결 1998. 2. 27. 97헌바29

→ 헌법재판소 1998년 2월 27일 선고 97헌바29 결정

《출 처》

집29-2, 민226

→ 법원행정처(법원도서관), 대법원판례집 제29권 2집 민사편 226면

공2000상, 255

→ 법원행정처(법원도서관), 법원공보(판례공보), 2000년상 255면(면수는 각 호수별 면수가 아니라 연간 단위로 매겨지는 면수임)

요집 민Ⅲ-1, 578

→ 법원도서관, 대법원판결요지집 민사·상사편 Ⅲ-1권 578면

하집 1994-2, 355

→ 법원행정처(법원도서관), 하급심판결집 1994년 2권 355면

고집 1984민, 55

→ 법원행정처, 고등법원판례집 1984년 민사편 55면
(민사편이 2권인 경우에는 연도 표시 후 "민Ⅰ, 35", "민Ⅱ, 40" 등과 같이 기재하였다)

각공 2008상, 1167

→ 법원도서관, 각급법원(제1, 2심) 판결공보 2008년상 1167면(면수는 각 호수별 면수가 아니라 연간 단위로 매겨지는 면수임)

헌공 26호, 246

→ 헌법재판소, 헌법재판소공보 제26호 246면

제 1 장

총 설

제1절 건물임대차보호법의 제정 및 개정

1. 우리나라의 법체계에서 민법 제618조부터 제654조까지의 임대차에 관한 규정이 임대차를 규율하는 일반적인 규범이다. 그러나 민법 제정 당시와는 현저하게 달라진 사회·경제적 환경으로 인하여 민법상의 위 규정만으로는 임대차, 특히 주택이나 상가 등 건물의 임대차를 적정하게 규율하기에 어려움이 많았다. 그러한 어려움을 해결하기 위하여 민법의 특별법으로 탄생한 법률이 바로 **주택임대차보호법**과 **상가건물임대차보호법**이다(이하 필요한 경우에는 두 법률을 합하여 '**건물임대차보호법**'이라고 부른다). 서술의 필요상 이하에서는 우선 두 법률의 제정 및 그 후의 개정과정을 간략하게 살펴본다.

2. 우리나라의 심각한 주택난[1]과 그로 인한 주택임차인 보호의

---

1) 주택임대차보호법이 제정되기 직전인 1980. 11. 1.을 기준으로 실시된 "인구 및 주택센서스"에 의하면, 당시 전국의 무주택가구 수는 약 329만 7천 가구로 무주택가구 비율이 41.4%에 달하였다. 특히 도시지역은 57%가 무주택가구였다[경제기획원조사통계국, 1980 인구 및 주택센서스 보고(제1권)(1982), 324].

이러한 주택난은 그 후에도 여전히 지속되어 위 조사로부터 15년이 지난 1995. 11. 1.을 기준으로 실시된 "1995 인구주택총조사"에 의하면, 당시 전국의 무주택가구 수는 약 604만 8천 가구로 무주택가구 비율이 43.9%에 달하고, 그 중 도시지역은 53.7%가 무주택가구였다[통계청, 1995 인구주택총조사보고서(제1권 전국편 2)(1997), 114-115].

그리고 그로부터 다시 10년이 지난 2005. 11. 1.을 기준으로 실시된 "2005 인구주택총조사"에 의하면, 상황이 여전하여 전국의 무주택가구 수는 약 705만 9천 가구로 무주택가구 비율이 44.4%에 달하고, 그 중 도시지역(읍·면을 제외한 동

필요성은 1981. 3. 5. 주택임대차보호법(법률 제3379호)이라는 특별법의 탄생을 보게 하였다. 즉, "주거용 건물의 임대차에 관하여 민법에 대한 특례를 규정함으로써 국민의 주거생활의 안정을 보장하기 위하여" 주택임대차보호법이 제정된 것이다.

이러한 특별법을 제정한 이유는 두말할 것도 없이 임차인, 특히 그 중에서도 주택임차인의 임차권을 보호하려는 데 있다. 독일, 프랑스, 영국 등 유럽이나 일본의 입법례에서 보듯이 임대차를 규율하는 법의 변천사는 바로 임차인의 보호 문제에 관한 역사라고 하여도 과언이 아니다. 그리고 그것은 "부동산임차권의 물권화(物權化)"라는 말로 집약되었고, 그 핵심적인 내용은 부동산의 임차권에 대항력을 부여하고 존속을 보장하며, 나아가 차임의 인상을 규제하는 것이다.

그러나 주택임대차보호법은 제정 당시부터, 그리고 1983. 12. 30. 1차 개정[2]된 후에도 많은 문제점이 꾸준히 제기되어 왔고, 그 해결방안 또한 해석론으로 또는 입법론으로 모색되어 왔다. 그 결과 위 법이 시

지역)은 51.6%가 무주택가구이다[통계청, 2005 인구주택총조사보고서(제 2 권 가구편)(2006), 379].

다만, 위 기간 중 전국의 주택보급률(총주택수를 총가구수로 나눈 비율)은 71.2% → 86% → 105.9%의 높은 비율로 상승하였는바[통계청, 한국의 사회지표(2000), 319; 통계청, 한국의 사회지표(2006), 357], 이는 결국 주택소유자의 증가비율이 주택의 증가비율을 따라가지 못 함을 말해 주는 것이다.

2) 1차 개정의 주된 내용은,

① 적용범위를 주택의 일부가 주거 외의 목적으로 사용되는 경우, 이른바 겸용주택(兼用住宅)에까지 확대하고(제 2 조),

② 임차주택의 소유권이나 임대할 권리를 양수한 사람은 임대인의 지위를 그대로 승계하도록 하고(제 3 조 제 2 항),

③ 임대차기간이 만료하였음에도 불구하고 임대인이 보증금을 반환하지 않을 경우에는 보증금 반환시까지 임대차가 그대로 존속하는 것으로 하고(제 4 조 제 2 항),

④ 경제사정의 변동으로 인한 차임이나 보증금의 증감청구권을 인정하고(제 7 조),

⑤ 소액보증금에 우선변제권을 부여하고(제 8 조),

⑥ 임차인과 사실상의 혼인관계에 있는 자의 임차권 승계를 인정하고(제 9 조),

⑦ 미등기전세에 대하여도 주택임대차보호법을 준용하도록 하는(제12조) 것이었다.

행된 지 8년여가 지나는 동안 학계, 실무계에서의 연구가 축적되어 상당한 수준에 달하게 되었고, 이를 반영하여 구(舊) 민주당(1988. 10. 10. 제출)과 구(舊) 평민당(1988. 12. 7. 제출)에서 주택임대차보호법의 2차 개정안을 국회에 제출하였고, 두 개정안과 정부의 의견을 반영한 통합된 개정안이 국회에서 통과되어 1989. 12. 30 공포(법률 제4188호)되었으며, 그에 맞추어 위 개정 법률에 따른 개정 시행령도 1990. 2. 19. 공포되었다. 그리고 개정 법률 및 개정 시행령은 공포와 동시에 시행에 들어갔으며,[3] 위 시행령은 그 후 1995. 10. 19. 다시 개정되었다.

그 후 1997년 말 느닷없이 몰아친 IMF의 광풍으로 나라 전체의 경제사정이 극도로 악화되자, 기존의 주택임대차보호법만으로는 임차인의 보증금반환청구권의 보호에 미흡하다 하여 법무부에서 주택임대차보호법의 3차 개정[4]안을 만들어 1998. 8. 19. 입법예고(법무부공고 제1998-24호)를 하였고, 그것이 1998년도 정기국회에서 통과되어 1999. 1. 21. 공포(법률 제5641호)되었고, 그 부칙 제 1 조에 따라 1999. 3. 1.부터 시행되었다.[5]

---

3) 2차 개정의 주된 내용은,
① 임차보증금의 회수를 위하여 일정한 요건을 구비한 임차인에게 우선변제권을 인정하고(제 3 조의2),
② 임대차의 최단기간을 2년으로 하고(제 4 조 제 1 항),
③ 소액보증금에 인정되던 우선변제권을 보증금 중 일정액에 대하여 인정하는 것으로 변경하는(제 8 조) 것이었다.

4) 2차 개정 후 1997 12. 13. 법률 제5454호로 제 3 조의 제 2 항이 일부 개정되었으나, 이는 내용의 변경이 아니라 용어의 정비에 불과하여 무시한다.

5) 3차 개정의 주된 내용은,
① 임차보증금반환청구소송의 확정판결 기타 집행권원에 기한 경매신청의 경우 반대의무의 이행을 집행개시의 요건으로 보지 아니하고(제 3 조의2 제 1 항),
② 임차권등기명령에 의하여 간이한 절차로 임차권 등기를 할 수 있게 하고, 그 경우에는 주택의 점유와 주민등록이 없더라도 종전에 가지고 있던 대항력과 우선변제권이 유지되는 것으로 하고(제 3 조의3),
③ 민법상의 임차권등기를 한 경우에도 우선변제권을 인정하고(제 3 조의4)
④ 임대차기간을 2년 이하로 약정하는 경우 임대인은 2년 이하의 약정기간을 주장할 수 없으나, 임차인은 이를 주장할 수 있도록 하고(제 4 조 제 1 항 단서),
⑤ 임대차가 묵시적으로 갱신된 경우 존속기간의 정함이 없는 것으로 간주하되

그런데 외환위기가 진정되고 경제사정이 변하여 본격적인 저금리 시대로 접어들면서 임대인들이 임차인으로부터 받은 임대차보증금을 금융기관에 저축하고 받을 수 있는 이자가 과거에 비하여 현격하게 줄어들자 임대인들의 요구로 보증금의 전부 또는 일부를 월세로 전환하는 사례가 많아졌다. 그 과정에서 임차인들에게 높은 월세 부담이 강요되는 결과를 초래함에 따라 이를 규제하기 위하여 다시 정부에서 발의한 주택임대차보호법 4차 개정안이 국회에서 통과되어 2001. 12. 29. 공포(법률 제6541호)되었다. 그에 맞추어 시행령도 개정되어 2002. 6. 19. 공포되었고, 개정된 법률과 시행령은 2002. 6. 30.부터 시행되었다.[6]

한편 주택의 임차인이 자연인이 아닌 법인인 경우에는 주민등록을 할 수 없는 까닭에 그동안 주택임대차보호법에 의한 보호를 받지 못하였다. 그러나 사회취약계층 내지 저소득층의 주거생활안정을 위해 전세임대주택을 지원하는 법인이 주택을 임차하는 경우에는 주택임대차보호법에 의한 보호를 함으로써 전세임대주택의 공급을 원활하게 할 필요성이 대두하였다. 이에 김태환 의원 등 국회의원 20명이 공동으로 2006. 3. 28. 주택임대차보호법의 5차 개정[7]안을 국회에 제출하였고, 그것이 2007. 7. 3. 임시국회에서 수정 통과되어 2007. 8. 3. 공포(법률 제8583호)되었고, 그에 맞추어 위 개정 법률에 따른 개정 시행령도 2007. 10. 23. 공포되었다. 그리고 개정 법률 및 개정 시행령은 2007. 11. 4.부

(제 6 조 제 2 항), 임차인은 언제든지 해지할 수 있게 하고(제 6 조의2),

⑥ 임차보증금반환청구소송의 신속한 진행을 위하여 소액사건심판법의 일부 조항을 준용하는(제13조) 것이었다.

6) 4차 개정의 주된 내용은, 보증금의 전부 또는 일부를 월 단위의 차임으로 전환하는 경우에 월차임이 그 전환되는 금액에 대통령령이 정하는 비율을 곱한 액수를 넘지 못하게 한 것이다(제 7 조의2). 그 비율은 현재 연 14%이다(시행령 제 2 조의2).

7) 4차 개정 후 2002. 1. 26. 법률 제6627호, 2005. 1. 27. 법률 제7358호로 일부 조항이 다시 개정되었으나, 이는 내용의 변경이 아니라 민사집행법의 제정 및 개정에 따른 용어 및 인용조문의 정비에 불과하여 무시한다.

터 시행되었다.[8)9)] 그 후 2008. 8. 21. 시행령만 다시 개정하여 소액임차인의 범위 및 우선변제액의 범위를 확대하였다.

이처럼 주택임대차보호법은 탄생하자마자 개정작업에 들어가고, 그리하여 제정된 지 10년도 안 되어 2차례나 개정되는 사태를 겪어야 하였고, 그것도 모자라 그 후 계속하여 다시 개정되는 사태를 맞이하였지만, 그렇다고 문제가 다 해결된 것이 아니다. 제정 당시부터 제기되었던 문제점이 여전히 그대로 남아 있는 것이 있는가 하면, 5차에 걸친 개정으로 인하여 새로이 발생한 문제점도 있다. 어쩌면 이 법은 그것이 존속하는 한 해결할 수 없는 문제를 계속 지니게 될지도 모른다.

3. 주택임대차보호법은 그 적용대상이 주택에 한정되기 때문에 이 법의 시행 후에도 영업 등 비주거 경제활동을 위한 건물의 임대차는 여전히 일반법인 민법에 의하여 규율되었다. 그 결과 건물을 임차하여 영업을 하는 중소상인들은 건물주의 빈번한 임대료 인상이나 일방적 계약해지 또는 건물주의 도산에 따른 임차권의 상실 등으로 유·무형의 손실을 감내하여야 했다. 이에 임차인 보호의 필요성은 주택임차인에 한하는 것이 아니라 영세한 소형점포와 같은 영업용 건물의 임차인에 대하여도 마찬가지로 요구되므로 이를 주택임대차보호법의 보호 대상에서 제외할 이유가 없다는 견해가 주택임대차보호법의 제정 직후부터 주장되었다.[10)] 경제적 강자인 영업용 건물의 임대인이 그의 유리한

8) 5차 개정의 주된 내용은, 국민주택기금을 재원으로 하여 저소득층의 무주택자에게 주거생활 안정을 목적으로 전세임대주택을 지원하는 법인이 주택을 임차한 후 지방자치단체의 장 또는 해당 법인이 선정한 입주자가 그 주택에 관하여 인도와 주민등록을 마친 때에는 대항력과 우선변제권을 인정하는 것이다(제 3 조 제 2 항, 제 3 조의2 제 2 항). 이에 해당하는 법인으로는 현재 대한주택공사법에 따른 대한주택공사와 지방공기업법 제49조에 따라 주택사업을 목적으로 설립된 지방공사가 있다(시행령 제 1 조의2).

9) 주택임대차보호법은 2008. 3. 21. 법률 제8923호로 다시 개정되었는데, 이는 내용의 개정이 아니라 법령을 한글화한 것에 불과하여 무시한다.

지위를 이용하여 약자인 임차인을 매우 불리하게 만듦으로써 임차인의 경제적 안정을 해칠 뿐만 아니라 물가 앙등을 가속화시키는 현상이 두드러지므로, 이것의 조정도 주택 임대차의 보호 못지않게 요구된다는 것이었다.

그러나, 이러한 주장에 대하여는 그 보호의 필요성을 인정하면서도 영업용 건물의 임대차에 관하여는 특별법을 따로 제정하는 게 바람직하다는 반론(反論)이 있었고,[11] 그렇게 되면 같은 성질의 법이, 또 내용에 있어서도 거의 같은 법이 이중으로 제정되는 결과가 되어 바람직하지 않다는 재반론이 전자(前者)의 입장에서 다시 제기되었다. 나아가 전자(前者)의 입장에서는 주택임대차보호법을 아예 "건물임대차보호법"으로 이름을 바꿔 적용범위를 둘러싼 시비를 없애고, 궁극적으로는 민법의 임대차에 관한 규정을 개정하여 이를 민법에 흡수하는 게 바람직하다고 주장하였다.[12]

학계에서 이러한 논의가 진행되는 가운데, 1990년대 초부터 상가건물 임대차 분쟁의 심각성을 인식한 시민단체 등이 중심이 되어 공청회나 입법청원 등의 방법으로 특별법의 제정을 위한 노력을 시작하였고, 1996. 7. 당시 신한국당 이재오 의원 외 49인의 국회의원이 처음으로 가칭 '점포임대차보호법안'을 국회에 제출하였다.[13]

그 후 IMF 사태를 거치면서 상가임대인의 부도로 임차인들이 보

10) 김용한, "민법상 임대차와 주택임대차보호법", 고시계 1983. 6., 39; 이범주, "주택임차권의 대항력", 민사법의 제문제(방순원 고희 기념 논문집)(1984), 163; 이은영, "주택임대차보호법의 개정에 관한 연구", 법조 1982. 4., 18-19; 현승종, "전세권 및 임차권의 강화", 민사법개정의견서(1982), 38.

11) 고상룡, "주택임대차보호법의 문제점과 그 개선방안", 민사법학 4, 5호(합병호)(1985), 247.

12) 현승종(주10), 74-75.

13) 그러나 이 법안은 국회에서 본격적인 심의가 이루어지지도 못한 채 폐기되었다. 이 법안의 내용과 문제점에 관하여는 소재선, "점포임대차법안의 문제점과 올바른 입법방안", 비교사법 4권 1호(한국비교사법학회 편)(1997), 193 이하 및 윤철홍, "점포임대차보호법(안)의 문제점과 개선방향", 부동산법학 4집(한국부동산법학회 편)(1997), 227 이하 참조.

증금을 돌려받지 못한 채 거리로 내몰리는 사태가 빈번해짐에 따라[14] 사회적 · 경제적 약자인 상가임차인들의 보호를 위한 특별법 제정의 필요성이 더욱 커졌고, 여야를 막론하고 국회의원들이 경쟁적으로 국회에 법률안[15]을 제출하기에 이르렀다. 이에 따라 국회에서 이들 법률안을 본격적으로 심의하게 되었고,[16] 그 과정에서 이들 법률안을 통폐합하여 2001. 12. 7. '상가건물임대차보호법'이란 이름의 단일법률을 제정하였고, 이것이 2001. 12. 29. 공포(법률 제6542호)되었다.[17] 이 법률의 기본 취지나 구조는 주택임대차보호법과 대동소이(大同小異)하다. 다만 보호의 대상이 되는 목적물이 주택이 아니라 상가건물이라는 것이 가장 큰 차이이다. 말하자면 주택임대차보호법의 상가건물판인 셈이다.[18]

---

14) 당시 상가임차인의 피해사례에 관하여는 소재선, "제정 상가임대차법의 문제점과 개선방향", 경희법학 36권 2호(경희대학교 법과대학 경희법학연구소 편)(2002), 85 이하 참조.

15) 상가등비주거용건물임대차보호법안(2001. 3. 20. 이재오 의원 등 27인 발의), 상가임대차보호법안(2001. 4. 13. 송영길 의원 등 31인 발의), 주택임대차보호법중 개정법률안(2001. 6. 14. 이종걸 의원 등 114인 발의), 상가등비주거용건물임대차보호법안(2001. 6. 25. 이주영 의원 등 107인 발의), 참여연대 · 소비자를 위한 시민모임 · 민주노동당 등이 공동으로 마련한 상가임대차보호법안(2000. 10. 10. 입법청원으로서 천정배 의원 등 8인 소개)이 국회에 제출되었다.

이들 법안의 내용에 관하여는 국회법제사법위원회, 상가등임대차보호관련법안에 관한 공청회 자료집(2001. 8. 28.) 및 임명순, "영업용건물의 임대차에 관한 연구", 성균관대학교 석사학위 청구 논문(2001), 62-68 참조.

16) 그 과정에서 대한변호사협회는 상가임차인을 보호하는 특별법의 제정에 반대하는 의견을 국회에 제출하였다. 반대의견의 논거에 관한 상세는 유중원, "상가임대차보호법의 졸속제정 반대", 인권과 정의 2001. 7., 24-28 참조.

17) 입법과정의 상세에 관하여는, 김세옥, "상가건물임대차보호법 시행상의 문제점과 그 개선방향에 관한 소고", 경희대학교 석사학위 청구 논문(2003), 6-12; 박인환, "상가건물임대차보호법의 법정책과 보호범위", 한림법학 FORUM 16권(한림대학교 법학연구소 편)(2005), 177-180; 박진수, "상가건물임대차보호법에 관한 연구", 서울대학교 석사학위 청구 논문(2003), 5-8; 소재선(주14), 86-91; 유상현, "상가건물임대차보호법의 문제점과 개선방안에 관한 연구", 건국대학교 석사학위 청구 논문(2006), 26-30 참조.

18) 이러한 상가건물임대차보호법이 제정된 것에 대하여 비판적인 견해로는, 김세옥(주17), 81; 김제완, "상가건물임대차보호법의 문제점", 비교사법 9권 1호(한국비교사법학회 편)(2002. 4.), 93-94; 소재선(주14), 90; 정승열, 상가 · 주택 임대차보

위와 같이 제정된 상가건물임대차보호법은 당초 국세청의 사업자 등록제도의 정비 및 기존 임차인에 대한 확정일자 확인기간을 감안하여 시행일을 2003. 1. 1.로 정하였다(부칙 제 1 조). 그런데, 이 법률이 시행되면 보증금 또는 차임을 올리지 못할 것을 우려한 상가임대인들이 법률의 시행 전에 보증금과 차임을 대폭 인상하는 등 사회문제가 발생하였다. 이 때문에 2002. 8. 26. 서둘러 부칙을 개정하여 시행일을 2002. 11. 1.로 앞당겼다.[19] 그리고 이에 보조를 맞춰 2002. 10. 14. 상가건물임대차보호법시행령(대통령령 제17757호)이 공포되어 2002. 11. 1. 부터 시행되었으며, 2008. 8. 21. 시행령을 개정하여 적용범위를 확대하고 차임과 보증금의 증액 청구한도를 축소하였다.

4. 이처럼 주택임대차보호법과 상가건물임대차보호법은 모두 한 마디로 주택이나 상가건물의 임차인을 보호하기 위한 법률이다. 위 두 법률이 임차인에게 주고 있는 보호의 주된 내용은 요컨대 대항력의 부여, 존속기간의 보장, 차임의 통제, 우선변제권의 인정이다. 그 중 대항력의 부여, 존속기간의 보장이나 차임의 통제는 유럽이나 일본 등의 입법례가 임차인의 보호를 위하여 공통적으로 취하고 있는 것인 데 비하여, 우선변제권의 부여는 우리나라의 건물임대차보호법이 독창적으로 취하고 있는 제도이다.

대항력의 부여와 보증금반환청구권에 대한 우선변제권의 인정은, 임대차는 기본적으로 채권관계라는 전통적인 틀을 허물어 버린 파격적

호법 실무(2002), 274. 또한 이준현, "민법 임대차규정과 임대차 특별법의 기능 및 역할에 관하여－현행 임대차법 체계에 관한 비판적 고찰－", 민사법이론과 실무 8권 1호(민사법의이론과실무학회 편)(2004. 6), 99 이하 참조.

한편, 권용산, "상가건물임대차보호법의 문제점과 개선방안(Ⅳ), 법무사 2003. 6., 46 및 이은희, "임대차법의 현황과 과제", 민사법학 36호(2007), 441-442는 차제에 주택임대차보호법과 상가건물임대차보호법을 모두 민법에 편입시키자고 주장한다.

19) 2005. 1. 27. 법률 제7358호로 일부 조항이 다시 개정되었으나, 이는 내용의 변경이 아니라 민사집행법의 개정에 따른 인용조문의 정비에 불과하다.

인 것들이다. 특히 일정액의 소액보증금은 등기순위조차 무시하고 저당권 등의 물권에 우선하여 반환받을 수 있도록 한 것(주택임대차보호법 제8조, 상가건물임대차보호법 제14조)은 파격의 백미(白眉)라고 할 수 있다.

이러한 파격적인 조항의 설정 배경이라 할 수 있는 "주택은 인간다운 생활을 영위하기 위하여 필연적으로 요구되는 것으로, 주택문제는 국민생활의 가장 기본문제라 할 것이다. 따라서 주택문제를 규율하는 법률은 전통적인 시민법의 차원에서가 아니라 사회법적 차원에서 임차인의 주거생활의 안정을 보장함을 그 목적으로 하여야 할 것"[20]이라거나, "상가건물의 임대차에서 사회적·경제적 약자인 임차인들을 보호함으로써 임차인들의 경제생활의 안정을 도모하기 위하여 이 법을 제정"[21]한다는 사상이야말로 건물임대차보호법의 성격을 단적으로 보여 주고 있는 것이다.

---

20) 국회사무처, 제119회 국회 법제사법위원회 회의록(1983) 제10호, 3.

21) 국회법제사법위원회, 상가임대차보호법안(대안) 제안이유, 2.
http://likms.assembly.go.kr/bill/jsp/BillDetail.jsp?bill_id=017410
이에 대하여 박인환(주17), 187-191은 상가임차인이 반드시 사회적·경제적 약자라고는 할 수 없고, 나아가 상가임차인은 상인으로서 영리를 추구한다는 점까지 고려한다면, 사회적·경제적 약자인 상가임차인을 보호하기 위한다는 것은 상가건물임대차보호법의 타당한 입법근거가 될 수 없다고 비판한다.

제2절 민사집행법의 제정 및 개정[1)]

1. 민사집행법은 본래 독립된 법률이 아니고 민사소송법의 일부로 되어 있었다. 강제집행에 관한 규정을 그 안에 포함하고 있던 구(舊) 민사소송법은 1960. 4. 4. 법률 제547호로 처음 공포되어 그 해 7. 1.부터 시행되었다. 그 내용은 대체로 독일의 민사소송법과 이를 계수한 일본의 구(舊) 민사소송법을 본뜬 것이었다. 다만, 우선주의가 아닌 평등주의를 채택하고, 인적 집행을 인정하지 아니하고 물적 집행만을 허용하였던 점에서 독일의 민사소송법과 차이가 있었다. 그 결과 강제집행 운영의 실제에 있어 평등주의로 인하여 집행채권자 아닌 채권자들의 무제한적 집행편승이 가능하였기 때문에, 집행권원 있는 채권자와 이에 편승한 배당요구채권자 사이에 차이가 없었던 것은 물론이거니와, 한 걸음 나아가 아무런 채권이 없는데도 불구하고 집행을 면탈 내지 방해할 목적으로 채권자와 짜고 실제 채권채무관계가 있는 것처럼 가장하여 배당요구를 하는 예가 많았고, 또한 채무자의 집행지연을 위한 불복신청의 남용으로 인하여 채권자의 신속하고 확실한 권리실현이 이루어지지 않는 등 폐단이 심하였다.

한편, 민사소송법의 강제집행에 관한 규정들은 판결 등 집행권원(당시의 용어로는 채무명의)에 기한 강제경매절차만을 규율하는 것이었고, 저당권, 질권, 유치권, 전세권 등의 실현을 위한 임의경매절차에 관하

1) 이에 관한 상세는 민일영, 주석 민사집행법(Ⅰ)(제2판)(2007), 93 이하 참조.

여는 적용되지 아니하였다. 그 대신 이들 절차를 규율하기 위하여 별도로 "경매법"(1962. 1. 15. 법률 제968호)이 제정되어 시행되었고, 경매절차에 관한 이러한 이원적 체계는 1990년까지 지속되었다.

2. 구(舊) 민사소송법상 강제집행절차의 가장 큰 문제점으로 지적된 것이 절차의 지연과 평등주의로 인한 폐단이었다. 그 중 절차의 지연에 대한 개선책이 먼저 제한적이나마 강구되기에 이르렀는데, 그것이 바로 "금융기관의 연체대출금에 관한 특별조치법"(1966. 8. 3. 법률 제1808호)의 시행이다.

위 법률은 금융기관의 신청으로 개시되는 경매절차(즉, 경매법에 의한 임의경매절차)에 한하여 절차의 촉진을 도모하는 규정을 두었다. 그 주된 내용은 통지나 송달을 받을 자의 주소 등을 알 수 없을 때 공시송달로 절차를 진행하도록 하고, 통지를 요하는 이해관계인은 경매개시결정의 기입등기시의 이해관계인에 국한하며, 최저경매가격은 2개의 금융기관이 평가한 금액의 평균가액으로 하도록 하는 것이었다.

위와 같이 임의경매절차의 신속을 위한 조치들이 마련되자, 구(舊) 민사소송법상의 평등주의에서 오는 폐단도 시정하여야 한다는 의견이 학계 및 실무계에서 팽배하여 갔다. 이러한 사회적 요구를 반영하여 탄생한 법률이 바로 1970. 12. 31.부터 시행된 "간이절차에 의한 민사분쟁사건처리특례법"(법률 제2254호)이다. 이로써 구(舊) 민사소송법의 제정 후 10년 만에 평등주의에 관하여 커다란 변화가 일어났다.

위 법률 제5조는 집행력 있는 정본에 의하지 아니하는 배당요구는 ① 채권, 채무에 관하여 확정일자가 있는 증서 소지자, ② 법원의 가압류명령을 받은 채권자, ③ 집행개시일 이전에 소를 제기한 채권자에 한하여 할 수 있다고 규정하고, 위의 확정일자는 압류채권자가 본안소송을 제기한 날 또는 압류채권자를 위하여 공증인이 집행권원이 되는 증서를 작성한 날 이전에 받은 것에 한한다고 규정하였다. 이로써 종래의 가장채권자에 의한 집행 방해의 폐단을 막는 효과는 상당하였으나, 사악한 채무자가 제 3 자와 짜고 허위의 집행증서 또는 제소전 화해조서를 만들어 배당요구를 하는 문제는 여전히 남아 있었다.

간이절차에 의한 민사분쟁사건처리특례법의 시행으로 평등주의의 폐단은 어느 정도 시정할 수 있었으나, 강제집행절차가 무한정 늘어지는 폐단은 여전하였고 그것이 다시 도마 위에 올랐다. 그리하여 우선 1973. 3. 3. "금융기관의 연체대출금에 관한 특별조치법"을 다시 개정(법률 제2570호)하여 모든 금융기관의 신청에 의한 임의경매절차에서 통지, 송달에 관한 발송송달을 채택하였다. 나아가 항고보증공탁금을 종래의 경락대금의 3/10에서 5/10로 인상함과 동시에, 항고장에 보증금 공탁서류를 첨부하지 않으면 경매법원이 7일 내에 각하하도록 하고 이에 대하여는 불복을 하지 못하게 하였다.

이처럼 금융기관의 신청에 기한 임의경매절차에 관하여는 절차의 신속을 도모하기 위한 조치들이 부분적으로나마 꾸준히 마련되었으나, 그 밖의 일반적인 강제집행절차에 관하여는 별다른 변화가 없었다. 그러다가 "간이절차에 의한 민사분쟁사건처리특례법" 시행 후 10년 만에 비로소 이에 관한 개혁이 시도되었다. 다만 이번에도 민사소송법의 개정이 아닌 특별법의 제정에 의해서였다.

즉, 1981. 1. 29. "소송촉진 등에 관한 특례법"(법률 제3361호)이 공포되어 그 해 3. 1.부터 시행에 들어갔는바, 위 법률에서는 강제경매절차의 신속을 도모하는 여러 특별규정을 두었다. 특히 위 법률 제15조는 부동산의 강제경매절차에서 경락허가결정에 대한 항고를 하려고 하는 자는 담보로 경락대금의 2/10에 해당하는 금원을 보증금으로 공탁하여야 하며, 항고장에 위의 공탁을 증명하는 서류를 첨부하지 아니한 때에는 원심재판장이 그 항고장을 접수한 날로부터 7일 이내에 결정으로 이를 각하하고, 이 결정에는 불복을 신청하지 못한다고 규정하였다.

3. 강제집행절차에 관하여 이상에서 본 몇 차례에 걸친 개정들이 모두 특별법에 의한 단편적인 것이었기 때문에 강제집행절차의 근본적인 문제점들을 개선하는 데는 미흡하였다. 이에 강제집행의 실효성을 높이기 위한 전면적인 재검토의 필요성이 역설되었는바, 법무부가 주관하여 민사소송법개정특별위원회를 설치하여 1984. 4.부터 4년여의 심의 끝에 민사소송법개정안을 마련하여 정부안으로 1988. 12. 국회에 제출하였다. 이 개정안이 국회에서의 심의과정에서 약간 수정되어 1년 후인 1989. 12. 통과되었고, 1990. 1. 13. 법률 제4201호로 공포되어 1990. 9. 1.부터 시행에 들어갔다. "소송촉진 등에 관한 특례법"에 의한 수정 이후 9년 만의 일이다.

이 개정 민사소송법은 강제집행제도에 관하여 여러 가지 면에서 개선을 하고 새로운 제도도 과감하게 도입하였다. 그 요점은 ① 집행채권자와 채무자의 이익을 서로 조절하고, ② 경락인의 보호를 강화하여 일반인이 안심하고 경매에 참가할 수 있도록 하고, ③ 집행절차를 신속·적정하게 하고, ④ 강제환가절차의 통일을 위하여 민사소송법과 경매법을 통합함과 아울러, 위에서 본 "간이절차에 의한 민사분쟁사건처리특례법" 및 "소송촉진 등에 관한 특례법"에 규정되어 있던 조항들을 모두 흡수 정리한 데 있다. 이 당시에 개정한 골격들이 그 후 현행의 새로운 민사집행법의 기초가 되었다.

4. 우리 사회는 1960년대 이후 산업화의 물결 속에 실로 엄청난 변화와 발전을 경험하였고, 그에 맞추어 법률제도도 많은 분야에 걸쳐 변신을 거듭하여 왔는데, 민사소송법상의 강제집행절차에 관한 규정은 위에서 본 몇 차례의 개정에도 불구하고 그 동안의 사회·경제적 변화에 따른 신속한 권리구제의 필요성에 부응하지 못하고 있다는 지적을 받아 왔다. 이에 대법원에서는 그 동안 누적되어 온 학계와 실무계의 연구 성과 및 경험을 바탕으로 하여, 강제집행절차가 채무자 등에 의

하여 악의적으로 지연되는 것을 방지하고 불량 채무자에 대하여 철저하게 책임을 추궁하는 등 보다 신속하고 효율적인 권리구제 방안을 마련하는 한편, 통일적이며 일관된 법 집행을 도모하기 위하여 민사소송법에서 강제집행편을 따로 떼어내 별도의 독립된 법률을 만들기로 하였다.

대법원에서는 1995. 4.부터 연구검토를 시작하여 4년여의 작업 끝에 민사집행법안을 확정하여 1999. 2. 28. 법무부에 송부하였고, 법무부에서 다시 검토를 한 후 2000. 10. 16. 국회에 제출하였다. 이 법안의 심의를 위하여 국회 법제사법위원회는 2001. 6. 22. 공청회를 개최하였고, 이후 법제사법위원회 법안심사 제 1 소위원회의 심의과정에서 위 공청회를 통해 개진된 의견들을 반영한 수정안을 마련하였다. 이 수정안이 2001. 12. 5. 법제사법위원회를 통과하고, 이어서 다음날인 2001. 12. 6. 국회 본회의를 통과함으로써 6년 동안에 걸친 법률제정작업이 마침내 마무리되었고, 2002. 1. 26. 공포되었다(법률 제6627호). 이렇게 탄생한 "민사집행법"이 2002. 7. 1.부터 시행되고 있으며, 그 중 일부가 2005. 1. 27. 개정되었다(법률 제7358호).

민사집행법은 구(舊) 민사소송법에 비하여 특히 강제집행절차의 신속한 진행을 위한 제도를 많이 도입하였다. 이하에서는 이 점에 관하여 간략히 살펴본다.

가. 매각조건의 조기 확정을 위하여 배당요구의 종기를 최초의 매각기일 이전으로 앞당기고, 최선순위 저당권자(또는 압류, 가압류채권자)에 대항할 수 있는 전세권자가 배당요구를 하면 그 전세권이 소멸하는 것으로 하고, 배당요구의 여부에 따라 매수인이 인수할 부담이 바뀌는 경우에는 배당요구의 종기 후에는 배당요구를 철회할 수 없게 함으로써, 경매참가자들이 매각조건이 확정된 상태에서 경매에 참여할 수 있도록 하고 있다. 배당요구의 종기를 앞으로 당기면 당길수록 군단우선

주의를 취하는 효과가 발생하게 된다. 즉 배당요구의 종기를 앞당기면 배당에 참여할 수 있는 채권자의 범위가 그만큼 제한되고, 나아가 경매기일에 들어가기 전에 잉여의 유무를 알 수 있는 등 평등주의의 단점을 일정한 한도 내에서 보완할 수 있는 것이다.

나. 매각허가에 대한 이의사유를 정비하여, 부동산을 매수할 자격이 없는 자가 최고가매수신고인을 내세워 매수신고를 하는 것은 탈법행위에 해당하므로 이를 매각허가에 대한 이의사유에 포함시켰고, 천재지변, 기타 자기가 책임을 질 수 없는 사유로 부동산이 뚜렷하게 훼손된 사실 또는 부동산에 관한 중대한 권리관계가 변동된 사실이 경매절차의 진행 중에 밝혀진 때를 이의사유로 명문화하였다.

다. 매각절차의 조속한 진행을 위하여 1기일 2회 매각제를 도입하였다. 구(舊) 민사소송법상의 기일입찰에 있어서는 입찰기일에 일단 유찰되면 1개월 정도 뒤로 새로운 기일을 정하여 최저입찰가격의 저감, 입찰기일의 지정 및 공고, 통지 등의 절차를 다시 진행하였다. 그러나 제 1 회 기일에 응찰하지 아니하였던 사람이 최저입찰가격의 저감 없이 제 2 회 기일에 응찰하는 경우도 있을 수 있으므로, 경매절차의 신속을 위해서는 1기일 2회 입찰을 실시하는 것이 필요하다. 이에 민사집행법은 입찰기일에 유찰되는 부동산에 대하여는 최저입찰가격의 저감 없이 즉시 제 2 회의 입찰을 실시할 수 있도록 하였다. 이러한 1기일 2회 입찰에 의한 환가가 채권자의 신속한 권리구제뿐만 아니라 채무자로 하여금 이자 및 경매비용 부담의 증가를 줄이게 할 수 있음은 물론이다.

라. 즉시항고의 남용으로 절차가 지연되는 것을 방지하기 위하여 매각허가결정에 대한 항고시 보증공탁의 범위를 확대하였다. 구(舊) 민사소송법은 채무자나 소유자 또는 경락인이 경락허가결정에 대하여 불필요하게 항고를 제기하여 절차를 지연시키는 것을 방지하기 위하여 항고시에 일정한 보증의 제공을 요구하고 있었다. 그러나 채무자, 소유

자 또는 경락인이 이를 피하기 위하여 경매개시결정 기입등기 후에 제3자에게 허위로 근저당권이나 전세권의 설정등기를 경료하여 준 후 그로 하여금 권리신고 및 항고를 하게 하거나, 임차인이 채무자나 소유자 또는 경락인과 담합하여 경매절차를 지연시킬 목적으로 항고권을 남용하는 경우가 많았고, 그것이 경매절차 지연의 주된 원인 중 하나였다. 때문에 민사집행법은 매각허가결정에 불복하여 항고를 제기하는 모든 항고인에 대하여 매각대금의 10% 상당의 보증금을 공탁하도록 하고, 항고가 기각된 때에는 이를 몰수함으로써 남항고를 방지하여 경매절차의 신속을 도모하였다.

마. 매수인 지위의 불안이 또한 강제집행절차가 지연되는 원인 중 하나이기 때문에 매수인의 지위를 강화하였다.

(1) 구(舊) 민사소송법상 경락허가결정이 확정되면 법원은 대금납부기일을 정하고 경락인은 그 기일에 경락대금을 납부하여야 했다. 그리고 판례[2)]에 의하면, 법원이 대금납부기일로 지정한 기일 이외의 날에 경락대금을 납부하거나 또는 그 이전에 공탁하여도 이는 대금 납부로서의 효력이 없었다. 그런데 민사집행법은 이와는 달리 매수인의 대금납부를 위하여 집행법원으로 하여금 특정의 기일이 아니라 일정 기한을 정하게 하고, 매수인은 그 기한 안에 언제라도 대금을 납부할 수 있게 하였다.

구(舊) 민사소송법에서 대금납부기일을 특정하도록 한 입법취지는 경락인에게 그 자금을 마련할 시간을 주는 동시에 채무자 등에게 그 전까지 채무를 변제하고 집행정지서류를 제출할 수 있는 기회를 주는 데 있었다. 그러나, 그 결과 경락인은 하루라도 빨리 경락대금을 납부하고 그 소유권을 취득하고 싶어도 대금납부기일까지 기다려야 하고, 그 동안에 채무자 등의 채무 변제 등에 의하여 경매절차가 취소되는 경우 경락인은 소유권을 취득하지 못하는 불합리한 점이 있었다. 때문

---

2) 대판 1966. 6. 28. 66다833(집14-2, 민121).

에 민사집행법은 매수인이 대금납부기한 안에 언제라도 매수대금을 납부하고 경매부동산의 소유권을 취득할 수 있게 함으로써 매수인의 지위를 안정시켰다. 이는 결국 채무자의 보호보다는 매수인의 보호 내지 경매절차의 신속한 안정을 우선시한 것이다.

(2) 부동산 집행에 있어서는 부동산을 적정한 가격으로 환가하는 것이 무엇보다도 중요한바, 이를 위해서는 경락인이 경매목적물을 용이하게 인도받을 수 있도록 하는 것이 무엇보다 중요하다. 그런데 구(舊) 민사소송법은 인도명령의 상대방을 "채무자, 소유자 또는 압류의 효력이 발생한 후에 점유를 시작한 부동산 점유자"로 엄격히 제한하는 바람에, 경매 실무에 있어 경락인이 인도명령만으로는 경락부동산의 인도를 받지 못하고 종국적으로 인도소송을 제기하여야 하는 경우가 적지 않았다. 이것이 일반인으로 하여금 경매 참가를 꺼리게 하고, 매수신고가격이 시세에 비하여 낮아지게 하는 주요한 원인이 되고 있었음은 말할 것도 없다.

때문에 민사집행법은 인도명령이 실효성을 발휘할 수 있도록 인도명령의 상대방을 확장하여 점유자가 매수인에게 대항할 수 있는 권원을 가진 경우 이외에는 인도명령을 발할 수 있게 하였다.

바. 민사집행법은 보전처분절차의 신속을 도모하였다. 즉, 모든 가압류, 가처분의 재판을 결정으로 하게 함과 동시에, 종래 채무자가 부당하게 가압류, 가처분을 당한 경우에 이를 취소하는 데 시간적, 경제적으로 많은 부담을 지는 폐단이 있었던 것을 시정하기 위하여, 보전처분에 대한 이의나 취소신청에 관한 재판을 판결이 아닌 결정으로 하게 함으로써 그 절차를 간이화하였다.

나아가 민사집행법은 보전처분 사건의 조속한 확정을 도모하기 위하여 보전처분신청을 기각 또는 각하하는 결정에 대하여는 즉시항고를 할 수 있도록 하였다.

제3절 경매와 임대차

1. 주택이나 상가건물을 경매할 때 가장 심각하게 부딪히는 문제가 경매 대상 주택이나 상가건물에 존재하는 임차권의 처리이다. 주택임대차보호법이나 상가건물임대차보호법이 제정되기 전에는 임차권은 단순한 채권에 불과하였기 때문에 경매절차에서 고려의 대상이 되지 않았다.

그러나 주택임대차보호법이나 상가건물임대차보호법이 제정, 시행됨으로써 임차권에 대항력과 우선변제권이 부여된 후로는 상황이 과거와 전혀 달라졌다. 즉, 어떠한 요건을 갖춘 임차인이 경매절차에서 낙찰자에 대항하여 자기의 임대차를 계속 주장할 수 있으며, 나아가 건물의 매각대금으로부터 보증금을 우선변제받을 수 있는지를 판단하는 일이 중요한 과제로 전면에 부상한 것이다.

한편, 임차인이 위와 같이 대항력을 주장하고 우선변제권을 행사할 경우에 필연적으로 따르는 문제가 있으니, 바로 낙찰자 또는 후순위권리자 등 경매 대상 주택이나 상가건물에 대하여 이해관계가 있는 사람들과의 이익충돌이 그것이다. 특히 가장임차인(假裝賃借人)에 의한 다른 이해관계인들의 권리 침해가 심각하여, 주택이나 상가건물의 경매절차는 '가장임차인과의 전쟁터'라는 말이 나올 정도이다.[1] 임차권

1) 때문에 법원은 이러한 가장임차인을 가려내는 일에 적지 않은 힘을 들이고 있다.

공시방법의 불완전성과 가장임차인의 출현을 막을 수 있는 제도적 장치의 미비로 인하여 경매절차에서 가장임차인이 발호하고, 그 결과 영세 임차인을 보호하겠다는 건물임대차보호법의 본래의 취지가 무색하게 되는 현실을 직시할 필요가 있다.

나아가, 건물임대차보호법이 아무리 사회적 약자인 임차인을 보호하려고 하는 법이라고 하지만, 전체 법질서의 근간을 허물 수는 없는 노릇이다.[2] 따라서 진정한 임차인을 보호하면서 동시에 다른 이해관계인들과의 이해관계를 조절하는 문제야말로 건물임대차보호법이 존속하는 한 풀어야 할 영원한 화두(話頭)라고 하여도 과언이 아니다.

2. 첨예한 이해관계가 대립하는 마당인 경매과정에서 임차인을 보호하면서 한편으로는 다른 이해관계인들과의 이해관계를 조절하는 방법을 모색하는 것은 쉬운 일이 아니다. 이를 위해서는 우선 주택이나 상가건물의 경매절차에서 임대차의 처리와 관련하여 현재 드러나고 있는 문제점은 무엇이며, 그 해결책은 무엇인가를 찾아볼 필요가 있다.

그런데, 이는 절차법인 민사집행법에 의하여 진행되는 경매절차에서 실체법인 건물임대차보호법상의 권리를 어떻게 구현할 것이냐 하는 문제인 만큼, 절차법과 실체법의 어느 한 쪽에 치우치지 않고 양자를 조화시키는 것이 중요하다. 민사집행법은 민사집행법대로, 건물임대차보호법은 건물임대차보호법대로 제정 당시부터, 그리고 그 후 수차례에 걸친 개정 때마다 문제점이 꾸준히 제기되어 왔으며, 그 해결방안 또한 해석론이나 입법론으로 모색되어 왔고, 그 결과 많은 성과를 거둔 것이 사실이다.

대판 2000. 4. 21. 99다69624(공2000상, 1240); 대판 2001. 3. 23. 2000다53397(공2001상, 968); 대판 2001. 5. 8. 2001다14733(공2001하, 1362); 대판 2003. 7. 22. 2003다21445(공2003하, 1777) 참조.

2) 그런 뜻에서 김 연, "부동산임차인의 강제집행절차상의 지위 : 강제집행법의 시각에서 본 주택임대차보호법", 민사소송(Ⅲ)(한국민사소송법학회 편)(2000), 364-365는 주택임대차보호법의 적용범위를 가능한 한 축소하여야 한다고 한다.

다만, 비록 앞으로 시대상황이 어떻게 변할지는 모르지만, 보다 나은 제도를 찾아 내고 정착시키기 위한 노력은 계속되어야 할 것이다.[3)]

3) 이 책을 집필함에 있어 대법원판례는 판례공보 2008. 12. 15.자에 실린 것까지를 검토대상으로 하였다. 그런데, 2002. 1. 26. 구(舊) 민사소송법이 개정되면서 동법상의 강제집행편이 따로 민사집행법(법률 제6627호)으로 독립하여 2002. 7. 1.부터 시행되고 있는바, 구(舊) 민사송법하에서의 판례들이라 하더라도 현재도 여전히 적용될 수 있는 것들은 그대로 인용하였으며(대부분의 판례가 그러하다), 민사집행법의 시행으로 인하여 특별히 적용을 달리하여야 할 경우에만 그 사실을 따로 부기하였다.

한편, 구(舊) 민사소송법과는 달리 현행 민사집행법은 경매절차에서 부동산을 매각하는 방법으로 호가경매, 기일입찰 및 기간입찰의 3가지를 규정하고 있는데(민사집행법 제103조 제 2 항), 현재 전국의 대부분의 법원에서는 그 중 기일입찰의 방법을 택하여 시행하고 있으므로, 이 책에서도 경매절차에서 매각방법으로 원칙적으로 기일입찰을 실시하는 것을 전제로 하였다.

제 2 장

경매절차의 이해관계인으로서의 임차인

제1절 총 설

Ⅰ. 경매절차의 이해관계인의 의의 및 권리

어느 부동산에 대하여 경매절차가 진행되면 그것에 이해관계를 가진 사람이 많이 생기게 마련이다. 이들은 경매절차가 적법하게 제대로 진행되느냐의 여부에 따라 자기의 이해에 중대한 영향을 받는다. 때문에 민사집행법은 이들 중에서 특히 보호할 필요가 있는 사람을 정하여 이해관계인으로 규정하고(민사집행법 제90조), 경매절차의 전반에 걸쳐 관여할 자격과 기회를 주고 있다.

이해관계인에게는 경매절차에 관하여 다음과 같은 권리가 인정된다.

① 집행에 관한 이의신청권(민사집행법 제16조), 경매개시결정에 대한 이의신청권(민사집행법 제86조)
② 배당요구신청 또는 이중경매신청이 제기되면 법원으로부터 그 통지를 받을 권리(민사집행법 제89조)
③ 일괄매각을 신청할 수 있는 권리(민사집행법 제98조)
④ 매각조건의 변경에 합의할 수 있는 권리(민사집행법 제110조)
⑤ 매각기일 및 매각결정기일의 통지를 받고, 매각기일에 출석할 수 있는 권리(민사집행법 제104조 제 2 항, 제116조 제 2 항)
⑥ 매각결정기일에 매각의 허부에 관하여 진술할 수 있는 권리

(민사집행법 제120조)

⑦ 매각 허부의 결정에 대하여 즉시항고할 수 있는 권리(민사집행법 제129조)

⑧ 배당기일에 출석하여 배당표에 관한 의견을 진술할 수 있는 권리(민사집행법 제149조 제 2 항)

이상의 권리는 자기의 권리에 관한 절차가 법률에 위배된 경우에만 행사할 수 있는 것이므로, 다른 이해관계인에 대한 관계에 있어서는 절차가 법률에 위배되었다 하더라도 이를 주장할 이익이 없어 허용되지 않는다(민사집행법 제122조). 또한 이해관계인에게 경매개시결정 정본까지 송달하여야 하는 것은 아니며,[1] 이해관계인이 사망하여 절차에 관여할 수 없게 되더라도 그것 때문에 경매절차가 중단되지는 않는다.[2]

Ⅱ. 이해관계인의 범위

민사집행법 제90조는 아래 사람만을 이해관계인으로 규정하고 있다. 이 규정은 제한적 열거규정이다. 따라서 그 밖의 사람은 이해관계인이 되지 못한다.

1. 압류채권자와 집행력 있는 정본에 의해 배당을 요구한 채권자 (민사집행법 제90조 제 1 호)

압류채권자는 경매신청을 한 채권자를 말한다. 압류가 경합된 경우 뒤의 압류채권자도 여기에 해당한다.[3] 또한 국세 등의 체납처분에

1) 대결 1986. 3. 28. 86마70(공1986, 862).
2) 대결 1961. 10. 5. 4294민재항531(요집 민상 Ⅲ-2, 1198).
3) 대결 1975. 10. 22. 75마332(공1976, 8801).

의한 압류등기를 한 압류채권자도 여기에 해당한다.[4)]

2. 채무자와 소유자(민사집행법 제90조 제 2 호)

채무자는 집행채무자를 가리킨다. 소유자는 경매개시결정의 기입등기 당시의 목적물 소유자를 말한다. 강제경매의 경우에는 통상 채무자와 소유자가 일치하나,[5)] 담보권 실행을 위한 임의경매의 경우에는 채무자와 소유자가 일치하지 않는 경우가 많다.

경매개시결정의 기입등기 후에 소유권이전등기를 한 사람은 여기의 소유자에 해당하지 않으나,[6)] 그 권리를 증명하면 후술(後述)하는 4.의 이해관계인이 된다.

3. 등기부에 기입된 부동산 위의 권리자(민사집행법 제90조 제 3 호)

등기부에 기입된 부동산 위의 권리자는 경매개시결정의 기입등기 당시에 이미 등기가 되어 등기부에 나타난 사람을 가리킨다.

용익권자(전세권자, 지상권자, 지역권자, 등기한 임차권자)[7)]나 담보권자(저당권자, 저당채권에 대한 질권자)가 이에 해당한다. 소유권이전에 관한 가등기권리자도 경매절차의 이해관계인으로 본다(가등기담보 등에 관한 법률 제16조 제 3 항).

또한 부동산의 공유지분의 경매시 다른 공유자도 이에 해당한다.[8)]

---

4) 한상호, "경매절차의 이해관계인", 재판자료 35집(1987), 590-591; 법원행정처, 법원실무제요 민사집행(Ⅱ)(2003), 79.

5) 가압류등기 후에 소유권이 이전되었는데, 가압류권자가 집행권원을 얻어 강제집행을 하는 경우에는 채무자와 소유자가 일치하지 않는다. 이 경우 소유자는 여기서 말하는 이해관계인이 된다. 법원행정처, 법원실무제요 민사집행(Ⅱ)(2003), 80.

6) 대결 1962. 5. 31. 4294민재항610(집10-2, 민422).

7) 박재승, "부동산경매절차에 있어서의 임차인의 지위", 사법논집 21집(1990), 480; 한상호(주4), 593-594.

8) 대결 1965. 7. 2. 65마520(요집 민상 Ⅲ-2, 1200); 대결 1998. 3. 4. 97마962(공1998

그러나 가압류권자는 이해관계인이 아니다.[9] 또한 가처분권자[10]나 예고등기권리자[11]도 이에 해당하지 않는다.

4. 부동산 위의 권리자로서 그 권리를 증명한 사람 (민사집행법 제90조 제 4 호)

이에 해당하는 사람으로는, 첫째, 경매개시결정 기입등기 이전에 당해 부동산에 대하여 등기 없이도 제 3 자에게 대항할 수 있는 권리를 취득한 사람[예컨대, 유치권자, 건물등기 있는 토지임차인(민법 제622조)[12] 등], 둘째, 경매개시결정 기입등기 후에 당해 부동산에 용익권이나 담보권의 설정등기를 하거나 소유권을 취득한 사람[13]을 들 수 있다. 그리고 주택임대차보호법상의 대항요건을 구비한 임차인도 이에 해당한다.

이들 권리자는 부동산 위에 그러한 권리를 가지고 있다는 것만으로는 이해관계인이 되지 못하고 경매법원에 자기가 그 권리를 가지고 있음을 스스로 신고하여야 비로소 이해관계인으로 취급된다.[14] 따라서

상, 1121).

다만, 누가 공유자가 되더라도 이해관계가 없다고 판단되는 공유관계, 예컨대, 아파트, 다세대주택, 또는 집단상가 등의 경우에는 그 부지의 공유자의 수가 많을 뿐만 아니라 누가 공유자로 되더라도 이해관계가 없는 것이 보통이므로 이해관계인으로 보지 않아도 무방할 것이다. 때문에 1990. 1. 13. 개정된 구(舊) 민사소송법 제649조 제 1 항 단서는 같은 취지에서 이런 공유자들에 대하여는 경매신청사실의 통지를 생략할 수 있도록 하였고, 현행 민사집행법도 마찬가지이다(민사집행법 제139조 제 1 항 단서).

9) 대결 1967. 11. 29. 67마1087(집15-3, 민343); 대결 1968. 5. 13. 68마367(집16-2, 민10); 대판 1999. 4. 9. 98다53240(공1999상, 845).

10) 대결 1994. 9. 30. 94마1534(공1994하, 2829).

11) 대결 1968. 1. 15. 67마1024(요집 민상 Ⅲ-2, 1202); 대결 1967. 10. 25. 67마947(집15-3, 민235).

12) 한상호(주4), 601; 법원행정처, 법원실무제요 민사집행(Ⅱ)(2003), 81.

13) 대결 1964. 9. 30. 64마525(전)(집12-2, 민129); 대판 1992. 2. 11. 91누5228(공1992, 1055).

14) 대결 1967. 1. 31. 66마1124(요집 민상 Ⅲ-2, 1201); 대결 1973. 9. 9. 73마129(집21-3, 민3); 대결 1986. 9. 24. 86마608(공1986, 221).

이들이 스스로 권리를 신고하지 아니하는 이상 경매법원이 다른 사유(예컨대, 집행관의 현황조사 결과나 다른 권리자가 제출한 등기부등본의 기재 등)로 그들의 존재를 알게 되었다 하더라도 이해관계인이 될 수 없다.

한편, 이들이 경매법원에 권리를 신고하여 이해관계인이 될 수 있는 종기는 매각결정기일이기 때문에, 매각허가결정이 선고된 후 항고를 제기하면서 비로소 그 권리를 신고한 사람은 이해관계인이 되지 못한다.15)

15) 대결 1980. 10. 15. 80마157(집28-3, 민139); 대결 1986. 9. 24. 86마608(공1986, 221); 대결 1994. 9. 13. 94마1342(공1994하, 2786).

제 2 절 이해관계인인 임차인

경매개시결정 전에 부동산 위에 임차권등기를 한 임차인은 민사집행법 제90조 제 3 호에 의하여 당연히 이해관계인이 되나,[1] 경매개시결정 후에 임차권등기를 한 사람은 등기부등본으로 그 권리를 경매법원에 증명하여야 이해관계인이 된다(동조 제 4 호).

임차권등기를 한 임차인에는 두 가지가 있다. 하나는 건물임대차보호법상의 임차권등기명령에 의하여 등기를 한 임차인이고, 다른 하나는 민법상의 임차권등기를 한 임차인이다.

임차권등기를 하지 않았더라도 건물임대차보호법상의 대항요건을 구비한 임차인도 경매법원에 그 사실을 신고하면 이해관계인이 된다.[2] 건물임대차보호법 소정의 소액임차인에 해당하는 사람이 그 사실을 신고하면 이해관계인이 됨은 물론이다.[3]

---

1) 윤 경, "경매(입찰)에서의 주택임차권등기권자의 지위", 법조 2000. 4., 19.

2) 대결 1995. 6. 5. 94마2134(공1995하, 2490).
박재승, "부동산경매절차에 있어서의 임차인의 지위", 사법논집 21집(1990), 480-481은 주택임대차보호법상의 대항요건을 구비한 임차인이 이해관계인으로 되기 위하여는 별도의 절차에 의하여 집행권원을 얻거나 가압류결정을 얻어 등기부에 기입되어야 한다고 하나, 찬성하기 어렵다.

3) 주택임대차보호법 제 8 조에 관한 질의회답(재민 84-10 예규) 문3.; 박해식, 주택임대차보호법 해설의 법률지식(2000), 344-345; 이상인, "주택임대차보호법 제 8 조의 소액보증금보호에 관련된 실무상 문제", 사법연구자료 16집(1989), 409-410; 지철수, "부동산경매절차에서 임차인의 지위와 그 보호에 관한 고찰", 사법연구자료 23집(1996), 291; 한상호, "경매절차의 이해관계인", 재판자료 35집(1987), 602.

이하에서는 건물임대차보호법상의 대항요건을 구비한 임차인에 관하여 먼저 고찰한 후 이어서 임차권등기를 한 임차인에 관하여 살펴본다.

Ⅰ. 건물임대차보호법상의 대항요건을 구비한 임차인

건물임대차보호법상의 대항요건을 구비한 임차인은 당해 주택이나 상가건물에 대하여 경매절차가 진행될 경우 매각허가결정 전까지 경매법원에 대항요건의 구비사실을 신고하면 경매절차의 이해관계인으로 된다. 이때 이해관계인이 되는 임차인은 건물임대차보호법의 규정에 따라 주택이나 상가건물을 인도받고 주민등록 또는 사업자등록을 마친 임차인이면 족하고, 여기에 더하여 건물임대차보호법 소정의 확정일자를 받은 임차인이거나, 소액임차인에 해당하여야 할 필요는 없다.[4)]

건물임대차보호법상의 대항요건을 구비한 임차인은, 임차권을 등기한 임차인과는 달리, 경매 대상 목적물이 주택이나 상가건물이어야 한다는 것, 임차권의 등기 대신 대항요건의 구비만으로 족하다는 것, 그리고 그 대항요건 구비사실을 반드시 경매법원에 신고하여야 한다는 것이 특징이다.

이하 경매절차의 이해관계인이 되는 임차인으로서 주택임대차보호법상의 대항요건을 구비한 임차인과 상가건물임대차보호법상의 대항요건을 구비한 임차인에 관하여 차례로 상세히 살펴본다.

한편, 오용호, "부동산경매와 임차권", 재판자료 36집(1987), 345 및 최종, "경매절차에 있어서 임차인", 사법논집 18집(1987), 431은 배당절차에 한하여 소액임차인을 이해관계인으로 인정한다.

4) 대결 1995. 6. 5. 94마2134(공1995하, 2490).

1. 주택임대차보호법상의 대항요건을 구비한 임차인

가. 「주택」의 임차인

여기서 주택이란 '주거용 건물'을 말한다(주택임대차보호법 제 2 조).

(1) 「주거용」(住居用)

(가) 주택임대차보호법은 기본적으로 국민의 "주거생활"의 안정을 보장함을 목적으로 하기 때문에, 그 적용범위를 「주거용」 건물에 국한하고 있다.[5] 따라서 사무실, 점포, 공장, 창고 등 「비주거용」 건물의 임차인은 여기에 해당하지 않는다.[6]

다만, 건물이 「주거용」이냐 「비주거용」이냐의 판단은 건물의 현황, 용도 등에 비추어 일상생활인 기와침식(起臥寢食)에 사용하느냐의 여부에 따라 실질적으로 판단하여야 하며, 등기부나 건축물관리대장 등 공부(公簿)상의 표시에 의하여 형식적으로 판단할 일이 아니다.[7] 따라서, 등기된 건물인지 여부[8] 또는 허가받은 건물인지 여부와는 전혀 무관하

5) 또한 비주거용 건물의 경우에는 주민등록에 의한 공시를 통한 대항력의 부여에 어려움이 있기 때문에 보호범위를 주택에 한정한 것이다(윤장근, "주택임대차보호법 해설", 법제 1981. 4., 45-46).

6) 이한길, "주택임대차보호법에 관한 소고", 입법조사월보 1987. 5., 42; 최 창, "주택임대차보호법상의 대항력에 관하여", 무등춘추 1호(광주지방변호사회 편)(1988), 44.

7) 대판 1987. 3. 24. 86다카823(공1987, 712).

8) 이에 관하여 판례는, 처음에는 "주택임대차보호법 제 8 조의 규정에 의해 건물이나 토지의 경락대금에서 우선변제를 받기 위해서는 그 임대차의 목적물인 주택에 관하여 그 임대차 후에라도 소유권등기가 거쳐져 경매신청의 등기가 되는 경우이어야 한다"고 하였으나[대판 2001. 10. 30. 2001다39657(공2001하, 2566). 이 판결에 대한 평석으로 윤 경, "미등기주택임차인의 우선변제권", Jurist 2002. 8., 55 이하 참조], 그 후 이 판례를 변경하였다.

즉, 대판 2007. 6. 21. 2004다26133(전)(공2007하,1080)은, 주택임대차보호법은 "주택의 임대차에 관하여 민법에 대한 특례를 규정함으로써 국민의 주거생활의 안정을 보장함을 목적으로 하고 있고(제 1 조), 주택의 전부 또는 일부의 임대차에 관하여 적용된다고 규정하고 있을 뿐 임차주택이 관할관청의 허가를 받은 건물인지, 등기를 마친 건물인지 아닌지를 구별하고 있지 아니하므로(제 2 조), 어느 건물이 국민의 주거생활의 용도로 사용되는 주택에 해당하는 이상 비록 그 건물에 관하여 아직 등기를 마치지 아니하였거나 등기가 이루어질 수 없는 사정이

며, 공부(公簿)상으로는 공장이나 사무실로 등재되어 있어도 내부구조를 주거용으로 변경하여 기와침식에 사용하고 있다면 「주거용」 건물에 해당하는 것으로 보아야 한다.9) 공부(公簿)상 업무시설이나 근린생활시설로 되어 있는 오피스텔도 실제로는 주거용으로 사용하고 있다면 역시 「주거용」 건물로 볼 것이다(다만, 주민등록을 하지 못하여 보호를 받지 못한다면 이는 별개의 문제이다).10)

다가구주택에서 옥상의 옥탑을 주거용으로 무단 용도변경하여 임대한 경우에, 불법용도변경으로 인하여 강제철거 등 행정상의 제재를 받는 것은 별론으로 하고 임차인이 실제 주거용으로 사용하는 이상 역

있다고 하더라도 다른 특별한 규정이 없는 한 같은 법의 적용대상이 된다고 해석함이 상당하다. …대항요건 및 확정일자를 갖춘 임차인과 소액임차인에게 우선변제권을 인정한 같은 법 제3조의2 및 제8조가 미등기 주택을 달리 취급하는 특별한 규정을 두고 있지 아니하므로, 위에서 본 대항요건 및 확정일자를 갖춘 임차인과 소액임차인의 임차주택 대지에 대한 우선변제권에 관한 법리는 임차주택이 미등기인 경우에도 그대로 적용된다고 보아야 할 것이다. 이와 달리 임차주택의 등기 여부에 따라 그 우선변제권의 인정 여부를 달리 해석하는 것은 합리적 이유나 근거 없이 그 적용대상을 축소하거나 제한하는 것이 되어 부당하고, 민법과 달리 임차권의 등기 없이도 대항력과 우선변제권을 인정하는 같은 법의 취지에 비추어 타당하지 아니하다. 다만, 소액임차인의 우선변제권에 관한 같은 법 제8조 제1항이 그 후문에서 '이 경우 임차인은 주택에 대한 경매신청의 등기 전에' 대항요건을 갖추어야 한다고 규정하고 있으나, 이는 소액보증금을 배당받을 목적으로 배당절차에 임박하여 가장 임차인을 급조하는 등의 폐단을 방지하기 위하여 소액임차인의 대항요건의 구비시기를 제한하는 취지이지, 반드시 임차주택과 대지를 함께 경매하여 임차주택 자체에 경매신청의 등기가 되어야 한다거나 임차주택에 경매신청의 등기가 가능한 경우로 제한하는 취지는 아니라 할 것이다. 대지에 대한 경매신청의 등기 전에 위 대항요건을 갖추도록 하면 입법 취지를 충분히 달성할 수 있으므로, 위 규정이 미등기 주택의 경우에 소액임차인의 대지에 관한 우선변제권을 배제하는 규정에 해당한다고 볼 수 없다. 따라서 종전에 미등기 주택 대지의 환가대금에 대한 소액임차인의 우선변제권에 관하여 이와 견해를 달리한 대법원 2001. 10. 30. 선고 2001다39657 판결은 이를 변경하기로 한다"고 판시하였다.

9) 김효석, 주택임대차분쟁의 해결(2005), 61-62; 박태영, "주택임대차보호법의 적용범위", 재판자료 32집(1986), 441; 이범주, "주택임차권의 대항력", 민사법의 제문제(방순원 고희 기념 논문집)(1984), 163; 이윤승, "주택임대차에 있어서 소액임차인의 보호", 사법논집 19집(1988), 151-152.

10) 박해식(주3), 74.

시 「주거용」 건물로 보아야 한다.[11] 연립주택과 같은 집합건물의 지하실이나 지하 주차장을 주거용으로 개조하여 임대한 경우에도 임차인이 실제 주거용으로 사용하는 이상 역시 「주거용」 건물로 보아야 할 것이나,[12] 이 경우에는 주민등록과 관련하여 과연 대항요건을 구비한 것으로 보아 보호할 것이냐 하는 문제가 남는바, 이에 관하여는 후술(後述)한다.

(나) 건물이 「주거용」이냐 아니냐의 여부를 판단하는 기준시점은 원칙적으로 임대차계약 체결시이다.[13] 따라서 비주거용 건물을 임차하여 사용 중에 임차인이 임의로 개조하여 주거용으로 사용하는 경우에는 여기에 해당하지 않는다.[14] 다만, 본래 「비주거용」 건물이었으나 당초 소유자(임대인)와의 임대차계약시 「주거용」으로 개조하여 사용하기로 합의하여 그렇게 개조, 사용하고 있다면 국민의 주거생활의 안정을 보장한다는 주택임대차보호법의 입법취지에 비추어 볼 때 개조 후부터는 「주거용」 건물로 봄이 합당할 것이다.[15] 근린생활시설인 건물에 근저당권을 설정한 후 「주거용」 으로 개조하여 임대한 경우에도 임대차계약 당시는 「주거용」이므로 주택임대차보호법의 적용을 받는다고 볼 것이다.[16]

---

11) 김효석(주9), 62; 장동구, "주택임대차보호법의 문제점과 개선방안에 관한 연구", 건국대학교 석사학위 청구 논문(2008), 53.

12) 서울지법판 2001. 4. 26. 2000나59219,59226(미간행).

13) 고상룡, "주택임차법 2조의 「겸용주택」이란 의미(하)", 법률신문 1985. 9. 16., 11; 사법연수원, 주택임대차보호법—상가건물임대차보호법 해설 포함(2008), 3; 오용호(주3), 349-350; 이윤승(주9), 152; 장동구(주11), 48-49; 지철수(주3), 306. 대판 1986. 1. 21. 85다카1367(집34-1, 민20).

14) 박태영(주9), 441; 서울지방법원 신청・집행실무연구회, 신청・경매(입찰)의 실무(2000), 305; 대판 1986. 1. 21. 85다카1367(집34-1, 민20).

15) 강신중, "집행절차에 있어서의 주택임차인의 지위", 재판자료 71집(1996), 454; 고규정, "기존채권 회수를 목적으로 한 주택임대차계약의 효력", 판례연구 14집(부산판례연구회편)(2003), 482-483; 김명섭, "임대차계약 체결 목적에 의한 주택임대차보호법 적용범위 제한 여부", 부동산소송 3집(서울지방법원 편)(2003), 178-179.

16) 이러한 건물의 소액임차인이 저당권자에 우선하느냐 여부가 주로 문제되는바, 이를 긍정할 것이다. 동지(同旨) : 광주지법판 2008. 6. 4. 2007가단92273(각공

역(逆)으로, 본래 「주거용」 건물인 것을 임대차계약시 「비주거용」으로 개조하여 사용하기로 합의하여 그렇게 사용하고 있다면 이때는 「비주거용」 건물로 보아야 할 것이다.

(다) 주택임대차보호법을 처음 제정할 당시에는 「주거용」 건물의 임대차에 관하여만 동법을 적용하였던 것을, 1차 개정(1983. 12. 30.) 때 그 범위를 확대하여 임차주택의 일부가 주거 외의 목적으로 사용되는 경우, 이른바 「겸용건물」의 임대차에도 주택임대차보호법을 적용하는 것으로 하였다(동법 제2조 후문). 우리나라의 건물 구조상 거주 겸 영업용의 겸용건물을 임대차하는 경우를 많이 볼 수 있는데,[17] 이러한 겸용건물의 임대차가 주택임대차보호법에 의한 보호대상이 되는가를 둘러싸고 동법의 제정 당시부터 논란이 있었는바, 1차 개정시 위와 같은 건물도 주택임대차보호법의 적용대상으로 하여 보호하여야 한다는 각계의 의견[18]에 따라 주택임대차보호법의 적용대상에 포함시킨 것이다.

그러나 그렇다고 문제가 다 해결된 것은 아니다. 왜냐하면 어느 정도의 「겸용건물」, 다시 말해 임차주택의 어느 정도의 일부가 비주거용인 경우에 주택임대차보호법의 적용대상으로 삼을 것인가 하는 문제가 여전히 남아 있기 때문이다. 이에 관하여는 다음과 같이 견해가 대립한다. 즉,

첫째, 임차주택을 전체적으로 볼 때 주거용 부분이 주가 되고 비주거용 부분은 부수적으로 사용하는 경우에는 이를 「주거용」 건물로 보아 주택임대차보호법을 적용하고, 그 반대의 경우는 적용을 배제하여야 한다는 견해,[19]

2008하, 1167).

17) 예컨대, 1층은 점포로 사용하면서 2, 3층에서 주거생활을 한다든지, 방 한 칸이 딸린 구멍가게를 임차하여 영업을 하면서 그 방에서 주거생활을 하는 경우 등. 다만, 근래에 많이 등장하는 이른바 주상복합건물의 경우는 상가용과 주거용이 대개 구분소유의 대상으로 되므로 문제가 되지 아니한다.

18) 법무부, 민사법개정시안에 대한 각계의견서(1982), 19 이하.

둘째, 임차주택의 주거용 부분과 비주거용 부분을 대비하여 비주거용 부분의 면적이 작을 경우에만 임차주택의 일부가 주거 외의 목적으로 사용되는 경우에 해당한다고 보아 주택임대차보호법을 적용하여야 한다는 견해,[20]

셋째, 임차주택 중 비주거용 부분의 광협을 불문하고 임차인이 그 건물의 일부에서 일상생활을 영위하는 한 주택임대차보호법을 적용하여야 한다는 견해,[21]

넷째, 임차주택의 전면적 중 주거용 부분과 비주거용 부분을 형식적으로 대비할 것이 아니라, 임차인의 주거생활의 안정을 보장하는 데 중점을 두고 임대차의 목적 기타 개별적, 구체적 상황을 참작하여 일부의 개념을 정해야 한다는 견해[22]

등이 그것이다.

위 4가지의 견해를 검토하여 보면, 둘째 견해가 간명하기는 하나 너무 형식논리적이며 독일의 구(舊) 임차인보호법에서와 같은 명문의 규정이 없는 한 쉽게 찬성하기 어렵고, 셋째 견해는 임차건물의 대부분이 비주거용이고 주거용은 극히 일부인 경우에도 주택임대차보호법

19) 김경수, "주택임대차보호법의 개선방안에 관한 소고", 경희대학교 석사학위청구논문(2002), 58; 박태영(주9), 447; 이건호, "주택임대차보호법 개정시안의 문제점", 대한변호사협회지, 1982. 10., 22-23; 이영대, "주택임차권의 대항력", 제15기 사법연수생논문집(1985), 61; 최신섭, "주택임대차보호법상 대항력의 유지", 법학연구 4집(인하대학교 법학연구소 편)(2001), 238; 하경일, 실무 경매와 주택임대차보호법(1987), 181.

20) 독일의 구(舊) 임차인보호법(Mieterschutzgesetz, 1923)이 취한 견해로서, 한국민사법학회, 민사법개정의견서(1982), 85(김학동)는 이 입장으로 보인다.

21) 고상룡, "주택임대차보호법의 문제점과 그 개선방안", 민사법학 4, 5호(합병호)(1985), 216; 이범주(주9), 164; 이상인(주3), 414; 조종현, "주택임차권의 주거보호", 민법학의 현대적 과제(고창현 회갑 기념 논문집)(1987), 452.

22) 권영상, "주택임차인의 대항력, 우선변제권", 창원지방변호사회지(창간호) (1995), 160-161; 박재승(주2), 481-482; 배용범, "주택임대차보호법상의 대항력(Ⅰ)", 법률신문 1987. 5. 4., 12; 윤천희, 개정주택임대차보호법 해설(1984), 12; 이윤승(주9), 152-153; 이진강, 주택임대차보호법령 · 가등기담보 등에 관한 법률 해설(증보판)(1985), 29.

을 적용하게 되어, "임차주택의 일부가 주거 외의 목적으로 사용되는 경우"라는 동법 제2조 후문의 법문의 표현에 비추어 지나친 해석으로 보이며, 넷째 견해는 너무 추상적이라 실제 문제의 해결에는 어려움이 있다. 결국 첫째 견해가 가장 무난하다고 생각되어 이에 찬동한다.[23]

다만 이처럼 첫째 견해를 따를 경우 또 다른 문제가 있으니, 「주거용」, 「비주거용」의 주종을 구별하기가 어려울 때는 어찌할 것인가 하는 점이다. 생각건대, 주종관계를 구별하기 어려울 정도로 「주거용」의 비중이 크다면 임차인 보호의 견지에서 주택임대차보호법의 적용대상에 포함시키는 것이 옳을 것이다.[24]

또한 첫째 견해에 의할 경우에도, 주택임대차보호법이 임차주택의 일부를 주거 외의 목적으로 사용하는 경우에까지 그 적용범위를 확대한 것은 임차인의 주거생활의 안정을 사회법적인 차원에서 보호하고자 하는 데 그 취지가 있다는 것을 고려하여, 구체적인 경우에 따라 그 임대차의 목적, 전체 건물과 임대차목적물의 구조와 형태 및 임차인의 임차목적물의 이용관계 그리고 임차인이 그 곳에서 일상생활을 영위하는지 여부 등을 아울러 고려하여 주택임대차보호법의 적용 대상 여부를 합목적적으로 결정하여야 할 것이다.[25]

---

23) 독일에서도 주거공간의 임대차(Wohnraummiete)는 민법상의 사회적 조항(soziale Klausel)을 비롯한 차임규제법(Gesetz zur Regelung der Miethöhe) 등 각종의 임차인 보호 법률에 의하여 보호를 받는바, 임대차 목적물이 주거용과 비주거용의 겸용(Mischräume)인 경우 그 주된 사용공간이 주거용이냐 아니냐에 따라 임차인 보호 법률의 적용 여부를 결정한다. Köhler/Kossmann, Handbuch der Wohnraummiete, 4 Aufl.(1995), s. 3. 또한 Schmidt-Futterer, Mietrecht Kommentar, 9 Aufl.(2007), vor §535 Rdnr. 98 참조.

24) 김효석(주9), 69.

25) 판례도 이러한 입장을 취하고 있다.

대판 1987. 4. 28. 86다카2407(공1987, 886)은, 건물이 당초부터 여관, 여인숙의 형태로 건축되었고, 임차인이 여인숙을 경영할 목적으로 이를 임차하여 방 10개 중 현관 앞의 방을 내실로 사용하면서 여관, 여인숙이란 간판을 걸고 여인숙업을 경영한 경우에, 위 내실부분은 주택임대차보호법상의 주거용 건물에 해당하지 아니한다고 하였고, 대판 1993. 10. 8. 93다25738(공1993, 3047)은, 지하 1층, 지상

(2) 건 물

(가) 「건물」은 사회통념상 '건물'이라고 판단되는 것인 이상, 그 종류나 구조가 어떠하냐를 묻지 아니한다. 본건물이든 부속건물이든, 관할관청의 허가를 받은 건물이든 그렇지 아니한 무허가건물이든,[26] 등기가 된 건물이든 미등기건물이든 상관없다.

(나) 주거용 건물의 「전부」에 대한 임차인뿐만 아니라 그 「일부」에 대한 임차인도 이해관계인에 해당한다.

다만, 이 경우 그 일부가 독립성을 지녀야 하는가가 문제된다. 처음부터 일부의 임대를 예상하고 출입구, 화장실, 부엌 등을 따로 마련하고 있는 경우는 더 말할 것도 없이 주택임대차보호법의 적용대상이 되고, 따라서 경매절차의 이해관계인이 된다 할 것이나, 문제는 방 한두 칸을 임차하여 위와 같은 시설들을 공동으로 사용하는 경우이다. 그러나 이러한 영세임차인이야말로 보호의 필요성이 가장 강력히 요구되는 계층이고, 주택임대차보호법 제 8 조가 규정하는 소액보증금의 보호는 주로 이러한 임대차에서 위력을 발휘할 수 있다는 점을 고려

3층의 건물로서 당초부터 지하 1층 지상 1, 2층은 근린생활시설로, 지상 3층은 주택용도로 건축되었고, 사무실로 사용되어 온 지상 2층을 임차인이 임차하여 그 중에서 조그마한 방 두 개를 제외한 거의 대부분을 식당으로 사용한 경우에 주택임대차보호법상의 주거용 건물이 아니라고 하였는바, 이들은 기본적으로 첫째 견해를 따른 것으로 보인다.

그런데 한편, 대판 1988. 12. 27. 87다카2024(공1989, 224)은 "…건물의 일부가 임대차의 목적이 되어 주거용과 비주거용으로 겸용되는 경우에는 구체적인 경우에 따라 그 임대차의 목적, 전체 건물과 임대차 목적물의 구조와 형태 및 임차인의 임대차 목적물의 이용관계 그리고 임차인이 그 곳에서 일상생활을 영위하는지 여부 등을 아울러 고려하여 합목적적으로 결정하여야 할 것이다. … 위 법조(주택임대차보호법 제 2 조: 저자 주)의 후단 규정이 반드시 주된 목적이 주거용에 있는 주거용 건물의 일부가 주거 이외의 목적으로 사용되는 경우만을 대상으로 하는 것은 아니라고 할 것"이라고 판시하였고, 그 후에도 같은 취지의 판례들이 이어지고 있다. 대판 1995. 3. 10. 94다52522(공1995상, 1594); 대판 1996. 5. 31. 96다5971(미간행)[이 판결에 대한 평석으로 이종오, "주거 및 비주거용으로 겸용되는 건물에 대한 주택임대차보호법의 적용", 대법원판례해설 25호(1996), 228 이하 참조]; 대판 1996. 3. 12. 95다51953(공1996상, 1253) 등.

26) 최 종(주3), 433.

한다면, 이러한 임차인도 이해관계인으로 취급하는 것이 타당하다 할 것이다.[27]

나. 주택의 「임차인」

(1) 이해관계인은 주택의 "임차인"에 한한다. 따라서 주택의 사용차주는 여기에 해당하지 않는다.

임대차와 사용대차의 구별은 차주가 대차 목적물의 사용수익에 대한 대가로서 대주에게 반대급부를 제공하느냐의 여부에 의하는바, 반대급부가 반드시 금전일 필요는 없으나, 그 급부의 가치 정도, 대주와 차주의 인적 관계 등 제반사정을 고려하여 볼 때 그러한 급부 때문에 대차관계가 이루어진 것으로 판단되어야 한다.[28] 설사 반대급부가 제공되더라도, 그것이 예컨대 건물에 대한 공조공과금을 부담하는 정도에 불과한 것과 같이 대가로서의 의미를 지니지 못하여 대차관계가 반대급부보다는 인적 관계에 치중하여 이루어진 것이라면 임대차로 보기 어렵다.

이와 관련하여 문제되는 것이 이른바 사택의 이용관계이다. 사택은 사용자가 자기가 고용하고 있는 종업원에게 주거용으로 제공하는 주택을 말한다. 사택은 그 거주자가 종업원의 지위에서 제공을 받는 것이기 때문에 사용료가 대체로 저렴하며, 해고나 퇴직 등의 사유로 종업원의 지위를 상실한 때에는 곧바로 반환하기로 하는 약정(명시적이든 묵시적이든) 아래 이용관계가 설정되는 것이 보통이다. 이러한 사택의 이용자를 임차인으로 볼 것이냐 아니면 사용차주로 볼 것이냐는 매우 어려운 문제이다. 한 마디로 사택이라 하여도 그 형태가 기숙사, 독신자숙소, 단독주택, 아파트, 연립주택 등 다양하고, 사택의 사용료도 완전 무상에서부터 적게는 사택에 부과되는 공조공과 상당액, 많

27) 박태영(주9), 443; 이범주(주9), 166; 이진강(주22), 29.

28) 박태영(주9), 451.

게는 일반사회에서의 차임 상당액에 이르기까지 다양하기 때문에, 사택의 이용관계를 일률적으로 정하는 것은 사실상 불가능하다. 결국 사택의 이용관계가 고용관계에 완전히 흡수되어 있느냐의 여부, 수인이 1실을 공동으로 사용하느냐 아니면 각자 독자적으로 사용하느냐의 여부, 사용료의 다과 등을 종합적으로 고려하여 임차인인 여부를 판단하는 수밖에 없다.29)

(2) 주택임대차보호법은 주택의 「임대차」에 국한하여 적용된다(동법 제 2 조). 따라서 비록 주택의 등기하지 아니한 전세계약 즉, 이른바 "채권적 전세"도 일종의 임대차라고 보는 것이 통설, 판례이기는 하지만, 보기에 따라서는 일반적인 임대차와는 구별되므로 채권적 전세에는 주택임대차보호법이 적용되지 아니하고, 그 결과 그러한 전세입자는 여기의 이해관계인이 아니라는 해석론이 불가능한 것만은 아니다.

이에 1983. 12. 30. 1차 개정시 주의적 규정으로 주택임대차보호법 제12조를 신설하여 주택의 등기하지 아니한 전세계약에도 주택임대차보호법을 준용한다고 규정함으로써 논란의 여지를 없앴다.

한편, 이와 관련하여 인도와 주민등록에 의하여 대항요건을 구비한 채권적 전세임차인이 다시 전세권등기를 하면 그 후로는 물권자인 전세권자로서만 보호를 받고 주택임대차보호법에 의한 보호는 받지 못하는가 하는 문제가 있다. 이에 관하여 판례는,

> "국민의 주거생활의 안정을 기하기 위하여 제정된 주택임대차보호법의 입법취지를 볼 때, 위 법 제12조(미등기전세에의 준용)로 「이 법은 주택의 등기하지 아니한 전세계약에 이를 준용한다」고 규정한 것은, 이 법을

29) 박태영(주9), 459; 이범주(주9), 166.
이에 대하여 고상룡, 주석민법-채권각칙(3)(제 3 판)(1999), 508은 사택이 고용계약을 전제로 한 것인가를 고려하여, 고용계약과는 전혀 관계없는 별개의 독립된 주택사용관계의 존부에 따라 임차인 해당 여부를 결정하여야 한다고 하나, 고용계약과는 전혀 관계없는 주택사용관계라면 이는 애당초 사택의 이용관계 문제에 해당하지 아니할 것이므로 동어반복에 지나지 않는다 할 것이다.

> 주택의 등기하지 아니한 전세계약에 확장 적용한다는 취지이지 … 건물 소유자와 전세계약을 맺고 주민등록을 하여 주택임대차보호법에 의한 대항력을 갖춘 입주자라도 그 후 전세권설정등기를 하면 위 법의 보호 대상에서 배제한다는 취지는 아니라고 할 것이다"

라고 판시하였다.[30] 타당한 판시이다.

(3) 임대차계약을 반드시 주택의 소유자와 체결할 필요는 없다. 주택임대차보호법이 적용되는 임대차는 반드시 임차인과 주택의 소유자인 임대인 사이에 임대차계약이 체결된 경우에 한정된다고 할 수는 없고, 주택의 소유자는 아니지만 주택에 관하여 적법하게 임대차계약을 체결할 수 있는 권한(적법한 임대권한)을 가진 임대인과 임대차계약을 체결한 경우도 포함된다.[31] 나아가, 매매계약으로 소유권을 취득하였다가 계약해제로 인하여 소유권을 상실하게 된 임대인으로부터 그 계약이 해제되기 전에 주택을 임차받아 주택의 인도와 주민등록을 마침으로써 같은 법 소정의 대항요건을 갖춘 임차인은 등기된 임차권자와 마찬가지로 민법 제548조 제 1 항 소정의 제 3 자에 해당한다고 봄이 상당하고, 따라서 임대인의 임대권원의 바탕이 된 계약의 해제에도 불구하고 주택임대차보호법 제 3 조 제 1 항에 의하여 자신의 임차권을 새로운 소유자에게 대항할 수 있다.[32] 뿐만 아니라, 매매계약의 이행으로 매매목적물을 인도받은 매수인은 그 물건을 사용·수익할 수 있는 지위에서 그 물건을 타인에게 적법하게 임대할 수 있으므

---

30) 대판 1993. 11. 23. 93다10552,10569(공1994, 170). 동지(同旨): 대판 2002. 11. 8. 2001다51725(공2003상, 19).

31) 대판 1995. 10. 12. 95다22283(공1995, 3733); 대판 1999. 4. 23. 98다49753(공1999상, 1005). 두 판결 모두 명의신탁자와 임대차계약을 체결한 사건에 관한 것이다.

32) 대판 1996. 8. 20. 96다17653(공1996하, 2788); 대판 2003. 8. 22. 2003다12717(공2003하, 1921)[이 판결에 관한 평석으로 민유숙, "매매계약의 해제와 임대인 지위의 승계", 대법원판례해설 46호(2004), 616 이하 및 양창수, "2003년 민사판례 관견", 인권과 정의 2004. 4., 69 이하 참조].

로,[33] 이러한 지위에 있는 매수인이라면 그가 소유권을 취득하지 않았다 하더라도 그로부터 매매계약이 해제되기 전에 매매목적물인 주택을 임차받아 주택의 인도와 주민등록을 마치면 주택임대차보호법 소정의 보호를 받게 된다.[34]

반면, 처분금지가처분이 경료된 주택에 관하여 소유권이전등기를 마친 임대인으로부터 주택을 임차하고 대항요건을 구비하였는데, 그 후 가처분권자의 본안승소판결로 인하여 임대인의 소유권이전등기가 말소되면 주택의 임차인은 주택임대차보호법상의 보호를 받지 못한다. 그의 임대차가 결국 당초 권한 없는 자와 체결한 부적법한 것이었기 때문이다.[35]

(4) 임대차는 진정하여야 하며 단순히 임대차의 외관만을 구비한 경우에는 주택임대차보호법상의 보호를 받지 못한다.[36]

이와 관련하여 대법원 2001. 5. 8. 선고 2001다14733 판결[37]은

"주택임대차보호법의 입법목적은 주거용 건물에 관하여 민법에 대한 특

---

33) 대판 1971. 3. 31. 71다309,310 판결(집19-1,민300).

34) 대판 2008. 4. 10. 2007다38908,38915(공2008하, 1107).

다만, 주택 매매계약에 부수하여 매매대금 수령 전에 매수인에게 임대 권한을 부여한 경우에 그것이 매매계약의 해제를 해제조건으로 한 것이라면 매수인으로부터 주택을 임차한 임차인이 주택임대차보호법상의 대항요건을 구비하였다 하더라도 그 후 매매계약이 해제된 경우 임차인은 매도인에게 대항할 수 없다[대판 1995. 12. 12. 95다32037(공1996상, 374)].

이에 대하여 김학동, "미등기매수인과 맺은 주택임대차의 대항력", 민법학의 현대적 양상(서 민 정년 기념 논문집) (2006), 300-301은 매수인이 소유권을 취득한 경우에 한하여 대항력을 인정하여야 한다고 주장한다.

35) 법원도서관, 민사집행법실무연구(재판자료 109집)(2006), 79-80.

36) 대판 2000. 4. 21. 99다69624(공2000상, 1240); 대판 2001. 3. 23. 2000다53397(공2001상, 968); 대판 2003. 7. 22. 2003다21445(공2003하, 1777); 대판 2005. 5. 13. 2003다50771(공2005상, 935) 참조.

37) 공2001하, 1362.

이 판결에 대한 평석으로 고규정(주15), 467 이하 및 남해광, "주택임대차보호법상의 소액임차인과 관련하여", 재판실무연구 2003(광주지방법원 편) (2004), 77 이하 참조.

례를 규정함으로써 국민의 주거생활의 안정을 보장하려는 것이고(제1조), 주택임대차보호법 제8조 제1항에서 임차인이 보증금 중 일정액을 다른 담보물권자보다 우선하여 변제받을 수 있도록 한 것은, 소액임차인의 경우 그 임차보증금이 비록 소액이라고 하더라도 그에게는 큰 재산이므로 적어도 소액임차인의 경우에는 다른 담보권자의 지위를 해하게 되더라도 그 보증금의 회수를 보장하는 것이 타당하다는 사회보장적 고려에서 나온 것으로서 민법의 일반규정에 대한 예외규정인바, 그러한 입법목적과 제도의 취지 등을 고려할 때, 채권자가 채무자 소유의 주택에 관하여 채무자와 임대차계약을 체결하고 전입신고를 마친 다음 그곳에 거주하였다고 하더라도, 실제 임대차계약의 주된 목적이 주택을 사용 수익하려는 것에 있는 것이 아니고, 실제적으로는 소액임차인으로 보호받아 선순위 담보권자에 우선하여 채권을 회수하려는 것에 주된 목적이 있었던 경우에는 그러한 임차인을 주택임대차보호법상 소액임차인으로 보호할 수 없다"

고 판시하였다.

즉, 거주하지도 않으면서 임대차를 가장하는 경우뿐만 아니라, 실제 임대차계약을 체결하고 거주한다 하더라도 임대차의 주된 목적이 주택의 사용 수익이 아니라 채권의 회수에 있는 것이라면 그러한 임대차는 주택임대차보호법의 보호를 받지 못한다는 것이다.[38] 이는 주택임대차보호법이 민법의 특례를 규정하는 법률인 만큼 이를 탈법적으로 악용하는 것을 막겠다는 취지이다. 판지(判旨)에 찬성한다.[39]

(5) 주택의 임차인이라 하더라도 그가 단순히 일시사용을 위한 자일 때에는 이해관계인에 해당하지 아니한다. 이러한 임대차에는 주택임대차보호법이 적용되지 않기 때문이다(주택임대차보호법 제11조).

---

38) 동지(同旨) : 대판 2002. 3. 12. 2000다24184,24191(공2002상, 845)[이 판결에 대한 평석으로 고규정(주15), 467 이하 및 김명섭(주15), 159 이하 참조]; 대결 2005. 8. 8. 2005마524(미간행); 대판 2007. 12. 13. 2007다55088(미간행).

39) 반대 : 김명섭(주15), 182는 임대차의 주된 목적이 주택의 사용·수익이 아니라 채권의 회수 및 담보에 있다 하더라도 임차인이 실제로 거주한다면 주택임대차보호법의 보호를 받아야 한다고 한다.

다. 대항요건의 구비

(1) 개 설

주택의 임차인은 등기 없이도 인도와 주민등록만으로 제 3 자에 대하여 자기의 임차권을 주장할 수 있다(주택임대차보호법 제 3 조 제 1 항). 임대차는 채권계약이기 때문에 원칙적으로 등기하여야 대항력이 생기는 것이 민법상의 기본원칙인데(민법 제621조), 임대인의 우월적인 지위 등의 사유로 인하여 그러한 등기가 잘 행하여지고 있지 아니한 거래실정을 고려하여, 주택임대차보호법은 등기 없이도 인도와 주민등록만으로 임대차에 대항력을 부여하고 있는 것이다.

외국의 입법례로는, 독일 민법 제566조 제 1 항이 "임대인이 임대한 주거공간을 임차인에게 인도한 후 이를 제 3 자에게 양도한 때에는 양수인은 그의 소유권이 존속하는 동안 임대차관계로부터 발생하는 권리의무에 관하여 임대인의 지위를 갖는다"고 하고 있고, 프랑스 민법 제1743조가 "임대인이 임대물을 매도한 경우에 매수인은 공정증서 또는 정확한 일부가 있는 증서에 의하여 임대차계약을 체결한 농지임차인 또는 주택임차인에 대하여 인도청구를 할 수 없다.

다만, 임대차계약시 임대인이 권리를 유보한 때에는 그러하지 아니하다"고 하고 있으며, 일본 차지차가법(借地借家法) 제31조 제 1 항이 "건물의 임대차는 등기를 하지 않더라도 건물을 인도받은 때에는 그 후 건물에 관하여 물권을 취득한 자에 대하여 효력이 생긴다"고 하고 있다.[40)]

(2) 인 도

인도는 점유의 이전을 말하며, 현실의 인도뿐만 아니라 민법상 점유의 이전 방법으로 인정되는 간이인도, 목적물반환청구권의 양도

---

40) 뉴질랜드의 주택임대차법(1986)도 주택의 인도만으로 임차권이 대항력을 취득한다고 한다. 윤기택, "뉴질랜드의 임대차법에 관한 연구(주택 임대차를 중심으로)", 민사법학 28호(2005), 358.

에 의한 인도, 점유개정에 의한 인도 등을 모두 포함한다.[41] 점유개정에 의한 인도는 제외하여야 한다는 견해[42]도 있으나, 인도 이외에 주민등록을 또 하나의 대항요건으로 하는 현행 주택임대차보호법상으로는 이를 제외시킬 이유가 없다고 본다.[43] 다만 점유개정에 의한 인도의 경우에는 주민등록이 이미 임차인 앞으로 되어 있는 상태이므로 후술(後述)하는 바와 같이 그 주민등록이 이제는 소유자로서의 주민등록이 아니라 임차인으로서의 주민등록임을 표상할 수 있어야 한다.

목적물반환청구권의 양도에 의한 인도도 제외하는 견해[44]가 있으나, 역시 그럴 이유가 없다.[45]

(3) 주민등록

(가) 제도적 의의

1) 주택임대차보호법 제3조 제1항은 주택임대차의 대항요건으로서 주택의 인도 외에 임차인의 주민등록을 요구한다.[46] 외국의 입

---

41) 고상룡, "주택임대차보호법 중 대항력 등의 제문제", 법률신문 1981. 6. 29., 4; 고용철, "주택임대차보호법에 관한 연구", 충남대논문집 16권(1988. 12.), 388; 김성만, "소액임차보증금의 우선변제권에 있어서의 문제점", 판례월보 1985. 12., 40; 윤천희, 신주택임대차보호법(1981), 80; 이범주(주9), 170 ; 이영대(주19), 70; 임병현, "주택임대차보호법에 관한 소고", 법정논총 23집(중앙대학교 편)(1983. 12.), 137; 조영황, "주택임대차보호법 축조해설", 사법행정 1984. 6., 100; 조용완, "임대차의 대항력", 재판자료 32집(1986), 468.

42) 박재승(주2), 481-482; 오용호(주3), 359; 이상인(주3), 423; 이윤승(주9), 159; 이은영, "주택임대차보호법의 개정에 관한 연구", 법조 1982. 4., 20; 이진강(주22), 36; 이한길(주6), 43; 지철수(주3), 309; 하경일(주19), 340.

43) 강신중(주15), 455-456; 권영상(주22), 162-163; 김효석(주9), 113; 문용선, "대항력 없는 종전 임차인과 낙찰인이 체결한 임대차계약상의 임차권의 대항력 발생시기", 민사판례연구(XXVI)(2004), 196; 박해식(주3), 127; 성순화, "건물임대차에 대한 연구", 명지대학교 석사학위 청구 논문(2005), 40; 유원규, "주택임차권의 공시방법", 21세기 한국 민사법학의 과제와 전망(송상현 회갑 기념 논문집)(2002), 216; 조용완(주41), 468; 최 창(주6), 47; 대판 1999. 4. 23. 98다32939(공1999상, 993).

44) 이윤승(주9), 159; 하경일(주19), 340.

45) 박해식(주3), 125.

46) 주민등록은 적법한 것이어야 함은 물론이다. 주택임차인에의 대항력 부여는 다른 이해관계인을 희생하면서까지 임차인의 안정된 주거생활을 보호하려는 사회정책적인 배려인바, 이러한 특별보호를 실제 거주하지 않으면서 주민등록만 허

법례[47]에서는 찾아볼 수 없는 특이한 요건이다. 즉, 인도와 주민등록이 합쳐져서 주택임대차의 등기와 같은 공시방법이 되는 것인데, 인도가 공시방법으로 불완전하다는 데서 주민등록을 추가한 것이다.

동산 거래의 공시방법인 인도를 부동산 거래인 주택의 임대차에 도입한 것은 임차인의 보호를 위한 것인데, 임대차의 내용이 완전하게 공시되는 임차권등기와는 달리 인도에는 임대차의 내용이 공시될 수 없어 공시방법으로 불완전하다. 때문에 임차인의 주민등록을 요구함으로써 적어도 임차인의 이름과 전입일(대항력의 발생시기를 정하는 기준이 된다)만큼은 공부(公簿)인 주민등록표에 의하여 공시가 되는 것이고, 그만큼 거래의 안전을 도모할 수 있는 것이다. 바로 이 점이 주택임대차의 대항요건으로 주민등록을 요구한 입법이유이다.[48]

따라서 주민등록의 대상이 되지 아니하는 자(대한민국 국민 중에서 해외이주를 포기하지 아니한 해외이주자. 주민등록법 제 6 조 제 3 항, 해외이주법 제 2 조)는 주택임대차보호법에 의한 대항력을 취득할 수 없다.

법인도 주민등록이 불가능하므로 원칙적으로 주택임대차보호법에 의한 보호를 받을 수 없다.[49] 그런데, 사회취약계층 내지 저소득층의

위로 하고 있는 임차인에게 부여하는 것은 옳지 않기 때문이다. 동지(同旨) : 이범주(주9), 169.

47) 외국의 입법례에 관하여는 고상룡, "전세제도의 재검토", 현대 민법학의 제문제(김증한 회갑 기념 논문집)(1981), 340 이하; 김학동, "독일에서의 임차인보호법 및 차임법", 법조 1982. 4., 34 이하 및 동, "독일에서의 주택임대차보호법의 변천", 사법행정 1982. 3., 21 이하 ; 윤기택(주40), 339 이하; 이상혁, 부동산임대차의 현대적 법리(1987), 198 이하 등 참조.

48) 윤천희(주41), 83.
주민등록의 공시기능에 회의적인 견해로는 김진현, "우리 주택임대차 제도의 문제점에 관한 비교법적 연구", 민사법학 13 · 14호(1996), 394-397; 김효석(주9), 116; 유원규(주43), 218-219 참조.

49) 대판 1997. 7. 11. 96다7236(공1997하, 2469) : 주택 임차인이 주택임대차보호법 제 3 조의2 제 1 항 소정의 우선변제권을 주장하기 위하여는 같은 법 제 3 조 제 1 항 소정의 대항요건과 임대차계약증서상의 확정일자를 갖추어야 하고, 그 대항요건은 주택의 인도와 주민등록을 마친 때에 구비된다 할 것인바, 같은 법 제 1 조는 "이 법은 주거용 건물의 임대차에 관하여 민법에 대한 특례를 규정함으로써 국민의 주거생활의 안정을 보장함을 목적으로 한다"라고 규정하고 있어 위 법이 자연

주거생활안정을 위해 전세임대주택을 지원하는 법인이 주택을 임차하는 경우에는 주택임대차보호법에 의한 보호를 함으로써 전세임대주택의 공급을 원활하게 할 필요성이 그 동안 제기되어 왔는바, 2007. 8. 3. 주택임대차보호법을 개정(법률 제8583호)하여 이를 규정하기에 이르렀다. 이에 따르면, 국민주택기금을 재원으로 하여 저소득층의 무주택자에게 주거생활안정을 목적으로 전세임대주택을 지원하는 법인이 주택을 임차한 후 지방자치단체의 장 또는 해당 법인이 선정한 입주자가 그 주택에 관하여 인도와 주민등록을 마친 때에는 주택임대차보호법상의 보호(대항력과 우선변제권의 인정)를 받을 수 있다(제 3 조 제 2 항, 제 3 조의2 제 2 항). 이에 해당하는 법인으로는 현재 대한주택공사법에 따른 대한주택공사와 지방공기업법 제49조에 따라 주택사업을 목적으로 설립된 지방공사가 있다(주택임대차보호법시행령 제 1 조의2).[50]

외국인은 주민등록의 대상은 되지 아니하나(주민등록법 제 6 조 제 1 항 단서), 출입국관리법에 의한 외국인등록(동법 제31조)으로 주민등록에 갈음하고, 체류지변경신고(동법 제36조)로 주민등록 전입신고에 갈음하므로(동법 제88조의2 제 2 항), 외국인등록을 한 외국인은 주민등록을 한 것과 마찬가지로 보호를 받는다.[51] 그리고 재외국민(외국의 영주권을 취득한 사람 또는 영주할 목적으로 외국에 거주하고 있는 사람)과 재외동포체류자격을 취득한 외국국적동포(대한민국의 국적을 보유하였던 사람 또는 그 직

인인 서민들의 주거생활의 안정을 보호하려는 취지에서 제정된 것이지 법인을 그 보호 대상으로 삼고 있다고는 할 수 없는 점, 법인은 애당초 같은 법 제 3 조 제 1 항 소정의 대항요건의 하나인 주민등록을 구비할 수 없는 점 등에 비추어 보면, 법인의 직원이 주민등록을 마쳤나 하여 이를 법인의 주민등록으로 볼 수는 없으므로, 법인이 임차 주택을 인도받고 임대차계약서상의 확정일자를 구비하였다 하더라도 우선변제권을 주장할 수는 없다. 동지(同旨) : 대판 2003. 7. 25. 2003다2918(공2003하, 1844).

반대 : 시철수(주3), 304-305.

50) 현재 지방공사는 모두 16개 있는데, 그 중 주택사업을 하고 있는 곳은 서울특별시에스에이치(SH)공사와 경기도지방공사 두 곳뿐이다.

51) 강신중(주15), 456; 박해식(주3), 110-111; 이건호, "주택임대차분쟁에 관한 법률상담의 실정", 법조춘추 134호(1986), 107; 조종현(주21), 450.

반대 : 조용완(주41), 469.

계비속으로서 외국국적을 취득한 사람 중 법무부장관으로부터 체류자격을 취득한 사람)은 국내거소 신고(동법 제 6 조)로 주민등록에 갈음하므로(동법 제 9 조) 거소신고를 하면 주민등록을 한 것과 마찬가지로 보호를 받는다.[52]

주민등록은 반드시 독립한 세대를 구성하여 전입신고를 할 필요는 없으며, 다른 세대의 동거인으로 전입신고를 하더라도 무방하다.[53]

2) 그런데, "주민의 거주관계 등 인구의 동태를 상시로 명확히 하여 주민생활의 편익을 증진시키고 행정사무의 적정한 처리를 도모함을 목적"(주민등록법 제 1 조)으로 하는 순수한 행정상의 제도인 주민등록제도를 주택임대차보호법에 결부시킨 것에 대하여는 처음부터 비판이 많았다.

주택임대차보호법 제 3 조 제 1 항 후문이 비록 전입신고시를 주민등록시로 본다고 규정하고는 있으나, 구(舊) 주민등록법(1993. 12. 27. 법률 제4608호로 개정되기 전의 법률)하에서는 퇴거신고를 먼저 한 후에 전입신고를 하여야 했기 때문에 이사 당일에 전입신고를 한다는 것은 사실상 어려운 일이었고, 따라서 이사 후 전입신고 전에 당해 주택이 매매되거나 그 위에 담보물권이 설정됨으로써 임차인의 대항력 취득이 배제되는 결과를 초래하는 일이 일어날 수 있었다.

이런 폐단을 막기 위한 궁여지책으로 주택임대차보호법의 시행 초기에는 주민등록법이 정한 "행정상의 절차로 인하여 전입신고가 지연된 경우에 그 기간의 공백으로 연유한 불이익을 임차인한테 전가시키는 것은 주택임대차보호법의 입법취지에도 부합하는 것이 아니므로, 이러한 경우에는 위 법 제 3 조가 정한 임대차의 대항력은 동조 소정의 주민등록을 주민등록법 소정의 기간 내에 전입신고를 이행하

52) 김효석(주9), 124; 박해식(주3), 112; 대결 2005. 7. 15. 2005마358(미간행).

53) 박해식(주3), 133; 대판 1988. 6. 14. 87다카3093,3094(공1988,1029)[이 판결은, 임차인 갑(甲)이 그의 배우자와 자녀들을 을(乙)의 동거인으로 하여 주민등록 전입신고를 하였다가 나중에 자기가 직접 세대주가 되어 전입신고를 한 사안에서 배우자와 자녀들의 전입신고시에 대항요건을 구비한 것으로 보았다].

지 않음을 해제조건으로 하여 인도의 익일부터 취득한다"고 해석한 하급심판결[54]이 나오기에 이르렀고,[55] 많은 학자들이 위 판결을 지지하였다.[56] 또한 주민등록은 대항력의 존속요건이기도 하다 하여 임차인이 은행융자 등의 목적으로 일시적이나마 주민등록을 이전한 경우에도 대항력을 상실한다고 하면서도,[57] 한편으로는 가족이 점유하면서 주민등록을 그대로 두는 한 임차인의 일시적인 주민등록 이전은 대항력을 상실케 하지 않는다는 판례[58]도 있다.

그러나 이러한 판결들은 어디까지나 편법에 지나지 아니하며, 근본적으로는 주민등록이라는 이질적인 요건을 주택임대차보호법에서 삭제하는 것이 바람직하다는 주장이 많다.[59]

---

54) 서울고법판 1982. 5. 28. 82나231(법률신문 1982. 6. 14., 8).

55) 현재는 이런 문제가 생기지 않는다. 1993. 12. 27. 개정된 현행 주민등록법상으로는 이사를 한 경우에 종전의 퇴거신고제도가 없어지고, 전입신고만 하면 되기 때문이다(주민등록법 제14조).

56) 고상룡, "주택임대차보호법상 대항력의 발생요건", 법률신문 1982. 7. 26., 11; 권용우, "주택임차권의 대항력의 취득과 존속", 판례월보 1989. 5., 35; 이범주(주9), 171; 이영대(주19), 75; 이윤승(주9), 170; 이진강(주22), 50-51; 최 종(주3), 442.

57) 대판 1987. 2. 24. 83다카1695(공1987, 524).

이 판결의 사안은, 임차인이 대항요건을 모두 구비한 다음 저당권이 설정되었고, 그 후 임차인이 주민등록만을 6개월간 다른 곳으로 이전하였다가 다시 원상태로 회복하였는데, 그 후 저당권자의 저당권 실행으로 경락받은 자가 임차인을 상대로 임차주택의 명도를 청구한 것이다. 이에 대하여 원심판결은 임차인의 대항력이 존속한다고 판시하였으나, 대법원은 대항력이 소멸하였다고 하였다.

이에 대한 평석으로 윤천희, "주택임차권의 대항력의 득실에 관한 문제(상,하)", 판례월보 1987. 5., 46 이하(상) 및 1987. 6., 49 이하(하)는 판지(判旨)에 반대하여 주민등록의 이전 후 복원 사이에 새로운 이해관계인이 생기지 않은 이상 대항력이 존속한다고 한다. 반면 이재곤, "주민등록의 퇴거와 주택임차권의 대항력 상실", 대법원판례해설 7호(1988), 79 이하는 판지(判旨)에 찬성한다.

58) 대판 1989. 1. 17. 88다카143(집37-1, 민18)[이 판결에 대한 평석으로 권용우(주56), 33 이하 참조].

59) 고상룡(주21), 224; 배건수, "주택임대차보호법상 임차인의 대항력에 관한 연구", 한양대학교 석사학위 청구 논문(2002), 6; 성순화(주43), 42; 이범주(주9), 171; 이은영(주42), 19; 장동구(주11), 133; 현승종, "전세권 및 임차권의 강화", 민사법개정의견서(1982), 44. 저자도 한 때는 이 견해에 동조하였었다[민일영, "주택임대차보호법에 관한 제문제", 민사판례연구(Ⅻ), 465].

주민등록을 대항요건에서 삭제하여야 한다는 주장이 1983. 12. 30. 1차 개정시

사견(私見)으로는, 임차인의 주민등록은 임대주택에 관한 거래의 원활과 안전이라는 관점[60] 및 소액보증금 우선변제제도의 악용 방지라는 필요성에 비추어 그 의의를 무시할 수 없기 때문에 새삼스레 이 요건을 삭제할 것은 아니라고 할 것이다.[61]

아무튼 주민등록을 대항요건에서 삭제하고 인도만에 의하여 대항력을 인정한다고 할 경우에는, 전술(前述)한 인도의 방법에서 임차인의 거주 이전을 수반하지 아니하는 점유개정에 의한 인도는 제외하여야 할 것이다. 왜냐하면 예컨대, 주택의 소유자가 임대차계약을 체결하고도 종전과 같이 점유를 계속하면서 다만 임차인에게 인도한 것으로 하고 당분간 임차인으로부터 임차한 경우에 당해 주택을 매수하거나 담보물권을 취득하려는 제 3 자로서는 그 주택의 임대 여부를 알기 어

에도 강력히 제기되었으나 정부측의 반대로 관철되지 못했으며[이진강(주22), 52-53], 정부측의 반대이유는 "인구의 동태를 명확히 파악할 필요가 있으며 만약 임차권의 대항요건에서 주민등록을 삭제한다면 주민의 이동을 파악하기 어렵게 된다"는 데 있었다고 한다[고상룡, "주택임대차보호법중개정법률안에 관한 사견(상)", 법률신문 1989. 5. 5., 10]. 그 후 1989. 12. 30.의 2차 개정시에도 구(舊) 평민당에서 "임차권의 발생시점이 주민등록시로 되어 있어 주민등록 전에 담보권설정 후 매각, 전입신고의 지연, 일시적인 주민등록의 이동 등에 따른 대항력 상실로 임차인의 피해가 늘고 있다" 는 이유로 주민등록이라는 요건을 삭제하자는 개정안을 냈으나 역시 채택되지 아니하였다.

60) 보증금의 액수가 기껏해야 1-2 개월치 월차임 해당액 정도에 불과한 독일이나 일본과는 달리 그 액수가 주택가액의 40-70%에 달하는 우리나라에서는 거래의 안전을 위하여 대항요건의 구비시기를 분명히 할 필요성이 훨씬 크다. 점유가 극히 불완전한 공시방법이라는 점을 감안할 때, 공부(公簿)상의 기재로써 그 불완전성을 보완하는 주민등록이 분쟁을 예방하는 데 크게 기여한다.

이렇게 볼 때 단순히 외국의 입법례에서 찾아볼 수 없다는 이유로 주민등록을 대항요건으로 요구하는 우리의 제도를 비난하는 태도는 바람직하지 않다. 현재도 가장임차인으로 인하여 거래의 안전이 위협을 받고 있는 판인데, 주민등록이라는 요건마저 없앤다면 가장임차인의 발호로 인한 폐해가 더욱 증대할 것이 분명하다. 동지(同旨): 윤기택(주40), 359.

61) 동지(同旨) : 고용철(주41), 389; 박해식(주3), 129-130; 오용호(주3), 370; 윤기택(주40), 359-360; 윤준미, "주택임대차공시방법으로서의 주민등록에 대한 재고찰", 법제현안 제165호(국회사무처 법제실 편)(2004. 12.), 25-26; 윤천희(주41), 83; 이윤승(주9), 159; 이진강(주22), 53; 이회규, "부실전입신고와 대항력의 유효성", 중앙법학 4집 3호(중앙법학회 편)(2002), 206. 단, 윤천희[주(57)(상)], 50은 그 후 입장을 바꿔 삭제하여야 한다고 하고 있다.

렵기 때문이다.

3) 주민등록을 대항요건으로 존속시키는 결과 점유개정에 의한 인도를 인정할 경우에는 종전의 소유자로서의 주민등록이 임차인을 표상하는 주민등록으로 바뀌는 시점이 언제이냐 하는 문제가 대두한다.

이에 관하여 대법원 1999. 4. 23. 선고 98다32939 판결[62]은, 주택임대차보호법 제3조 제1항에서 주택의 인도와 더불어 대항요건으로 규정하고 있는 주민등록은 거래의 안전을 위하여 임차권의 존재를 제3자가 명백히 인식할 수 있게 하는 공시방법으로 마련된 것으로서, 주민등록이 어떤 임대차를 공시하는 효력이 있는가의 여부는 그 주민등록으로 제3자가 임차권의 존재를 인식할 수 있는가에 따라 결정된다고 할 것이므로, 주민등록이 대항요건을 충족시킬 수 있는 공시방법이 되려면 단순히 형식적으로 주민등록이 되어 있다는 것만으로는 부족하고, 주민등록에 의하여 표상되는 점유관계가 임차권을 매개로 하는 점유임을 제3자가 인식할 수 있는 정도는 되어야 한다고 전제한 후,

> "… 피고는 1988. 8. 30. 이 사건 아파트에 관하여 자기 명의로 소유권이전등기를 경료하고 같은 해 10. 1. 그 주민등록 전입신고까지 마친 후 이에 거주하다가 1993. 10. 23. 소외 갑과의 사이에 이 사건 아파트를 갑(甲)에게 매도함과 동시에 그로부터 이를 다시 임차하되 매매잔금 지급기일인 1993. 12. 23.부터는 이 사건 아파트의 거주관계를 바꾸어 피고가 임차인의 자격으로 이에 거주하는 것으로 하기로 약정하고 현재까지 계속하여 이에 거주해 왔으나, 위 매매에 따른 갑(甲) 명의의 소유권이전등기는 1994. 3. 9.에야 비로소 경료해 주었다는 것인바, 그렇다면 제3자로서는 이 사건 아파트에 관하여 피고로부터 갑(甲) 앞으로 소유권이전등기가 경료되기 전에는 피고의 주민등록이 소유권 아닌 임차권을 매개로 하는 점유라는 것을 인식하기 어려웠다 할 것이므로, 피고의 주민등록은 이 사건 아파트에 관하여 갑(甲) 명의의 소유권이전등기가 경료

62) 공1999상, 993.

된 1994. 3. 9. 이전에는 주택임대차의 대항력 인정의 요건이 되는 적법한 공시방법으로서의 효력이 없고, 그 이후에야 비로소 피고와 갑(甲) 사이의 임대차를 공시하는 유효한 공시방법이 된다고 할 것이다. 따라서, 원심이 피고가 소외 을(乙) 명의의 1번 근저당권 설정 이전인 1993. 10. 23.에 이 사건 임차권의 대항력을 취득하였음을 내세워 원고(근저당권의 실행으로 낙찰받은 자임: 저자 주)로부터 이 사건 임대차의 임대차보증금을 돌려받기 전에는 원고의 명도청구에 응할 수 없다는 피고의 항변에 대하여, 피고는 이 사건 아파트의 소유권이 피고로부터 갑(甲)에게 이전됨으로써 등기부상 소유자와 임차인이 실제로 달라지게 된 1994. 3. 9.에야 비로소 주택임대차보호법 소정의 대항력을 취득할 수 있게 되었다고 판단하여 이를 배척한 조치는 정당하고 …"

라고 판시하였다.[63] 즉, 종전의 소유자로서의 주민등록이 단순히 소유관계를 임대차관계로 전환하기로 하여 임대차계약을 체결한 시점이 아닌 실제로 등기부상 소유권이 변동된 시점에 비로소 임차인을 표상하는 주민등록으로 변환된다는 것이다. 제3자의 보호라는 관점에서 타당한 판시라고 할 것이다.

(나) 공시방법으로서의 주민등록

주민등록이 대항요건으로서 공시방법의 기능을 다하기 위하여는 그것이 적법하여야 하는 것은 말할 나위도 없고, 나아가 아래의 두 가지 기준을 더 충족하여야 한다. 즉, 첫째, 그 주민등록에 의하여 표상되는 점유관계가 임차권을 매개로 하는 점유임을 제3자가 인식할 수 있어야 하고(주민등록의 주체에 관한 기준), 둘째, 그 주민등록으로 당해 건물에 임차인이 존재한다는 것을 제3자가 사회통념상 알 수 있어야 한다(주민등록의 객체에 관한 기준). 위 두 가지 기준 중 첫째인 주민등록의 주체와 관련하여서는 점유보조자의 주민등록, 전대차, 임차

63) 동지(同旨) : 대판 2000. 2. 11. 99다59306(공2000상, 688)[이 판결의 사안은 갑(甲)이 주택에 관하여 소유권이전등기를 경료하고 주민등록 전입신고까지 마친 다음 처와 함께 거주하다가 을(乙)에게 매도함과 동시에 그로부터 이를 다시 임차하여 계속 거주하기로 약정하고 처 명의의 임대차계약을 체결한 후에 을(乙) 명의로 소유권이전등기를 넘겨준 경우이다].

권의 양도 등이 문제되고, 둘째인 주민등록의 객체와 관련하여서는 주택의 현황, 공부(公簿) 등과 주민등록의 불일치가 문제된다.

이하 항을 차례로 검토하는바, 판례는 주민등록의 주체와 관련하여서는 관대한 반면, 주민등록의 객체와 관련하여서는 매우 엄격한 입장을 보이고 있음을 알 수 있다.[64)]

1) 주민등록의 주체-누가 주민등록을 하여야 하는가 주민등록은 원칙적으로 임차인이 하여야 한다. 그런데 점유보조자의 이름으로 주민등록을 한 경우에 그 효력을 인정할 것인가, 그리고 전대차나 임차권을 양도한 경우에는 누구 이름으로 주민등록을 하여야 하는가 하는 문제가 있다.

가) 점유보조자의 주민등록 임차인이 점유보조자에 의하여 임차주택을 점유하는 경우[65)]에는 점유보조자의 주민등록만에 의하여 임차인이 대항요건을 구비한다는 견해가 다수설, 판례이다.[66)] 그 논거는 점유보조자는 타인의 지시를 받아 점유하는 것으로서 그 타인만을 점유자로 보므로 점유보조자의 주민등록도 그 타인을 위한 것으로 해석할 것이기 때문이라고 한다. 한편 점유보조자를 구분하여 가족관계 내지 이와 유사한 관계에 있는 점유보조자의 주민등록에 대하

64) 판례의 이러한 태도에 찬성하는 견해로는 이은희, "주택임차권의 공시방법으로서의 주민등록", 민주법학 제20호(민주주의법학연구회 편)(2001), 228.

65) 시골에 거주하는 부모가 학업 때문에 자식을 도시로 보내면서 자녀의 거주를 위하여 도시의 주택을 임차하는 경우가 전형적인 예이다.

66) 강종쾌, "주택임차권의 양도·전대와 대항력의 승계", 대법원판례해설 9호(1989), 98; 김효석(주9), 118; 오용호(주3), 359; 이범주(주9), 169; 이윤승(주9), 160; 조성민, "주택임차인의 대항력", 한국 민법이론의 발전(이영준 회갑 기념 논문집 II 채권편)(1999), 866; 조용완(주41), 471; 조종현(주21), 450; 최 창(주6), 49.

대판 1987. 10. 26. 87다카14(공1987, 1779)[이 판결에 대한 평석으로 이공현, "주택임대차보호법상 대항력요건으로서의 주민등록 대상자", 대법원판례해설 8호(1988), 155 이하 참조]는 처의 주민등록으로 임차인인 남편의 주민등록을 갈음할 수 있다고 하고, 대판 1988. 6. 14. 87다카3093,3094(공1988, 1029)는 한 걸음 더 나아가 자녀의 주민등록만으로도 대항력의 취득을 인정한다. 동지(同旨) : 대결 1995. 6. 5. 94마2134(공1995하, 2490); 대판 1996. 1. 26. 95다30338(공1996상, 745) 참조.

여는 대항요건성을 인정하나, 피용자와 같이 사업관계 내지 이와 유사한 관계에 있는 점유보조자의 주민등록에 대하여는 대항요건성을 부정하는 견해도 있다.[67]

생각건대, 후술(後述)하는 바와 같이 전차인을 통한 간접점유의 경우에도 전차인의 주민등록만으로 임차인의 대항요건 구비성을 인정하는 데서 보듯이, 가능하면 대항요건 구비성을 넓게 인정함으로써 임차인을 보호하려는 것이 판례의 흐름이며, 그것이 주택임대차보호법의 기본정신에 부합하는 측면이 있는 것은 틀림없다. 그런데, 임차인이 자기가 실제로 직접 점유하는 대신에 자기의 지시를 받는 점유보조자를 시켜 점유를 하는 경우에 임차인을 점유자로 보는 것은 민법의 규정상(민법 제195조) 그렇다 치더라도, 점유보조자의 주민등록으로 점유자의 주민등록을 갈음하게 되면 전술(前述)한 주민등록의 대상이 아닌 자도 점유보조자를 통하여 주민등록을 함으로써 주택임대차보호법의 적용을 받을 수 있다는 불합리한 결과를 초래한다. 다만, 그렇다고 시골에 거주하는 부모가 학업 때문에 자식을 도시로 보내면서 자녀의 거주를 위하여 주택을 임차하는 경우처럼 현실적으로 점유보조자에 의한 점유와 주민등록의 필요성을 부인할 수도 없다. 이런 경우에는 제 3 자에게 불측의 손해를 가할 염려도 없다. 한편, 이런 경우에 임차인인 부모가 직접 주민등록을 할 수도 있겠으나, 그것은 주민등록법상의 적법한 주민등록이 되지 못한다. 왜냐하면 주민등록은 30일 이상 거주할 목적으로 그 관할 구역에 주소나 거소를 가진 사람이 하는 것이기 때문에(주민등록법 제 6 조 제 1 항), 시골에 거주하면서 주민등록만 도시에 할 수는 없는 것이다.

---

67) 박해식(주3), 136.

또한 권영상(주22), 167-168은 생계를 같이 하는 가족에 한하여 인정하는 것이 좋다고 하고[서울지법판 1998. 12. 17. 98나25022, 법률신문 1999. 1. 11., 13도 동지(同旨)], 이회규(주61), 192는 부부, 형제자매 및 가족공동체를 이루고 있는 3촌 이내의 친족에 한하여 인정하는 것이 좋다고 하고, 최 종(주3), 435는 부부나 2촌 이내의 친족에 한하여 인정하는 것이 좋다고 한다.

그렇다면 결국 위와 같은 현실적인 필요성과 주민등록법의 규정을 고려하면서, 주민등록의 대상이 아닌 자가 점유보조자를 통하여 주민등록을 함으로써 주택임대차보호법의 적용을 받는 탈법도 막기 위하여는, 점유보조자의 범위를 배우자, 부모, 자녀 등 2촌 이내의 친족으로 제한하여 그들의 주민등록으로 임차인의 주민등록을 갈음할 수 있게 하는 것이 합당할 것으로 생각한다.[68]

나) 간접점유의 경우 - 전대차(轉貸借) 이는 주로 임차인이 대항력 있는 임차권을 제 3 자에게 적법하게 전대(轉貸)하고 당해 주택에서 이탈한 후 전차인이 거주 및 주민등록을 한 경우에 원래의 임차인이 가지고 있던 대항력이 소멸하는 것인가, 아니면 동일성을 유지한 채로 그대로 존속하는 것인가 하는 문제로 다루어진다.

먼저 판례를 살펴보고 논의를 전개한다.

(ㄱ) **대법원** 1988. 4. 25. **선고** 87**다카**2509 **판결**[69]

i) 사건의 개요 갑(甲)이 1985. 2. 28. 을(乙)로부터 서귀포시 서홍동 소재 3층 연립주택 중 107호를 임차보증금 6,600,000원에 임차기간 1986. 2. 28.까지로 정하여 임차하였다. 갑(甲)은 계약 당일 보증금을 지급하고 이 사건 주택을 인도받아 점유, 사용하여 오면서 1985. 3. 13. 주민등록을 마쳤다.

갑(甲)은 을(乙)의 동의를 얻어 1985. 9. 12. 이 사건 주택을 위 임대차계약의 잔여기간 동안 피고에게 전대하였고, 피고는 위 보증금 전액에 해당하는 돈을 갑(甲)에게 지급하고 갑(甲)으로부터 이 사건 주택을 인도받아 점유, 사용하여 왔으며, 피고는 전대차계약 이전인 1985. 8. 28. 이 사건 주택에 미리 주민등록을 마쳤다. 갑(甲)은 1985.

---

68) 저자는 종래 점유는 점유보조자를 통하여 하더라도 주민등록만큼은 점유자가 하여야 한다고 주장하였으나[민일영, 주택의 경매와 임차인 보호에 관한 실무연구(2005), 36; 민일영, 민법주해(XV)(1997), 212-213 등], 위와 같이 견해를 바꾼다.

69) 공1988, 893.
이 판결에 대한 평석으로 강종쾌(주66), 93 이하 및 윤천희, "주택임차권의 양도 전대시의 대항력 존속요건에 관한 문제", 판례월보 1989. 5., 39 이하 참조.

9. 9. 주민등록을 서울로 옮겼다.

을(乙)은 이 사건 주택에 관하여 1985. 3. 25. 병(丙) 앞으로 근저당권을, 같은 해 5. 16. 정(丁) 앞으로 저당권을 각 설정하였고, 정(丁)의 저당권 실행으로 인한 경매절차에서 원고가 1986. 6. 2. 낙찰받아 1986. 7. 21. 소유권이전등기를 마쳤다.

그 후 원고는 소유권에 기하여 피고에게 이 사건 주택의 명도를 청구하는 이 사건 소송을 제기하였고, 피고는 원고의 임차보증금반환의무와의 동시이행을 주장하였다.

ii) 재판의 경과와 대법원판결　　제 1 심(제주지방법원 1986. 12. 16. 선고 86가단837 판결)은 피고의 동시이행의 항변을 배척하고 피고에 대하여 이 사건 주택을 무조건 원고에게 명도할 것을 명하였으나, 항소심(제주지방법원 1987. 8. 28. 선고 87나4 판결)은 제 1 심과는 달리 피고의 동시이행의 항변을 인용하여, 갑(甲)이 원고로부터 임차보증금을 반환받음과 상환하여 피고는 원고에게 이 사건 주택을 명도하라고 명하였다. 이에 원고가 상고하였고, 상고이유로는, 주택임대차보호법 제 3 조 제 1 항이 규정하는 주택의 인도, 즉 점유와 주민등록은 임차권 대항력의 공시방법으로서 대항력의 취득요건일 뿐만 아니라 그 존속요건이며, 피고의 점유와 주민등록은 그 자신의 전차권의 대항력 취득과 존속요건이 될 뿐 이로써 갑(甲)의 임차권 공시방법에 갈음할 수 없으므로, 갑(甲)이 목적물을 피고에게 인도하고 그 주민등록까지 옮긴 이상 그 임차권의 대항력 또한 소멸한 것으로 보아야 하고, 또 설사 갑(甲)의 임차권 대항력이 유지된다고 해도 피고가 자기의 전차권을 원고에게 대항할 수 없는 이상 피고는 원고에 대한 관계에 있어서는 불법점유자라고 보아야 한다고 주장하였다.

그러나 대법원은 원고의 상고를 기각하였다. 판결 이유는 다음과 같다.

"… 주택임대차보호법 제 3 조 제 1 항에 의한 대항력을 갖춘 주택임차인의 동의를 얻어 적법하게 임차권을 양도하거나 전대한 경우에 있어서 양수인이나 전차인이 임차인의 주민등록 퇴거일로부터 주민등록법상의 전입신고기간 내에 전입신고를 마치고 주택을 인도받아 점유를 계속하고 있다면, 비록 위 임차권의 양도나 전대에 의하여 임차권의 공시방법인 점유와 주민등록이 변경되었다 하더라도 원래의 임차인이 갖는 임차권의 대항력은 소멸하지 아니하고 동일성을 유지한 채로 존속한다고 보아야 한다. 왜냐하면, 주택임대차보호법 제 3 조 제 1 항에 의한 임차권의 대항력은 그 공시방법인 점유와 주민등록의 계속을 그 존속요건으로 하고 있는데(당원 1987. 2. 24 선고 86다카1695 판결 참조), 임대인의 동의가 있는 양수인이나 전차인은 그 점유와 주민등록으로 원래의 임차권에 대한 공시방법에 갈음할 수 있어 그 임대차 자체에 대한 공시방법은 계속된다고 보지 못할 바 아니고, 또 위와 같이 공시방법의 변경에 따른 대항력의 존속을 인정한다 하여 이미 원래의 임대차에 의한 대항을 받고 있는 제 3 자에게 그 이상의 불이익을 주는 것이 아닌 반면에, 위와 같이 해석하는 것이 임차인으로 하여금 양도나 전대에 의한 임차보증금 등의 회수를 용이하게 할 수 있어 주택임차인의 주거생활의 안정을 보호하려고 하는 주택임대차보호법의 취지에도 부합하는 것이기 때문이다.

따라서, 원심이 그 증거에 의하여 판시 주택에 관하여 주택임대차보호법에 의한 대항력을 갖추고 있던 임차인인 갑(甲)이 임대인인 을(乙)의 동의를 얻어 그 주택을 피고에게 판시와 같은 내용으로 전대하여 전차인인 피고가 갑(甲)의 퇴거 이전에 주민등록의 전입신고를 마치고 주택을 인도받아 점유를 계속해 오고 있는 사실을 확정한 다음, 갑(甲)의 전대에 따른 주민등록의 퇴거와 점유의 이전에 불구하고 그 대항력이 전대 이후에도 존속하고 있다고 판단한 것은 정당하고 거기에 주장한 바와 같은 채증법칙을 위배하였거나 주택임대차보호법상의 임차권의 대항력에 관한 법리를 오해한 위법이 있다 할 수 없다.

… 이와 같이 이 사건 주택의 임차인인 갑(甲)이 이를 피고에게 전대한 이후에도 그의 임차권의 대항력이 소멸하지 아니하고 그대로 존속하고 있다면, 갑(甲)은 그의 임차권의 대항력을 취득한 후에 경료된 근저당권의 실행으로 소유권을 취득하게 된 원고에 대하여 임대보증금 반환청구권에 기한 동시이행항변권을 행사하여 그 반환을 받을 때까지는 위 주

택을 적법하게 점유할 권리를 갖게 되는 것이고, 따라서 그로부터 위 주택을 전차한 피고 또한 그의 동시이행항변권을 원용하여 갑(甲)이 보증금의 반환을 받을 때까지 위 주택을 적법하게 점유, 사용할 권리를 갖게 된다 할 것이므로, 원심이 이와 같은 취지에서 피고의 위 주택명도의무와 갑(甲)의 보증금반환청구권이 동시이행관계에 있는 것으로 판단한 것은 정당하고, 거기에 주장하는 바와 같은 주택임대차 및 전대차 관계에 있어서의 동시이행에 관한 법리나 전차인의 건물명도의무에 관한 법리를 오해한 위법이 있다 할 수 없다"

(ㄴ) **검 토** 주택임차인의 보호를 목적으로 제정된 주택임대차보호법은 임차인의 대항력의 취득을 위한 요건을 규정하고, 나아가 임대인의 입장에서의 임대주택의 양도의 경우에 그 대항력의 존속 및 승계에 관하여는 규정하고 있으면서도, 임차인의 입장에서의 임차권의 양도나 전대가 이루어질 경우의 대항력의 존속이나 승계에 관하여는 규정하고 있지 않다. 그런데 위 대법원판결은 바로 위와 같은 입법의 공백을 해석론을 통하여 처음으로 밝혔다는 점에서 큰 의미를 지닌다. 그리고 그 해석론으로서 "주택임대차보호법 제3조 제1항에 의한 대항력을 갖춘 주택임대인의 동의를 얻어 적법하게 임차권을 양도하거나 전대한 경우에 있어서 양수인이나 전차인이 임차인의 주민등록 퇴거일로부터 주민등록법상의 전입신고기간 내에 전입신고를 마치고 주택을 인도받아 점유를 계속하고 있다면, 비록 위 임차권의 양도나 전대에 의하여 임차권의 공시방법인 점유와 주민등록이 변경되었다 하더라도 원래의 임차인이 갖는 임차권의 대항력은 소멸하지 아니하고 동일성을 유지한 채로 존속한다"는 이론을 제시함으로써, 임차인으로 하여금 양도나 전대에 의한 임차보증금 등의 회수를 용이하게 할 수 있는 길을 열어 주었다. 그것이 사회적 약자인 임차인을 보호하려는 것임은 더 말할 나위도 없다.

전대는 임차인이 동시에 임대인(전대인)이 되어 임차물을 제3자

(전차인)에게 임대하는 것이다. 종전의 임차인이 임대차관계에서 탈퇴하는 임차권 양도의 경우와는 달리, 전대의 경우에는 종전의 임차인은 임차인의 지위를 그대로 유지한 채 그와는 별도로 전차인과의 사이에서 임대인의 지위를 동시에 갖는 것이다. 이러한 전대는 임대인의 동의하에 이루어질 경우 임대인에 대하여도 유효한 것으로 된다(민법 제629조, 제630조).

전대로 인하여 전차인이 임차물을 직접점유하는 경우에 임차인(전대인)의 점유는 간접점유가 되는바, 전대인은 임대인에 대한 관계에 있어 여전히 임차인으로서의 지위를 가지고 있으므로, 만일 전차인의 점유와 주민등록을 임차인의 그것과 동일시할 수 있다면, 전대 후 전차인이 주택을 점유하고 주민등록을 마친 이상 임차인(전대인)은 설사 다른 곳으로 이사를 가거나 아니면 주민등록만을 옮기더라도 전차인의 점유 및 주민등록에 의하여 자기의 임차권의 대항력을 그대로 유지하는 것으로 된다.

그러면 과연 전차인의 점유와 주민등록을 임차인의 그것과 동일시할 수 있을까? 종래 이에 관하여 학설은 긍정설[70]과 부정설[71]이 대립하여 왔고, 위 대법원판결은 긍정설을 취한 것이다. 위 대법원판결 후에 나온 대법원 1994. 6. 24. 선고 94다3155 판결[72]은 한 걸음 더 나아가, 임차인은 아예 거주나 주민등록을 함이 없이 처음부터 전차인만이 거주하고 주민등록을 한 경우에도 그로써 임차인에게 대항력을 인정하고 있고,[73] 대법원 2001. 1. 19. 선고 2000다55645 판결[74]은, "주

70) 권영상(주22), 162-163; 오용호(주3), 356-357; 이범주(주9), 169.

71) 이윤승(주9), 160; 조용완(주41), 471; 최 종(주3), 436.

72) 공1994하, 2068.
이 판결에 대한 평석으로 박해성, "주택임차인이 임대인(소유자)의 승낙을 얻어 임차주택을 전대한 경우, 전차인의 점유 및 주민등록 이전으로 임차인이 주택임대차보호법상의 대항요건을 갖추었다고 볼 수 있는지의 여부", 대법원판례해설 21호(1994), 268 이하 참조.

73) 동지(同旨) : 대결 1995. 6. 5. 94마2134(공1995하, 490).

74) 공2001상, 521.

택에 실제로 거주하지 아니하는 간접점유자인 임차인은 주민등록의 대상이 되는 '당해 주택에 주소 또는 거소를 가진 자'(주민등록법 제 6 조 제 1 항)가 아니어서 그 자의 주민등록은 주민등록법 소정의 적법한 주민등록이라고 할 수 없고, 따라서 간접점유자에 불과한 임차인 자신의 주민등록으로는 대항력의 요건을 적법하게 갖추었다고 할 수 없으며, 임차인과의 점유매개관계에 기하여 당해 주택에 실제로 거주하는 직접점유자가 자신의 주민등록을 마친 경우에 한하여 비로소 그 임차인의 임대차가 제 3 자에 대하여 적법하게 대항력을 취득할 수 있다"고 하였다. 또한 대법원 2007. 11. 29. 선고 2005다64255 판결[75)]은, "주택의 전대차가 그 당사자 사이뿐만 아니라 임대인에 대하여도 주장할 수 있는 적법 유효한 것이라고 평가되는 경우에 있어서는, 전차인이 임차인으로부터 주택을 인도받아 자신의 주민등록을 마치고 있다면 이로써 주택이 임대차의 목적이 되어 있다는 사실은 충분히 공시될 수 있고 또 이러한 경우 다른 공시방법도 있을 수 없으므로, 결국 임차인의 대항요건은 전차인의 직접 점유 및 주민등록으로써 적법 유효하게 유지 존속한다고 보아야 할 것이다. 이와 같이 해석하는 것이 임차인의 주거생활의 안정과 임차보증금의 회수 확보 등 주택임대차보호법의 취지에 부합함은 물론이고, 또 그와 같이 해석한다고 해서 이미 원래의 임대차에 의하여 대항을 받고 있었던 제 3 자에게 불측의 손해를 준다거나 형평에 어긋나는 결과가 되는 것도 아니다"라고 하여 같은 법리를 확인하고 있다.

이처럼 직접점유자의 점유와 주민등록을 간접점유자의 그것과 동

---

75) 공2007하, 1997.
이 판결에 대한 평석으로 문광섭, "임대인의 동의 없는 주택의 전대차와 주택임대차보호법상의 대항요건 – 주택의 소액임차인이 임대차기간 만료 후 임대인 회사의 부도 및 소재불명 등으로 임대인의 동의 없이 임차주택을 전대하여, 그 전차인이 주택을 인도받아 점유하면서 자신의 주민등록을 마치고 있는 경우, 위 임차인을 주택임대차보호법 제 8 조, 제 3 조 제 1 항 소정의 대항요건을 갖춘 소액임차인이라고 본 사례 –, 대법원판례해설 71호(2008), 247 이하 참조.

일시하는 것은, 판례가 전술(前述)한 바와 같이 임차인의 점유보조자에 의한 점유와 주민등록을 임차인의 그것과 동일시하는 것과 맥락을 같이 한다고 할 수 있다.

그러나 전대차의 경우에 직접점유자의 주민등록을 간접점유자의 주민등록으로 보는 것에 대하여는 선뜻 찬성하기 어렵다. 전대차로 인하여 전차인과 임대인 사이에 임대차관계가 생기는 것도 아닌데, 전차인의 점유와 주민등록을 임차인(전대인)의 그것과 동일시하는 것은 무리이다.[76] 주민등록이 대항요건을 충족시킬 수 있는 공시방법이 되려면 단순히 형식적으로 주민등록이 되어 있다는 것만으로는 부족하고, 그것에 의하여 표상되는 점유가 임차권을 매개로 하는 점유임을 제 3 자가 인식할 수 있는 정도가 되어야 하는바, 전대차의 경우 임차인이 전차인을 통하여 임차주택을 간접점유하고 있다고는 하나 이는 어디까지나 관념적인 것일 뿐이며, 임차주택에 실제로 거주하면서 그곳에 주민등록을 한 사람은 객관적으로 보아 임차인이 아닌 다른 사람인 것이다.[77] 그렇다면 제 3 자로서는 임대인과 전차인 사이의 점유매개관계를 알 수 없으므로, 전차인의 주민등록에 의하여 표상되는 점유가 임차권을 매개로 하는 점유임을 인식할 수 없다. 결국 전차인의 주민등록은 임차인의 임대차를 공시하는 기능을 하지 못하는 것이다. 따라서 임차주택을 임대인의 동의를 얻어 전부 전차인에게 전대하고 임차인은 주민등록을 퇴거한 경우에는(임대인의 동의 없이 무단으로 전대한 경우는 더 말할 나위도 없다) 전차인의 점유와 주민등록으로써 임차인의 임차권에 대항력을 줄 수 없으며, 그 결과 전대차 역시 대항력의 보호를 받지 못한다고 보아야 한다.

---

76) 저자는 후술(後述)(제 4 장 제 3 절 Ⅵ. 1. 바. 참조)하는 것처럼 소액전차인의 우선변제권도 부정하는 입장이다.

77) 임차인은 실거주자가 아니기 때문에 더 이상 주민등록을 할 수 없다. 그가 주민등록을 하더라도 그것은 주민등록법 소정의 적법한 주민등록이 아니다. 대판 2001. 1. 19. 2000다55645(공2001상, 521).

다) 임차권이 양도된 경우 임차권의 양도는 임차권을 동일성을 유지하면서 제3자에게 이전하는 것이다. 임차권을 양도하면 전대와는 달리 양도인은 임차인의 지위에서 벗어나고 양수인이 임차인의 지위를 승계하게 된다. 즉 임대인과 양도인 사이의 임대차관계는 소멸하고, 그 대신 임대인과 양수인 사이에서 위 소멸한 것과 동일한 임대차관계가 생긴다.

전대의 경우에는 전대인(임차인)이 전대 후에도 여전히 임차인으로서의 지위를 유지하고 있기 때문에, 전차인의 점유와 주민등록을 임차인의 그것과 동일시함으로써 임차인의 임차권의 대항력이 전대 후에도 계속 존속하는 것으로 보는 것이 판례임은 위에서 본 바와 같다.

이에 비하여 임차권의 양도의 경우에는 양도인이 임차인의 지위에서 벗어나 이제는 더 이상 임차인이 아닌 까닭에 양수인의 점유와 주민등록을 양도인의 그것과 동일시하기는 일견(一見) 어렵다. 그러나 한편, 임차권 양도의 경우에도 원래의 임대차가 동일성을 유지하면서 존속하고 다만 그 대항력의 공시방법이 변동될 뿐인데, 이와 같이 변동된 공시방법이 비록 권리변동관계까지 공시하지는 못한다 하더라도 그것이 별개의 새로운 임차권을 공시하는 것이 아니라 원래의 임대차 자체를 공시하는 점에서 원래의 공시방법에 갈음하는 것이라 할 수 있으므로 결국 그 공시방법의 계속성을 인정할 수 있다는 이론도 가능하다.78)

전술(前述)한 대법원 1988. 4. 25. 선고 87다카2509 판결은 바로 이러한 관점에서

> "임대인의 동의가 있는 양수인 … 은 그 점유와 주민등록으로 원래의 임차권에 대한 공시방법에 갈음할 수 있어 그 임대차 자체에 대한 공시

78) 강종쾌(주66), 100; 김효석(주9), 200.

방법은 계속된다고 보지 못할 바 아니고, 또 위와 같이 공시방법의 변경에 따른 대항력의 존속을 인정한다 하여 이미 원래의 임대차에 의한 대항을 받고 있는 제 3 자에게 그 이상의 불이익을 주는 것이 아닌 반면에, 위와 같이 해석하는 것이 임차인으로 하여금 양도 … 에 의한 임차보증금 등의 회수를 용이하게 할 수 있어 주택임차인의 주거생활의 안정을 보호하려고 하는 주택임대차보호법의 취지에도 부합"

한다고 판시하였다.79)

---

79) 이처럼 대법원 1988. 4. 25. 선고 87다카2509 판결은 주택의 인도와 주민등록에 의하여 대항력을 취득한 임차인이 임차주택을 전대하거나 또는 임차권을 양도한 경우에도 종전 임차권의 대항력이 동일성을 유지한 채로 그대로 존속한다고 보았다.

그런데, 위 대법원판결은 그 전제로서 첫째, 전대나 임차권의 양도에 임대인이 동의할 것, 둘째, 임차인이 주민등록을 퇴거한 날로부터 주민등록법상의 전입신고 기간 내에 전차인이나 양수인이 전입신고를 마치고 주택을 인도받아 점유할 것을 각각 요구하였다.

임대인의 동의가 없는 전대나 임차권의 양도는 민법상 허용되지 않기 때문에(민법 제629조 제 1 항) 위 대법원판결이 임대인의 동의를 요구하는 것은 당연하다. 문제는 둘째 조건이다. 임대인의 동의 아래 전대 또는 임차권을 양도한 이상 전차인이나 임차권의 양수인이 종전 임차인의 퇴거일로부터 아무리 오랜 기간이 지나도 그 기간의 제한 없이 주택을 인도받고 주민등록 전입신고를 마치기만 하면 종전 임차인의 대항력이 동일성을 유지한 채 그대로 존속한다고 보는 것은 지나치다. 거래의 안전이 너무 위협받기 때문이다. 예컨대, 종전 임차인이 퇴거한 후 몇 달이 지나도록 임차인으로 주민등록을 하거나 점유하는 사람이 없어 제 3 자가 저당권을 취득하였는데, 그 후 뒤늦게 전차인이라며 주민등록을 마치고 점유를 개시한 사람이 나타나 종전 임차권의 대항력을 주장하는 것을 허용한다면 거래의 안전은 기대할 수 없게 된다. 여기서 전차인이나 임차권 양수인의 주택인도 및 주민등록 시기에 제한을 둠으로써 종전 임차인과 전차인 또는 양수인의 공시방법의 연속성을 도모할 필요성이 대두하는바, 위 대법원판결은 그 시기를 종전 임차인이 주민등록을 퇴거한 날로부터 주민등록법상의 전입신고 기간 내로 제한하고 있다[윤천희(주69), 42-43은 이러한 제한이 아무런 법적 근거가 없는 것이라고 비판한다]. 따라서 위 기간이 지난 후에 전차인이나 임차권의 양수인이 주민등록 전입신고를 하면 종전 임차인의 대항력이 더 이상 존속하지 않고 소멸하는 것이다.

위 대법원판결 당시에 시행되던 구(舊) 주민등록법(1993. 12. 27. 법률 제4608호로 개정되기 전의 것) 제14조 제 1 항에 의하면 전입신고는 주민등록 퇴거일(전출신고일)로부터 14일 내에 하도록 되어 있었다. 그런데 현행 주민등록법상으로는 주민등록의 퇴거라는 개념이 없어졌는바, 위 판시취지를 살린다면 현재는 종전 임차인이 임차주택으로부터 이사를 감과 동시에, 아니면 적어도 그 직후에 전

사견(私見)으로는, 임차권이 양도되면 양도인은 임차인의 지위에서 벗어나고 양수인이 새로운 임차인이 되는 것인데, 양수인의 새롭게 시작한 점유와 주민등록을 양도인의 그것과 동일시하여 대항요건을 소급적으로 구비한 것으로 인정하는 것은 아무리 임차인 보호의 관점이 중요하다 하더라도 법리상 무리라고 할 것이다. 판례대로라면 임차인이 이사를 가고 새로운 임차인이 전입한 경우에도 임대인과 담합하면 전부 임차권의 양도로 처리할 수 있어 다른 담보권자를 해치는 결과를 초래한다. 따라서 판례에 반대한다.

2) 주민등록의 객체-어디에 주민등록을 하여야 하는가 주민등록은 실제의 거주상황을 표상하는 것이어야 한다. 대항요건으로서 주민등록을 요구하는 것은 거래의 안전을 위하여 임차권의 존재를 제3자가 명백히 인식할 수 있게 하려는 데 있으므로, 결국 주민등록이 어떤 임대차를 공시하는 효력이 있느냐의 여부는 그 주민등록으로 제3자가 임차권의 존재를 과연 인식할 수 있느냐에 따라 결정된다.[80] 주택의 실제현황이나 등기부 등 공부(公簿)와 임차인의 주민등록상의 주소가 일치한다면 그 주민등록으로 임차권의 존재를 알 수 있어 공시방법으로 아무런 문제가 없으나, 그렇지 못한 경우가 많다.

이하에서는 주택의 실제현황이나 등기부 등 공부(公簿)와 불일치하는 주민등록의 공시적 효력을 단독주택, 다가구주택, 공동주택으로 나누어 판례를 중심으로 살펴본다.

가) 단독주택 착오로 주민등록 대상자의 성명이 잘못 기재되거나 임대차건물의 지번과 다른 지번에 주민등록이 된 경우에 관하여 판례[81]는,

---

차인이나 임차권의 양수인이 전입을 하고 전입신고를 할 것이 요구된다고 보아야 할 것이다.

80) 사법연수원, 주택임대차보호법—상가건물임대차보호법 해설 포함(2008), 18.

81) 대판 1987. 11. 10. 87다카1573(집35-3, 민245).

이 판결에 대한 평석으로 이공현, "주택임대차보호법상 대항력요건으로서의 부실한 주민등록", 대법원판례해설 8호(1988), 165 이하 참조.

"주택임대차보호법 제3조 제1항에서 주택의 인도와 더불어 대항력의 요건으로 규정하고 있는 주민등록은 거래의 안전을 위하여 임차권의 존재를 제3자가 명백히 인식할 수 있는 공시방법으로 마련된 것이라고 볼 것이므로, 주민등록이 어떤 임대차를 공시하는 효력이 있는가의 여부는 일반 사회통념상 그 주민등록으로 당해 임대차건물에 임차인이 주소 또는 거소를 가진 자로 등록되어 있는지를 인식할 수 있는가의 여부에 따라 결정된다고 할 것이다. 원심이 적법히 확정한 바에 의하면, 이 사건 건물의 지번은 이리시 ○○동 97의 40인데 피고는 1973. 7. 29. 같은 동 97의 7에 주민등록(전입신고)을 하였다가 그 후 1984. 8. 3.경 관계공무원이 직권정정을 하면서 같은 날 같은 동 97의 40으로 전입신고가 있었던 것처럼 기재하는 방식으로 정정하였다는 것이니, 그렇다면 이 사건 건물의 실제 지번과 명백하게 불일치한 같은 동 97의 7로 된 피고의 주민등록은 이 사건 임대차의 공시방법으로서 유효한 것이라고 할 수 없고, 실제 지번에 맞게 주민등록이 정리된 이후에야 비로소 대항력을 취득하였다고 볼 것이다"

고 하고 있다.[82)]

다만, 위 판례는 전입신고 자체가 잘못된 경우에 관한 것이고,[83)] 임차인의 전입신고는 올바르게 되었는데 담당공무원의 착오로 주민등록표상에 잘못 기재된 경우에 관하여는 판례[84)]가

"주택의 임대차는 그 등기가 없는 경우에도 임차인이 주택의 인도와 주민등록을 마친 때에는 제3자에 대하여 대항할 수 있는 것이고 이 경우 전입신고를 하면 주민등록이 된 것으로 간주하는 것이다(주택임대차보호

82) 또한 대판 1989. 6. 27. 89다카3370(공1989, 1161); 대판 1997. 7. 11. 97다10024(공1997하, 2489); 대판 2000. 6. 9. 2000다8069(공2000하, 1633) 각 참조. 서울지법판 1998. 3. 13. 97나47193(법률신문 1998. 4. 13., 11. 사안은 서울 동대문구 신설동 5로 전입신고하였다가 같은 동 5의 2로 정정신고한 것이다).

83) 유사한 경우에 관하여 대판 2001. 4. 24. 2000다44799(공2001상, 1201)은, 임차 주택의 부지를 비롯한 세 필지의 토지가 같은 담장 안에 있고 그 지상에 임차 주택 이외에는 다른 건물이 건립되어 있지 않다 하더라도 임차인이 임차 주택의 부지(서울 종로구 ○○동 313의1)가 아닌 인접한 다른 토지의 지번(같은 동 312의2)으로 주민등록을 마쳤다면 유효한 공시방법으로 볼 수 없다고 하였다.

84) 대판 1991. 8. 13. 91다18118(공1991, 2356).

> 법 제3조 제1항). 임차인이 전입신고를 올바르게(즉 임차건물 소재지 지번으로) 하였다면 이로써 그 임대차의 대항력이 생기는 것이므로 설사 담당공무원의 착오로 주민등록표상에 신거주지 지번이 다소 틀리게 기재되었다 하여 그 대항력에 소장을 끼칠 수는 없다 할 것이다. … 피고가 이 사건 건물 일부를 임차 입주하여 그 전입신고를 함에 있어 그 건물소재지 지번인 안양시 ○○동 545의 5로 바로 기재하였는데도 담당공무원이 실수로 주민등록표의 신거주지를 같은 동 545의 2로 잘못 기입한 것이라면(그 후 피고의 요청에 의하여 그 착오도 정정되었다) 피고의 전입신고는 적법한 것이어서 이로써 그 임대차는 제3자에 대하여 효력이 있다 할 것이다"

고 하고 있음에 유의할 필요가 있다.

그러나 임차주택의 실제 지번과 임차인의 주민등록상의 지번이 서로 일치하지 않는 사유가 임차인의 착오에 기한 것이든 담당공무원의 착오에 기한 것이든 제3자가 당해 임차주택에 주민등록을 한 임차인이 있는지를 인식함에 있어 차이가 없는데, 이처럼 양자를 구별하는 것이 과연 합당할지는 의문이다.[85)]

한편, 전입신고 당시에는 제대로 된 지번으로 전입신고를 하였는데 그 후에 토지 분할 등으로 지번이 변경된 경우에 관하여, 대법원 1999. 12. 7. 선고 99다44762,44779 판결[86)]은

> "주택임대차보호법 제3조 제1항에서 주택의 인도와 더불어 대항력의 요건으로 규정하고 있는 주민등록은 거래의 안전을 위하여 임대차의 존재를 제3자가 명백히 인식할 수 있게 하는 공시방법으로 마련된 것이라고 볼 것이므로, 주민등록이 어떤 임대차를 공시하는 효력이 있는가의

85) 동지(同旨) : 강신중(주15), 458-459; 한명수, "주택임대차보호법상 대항요건으로서 부실한 주민등록의 효력에 관한 판례연구", 판례연구(서울지방법원동부지원편)(1997), 135-136.

86) 공2000상, 146.
이 판결에 관한 평석으로 박 철, "주택임대차보호법 제3조 제1항 소정의 대항요건으로서의 주민등록의 유효 여부에 관한 판단 기준", 대법원판례해설 33호(2000), 264 이하 참조.

여부는 일반 사회통념상 그 주민등록으로 당해 임대차 건물에 임차인이 주소 또는 거소를 가진 자로 등록되어 있는지를 인식할 수 있는가의 여부에 따라 결정된다 할 것이고, 그 판단은 임차인이 전입신고를 한 당시의 지번을 기준으로 하여 일반 사회통념에 따라서 하여야 할 것인바, 주택 임차인이 주민등록 전입신고를 할 당시 건축물관리대장 및 등기부가 작성되기 전이지만 그 전입신고 내용이 실제 건물의 소재지 지번과 정확히 일치하는 경우, 그 후 토지 분할 등의 사정으로 지번이 변경되었다고 하더라도 주택임대차보호법 제3조 제1항 소정의 주민등록으로 유효하다"

고 판시한[87] 반면, 대법원 2000. 4. 21. 선고 2000다1549,1556 판결[88]은

"주택을 임차하여 적법한 전입신고를 마친 후에 그 대지가 분할됨으로써 주택의 지번이 변경되자 갱신된 임대차계약서에는 새로운 지번을 표시하였으나 주민등록상 주소는 주택에 대한 경매개시결정 기입등기가 경료된 후에야 변경한 경우, 임차인은 주택에 대한 유효한 공시방법인 주민등록을 갖추었다고 볼 수 없다"

고 판시하였고, 대법원 2003. 5. 16. 선고 2003다10940 판결[89] 또한

"건축 중인 주택에 대한 소유권보존등기가 경료되기 전에 그 일부를 임차하여 주민등록을 마친 임차인의 주민등록상의 주소 기재가 그 당시의 주택의 현황과 일치한다고 하더라도 그 후 사정변경으로 등기부 등의 주택의 표시가 달라졌다면, 특별한 사정이 없는 한 달라진 주택의 표시를 전제로 등기부상 이해관계를 가지게 된 제3자로서는 당초의 주민등록에 의하여 당해 주택에 임차인이 주소 또는 거소를 가진 자로 등록되어 있다고 인식하기 어렵다고 할 것이므로, 그 주민등록은 그 제3자에 대한 관계에서 유효한 임대차의 공시방법이 될 수 없다고 할 것이며, 이러한 이치는 입찰절차에서의 이해관계인 등이 잘못된 임차인의 주민등

87) 또한 대판 2001. 12. 27. 2001다63216(공2002상, 359) 참조.
88) 공2000상, 1253.
89) 공2003상, 1323.

록상의 주소가 건축물관리대장 및 등기부상의 주소를 지칭하는 것을 알고 있었다고 하더라도 마찬가지"

라고 판시하여 상충하는 모습을 보인다.

판례는 결국 주택에 관한 소유권보존등기 내지 근저당권설정등기 당시의 지번을 기준으로 주민등록의 유·무효 판단을 함으로써 등기부상 이해관계를 갖게 되는 제 3 자의 보호를 더 중시하는 쪽으로 가는 것이 아닌가 생각된다.[90] 반면 임차인의 지위는 그만큼 불안해진다.[91]

나) 다가구주택(다가구용 단독주택) 뒤에서 보는 바와 같이 아파트, 연립주택, 다세대주택 등 공동주택의 경우에는 판례가 대항요건으로서의 주민등록이 등기부의 그것과 엄격히 일치할 것을 요구하여 왔다.

그런데, 1990년대에 들어서면서 많이 보급된 다가구주택의 경우 주택법 제 2 조 제 2 호, 동 시행령 제 2 조 제 1 항 소정의 공동주택으로 허가, 건축된 것이 아니고 어디까지나 단독주택으로 허가, 건축된 것임에도 불구하고, 그 실질은 다세대주택과 별로 다를 게 없기 때문에[92] 그에 대한 주민등록 전입신고가 문제로 대두하였다.

즉, 다가구주택의 임차인이 주택의 일부나 전부를 임차하고 전입신고를 하는 경우에 주택임대차보호법상의 대항력을 갖추기 위한 요

90) 이회규(주61), 206

91) 윤준미(주61), 28-29는 이러한 불안을 해소하기 위하여 임차인으로 하여금 주민등록 전입신고를 하기에 앞서 먼저 주택 소재지 관할 등기소에서 임대차계약서에 확정일자를 받은 후 전입신고를 하게 할 것을 제안한다. 위 경우에 확정일자의 부여를 청구받은 등기관은 임대차계약서상의 주소와 등기부상의 주소가 일치하는지 여부를 심사하여 불일치할 경우는 정정을 요구하게 함으로써 두 주소가 불일치하는 것을 사전에 예방하자는 것이다. 그러나 주민등록 전입신고를 위하여 등기소를 반드시 미리 거쳐야 하는 불편함을 모든 임차인에게 강요하는 것이 과연 합당할지는 의문이다.

92) 다가구주택에 대한 상세한 검토는 김동윤, "다가구용 단독주택의 경우 주택임대차보호법상의 대항력 취득요건으로서 주민등록의 기재 정도", 대법원판례해설 29호(1998), 234-241 참조.

건으로 지번만 기재하는 것으로 충분한가, 아니면 다른 공동주택의 경우와 같이 호수까지 정확히 기재하여야 하는가에 관하여 의문이 제기되었고, 하급심판결도 한동안 혼선을 빚었다.

그러던 차에 대법원 1997. 11. 14. 선고 97다29530 판결[93]이 이 문제를 정면으로 다루어

> "… 주택임대차보호법 제 3 조 제 1 항에서 주택의 인도와 더불어 대항력의 요건으로 규정하고 있는 주민등록은 거래의 안전을 위하여 임대차의 존재를 제 3 자가 명백히 인식할 수 있게 하는 공시방법으로 마련된 것이라고 볼 것이므로, 주민등록이 어떤 임대차를 공시하는 효력이 있는가의 여부는 일반 사회통념상 그 주민등록으로 당해 임대차 건물에 임차인이 주소 또는 거소를 가진 자로 등록되어 있는지를 인식할 수 있는가의 여부에 따라 결정된다고 할 것이고 … 이른바 다가구용 단독주택의 경우 건축법이나 주택건설촉진법상 이를 공동주택으로 볼 근거가 없어 단독주택으로 보는 이상 주민등록법시행령 제 5 조 제 5 항에 따라 임차인이 위 건물의 일부나 전부를 임차하고 전입신고를 하는 경우 지번만 기재하는 것으로 충분하고, 나아가 위 건물 거주자의 편의상 구분하여 놓은 호수까지 기재할 의무나 필요가 있다고 할 수 없고, 등기부의 갑구란의 각 지분 표시 뒤에 각 그 호수가 기재되어 있으나 이는 법령상의 근거가 없이 소유자들의 편의를 위하여 등기공무원이 임의적으로 기재하는 것에 불과하며, 임차인이 실제로 위 건물의 어느 부분을 임차하여 거주하고 있는지 여부의 조사는 단독주택의 경우와 마찬가지로 위 건물에 담보권 등을 설정하려는 이해관계인의 책임하에 이루어져야 할 것이므로 … 지번을 정확히 기재하여 전입신고를 한 이상 일반 사회통념상 그 주민등록으로 위 건물에 피고 등이 주소 또는 거소를 가진 자로 등록되어 있는지를 인식할 수 있어 임대차의 공시방법으로 유효하다고 할 것이고, 설사 … 위 건물의 소유자나 거주자 등이 부르는 대로 지층 1호를 1층 1호로 잘못 알고, 이에 따라 전입신고를 '연립-101'로 하였다고 하더라도 달리 볼 것은 아니다."[94]

---

93) 공1997하, 3820.
이 판결에 대한 평석으로 김동윤(주92), 222 이하 참조.

고 판시함으로써 실무상의 논란을 종식시켰다.[95] 이는 주택임대차보호법의 입법취지를 살려 사회적 약자인 임차인 보호를 위한 것이라는 평가를 받는다.[96]

이처럼 다가구주택에 대한 전입신고는 지번만 기재함으로써 족하고[97] 호실의 기재는 특별한 의미가 없는 것이므로,[98] 동일한 다가구주택 내에서 거주부분을 옮기고 전입신고를 다시 하면서 호실의 기재를 변경하였다 하더라도 대항요건 구비 여부의 판정 시점은 처음 주민등록 전입신고를 한 때를 기준으로 하여야 한다.[99] 다가구주택을 다세대주택으로 용도변경함에 따라 주민등록상의 동·호수를 정정한 경우에도 대항요건 구비 여부의 판정 시점은 위와 마찬가지로 처음 주민등록 전입신고를 한 때를 기준으로 하여야 한다.[100]

---

94) 이 사건 다가구주택(지하 1층, 지상 2층 주택)은 건축물관리대장 및 등기부등본상 단독주택으로 등재되어 있으나, 건축주가 이를 신축함에 있어 지하 1층은 2세대, 지상 1층은 1세대, 지상 2층은 2세대가 독립된 주거생활을 할 수 있도록 건축한 다음 각 세대별로 구획된 주거부분을 분양, 매도하였다. 피고는 1992. 6.경 위 건물의 지층 1호를 소유자로부터 임차(임대차계약서상에는 지층 101호라고 표시하였다)하여 처와 함께 거주하여 왔는데 처가 1992. 11. 17. 전입신고를 함에 있어 호실을 '연립 - 101'로 신고하였다.

95) 동지(同旨) : 대판 1999. 5. 25. 99다8322(공1999하, 1266)(이 판결에 대한 평석으로 조성민, "주택임차권의 공시방법으로 주민등록의 유효성 여부", 판례월보 1999. 11., 25 이하 참조); 대판 2002. 3. 15. 2001다80204(공2002상, 899).

위 두 판결은, 다가구주택에 관하여 구분등기가 행하여졌다 하더라도 아직 집합건축물관리대장이 작성되기 전이라면 전유부분의 표시 없이 지번만 기재하여 한 주민등록전입신고가 공시방법으로서 유효하다고 한다.

96) 김동윤(주92), 241.

97) 다가구주택이 여러 필지에 걸쳐 건립되어 지번이 여러 개인 경우에는 그 중 하나의 지번만 기재하여 전입신고하면 족하다. 동지(同旨) : 김효석(주9), 153.

98) 이회규(주61), 201-203은 일반적인 다가구주택에 관하여는 같은 견해를 취하면서도, 공유지분이전등기를 한 다가구주택은 다세대주택과 마찬가지로 취급하여야 한다고 한다.

99) 대판 1998. 1. 23. 97다47828(공1998상, 614).

100) 김효석(주9), 156-157.

대판 2007. 2. 8. 2006다70516(공2007상, 432) : 통상의 경우 등기부상 이해관계를 가지려는 제 3 자는 등기부를 통해 당해 주택의 표시에 관한 사항과 주택에 관한 권리에 관한 사항을 파악할 수 있으므로, 처음에는 다가구용 단독주택으로 소유권보존등기가 경료되었다가 나중에 다세대 주택으로 변경된 경우 당해 주택에

다) 공동주택 임차인이 아파트나 연립주택, 다세대주택 등 공동주택(주택법 제2조 제2호, 동 시행령 제2조 제1항 참조)에 주민등록 전입신고를 할 경우에는 지번뿐만 아니라 공동주택의 명칭과 동, 호수를 정확히 특정하여야 한다(주민등록법시행령 제9조 제3항 참조). 만일 이를 특정하지 아니하면 대항요건을 구비하지 못한 것으로 보게 되므로 불이익을 받는다.

따라서, 예컨대, 공동주택의 지번만 기재하거나,[101] 실제의 동·호수 표시와 불일치한 임차인의 주민등록은 임대차의 공시방법으로 유효한 것이라 할 수 없다. 나아가 판례는, 건축중이던 주택을 임대차 당시에 불리던 동·호수로 전입신고를 하였는데 나중에 준공검사를 받고 보존등기를 하면서 동·호수가 바뀐 경우,[102] 또는 건물에 설치

관해 등기부상 이해관계를 가지려는 제3자는 위와 같이 다가구용 단독주택이 다세대 주택으로 변경되었다는 사정을 등기부상 확인할 수 있고, 따라서 지번의 기재만으로 당해 다세대 주택에 주소 또는 거소를 가진 자로 등록된 자가 존재할 가능성을 인식할 수 있다 할 것이므로, 처음에 다가구용 단독주택으로 소유권보존등기가 경료된 건물의 일부를 임차한 임차인은 이를 인도받고 임차 건물의 지번을 정확히 기재하여 전입신고를 하면 주택임대차보호법 소정의 대항력을 적법하게 취득하고, 나중에 다가구용 단독주택이 다세대 주택으로 변경되었다는 사정만으로 임차인이 이미 취득한 대항력을 상실하게 되는 것은 아니다.

101) 대판 1995. 4. 28. 94다27427(공1995상, 1963. 이 판결에 대한 평석으로 소재선, "주택임대차보호법상 공시방법으로서의 주민등록", Jurist 2006. 3., 478면 이하 참조); 대판 1996. 2. 23. 95다48421(공1996상, 1064); 대판 1996. 3. 12. 95다46104(공1996상, 1244).

대판 2000. 4. 7. 99다66212(공2000상, 1148) : 신축중인 연립주택 중 1세대를 임차한 자가 주민등록 전입신고를 함에 있어 호수를 기재하지 않은 채 그 연립주택 부지의 지번만으로 전입신고를 하였다가 그 후 위 연립주택에 관하여 준공검사가 이루어지면서 건축물관리대장이 작성되자 호수를 기재하여 주소정정신고를 하였다면, 임차인의 최초 전입신고에 따른 주민등록으로는 일반 사회통념상 임차권자가 세대별로 구분되어 있는 위 연립주택의 특정 호수에 주소를 가진 자로 등록되었다고 제3자가 인식할 수는 없을 것이므로, 그 주민등록은 위 임대차의 공시방법으로서 유효한 것이라고 볼 수 없다.

102) 대판 1990. 5. 22. 89다카18648(공1990, 1344); 대판 1994. 11. 22. 94다13176(공1995상, 64); 대판 1999. 9. 3. 99다15597(공1999하, 2037); 대판 2008. 2. 14. 2007다33224(공2008상, 569).

된 편지함이나 현관문에 표시된 대로 전입신고를 마친 경우[103]에도 그것이 등기부상의 표시와 다를 경우에는 임대차의 공시방법으로 유효한 것으로 볼 수 없다고 하고 있다.[104] 이는 그만큼 제 3 자의 보호 내지 거래의 안전을 중시하는 것으로 해석되나,[105] 앞의 주104)에서

---

103) 대판 1995. 8. 11. 95다177(공1995하, 3126); 대판 1996. 4. 12. 95다55474(공1996상, 1524).

104) 같은 취지에서 대판 1999. 4. 13. 99다4207(공1999상, 881)은 연립주택이 등기부상으로는 'A, B, C, D' 동으로 되어 있으나 건물 외벽에는 그 순서대로 '가, 나, 다, 라' 동으로 되어 있어 주민등록시 'D동 103호'를 '라동 103호'로 전입신고한 것의 동일성을 인정한 원심판결[서울지법판 1998. 12. 9. 98나45866(법률신문 1999. 1. 18., 10)]을 파기하였다.

이 사건에서는 'A, B, C, D' 동 외에 '가, 나, 다, 라' 동이 따로 존재하는 것이 아니기 때문에 제 3 자로서도 'D동 103호'에는 임차인이 존재하지 않는 것으로 오인할 여지가 없고, 따라서 '라동 103호'로 전입신고 하였더라도 거래의 안전을 해칠 염려가 없다는 것이 원심판결의 입장이었으나, 대법원은 본문에서 기술한 것처럼 이 문제에 관하여 매우 엄격한 태도를 견지하고 있는 것이다. 동지(同旨) : 대판 2003. 5. 16. 2003다10940(공2003상, 1323).

반면에, 위와 거의 같은 사안에서 대판 2003. 6. 10. 2002다59351[공2003하, 1509. 이 판결에 대한 평석으로 정총령, "주택임대차보호법상 대항요건으로서 부실한 주민등록의 효력에 관한 판례연구", 재판실무연구 3권(수원지방법원 편)(2006), 127면 이하 참조]은 주민등록의 유효성을 인정하여 대조를 이룬다. 즉, 이 사건에서는 부동산등기부상 건물의 표제부에 '에이(A)동'이라고 기재되어 있는 연립주택의 임차인이 전입신고를 함에 있어 주소지를 '가동'으로 신고하였는바, 주소지 대지 위에는 2개 동의 연립주택 외에는 다른 건물이 전혀 없고, 그 2개 동도 층당 세대수가 한 동은 4세대씩, 다른 동은 6세대씩으로서 크기가 달라서 외관상 혼동의 여지가 없으며, 실제 건물 외벽에는 '가동', '나동'으로 표기되어 사회생활상 그렇게 호칭되어 왔다 하여 임차인의 주민등록을 유효한 공시방법으로 인정한 것이다.

나아가 대판 2004. 11. 26. 2004다46502(미간행)은 문제된 토지 위에는 다세대 주택 1동 외에는 다른 건물이 전혀 없고, 임차인이 원래 다세대 주택의 지번과 호수를 정확히 기재하여 전입신고를 하였다가 동사무소 담당 공무원의 권유에 따라 그 전입신고서에 '수락빌라트'를 보충 기재하게 되었는데 당시 위 다세대주택은 그러한 명칭으로 사회생활상 호칭되어 온 점 등을 고려하면, 임차인의 주민등록상 주소인 '서울 노원구 ○○동 1087-8 수락빌라트 103호'가 등기부상 주소인 '서울 노원구 같은 동 1087-8 상계동빌라 103호'를 의미함을 인식할 수 있었다는 이유로 위 주민등록이 공시방법으로 유효하다고 하였다.

또한 대판 2002. 5. 10. 2002다1796(공2002하, 1369) 및 대판 2002. 6. 14. 2002다15467(공2002하, 1665) 참조.

105) 김동윤(주92), 234; 이회규(주61), 206.

보듯이 판례가 반드시 일관된 것은 아닌 듯하다.

그런데, 공동주택에 관한 주민등록 관계 서류에 주택의 명칭과 동, 호수를 기재하도록 규정한 구(舊) 주민등록법시행령(대통령령 제14299호) 제5조 제5항(현행 제9조 제3항)은 1994. 6. 30.에 이르러 비로소 신설된 것인바, 그 전에 공동주택에 주민등록 전입을 한 경우에는 임차인이 거주하는 구체적 동, 호수를 기재하지 않고 지번만 기재한 경우에도 공시방법으로서의 효력을 인정할 수 있는가 하는 문제가 있다.

이에 관하여 판례[106]는 주택임대차보호법 제3조 제1항에서 주택의 인도와 더불어 대항력의 요건으로 규정하고 있는 주민등록은 거래의 안전을 위하여 임차권의 존재를 제3자가 명백히 인식할 수 있는 공시방법으로 마련된 것이라고 볼 것이므로, 주민등록이 어떤 임대차를 공시하는 효력이 있는지의 여부는 일반 사회통념상 그 주민등록으로 당해 임대차건물에 임차인이 주소 또는 거소를 가진 자로 등록되어 있다고 인식할 수 있는지의 여부에 의하여 판단되어야 할 것이라고 전제한 후,

---

106) 대판 1996. 3. 12. 95다46104(공1996상, 1244).

이 사건의 사안은 다음과 같다. 피고는 서울 성동구 ○○동 334의 2, 334의 4의 양 지상에 건축된 지하 1층 지상 4층의 다세대 주택 총 15세대 중 3층 301호를 임차하여 주민등록 전입신고를 함에 있어서, 주민등록지의 주소를 위 3층 301호로 하지 않고 위 다세대 주택 부지의 지번 중의 하나인 같은 동 334의 4로만 기재하여 전입신고를 하였는바, 원심판결은 위와 같은 주민등록으로는 일반사회통념상 임차권자인 피고가 세대별로 구분등기가 되어 있는 위 다세대 주택의 3층 301호에 주소를 가진 자로 등록되었다고 제3자가 인식할 수는 없을 것이므로, 위 주민등록을 위 임대차의 공시방법으로서 유효한 것이라고 볼 수 없다고 하였다. 이에 대하여 피고가 상고하면서 그 상고이유로서, "공동주택의 경우에는 지번 다음에 건축물관리대장에 의한 공동주택의 명칭과 동·호수를 기재한다"고 규정하고 있는 구(舊) 주민등록법시행령 제5조 제5항이 1994. 6. 30. 대통령령 제14299호로 비로소 신설되었으므로, 위 규정이 신설되기 전에 이루어진 주민등록에 대하여는 동·호수의 기재 없이 지번만 기재한 주민등록에 대하여도 공시방법으로서의 효력을 인정하여야 한다고 주장하였다.

> "… 위 시행령(주민등록법시행령 : 저자 주) 제 5 조 제 5 항의 규정은 주민등록의 불실기재를 방지함으로써 주민의 주거관계를 파악하고 상시로 인구의 동태를 명확히 하여 행정사무를 적정하고 간이하게 처리할 목적으로 제정된 주민등록법의 목적 달성을 위하여 주의적으로 둔 규정에 불과하고, 위 규정이 신설되기 전에는 주민등록에 동·호수를 기재할 방법이 없었다거나 또는 기재하지 않아도 상관없었던 것은 아니며, 주민등록을 임차권의 대항요건의 하나로 요구하는 주택임대차보호법의 입법취지는 주민등록을 임차권에 대한 공시방법으로 삼고자 하는 데 있는 것이어서 주민등록법의 입법목적과는 상이하므로, 위 시행령의 규정이 신설되기 전과 후를 구분하여 주민등록이 대항력을 구비하였는지의 여부를 달리 판단하여야 하는 것은 아니라고 할 것이다."

라고 판시하였다.

한편, 공동주택(주로 연립주택이나 다세대주택에서 볼 수 있다)의 공용부분인 지하실(본래 창고, 주차장, 대피소 등으로 계획된 것)을 분할하여 주거용으로 개조한 후 호수를 부여하고 임대한 경우에 임차인이 그곳으로 주민등록을 하면 대항요건을 구비한 것으로 볼 것이냐가 문제로 된다.

이에 관하여는, 임차인이 임대인 소유의 전유부분 동·호수에 따라(예컨대, 3동 306호) 전입신고를 하든 지하실로(예컨대, 3동 306호지하, 또는 3동 지하306호, 3동 지층306호) 전입신고를 하든 대항요건을 구비한 것으로 볼 수 없다는 견해[107]와, 임차인이 임대인 소유의 전유부분 동·호수에 따라(예컨대, 3동 306호) 전입신고를 하면 대항요건을 구비한 것으로 보아야 한다는 견해[108]가 대립한다. 생각건대, 전유부분 소유자가 공유부분을 임대한다는 것 자체가 무권한자의 행위로서 적법한 임

---

107) 서울지방법원 신청·집행실무연구회, 신청·집행의 실무(2000), 311; 정승열, 상가·주택 임대차보호법 실무(2007), 190.

108) 김효석(주9), 150; 박해식(주3), 311; 서울지방법원 2001. 4. 26. 선고 2000나59219, 59226 판결(이 판결은 2001. 7. 28. 대법원에서 심리불속행으로 상고가 기각되어 확정되었다).

대차가 될 수 없는데다가, 예컨대 '3동 지하306호'나 '3동 306호지하'로 전입신고를 하면 공부상 그러한 동·호수가 없어 3동 306호의 소유자와 거래하는 제 3 자가 임차인의 존재를 인식하기 어렵고, '3동 306호'로 전입신고를 하면 그 임차인은 3동 306호를 점유하는 것이 아니므로 점유와 주민등록이 불일치하여 적법한 주민등록으로 보기 어렵다고 할 것이다. 결국 거래의 안전을 고려한다면 이러한 임차인의 주민등록은 대항요건을 구비한 것으로 보지 않는 견해가 타당하다.

라. 대항요건 구비사실의 신고

주택임대차보호법상의 대항요건을 구비한 임차인은 당해 주택에 대하여 경매절차가 진행될 경우 매각허가결정이 나기 전까지 경매법원에 자기가 대항요건을 구비한 사실을 신고하여야 비로소 경매절차의 이해관계인으로 된다.[109]

---

109) 대결 1994. 9. 13. 94마1342(공1994, 2786); 대결 1995. 6. 5. 94마2134(공1995하, 2490).

대결 1999. 8. 26. 99마3792(공1999하, 2158) : 민사소송법 제607조 제4호(현행 민사집행법 제90조 제 4 호에 해당한다 : 저자 주) 소정의 이해관계인이라고 하여 경락허가결정이나 낙찰허가결정에 대하여 즉시항고를 제기하기 위하여는 경락허가결정이나 낙찰허가결정이 있을 때까지 그러한 사실을 증명하여야 하고, 경락허가결정이나 낙찰허가결정이 있은 후에 그에 대하여 즉시항고를 하면서 그러한 사실을 증명한 자는 그 제4호 소정의 이해관계인이라고 할 수 없으므로 그 즉시항고는 부적법한바, 주택임대차보호법상의 대항요건을 갖춘 임차인이 경매 목적 부동산 위의 권리자라고 하더라도 그러한 사실만으로 당연히 이해관계인이 되는 것이 아니고 경매법원에 스스로 그 권리를 증명하여 신고하여야 비로소 이해관계인으로 되는 것으로서, 그와 같은 권리신고는 자기의 책임으로 스스로 하여야 하는 것이므로, 집행관의 현황조사의 결과 임차인으로 조사, 보고되어 있는지 여부와는 관계없이 스스로 집행법원에 권리를 증명하여 신고하지 아니한 이상 이해관계인이 될 수 없으며, 대법원예규에 의한 경매절차 진행사실의 주택임차인에 대한 통지는 법률상 규정된 의무가 아니라 당사자의 편의를 위하여 주택임차인에게 임차 목적물에 대하여 경매절차가 진행 중인 사실과 소액임차권자나 확정일자부 임차권자라도 배당요구를 하여야 우선변제를 받을 수 있다는 내용을 안내하여 주는 것일 뿐이므로, 임차인이 위와 같은 통지를 받지 못하였다고 하더라도 경락허가결정이나 낙찰허가결정 이후에 권리신고를 한 경우에는 경락허가결정이나 낙찰허가결정에 항고를 제기할 수 있는 정당한 이해관계인이 민사집행법이 집행관에게 경매부동산에 관한 현황조사를 명하는 규정을 두고 있으므로(동법 제85조) 주택임대차보호법 제 3 조의2 및 제 8 조의 적용을 받는 주택임차인의 경우에는 권리신고 없이 이해관계인으로 취급하여도 된다는 견해가 있으나,[110] 집행관의 현황조사의 불확실성에 비추어 볼 때 권리신고 없이 이들을 이해관계인으로 취급하는 것은 아무래도 곤란하다.[111] 대법원 예규[112]도 권리신고를 한 경우에 한하여 이해관계인으로 취급하고 있다.

2. 상가건물임대차보호법상의 대항요건을 구비한 임차인

상가건물임대차보호법상의 대항요건을 구비한 임차인도 주택임대차보호법상의 대항요건을 구비한 임차인과 마찬가지로 경매절차의 이해관계인이 되며, 상가건물임대차보호법의 기본구조가 주택임대차보호법의 그것과 대동소이(大同小異)함은 전술(前述)한 바와 같다. 따라서 주택임대차보호법상의 대항요건을 구비한 임차인에 관한 설명이 대부분 상가건물임대차보호법상의 대항요건을 구비한 임차인에게도 그대로 적용된다. 다만, 「주택」과 구별되는 「상가건물」의 특성상 차이가 나는 부분이 있으므로 이하에서는 이 차이가 나는 부분을 중심으로 살펴본다.

가. 「상가건물」의 임차인

상가건물[113]은 사업자등록의 대상이 되는 영업용 건물을 말한다

될 수 없다.

110) 박재승(주2), 481; 지철수(주3), 291-292.

111) 이주흥, "주택임대차보증금 회수를 위한 우선변제권의 행사와 경매절차상 취급", 법조 1994. 11., 43-44.

112) 주택임대차보호법 제 8 조에 관한 질의회답(재민 84-10 예규) 문3.

113) 박진수, "상가건물임대차보호법에 관한 연구", 서울대학교 석사학위 청구 논문(2003), 15는 "상가건물"이라는 용어가 부적절하다면서 "사업용 건물"로 해야 한다고 주장한다.

(상가건물임대차보호법 제 2 조, 제 3 조 제 1 항).

(1) 「상 가」

(가) 상가건물임대차보호법은 상인들의 안정적인 영업활동을 보장하는 것을 목적으로 하기 때문에, 그 적용범위를 사업자등록의 대상이 되는 영업용 건물에 국한하고 있다.

사업자등록은 후술(後述)하는 바와 같이 부가가치세법 제 5 조, 소득세법 제168조, 법인세법 제111조 중 어느 하나에 따라 하는바, 부가가치세법, 소득세법, 법인세법상의 사업장[114]으로서 사업자등록의 대상이 되는 건물에는 제한이 없다.[115] 등기된 건물인지 여부 또는 허가받은 건물인지 여부와는 전혀 무관하고,[116] 건물의 객관적 용도와도 상관없으므로, 공부(公簿)상으로는 공장이나 사무실로 등재되어 있어도 영업용으로 사용하기 위한 사업자등록이 가능하다. 공부(公簿)상 업무시설이나 근린생활시설로 되어 있는 오피스텔도 역시 마찬가지이다.[117] 도로나 광장 등 공공용지의 지하에 있는 지하상가도 사업자등록이 가능함은 물론이다.

영업의 종류는 묻지 않는다. 즉, 상가건물이라고 해서 단순히 상업에 종사하기 위한 건물을 의미하는 것이 아니라, 상업, 제조업, 서비스업 등 모든 영리활동을 위한 건물을 포함한다.[118] 따라서 예술인,

114) 사업장은 사업자 또는 그 사용인이 상시 주재하여 거래의 전부 또는 일부를 행하는 장소를 말한다(부가가치세법시행령 제 4 조 제 1 항 본문).

115) 다만, 사업장이 아니면 사업자등록의 대상이 되지 못하는바, 이런 곳에는 사업자등록을 하더라도 상가건물임대차보호법이 적용되지 않는다. 예컨대, 임차인이 영업의 목적이 아니라 단지 저장이나 보관만을 목적으로 사용하는 장소에 사업자등록을 한 경우이다. 박진수(주113), 20.

116) 진영광, 실무 상가건물임대차보호법(2002), 56.

117) 유상현, "상가건물임대차보호법의 문제점과 개선방안에 관한 연구", 건국대학교 석사학위 청구 논문(2006), 51; 이규정, "상가건물임대차보호법의 문제점과 개선방안에 관한 연구", 연세대학교 석사학위 청구 논문(2007), 51.

다만, 전술(前述)한 바와 같이 오피스텔이 주거용으로 사용되고 있으면 주택임대차보호법이 적용될 뿐이다.

118) 성순화(주43), 66; 임승현, "상가건물임대차에 관한 연구", 명지법학 3호(명지대학

의사, 변호사, 세무사, 공인회계사 등 공공적 성격을 지닌 사람들이라 할지라도 그들이 재화와 용역을 공급하는 영업활동을 위한 사업장으로서 사용하는 건물이라면 상가건물이라고 보아야 한다.

상가건물은 이처럼 영업활동을 위한 사업장으로 사용하는 건물이어야 하므로, 종중사무실, 동창회사무실, 교회, 사찰, 정당사무실, 종교단체나 자선단체의 사무실, 향우회사무실, 꽃꽂이·판소리·등산·낚시 등의 동호인 활동을 위한 건물 등은 영리를 목적으로 하는 영업용 건물이 아니기 때문에 사업자등록의 대상이 되지 않고, 그 결과 이러한 건물의 임대차는 상가건물임대차보호법상의 보호를 받지 못한다.[119)]

(나) 건물이 「상가건물」인 여부를 판단하는 기준시점은 원칙적으로 임대차계약 체결시이다.[120)] 따라서 주거용 건물을 임차하여 사용 중

교 법학연구센터 편)(2004), 289; 차영도, "상가건물임대차보호법의 적용범위와 대항력에 관한 연구", 원광대학교 석사학위 청구 논문(2005), 30.

119) 김대규, "상가건물임대차보호법 고찰", 민사법연구 12집 1호(대한민사법학회 편)(2004), 317; 박인환, "상가건물임대차보호법의 법정책과 보호범위", 한림법학 FORUM 16권(한림대학교 법학연구소 편)(2005), 193-194; 박진원, "상가건물임대차보호법의 문제점 및 개선방안에 관한 연구", 전북대학교 석사학위 청구 논문(2008), 5; 사법연수원, 주택임대차보호법－상가건물임대차보호법 해설 포함(2008), 220; 성순화(주43), 66-67; 윤방현, " 상가건물임대차보호법에 관한 소고", 법학논총 11집 1호(조선대학교 법학연구소 편)(2004), 123; 이경준, "상가건물임대차보호법의 문제점과 개선방안에 관한 연구", 전남대학교 석사학위 청구 논문(2004), 25; 임승현(주118), 289.

반대 : 박영욱, "상가건물임대차보호법", 법제 제539호(2002. 11.), 73; 최진이, "상가건물임대차보호법의 문제점과 개선방안에 관한 고찰", 기업법연구 19권 1호(한국기업법학회 편)(2005. 3), 303은 이런 건물에도 상가건물임대차보호법이 적용되어야 한다고 한다.

또한 김세옥, "상가건물임대차보호법 시행상의 문제점과 그 개선방향에 관한 소고", 경희대학교 석사학위 청구 논문(2003), 80은 주거 목적이 아닌 모든 건물을 상가건물임대차보호법의 적용대상으로 할 것으로 입법론으로 제시한다. 동지(同旨) : 김상태, "상가건물임대차보호법에 관한 연구", 영남대학교 석사학위 청구 논문(2007), 65; 소재선, "제정 상가임대차법의 문제점과 개선방향", 경희법학 36권 2호(경희대학교 법과대학 경희법학연구소 편)(2002), 100-101; 최진구, "상가임대차보호법(안)의 문제점과 과제", 법학논총 25집(단국대학교 편)(2001), 339.

120) 박진수(주113), 21.

에 임차인이 임의로 개조하여 사업용으로 사용하는 경우에는 여기에 해당하지 않는다. 다만, 본래 주거용 건물이었으나 당초 소유자(임대인)와의 임대차계약시 사업용으로 개조하여 사용하기로 합의하여 그렇게 개조, 사용하고 있다면 개조 후부터는 상가건물로 봄이 합당할 것이다.

(다) 주택임대차보호법을 처음 제정할 당시에는 「주거용」 건물의 임대차에 관하여만 규정하였다가 임차주택의 일부가 주거 외의 목적으로 사용되는 이른바 「겸용건물」의 임대차가 문제로 대두하자 법을 개정(1983. 12. 30.)하여 포함시킨 전례가 있어, 상가건물임대차보호법에서는 아예 처음부터 겸용건물에 관한 규정을 두어 '임대차 목적물의 주된 부분'을 영업용으로 사용하는 경우를 상가건물에 포함시켰다(제 2 조 제 1 항).

그런데, '임대차 목적물의 주된 부분'을 과연 어떻게 판단할 것이냐 하는 문제는 여전히 남는바, 그 임대차의 목적, 전체 건물과 임대차목적물의 위치 및 구조와 형태, 임차인의 임차목적물의 이용관계, 공부상의 표시 등을 고려하여 합목적적으로 판단하여야 할 것이다.[121]

결국, 거주와 영업을 겸하는 겸용건물의 임대차의 경우에는, 당해 건물의 실제 용도와 이용현황을 살펴보아 주된 부분이 주거용이면 주택임대차보호법을 적용하고, 주된 부분이 영업용이면 상가건물임대차보호법을 적용하여야 하며,[122] 적용요건이 다른 두 법률을 함께 적용

121) 박해식/박정심/이경희, 상가임대차 분쟁소송(이론과 실무)(2004), 44; 진영광(주116), 57.

122) 권용산, "상가건물임대차보호법의 문제점과 개선방안(II), 법무사 2003. 4., 43; 김광일, "상가건물임대차보호법에 관한 연구", 국민대학교 석사학위 청구 논문(2003), 49-50; 박해식/박정심/이경희(주121), 47; 윤방현(주119), 123.

다만, 이러한 구별기준이 실제 거래에 있어 명확하게 적용되기는 어렵고, 따라서 어느 법을 적용할 것인가를 둘러싸고 어느 정도 혼란이 생기는 것이 불가피할 것이다. 때문에 이러한 혼란을 방지하기 위하여 두 법을 하나로 통일하든가, 겸용건물에 대하여는 상가건물임대차보호법만 적용하자는 견해가 주장된다. 박진수(주113), 44-46.

할 수는 없다. 그런 이치에서 주택임대차보호법상의 대항력을 취득한 건물을 임대인의 승낙하에 사업용으로 개조하여 사업자등록을 한 경우에는 이제는 주택임대차보호법상의 대항력은 소멸하고, 새로이 상가건물임대차보호법상의 대항력을 취득한다고 볼 것이다.[123] 그 역(逆)도 마찬가지이다.

그런데, 번역업이나 온라인 정보제공업 등과 같이 재택근무가 가능한 사업은 일상생활을 영위하는 주택을 동시에 사업장으로 사용할 수 있는바, 이러한 건물에 주민등록과 사업자등록을 다 하게 되면 주택임대차보호법과 상가건물임대차보호법 중 어느 법의 적용대상으로 할 것이냐 하는 문제가 여전히 남는다. 이 경우는 '건물의 주된 부분'이라는 공간적 개념을 설정하기가 사실상 어렵다. 결국 이런 경우에는 도리없이 등기부나 건축물대장 등 공부상에 표시된 건물용도가 판단의 중요한 기준이 될 것이다.[124]

(2) 「건 물」

주택임대차보호법은 그 적용대상을 '건물의 전부 또는 일부'로 규정하고 있는 데 비하여(동법 제 2 조), 상가건물임대차보호법은 적용대상을 그냥 상가건물이라고만 규정하고 있을 뿐이다. 그렇다고 상가건물의 일부의 임대차의 경우에는 상가임대차보호법이 적용되지 않는다고 볼 것은 아니다.

오히려 주거용 건물의 경우에는 개인생활의 보호를 위하여 구조상 적어도 다른 공간과는 구별할 수 있는 4면의 벽 및 기와침식(起臥寢食)을 위한 시설이 필요하다고 할 것이지만, 상가건물의 경우에는 시장의 상가나 집단점포가 들어서 있는 대규모 상가에서 보듯이 서로간의 공간을 구별하는 벽이나 칸막이가 없는 경우가 많으므로 건물일부의 임대차의 경우에도 당연히 상가건물임대차보호법이 적용된다

123) 박진수(주113), 22.
124) 박진수(주113), 41-42.

고 할 것이다.[125] 그리고 그 건물의 일부는 굳이 구분건물일 것이 요구되지 않으며,[126] 4면이 벽인 칸막이로 둘러싸일 것도 요구되지 않는다. 건물의 종류나 구조가 어떤가도 묻지 아니한다. 본건물이건 부속건물이건 상관없다.

나. 상가건물의 「임차인」

(1) 이해관계인은 "임차인"에 한한다. 따라서 상가건물의 사용차주는 여기에 해당하지 않는다는 것, 채권적 전세입자에도 여기에 해당한다는 것(상가건물임대차보호법 제17조), 임차인은 진정한 임대차에 기한 임차인이어야 하며 단순히 임대차의 외관만을 구비한 임차인은 해당하지 않는다는 것,[127] 단순히 일시사용을 위한 임차인은 해당하지 않는다는 것(상가건물임대차보호법 제16조)[128] 등은 주택임대차보호법상의 임차인에서 설명한 것과 같다.

(2) 보증금액에 대한 제한

(가) 주택임차인과는 달리 상가건물의 임차인은 임대차보증금액이 일정액 이하인 경우에만 상가건물임대차보호법의 적용을 받아 경매절차의 이해관계인이 된다(상가임대차보호법 제 2 조 제 1 항 단서). 상가건물임대차보호법이 본래 영세상인의 보호를 위하여 제정된 법률이기 때문에 임대차보증금액이 일정액 이하인 비교적 소규모의 상가임차인에 한하여 보호를 하는 것이다.[129][130]

---

125) 박해식/박정삼/이경희(주121), 48.

126) 집합건물의 소유 및 관리에 관한 법률의 개정(법률 제6925호)으로 2004. 1. 18.부터는 상가건물의 구분소유가 훨씬 용이해졌다. 즉, 동법 제 1 조의2 제 1 항에 의하면, 바닥면적의 합계가 1,000㎡ 이상인 상가건물은 경계를 명확하게 식별할 수 있는 표지를 바닥에 견고하게 설치하고, 구분점포별로 부여된 건물번호표지를 견고하게 부착하면 구분소유권의 목적이 될 수 있다.

127) 권용산(주122), 45; 김광일(주122), 53; 윤방현(주119), 126; 진영광(주116), 59.

128) 계절별로 매장의 재구성작업이 빈번한 백화점 점포는 여기에 해당하는 경우가 많을 것이다. 박진수(주113), 25; 차영도(주118), 36 참조.

129) 중소기업청이 한국갤럽조사연구소와 대한상공회의소에 의뢰해 2002. 6. 11.부터

그런데, 보증금액을 기준으로 일률적으로 적용대상을 제한하는 이러한 상가임대차보호법의 태도에 대하여는 비판적인 견해도 많다. 상가건물은 보증금의 액수만으로 영세임차인 여부를 결정할 수 없다는 것, 상가건물은 같은 지역이라도 업종, 접근용이성 등에 따라 보증금에 차이가 난다는 것, 단위면적당(주로 평당으로 계산한다) 보증금이 고가인데도 전체 면적이 작으면 위 법의 적용을 받는 반면 단위면적당 보증금이 저가인데도 전체 면적이 크다는 이유로 위 법의 적용을 받지 못하는 불합리가 발생한다는 것, 임차인의 종류에 따라서는 보호할 가치가 적은 임차인(예컨대, 도박이나 윤락 등 불법영업을 목적으로 하는 임차인이나 사치향락업소의 임차인)도 일률적으로 보호를 받게 된다는 것, 보증금이 고액인 주요 도심상권에 있는 임차인들은 대부분 보호에서 제외된다는 것, 영세상가건물 소유자들은 임대료 인상 등을 통하여 상가건물임대차보호법의 적용을 회피하려 할 것이라는 것 등이 비판의 주된 논거이다.[131]

2002. 7. 5.까지 전국 31,031개 상가임대차 사업자를 대상으로 상가임대차 현황을 조사한 결과, 상가임대차 계약의 83.7%가 보증금과 월세를 혼합한 형태로, 평균 38평 매장에 평균 보증금과 월세는 각각 2,348만 원과 78만 원 수준인 것으로 나타났다. 보증금은 1,000만~2,000만 원이 30.4%로 가장 많았고, 2,000만~3,000만 원 16.9%, 500만~1,000만 원 15.7% 등의 순으로 나타났다. 월세는 50만~100만 원이 26.3%로 가장 많았다. 지역별로는 수도권의 평균 보증금이 2,573만 원으로 가장 높았고, 광역시 2,323만 원, 기타 시 · 도지역 1,976만 원으로 조사되었다. 월세를 보증금으로 전환(금리 연 12% 적용)한 금액까지 보증금에 포함할 경우 수도권은 평균 1억 2,243만 원, 광역시는 8,838만 원, 기타 시 · 도지역은 6,975만 원이었다. 수도권 임차인의 80%가 보증금 1억4,000만 원 이하였다.
(자료 출처: 중소기업청 홈페이지 정책마당〉재래시장/소상공인
http://www.smba.go.kr/portal/main.policy.PolicyServlet?pl=10&pm=06&pagelist=1 또한 조선일보 2002. 7. 30., 38.)

130) 임대차보증금이 아예 존재하지 않고, 차임은 일정액이 아닌 판매액의 일정비율로 정한 수수료매장은 대부분 일시사용을 위한 임대차에 해당하여 상가임대차보호법의 적용대상이 아니라고 할 것이다. 박진수(주113), 25; 차영도(주118), 36.

131) 조재만, "상가건물임대차보호법의 문제점과 개선방안에 관한 연구", 건국대학교 석사학위 청구 논문(2006), 78은 임대차면적을 1차적인 기준으로 하고 보증금액을 2차적인 기준으로 할 것을 제안한다.

그러나, 모든 상가건물 임차인을 보호하지 않는 이상[132]은 상가 임대료 수준을 조사한 자료가 완비되어 있는 것도 아니고, 지역별, 업종별, 용도별, 위치별로 임대료가 천차만별인 실정을 생각할 때 현행 법의 태도가 그르다고만 할 수도 없을 것이다.[133]

(나) 보증금액의 상한은 당해 지역의 경제여건 및 임대차 목적물의 규모 등을 감안하여 지역별로 대통령령으로 정하도록 되어 있는바(상가임대차보호법 제 2 조 제 1 항 단서, 제 2 조 제 2 항 전문), 현재 그 금액은 다음과 같다(동법시행령 제 2 조 제 1 항).[134]

· 서울특별시 : 2억 6,000만 원
· 수도권정비계획법에 따른 수도권 중 과밀억제권역[135] :

132) 김상명, "상가건물임대차 보호제도의 실효성 제고방안", 법학연구 16집(한국법학회 편)(2004), 301; 박진원(주119), 83; 성순화(주43), 69; 유상현(주117), 94; 최진이(주119), 304는 보증금액에 의한 제한을 없애고 모든 상가건물로 적용범위를 확대하여야 한다고 주장한다.

그리고, 민주노동당(권영길 의원 등 10인 발의)은 2004. 6. 28. 보증금액에 의한 제한을 없애고 사업자등록의 대상이 되지 않는 비영리법인이나 단체의 임대차에도 법의 적용을 확대하는 상가건물임대차보호법중개정법률안을 국회에 제출하였으나 통과되지 않았다.

한편, 박진수(주113), 60-61은 상가건물임대차보호법의 적용범위를 모든 상가건물로 확대하되, 다만 대항력과 우선변제권에 한하여 보호받는 보증금의 범위를 제한할 것을 제안한다.

133) 김상태(주119), 67.

134) 이 금액을 조금이라도 넘으면 상가건물임대차보호법의 적용대상에서 배제된다. 사법연수원, 주택임대차보호법－상가건물임대차보호법 해설 포함(2008), 220-221; 유상현(주117), 90; 조재만(주131), 차영도(주118), 45.

한편, 김광일(주122), 92-93은 최초의 임대차계약 당시 합산보증금이 이 금액 범위 내이면 그 후 계약의 갱신으로 합산보증금이 인상되어 이 범위를 넘더라도 상가건물임대차보호법을 계속 적용하여야 한다고 하나, 입법론으로는 몰라도 해석론으로는 찬성하기 어렵다. 권용산, "상가건물임대차보호법의 문제점과 개선방안(Ⅳ), 법무사 2003. 6., 38 및 김상명(주132), 301은 입법론으로 이를 제기한다.

135) 수도권정비계획법 제 6 조, 시행령 제 9 조 별표 1에 의하면 아래 지역이 이에 해당한다.

인천광역시[강화군, 옹진군, 중구 운남동 · 운북동 · 운서동 · 중산동 · 남북동 · 덕교동 · 을왕동 · 무의동, 서구 대곡동 · 불노동 · 마전동 · 금곡동 · 오류동 · 왕길동 · 당하동 · 원당동, 연수구 송도매립지(인천광역시장이 송도 신시가지 조

2억 1,000만 원

· 광역시(군지역과 인천광역시지역 제외[136]) : 1억 6,000만 원

· 그 밖의 지역 : 1억 5,000만 원[137]

상가건물임대차보호법이 제정되어 처음 시행될 당시에는 보증금액의 상한이 서울특별시는 2억 4,000만 원, 수도권정비계획법에 따른 수도권 중 과밀억제권역은 1억 9,000만 원, 광역시(군지역과 인천광역시지역 제외)는 1억 5,000만 원, 그 밖의 지역은 1억 4,000만 원이었는데, 2008. 8. 21. 상가건물임대차보호법시행령이 개정(대통령령 제20970호)되어 현재는 위와 같이 서울특별시는 2억 6,000만 원, 수도권정비계획법에 따른 수도권 중 과밀억제권역은 2억 1,000만 원, 광역시(군지역과 인천광역시지역은 제외)에서는 1억 6,000만 원 이하, 그 밖의 지역은 1억 5,000만 원이다.

㈐ 보증금액의 산정

임대차보증금액의 상한은 월차임이 있는 경우와 없는 경우를 구분하여야 한다. 월차임이 없는 경우(채권적 전세)에는 위에서 본 금액이 바로 보증금액의 상한이다. 반면 월차임이 있는 경우에는 그 월차임(차임이 월단위가 아닌 경우에는 월차임으로 환산한 금액)에 100을 곱한 금액을

성을 위하여 1990. 11. 12. 송도 앞 공유수면매립공사면허를 받은 지역을 말한다), 남동유치지역을 제외한다], 의정부시, 구리시, 남양주시(호평동, 평내동, 금곡동, 일패동, 이패동, 삼패동, 가운동, 수석동, 지금동 및 도농동에 한한다), 하남시, 고양시, 수원시, 성남시, 안양시, 부천시, 광명시, 과천시, 의왕시, 군포시, 시흥시(반월특수지역을 제외한다).

136) 인천광역시 중 과밀억제권역에 해당하지 않는 지역은 '그 밖의 지역'에 해당하여 보증금액의 상한이 1억 5천만 원이다.

137) 이처럼 권역별로 차등을 두는 것에 대하여는 다음과 같은 비판이 가해진다. 즉, 동일한 건축설비를 갖춘 건물이라도 그 시세가 지역에 따라 차이가 나는 것은 사실이나, 그것은 임차인이 당해 건물로부터 최우선변제를 받을 수 있는 금액에 있어 차등을 두는 근거는 될 수 있어도 존속기간의 보장, 차임의 인상 제한 등 상가건물임대차보호법 전체를 적용하는 여부를 결정하는 데 있어 차등을 둘 합리적 근거는 되지 못한다는 것이다[박진수(주113), 57; 유상현(주117), 91]. 경청할 만한 견해이다.

본래의 보증금에 더한 금액이 환산보증금이 되어 위 상한을 넘으면 안 된다(상가건물임대차보호법 제 2 조 제 2 항, 동법시행령 제 2 조 제 3 항).[138] 예컨대, 보증금 5,000만 원에 월차임이 200만 원이면 2억 5천만 원 [=5,000만 원 + (200만 원 × 100)]이 환산보증금이다.[139]

임대차계약시 수수되는 권리금이나 매월 지급하는 관리비(전기요금, 수도요금 등 포함)는 보증금액의 산정에 포함되지 않는다.[140] 백화점이나 대형 쇼핑센터에서 그 예를 찾을 수 있는 홍보비 역시 포함되지 않는다고 할 것이다.[141]

그 밖에 임차인이 월차임에 대한 부가가치세를 부담하기로 한 경우에 이를 월차임에 포함시켜 환산보증금을 정할 것이냐 하는 문제가 있는바, 포함시키는 것이 거래관념에 부합한다고 할 것이다.[142]

---

138) 보증금 상한액 및 환산비율의 결정에 관하여는 문장운, "상가임대차보호법시행령안 마련 근거", 상가건물임대차보호법시행령 제정 공청회 자료집(법무부)(2002. 8. 23.), 3 이하 참조.

139) 월차임을 일정액으로 정하지 않고 매출액의 일정비율로 하기로 하는 수수료매장의 경우에는 환산보증금의 산정이 어렵게 되는 문제가 있다. 월차임 외에는 별도의 보증금이 아예 없는 경우라면 전술(前述)한 바와 같이(주130) 아예 상가건물임대차보호법의 적용대상이 아니라고 보면 될 것이나, 그렇지 않고 별도의 보증금이 있으면서 차임만을 위와 같이 약정한 경우에는 상가건물임대차보호법의 적용을 배제할 수 없는바, 이 경우에는 환산보증금을 산정하기가 어려운 것이다. 상가건물임대차보호법의 적용범위를 보증금의 액수로 제한하는 데서 생기는 문제 중 하나이다.

140) 박해식/박정삼/이경희(주121), 50-51.
이에 대하여 박진수(주113), 27-28은 관리비의 내용이 임차목적부분에 포함되는 공용부분(화장실, 복도, 에스컬레이터 등)에 대한 사용대가이면 차임에 포함되나, 임차목적물에 대한 전기료, 전화료 등 공과금의 성격이 강한 것은 차임에서 제외된다고 한다.

141) 차영도(주118), 35 참조.

142) 동지(同旨) : 조재만(주131), 35.

다. 대항요건의 구비

(1) 개 설

상가건물의 임차인은 등기 없이도 인도와 사업자등록만으로 제 3 자에 대하여 자기의 임차권을 주장할 수 있다(상가건물임대차보호법 제 3 조 제 1 항). 임대차는 채권계약이기 때문에 원칙적으로 등기하여야 대항력이 생기는 것이 민법상의 기본원칙인데(민법 제621조), 임대인의 우월적인 지위 등의 사유로 인하여 그러한 등기가 잘 행하여지고 있지 아니한 거래실정을 고려하여, 상가건물임대차보호법은 등기 없이도 인도와 사업자등록만으로 임대차에 대항력을 부여하고 있는 것이다.

이는 주택임대차보호법이 등기 없이도 인도와 주민등록만으로 임대차에 대항력을 부여하고 있는 것과 같은 취지이다.

(2) 인 도

이에 관한 설명은 전술(前述)한 주택임차인에서 설명한 내용을 참조. 다만, 주택의 경우에는 외관으로도 그 점유의 이전이 비교적 뚜렷한 반면, 상가건물의 경우 특히, 건물의 일부에 대한 임대차의 경우에는 점유의 이전 여부가 외관상 명백하지 않은 경우가 있을 수 있다. 때문에 상가건물의 경우에는 바로 영업을 개시하지 않고 영업을 위한 준비기간이 상당히 필요한 점을 이용하여 실제로 점유를 하지 않으면서도 점유하는 것처럼 가장한 임차인이 생길 염려도 없지 않음에 유의할 필요가 있다.[143)]

(3) 사업자등록

(가) 제도적 의의

1) 상가건물임대차보호법 제 3 조 제 1 항은 상거건물임대차의 대항요건으로서 상가건물의 인도 외에 임차인의 사업자등록을 요구한다. 외국의 입법례에서는 찾아볼 수 없는 특이한 요건이다. 즉, 인도

143) 사법연수원, 주택임대차보호법 — 상가건물임대차보호법 해설 포함(2008), 222.

와 사업자등록이 합쳐져서 상가건물임대차의 등기와 같은 공시방법이 되는 것인데, 인도가 공시방법으로 불완전하다는 데서 사업자등록을 추가한 것이다. 이는 주택임대차보호법이 대항요건으로서 인도 외에 주민등록을 요구하고 있는 것과 같은 구조이다.

사업자는 사업상 독립하여 재화 또는 용역을 공급하는 사람을 말한다. 사업자등록은 부가가치세법 제 5 조,[144] 소득세법 제168조,[145] 법인세법 제111조[146] 중 어느 하나에 따라 하면 된다.[147]

동산 거래의 공시방법인 인도를 부동산 거래인 상가건물의 임대차에 도입한 것은 임차인의 보호를 위한 것인데, 임대차의 내용이 완전하게 공시되는 임차권등기와는 달리 인도에는 임대차의 내용이 공시될 수 없어 공시방법으로 불완전하기 때문에 임차인의 사업자등록

---

144) 부가가치세법 제 5 조 (등록) ① 신규로 사업을 개시하는 자 중 사업자단위과세사업자가 아닌 자는 사업장마다, 사업자단위과세사업자는 당해 사업자의 본점 또는 주사무소에 대하여 대통령령이 정하는 바에 따라 사업개시일부터 20일 이내에 사업장 관할세무서장에게 등록하여야 한다. 다만, 신규로 사업을 개시하려는 자는 사업개시일 전이라도 등록할 수 있다.
②~⑥ : 생략

145) 소득세법 제168조 (사업자등록 및 고유번호의 부여)
① 새로이 사업을 개시하는 사업자는 사업장소재지 관할세무서장에게 등록하여야 한다.
② 부가가치세법의 규정에 의하여 사업자등록을 한 사업자는 당해 사업에 관하여 제 1 항의 규정에 의한 등록을 한 것으로 본다.
③~⑤ : 생략

146) 법인세법 제111조 (사업자등록)
① 신규로 사업을 개시하는 법인은 대통령령이 정하는 바에 따라 납세지 관할세무서장에게 등록하여야 한다.
② 부가가치세법에 의하여 사업자등록을 한 사업자는 당해 사업에 관하여 제 1 항의 규정에 의한 등록을 한 것으로 본다.
③ : 생략
④ 제109조의 규정에 의한 법인설립신고를 한 경우에는 사업자등록신청을 한 것으로 본다.

147) 부가가치세법상의 사업자등록 외에 소득세법이나 법인세법상의 사업자등록을 추가한 이유는 부가가치세법상의 사업자등록만을 요건으로 하게 되면 부가가치세 면세사업자가 보호를 받지 못하기 때문이다. 이규정(주117), 57; 차영도(주118), 62.

을 요구함으로써 거래의 안전을 도모하려는 것이다. 바로 이 점이 상가건물임대차의 대항요건으로 사업자등록을 요구한 입법이유이다.

그런데, 사업자에는 개인뿐만 아니라 법인 및 법인격 없는 사단·재단 기타 단체도 포함되므로(부가가치세법 제 2 조 제 2 항), 주민등록과는 달리 자연인뿐만 아니라 법인이나 법인격 없는 사단도 사업자등록을 함으로써 상가건물임대차보호법상의 보호를 받을 수 있다는 점에서 주택임대차보호법과 차이가 난다.148)

외국인, 재외국민도 사업자등록을 함으로써 보호를 받을 수 있다.149) 국가나 지방자치단체도 부가가치세법상 사업자등록을 할 수 있지만, 국민경제생활의 안정을 보장하려고 하는 상가건물임대차보호법의 입법취지에 비추어 볼 때 상가건물임대차보호법의 적용대상에서 제외함이 타당할 것이다.150)

2) 상가건물임대차보호법이 대항요건으로서 사업자등록을 요구하는 것에 대하여는 주택임대차보호법이 대항요건으로서 주민등록을 요구하는 것에 대한 것과 마찬가지로 반대하는 견해도 많다. 사업자등록이 공시방법으로 불완전하다거나,151) 사업자등록 신청 후 사업자등록이 완료될 때까지의 기간152) 동안에는 사업자등록증 발급 여부가 불확실하므로 채권자 등 이해관계인이 불측의 손해를 입을 우려가 있

148) 박진수(주113), 71-72; 박해식/박정삼/이경희(주121), 64; 유상현(주117), 59; 이규정(주117), 58; 정승열(주107), 494;

박인환(주119), 196은 법인을 상가건물임대차보호법의 적용대상으로 포함시킨 것은 보호의 과잉이라고 비판한다.

149) 박해식/박정삼/이경희(주121), 64-65; 유상현(주117), 59.

150) 동지(同旨) : 박진수(주113), 72; 유상현(주117), 59-60; 이규정(주117), 58-59.

151) 김동국, "상가건물임대차보호법의 문제점", 법률신문 2002. 3. 4., 15; 김선이, "제정 상가건물임대차보호법의 재검토", 민사법학 2002. 9., 485; 유상현(주117), 100; 이경준(주119), 49.

152) 세무서장은 사업자등록 신청을 받은 날부터 3일 이내에 신청자에게 사업자등록증을 교부하여야 한다. 다만, 사업장시설이나 사업현황을 확인하기 위하여 국세청장이 필요하다고 인정하는 경우에는 교부기한을 5일 이내에서 연장하고 조사한 사실에 따라 사업자등록증을 교부할 수 있다(부가가치세법시행령 제 7 조 제 3 항).

다거나,[153] 사업자등록 신청일로부터 사업자등록이 반려, 철회, 취소되는 때까지의 기간에는 제 3 자가 알 수 없으므로 가장임차인이 양산될 우려가 있다거나,[154] 사업자등록을 한 상인이 전체 상인의 50%에 불과하고 영세상인은 부가가치세법상의 사업자등록을 요하지 않으므로 영세상인이 이 법의 적용을 받지 못하게 된다[155]는 등이 그 논거이다.

그리고 대안으로는 임대차계약서상의 확정일자를 공시방법으로 하자거나, 프랑스의 임대차등록부와 같이 상가건물임대차에 관한 공부(公簿)를 만들자거나,[156] 상업등기를 대항요건으로 하자거나,[157] 임차인이 확정일자를 받은 임대차계약서로 일방적으로 전세권등기를 할 수 있게 하자거나,[158] 관인 영업용 건물임대차계약서를 사용하고 공인중개업자가 공증하게 하자는 것[159] 등이 제기된다.

사견(私見)으로는, 임차인의 사업자등록은 상가건물에 관한 거래의 원활과 안전이라는 관점 및 소액보증금 우선변제제도의 악용 방지라는 필요성에 비추어 그 의의를 무시할 수 없기 때문에 이 요건을 삭제할 것은 아니라고 할 것이다.[160] 더구나 상가건물의 임대차에 이해관계가 있는 사람[161]은 상가건물의 소재지 관할 세무서장에게 임차인

---

153) 윤철홍, "상가건물임대차보호법의 문제점", 비교사법 9권 1호(한국비교사법학회 편)(2002. 4.), 82.

154) 소재선, "상가건물임대차보호법 및 동시행령의 문제점과 개선방향", 인권과 정의 2001. 7., 26.

155) 권용산(주134), 33-34; 김광일(주122), 55.

156) 권용산(주134), 38; 김남근, "상가건물임대차보호법의 개선방향에 대하여", 시민과 변호사 2003. 1., 16.

157) 김세옥(주119), 81; 소재선(주154), 26.

158) 임명순, "영업용 건물의 임대차에 관한 연구", 성균관대학교 석사학위 청구 논문(2001), 138.

159) 김형수, "영업점포건물의 임대차보호제도에 대한 고찰", 토지법학 17권(한국토지법학회 편)(2001. 12.), 105.

160) 동지(同旨) : 박진수(주113), 67.
성순화(주43), 71 및 임승현(주118), 294는 사업자등록을 공시방법으로 한 것은 현실적이고도 불가피한 선택이었다고 한다.

161) 이에 해당하는 사람으로 확정일자부여및열람제공에관한규정(국세청훈령 제1491

의 사업자등록사항들 즉, ① 임대인·임차인의 성명, 주소, 주민등록번호(임대인·임차인이 법인 또는 법인 아닌 단체인 경우에는 법인명 또는 단체명, 대표자, 법인등록번호, 본점·사업장소재지), ② 건물의 소재지, 임대차 목적물 및 면적, ③ 사업자등록 신청일, ④ 사업자등록 신청일 당시의 보증금 및 차임, 임대차기간, ⑤ 임대차계약서상의 확정일자를 받은 날, ⑥ 임대차계약이 변경 또는 갱신된 경우에는 변경된 일자, 보증금 및 차임, 임대차기간, 새로운 확정일자를 받은 날, ⑦ 임대차의 목적이 건물의 일부분인 경우 그 부분의 도면 등의 열람 또는 제공을 요청할 수 있으므로(상가건물임대차보호법 제 4 조 제 1 항, 동법시행령 제 3 조 제 4 항), 임대차기간, 임대차보증금, 확정일자 등에 관한 사항을 전혀 알 수 없는 주민등록과는 달리 사업자등록은 공시기능을 나름대로 충실하게 수행하고 있는 것이다.

다만, 입법론적으로는 주택이든 상가건물이든 모든 건물에 관하여 임대차등록부를 만들어 등기소에서 통일적으로 관리하게 하는 방법을 마련하는 것이 보다 바람직할 것이다.[162)]

3) 이해관계인의 열람을 통하여 상가건물에 사업장을 임차한 사업자가 존재하는가를 명백하게 알 수 있는 경우에만 사업자등록은 공시방법으로서 유효하다. 그런데 위 열람사항은 사업자가 사업자등록시에 제출하는 사업자등록신청서, 임대차계약서 및 도면의 기재에 의

호, 2002. 10. 14.) 제12조 제 1 항은 당해 상가건물에 관한 임대인, 임차인, 등기부상 권리자, 열람이나 제공에 관하여 판결을 받은 사람 기타 이들에 준하는 사람으로 세무서장이 필요하다고 인정하는 사람을 들고 있다.

당해 상가건물을 매수하려고 하거나 이를 담보로 대출하려고 하는 금융기관을 열람가능자로 볼 것이냐에 관하여는 이를 인정하는 견해[사법연수원, 주택임대차보호법—상가건물임대차보호법 해설 포함(2008), 231]와 부정하는 견해[이경준(주119), 34; 조재만(주131), 47]가 대립한다. 생각건대, 국세청훈령에 대외적인 구속력이 있는 것은 아니므로, 사업자등록의 공시기능을 고려할 때 이러한 사람들은 열람이 가능하다고 보아야 할 것이다.

162) 동지(同旨) : 권용산(주134), 38-39; 김광일(주122), 95; 김남근(주156), 16; 박진수(주113), 67; 유상현(주117), 102; 조재만(주131), 79.

하게 되므로, 결국 위 각 서류의 기재가 건물등기부상의 지번과 일치하지 않으면 이행관계인의 열람이 불가능하게 되어 사업자등록이 공시방법으로서의 기능을 수행하지 못한다.[163] 특히 주택의 경우에는 임대차계약서상의 주소가 부정확하더라도 주민등록만 부동산등기부상의 주소와 일치하면 대항력이 인정되나, 상가건물의 경우에는 사업자등록에 있어서의 주소가 임대차계약서상의 주소를 그대로 원용하므로 임대차계약서상의 주소가 등기부상의 주소와 불일치하게 되면 결국 사업자등록이 공시방법으로서의 기능을 수행하지 못하여 대항력을 취득하지 못한다[164]는 점을 유의할 필요가 있다.

(나) **전대(轉貸), 임차권의 양도와 사업자등록** 이에 관하여는 전술한 전대차, 임차권의 양도와 주민등록의 관계에 관한 설명 참조.

---

163) 사법연수원, 주택임대차보호법－상가건물임대차보호법 해설 포함(2008), 232.
대판 2008. 9. 25. 2008다44238(공2008하, 1449): 상가건물임대차보호법 제 3 조 제 1 항에서 건물의 인도와 더불어 대항력의 요건으로 규정하고 있는 사업자등록은 거래의 안전을 위하여 임차권의 존재를 제 3 자가 명백히 인식할 수 있게 하는 공시방법으로서 마련된 것이므로, 사업자등록이 어떤 임대차를 공시하는 효력이 있는지 여부는 일반 사회통념상 그 사업자등록으로 당해 임대차건물에 사업장을 임차한 사업자가 존재하고 있다고 인식할 수 있는지 여부에 따라 판단하여야 한다. 한편, 상가건물임대차보호법 제 4 조와 그 시행령 제 3 조 및 부가가치세법 제 5 조와 그 시행령 제 7 조(소득세법 및 법인세법상의 사업자등록에 준용)에 의하면, 건물의 임대차에 이해관계가 있는 자는 건물의 소재지 관할 세무서장에게 임대차와 사업자등록에 관한 사항의 열람 또는 제공을 요청할 수 있고, 사업자가 사업장을 임차한 경우에는 사업자등록신청서에 임대차계약서 사본을 첨부하도록 하여 임대차에 관한 사항의 열람 또는 제공은 첨부한 임대차계약서의 기재에 의하도록 하고 있으므로, 사업자등록신청서에 첨부한 임대차계약서상의 임대차 목적물 소재지가 당해 상가건물에 관한 등기부상의 표시와 불일치하는 경우에는 특별한 사정이 없는 한 그 사업자등록은 제 3 자에 대한 관계에서 유효한 임대차의 공시방법이 될 수 없고, 또한 위 각 법령의 위 각 규정에 의하면, 사업자가 상가건물의 일부분을 임차하는 경우에는 사업자등록신청서에 해당 부분의 도면을 첨부하여야 하고, 이해관계인은 임대차의 목적이 건물의 일부분인 경우 그 부분 도면의 열람 또는 제공을 요청할 수 있도록 하고 있으므로, 건물의 일부분을 임차한 경우 그 사업자등록이 제 3 자에 대한 관계에서 유효한 임대차의 공시방법이 되기 위해서는 사업자등록 신청시 그 임차 부분을 표시한 도면을 첨부하여야 한다.

164) 성순화(주43), 72

다만, 사업자등록이 가지는 특수성에서 오는 다음과 같은 문제가 있다. 즉, 사업자등록은 주민등록과 달리 각 사업장마다 하도록 되어 있으므로(부가가치세법 제 5 조 제 1 항) 한 사람이 여러 개의 사업자등록을 할 수 있다. 따라서 임차인은 종전의 임차한 사업장은 제 3 자에게 전대하고 다른 곳에서 사업을 하더라도 종전의 사업장에 대한 사업자등록을 그대로 유지할 수 있다. 그러면 이와 같이 임차인이 종전의 사업장은 제 3 자에게 전대하고 자기는 다른 곳으로 사업장을 옮겨 사업자등록을 새로 하였으면서도 종전의 사업장에 대한 사업자등록을 그대로 유지하면 전차인의 사업자등록 여부와는 상관없이 종전 사업장에 대한 임차권의 대항력이 그대로 유지되는 것일까? 이를 긍정하는 견해[165]도 있으나, 대법원 2006. 1. 13. 선고 2005다64002 판결[166]은

> "… 상가건물의 임차인이 임대차보증금 반환채권에 대하여 상가건물임대차보호법 제 3 조 제 1 항 소정의 대항력 또는 같은 법 제 5 조 제 2 항 소정의 우선변제권을 가지려면 임대차의 목적인 상가건물의 인도 및 부가가치세법 등에 의한 사업자등록을 구비하고, 관할세무서장으로부터 확정일자를 받아야 하며, 그 중 사업자등록은 대항력 또는 우선변제권의 취득요건일 뿐만 아니라 존속요건이기도 하므로, 배당요구의 종기까지 존속하고 있어야 한다. 그런데 신규로 사업을 개시한 자가 휴업 또는 폐업하거나 사업개시일 전에 등록한 자가 사실상 사업을 개시하지 아니하게 되는 때에는 지체 없이 관할세무서장에게 신고하여야 하고, 사업자가 폐업하거나 사업개시일 전에 등록한 자가 그 후 사실상 사업을 개시하지 아니하게 되는 때에는 사업장 관할세무서장은 지체 없이 그 등록을 말소하여야 한다고 규정하고 있는 부가가치세법 제 5 조 제 4 항, 제 5 항의 규정 취지에 비추어 보면, 상가건물을 임차하고 사업자등록을 마친

165) 박진수(주113), 97-98. 이 견해는 전차인의 사업자등록을 요구하면 전차인에 의한 우연한 사정에 의하여 임차인의 대항력이 좌우되어 불합리하다고 한다. 반면, 임차인이 폐업신고를 하여 사업자등록이 말소되면 임차인의 대항력이 소멸한다고 한다.

166) 공2006상, 238

> 사업자가 임차 건물의 전대차 등으로 당해 사업을 개시하지 않거나 사실상 폐업한 경우에는 그 사업자등록은 부가가치세법 및 상가건물임대차보호법이 상가임대차의 공시방법으로 요구하는 적법한 사업자등록이라고 볼 수 없고, 이 경우 임차인이 상가건물임대차보호법상의 대항력 및 우선변제권을 유지하기 위해서는 건물을 직접 점유하면서 사업을 운영하는 전차인이 그 명의로 사업자등록을 하여야 할 것이다."

고 하여 전차인의 사업자등록을 요구한다.

또한, 판례는 전술(前述)한 바와 같이 주택임차권의 양도를 인정하여 양수인이 양도인(종전 임차인)의 대항력을 승계한다고 보고 있는바, 양도인의 사업자등록이 먼저 말소된 경우에는 양수인은 적어도 20일[167]안에 사업자등록을 하여야 대항력을 승계한다고 할 것이다.[168]

(다) **실제사업자인 임차인과 사업자등록명의자의 불일치** 실제사업자인 임차인과 사업자등록명의자가 서로 다를 경우에는 원칙적으로 상가건물보호법상의 대항력을 취득할 수 없다.[169] 다만, 실제사업자가 자신의 배우자, 자녀 기타 동거가족 명의로 임대차계약서를 작성하여 그 명의로 사업자등록을 한 경우, 또는 실제사업자가 자신의 사업장에서 사용인으로 근무하는 등 함께 사업활동을 하거나 자신을 보조하는 사람의 명의로 임대차계약서를 작성하여 그 명의로 사업자등록을 한 경우에는 대항력을 인정하여도 좋을 것이다.[170]

(라) **사업자등록 내용의 불일치와 정정**

1) 사업자등록인의 성명이 잘못 기재되거나 임대차건물의 지번과 다른 지번에 사업자등록이 된 경우에 관하여는 전술한 주민등록의 불

167) 부가가치세법 제 5 조 제 1 항에 의하면 사업자등록은 사업을 개시한 날로부터 20일 안에 하도록 되어 있다.

168) 양수인이 사업자등록시 제출할 서류 및 사업자등록사항에 관하여는 박진수(주113), 99 참조.

169) 박해식/박정삼/이경희(주121), 117; 사법연수원, 주택임대차보호법—상가건물임대차보호법 해설 포함(2008), 233; 차영도(주118), 70.

170) 박진수(주113), 80; 성순화(주43), 74.

일치에 관한 설명을 참조.

2) 주택임대보호법과는 달리 상가건물의 일부를 임대차하는 경우에는 사업자등록시에 그 부분 도면을 첨부하여야 하고, 이는 열람·제공의 대상이 된다(부가가치세법시행령 제7조 제2항 제4호, 상가건물임대차보호법 제4조 제1항 제7호, 동법시행령 제3조 제4항), 그런데, 임대차계약서에 기재된 임차목적물의 범위와 사업자등록상의 도면이 일치하지 않으면 어떻게 취급할 것인가 하는 문제가 있다. 이에 관하여는 만일 양자가 불일치할 경우에는 일치하는 부분에 한하여 상가건물임대차보호법의 적용을 받을 수 있고,[171] 도면과 현황이 불일치하는 경우에도 마찬가지라는 견해가 있다.[172] 그러나 사업자등록시에 도면을 첨부케 함으로써 임차권의 중복 여부를 판단하기 쉽고, 가장임차인의 발생을 막는 데 유용한 면이 있는 것은 사실이나, 전술(前述)한 바와 같이 다가구주택에 대한 주민등록전입신고는 지번만 기재함으로써 족하고 호실을 잘못 기재하였다 하더라도 대항력의 취득에 아무런 지장이 없다는 것이 판례의 일관된 입장인바, 이러한 판례의 입장에서 보면 사업자등록상의 도면이 실제와 상이한 경우에 일치하는 부분에 한하여 보호를 한다는 것은 선뜻 찬성하기 어렵다. 특히 후술(後述)하는 바와 같이 집합건물이 아닌 단독소유의 상가건물 내에서는 영업장소를 옮기더라도 기존의 사업자등록만으로 대항력이 유지된다고 보는 입장에서는 더욱 그러하다.

라. 대항요건 구비사실의 신고

주택임차인과 마찬가지로 상가건물임대차보호법상의 대항요건을 구비한 임차인은 당해 상가건물에 대하여 경매절차가 진행될 경우 경매법원에 자기가 대항요건을 구비한 사실을 신고하여야 비로소 경매

171) 박해식/박정삼/이경희(주121), 116; 사법연수원, 주택임대차보호법-상가건물임대차보호법 해설 포함(2008), 233.

172) 박해식/박정삼/이경희(주121), 119; 유재복, [상가·주택] 임대차사건 실무편람(2008), 155-156.

절차의 이해관계인으로 된다.[173)]

Ⅱ. 건물임대차보호법상의 임차권등기명령에 의하여 임차권등기를 한 임차인

1. 주택임대차보호법상의 임차권등기명령에 의하여 임차권등기를 한 임차인

가. 제도적 의의

1997년 말 느닷없이 몰아친 외환위기의 광풍으로 나라 전체의 경제사정이 극도로 악화되자, 주택의 임대차가(소위 'IMF사태') 종료하였음에도 임차인이 임대인으로부터 임차보증금을 반환받지 못하는 사태가 빈발하였고, 근무지 변경 등으로 이사를 할 필요가 있는 경우에도 보증금을 반환받지 못할 것을 우려한 나머지 이사를 가지 못하고 주민등록 이전도 할 수 없어 부부가 별거를 하거나 자녀들을 전학시키지 못하는 상황이 속출하였다. 기존 주택임대차보호법만으로는 이러한 임차인들을 보호하기에 역부족(力不足)이라 하여 주택임대차보호법의 개정 필요성이 제기되자, 법무부에서는 임차인의 보호를 위하여 서둘러 주택임대차보호법의 개정안을 만들어 1998. 8. 19. 입법예고(법무부 공고 제1998-24호)를 하였고, 그것이 1998년도 정기국회에서 통과되어 1999. 1. 21. 법률 제5641호로 공포되었고, 개정법률 부칙 제 1 조에 따라 1999. 3. 1.부터 시행되고 있다. 이것이 3차 개정법률이다.[174)]

---

173) 진영광(주116), 86.

174) 그런데 이 개정법률은 임차인의 보호에만 지나치게 편중되었고, IMF체제하에서 역시 고통을 받는 임대인들에 대하여는 엎친 데 덮치는 격으로 고통을 가중시키는 편파적인 입법이라는 비난을 받았다. 소재선, "임대차등기명령제도 신설의 과제와 문제점", 경희법학 33권 1호(경희대학교 법과대학 경희법학연구소 편)(1998), 194.

3차 개정법률은 제3조의3을 신설하여 임차권등기명령제도를 도입하였는바, 임대차가 종료한 후 보증금을 반환받지 못한 임차인은 법원에 임차권등기명령을 신청할 수 있고(동조 제1항), 법원의 임차권등기명령에 의하여 임차권이 등기되면 임차인은 대항력을 취득하며, 이미 대항요건을 구비하여 대항력을 취득하고 있었던 경우에는 그 대항력이 그대로 유지된다.

그리고 이와 같이 임차권이 등기된 후에는 주택임대차보호법 제3조 제1항의 대항요건을 상실하더라도 이미 취득한 대항력을 잃지 아니한다(동조 제5항).

나. 임차권등기명령의 요건

(1) 주택임대차가 종료하였을 것

(가) "주택"이나 "임대차"의 개념에 관하여는 전술(前述)한 주택임대차보호법상의 대항요건을 구비한 임차인에서의 설명이 그대로 적용된다.

임차권등기명령을 위해서는 임대차가 종료하여야 한다. 따라서 임대차가 존속중인 때에는 임차권등기명령을 할 수 없다. 임대차의 종료 원인은 불문한다. 처음 법무부의 입법예고안에서는 임대차기간의 만료를 이유로 한 임대차의 종료의 경우에 한하여 임차권등기명령을 인정하였는데, 각계의 의견조회를 거쳐 최종적으로 확정하는 단계에서 그 범위가 위와 같이 확장되었다.

그러나 이는 재검토를 요한다. 적어도 주택임대차보호법 제6조 제3항과 같은 제한, 즉 2기의 차임액에 달하도록 차임을 연체하거나 기타 임차인으로서의 의무를 현저히 위반한 임차인에 대하여는 임차권등기명령을 신청할 수 없게 하는 것이 옳다. 단적인 예로, 임대차가 존속 중이어서 임차권등기명령의 신청을 할 수 없는 임차인이 임차권등기명령을 이용하여 임차권등기를 하고 싶으면 고의로 차임을 연체하여 임대인으로 하여금 임대차 해지 통고를 하도록 유도하여 놓고는 임차권등기명령을 신청할 수도 있는바, 이러한 사태를 용인하여야 하는지 의문이다. 임차인이 차임을 계속 연체하더라도 임대인이 임대차를 해지하지 않으면 임차권등기명령의 문제가 생기지 않는 것 아니냐는 생각도 해볼 수 있으나, 과연 그렇게까지 하면서 임차인을 보호할 필요가 있는지는 의문이며, 후술(後述)하는 것처럼 임차권등기명령제도 자체가 갖는 많은 문제점들을 고려할 때 그 적용범위는 가능한 한 좁히는 것이 바람직하다.

(나) 한편, 임차인이 임차주택으로부터 이미 다른 곳으로 이사를 하였거나 주민등록을 옮긴 경우에도 임차권등기명령을 신청할 수 있는가 하는 문제가 있다. 이에 관하여는 이미 대항력을 상실하였고 임대차관계로부터 이탈한 임차인에게까지 임차권등기명령의 신청을 허용하여 대항력이나 우선변제권을 부여하는 것은 부당하다는 견해[175]와, 임차권등기명령이 어차피 임대차가 종료한 경우에 인정되는 것이고 주택임대차보호법 제 3 조의3 제 5 항이 그러한 임차권의 등기에 대항력과 우선변제권을 새로이 부여하고 있으므로 위와 같은 경우에도 임차권등기명령을 신청할 수 있다고 보는 견해[176]가 대립한다.

사견(私見)으로는, 주택임대차보호법 제 3 조의3 제 1 항, 제 5 항의 문리해석상으로는 후자(後者)의 견해가 옳다고 생각되나, 그와 같이 해석하게 되면 임차인이 이사한 후 새로운 임차인이 당해 주택으로 이사하여 대항요건을 구비하거나 확정일자에 의하여 우선변제의 요건을 갖출 경우 다음과 같은 복잡한 문제가 생기는 것을 피할 수 없기 때문에 가능한 한 적용범위를 축소함으로써 문제 발생의 여지를 줄인다는 의미에서 전자(前者)의 견해를 따른다.

즉, 새로운 임차인은 아직 종전 임차인의 임차권등기가 안 된 상

175) 오기두, “임차주택의 점유를 상실한 임차인에 대한 임차권등기명령신청 허용 여부(소극)”, 법조 2001. 8., 24-26.

176) 윤 경(주1), 8.

태인지라 자기가 1순위인 줄 알고 임차하였는데, 그 후에 종전 임차인의 임차권등기가 이루어져 종전의 대항력과 우선변제권이 그대로 유지된다면 새로운 임차인은 예상치 못한 불이익을 받게 된다(다만, 이런 경우 종전 임차인은 다른 곳으로 이사를 하는 순간 대항력을 상실하고, 종전 임차주택에 새로이 임차권등기를 한 시점부터 대항력을 취득하는 것이라고 해석한다면 이와 같은 예상치 못한 사태가 발생하는 것을 막을 수 있을 것이다). 그런가 하면, 종전에 대항요건이나 우선변제권이 없던 임차인이 이사한 후 새로운 임차인이 생겨 대항력과 우선변제권을 취득하였다면 종전 임차인이 뒤늦게 임차권등기명령에 의하여 임차권등기를 한들 이미 순위가 뒤지기 때문에 그 실익이 없게 된다.

(2) 임차인이 보증금을 반환받지 못하였을 것

임차권등기명령은 근본적으로 임차보증금반환청구권의 확보를 위한 제도이기 때문에 임차인이 보증금을 반환받지 못한 경우에 한하여 인정되는 것이다. 제도의 취지상 일부만 반환받고 일부를 반환받지 못한 경우에도 역시 인정되어야 할 것이다.[177] 다만, 극히 일부의 보증금만 반환받지 못한 상태라면 임차권등기명령신청이 권리남용에 해당할 수도 있으나, 이는 구체적인 사례에 따라 합목적적으로 판단하여야 한다.

다. 임차권등기명령의 절차

(1) 임차권등기명령의 신청

임차권등기명령을 위해서는 임차인의 신청이 필요하다. 법원이 직권으로 임차권등기명령을 하는 것은 허용되지 않는다. 또한 법률이 신청권자로 임차인만을 규정하고 있으므로 임대인은 임차권등기명령

177) 이런 전제하에 후술(後述)하는 바와 같이 임차권등기명령 절차에 관한 규칙 제2조 제1항 제5호는 임차권등기명령신청서에 반환받지 못한 임차보증금액을 기재하도록 하고 있다.

을 신청할 수 없다(주택임대차보호법 제 3 조의3 제 1 항). 임대인이 원할 경우에는 민법 제621조에 의한 임차권등기를 하면 되므로, 임대인에게는 신청권을 인정할 필요성이 없는 것이다.

(2) 임차권등기명령신청서의 기재사항

임차권등기명령 신청서에는 ① 신청의 취지 및 이유, ② 임대차의 목적인 주택(임대차의 목적이 주택의 일부인 경우에는 그 도면을 첨부한다), ③ 임차권등기의 원인이 된 사실(임차인이 대항요건을 구비함으로써 대항력을 취득하였거나 임대차계약서에 확정일자를 받음으로써 우선변제권을 취득한 경우에는 그 사실), ④ 기타 대법원규칙이 정하는 사항을 기재하여야 한다(주택임대차보호법 제 3 조의3 제 2 항).

위 법조에서 규정한 것 이외에 대법원규칙이 정하는 기재사항으로서 주요한 것으로는 ① 임차인과 임대인의 성명, 주소, 주민등록번호(임차인이나 임대인이 법인인 경우에는 법인명, 대표자, 법인등록번호, 본점·사업장소재지), ② 반환받지 못한 임차보증금액[178] 및 차임(채권적 전세의 경우에는 전세금) 등을 들 수 있다(임차권등기명령절차에 관한 규칙 제 2 조 제 1 항).

임차권등기명령 신청의 이유에는 임대차계약의 체결 사실 및 계약 내용과 그 계약이 종료한 원인 사실을 기재하여야 하는데, 임차인이 신청 당시에 이미 주택임대차보호법 제 3 조 제 1 항에 의한 대항력을 취득하고 있는 경우에는 임차주택을 점유하기 시작한 날과 주민등록을 마친 날을 기재하고, 확정일자에 의한 우선변제권을 취득한 경우에는 다시 확정일자를 받은 날을 추가로 기재하여야 한다(동 규칙 제 2 조 제 2 항).

(3) 소명(疏明)

임차인은 임차권등기명령 신청의 이유 및 임차권등기의 원인이

178) 임대차 계약 당시의 보증금액이 아니라 그 중 아직 "반환받지 못한" 보증금액임을 유의하여야 한다.

된 사실을 소명하여야 한다(주택임대차보호법 제 3 조의3 제 2 항). 통상적으로는 임대차계약서, 임차인의 주민등록등본, 당해 주택에 대한 등기부등본 등을 제출함으로써(이들 서류는 임차권등기명령 신청서의 첨부서류로 요구되고 있기도 하다. 임차권등기명령절차에 관한 규칙 제 3 조) 소명할 수 있을 것이다. 임대차가 기간 만료 이외의 사유로 종료한 경우에는 해지통고서 등 그 사유를 알 수 있는 자료를 제출하면 될 것이다.

(4) 관할법원

임차권등기명령은 임차주택의 소재지를 관할하는 지방법원, 지방법원지원, 또는 시·군법원이 관할한다(주택임대차보호법 제 3 조의3 제 1 항). 사물관할은 단독판사의 관할이다.

(5) 심리 및 임차권등기명령의 발령

임차권등기명령의 신청에 대하여 법원은 가압류절차에 준하여 재판한다. 변론을 경유한 여부와 상관없이 결정의 형식으로 재판한다(주택임대차보호법 제 3 조의3 제 3 항, 민사집행법 제280조 제 1 항, 제281조). 종전에는 변론을 경유한 경우에는 종국판결의 형식으로 재판하였으나, 2005. 1. 27. 민사집행법의 개정(법률 제7358호)으로 언제나 결정의 형식으로 재판하게 바뀌었다.

임차권등기명령 신청에 관한 재판에 대하여는 당사자가 불복할 수 있는바, 인용결정에 대하여는 임대인이 이의신청으로 불복할 수 있는 데 비하여(주택임대차보호법 제 3 조의3 제 3 항, 민사집행법 제283조), 기각결정에 대하여는 임차인이 항고로써 불복하여야 한다(주택임대차보호법 제 3 조의3 제 4 항).

(6) 임차권등기명령의 효력 및 집행

임차권등기명령은 상당한 방법으로 임대인에게 고지한 때에 효력이 발생한다(임차권등기명령절차에 관한 규칙 제 4 조). 임차권등기명령이 효력을 발생하면 법원사무관등은 지체 없이 촉탁서에 재판서 등본을 첨부하여 등기관에게 임차권등기의 기입을 촉탁하여야 하고(동 규칙 제5조), 등기관은 위 촉탁에 따라 임차권등기를 함에 있어 임대차계약의 체결일, 임차보증금액, 임차주택의 점유개시일, 주민등록일, 임대차계약서상의 확정일자를 받은 날을 기재하고, 차임의 약정이 있는 경우에는 차임도 기재한다(동 규칙 제6조).

라. 임차권등기명령에 의한 임차권등기의 효과

주택임대차보호법상의 대항요건을 구비한 후 그 사실을 경매법원에 신고한 주택임차인은 그로써 곧 경매절차의 이해관계인이 되며, 거기에 덧붙여 임차권등기명령에 의하여 임차권등기를 하게 되면 대항요건을 상실하더라도 여전히 이해관계인의 지위를 유지한다. 대항요건을 구비하였으면서도 경매법원에 그 사실을 신고하지 아니하였거나 아예 대항요건을 구비하지 못하였던 임차인이 임차권등기명령에 의하여 임차권등기를 하였을 때에는 매각허가결정 전까지 그 등기사실을 경매법원에 신고하면 경매절차의 이해관계인이 된다. 임차권등기명령에 의한 임차권등기가 경매개시결정의 기입등기 전에 행하여진 경우에는 별도로 임차권등기 사실을 신고하지 않아도 당연히 이해관계인이 된다.

임차권등기명령에 의하여 임차권등기를 한 임차인은 대항력과 우선변제권을 취득한다. 대항력은 등기한 날부터 생기며(주택임대차보호법 제3조의3 제5항 본문), 인도와 주민등록에 의하여 이미 대항력을 취득한 임차인이 임차권등기명령에 의하여 임차권등기를 한 경우에는 기존의 대항력 취득의 효력이 그대로 유지된다.

임차권등기명령에 의하여 임차권등기를 한 임차인은 보증금의 우선변제에 관한 한 저당권자와 동일시하여 임차권등기일자를 저당권등기일자로 보고 다른 채권자와의 우선순위를 정한다. 다만, 임차권등기를 한 임차인이 동시에 소액임차인이라면 우선순위를 정함에 있어서는 소액임차인으로서 최우선변제를 받을 수 있고, 대항요건과 확정일자를 구비한 임차인이 임차권등기까지 한 경우에는 임차인에게 유리한 확정일자를 기준으로 우선순위를 정한다.[179)]

임차권등기명령에 기한 임차권등기의 말소와 임대차보증금의 반환이 동시이행의 관계에 있는지에 관하여 판례는 이를 부인하고 후자(後者)를 선이행하여야 한다고 하고 있다.[180)]

마. 임차권등기명령제도의 문제점

임차권등기명령제도에는 다음과 같이 적지 않은 문제점이 있다.[181)]

---

179) 상세는 제 4 장 참조.

180) 대판 2005. 6. 9. 2005다4529(공2005하, 1120) : 주택임대차가 종료한 후 임대차보증금을 돌려받지 못하였지만 근무지의 변경 등으로 주거지를 옮기거나 주민등록을 전출해야 할 필요가 있는 임차인이 주택임대차보호법에서 정한 대항력 및 우선변제권을 잃지 않고 임차주택으로부터 자유롭게 이주하거나 주민등록을 전출할 수 있도록 할 필요가 있으므로, 이러한 필요에 부응하여 주택임대차보호법 제 3 조의3은, 임대차가 종료한 후 보증금을 반환받지 못한 임차인은 법원에 임차권등기명령을 신청할 수 있도록 하고, 임차권등기명령의 집행에 의한 임차권등기가 경료되면 임차인은 같은 법에 의한 대항력 및 우선변제권을 취득할 뿐만 아니라, 그 임차인이 임차권등기 이전에 이미 대항력 또는 우선변제권을 취득한 경우에는 그 대항력 또는 우선변제권은 그대로 유지되며, 임차권등기 후에는 같은 법 제 3 조 제 1 항의 대항요건을 상실하더라도 이미 취득한 대항력 또는 우선변제권을 상실하지 아니하는 것으로 정하고 있다. 따라서 위 규정에 의한 임차권등기는 이미 임대차계약이 종료하였음에도 임대인이 그 보증금을 반환하지 않는 상태에서 경료되게 되므로, 이미 사실상 이행지체에 빠진 임대인의 임대차보증금의 반환의무와 그에 대응하는 임차인의 권리를 보전하기 위하여 새로이 경료하는 임차권등기에 대한 임차인의 말소의무를 동시이행관계에 있는 것으로 해석할 것은 아니고, 특히 위 임차권등기는 임차인으로 하여금 기왕의 대항력이나 우선변제권을 유지하도록 해 주는 담보적 기능만을 주목적으로 하는 점 등에 비추어 볼 때, 임대인의 임대차보증금의 반환의무가 임차인의 임차권등기 말소의무보다 먼저 이행되어야 할 의무이다.

181) 박해식(주3), 351-356도 비슷한 문제점을 제기하면서도, 이 제도가 임차인의 대항력 취득의 범위를 확장하고 등기로 임대인을 압박하여 보증금의 회수를 촉진한다고 긍정적인 평가를 하고 있다. 또한 임승현(주118), 297 및 정승열(주107), 420-428 참조.

(1) 임차권등기명령제도는 법률의 일관성이 결여되어 있고, 나아가 우리의 법체계를 근본적으로 뒤흔들 염려가 있다.

(가) 임차권에 대항력을 인정하기 위하여 임차권등기라는 방법을 취한 민법 제621조가 현실에 부합하지 아니하여 그 동안 실효성이 없었는바, 주택임대차보호법은 이 문제를 해결하기 위하여 주택에 한하여 등기 없이도 대항력을 취득하도록 하였는데, 이제 와서 바로 그 주택임대차보호법에 다시 등기제도를 도입한다는 것은 법률의 일관성을 포기한 것과 다름없다.182)

(나) 우리 민법은 등기한 임차권과 등기하지 아니한 임차권을 엄격히 구분하여 그 보호를 달리하여 왔다. 그런데 임대차의 존속기간 중에는 임대인과 임차인의 쌍방 신청 이외에는 허용하지 않던 임차권의 등기(민법 제621조)를 정작 존속기간이 끝나고 나니까 임차인이 일방적으로 할 수 있게 한다는 것은 본말이 전도된 것이다.

임대차가 종료하고, 나아가 점유까지 이전하는 마당에 무슨 임차권이 존재하여 새삼스레 임차권등기를 한다는 것인가? 이미 등기를 함으로써 존재하여 왔던 전세권(물권임)도 존속기간이 만료하면 소멸하는 것이 민법의 기본원리라는 것을 생각하면 쉽게 납득하기 어려운 논리라고 할 수밖에 없다.183)

더구나, 전술(前述)한 바와 같이 임대차기간이 만료하여 임대차가 종료한 경우뿐만 아니라(처음 입법예고된 개정법률안은 이 경우에 한정하였다) 사유의 여하를 불문하고 임대차가 종료한 모든 경우에 임차권등기명령제도를 인정함으로써 그 범위를 당초의 입법예고안보다 넓혀 놓았다. 이렇게 되면 임차인의 귀책사유로 임대차가 종료한 경우까지도 보호하게 되는데, 과연 그렇게까지 할 필요가 있을까?

(다) 기간이 만료한 임대차에서는 오로지 임차보증금반환청구권만

182) 고상룡, "주택임대차보호법 개정안의 제문제(하)", 법률신문 1998. 11. 19., 14.
183) 소재선(주174), 197.

이 문제될 뿐이다. 임차권등기명령제도의 주안점은 한 마디로 어떻게 하면 보증금의 우선변제권을 주택의 점유 없이도 유지시킬 수 있겠는가 하는 것인바, 이는 어려운 이야기이다.

본래 주택임대차보호법은 "점유와 주민등록"을 요소로 하여 대항력이나 우선변제권에 관한 민법상의 일반원칙에 일대 수정을 가한, 말 그대로 특별한 법률이다. 그런데 이것만으로도 그 당부에 관한 논란이 끊이지 않는 마당에, 임차권등기명령제도는 "점유와 주민등록"이라고 하는 요소마저 외면하고 우선변제권을 유지케 하겠다는 것이니 법의 일반원칙에서 너무 멀어져 가는 인상을 떨치기 어렵다. 아무리 특별법이라지만 예외의 예외를 자꾸 만드는 것은 바람직하지 않다. 본질이 공시제도인 등기제도를 보증금의 반환 확보제도로 사용하려니 무리가 따르는 것이다.[184)]

(라) 우리 법은 등기에 관하여 공동신청주의를 취하고, 극히 예외적으로 예고등기나 강제집행 및 보전처분에 한하여 당사자의 신청이 없더라도 법률상 당연히 그 재판의 내용을 등기하도록 하거나(이른바 촉탁등기) 당사자 1인의 신청에 의하여 할 수 있도록 하고 있을 뿐이다.

그러면 이미 종료하여 버린, 등기하지 아니한 임차권은 위의 어느 경우에 해당하기에 당사자 일방의 신청에 의한 등기가 허용되는 것일까? 이제까지 정립되어 온 제도와는 전혀 다른 새로운 제도의 창출이라는 것인가? 의문이 들지 않을 수 없다.

(2) 임차권등기명령제도는 실효성에 의문이 있다

(가) 임차권등기명령제도의 취지는 한 마디로 임대차기간 만료 후 보증금을 반환받지 못한 채 주거를 다른 곳으로 이전하는 사람을 보호하려는 것으로 이해된다.

그런데, IMF 외환위기 사태 후 법원마다 폭주하였던 임차보증금 반환청구사건(소송사건 및 조정사건)의 양상에 비추어 볼 때, 임차인 중

184) 김세옥(주119), 64-65.

종전의 임차보증금을 반환받지 못한 채 다른 곳으로 주거를 이전할 수 있는 사람의 숫자나 비율이 법의 개정을 통하여 임차권등기명령제도를 신설(위에서 본 바와 같이 종래의 우리 민법 또는 부동산등기법상의 기본체계를 뛰어 넘는 것을 새로이 창설하는 것이다)하면서까지 그 보호를 꾀할 만큼의 절실한 필요성을 제기하고 있는지는 의문이다.185) 더구나 자기의 귀책사유로 임대차를 종료케 한 임차인까지 그렇게 보호하여야 하는지 의문이 아닐 수 없다.

정작 보호의 필요성이 강력히 대두하여 사회적 문제로까지 비화하는 임차인은 임차보증금을 반환받지 못하기 때문에 이사를 할 엄두조차 내지 못하는 임차인이지(그들에게는 그 보증금이 전재산이나 다름없는 것이다) 보증금을 반환받지도 않은 채 이사할 수 있는 임차인이 아닌 것이다.

(나) 임차권등기명령에 따라 임차권을 등기한다고 하더라도, 그 임대차는 이미 종료한 것일 뿐만 아니라 임대인으로서는 조만간 보증금을 반환하여야만 목적물에 대한 완전한 사용수익권을 회복할 수 있으므로, 임대인으로서도 시급히 그 보증금을 반환하고 임대차에 관한 등기를 말소하여야만 한다.

그렇다면 위 임차권의 등기는 그 본질상 숙명적으로 일시적인 존치를 당연한 전제로 하는 셈이다. 이러한 임시적인 조치를 위하여 법

---

185) 전국 법원에 접수된 임차권등기명령신청사건은 2000년도에 총 13,580건[법원행정처, 사법연감(2001), 411], 2001년도에 총 7,755건[법원행정처, 사법연감(2002), 443], 2002년도에 총 6,322건[법원행정처, 사법연감(2003), 453], 2003년도에 총 9,199건[법원행정처, 사법연감(2004), 483], 2004년도에 총 16,093건[법원행정처, 사법연감(2005), 533], 2005년도에 총 17,826건[법원행정처, 사법연감(2006), 543], 2006년도에 총 11,845건[법원행정처, 사법연감(2007), 614], 2007년도에 총 6,776건[법원행정처, 사법연감(2008), 757]이다.

2002년까지 신청건수가 매년 감소하다가 2003년부터 갑자기 증가한 것은 2002. 11. 1.부터 상가임대차보호법이 시행됨에 따라 상가건물의 임차권등기명령신청사건이 추가로 접수된 데서 기인하는 것으로 보인다. 그러나 2005년을 고비로 다시 신청건수가 매년 감소하고 있다. 향후의 추이가 주목된다.

원이 그 번잡한 일을 떠맡는 것이 과연 옳은 일인지 의문이다.

더구나 주택임대차보호법은 임차권등기명령에 따라 등기를 하면 저당권이나 가압류와는 달리 소급효까지 인정하고 있는데, 이것을 임차인의 일방적 신청에 의해 가압류명령처럼 간단히 해 주어도 될는지 의문이다. 주택임대차보호법은 불복하는 임대인으로 하여금 가압류이의나 가압류취소에 준하는 절차를 밟으라지만, 이의나 취소절차 도중에는 경매절차가 어찌되는 것인지 불분명하다.

그런가 하면 이의를 할 수 있는 기간에 제한이 없기 때문에 임차인이 임대인에게 주택을 반환한 후에 임대인의 이의로 임차권등기명령이 취소되는 날이면 임차인으로서는 대항력과 우선변제권을 모두 상실하게 된다. 임차인으로서는 이런 위험부담을 안고 주택을 반환해 주어야 하는데, 그러한 사정을 안다면 선뜻 반환하여 줄 임차인이 과연 얼마나 될지 의문이다.[186] 따라서 굳이 이런 제도를 두려면, 최소한 임대인과 임차인 쌍방에 대한 필요적 심문 및 등기명령의 확정 후에만 등기토록 하는 것이 필요하다.

(다) 주택임대차보호법에 의하면 임차권등기명령에 기한 임차권이 등기된 후에는 그 목적물에 입주한 소액임차인은 보호받지 못하는 것으로 되어 있다(동법 제 3 조의3 제 6 항).

그런데, 임대인이 이미 퇴거한 임차인에게 반환할 임차보증금을 마련하려면 그 목적물을 재차 다른 사람에게 임대하는 것이 가장 효과적이고도 직접적인 방법임은 다 말할 나위도 없다. 외환위기 사태 후의 전세대란도 따지고 보면 기존의 임차인에 이어서 들어 올 사람을 구하지 못해(전세값이 떨어져 종전의 전세보증금을 주고는 들어가려 하지 않는 것이다) 발생한 것이다.

그럼에도 불구하고 새로이 입주하는 임차인의 임차보증금을 보호해 주지 않는다면, 임대인은 새로운 임차인을 구하기가 어렵게 되고,

186) 고상룡(주182), 14.

결국 새로운 임대의 길이 막힌 임대인으로서는 도리 없이 그 주택을 매도하는 등의 방법을 강구할 수밖에 없다. 주택을 매도하여서라도 보증금을 반환해 주어야 하는 것이 임대인의 의무이긴 하지만, 이는 결과적으로 주택의 소유자로 하여금 임대를 꺼려하게 하여 부동산의 효과적인 이용 내지 사용수익을 저해하는 것으로 된다.

한편, 임대인이 다행히 재임대에 성공한 때에는 임대인으로서는 종전 임차인한테 그 보증금을 신속히 반환할 필요성을 느끼지 못한다. 경우에 따라서는 급할 것이 없는 임대인이 그 돈을 다른 곳에 써 버리는 유혹에 빠질 수도 있다. 앞의 임차인은 이미 이사를 갔기 때문에 동시이행의 필요성이 없고, 그 임차인이 보증금반환청구소송을 제기하기 전까지는 지연손해금이 연 5%에 불과하기 때문이다.

(라) 임차권등기명령은 등기를 전제로 하므로 등기가 불가능한 주택(예컨대, 무허가건물이나 준공검사를 받지 못한 건물)에 대하여는 적용될 여지가 없다. 무허가건물이야말로 정작 서민들의 임대차 대상인데, 그 서민들은 임차권등기명령을 이용할 수 없다는 것은 그만큼 실효성이 떨어진다는 이야기이다.[187)]

그런가 하면 전술(前述)한 겸용건물의 경우에는 그것이 주택임대차보호법상의 적용대상이냐 아니냐가 본안소송에서조차 심하게 다투어져 증인신문, 현장검증, 심지어 측량감정까지 함으로써 비로소 판단할 수 있게 되는 경우가 적지 않은데, 가압류절차에 의하여 심리하는 임차권등기명령의 단계에서 임차인이 제출하는 자료만으로 쉽사리 임차권등기명령을 할 수 있을지 의문이다. 쉽게 임차권등기명령을 발령한다면 그만큼 오판의 가능성이 높고, 그렇다고 자세히 심리한다면 임차인은 이사를 갈 수 없으므로 가압류절차에 준하여 신속하게 처리하도록 한 입법취지에 반하게 될 것이다.

---

187) 소재선(주174), 198.

2. 상가건물임대차보호법상의 임차권등기명령에 의하여 임차권등기를 한 임차인

상가건물임대차보호법상의 임차권등기명령제도는 주택임대차보호법상의 임차권등기명령제도를 그대로 본뜬 것이다. 따라서 이에 관한 기본적인 설명은 주택임대차보호법상의 임차권등기명령제도에서 서술한 바와 같다. 따라서 이하에서는 그 중 차이가 나는 점을 위주로 살펴본다.

가. 임차권등기명령의 요건

임차권등기명령의 요건으로는 전술한 주택에 관한 임차권등기명령의 요건과 마찬가지로 상가건물의 임대차가 종료하였을 것과 임차인이 보증금을 반환받지 못하였을 것이 요구된다.

나. 임차권등기명령의 절차

(1) 임차권등기명령의 신청

임차권등기명령을 위해서는 주택에 대한 임차권등기명령과 마찬가지로 임차인의 신청이 필요하며, 법원이 직권으로 임차권등기명령을 하는 것은 허용되지 않는다. 또한 법률이 신청권자로 임차인만을 규정하고 있으므로 임대인은 임차권등기명령을 신청할 수 없다(상가건물임대차보호법 제 6 조 제 1 항).

(2) 임차권등기명령 신청서의 기재사항

임차권등기명령 신청서에는 ① 신청의 취지 및 이유, ② 임대차의 목적인 건물(임대차의 목적이 건물의 일부인 경우에는 그 도면을 첨부한다), ③ 임차권등기의 원인이 된 사실(임차인이 대항요건을 구비함으로써 대항력을 취득하였거나 임대차계약서에 확정일자를 받음으로써 우선변제권을 취득한 경우에는 그 사실), ④ 기타 대법원규칙이 정하는 사항을 기재하여야 한다(상가건물임대차보호법 제 3 조의3 제 2 항).

위 법조에서 규정한 것 이외에 대법원규칙이 정하는 기재사항으로서 주요한 것으로는, ① 임차인과 임대인의 성명, 주소(임차인이나 임대인이 법인 또는 법인 아닌 단체인 경우에는 법인명 또는 단체명, 대표자, 법인등록번호, 본점·사업장소재지), ② 반환받지 못한 임차보증금액 및 차임(채권적 전세의 경우에는 전세금) 등을 들 수 있다(임차권등기명령절차에 관한 규칙 제 2 조 제 1 항).

임차권등기명령 신청의 이유에는 임대차계약의 체결 사실 및 계약 내용과 그 계약이 종료한 원인 사실을 기재하여야 하는데, 임차인이 신청 당시에 이미 상가건물임대차보호법 제 3 조 제 1 항에 의한 대항력을 취득하고 있는 경우에는 임차건물을 점유하기 시작한 날과 사업자등록을 신청한 날을 기재하고, 확정일자에 의한 우선변제권을 취득한 경우에는 다시 확정일자를 받은 날을 추가로 기재하여야 한다(동 규칙 제 2 조 제 2 항).

(3) 소명(疏明)

임차인은 임차권등기명령 신청의 이유 및 임차권등기의 원인이 된 사실을 소명하여야 한다(상가건물임대차보호법 제 6 조 제 2 항). 통상적으로는 임대차계약서, 임차인의 사업자등록증, 당해 건물에 대한 등기부등본 등을 제출함으로써(이들 서류는 임차권등기명령 신청서의 첨부서류로 요구되고 있기도 하다. 임차권등기명령절차에 관한 규칙 제 3 조) 소명할 수 있을 것이다. 임대차가 기간 만료 이외의 사유로 종료한 경우에는 해지통고서 등 그 사유를 알 수 있는 자료를 제출하면 될 것이다.

(4) 관할법원

임차권등기명령은 임차건물의 소재지를 관할하는 지방법원, 지방법원지원, 또는 시·군법원이 관할한다(상가건물임대차보호법 제 6 조 제 1

항). 사물관할은 단독판사의 관할이다.

(5) 심리 및 임차권등기명령의 발령

임차권등기명령은 상당한 방법으로 임대인에게 고지한 때에 효력이 발생한다(임차권등기명령절차에관한규칙 제 4 조). 임차권등기명령이 효력을 발생하면 법원사무관등은 지체 없이 촉탁서에 재판서 등본을 첨부하여 등기관에게 임차권등기의 기입을 촉탁하여야 하고(동 규칙 제 5 조), 등기관은 위 촉탁에 따라 임차권등기를 함에 있어 임대차계약의 체결일, 임차보증금액, 임차건물의 점유개시일, 사업자등록신청일, 임대차계약서상의 확정일자를 받은 날을 기재하고, 차임의 약정이 있는 경우에는 차임도 기재한다(동규칙 제 6 조).

(6) 임차권등기명령의 효력 및 집행

전술(前述)한 주택에 관한 임차권등기명령의 설명 참조.

라. 임차권등기명령에 의한 임차권등기의 효과

전술(前述)한 주택에 관한 임차권등기명령의 설명 참조.

마. 임차권등기명령제도의 문제점

전술(前述)한 주택에 관한 임차권등기명령의 설명 참조.

Ⅲ. 민법상의 임차권등기를 한 임차인

1. 민법 제621조

주택의 임차인은 당사자 간에 반대약정이 없으면 임대인에 대하여 그 임대차등기절차에 협력할 것을 청구할 수 있다(민법 제621조 제 1

항).

의용민법(依用民法)에서는 부동산임대차는 등기를 갖춘 때에 제 3 자에게 대항할 수 있다고 하였으나(동법 제605조), 등기를 하려면 임대인의 협력이 필요하였기 때문에 임차인이 단독으로 대항력을 취득할 수 없었고 따라서 사실상 유명무실하였다. 그에 비하여 현행 민법은 부동산임대차는 이를 등기한 때에 한하여 제 3 자에게 대항할 수 있다는 점에서는 의용민법(依用民法)과 같으나(민법 제621조 제 2 항), 의용민법(依用民法)과 달리 "반대의 특약이 없으면" 임차인이 임대인에 대하여 등기절차에 협력할 것을 청구할 수 있게 하였다. 그만큼 임차인이 대항력을 취득할 수 있는 길이 넓어진 셈이다.

다만, 임대인은 반대의 특약을 함으로써 등기에 협력할 의무로부터 쉽게 벗어날 수 있으며, 설사 반대의 특약을 하지 않았다 하더라도 임대인이 자발적으로 협력하지 않는 이상 등기를 원하는 임차인로서는 임대인을 상대로 임차권등기 절차의 이행을 구하는 소송을 제기할 수밖에 없는데 과연 그렇게까지 할 임차인이 얼마나 있을지 의심스럽다. 더구나 의용민법(依用民法)과 달리 물권으로서의 전세권이 민법에 규정되어 이용되고 있는 터인지라 등기를 할 바에는 임차권보다는 전세권을 등기하는 쪽을 택할 것이다. 거래의 현실에서도 임차권등기를 하는 예는 찾아보기 힘들다.

아무튼 임대인에 대하여 임차인에게 임대차등기절차를 이행할 것을 명하는 확정판결을 얻은 임차인은 그 판결을 가지고 단독으로 임대차등기를 신청할 수 있다. 민법상의 임차권등기는 건물임대차보호법상의 임차권등기와는 달리 주택이나 상가건물뿐만 아니라 모든 부동산에 대하여 다 가능하다.

2. 권리신고의 요부

경매 대상이 된 부동산 위에 민법상의 임차권등기를 한 임차인은 그 임차권등기를 언제 하였느냐에 따라 이해관계인 여부가 달라진다. 즉, 경매개시결정의 기입등기 전에 임차권등기를 한 임차인은 별도의 조치 없이 당연히 이해관계인이 되는 데 비하여(민사집행법 제90조 제3호), 경매개시결정의 기입등기 후에 임차권등기를 한 임차인은 매각허가결정 전까지 등기부등본으로 그 권리를 경매법원에 증명하여야 비로소 이해관계인이 된다(동조 제4호).

한편, 민법상의 임차권을 등기한 임차인은 건물임대차보호법상의 대항요건을 구비한 임차인과는 달리 경매 대상이 꼭 주택이나 상가건물이어야 할 필요는 없고, 사무실이나 심지어 토지이더라도 상관없이 경매절차에서 이해관계인으로 취급된다.

제 3 절 이해관계인으로서의 임차인의 경매절차 참여권 개관

Ⅰ. 경매개시결정 단계에서의 참여권

1. 경매개시결정에 대한 이의신청 및 항고권

이해관계인인 임차인은 경매개시결정에 대하여 이의신청을 할 수 있고, 이의신청에 관한 재판에 대하여 즉시항고를 할 수 있다(민사집행법 제86조, 제268조).

이의사유는 강제경매와 담보권 실행을 위한 경매가 각기 다르다.

강제경매에 있어 경매개시결정에 대한 이의는 경매신청요건의 흠결이나 경매개시요건의 흠결 등 절차상의 하자를 이유로 하여서만 할 수 있고, 실체상의 하자를 이유로 하여서는 할 수 없다.[1] 따라서 ① 집행채권자·채무자의 부적격, ② 집행력 있는 정본의 불일치, ③ 집행채권의 기한의 미도래, ④ 집행권원의 미송달, ⑤ 집행문 및 증명서 등본의 미송달, ⑥ 집행장애사유의 존재, ⑦ 경매신청 방식의 불비, ⑧ 경매부동산의 불일치, ⑨ 경매신청대리권의 흠결 등은 이의사유로 되나, 집행채권의 소멸 등은 이의사유가 되지 못한다.

담보권 실행을 위한 경매에서는 강제경매와는 달리 절차상의 하

1) 대결 1978. 9. 30. 77마263(전)(집26-3, 민98); 대결 1991. 2. 6. 90그66(공1991, 1151).

자[2] 외에 실체상의 하자도 경매개시결정에 대한 이의사유로 주장할 수 있다(민사집행법 제265조). 실체상의 하자의 예로는 ① 저당권의 부존재, 소멸, ② 피담보채권의 부존재, 소멸, ③ 피담보채권의 변제기의 미도래[3]나 유예 등을 들 수 있다. 그런데 저당권이 당초부터 부존재하거나 원인무효인 경우, 또는 경매개시결정 전에 피담보채권의 소멸로 저당권이 소멸한 경우에는 최고가매수신고인이 입찰부동산의 소유권을 취득할 수 없으므로[4] 경매개시결정에 대한 이의로 다투지 아니하더라도 경매절차의 종료 후에 최고가매수신고인을 상대로 별소(別訴)를 제기하여 권리구제를 받을 수 있으나,[5] 그 밖에 피담보채권의 변제, 변제기 미도래나 유예 등의 사유는 매각대금 납부 전까지 경매개시결정에 대한 이의로 권리구제를 받아야 하며 매각대금 납부 후에는 별소(別訴)로써 이를 주장할 수 없다(민사집행법 제267조).

위에서 본 각종의 이의사유들은 본래 경매부동산의 소유자나 채무자가 주장할 것이나, 이들이 경매신청 채권자와 짜고 이의를 하지 아니하여 경매절차가 진행되는 경우에는 이해관계인인 임차인이 자기의 권익을 지키기 위하여 이의할 수 있는 것이다.

그런데 주택임대차보호법 제 8 조의 소액임차인은 우선변제권이 있다는 이유로 이의신청권을 부정하는 견해가 있으나,[6] 소액임차인도 원하지 않는 경매절차가 부당하게 개시되는 것에 대하여 얼마든지 이해관계가 있으므로 찬성하기 어렵다.

---

2) 절차상의 하자의 예로는, ① 경매신청방식의 불비, ② 경매신청채권자의 부적격, ③ 대리권의 흠결, ④ 경매부동산의 불일치 등을 들 수 있다.

3) 대결 1968. 4. 24. 68마300(요집 민상 Ⅲ-2, 1178).

4) 대판 1978. 10. 10. 78다910(공1979, 11551)[이 판결에 대한 평석으로 이재성, "저당채무의 시효소멸과 경매의 효력", 이재성판례평석집(Ⅴ)(1989), 315 이하 참조].
이에 대하여 권광중, "민사소송법 제727조 소정의 담보권의 소멸의 의의", 법학논집(김용철 고희 기념 논문집)(1993), 912는 경매개시결정 전에 피담보채권의 소멸로 저당권이 소멸한 경우에도 최고가매수신고인이 입찰부동산의 소유권을 취득할 수 있다고 한다.

5) 대판 1960. 5. 26. 59다357(집8, 민70); 대판 1977. 9. 28. 77다2799(미간행).

6) 오용호, "부동산경매와 임차권", 재판자료 36집(1987), 345.

2. 침해방지신청권

경매개시결정이 내려진 후에는 이해관계인인 임차인은 경매목적물인 주택에 대한 침해행위를 방지하기 위한 조치를 취하여 줄 것을 법원에 신청할 수 있다(민사집행법 제83조 제 3 항). 경매개시 결정 후 경매목적물에 물리적인 훼손을 가하여 담보가치를 감소시키거나, 사해행위 등으로 이해관계인의 배당요구권 등을 침해하는 경우, 이해관계인인 임차인은 경매법원에 그 침해사실을 알리고 방지조치를 요구할 수 있는 것이다. 그럼으로써 경매절차의 원활한 진행을 도모하고 불의의 피해를 입는 것을 막을 수 있다.

3. 배당요구사실 등을 통지받을 권리

경매개시결정 후 배당요구권자(집행력 있는 정본을 가진 채권자, 경매개시결정이 등기된 뒤에 가압류를 한 채권자, 기타 우선변제권이 있는 채권자)가 배당요구를 하거나, 새로운 경매신청이 있는 때에는 경매법원이 그 사실을 이해관계인인 임차인에게 통지하여야 한다(민사집행법 제89조). 이는 새로운 경매개시결정에 대한 이의신청을 할 기회 및 나중에 배당이 실시될 때 배당이의를 할 수 있도록 미리 준비할 기회를 주려는 것이다.

다만, 경매법원이 이러한 통지를 누락하였다 하여 바로 불법행위책임(국가배상책임)이 성립하지는 않는다.[7]

4. 일괄매각신청권

경매 대상 부동산이 여러 개(예컨대, 토지와 건물, 또는 여러 채의 주택)인 경우에는 이해관계인인 임차인은 그 부동산의 위치, 형태, 이용

7) 대판 2001. 9. 25. 2001다1942(공2001하, 2333).

관계 등을 고려하여 이를 일괄하여 경매하는 것이 알맞다고 판단되면 경매법원에 일괄매각을 실시하여 줄 것을 신청할 수 있다(민사집행법 제98조 제 1 항). 위와 같은 경우 경매법원이 직권으로 일괄매각을 실시하는 것이 일반적이나, 이해관계인인 임차인이 적극적으로 그 실시를 신청할 수 있는 것이다. 다만, 경매법원이 그러한 신청에 구속을 받는 것은 아니다.

Ⅱ. 매각기일에서의 참여권

1. 매각기일의 통지를 받을 권리

경매법원이 매각기일을 지정하면 이를 이해관계인인 임차인에게 통지하여야 한다(민사집행법 제104조 제 2 항). 이해관계인인 임차인이 그러한 통지를 받지 아니한 채 경매절차가 진행되었다면 매각허가결정에 대하여 항고할 수 있다.[8)]

다만, 매각기일의 공고 및 다른 이해관계인에 대한 매각기일의 통지절차가 완료된 후에 비로소 임차인이 권리신고를 한 경우에는, 비록 그 신고가 매각기일 전에 행하여졌다고 하더라도 당해 임차인에게 매각기일을 통지하지 않아도 된다.[9)]

위 통지는 집행기록에 표시된 이해관계인인 임차인의 주소[10)]에 등기우편으로 발송하여 할 수 있다(민사집행법 제104조 제 3 항, 동 규칙 제 9 조). 이 경우에는 발송한 때 송달된 것으로 간주한다.[11)] 매각기일 통지 절차의 지연으로 인하여 경매절차의 진행이 늦어지는 것을 방지하

8) 대결 1995. 4. 22. 95마320(공1995상, 1936).
9) 대결 1998. 3. 12. 98마206(공1998상, 1125).
10) 집행기록에 의하여 알 수 있는 주소 중 최근의 주소를 가리킨다. 대결 1993. 7. 6. 93마549(공1993하, 2566).
11) 대결 1994. 7. 30. 94마1107(공1994하, 2238).

기 위하여 집행기록에 나타난 주소에 등기우편으로 매각기일통지서를 발송한 때에 송달의 효력이 생기도록 한 것이다.[12]

발송송달에 관한 민사집행법 제104조 제 3 항은 본래 1990. 1. 13. 개정된 구(舊) 민사소송법에서 처음 신설된 것인바(동법 제617조 제 3 항), 동 조항은 발송송달을 "할 수 있다"고 규정할 뿐 "하여야 한다"고 규정하고 있지 않다. 때문에, 발송송달의 경우에는 임차인이 실제로는 송달을 받지 못하는 경우가 많다는 것을 고려하여, 위 조항이 신설된 후에도 경매실무에서는 한동안은 보통의 송달을 일단 실시하여 보고 그것이 송달불능으로 된 경우에 한하여 발송송달을 하였다. 그러나 경매 사건이 폭주함에 따라 위와 같이 하는 것이 시간과 비용이 많이 들고 자칫 절차가 지연되는 일이 빈번해지자, 현재는 처음부터 발송송달을 하는 것이 일반화되었다.[13] 그러므로 이해관계인인 임차인으로서는 경매법원에 자기의 주소를 정확하게 신고하여 둘 필요가 있다.

2. 법정매각조건을 합의에 의하여 변경하는 데 참여할 수 있는 권리

법정매각조건 중 최저경매가격 이외의 것은 배당요구의 종기까지 이해관계인의 합의에 의하여 변경할 수 있는바(민사집행법 제110조), 이해관계인인 임차인도 위 합의에 참여할 수 있음은 물론이다.

따라서 이해관계인인 임차인을 배제한 채 다른 이해관계인들만의 합의로 법정매각조건을 변경하여 경매를 실시한 경우에는 임차인은 낙찰에 관한 이의를 할 수 있고(민사집행법 제121조 제 7 호), 나아가 매각허가결정에 대하여 항고할 수 있다(민사집행법 제129조 제 1 항, 제130조 제

12) 대결 1995. 9. 6. 95마372,373(공1995하, 3502).

13) 지철수, "부동산경매절차에서 임차인의 지위와 그 보호에 관한 고찰", 사법연구자료 23집(1996), 295는 보통의 송달방법으로 먼저 송달하여 보고 안 되면 발송송달을 하는 것이 발송송달의 본래의 취지에 부합한다고 한다.

1 항). 다만, 이해관계인인 임차인이라고 해서 모든 합의에 다 참여할 권리가 있는 것은 아니며, 당해 매각조건의 변경에 의하여 자기의 권리에 영향을 받는 경우에 한한다.[14]

합의로 변경이 가능한 법정매각조건의 예로는, 매각대금의 납부방법과 시기, 경매로 인하여 소멸할 저당권을 존속시키기로 하는 것 등을 들 수 있다. 최저매각가격은 공익에 관계되는 법정매각조건이기 때문에 이해관계인의 합의로도 변경할 수 없다. 다만, 법원이 정한 최저매각가격을 인상하기로 하는 합의는 가능하다.

이해관계인이 법정매각조건을 변경하기로 합의하였다고 바로 변경의 효력이 생기는 것은 아니며, 그 사실을 경매법원에 신고하고 법원이 그에 따라 매각조건을 변경하는 결정을 하여야 한다.[15] 경매법원이 변경결정을 하지 않고 당초의 법정매각조건대로 매각을 명하였을 경우에는 민사집행법 제121조 제 7 호의 매각허가에 관한 이의사유가 된다.[16]

3. 우선매수권의 부여 문제

공유지분의 경매의 경우에 채무자 아닌 다른 공유자는 매각기일까지 최고가매수신고가격과 동일한 가격으로 경매 대상 지분을 우선매수할 것을 신고할 수 있고, 이 경우 경매법원은 그 공유자에게 매각을 허가하여야 한다(민사집행법 제140조 제 1 항, 제 2 항).

공유자에게 위와 같은 우선매수권을 인정하는 이유는 공유자들은 공유물 전체를 관리하는 데 있어 다른 공유자와 협의를 하여야 하고

14) 따라서 예컨대, 매각으로 인한 소유권이전시기에 관하여 민사집행법 제135조의 규정과는 다른 내용의 합의를 할 경우, 이는 임차인의 권리와는 무관하기 때문에 그러한 합의에 임차인을 배제하였다 하여도 위법이 아니다.

15) 그리고 법정매각조건이 변경된 사실은 집행관이 매수신청을 최고하기에 앞서 이를 고지하여야 한다(민사집행법 제112조).

16) 법원행정처, 법원실무제요 민사집행(II)(2003), 221.

(민법 제265조), 그 밖에도 다른 공유자와 인적 유대관계를 유지할 필요가 있으므로 공유지분의 경매로 인하여 미지의 인물이 공유자로 끼어드는 것을 꺼리기 때문이다.

위와 같은 우선매수권을 임차인에게도 고려하여 볼 만하다.[17] 임차인은 현실적으로 경매 대상 건물을 점유, 사용하면서 이를 생활이나 영업의 터전으로 삼고 있는 자이므로, 다른 어떤 이해관계인보다 매각으로 인한 소유권 변동에 예민한 이해관계가 있기 때문이다. 그것은 어찌 보면 공유자끼리의 이해관계보다 더 절박하고 긴밀할 수도 있다. 따라서 같은 값이라면 임차인에게 우선매수권을 주는 것이 바람직하다고 생각한다. 그렇게 되면 매각허가 후의 명도 문제도 해결될 수 있고, 나아가 당해 건물의 점유 사정을 가장 잘 아는 임차인이 최고가매수신고인이 되기 때문에 가장임차인의 등장도 막을 수 있는 부수적 효과도 거둘 수 있을 것이다.

비록 극히 예외적인 경우이기는 하나, 실제로 임대주택법은 일정한 경우에 임차인의 우선매수권을 인정하고 있다.[18] 즉, 임대주택법상의 임대사업자(지방자치단체, 대한주택공사, 지방공기업법 제49조에 따라 주택사업을 목적으로 설립된 지방공사, 임대주택법 제 6 조에 따라 주택임대사업을 하기 위하여 등록한 자 또는 임대주택법 제 7 조에 따라 설립된 임대주택조합을 말한다 : 저자 註)가 주택법 제16조에 따라 사업계획승인을 받아 건설한 주택 중 주택법 제60조에 따라 국민주택기금의 자금을 지원받아 건설하거나 공공사업으로 조성된 택지에 건설한 임대주택이 경매되는 경우에는 임차인(임대주택법 제21조 소정의 우선분양전환을 받을 수 있는 임차인에 한한다)은 매각기일까지 민사집행법 제113조에 따른 보증을 제공하고 최고매수신고가격과 같은 가격으로 우선매수하겠다는 신고를 할 수 있다. 이 경우에 경매법원은 최고가매수신고가 있더라도 임차인에

17) 지철수(주13), 295-296.

18) 이에 관한 상세는 손흥수, "임대주택법에 기한 임차인의 우선매수청구에 관한 실무상의 제 문제", 민사집행법연구 제 3 권(2007), 153 이하 참조.

게 매각을 허가하여야 한다(임대주택법 제22조 제 1 항, 제 2 항).

Ⅲ. 매각결정기일에서의 참여권

1. 매각결정기일의 통지를 받을 권리

경매법원은 전술(前述)한 매각기일뿐만 아니라 매각결정기일도 이해관계인인 임차인에게 통지하여야 한다(민사집행법 제104조 제 2 항). 매각결정기일은 매각기일을 지정할 때 동시에 함께 지정하기 때문에, 그 통지 또한 매각기일을 통지할 때 같이 하는 것이 보통이다. 그 밖에는 매각기일에 관한 전술(前述)한 설명이 매각결정기일에도 그대로 적용된다.

2. 매각결정기일에서의 의견진술권

이해관계인인 임차인은 매각결정기일에 출석하여 매각허부결정의 선고 전까지 매각허가에 관한 의견을 진술할 수 있다(민사집행법 제120조). 이러한 의견진술은 크게 두 가지로 나눌 수 있다. 하나는 매각을 허가하여야 한다는 것이고, 다른 하나는 반대로 매각을 불허하여야 한다는 것이다.

그런데, 본래 경매절차가 적법하게 진행된 경우에는 이해관계인이 매각을 허가하여야 한다고 의견진술을 하는 것이 무의미하다. 경매법원이 당연히 매각을 허가하여야 하기 때문이다. 반대로 경매절차가 부적법하게 진행되어 민사집행법 제121조에 규정한 각종의 이의사유가 있는 경우에는 이해관계인이 매각을 허가하면 안 된다는 의견진술을 하지 않더라도 역시 경매법원이 직권으로 매각을 불허하여야 하는 것이 원칙이다(민사집행법 제123조 제 2 항 본문).

그러면 이해관계인인 임차인의 의견진술이 의미가 있는 경우는 언제인가?

먼저 매각을 허가하여야 한다는 진술에 관하여 살펴본다. 이해관계인인 임차인에게 매각기일이나 매각결정기일을 통지하지 아니하고 입찰을 실시하거나(민사집행법 제121조 제1호),[19] 이해관계인인 임차인을 배제한 채 다른 이해관계인들만의 합의로 법정매각조건을 변경하여 입찰을 실시한 경우(민사집행법 제121조 제7호)에는 임차인은 매각허가에 관한 이의를 할 수 있고, 임차인이 이의를 하면 경매법원은 매각을 불허하여야 한다(민사집행법 제123조 제1항).

그런데 이 경우에 만일 임차인이 위와 같은 절차상의 위법에 개의치 않고 매각을 허가하여야 한다고 진술하게 되면 어떤가? 구(舊) 민사소송법상으로는 이 경우에 경매법원은 위와 같은 이의사유의 존재에도 불구하고 매각을 허가하도록 하고 있었다(동법 제635조 제2항 단서). 현행 민사집행법에는 위와 같은 명문의 규정이 없으나 역시 매각을 허가하는 것이 옳을 것이다. 다른 사람의 권리에 영향을 미치는 것도 아닌 마당에(민사집행법 제122조 참조) 직접적으로 이해관계가 있는 당해 임차인이 매각 허가를 원하는데 그것을 굳이 배척할 이유가 없기 때문이다.

그 밖에 최고가매수신고인이 법률상의 매각조건에 위반하여 응찰한 경우에 임차인을 포함한 모든 이해관계인이 매각을 허가하여야 한다고 진술한 경우도 역시 동일하게 취급하여 매각을 허가할 것이다.

다음에는 매각을 불허하여야 한다는 진술에 관하여 살펴본다. 임차인인 이해관계인은 민사집행법 제121조 제1호 내지 제7호가 정하고 있는 사유를 들어 매각을 불허하여야 한다는 진술을 할 수 있다. 통상 이를 '매각허가에 관한 이의'라고 한다. 그런데 이 경우의 임차인의 진술은 경매법원의 직권발동을 촉구하는 의미밖에 없다. 왜냐하면

19) 대결 1984. 9. 27. 84마266(공1985, 16).

위와 같은 사유가 있는 경우에는 임차인 등 이해관계인의 이의의 진술이 없더라도 경매법원이 직권을 매각을 불허하여야 하기 때문이다(민사집행법 제123조 제 2 항).

만일 임차인이 매각 허부에 관한 의사의 진술을 아예 하지 않는 경우는 어떻게 할 것인가? 이 경우에는 임차인이 절차의 속행을 승인하는(즉, 매각을 허가하여야 한다는) 것으로 보아 매각을 허가하는 것이 옳다는 것이 구(舊) 민사소송법하에서의 판례였고,[20] 동법 제635조 제 2 항이 이해관계인이 절차의 속행을 승인하지 아니하는 경우에 한하여 매각을 불허하도록 하고 있었기 때문에 위 판례의 타당성이 인정되었으나, 현행 민사집행법은 위와 같은 규정을 두고 있지 아니하고 오히려 매각허가에 관한 이의사유가 있으면 원칙적으로 매각을 불허하도록 하고 있으므로(민사집행법 제123조 제 2 항) 반대로 해석하여야 할 것이다. 즉, 임차인이 매각을 허가하여야 한다는 진술을 명시적으로 하지 않는 한 매각을 불허하여야 한다.

경매법원이 이해관계인인 임차인의 매각허가에 관한 이의를 받아들이지 않고 매각을 허가한 경우에는 임차인은 그 매각허가결정에 대하여 즉시항고할 수 있을 뿐, 이의를 기각한 것 자체에 대하여 불복하는 방법은 없다.[21]

3. 매각허부결정에 대한 항고권

이해관계인인 임차인은 매각의 허부 결정에 의하여 손해를 받을 경우에는 그 결정에 대하여 즉시항고할 수 있다(민사집행법 제129조 제 1 항). 즉시항고 외에 통상항고나 특별항고는 허용되지 않는다.[22] 즉시항고할 수 있는 기간은 매각허부결정의 선고일로부터 1주일이다(민사

20) 대결 1969. 7. 7. 69사42(집17-2, 민268).
21) 대결 1983. 7. 1. 83그18(집31-4, 민1).
22) 대결 1981. 12. 22. 81그15(공1982, 214); 대결 1986. 4. 22. 86그44(공1986, 862).

소송법 제444조 제 1 항).

대항력 있는 임차인은 매각허부결정으로 인하여 아무런 불이익을 입지 않으므로 항고이유 여하를 불문하고 그에 대하여 항고할 이익이 없다는 견해가 있다.[23] 그러나 대항력 있는 임차인도 우선변제의 요건을 구비하여 배당요구를 한 경우에는 매각가액의 다소에 따라 채권의 만족 여부가 달라질 수 있고, 공익적 규정의 위배는 이해관계인은 누구나 주장할 수 있는 것이므로 대항력 있는 임차인의 항고를 일률적으로 배제할 것은 아니라고 할 것이다.

경매실무상으로는 임차인이 매각허부결정에 대하여 항고를 하면서 비로소 권리신고를 하여 이해관계인임을 주장하는 경우를 흔히 볼 수 있다. 이러한 임차인을 이해관계인으로 보아 그들의 즉시항고를 적법한 것으로 처리할 것인가 하는 문제가 있는데, 임차인의 보호를 위하여 이를 긍정하는 견해도 있으나,[24] 민사집행법 제90조 제 4 호 소정의 이해관계인이라 하여 매각허부결정에 대하여 즉시항고를 제기하기 위하여는 위 매각허부결정이 선고되기 전까지 그러한 사실을 증명하여야 하고, 매각허부결정이 선고된 후에 그에 대하여 즉시항고장을 제출하면서 비로소 그러한 사실을 증명하는 서류를 제출한 때에는 위 제 4 호 소정의 이해관계인이라 할 수 없으므로, 그 항고는 부적법한 것으로 보지 않을 수 없다.[25]

---

23) 지철수(주13), 296; 이재성, 주석 강제집행법(Ⅲ)(1993), 409.

24) 지철수(주13), 296.

25) 대결 1980. 10. 15. 80마157(집28-3, 민139); 대결 1986. 9. 24. 86마608(공1986, 221); 대결 1988. 3. 24. 87마1198(공1988, 683); 대결 1994. 9. 13. 94마1342(공1994하, 2786).

Ⅳ. 배당단계에서의 참여권

1. 배당요구권

이해관계인인 임차인 중 ① 대항요건을 구비하고 임대차계약서에 확정일자를 갖춘 임차인(주택임대차보호법 제 3 조의2 제 2 항, 상가건물임대차보호법 제 5 조 제 2 항), ②경매개시결정의 기입등기 전에 대항요건을 구비한 소액임차인(주택임대차보호법 제 8 조 제 1 항, 상가건물임대차보호법 제14조 제 1 항), ③ 임차권등기명령에 의하여 임차권등기를 한 임차인(주택임대차보호법 제 3 조의3 제 5 항, 상가건물임대차보호법 제 6 조 제 5 항), ④ 민법상의 임차권등기를 한 임차인(주택임대차보호법 제 3 조의4 제 1 항, 상가건물임대차보호법 제 7 조 제 1 항, 민법 제621조)은 우선변제권이 있기 때문에 주택의 경매절차에서 배당요구를 할 수 있다(민사집행법 제88조 제 1 항).

배당요구는 배당요구의 종기까지 하여야 하며, 권리신고를 한 임차인도 역시 배당요구신청을 하여야 한다.[26]

한편, 위 ③, ④의 임차인 중 그 임차권등기를 경매개시결정의 기입등기 전에 한 임차인은 배당요구를 할 필요가 없다. 이러한 임차인은 배당요구를 하지 않더라도 당연히 배당을 받기 때문이다.

2. 배당기일의 통지를 받을 권리

경매법원은 이해관계인인 임차인에게 배당기일을 통지하여야 한다(민사집행법 제146조). 임차인의 배당절차 참여권을 보장하기 위한 것이다. 그런데 경매법원은 배당기일에 배당을 실시하기에 앞서 3일 동안 배당표 원안을 비치하고 열람에 제공하여야 하므로(동법 제149조 제 1 항), 위와 같은 통지서는 늦어도 배당기일 3일 전에 임차인에게 도달

26) 상세는 후술(後述) 제 4 장 제 3 절 Ⅱ. 1. 라. 참조.

하여야 한다.

3. 배당표 작성에 대한 의견진술 및 합의권

이해관계인인 임차인은 배당기일에 출석하여 경매법원이 작성한 배당표 원안에 대하여 의견을 진술하고, 다른 이해관계인 및 배당을 요구한 채권자와 위 배당표 원안과는 다른 내용의 합의를 할 수 있다(민사집행법 제150조 제 2 항). 경매법원은 배당표 원안과 다른 내용의 합의에 구속되며, 그에 따라 배당표를 작성, 확정하여야 한다(이를 '협의배당'이라고 한다).

4. 배당이의권

가. 배당기일에 출석한 이해관계인인 임차인은 배당표에 대하여 이의를 할 수 있다(민사집행법 제151조 제 3 항).

이의는 절차상의 이의와 실체상의 이의로 구분되는데, 전자(前者)는 배당표의 작성방법이나 배당 실시 절차상의 위법을 들어 제기하는 것이고, 후자(後者)는 다른 채권자의 채권의 존부, 범위, 순위에 관하여 제기하는 것이다.[27]

전자(前者)의 예로는, 매각허가결정이 취소되었음에도 불구하고 배당기일을 정하여 배당표를 작성하였다거나, 배당표에 기재할 수 없는 채권을 기재하였다거나, 배당재단에 산입할 금액을 탈루하였거나, 배당표의 계산이 틀린 경우 등을 들 수 있다. 그런데 이러한 사유를 들어 제기하는 이의는 경매법원의 집행방법상의 하자에 대한 시정을 촉

---

27) 실체상의 이의는 배당기일에 출석한 채권자와 채무자만의 권리이므로 이해관계인이라도 임차인에게는 이의권이 없다는 견해가 있으나[하경일, 실무부동산경매총론(하)(1987), 749-754], 임차인도 엄연히 보증금반환청구권자로서 채권자인데, 이를 배당이의권자에서 배제한다는 것은 납득할 수 없다.

구하는 것에 불과하므로, 경매법원으로서는 이의가 정당하다고 판단되면 그에 따라 배당표를 정정하고 이의가 부당하다고 판단되면 배당표를 그대로 확정하여 배당을 실시하면 된다.[28)]

후자(後者), 즉 실체상의 이의는 이의한 결과 자기의 배당액이 증가하는 경우에 한하여 제기할 수 있다. 따라서 매각대금으로부터 보증금 전액을 배당받는 임차인은 이의를 할 수 없고, 그렇지 않은 경우에도 자기보다 후순위의 채권자의 채권에 관하여는 이의를 할 수 없다. 임차인의 적법한 이의에 대하여 상대방이 이를 인정하면 그에 따라 배당표를 경정하고(민사집행법 제152조 제 2 항), 상대방이 임차인의 이의를 인정하지 아니하면 배당이의의 소에 의하여 완결지어야 한다.

배당이의의 소는 이의를 한 임차인이 배당기일로부터 7일 내에 제기하고 그 사실을 경매법원에 증명하여야 한다. 증명방법으로는 수소법원(受訴法院)의 소제기증명서를 제출하면 된다.

나. 건물임대차보호법은, 건물의 매각대금을 배당함에 있어 임차인의 우선순위와 보증금에 관하여 이의가 있는 사람은 경매법원에 이의를 신청할 수 있고, 이러한 이의신청에 대하여는 민사집행법 제152조 내지 제161조의 배당표에 대한 이의에 관한 규정을 준용한다고 규정하고 있다(주택임대차보호법 제 3 조의2 제 4 항, 제 5 항, 제 8 조 제 2 항, 상가건물임대차보호법 제 5 조 제 4 항, 제 5 항, 제14조 제 2 항).

여기서 우선순위에 관한 이의란 임차인이 이의를 제기하는 사람보다 우선변제를 받는 것에 대하여 이의하는 것을 말하고, 보증금에 관한 이의는 순위에는 이의가 없으나 보증금의 액수에 대하여 이의를 제기하는 것을 말한다.

법문에는 마치 우선순위와 보증금에 관하여만 이의를 할 수 있는

28) 이처럼 경매법원이 절차상의 이의가 부당하다고 판단하여 배당표를 그대로 확정짓고 배당을 실시할 경우에 이의를 제기한 임차인은 집행에 관한 이의(민사집행법 제16조)를 할 수 있다. 법원행정처, 법원실무제요 민사집행(II)(2003), 555.

것처럼 규정되어 있으나, 임차인이 대항요건과 확정일자를 구비하였다는 것 또는 소액임차인에 해당한다는 것 자체, 즉 임차인에게 우선변제권이 있다는 것 자체에 대하여도 이의를 할 수 있다. 또한 이의를 제기할 수 있는 사람에는 그 대상인 임차인 외의 다른 임차인도 포함됨은 물론이다. 즉, 임차인도 다른 임차인의 우선변제권의 존부 및 내용에 관하여 이의할 수 있는 것이다.

본래 1990. 1. 13. 경매법이 폐시되어 구(舊) 민사소송법에 흡수되기 전까지는 경매법에 의한 임의경매의 경우 배당이의제도가 없었다. 따라서 적어도 경매법에 의한 임의경매에 관한 한 주택임대차보호법에 위와 같은 규정을 둘 실익이 있었다. 그러나 경매법을 흡수한 구(舊) 민사소송법 및 현행 민사집행법하에서는 종래의 경매법에 의한 임의경매에 해당하는 담보권 실행을 위한 경매절차에도 강제경매절차가 그대로 준용되는 결과(동법 제268조, 제275조) 배당이의가 인정되기 때문에, 주택임대차보호법 제 3 조의2 제 4 항, 상가건물임대차보호법 제 5 조 제 4 항 중 경매법원에 대한 이의신청을 규정한 부분과 주택임대차보호법 제 3 조의2 제 5 항, 상가건물임대차보호법 제 5 조 제 5 항은 무의미해졌다. 그러한 규정이 없어도 임차인의 우선순위와 보증금 및 우선변제권 자체에 관하여 이의가 있는 이해관계인은 민사집행법상의 배당이의에 관한 규정(동법 제151조 내지 제161조)에 의하여 당연히 이의를 신청할 수 있기 때문이다. 따라서 입법론으로는 주택임대차보호법 제 3 조의2 제 4 항, 상가건물임대차보호법 제 5 조 제 4 항 중 경매법원에 대한 이의신청을 규정한 부분과 주택임대차보호법 제 3 조의2 제 5 항, 상가건물임대차보호법 제 5 조 제 5 항은 삭제함이 타당하다.

제 3 장

경매의 진행과 임대차

제1절 문제의 소재

제2장에서 보았듯이 주택이나 상가건물의 임차인은 일정한 요건을 구비하면 경매절차의 이해관계인이 되어 경매의 각 단계마다 깊숙이 관여할 수 있다. 특히 건물임대차보호법의 적용을 받는 임차인은 경매절차에서 거의 절대적인 보호를 받는 결과, 그 존부에 따라 낙찰자를 비롯한 경매절차의 이해관계인들에게 끼치는 영향이 지대하다. 그럼에도 불구하고 그 존재가 등기부에 공시되지 않기 때문에 경매절차의 안정성을 해치는 결정적인 요인으로 작용하고 있다.

민법상의 임차권등기가 되어 있는 경우에는 그 등기의 선후(先後)에 의하여 대항력 여부가 결정되기 때문에 등기부의 기재 내용으로부터 필요한 정보를 얻을 수 있는 데 비하여, 건물임대차보호법상의 대항요건의 구비나 우선변제요건의 구비 여부는 등기부상 공시되는 것이 아니면서도 임차인에게는 대항력과 우선변제권이라는 막강한 권한을 부여하고 있다. 때문에 주택이나 상가건물의 경매에 참가하는 사람의 입장에서는, 임차인이 존재하는가, 존재한다면 그의 임차권에 대항력 또는 우선변제권이 있는가, 그의 임차권을 낙찰자가 그대로 인수하여야 하는가, 그가 배당요구를 함으로써 매각대금으로부터 보증금을 변제받아 가고 임차권은 소멸하는가, 임차권을 인수한다면 임대차의 내용이 어떠한가 등을 알아야 낙찰을 받을 것인가 말 것인가의 의사결정을 할 수 있다.

이는 경매절차에서 임차인을 보호하는 데 따른 반사적 현상으로서, 주택이나 상가건물의 경매절차에 참가하는 사람들에게 임차권에 관한 정확한 정보를 제공하는 것이야말로 이해관계인들의 이해관계를 적절히 조절하여 주택이나 상가건물의 경매를 원활하게 이끄는 핵심이라 할 수 있다. 임차인의 보호에 치중하여 다른 이해관계인들의 이익을 소홀히 하게 되면 경매절차가 불안해져 결과적으로 임차인의 보호마저 불확실해질 뿐이다. 한 마디로 말하면 임차인의 보호만큼이나 낙찰자의 보호가 요구되는 것이다.

그러면 경매절차에 참가하는 사람들에게 건물임대차보호법상의 대항요건을 구비한 임차인에 관한 정보를 어떻게 하면 정확하게 제공할 것인가? 이 문제를 당해 경매 목적 주택이나 상가건물에 존재하는 임대차에 관한 조사, 매각물건명세서의 작성, 최저매각가격의 결정 및 매각기일의 공고 등의 면에서 고찰하여 본다.

제 2 절 임대차에 관한 조사의 충실화

Ⅰ. 현황조사의 중요성

임차인에 관한 정보의 정확한 제공을 위해서는 우선 당해 경매대상 주택이나 상가건물의 현황을 제대로 조사하여야 한다.

이를 위하여 경매법원은 경매개시결정을 한 후 곧바로 집행관에게 경매의 대상인 부동산의 현황에 관한 조사를 명한다(민사집행법 제85조 제1항). 그리고 법원의 명에 따라 현황조사를 한 집행관은 현황조사보고서를 작성하여 법원에 제출한다(민사집행규칙 제46조).

집행관이 작성하는 현황조사보고서는 후술(後述)하는 매각물건명세서 작성의 기본이 되며 매각물건명세서와 함께 경매법원에 비치되어 일반인의 열람에 제공되는바, 특히 임대차와 관련하여서는 임차인의 우선변제권, 낙찰자에 대한 대항력, 배당단계에서의 가장임차인의 색출 등을 위한 가장 중요한 자료가 된다. 따라서 현황조사보고서의 정확한 작성이야말로 임대차의 적정한 처리를 위한 기초가 된다.

Ⅱ. 현황조사명령

민사집행법은 현황조사를 명함에 있어 조사할 사항으로 부동산의 현상, 점유관계, 차임 또는 보증금의 액수 기타 현황을 들고 있다(동법 제85조 제 1 항). 그러나 조사사항을 이와 같이 개괄적으로 기재하여 조사명령을 발하게 되면 구체적으로 어떠한 항목에 관하여 조사할 것인지 불명확하기 때문에, 경매의 실제에서는 조사사항을 다음과 같이 세분하여 조사명령을 발한다.[1)]

가. 부동산의 현상 및 점유관계

- 부동산의 위치, 현상, 사용용도 및 내부구조 등(현장 도면, 사진 첨부)
- 대상건물이 멸실되고 다른 건물이 신축되어 있는 경우에는 관계인의 진술(구 건물 멸실등기부등본 첨부)
- 부동산의 점유자, 점유권원, 점유기간, 점유부분(일부 점유의 경우 도면에 점유부분 표시)
- 제시외 건물이 있는 경우 그 보존등기 여부(사진 등 첨부), 부합물, 종물

나. 임대차관계

- 임차목적물의 용도, 주민등록(상가건물인 경우에는 등록사항 등의 현황서)상의 동·호수와 등기부 등 공부상의 동·호수가 다른 경우 두 가지 동·호수 모두 및 실제 동·호수(용도가 주거와 영업의 겸용인 경우에는 주거부분과 영업부분을 도면에 명확히 구분하여 표시)
- 임대차계약의 내용(임차인의 성명, 보증금, 임대차기간, 확정일자 유무 등)
- 임차인이 여러 명인 경우 임차인별 임차부분(도면 첨부), 입주인원수, 임차목적물이 주택인 경우 주민등록(임차인의 가족 포함)의

1) 법원행정처, 법원실무제요 민사집행(Ⅱ)(2002), 127.

전·출입 상황

· 매각부동산이 주택인 경우 전입신고된 세대주 전원의 주민등록등·초본, 상가건물인 경우 임차인 전원에 대한 등록사항 등의 현황서 및 건물 도면의 등본 첨부

다. 기타 현황

Ⅲ. 현황조사

1. 임대차의 정확한 조사

경매법원으로부터 현황조사를 명령받은 집행관은 위에서 본 사항들을 조사하여야 하는바, 특히 임대차와 관련하여서는 ① 임차인 및 임대차의 내용(보증금 및 그 변동 내역, 차임, 존속기간, 권리금 등), ② 건물 임대차의 경우 그 목적물이 주거용 건물에 해당하는지, 영업용 건물에 해당하는지 여부를 판단할 수 있는 사항들(구조, 용도, 사용관계, 임대차계약서상의 사용 목적 등), ③ 임차인의 입주일(점유개시 시점), ④ 임차인 본인이 입주를 하지 않고 가족이나 세대원 등이 먼저 입주한 경우에는 그 최초 입주한 자의 입주일 및 임차인과의 관계, 주택인 경우 임차인의 주민등록 전입일, 상가건물인 경우 임차인의 사업자등록 신청일, ⑤ 임차인 본인이 주민등록을 전입하지 아니하거나 그 가족이나 세대원보다 늦게 주민등록을 전입한 경우 최초로 주민등록을 전입한 가족이나 세대원의 주민등록 전입 일자 및 임차인과의 관계, ⑥ 독립된 세대로 전입신고를 하지 아니하고 임대인이나 다른 세대의 동거인으로 전입신고가 되어 있는 임차인이 있는지 여부 및 그 전입신고 일자, ⑦ 공동주택의 경우 등기부나 대장상의 동·호수 표시와 실제 동·호수의 표

시에 차이가 있는지 여부 및 그 경우 인근 동·호수를 포함한 전반적인 동·호수의 표시 내용 ⑧ 임대차목적물이 상가건물로서 임대인이나 임차인이 법인(법인 아닌 단체 포함)인 경우 법인명(단체명 포함), 대표자, 법인등록번호 등을 조사하여야 한다.[2]

현황조사에서 특히 문제가 되는 부분은 대항력 있는 임차인의 확인에 관한 부분인데, 전술(前述)[3]한 바와 같이 판례가 임차인 자신뿐만 아니라 그 가족이나 세대원의 전입신고로도 주택임차권의 대항력을 인정하고 있으며, 또 독립한 세대로 전입신고를 하지 않고 다른 세대의 동거인으로 전입신고를 한 경우에도 주택임차권의 대항력을 인정하고 있으므로, 그와 같은 내용을 빠뜨리지 않고 파악하기 위하여는 당해 지번으로 전입신고가 되어 있는 전체 세대의 세대원 전원이 나타나는 주민등록등본을 모두 발급받아 당해 주택에 거주하는 전원의 주민등록 이전 상황을 확인할 필요가 있고, 경우에 따라서는 가족관계를 확인하기 위하여 가족관계증명서 등의 내용을 확인하여야 한다.[4] 또 공동주택 등 집합건물의 경우 동·호수 표시가 공부(公簿)상의 것과 실제 사이에 차이가 있는지 여부도 관련 공부(公簿)의 내용을 확인하여 조사하여야 한다.

2. 적극적인 조사활동의 필요

집행관은 현황조사를 위하여 경매 대상 주택이나 상가건물에 대한 출입권, 채무자나 점유자 등에 대한 질문권, 문서 제시 요구권, 잠긴 문을 여는 등 적절한 처분을 할 권한이 있다(민사집행법 제85조 제 2

---

2) 박시환, "입찰희망자에 대한 정보제공의 충실화", 부동산입찰제도(1997), 17 참조.
3) 제 2 장 제 2 절 Ⅰ. 1. 다. (3) 참조.
4) 현재 실무 관행도 집행관이 당해 지번으로 주민등록이 되어 있는 전체 세대에 대하여 주민등록등본 또는 초본을 발급받아, 소유자가 아닌 세대주에 대하여는 일단 임차인으로 기재하여 현황조사보고서를 작성하고 있기는 하나, 독립된 세대로 전입신고가 되어 있음에도 그에 대한 기재가 누락되는 경우가 있다.

항, 제82조). 그러나 현재 실무에서는 소유자나 임차인 또는 그 동거인들에게 질문을 하여 그들이 말해 주는 사항을 기재하고, 보여 주는 임대차계약서를 확인하는 정도 외에는 강제력을 행사하는 예가 거의 없다.

이러한 현상은 강제력을 사용하여 경매 대상 주택이나 상가건물에 들어가서 질문을 하거나 문서의 제시를 요구하여도 이에 불응하면 진술이나 문서의 제시를 강요할 방법이 없으므로 강제력을 사용하여도 별로 실익이 없다는 것과 조사의 상대방이 경매를 당하게 된 채무자(또는 소유자)이거나 아니면 경매 결과 명도를 당하게 될 임차인들로서 감정이 예민해진 상태에 있어 집행관들이 그들의 의사에 반하여 강제력을 행사하기를 꺼려한다는 것 등에 그 원인이 있는 것으로 보인다.[5] 그러나, 주택이나 상가건물의 내부 구조와 사용용도 등 객관적 현상에 관한 조사를 하기 위해서는 강제력을 사용할 필요가 있으며,[6] 임차인들에게는 임대차관계를 분명히 함으로써 대항력의 주장, 권리신고, 배당요구 등의 방법으로 권리를 구제받을 수 있다는 점을 주지시킴으로써[7] 조사에 협조하게끔 유도하는 것이 바람직하다.

---

5) 박시환(주2), 19.

6) 일본은 2003. 8. 1. 민사집행법을 개정하여 집행관의 현황조사를 위한 질문이나 문서 제시 요구에 채무자나 점유자가 진술을 거부하거나, 문서의 제시를 거부하거나, 허위로 진술하거나, 허위사실을 기재한 문서를 제시할 경우 6월 이하의 징역이나 50만 엔 이하의 벌금에 처하도록 하는 규정을 신설하였다(동법 제205조, 제57조). 현황조사를 강화하기 위한 조치임은 물론이다.

7) 임대차의 정확한 조사는 경매에 참여하는 사람들에게 정보를 제공하는 데 우선적 의미가 있지만, 동시에 임차인들에게는 경매사실을 알리고(건물 주인들이 임차인에게 경매사실을 알리지 않는 경우가 적지 않다), 그들로 하여금 권리신고, 배당요구 등을 통하여 자기의 권리를 주장할 수 있게 하는 역할도 한다. 따라서, 어차피 경매가 개시된 건물인 만큼 임대차에 관한 정보를 정확히 제시하여야 당해 건물이 조속히 낙찰되고 그럴수록 매각대금이 높아져(1회 유찰될 때마다 최저매각가격이 20~30%씩 저감되는 점을 상기) 임차인들에게도 배당액이 커지게 된다는 것을 주지시킬 필요가 있다.

이와 관련하여, 현행 민사집행법하에서는 종래와는 달리 배당요구의 종기가 최초의 매각기일 이전으로 당겨졌기 때문에 임차인들이 배당요구를 할 기회를 나아가, 현황조사를 하러 간 집행관이 당해 경매 대상 주택이나 상가건물 안에 아무도 없고 문이 잠겨 있다는 이유만으로 주민등록상의 등재 사항이나 사업자등록사항 등의 현황서에 기재된 사항만을 조사하고 끝내는 경우가 많다. 이와 같은 경우 집행관은 두세 번 현장을 방문하여 조사를 시도해 보지만, 매번 같은 상태인 경우에는 위와 같이 형식적인 조사만 하고 마는 것이 보통이다. 그러나 집행관은 야간이나 공휴일에도 법원의 허가를 받아 집행행위를 할 수 있으므로(민사집행법 제8조), 위와 같은 경우에는 집행관이 경매법원으로부터 허가를 받아 야간에 조사를 한다면, 적지 않은 경우에 위와 같은 문제점을 해소할 수 있을 것이다.

요컨대, 현황조사의 중요성을 인식하고 집행관이 보다 정확한 조사를 위하여 능동적으로 활동할 필요가 있다.

Ⅳ. 현황조사보고서

집행관은 현황조사를 마친 후 그 조사한 내용을 보고서로 작성하여 법원에 제출하여야 한다. 이 보고서야말로 매각물건명세서 작성의 기초가 되고 경매 참가자들에게는 경매 대상 주택에 관한 중요한 정보제공처의 역할을 하므로 정확하게 작성하여야 한다.

민사집행규칙 제46조는 현황조사보고서에 기재할 사항으로 ① 사건의 표시, ② 부동산의 표시, ③ 조사의 일시, 장소, 방법, ④ 부동산의 현상, ⑤ 점유관계, 차임 또는 보증금의 액수, ⑥ 그 밖의 현황, ⑦ 그

모르고 놓칠 수가 있다. 따라서 경매법원이 배당요구의 종기를 결정한 후 현황조사명령을 하고, 그에 따라 집행관이 현황조사를 하면서 임차인들에게 배당요구의 종기를 알려주는 방식으로 경매절차를 진행한다면 임차인의 권리구제가 보다 효과적으로 이루어질 수 있을 것이다[손진홍, "배당요구의 종기 결정과 관련된 우선채권자의 보호에 관한 문제점 고찰", 재판자료 109집(2006), 333 이하 참조].

밖에 법원이 명한 사항 등에 관하여 조사한 내용 등을 규정하고, 부동산의 현황을 알 수 있도록 도면과 사진 등을 첨부하도록 하고 있다.

위 사항 중 임대차와 관련된 것은 "⑤ 점유관계, 차임 또는 보증금의 액수"인바, 현재 집행관 사무실에서 사용하고 있는 현황조사보고서에는 임대차관계를 조사한 "임대차관계 조사서"를 별지로 첨부하고 있다. 이 조사서에는 임차목적물, 임차인, 임차 내용(보증금, 월세, 전세금, 임대차기간의 시기와 종기, 기타 사항), 주민등록 전입 여부 및 그 일자, 사업자등록 여부 및 그 신청일자, 확정일자 여부 및 그 일자를 기재하도록 되어 있다.

따라서 적어도 위 양식에서 요구하는 사항만큼은 빠짐없이 기재하여야 하고, 한 걸음 나아가, 당해 건물에 입주하여 있는 자의 주민등록등본이나 사업자등록사항 등의 현황서를 빠짐없이 첨부하고, 임차인의 방실별 입주현황을 분명히 한 평면도 및 그 사진을 첨부할 것이 요구된다.[8] 그리고 집행관은 현황조사를 함에 있어 임차인들에게 현황조사의 취지를 잘 설명하여 그들의 협조를 구하고, 가능한 한 임대차계약서 및 보증금영수증의 사본을 입수하여 첨부할 것이 또한 요구된다.

현재의 경매 실정을 보면, 실제로는 소액임차인 또는 확정일자 있는 임차인이 아니면서 이를 가장한 허위의 임차인으로 하여금 배당요구를 하게 하는 것으로 짐작되는 사례가 흔히 있는데, 집행관이 위와 같이 현황조사를 정확히 하고 보고서에 상세하게 기재한다면 이러한 가장임차인을 어느 정도는 가려 낼 수 있을 것이다.[9] 임대차와 관련하여 그 밖에 현황조사보고서에 반영되어야 할 것으로는, 경매 대

8) 부동산 경매 · 입찰 절차에서 현황조사시 유의사항(대법원 재민 97-8 예규) 4., 5.

9) 그런데 실제로는 경매 대상 주택이나 상가건물의 전체 모습이 들어가는 사진 1-2장을 찍어 첨부하는 것으로 대신하는 외에는 부동산의 현황이나 내부구조, 사용용도 등을 구체적으로 자세히 기재한 별지나 도면을 붙이는 경우는 드물다. 기껏해야 개략적인 평면도를 첨부하는 정도이다.

상 건물이 주거용인지 영업용인지를 판단할 수 있는 내용들, 주민등록 전입 상황 중 임차인 본인과 그 가족들의 전출입 상황,[10] 실제 동·호수와 주민등록 또는 사업자등록사항 등의 현황서상의 동·호수, 등기부 등 공부상의 동·호수가 다를 때 그 모든 동·호수 기재 상황 등을 들 수 있다. 이들 사항들도 낙찰자의 소유권 취득 범위와 인수할 부담의 범위를 판단하는 데 중요한 요소가 되기 때문이다.

여기서 한 가지 유념하여야 할 것이 있는바, 그것은 위와 같은 사항들이 현황조사보고서에 빠짐없이 반영되기 위해서는 단순히 집행관에게 성실한 조사를 기대하는 것만으로는 한계가 있다는 것이다. 오히려 경매법원, 즉 경매를 담당하는 법관이나 사법보좌관이 지속적인 관심을 가지고 집행관으로 하여금 보다 성실하고 충실한 현황조사보고서를 제출하도록 독려할 것이 요구된다.[11] 이를 위하여 필요한 경우에는 추가조사명령, 재조사명령 등을 적절히 활용하여야 한다.[12] 또한 관계인에 대한 심문절차를 적절히 활용하여 의문점을 적극적으로 규명하는 자세도 필요하다.[13] 경매 담당 법관이나 사법보좌관이

10) 경매 목적 주택에 임차인의 세대원들이 먼저 주민등록을 이전하고 임차인 자신은 나중에 전입하거나, 임차인이 일단 주민등록을 이전한 뒤 세대원들의 주민등록은 그대로 둔 채 자신만 다른 곳으로 전출하였다가 재전입하는 등의 경우가 있고, 공동주택의 동·호수를 기재하지 않고 그 지번만을 기재하여 전입신고 하였다가 나중에 주소 변경의 형식으로 동·호수를 추가하여 기재하는 경우가 흔히 있다. 이러한 경우에 임대차관계 조사서에 그와 같은 전출입 상황을 자세히 기재하지 않고 그 중 하나의 전입신고 일자만을 기재한 채 아무런 부연 설명을 하지 않으면 대항력 유무를 잘못 판단할 수 있다. 물론 후술(後述)하는 매각물건명세서를 작성할 때 이를 정확히 반영할 것이 요구되지만, 그에 앞서 현황조사보고서에서 먼저 이를 지적한다면 보다 정확한 판단이 가능할 것이다.

11) 이경춘, "현황조사보고서, 감정평가서 및 매각물건명세서의 개선", 부동산입찰제도(1997), 51-52.

12) 이창한, "현황조사보고서 등의 작성시 임대차 관련 내용의 충실한 기재", 부동산입찰제도(1997), 313.

13) 최성준, "양수인에 대하여 대항할 수 있는 주택의 임대차에 있어서 임차인의 경매절차에서의 우선변제청구권", 민사재판의 제문제(하)(이시윤 회갑 기념 논문집)(1995), 484; 최 종, "경매절차에 있어서 임차인", 사법논집 18집(1987), 440.

임대차 조사내용이 대부분 미상으로 되어 있는 현황조사보고서를 제출받고도 그런가 보다며 그냥 방치하는 한 현황조사보고서의 충실화는 기대하기 어렵다. 그리고 그것은 곧바로 매각물건명세서의 부실화 및 경매절차의 불안정으로 직결된다.

제 3 절 매각물건명세서 중 임대차에 관한 내용의 충실화

Ⅰ. 매각물건명세서

경매법원은 전술(前述)한 현황조사보고서와 감정인으로부터 제출받은 감정평가서, 그리고 부동산등기부등본 등의 제반 공부(公簿), 나아가 필요한 경우에는 당사자를 심문한 결과 등을 기초로 하여 경매 대상 주택에 대한 종합적인 정보를 일목요연하게 정리하여 경매 참가 희망자들에게 제공하여야 한다. 이러한 정보 제공 문서가 바로 매각물건명세서이다.

매각물건명세서는 집행관이나 감정인이 조사한 사실을 확인하고 그에 대한 법률적 판단을 기재한다는 측면에서 경매절차에 있어서의 일종의 중간확인적 재판과 비슷한 기능을 담당한다고 할 수 있다.[1] 때문에 민사집행법은 그 기재에 잘못이 있는 것으로 판명된 때에는 그에 기초한 매각을 불허하거나 매각허가결정에 대한 항고 사유로 규정하고 있다(동법 제121조 제 5 호, 제123조 제 2 항, 제130조 제 1 항).[2]

1) 박시환, "입찰희망자에 대한 정보제공의 충실화", 부동산입찰제도(1997), 35; 조병훈, "매각조건의 확정 · 공시제도의 개선", 부동산입찰제도(1997), 97.

2) 지철수, "부동산경매절차에서 임차인의 지위와 그 보호에 관한 고찰", 사법연구자료 23집(1996), 294는 매각물건명세서 작성의 오류를 들어 집행에 관한 이의가 가능하다고 한다. 그러나, 매각물건명세서의 작성행위 자체가 집행법원의 재판은 아니므로 집행에 관한 이의를 할 수는 없고, 그에 기초한 매각허가결정에 대한 즉시항고를 허용함으로써 족하다 할 것이다[박두환, 민사집행법(2002), 346].

매각물건명세서는 경매법원이 경매 과정에서 경매 대상 주택에 관하여 경매 참가 희망자들에게 설명하는 사실상 유일한 문서인 까닭에[3] 그 기재 내용의 정확성이 특히 요구된다. 경매법원의 판단을 최종적으로 제공한다는 점에서 전술(前述)한 현황조사보고서보다도 더욱 정확하고도 충실한 기재가 요청되는 것이다.

Ⅱ. 매각물건명세서의 기재사항

민사집행법 제105조는 매각물건명세서에 기재할 사항으로 ① 부동산의 표시, ② 부동산의 점유자와 점유의 권원, 점유할 수 있는 기간, 차임 또는 보증금에 관한 관계인의 진술, ③ 등기된 부동산에 관한 권리 또는 가처분으로서 매각에 의하여 그 효력이 소멸하지 않는 것, ④ 매각에 의하여 설정된 것으로 보게 되는 지상권의 개요 등 네 가지를 규정하고 있다. 위 사항 중 임대차와 관련되는 것은 "② 부동산의 점유자와 점유의 권원, 점유할 수 있는 기간, 차임 또는 보증금에 관한 관계인의 진술"이다.

매각물건명세서는 입찰에 응하는 사람들에게 당해 주택이나 상가건물의 권리관계 특히 임대차에 관한 정보를 일목요연하게 제공하는 역할을 하므로 이를 빠짐없이 그리고 정확하게 기재하여야 한다.[4] 따라서 임차인의 점유부분, 임차기간, 보증금액, 주민등록 전입신고일자,

3) 입찰공고에도 매각물건명세서와 비슷한 내용을 기재하나, 입찰공고는 자물쇠가 채워진[훼손 방지를 위하여 어쩔 수 없다. 판례도 이러한 조치의 불가피함을 인정하고 있다. 대결 1995. 9. 6. 95마596(공1995상, 3503)] 법원게시판에 게시하는 까닭에 일반인의 접근이 사실상 불가능하다. 근래에는 후술(後述)하는 바와 같이 (제 3 장 제 5 절 Ⅰ. 참조) 인터넷을 통한 공고도 하고 있으나, 인터넷을 사용할 수 없거나 사용할 줄 모르는 사람에게는 의미가 없다.

4) 현황조사보고서와는 달리 매각물건명세서를 잘못 작성하면 매각불허가사유가 된다(민사집행법 제121조 제 5 호, 제123조 제 2 항)는 것을 명심할 필요가 있다.

사업자등록 신청일자, 확정일자, 배당요구 여부와 그 일자를 꼼꼼하게 기재할 것이 요구되는바, 이를 "별첨 현황조사보고서 중 부동산의 점유관계 및 임대차관계조사 기재와 같음"이나 "임대차관계 조사서와 같음"이라는 고무인을 찍고는 집행관이 작성한 현황조사보고서 중 임대차관계 조사서의 사본의 여백에 적당히 배당요구사실을 기입하여 첨부하는 식으로 처리하여서는 안 된다.

매각물건명세서는 현황조사나 감정평가 과정에서 조사된 내용을 확인하여 법원의 판단을 나타내는 것으로서 입찰목적물에 대한 종합적으로 정리된 정보를 제공하는 것이므로, 현황조사보고서나 평가서에 기재된 사항 중 중요한 내용은 그 요지를 다시 정리하여 기재할 것이 요구되는 것이다. 전문적 법률지식이 없는 일반 경매 참가 희망자들로서는 현황조사보고서나 평가서에 체계를 갖추지 못한 채 산만하게 나열된 정보만으로는 그 법률적 효과를 정확하게 파악하기 힘들다는 것을 염두에 두어야 한다.

현재 경매실무에서 사용하고 있는 매각물건명세서의 양식에는 임차인의 배당요구 여부와 그 일자, 주민등록 전입신고일자, 사업자등록 신청일자, 확정일자 유무와 그 일자를 기재하도록 되어 있는바, 그 철저한 시행이 요구된다.[5] 이는 낙찰자가 임차인의 임대차보증금을 인수하여야 하는지 여부를 정하는 데 있어 결정적인 자료가 되기 때문이다.

매각물건명세서는 매회 매각 때마다 그 기일 1주일 전까지 만들어 비치하여야 하는데(민사집행규칙 제55조),[6] 처음에 확실하게 만들어

5) 최성준, "양수인에 대하여 대항할 수 있는 주택의 임대차에 있어서 임차인의 경매절차에서의 우선변제청구권", 민사재판의 제문제(하)(이시윤 회갑 기념 논문집)(1995), 478-486 참조.

6) 다만, 경매법원이 상당하다고 인정하는 때에는 매각물건명세서 · 현황조사보고서 및 평가서의 기재내용을 전자통신매체로 공시함으로써 그 사본의 비치에 갈음할 수 있다.

놓으면 그 후부터는 이를 복사하여 도중의 변동사항(배당요구 여부 및 그로 인해 명확하게 된 임대차 내용이 주된 것이다)을 추가 정정하면 되므로 결코 어려운 일이 아니다.

전술(前述)한 현황조사보고서도 그렇지만 매각물건명세서도 경매를 담당하는 법관이나 사법보좌관이 얼마나 성의를 가지고 주의를 기울이느냐에 그 정확도가 좌우된다. 경매를 담당하는 법관이나 사법보좌관이 입찰 도중에는 주의를 기울이지 않다가 매각허부결정 단계에서나 비로소 경매기록을 사후 검토하는 식으로 경매를 진행하는 한 현황조사보고서 및 매각기일명세서의 충실화를 기대하기 어렵다. 법관이 일반 소송절차에서 재판의 준비 및 진행을 위하여 기울이는 정도의 노력을 강제집행절차에서도 기울일 것이 요구된다.

Ⅲ. 기재사항의 사후적 변동과 이해관계의 조절

구(舊) 민사소송법하에서는 예컨대, 대항력과 우선변제권이 있는 임차인이 매각기일까지 배당요구를 하지 않아 매각물건명세서에 배당요구가 없는 것으로 기재되었고, 따라서 낙찰자는 위 임차인이 대항력의 주장 즉, 임대차의 승계 쪽을 택한 것으로 생각하고 낮은 가격으로 응찰하였는데 위 임차인이 매각기일 후 매각결정기일까지의 사이에 배당요구를 하였을 경우, 낙찰자는 임차인의 배당요구로 보증금을 인수하지 않아도 되게 되어 예상 밖의 이익을 얻게 되는 반면,[7] 임차인보다 후순위권리자는 그만큼 손해를 보게 되는 사태가 발생하였다.[8] 따라서 이러한 경우에는 매각물건명세서의 작성에 중대한 하

7) 다만, 배당절차에서 보증금이 전액 배당되지 아니하면 후술(後述)하는 바와 같이 남는 보증금을 인수하여야 한다. 제 4 장 제 4 절 Ⅲ. 참조.

8) 역으로, 대항력과 우선변제권이 있는 임차인이 매각기일까지 배당요구를 하여

자가 있다는 이유로 구(舊) 민사소송법 제635조 제 2 항, 제633조 제 6 호(현행 민사집행법 제123조 제 2 항, 제121조 제 5 호에 해당한다)에 의하여 직권으로 매각불허가결정을[9] 하고 다시 경매를 실시하였다.[10]

이처럼 대항력과 우선변제권이 있는 임차인의 뒤늦은 배당요구 또는 그 철회로 인하여 낙찰자 및 후순위권리자들의 이해가 좌우되는 것을 막기 위해서는 근본적으로 배당요구의 종기를 매각결정기일에서 매각기일 실시 전의 특정 시점으로 앞당길 필요성이 제기되었고, 현행 민사집행법은 이를 반영하여 배당요구의 종기를 경매법원이 정하되 첫 번째 매각기일 이전으로 정하도록 하고 있으며(동법 제84조 제 1 항), 또한 배당요구에 따라 낙찰자가 인수하여야 할 부담이 바뀌는 경

매각물건명세서에 배당요구를 한 것으로 기재되었고, 따라서 낙찰자는 위 임차권이 소멸하는 것으로 생각하고 높은 가격으로 응찰하였는데, 위 임차인이 매각기일 후 매각결정기일까지의 사이에 배당요구를 철회한 경우, 낙찰자는 임차인의 배당요구 철회로 보증금을 인수하게 되어 예상 밖의 손해를 입게 되는 반면, 임차인보다 후순위권리자는 그만큼 이득을 보았다. 이러한 경우에도 매각물건명세서의 작성에 중대한 하자가 있다는 이유로 구(舊) 민사소송법 제635조 제 2 항, 제633조 제 6 호에 의하여 직권으로 낙찰불허가결정을 하여 다시 경매를 실시하였다.

9) 대결 1993. 10. 4. 93마1074(미간행) 및 이에 대한 평석인 윤우진, "경매법원이 경매물건명세서(민사소송법 제617조의2)에 '경락에 의하여 그 효력이 소멸되는 가처분'을 '경락에 의하여 그 효력이 소멸되지 아니하는 가처분'으로 기재한 것이 민사소송법 제633조 제 6 호 소정의 경락불허가사유인 물건명세서의 중대한 기재오류와 경락불허가사유", 대법원판례해설 21호(1994), 331 이하 참조.

10) 최성준(주5), 481-482.

이에 대하여 이기택, "자치적 집행의 원칙으로부터 본 집행 실무", 법조 1995. 3., 52-53은 현황조사 등을 통하여 대항력 있는 임대차가 있음이 밝혀지면 확정일자를 갖춘 여부를 묻지 않고 낙찰자가 이를 인수하는 것을, 또한 대항력 없음이 밝혀지거나 확정일자를 갖춘 대항력 있는 임차인이 매각기일 공고 전까지 배당요구를 하면 그 임대차의 소멸을 각각 직권에 의한 특별매각조건으로 하여 이를 공고하고 매각물건명세서에 기재함으로써 임대차의 인수 여부를 사전에 명확히 할 필요가 있다고 하였다.

그러나 전자(前者)의 경우에 임대차의 인수를 특별매각조건으로 한다고 해서 매각기일 후 매각결정기일까지의 사이에 임차인이 배당요구를 하는 것을 막을 수 있을지 의문이었다. 그것이 불가능하다면 본문에서 제기한 문제점은 여전히 그대로 남아 있었다.

우에는 배당요구를 한 채권자는 배당요구의 종기가 지난 후에는 이를 철회하지 못하도록 하고 있다(동법 제88조 제 2 항).

제 4 절 최저매각가격의 결정과 임대차

Ⅰ. 문제의 소재

최저매각가격은 매각을 허가하는 최저의 가격으로서 그 액에 미달하는 응찰에 대하여는 매각이 허가되지 아니한다.[1] 이는 법정의 매각조건이며 이해관계인 전원의 합의로도 저감할 수 없다(민사집행법 제110조 제 1 항). 민사집행법이 최저매각가격을 규정하고 있는 것은 경매대상 부동산의 공정한 가격을 유지하여 부당하게 염가로 매각되는 것을 방지함과 동시에 경매에 참가하려고 하는 사람들에게 부동산의 적정한 가격 기준을 제시함으로써 경매가 공정하게 이루어지도록 하고자 함[2]에 있다.[3]

경매법원은 등기관으로부터 경매개시결정의 기입등기의 등기필증

1) 대결 1967. 9. 26. 67마796(집15-3, 민134).

2) 대결 1994. 11. 30. 94마1673(공1995상, 105).

3) 최저매각가격의 본래의 기능은 그 가격에 미달하는 매수신청을 허가하지 않는 것이지만, 그 외에도 ① 잉여의 가망이 없을 경우의 경매취소(민사집행법 제102조)에 있어 최저매각가격이 잉여가 있는지 여부에 대한 판단의 기준이 되고[대결 1995. 12. 1. 95마1143(공1996상, 321)], ② 과잉경매(민사집행법 제124조)인지 여부를 경매실시 전에 판단할 수 있는 기준이 되며, ③ 부동산의 일괄입찰에 따른 배당절차에 있어서 각 부동산의 대금을 특정할 필요가 있는 때에는 그 각 대금은 총 대금을 각 부동산의 최저매각가격 비율에 의하여 안분한 금액으로 정하게 되므로(민사집행법 제101조 제 2 항) 이 경우에도 최저매각가격이 그 기능을 발휘하게 된다. ④ 또한 경매로 인하여 소유권을 상실한 데 따른 손해액의 산정 기준도 최저매각가격이다[대판 1996. 4. 23. 95다42621(공1996상, 1564)].

을 받은 후 3일 내에 평가명령을 발령하여[4] 감정인[5]으로 하여금 경매 대상 주택이나 상가건물을 평가하게 하고, 그 평가액을 참작하여 최저매각가격을 정한다(민사집행법 제97조).[6]

그런데 문제는 위와 같이 최저매각가격을 정함에 있어 대항력 있는 임차인의 임차보증금을 고려할 것이냐 하는 것이다. 이를 고려한다면 그만큼 최저매각가격이 낮아지게 되고, 고려하지 않는다면 그 반대로 된다.

Ⅱ. 가능한 세 가지 방법

최저매각가격을 정함에 있어 대항력 있는 임차인의 보증금액을 고려할 것이냐에 관하여는 이를 고려하지 않는 방법(제 1 방법)[7]과 이를 고려하는 방법으로 나뉘고, 후자(後者)는 다시 감정인의 평가시에 아예 대항력 있는 임차인의 보증금액을 반영하여 평가하게 하여 최저매각가격을 정하는 방법(제 2 방법)[8]과 감정인은 이를 무시하고 평가하고 경

---

4) 부동산경매사건의 진행기간 등에 관한 예규(재민 91-5). 단, 담보권 실행을 위한 임의경매의 경우에는 경매개시결정을 한 날로부터 3일 내에 평가명령을 발령한다(위 예규). 그런데, 경매실무에서는 경매개시결정을 함과 동시에 평가명령을 발령하는 것이 보통이다.

5) 집행관도 감정인이 될 수 있다. 대결 1994. 5. 26. 94마83(전)(공1994상, 1689).

6) 대결 1994. 12. 2. 94마1720(공1995상, 606) 및 대결 1998. 10. 28. 98마1817(공1998하, 2825) 각 참조.

7) 종래부터 경매실무에서 사용하고 있는 방법이다.

대판 1985. 5. 28. 84다카1890(집33-2, 민57)은 "부동산 경매에 있어 그 목적물의 가격을 감정할 때 그 부동산상에 부담이 있는 임차보증금을 공제하고 최저경매가격을 결정한다고 함은 원심의 독단에 불과하고 기록상 그런 사정을 수긍할 만한 아무런 자료를 찾을 수 없다. 경매실무에 있어 경매목적 부동산에 관한 임대차 여부를 조사하고 그 유무를 경매공고에 표시하도록 한 취지는 경매인에게 그런 사유를 알리고 또 응찰 가액을 정함에 있어 참고하라는 뜻에 지나지 않는다는 것으로 임대보증금을 공제하고 경매목적 부동산의 가격을 평가한다고 볼 수 없다."고 판시하여 위와 같은 경매실무의 입장을 지지하였다.

매법원이 감정인의 평가액에서 위 보증금액을 공제하여 최저매각가격을 정하는 방법(제 3 방법)[9]으로 나뉜다.

Ⅲ. 검 토

1. 구(舊) 민사소송법하에서의 검토

우선 임차인의 보증금액을 고려한다고 할 경우에는, 제 2 방법을 사용하려면 현황조사가 먼저 끝난 후에 그 결과를 토대로 하여 감정인에게 평가를 명하여야 하므로 경매절차가 시작부터 지연되는 단점이 있다. 대항력 있는 임대차보증금을 공제하는 것은 경매법원이 손쉽게 할 수 있는 일이므로 그런 점에서 볼 때 제 2 방법보다는 제 3 방법이 낫다고 할 것이다.

그런데 과거에는 금융기관의 신청으로 시작되는 경매절차에서는 구(舊) 금융기관의 연체대출금에 관한 특별조치법(1999. 4. 1. 폐지) 제 4 조가 감정가격을 무조건 최저매각가격으로 정하도록 하고 있었기 때문에 제 3 방법을 사용할 수 없고, 결국 제 1 방법을 택할 수밖에 없었다.

그러나 1999. 4. 1. 위 법이 폐지된 후에는 경매법원이 적절하게 최저매각가격을 정할 수 있게 되었기 때문에[구(舊) 민사소송법 제615조, 현행 민사집행법 제97조] 더 이상 제 1 방법을 고집해야 할 이유가 없어졌고, 따라서 제 3 방법을 취하는 것도 고려하여 볼 수 있게 되었다.[10]

---

8) 이동원, “최저경매가격의 결정”, 재판자료 72집(1996), 45; 이주흥, “경매절차상 임대차 조사 · 평가 · 공고(하)”, 대한변호사협회지 1988. 4., 44-49.

9) 박시환, "입찰희망자에 대한 정보제공의 충실화", 부동산입찰제도(1997), 14; 이균용, “최저경매가격의 적정성 확보 및 매각절차의 합리적 운용방안”, 부동산입찰제도(1997), 215; 최성준, “양수인에 대하여 대항할 수 있는 주택의 임대차에 있어서 임차인의 경매절차에서의 우선변제청구권”, 민사재판의 제문제(하)(이시윤 회갑 기념 논문집)(1995), 480.

10) 경매법원이 임차보증금을 고려하여 정한 최저매각가격은 이를 다투기 어려운 반

그렇지만, 구(舊) 민사소송법하에서 제3방법을 취할 경우에는 다음과 같이 최저매각가격을 변경하여야 하는 경우가 생기는 또 다른 번거로움을 피할 수가 없었다.

즉, 구(舊) 민사소송법하에서는 확정일자를 갖춘 대항력 있는 임차인은 매각조건을 확정한 후에도 매각결정기일까지는 적법하게 배당요구를 할 수 있었으므로[구(舊) 민사소송법 제605조], 이러한 임차인이 배당요구를 한 경우와 그렇지 아니한 경우에는 낙찰자가 인수하는 물적 부담과 최저매각가격이 다르게 된다.

먼저 대항력 있는 임차권을 낙찰자가 인수하여야 하는 것을 전제로 최저매각가격을 결정(따라서 감정가격에서 보증금액을 공제)하고 입찰절차를 진행하던 중 대항력 있는 임차인이 매각기일까지 배당요구를 한 경우에는, 최저매각가격 결정의 전제로 된 중요한 사정에 관하여 변경이 생겼으므로, 경매법원은 매각기일을 변경하고 그 취지를 새로 작성하는 물건명세서에 기재함과 아울러, 당초에 인수하는 물적 부담이었던 임차보증금액을 공제하지 않는 금액을 최저매각가격으로 다시 정하여야 했다.[11)]

다음으로 대항력 있는 임차권을 낙찰자가 인수하여야 하는 것을 전제로 최저매각가격을 결정(따라서 감정가격에서 보증금액을 공제)하고 입찰절차를 진행하던 중 매각기일에 최고가 매수신고가 있은 후 매각결정기일까지 사이에 대항력 있는 임차인이 배당요구를 한 경우에는 당초에 낙찰자가 인수하여야 하는 물적 부담으로서 그 임차보증금액을 공제하여 결정된 최저매각가격을 기초로 하여 매수신고가 이루어진 것인데, 매각결정기일 전에 임차권이 낙찰로 소멸하는 것으로 권리관계에 변경이 생긴 것이므로(낙찰자가 뜻밖의 이익을 얻게 된다), 이는 매각

면, 매각물건명세서 작성의 잘못은 쉽게 드러나므로 법원의 입장에서는 이 쪽이 오히려 위험부담을 더는 방법이 될 수 있다.

11) 이균용(주9), 215-216; 이동원(주8), 69.

물건명세서 작성 및 최저매각가격 결정에 중대한 하자가 있는 때에 해당하여 구(舊) 민사소송법 제635조 제 2 항, 제633조 제 6 호에 의하여 직권으로 매각불허가결정을 하고[12] 임차보증금액을 공제하지 아니한 금액을 최저매각가격으로 다시 정하여 새 매각을 하여야 했다. 나아가, 배당요구는 매각결정기일까지 철회할 수 있기 때문에 위와 같이 최저매각가격을 변경한 후에 임차인이 배당요구를 철회하게 되면 또 다시 최저매각가격을 변경하여야 하는 사태가 벌어졌다.

위와 같은 번거로움으로 인하여 구(舊) 민사소송법하에서는 구(舊) 금융기관의 연체대출금에 관한 특별조치법이 폐지된 후에도 제 1 방법, 즉 임차보증금을 고려하지 않고 최저매각가격을 정하는 방법을 그대로 취하여 온 것이 경매실무였다.

2. 현행 민사집행법하에서의 검토

민사집행법의 제정 시행으로 이제는 배당요구의 종기가 첫 매각기일 전으로 정하여지고 그 후에는 배당요구의 철회가 불가능해졌기 때문에(민사집행법 제84조 제 1 항, 제88조 제 2 항) 제 3 방법을 취하더라도 배당요구나 그 철회의 여부에 따라 최저매각가격을 다시 정하여야 하는 번거로움이 생길 여지가 없어졌다. 그럼에도 불구하고 현재의 경매실무에서는 여전히 제 1 방법을 택하고 있다. 현행 민사집행법하에서도 제 1 방법을 취한다 하여 특별히 부당한 면이 있는 것도 아닌데 굳이 제 3 방법을 이용하여 최저매각가격을 정하는 것으로 변경할 이유가 없기 때문이다. 저자 역시 이러한 경매실무의 태도가 잘못된 것이라고 생각지 않는다.

---

12) 대결 1998. 8. 24. 98마1031(공1998하, 2491) 참조. 또한 이균용(주9), 216.
이에 대하여 이동원(주8), 69는 이 경우 직권에 의한 매각불허가결정이 허용되지 않는다고 하나, 찬성하기 어렵다.

다만, 이처럼 제 1 방법을 유지할 경우에는 특히 임차보증금에 관한 정확한 정보를 매수신청인에게 제공함으로써 그의 올바른 판단을 유도하는 것이 요구된다. 그런 면에서 매각물건명세서의 정확한 작성이 다시 강조된다. 매수신청인이 임차권이 대항력이 있는지, 대항력이 있다면 그 보증금이 얼마인지, 대항력이 있으나 배당요구를 하였고[13] 낙찰가액이 보증금액을 초과하기 때문에 낙찰자가 그 부담을 인수하지 않아도 되는지 등을 매각물건명세서를 보고 판단할 수 있다면[14] 굳이 최저매각가격의 결정방법을 변경할 필요가 없는 것이다.

13) 매각물건명세서에 임차인의 배당요구 여부를 명확히 기재하기 위하여 현황조사에서 드러난 임차인에 대하여는 경매법원이 배당요구를 할 것인지 여부를 최고하도록 하는 것을 입법론으로 검토할 만하다. 서울민사지방법원, 보전처분 및 입찰에 관한 실무지침(1994), 45.

14) 매각물건명세서의 작성, 비치 후 매각결정기일 전에 새로운 부담이 밝혀져 낙찰자가 뜻하지 아니한 손해를 받게 될 경우에는 매각물건명세서 작성의 잘못을 이유로 매각을 불허가하고 매각을 다시 실시하여야 한다.

제 5 절 매각기일의 공고와 임대차

Ⅰ. 제도적 의의

경매법원은 매각기일 및 매각결정기일을 지정하면 이를 공고하여야 한다(민사집행법 제104조 1항). 매각기일의 공고에는 ① 부동산의 표시, ② 강제집행으로 매각한다는 취지와 그 매각방법, ③ 부동산의 점유자, 점유의 권원, 점유하여 사용할 수 있는 기간, 차임 또는 보증금 약정 및 그 액수, ④ 매각의 일시·장소, 매각기일을 진행할 집행관의 성명(기간입찰을 할 경우에는 입찰기간과 장소를 추가), ⑤ 최저매각가격, ⑥ 매각결정기일의 일시·장소, ⑦ 매각물건명세서, 현황조사보고서 및 평가서의 사본을 매각기일 전에 법원에 비치하여 누구든지 볼 수 있도록 제공한다는 취지, ⑧ 등기부에 기입할 필요가 없는 부동산에 대한 권리를 가진 사람은 채권을 신고하여야 한다는 취지, ⑨ 이해관계인은 매각기일에 출석할 수 있다는 취지, ⑩ 일괄매각의 결정을 한 때에는 그 취지, ⑪ 매수신청인의 자격을 제한한 때에는 그 제한의 내용, ⑫ 매수신청보증금의 액수와 제공방법 등을 기재하여야 한다(민사집행법 제106조, 민사집행규칙 제56조).

매각기일의 공고방법은 공고사항을 기재한 서류를 법원의 게시판에 게시하는 방법, 관보나 공보 또는 신문에 게재하는 방법, 그리고 전자통신매체를 이용하는 방법 중에서 경매법원이 선택한다(민사집행규칙 제11조 제 1 항). 현재 실무에서는 일간신문에 게재함과 아울러 대법원의 인터넷홈페이지 법원공고 경매란[1]에 게시하고 있다.

주요 일간신문(경제지만이 아니라 종합일간지를 포함한다)에 게재하는 것은 그 비용이 적지 않게 든다는 단점이 있으나, 일반인에게 경매사실을 알리는 방법으로는 매우 효과적이다.

한편, 인터넷이 일반화됨에 따라 대법원의 인터넷홈페이지를 통한 공고도 높은 효과를 거두고 있다. 이 새로운 공고방법은 희망자가 원하는 때에 언제든지 자유롭게 열람할 수 있어 시간에 제한을 받지 아니하고, 공고내용에 있어서도 신문매체 등과 같이 게재량에 제한을 받지 아니한다는 점에서 이상적인 공고방법이라 할 수 있다. 다만 해커의 침입 방지[2]와 같은 보안 대책에 만전을 기할 필요가 있다.

매각 공고는 경매 대상 주택이나 상가건물에 대한 정보를 제공한다는 점에서는 매각물건명세서와 기능이 일부 중복되지만, 그 경매 대상 주택이나 상가건물을 경매한다는 사실 자체를 알리고 경매 일자와 장소 등 절차적인 측면을 알리는 데 비중이 더 있다. 매각물건명세서는 통상 경매 대상 주택이나 상가건물에 관하여 경매가 실시된다는 사실을 알게 된 사람들이 보다 상세한 정보를 얻기 위하여 스스로 찾아와 열람하는 것인 반면에, 매각공고는 그 주택이나 상가건물이 경매된다는 사실 자체를 모르고 있는 일반인을 상대로 그 경매 사실을 알리는 데 기본 목적이 있는 것이다.

1) http://www.courtauction.go.kr 또는 http://www.auction.go.kr
2) 예컨대, 경매물건에 대하여 이해를 가진 사람이 전산망에 무단 침입하여 공고된 내용을 훼손하거나 변조할 수 있다면 공고제도의 기반이 흔들리게 된다.

Ⅱ. 임대차에 관한 공고의 누락과 그 효과

매각기일을 공고함에 있어 경매 대상 주택이나 상가건물에 임차인이 있는 경우에는 임차기간, 차임 및 임차보증금 등을 기재하도록 되어 있으며(민사집행법 제106조 제3호), 이를 기재하지 않으면 경매절차가 위법하게 되어 매각불허가사유가 된다(민사집행법 제123조 제2항, 제121조 제7호). 낙찰자가 그로 인하여 손해를 보게 되면 매각허가결정에 대하여 즉시항고할 수 있다.

그런데, 대항력 있는 임차인[3]이 존재함에도 매각기일의 공고에 누락된 채 경매절차가 그대로 진행되어 매각허가결정이 확정되고, 낙찰자가 대금을 납부하여 소유권을 취득하였다면 낙찰자는 위 임차인의 임차권을 부정할 수 있는가?

생각건대, 매각기일의 공고에 공신력이 있는 것도 아니고, 매각허가결정에 대하여 즉시항고를 함으로써 구제를 받지 아니한 이상, 위와 같은 임차인의 임차권을 부정할 수 없다고 할 것이다.[4] 결국 매각기일의 공고를 신뢰한 낙찰자로서는 뜻하지 않은 손해를 입게 되는 셈이다. 바로 이런 점에서도 매각기일의 공고가 정확할 것이 요구된다. 이 경우 낙찰자의 구제는 후술(後述)[5]하는 담보책임에 의하여 해결할 수밖에 없다.[6]

---

3) 임대차가 낙찰자에게 대항할 수 없는 것이면 매각기일공고에 있어 그 기한, 차임 등의 기재가 없더라도 요건의 기재에 흠결이 있다고 볼 수 없다[대결 1964. 12. 23. 64마982(요집 민상 Ⅲ-2, 957)].

이에 대하여 이주홍, "경매절차상 임대차 조사 · 평가 · 공고(하)", 대한변호사협회지 1988. 4., 52는 대항력 없는 임대차를 대항력이 없다는 취지를 기재함이 없이 공고하면 이는 공고제도의 취지를 반감시키는 처사라고 주장한다.

4) 오용호, "부동산경매와 임차권", 재판자료 36집(1987), 347; 이범주, "주택임차권의 대항력", 민사법의 제문제(방순원 고희 기념 논문집)(1984), 177; 이주홍(주3), 52; 최 종, "경매절차에 있어서 임차인", 사법논집 18집(1987), 446.

5) 제4장 제2절 Ⅵ. 참조.

6) 이주홍(주3), 52.

문제는 이 경우에 불법행위로 인한 국가배상책임이 성립하느냐 하는 것인데, '법관의 재판에 법령의 규정을 따르지 아니한 잘못이 있다 하더라도 이로써 바로 그 재판상 직무행위가 국가배상법 제2조 제1항에서 말하는 위법한 행위로 되어 국가의 손해배상책임이 발생하는 것은 아니고, 그 국가배상책임이 인정되려면 당해 법관이 위법 또는 부당한 목적을 가지고 재판을 하였다거나 법이 법관의 직무수행상 준수할 것을 요구하고 있는 기준을 현저하게 위반하는 등 법관이 그에게 부여된 권한의 취지에 명백히 어긋나게 이를 행사하였다고 인정할 만한 특별한 사정이 있어야 한다'고 한 판결[7]이나, '임의경매절차에서 경매담당 법관의 오인에 의해 배당표 원안이 잘못 작성되고 그에 대해 불복절차가 제기되지 않아 실체적 권리관계와 다른 배당표가 확정된 경우, 경매담당 법관이 위법·부당한 목적을 가지고 있었다거나 법이 법관의 직무수행상 준수할 것을 요구하고 있는 기준을 현저히 위반하였다는 등의 자료를 찾아볼 수 없다면 국가배상법상의 위법한 행위가 아니다'라고 한 판결[8]에 비추어 볼 때 국가배상책임을 인정하기가 어려울 것으로 보인다.

7) 대판 2003. 7. 11. 99다24218(공2003하, 1695).
8) 대판 2001. 4. 24. 2000다16114(공2001상, 1196).

제 4 장

경매의 종결과 임대차

제1절 총 설

주택이나 상가건물을 경매함에 있어 건물임대차보호법상의 대항요건을 구비하였거나 임차권등기명령에 의한 임차권등기 또는 민법상의 임차권등기를 경료한 임차인은 앞에서 살펴보았듯이 경매진행단계에서 절차에 관여할 수 있다. 이러한 임차인은 한 걸음 나아가 경매절차의 종결단계에서도 자기의 임차권에 기초한 여러 가지 권리를 주장할 수 있다.

그 중에서도 특히 중요한 것이 대항력 및 우선변제권의 주장이다. 이 양자야말로 건물임대차보호법의 핵심이라 할 수 있는바, 전자(前者)는 경매의 목적이 된 주택이나 상가건물을 낙찰받은 자에 대하여 임대차의 존속을 주장하는 것이고, 후자(後者)는 임대차의 종료를 전제로 주택이나 상가건물의 매각대금으로부터 임차보증금반환채권을 우선변제받을 수 있는 권리이다. 이처럼 대항력의 주장과 우선변제권의 주장은 임대차의 존속과 종료를 각각의 전제로 한다는 점에서 일견 상충되는 것처럼 보이는바, 양자의 관계를 어떻게 볼 것이냐 하는 문제가 있다.

뿐만 아니라 우선변제의 요건을 구비하였음에도 불구하고 매각대금의 배당절차에서 우선변제를 받지 못한 임차인은 자기보다 본래 후순위였으면서도 배당을 받은 다른 채권자를 상대로 부당이득반환청구를 할 수 있느냐 하는 문제가 뒤따르며, 매각대금을 납부함으로써 경매의 대상인 주택이나 상가건물에 관하여 소유권을 취득한 낙찰자에게 임차인의 점유를 이전케 하기 위한 조치로서의 인도명령의 요건과 효과를 둘러싸고도 적지 않은 문제가 발생한다.

이하에서는 이들 문제에 관하여 차례로 살펴본다.

제2절 대 항 력

Ⅰ. 대항력의 의의

부동산임차권의 대항력의 문제는 한 마디로 임대차의 목적물인 부동산이 임대인으로부터 제 3 자에게 양도된 경우에 임차인이 그 제 3 자, 즉 새로운 소유자에게 자기의 임차권을 주장할 수 있느냐 하는 것이다. 이는 흔히 "매매가 임대차를 깨뜨리는가?(Bricht Kauf Miete?)"라는 표현으로 요약된다.

로마법을 계수한 프랑스, 독일 그리고 이를 다시 전수받은 일본의 법제는 임차권을 원칙적으로 채권으로 취급하면서도, 민법전 자체 내에서 혹은 특별법의 제정을 통하여 일정한 요건 아래 임차권의 대항력을 인정하고 있다.

즉, 프랑스 민법 제1743조는 "임대인이 임대물을 매도한 경우에 매수인은 공정증서 또는 정확한 일부(日附)가 있는 증서에 의하여 임대차계약을 체결한 농지임차인 또는 주택임차인에 대하여 인도청구를 할 수 없다. 다만, 임대차계약시 임대인이 권리를 유보한 때에는 그러하지 아니하다"고 하고 있고, 독일 민법 제566조 제 1 항은 "임대인이 임대한 주거공간을 임차인에게 인도한 후 이를 제 3 자에게 양도한 때에는 양수인은 그의 소유권이 존속하는 동안 임대차관계로부터 발생하는 권리의무에 관하여 임대인의 지위를 갖는다"고 하고 있다. 그리고 일본의 차지차가법(借地借家法) 제31조 제 1 항은 "건물의 임대차는 등기를 하지 않더라도 건물을 인도받은 때에는 그 후 건물에 관하여 물권을 취득한 자에 대하여 효력이 생긴다"고 하고 있다.

우리나라의 경우를 보면, 의용민법(依用民法)에서는 부동산임대차는 등기를 갖춘 때에 제 3 자에게 대항할 수 있다고 하였으나(동법 제605조), 등기를 하려면 임대인의 협력이 필요하였기 때문에 임차인이 단독으로 대항력을 취득할 수 없었고 따라서 사실상 유명무실하였다. 그에 비하여 현행 민법은 부동산임대차는 이를 등기한 때에 한하여 제 3 자에게 대항할 수 있다는 점에서는 의용민법(依用民法)과 같으나(민법 제621조 제 2 항), 의용민법(依用民法)과 달리 "반대의 특약이 없으면" 임차인이 임대인에 대하여 등기절차에 협력할 것을 청구할 수 있게 하였고(민법 제621조 제 1 항), 나아가 건물 소유를 목적으로 하는 토지임차인은 건물에 대한 등기만으로 토지의 임대차에 관하여 대항력을 취득할 수 있게 하였다(민법 제622조 제 1 항). 다만, 전술(前述)[1]한 바와 같이 현행 민법상의 이러한 규정은 실효성이 없어 유명무실한 셈이나 마찬가지이다.

이처럼 민법상으로는 부동산임차권의 대항력이 별 의미가 없는데 비하여, 건물임대차보호법에 의하여 주택이나 상가건물의 임차권에 주어지는 대항력은 이론상으로나 실제상으로나 커다란 의미를 지닌다. 이미 앞에서 본 바와 같이 임차인이 주택이나 상가건물을 인도받고 주민등록 전입신고나 사업자등록을 함으로써, 또는 임차권등기명령에 의하여 임대인의 협력을 기다릴 필요 없이 어렵지 않게 대항력을 취득할 수 있기 때문이다.

1) 제 2 장 제 2 절 Ⅲ. 1. 참조.

Ⅱ. 대항력 취득의 시기

1. 임차권등기를 한 임차인

건물임대차보호법상의 임차권등기명령에 의하여 임차권등기를 하거나 또는 민법상의 임차권등기를 경료한 임차인은 등기한 날부터 대항력을 취득한다(주택임대차보호법 제3조의3 제5항 본문, 제3조의4 제1항, 상가건물임대차보호법 제6조 제5항 본문, 제7조 제1항). 인도와 주민등록 또는 사업자등록이라는 대항요건의 구비에 의한 대항력이 요건을 구비한 다음날부터 발생하는 것과 달리 임차권등기에 의한 대항력은 등기한 바로 그 날부터 발생한다.

인도와 주민등록 또는 사업자등록에 의하여 이미 대항력을 취득한 임차인이 임차권등기(임차권등기명령에 의하든 공동신청에 의하든)를 한 경우에는 기존의 대항력 취득의 효력이 그대로 유지된다. 다만, 이처럼 기존의 대항력 취득의 효력을 유지케 하는 임차권등기는 주택의 경우에 3차 개정 주택임대차보호법의 시행일인 1999. 3. 1.(주택임대차보호법 부칙 제1항) 이후에 경료된 것에 한한다. 임차권등기명령에 의한 등기는 임차권등기명령 자체가 주택의 경우에 1999. 3. 1. 이후에나 가능하므로 그에 기한 등기도 당연히 그 이후에나 가능하게 되나, 임대인과 임차인의 공동신청에 의한 민법상의 임차권등기는 그 이전에도 얼마든지 가능하였는바, 3차 개정 주택임대차보호법은 그 시행일인 1999. 3. 1. 이후에 임차권등기가 된 것에 한하여 대항력 유지의 효력을 인정하고 있다(동법 부칙 제3항). 상가건물의 경우에는 상가건물임대차보호법의 시행일인 2002. 11. 1. 이전에는 인도와 사업자등록에 의하여 대항력을 취득하는 것이 불가능하였으므로 위와 같은 대항력 유지의 문제가 발생하지 않고, 따라서 등기의 시점과는 상관없이 임차권등기가 경료된 날로부터 대항력이 생길 뿐이다.

2. 주택임대차보호법상의 대항요건을 구비한 임차인

가. 주택임대차보호법상의 대항요건을 구비한 임차인의 임차권의 대항력은 인도 및 주민등록을 마친 다음날부터 발생한다(주택임대차보호법 제 3 조 제 1 항 전문).

그런데 구(舊) 주민등록법(1993. 12. 27. 법률 제4608호로 개정되기 전의 것) 아래에서는 주민등록의 이전의 경우에 종전 주거지로부터의 퇴거와 새로운 주거지에로의 전입이 곧바로 연결되지 아니하고 그 사이에 공백이 생겼기 때문에, 그 공백을 메우기 위하여 하급심판결 중에는 전술(前述)[2]한 바와 같이 주민등록법 소정의 기간 내에 전입신고를 이행하지 않을 것을 해제조건으로 하여 인도받은 다음날부터 대항력을 취득한다고 본 판결이 있고 많은 학자들이 이 판결을 지지하고 있었다. 그러나, 구(舊) 주민등록법 아래에서도 종전 거주지로부터 새로운 거주지로 주민등록표가 송부되기 전이라도 종전 거주지에서 퇴거신고를 하고 받은 접수증을 제시하면 새로운 거주지에서의 전입신고가 가능하였으며(동법 시행령 제14조), 그 후에 주민등록표가 송부되어 와 변동일자가 기재되더라도 전입신고를 한 때에 소급하여 주민등록이 된 것으로 보았으므로(주택임대차보호법 제 3 조 제 1 항 후문), 위 판결이나 학설들이 우려하는 임차인의 불측의 손해는 크게 걱정할 것이 못되었다. 더구나 1994. 7. 1.부터 시행되는 개정된 주민등록법(1993. 12. 27. 법률 제4608호) 아래에서는 아예 종전 거주지로부터의 퇴거신고제도를 없애고 새로운 거주지에서 전입신고만 하면 되도록 하였으므로(동법 제14조) 위와 같은 문제는 더 이상 걱정할 것이 못 된다.

나아가 무엇보다도 도대체 법문이 엄연히 "인도와 주민등록을 마친 때에는 그 다음날부터" 대항력을 취득한다고 규정하고 있는데 위 판결이나 학설들처럼 해석하는 것은 지나친 논리의 비약이라고 할 것

---

2) 제 2 장 제 2 절 I. 1. 다. (3) 참조.

이다. 따라서 글자 그대로 인도 및 주민등록을 모두 마친 다음날부터 대항력이 생긴다고 봄이 타당하다.[3)]

나. 대항력은 인도 및 주민등록을 "마친 때"부터가 아니고 그 "다음날"부터 발생한다

주택임대차보호법이 이처럼 규정한 것은 인도 및 주민등록을 마친 날과 제3자 명의의 소유권이전등기나 저당권설정등기 등이 같은 날 행하여질 경우 그 선후 결정에 어려움이 생기는 것을 대비한 것이다.[4)]

즉, "다음날"부터로 하면 그 날은 0시부터 시작되고, 같은 날 위와 같은 등기가 경료된다 한들 그 등기는 아무리 빨라도 오전 9시 전에는 이루어지지 아니할 것이므로 선후 결정에 어려움이 없는 것이다.

판례[5)]도

> "주택임대차보호법 제3조의 임차인이 주택의 인도와 주민등록을 마친 때에는 그 '익일부터' 제3자에 대하여 효력이 생긴다고 함은 익일 오전 영시부터 대항력이 생긴다는 취지이다"

라고 판시하여 이 점을 분명히 하고 있다.

그러나 그 결과로 오전에 주택의 인도 및 주민등록을 마친 임차인이 같은 날 오후에 경료된 제3자 명의의 등기로 인하여 피해를 보는 사태가 발생할 수 있다. 그렇다면 선후 결정은 입증의 문제로 해

---

3) 동지(同旨) : 조용완, "임대차의 대항력", 재판자료 32집(1986), 471; 하경일, 실무경매와 주택임대차보호법(1987), 351.

4) 윤천희, "주택임차권의 양도, 전대와 대항력", 법률신문 1989. 4. 10., 11.

5) 대판 1999. 5. 25. 99다9981(공1999하, 1269).
이 사건에서는 1996. 8. 16. 주택을 보증금 51,000,000원에 임차하여 1996. 8. 27. 주민등록상 전입신고를 마친 임차인이 1996. 8. 28.자로 주간에 경료된 저당권에 기한 낙찰자에게 대항할 수 있느냐가 문제되었는바, 대법원은 본문과 같은 이유를 논거로 하여 위 임차인은 전입신고를 마친 다음날인 1996. 8. 28. 00:00부터 대항력이 있다고 판시하였다.

결케 하고, 법문에서 “다음날”을 삭제하여 대항요건이 갖추어진 순간부터 바로 대항력이 발생토록 하는 게 옳지 않을까 한다.[6] 비록 현실적으로 입증에 어려움이 있는 것은 사실이나, 그렇다고 하여 지금처럼 하는 것이 과연 옳은 입법태도인지는 의문이다.[7]

이와 관련하여 대법원 2001. 1. 30. 선고 2000다58026,58033 판결[8]과 대법원 2000. 2. 11. 선고 99다59306 판결[9]을 비교 검토할 필요가 있다.

먼저 대법원 2001. 1. 30. 선고 2000다58026,58033 판결은, 갑(甲)이 병(丙) 회사 소유 임대아파트의 임차인인 을(乙)로부터 아파트를 임차하여 전입신고를 마치고 거주하던 중, 을(乙)이 병(丙) 회사로부터 위 아파트를 분양받아 자기 명의로 소유권이전등기를 경료한 후 근저당권을 설정한 사안에서, 비록 임대인인 을(乙)이 갑(甲)과 위 임대차계약을 체결한 후에, 그리고 갑(甲)이 위 전입신고를 한 후에 위 아파트에 대한 소유권을 취득하였다고 하더라도, 갑(甲)이 주민등록상 전입신고를 한 날로부터 소유자 아닌 갑(甲)이 거주하는 것으로 나타나 있어 제 3 자들이 보기에 갑(甲)의 주민등록이 소유권 아닌 임차권을 매개로 하는 점유라는 것을 인식할 수 있었으므로 위 주민등록은 갑(甲)이 전입신고를 마친 날로부터 임대차를 공시하는 기능을 수행하고 있었다고 할 것이고, 따라서 갑(甲)은 을(乙) 명의의 소유권이전등기가 경료되는 즉시 임차권의 대항력을 취득하였다고 보았음에 유의할 필요가 있다. 즉, 이러한 경우에는 갑(甲)은 을(乙) 명의의 소유권이전등

6) 윤천희, “주택임차권의 대항력의 득실에 관한 문제(상)”, 판례월보 1987. 5., 53; 이은희, “임대차법의 현황과 과제”, 민사법학 36호(2007), 454; 고상룡, 주석민법-채권각칙(3)(제 3 판)(1999), 527.

7) 문용선, “대항력 없는 종전 임차인과 낙찰인이 체결한 임대차계약상의 임차권의 대항력 발생시기”, 민사판례연구(XXVI)(2004), 198 참조.

8) 공2001상, 541.
이 판결에 대한 평석으로 이은희, “주택임차권의 공시방법으로서의 주민등록”, 민주법학 제20호(민주주의법학연구회 편)(2001), 221 이하 참조.

9) 공2000상, 688.

기가 경료된 바로 그 즉시 대항력을 취득하는 것이지 그 다음날 취득하는 것이 아니라는 것이다.[10)]

반면에 대법원 2000. 2. 11. 선고 99다59306 판결은 갑(甲)이 주택에 관하여 소유권이전등기를 경료하고 주민등록 전입신고까지 마친 다음 처와 함께 거주하다가 을(乙)에게 매도함과 동시에 그로부터 이를 다시 임차하여 계속 거주하기로 약정하고 임차인을 갑(甲)의 처로 하는 임대차계약을 체결한 후에야 을(乙) 명의의 소유권이전등기가 경료된 사안에서, 제 3 자로서는 주택에 관하여 갑(甲)으로부터 을(乙) 앞으로 소유권이전등기가 경료되기 전에는 갑(甲)의 처의 주민등록이 소유권 아닌 임차권을 매개로 하는 점유라는 것을 인식하기 어려우므로, 갑(甲)의 처의 주민등록은 주택에 관하여 을(乙) 명의의 소유권이전등기가 경료되기 전에는 주택임대차의 대항력 인정의 요건이 되는 적법한 공시방법으로서의 효력이 없고 을(乙) 명의의 소유권이전등기가 경료된 날에야 비로소 갑(甲)의 처와 을(乙) 사이의 임대차를 공시하는 유효한 공시방법이 된다고 할 것이며, 주택임대차보호법 제 3 조 제 1 항에 의하여 유효한 공시방법을 갖춘 다음날인 을(乙) 명의의 소유권이전등기일 다음날부터 임차인으로서 대항력을 갖는다고 판시하였다.

위와 같이 대항력 취득일의 인정시점에 관하여 두 판결이 차이가

---

10) 또한 대판 2002. 11. 8. 2002다38361,38378(공2003상, 39)[이 판결에 대한 평석으로 문용선(주7), 191 이하 및 이창한, "경매절차에서 낙찰인이 주민등록은 되어 있으나 대항력은 없는 종전 임차인과의 사이에 새로이 임대차계약을 체결한 경우 종전 임차인이 임차권의 대항력을 취득하는 시기", 대법원판례해설 42호(2003), 49 이하 참조]도 같은 맥락의 판결이다.

이 판결은 경매절차에서 낙찰자가 주민등록은 되어 있으나 대항력은 없는 종전 임차인과 새로이 임대차계약을 체결하고 낙찰대금을 납부한 경우에 임차인의 대항력 취득시기가 문제된 사안으로서, 대법원은, 종전 임차인의 주민등록은 낙찰자의 소유권 취득 이전부터 낙찰자와 종전 임차인 사이의 임대차관계를 공시하는 기능을 수행하고 있었으므로, 종전 임차인은 당해 부동산에 관하여 낙찰자가 낙찰대금을 납부하여 소유권을 취득하는 즉시 임차권의 대항력을 취득한다고 하였다.

나는 것은 주민등록에 의하여 표상되는 점유관계가 임차권을 매개로 하는 것임을 제3자가 알 수 있었느냐에 따라 주민등록의 공시기능에 차이가 있기 때문이다. 즉, 주택임대차보호법 제3조 제1항에서 주택의 인도와 더불어 대항력의 요건으로 규정하고 있는 주민등록은 거래의 안전을 위하여 임차권의 존재를 제3자가 명백히 인식할 수 있게 하는 공시방법으로 마련된 것으로서, 주민등록이 어떤 임대차를 공시하는 효력이 있는가의 여부는 그 주민등록으로 제3자가 임차권의 존재를 인식할 수 있는가에 따라 결정되므로, 주민등록이 대항요건을 충족시킬 수 있는 공시방법이 되려면 단순히 형식적으로 주민등록이 되어 있다는 것만으로는 부족하고, 주민등록에 의하여 표상되는 점유관계가 임차권을 매개로 하는 점유임을 제3자가 인식할 수 있는 정도는 되어야 한다는 것이다.[11] 이런 관점에서 볼 때, 전자(前者)의 판결에서 문제된 사안에서는 갑(甲)의 주민등록이 을(乙) 명의의 소유권이전등기가 경료되기 전에도 이미 임대차를 공시하는 기능을 하고 있었기 때문에 을(乙) 명의의 소유권이전등기가 경료된 바로 그 즉시 임차인으로서 대항력을 취득한 것이고,[12] 후자(後者)의 판결에서 문제된 사안에서는 갑(甲)의 처의 주민등록이 을(乙) 명의의 소유권이전등기가 경료되기 전에는 임대차를 공시하는 기능을 하고 있지 못하였기 때문에 을(乙) 명의의 소유권이전등기가 경료됨으로써 비로소 유효한 공시방법이 되며, 그 결과 주택임대차보호법 제3조 제1항에 따라 을(乙) 명의의 소유권이전등기일 다음날부터 임차인으로서 대항력을 취득하는 것이다.

11) 대판 1999. 4. 23. 98다32939(공1999상, 993); 2000. 2. 11. 99다59306(공2000상, 688) 참조.

12) 따라서 을(乙)이 소유권이전등기와 동시에 저당권을 설정하더라도 접수순위가 소유권이전등기가 빠르기 때문에 임차인은 저당권자보다 선순위가 되고, 그 결과 그 저당권에 기한 경매 결과로 낙찰받은 사람에 대하여 자기의 임차권으로써 대항할 수 있다.

다. 주민등록이 된 것으로 보는 시점은 전입신고를 한 때이다 (주택임대차보호법 제 3 조 제 1 항 후문)

이 취지는 전입신고는 하였는데 주민등록표가 구거주지로부터 송부되어 오지 않아 주민등록이 늦어지는 경우 그를 기다려 주민등록표가 정리된 때를 주민등록시로 보게 되면 임차인이 그 사이의 물권변동으로 불측의 손해를 입을 수 있어 이를 방지하기 위한 것이다.

1994. 7. 1.부터 시행되는 현행 주민등록법(1993. 12. 27. 법률 제4608호) 아래에서는 이러한 경우에 주민등록표의 주소변동사항란 중 '전입일'칸에 전입신고일을 기재하고 있는바, 이 날짜가 대항력의 발생기준이 되는 날임은 물론이다.

그런데, 1994. 6. 30.까지 시행되던 구(舊) 주민등록법(1993. 12. 27. 법률 제4608호로 개정되기 전의 것) 아래에서는 주민등록표의 주소변동사항란 중 '전입일'칸에는 종전 주소에서의 전출신고일 다음날을 기재하고, '변동일'칸에 현 주소지에서의 전입신고일을 기재하였기 때문에, 그 중 대항력의 발생기준이 되는 날은 '변동일'칸에 기재된 날짜임을 유의할 필요가 있다.[13]

3. 상가건물임대차보호법상의 대항요건을 구비한 임차인

상가건물임대차보호법상의 대항요건을 구비한 임차인의 임차권의 대항력은 인도 및 사업자등록신청을 마친 다음날부터 발생한다(상가건물임대차보호법 제 3 조 제 1 항 전문).[14] 사업자등록을 신청하였으나 요건의 흠결 등으로 등록이 거부되면 대항력이 발생하지 않음은 물론이다.

인도와 사업자등록신청을 마친 날이 아니라 그 다음날부터 대항

13) 서울동부지원판 1995. 5. 31. 94가단35511(미간행).

14) 인도 및 사업자등록신청을 한 이상 실제로 사업을 개시하였느냐는 묻지 않는다. 사법연수원, 주택임대차보호법 – 상가건물임대차보호법 해설 포함(2008), 227-228.

력이 발생[15]하게 한 것은 주택임대차보호법을 그대로 본뜬 것이다.[16] 따라서 그로 인한 문제점은 전술(前述)한 주택임대차보호법의 설명에서 본 것과 동일하다.

상가건물임대차보호법 시행일인 2002. 11. 1. 현재 존속 중인 임대차도 기왕에 인도 및 사업자등록신청을 마친 다음날부터 대항력이 발생한다.[17] 다만 위 시행일 전에 이미 물권을 취득한 자에 대하여는 대항하지 못한다(동법 부칙 제 2 항).

---

15) 김광일, "상가건물임대차보호법에 관한 연구", 국민대학교 석사학위 청구 논문(2003), 56; 윤철홍, "상가건물임대차보호법의 문제점", 비교사법 9권 1호(한국비교사법학회 편)(2002. 4.), 82; 이경준, "상가건물임대차보호법의 문제점과 개선방안에 관한 연구", 전남대학교 석사학위 청구 논문(2004), 48; 임윤수/권영수, "영국의 영업용건물임대차 보호와 현행 상가임대차보호법의 문제에 관한 연구", 법학연구 12집(한국법학회 편)(2003), 9는 사업자등록증을 발급한 다음날부터 대항력이 발생하는 것으로 개정하여야 한다고 주장한다.

그러나 사업자등록은 사업사실의 단순한 신고로서 사업자가 관할 세무서장에게 소정의 사업자등록신청서를 제출함으로써 성립하고, 사업자등록증의 발급은 그 등록사실을 증명하는 증서의 교부행위에 불과하므로[대판 2000. 12. 22. 99두6903(공2001상, 369)] 위와 같이 개정할 것은 아니다. 더구나 위와 같이 할 경우 세무서의 업무처리 지연으로 사업자등록증의 발급이 늦어지는 경우에 그로 인한 불이익을 임차인에게 귀속시키게 되어 부당하다[동지(同旨) : 김제완, "상가건물임대차보호법의 문제점", 비교사법 9권 1호(한국비교사법학회 편)(2002. 4.), 95; 박진수, "상가건물임대차보호법에 관한 연구", 서울대학교 석사학위 청구 논문(2003), 89; 서해용, "상가건물임대차보호법의 몇 가지 문제점", 토지공법연구 19집(한국토지공법학회 편) (2003), 315; 유상현, "상가건물임대차보호법의 문제점과 개선방안에 관한 연구", 건국대학교 석사학위 청구 논문(2006), 97].

16) 진영광, 실무 상가건물임대차보호법(2002), 67은 사업자등록신청을 먼저 하고 그 후에 상가건물을 인도받은 경우에는 인도일 다음날이 아니라 인도 즉시 대항력이 생기고, 먼저 상가건물을 인도받은 다음에 사업자등록신청을 하면 신청일 다음날에 대항력이 생긴다고 하나, 이는 상가건물임대차보호법 제 3 조 제 1 항의 취지를 오해한 것으로 보인다. 어느 경우에나 인도와 사업자등록신청을 모두 마친 다음날에 대항력이 생긴다.

한편, 김상명, "상가건물임대차보호법의 문제점과 입법적 과제", 법과 정책 제10호(제주대학교 사회과학연구소 편)(2004), 94; 김상태, "상가건물임대차보호법에 관한 연구", 영남대학교 석사학위 청구 논문(2007), 72; 서해용(주15), 315-316은 사업자등록을 신청한 때부터 대항력이 발생하는 것으로 상가건물임대차보호법을 개정하여야 한다고 주장한다.

17) 이경준(주15), 28은 이러한 임차인은 사업자등록을 정정하여야 보호를 받는다고 하나, 그렇게 볼 아무런 법률상 근거가 없다.

이하에서는 대항력의 발생시기와 관련하여 사업자등록에 특별한 사항에 한하여 살펴본다.

가. 사업자등록 신청이 수리되지 않은 경우

(1) 사업자등록 신청이 적법한 경우

사업자가 사업자등록에 필요한 요건을 구비하여 신청하였는데 관할 세무서장이 정당한 이유 없이 이를 수리하지 않거나 반려한 경우에는 관할세무서장을 상대로 사업자등록 거부처분의 취소 또는 사업자등록 신청 반려처분의 취소를 구하는 행정소송을 제기할 수 있는 바,[18] 위 소송에서 승소하면 최초에 사업자등록을 신청한 때에 신청이 된 것으로 보아 그 다음날부터 대항력이 발생한다고 할 것이다.[19]

(2) 사업자등록 신청이 부적법한 경우

사업자등록신청서에 기재하여야 할 사항을 기재하지 아니한 때, 필요한 서류를 첨부하지 아니한 때, 신규로 사업을 개시하고자 하는 사람이 사업개시일 전에 사업자등록 신청을 하였으나 신청자가 사업을 사실상 개시하지 아니할 것이라고 인정되는 때 등 사업자등록에 필요한 요건을 구비하지 못하여 관할 세무서장이 그 신청을 거부 또는 반려하거나 보완을 명한 경우에는, 요건을 갖추어 재신청하거나 보완을 한 때에 비로소 사업자등록 신청을 한 것으로 보아야 한다. 사업자등록 신청이 부적법한 이상 그 등록신청을 수리하지 아니한 근거에 관하여 관계 공무원이 설사 잘못 설시하였다 하더라도 이를 적법한 등록신청으로 볼 것은 아니다.[20]

한편, 사업자등록 신청이 요건을 흠결하여 부적법한데도 관할 세무서장이 일단 이를 수리하면 그 후에 말소되더라도 말소시까지는 대

18) 사법연수원, 주택임대차보호법－상가건물임대차보호법 해설 포함(2008), 224-225.

19) 차영도, "상가건물임대차보호법의 적용범위와 대항력에 관한 연구", 원광대학교 석사학위 청구 논문(2005), 67.

20) 사법연수원, 주택임대차보호법－상가건물임대차보호법 해설 포함(2008), 225.

항력을 갖춘 것으로 볼 것이다. 예컨대, 영업허가를 요하는 주류판매업자가 영업허가를 받지 않고 사업자등록 신청을 하여 수리된 경우에도 위 주류판매업자의 사업자등록에는 대항력이 인정된다.[21]

나. 사업자등록이 정정된 경우

사업자등록의 정정은 사업자등록사항 중 사업장 소재지, 상호, 대표자 등이 변경된 때 이를 관할 세무서장에게 신고하여 그 변경사항을 사업자등록에 반영하는 것이다(부가가치세법 제 5 조 제 4 항). 사업자등록을 정정하게 되면 그 변경된 사항에 관하여는 정정 신청을 한 때부터 사업자등록으로서의 효력을 가진다. 따라서 임대차한 상가건물의 소재지가 변경되면 그 정정을 신청한 다음날부터 상가건물임대차보호법상의 대항력이 발생한다.

이와 관련하여 대구지방법원 2008.5. 20. 선고 2007나20356 판결은

> "부가가치세법 제 4 조, 제 5 조, 같은 법 시행령 제 7 조 제 2 항, 제11조의 규정에 의하면, 부가가치세는 원칙적으로 사업장마다 신고·납부하여야 하고 사업자단위과세사업자가 아닌 사업자는 사업장마다 사업자등록을 하여야 하며, 사업자는 상가건물 임대차보호법 제 2 조 제 1 항의 규정에 의한 사업자등록을 신청할 때에는 사업자등록신청서에 임차한 사업장에 관한 임대차계약서 사본을 첨부하여야 하고 특히 상가건물의 일부분을 임차하는 경우에는 해당부분의 도면까지 첨부하여야 하며, 사업장이 변동된 때에는 지체 없이 사업자등록정정신고를 하여야 하는 점 등에 비추어 볼 때, 상가건물 임차권의 대항력의 요건인 사업자등록은 거래의 안전을 위하여 사업자등록증에 기재된 사업장에 관하여 임차권이 존재함을 제 3 자가 명백히 인식할 수 있게 하는 공시방법으로서 마련된 것이고, 임대차를 공시하는 효력은 사업자등록증에 기재된 사업장에 한하

---

21) 사법연수원, 주택임대차보호법–상가건물임대차보호법 해설 포함(2008), 227; 유재복, [상가·주택] 임대차사건 실무편람(2008), 149.
반대 : 차영도(주19), 67은 이런 경우에는 형식상 사업자등록이 되어 있더라도 상가건물임대차보호법에 의한 보호를 받지 못한다고 한다.

> 여 미친다고 할 것이므로, 임차한 상가건물을 사업장으로 하여 사업자등록을 한 사업자가 사업장을 다른 장소로 변경하는 사업자등록정정을 한 경우에는 정정된 사업자등록은 종전의 사업장에 관한 임대차를 공시하는 효력이 없고, 따라서 그 경우에 사업자는 종전의 사업장에 관하여 취득한 임차권의 대항력을 상실한다"

고 판시하였다.

다. 폐업신고 후 사업자등록을 다시 신청한 경우

사업은 계속 유지하면서도 사업기간이 길어짐에 따라 세금액이 증가하는 것을 방지하려고 폐업신고를 하였다가 다시 신규로 사업자등록을 한 경우에는 폐업신고로 사업자등록이 효력을 상실함에 따라 대항력도 소멸하고, 따라서 새로이 사업자등록 신청을 한 다음날부터 대항력이 발생한다.[22]

Ⅲ. 임차건물의 경매와 대항력 취득 여부의 기준 시점

임차인이 주택이나 상가건물에 임차권등기를 하거나 건물임대차보호법상의 대항요건을 구비하면, 그 후 당해 주택이나 상가건물을 매매, 증여 등의 방법으로 양수한 자에 대하여 일반적으로 자기의 임차권을 가지고 대항할 수 있다.

그런데, 주택이나 상가건물이 경매됨으로써 소유자가 달라지게 되는 경우는 이와 같은 일반론이 적용되지 않는다. 경매로 인하여 소멸하는 선순위권리자가 있게 되면 그들의 이익을 보호하여야 하기 때문이다. 주택이나 상가건물이 경매된 때 어느 시기까지 임차권등기를 경료하였거나 대항요건을 구비하였어야 임차인이 낙찰자에 대하여 대

22) 사법연수원, 주택임대차보호법－상가건물임대차보호법 해설 포함(2008), 229.

항력을 주장할 수 있느냐는 경우에 따라 다르다. 차례로 살펴본다.

1. 주택이나 상가건물에 선순위 권리자가 있는 경우

가. 원 칙

주택이나 상가건물에 이미 저당권, 가압류, 압류 등의 등기가 경료되어 있는 경우에는 그 중 가장 빠른 등기가 경료된 시점을 기준으로 하여, 그보다 앞서 임차권등기를 경료하거나 대항요건을 구비하지 못하면 임차인은 낙찰자에 대하여 자기의 임차권을 주장하지 못한다 (민사집행법 제91조 제3항 참조).[23] 저당권이나 가압류, 압류의 등기는 낙찰로 인하여 원칙적으로 말소의 대상이 되고, 낙찰자는 그들의 권리를 기준으로 하여 주택이나 상가건물의 소유권을 취득하기 때문이다. 그렇지 않으면 임차인에 앞서는 선순위자의 이익을 해치게 된다.

---

23) 통설, 판례이다.

학설로는, 권영상, "주택임차인의 대항력, 우선변제권", 창원지방변호사회지(창간호) (1995), 171-172; 박재승, "부동산경매절차에 있어서의 임차인의 지위", 사법논집 21집(1990), 482; 신동윤, 부동산경매에 있어서의 배당에 관한 문제점, 사법논집 23집(1992), 298; 오용호, "부동산경매와 임차권", 재판자료 36집(1987), 377; 윤홍근, "경매절차에서 배당요구를 하지 않은 소액임차인의 지위", 민사판례연구(XIII)(1991), 256; 이동원, "최저경매가격의 결정", 재판자료 72집(1996), 46; 이시윤, 신민사집행법(제4판)(2007), 238; 이윤승, "주택임대차에 있어서 소액임차인의 보호", 사법논집 19집(1988), 172; 이은희, "저당권과 임차권의 관계에 관한 연구", 서울대학교 박사학위 청구 논문(1998), 71; 조용완(주3), 482; 진영광(주16), 71; 최 종, "경매절차에 있어서 임차인", 사법논집 18집(1987), 445; 곽윤직, 물권법(신정수정판)(1999), 461; 서정우, 민법주해(VII), 481.

판례로는, 대판 1983. 4. 26. 83다카116(집31-2, 민128)(이 판결에 대한 평석으로 이재성, "압류된 주택을 임차한 임차인의 지위", 판례월보 1984. 1., 137 이하 참조); 대판 1987. 2. 24. 86다카1936(공1987, 525)(이 판결에 대한 평석으로 정범석, "주택임대차보호법에 관한 고찰－1987. 2. 24. 제2부 판결 86다카1936 건물명도－", 법조 1993. 9., 79 이하 참조); 대판 1987. 3. 10. 86다카1718(공1987, 636)[이 판결에 대한 평석으로 이영애, "저당권설정등기와 강제경매신청 사이에 대항력을 갖춘 임차권의 대항력", 대법원판례해설 7호(1988), 71 이하 참조]; 대판 1998. 8. 24. 98마1031(공1998하, 2491); 대판 1999. 4. 23. 98다32939(공1999상, 993); 대판 2000. 2. 11. 99다59036(공2000상, 688); 대판 2001. 1. 5. 2000다47682(공2001상, 427).

이 경우에 위와 같이 가장 빨리 등기를 경료한 저당권자, 가압류권자 또는 압류권자가 스스로 경매를 신청하였을 것을 요하지 아니한다. 즉, 그보다 후순위의 저당권자나 일반채권자가 경매를 신청하여도 마찬가지이다.[24][25]

임차인이 임차권등기를 하거나 대항요건을 구비한 후에 저당권이 설정되고, 그 후에 임대차기간이 만료하더라도 임대차를 갱신하면 임대차의 동일성이 계속 유지되기 때문에 대항력도 여전히 존속한다. 다만, 임대차를 갱신하면서 보증금을 증액한 경우에는 저당권 설정 전의 보증금액에 한하여 낙찰자에게 대항할 수 있을 뿐, 저당권 설정 후에 증액된 부분에 대하여는 대항력이 생기지 않는다. 저당권 설정

---

24) 소재선, "2년 미만의 약정 임대차를 주장하여 배당요구한 임차인의 경락인에 대한 대항력 행사", Jurist 2006. 3., 460; 진영광(주16), 83.

25) 최초로 제정된 주택임대차보호법(법률 제3379호)은 그 부칙 제1항에서 공포일로부터 시행한다고 하고(그 공포일은 1981. 3. 5. 임), 한편 부칙 제2항은 동법의 시적 적용범위에 관하여, 동법은 원칙적으로 동법 시행 후 체결되거나 경신된 주택임대차에 적용됨을 밝히고(동항 본문), 예외적으로 제3조의 대항력에 관한 규정은 기존의 주택임대차에 대하여도 적용하되 동법 시행 전에 물권을 취득한 제3자에 대하여는 효력이 없음을 밝히고 있다(동항 단서).

위 부칙 제2항 단서의 의미에 관하여 대판 1984. 2. 14. 83다카2131(집32-1, 민90)은 "…주택임대차보호법(1981. 3. 5. 법률 제3379호) 부칙 제2항에 의하면, 이 법은 이 법 시행 후 체결되거나 경신된 임대차에 이를 적용한다. 다만, 제3조의 규정은 이 법 시행 당시 존속중인 임대차에 대하여도 이를 적용하되 이 법 시행 전에 물권을 취득한 제3자에 대하여는 그 효력이 없다고 규정하고 있다. 위 단서는 주택임대차보호법 시행 전에 체결된 미등기의 임대차라고 할지라도 주택의 인도와 주민등록을 마친 때에는 같은 법 제3조에 따라 제3자에 대하여 이를 대항할 수 있으나, 다만 위 법 시행 전에 이미 물권을 취득한 제3자에 대하여는 그 물권취득시기가 같은 법 제3조 소정의 임대차 효력발생시기보다 앞이거나 뒤이거나에 관계없이 임대차의 효력으로써 대항할 수 없다는 취지라고 풀이함이 타당하다. 만일 위와 달리 같은 법 시행 전에 취득한 물권이라도 그 취득시기가 같은 법 제3조 소정의 임대차 효력발생시기보다 뒤인 때에는 임대차의 효력에 우선당한다고 풀이하게 되면 위 부칙 제2항 단서의 후단을 둔 의미가 없을 뿐 아니라, 주택임대차보호법 시행 전에 있어서 등기가 없는 임대차의 임대인은 그 임대차 성립 후에 물권을 취득한 제3자에 대하여도 임대차의 효력을 주장할 수 없었던 것인데 위 법의 시행으로 위와 같은 물권자에 대하여 임대차의 효력을 주장할 수 있게 된다면 결과적으로 물권자는 미등기임차인에 대하여 가지고 있었던 우선적 효력을 소급하여 상실하는 결과가 되어 부당하다"고 판시하였다.

후의 보증금 증액 합의는 저당권을 해하여 임대인과 임차인 사이에서만 효력이 있고 저당권자에게는 대항할 수 없기 때문이다.[26] 따라서 대항력이 생기지 않는 증액된 부분은 낙찰자에 대하여 반환을 청구할 수 없고 종전 소유자(즉, 본래의 임대인)에 대하여 반환을 청구할 수 있을 뿐이다.

나. 제 1 순위 저당권의 소멸과 임차권의 인수

제 1 순위 저당권자, 대항요건을 갖춘 임차인, 제 2 순위 저당권자가 있는 주택이나 상가건물에 관하여 제 2 순위 저당권자의 신청에 의하여 개시된 경매절차[27]에서 임차인이나 채무자(소유자)가 제 1 순위 저당채무를 변제하게 되면, 낙찰자는 제 1 순위 저당권의 존재로 그보다 후순위인 임차권이 소멸하는 것으로 알고 최고가매수신고를 하여 낙찰을 받은 것인데, 그 후에 대금지급기일까지의 사이에 위 변제로 제 1 순위 저당권이 소멸하여 버림으로써 낙찰자가 뜻하지 않게 임차권을 인수하여야 하는 사태가 발생할 수 있다.[28] 이러한 경우에 제 1 순위 저당권이 어느 시점까지 소멸하면 낙찰자가 임차권을 인수한다고 볼 것인가에 관하여 견해가 대립한다.

(1) 학 설

(가) 매각결정기일설

이 설은 매각물건명세서의 작성 후 매각결정기일 전에 제 1 순위 저당권이 소멸하였다면 그 소멸을 모르고 입찰에 응한 최고가매수신고인의 보호를 위하여 매각을 불허하여야 하지만, 매각결정기일까지

26) 이에 관하여는 뒤에 다시 상술한다. 제 4 장 제 3 절 Ⅱ. 2. 가. 참조.

27) 제 1 순위 저당권자 다음에 대항요건을 갖춘 임차인이 있는데, 다른 일반채권자의 강제경매신청에 의하여 경매절차가 개시된 경우도 마찬가지이다.

28) 이는 전술(前述)(주23)한 바와 같이 임차인의 낙찰자에 대한 대항력 여부를 임차인에 앞서는 최초의 저당권 등을 기준으로 한다는 통설, 판례의 견해에 따를 경우에만 생기는 문제이다. 만일 경매신청인을 기준으로 대항력 여부를 정한다면 이러한 경우 낙찰자가 임차권을 항상 인수하여야 하므로 문제가 되지 않는다.

제 1 순위 저당권이 존재함으로써 후순위 임차권도 소멸하는 것으로 예정되어 있었던 경우에는 그 후에 제 1 순위 근저당권이 소멸하면 후순위 임차권도 역시 소멸하고 낙찰자에게 인수되지 아니한다고 한다.[29)]

(나) **대금납부시설**

이 설은 매각결정기일에 제 1 순위 저당권이 존재하였다 하더라도 낙찰자가 그 후 매각대금을 납부하기 전까지 제 1 순위 저당권이 소멸하면 후순위 임차권이 낙찰자에게 인수된다고 한다.[30)] 그리고 그로 인하여 낙찰자가 받게 되는 불이익은 민사집행법 제127조를 유추하여 낙찰자에게 매각허가결정에 대한 취소신청권을 인정함으로써 구제하면 된다고 한다.

(2) **판 례**

이 문제에 관하여 대법원 1998. 8. 24. 자 98마1031 결정[31)]은

> "담보권의 실행을 위한 부동산의 입찰절차에 있어서, 주택임대차보호법 제 3 조에 정한 대항요건을 갖춘 임차권보다 선순위의 근저당권이 있는 경우에는, 낙찰로 인하여 선순위 근저당권이 소멸하면 그보다 후순위의 임차권도 선순위 근저당권이 확보한 담보가치의 보장을 위하여 그 대항력을 상실하는 것이지만, 낙찰로 인하여 근저당권이 소멸하고 낙찰인이 소유권을 취득하게 되는 시점인 매각대금지급기일 이전에 선순위 근저당권이 다른 사유로 소멸한 경우에는, 대항력 있는 임차권의 존재로 인하여 담보가치의 손상을 받을 선순위 근저당권이 없게 되므로 임차권의 대항력이 소멸하지 아니한다"

29) 권영상(주23), 185-186; 여상조, "입찰절차의 명확화・간결화", 부동산입찰제도(1997), 81-82; 조병훈, "매각조건의 확정 : 공시제도의 개선", 부동산입찰제도(1997), 93.

30) 민일영, "부동산입찰에 있어 임차권 처리에 관한 실무상 제문제", 부동산입찰제도(1997), 296; 사법연수원, 주택임대차보호법－상가건물임대차보호법 해설 포함(2008), 126-127; 서기석, "부동산입찰에서의 배당에 관한 실무상 제문제", 부동산입찰제도(1997), 338; 이시윤(주23), 238; 최 종(주23), 449-450.

31) 공1998하, 2491.

고 판시하여 대금납부시설을 따르고 있다.

(3) 검 토

매각결정기일설은 그 논거로, 첫째, 매각으로 인하여 담보권 등이 소멸하는 시기와 낙찰자가 부담하는 물적 부담의 인수 여부에 관한 기준시점을 같이 보아야 할 근거가 없다는 것, 둘째, 낙찰자가 물적 부담을 인수하는지 여부는 법정매각조건이고 매각결정기일 이후의 물적 부담의 변동을 이유로 매각허가결정을 다툴 방법이 현행법상 없다는 것, 셋째, 경매절차 도중에 선순위 저당권만 소멸하는 것은 경험칙상 이례적인 것으로서 대부분 부당한 이익을 취할 목적이 배후에 있다고 보이므로, 이러한 처사를 묵인하는 것은 법적 안정성이나 형평의 원칙에서 볼 때 타당하지 않다는 것을 든다.

매각결정기일설과 같이 매각결정기일 후에 제1순위 저당권이 소멸한 경우에는 후순위의 임차권도 소멸한다고 본다면 낙찰자의 보호에 아무런 문제가 생기지 않는다. 그러나, 문제는 과연 후순위 임차권이 소멸하느냐는 것인데, 위 세 가지의 논거는 어느 것도 후순위 임차권의 소멸을 설명하지 못한다. 본래 경매부동산 위에 존재하는 용익권은 담보권과는 달리 소멸하지 않는다. 다만, 선순위의 저당권이 소멸하면 후순위의 용익권도 소멸하는바, 이는 선순위 저당권자의 담보가치를 보장하기 위한 것이다. 후순위의 용익권이 소멸하지 않고 그대로 존속하게 되면 그만큼 경매부동산의 평가액이 저감되어 선순위 저당권을 해하기 때문이다.

그런데, 경매절차에서 저당권이 소멸하는 시점은 낙찰자가 대금을 납부함으로써 소유권을 취득하는 때이다.[32] 즉, 낙찰자가 대금을 납부함으로써 소유권을 취득하고 그 결과 소유권에 방해가 되는 저당권과 그 이후의 부동산상의 권리들이 소멸하는 것이다. 그렇다면 낙찰자의 대금납부와는 무관하게 그 이전에 이미 제1순위의 저당권이

32) 양삼승, 주석 강제집행법(III)(1993), 79.

소멸하였다면 그 저당권보다 후순위인 용익권이 그 존속 여하에 의하여 선순위의 저당권을 해치는 결과는 결코 생기지 않는다. 입찰절차에서 자기와 운명을 같이 할 선순위의 저당권이 더 이상 존재하지 않기 때문이다.

요컨대, 선순위의 저당권이 낙찰자의 대금납부에 의하여 소멸하게 될 경우에야 낙찰자의 보호(이는 곧 선순위 저당권자의 보호에 직결된다)를 위하여 후순위 용익권자도 자기의 권리의 소멸을 감수하여야 하지만, 선순위의 저당권이 낙찰자와는 무관하게 소멸한 마당에 새삼 낙찰자의 보호를 위하여(선순위 저당권자의 보호 문제는 아예 발생하지 않는다) 임차인이 자기의 권리의 소멸을 감수하여야 한다는 것은 논리의 비약이다. 그것을 강요할 하등의 이유가 없으며, 이야말로 실정법상의 근거가 전혀 없는 것이다. 한 마디로 임차권의 인수 여부는 낙찰자가 소유권을 취득하는 대금납부시를 기준으로 결정하여야 한다.

매각결정기일설을 주장하는 입장에서는 임차인이 1순위의 저당권을 대위변제함으로써 자신의 이익을 극대화하려는 데서 이런 일이 벌어지는 것이기 때문에 이러한 처사를 막아야 한다고 하나, 임차인의 자신의 이익을 지키는 것을 나쁘다고 할 수는 없다. 실무에서 흔히 보듯이 주택이나 상가건물 신축 당시 은행에서 담보대출을 받기 위하여 설정하여 준 제1순위 근저당권이 그 후의 변제로 채무가 극히 일부만 남아 있는 상태에서 경매가 행하여질 경우에, 사실상 껍데기에 불과한 그 저당권을 대위변제로 말소시키고 자기의 임차권을 명실 공히 대항력 있는 것으로 만들어 권리를 지키겠다는 임차인의 행위는 결코 비난을 받을 행위가 아니다.

(4) 낙찰자의 구제방법

(가) 후순위 임차권의 인수 여부 결정시점을 위와 같이 대금 납부시로 본다면 선순위 저당권이 매각결정기일 후 대금 납부 전에 소멸

하면 임차권이 낙찰자에게 그대로 인수되는 결과가 되는데, 임차권이 소멸하는 것으로 알고 고가로 응찰하여 낙찰받은 사람으로서는 임차권의 인수는 날벼락인 셈이다. 따라서 그를 구제하는 길을 모색하는 것이 당연하고 반드시 그래야 한다. 그러면 그 방법은 무엇인가?

그 방법으로 생각할 수 있는 것은 바로 민사집행법 제121조 제6호, 제123조, 제127조이다. 이들 조항에 의하면 "천재지변 그 밖에 자기가 책임을 질 수 없는 사유로 부동산이 현저하게 훼손된 사실 또는 부동산에 관한 중대한 권리관계가 변동된 사실이 경매절차의 진행 중에 밝혀진 때"에는 최고가매수신청인은 매각에 관한 이의를 할 수 있고(민사집행법 제121조 제6호), 경매법원은 낙찰자가 이의를 하지 않더라도 직권으로 매각불허가결정을 하며(민사집행법 제123조 제2항), 위 사실이 매각허가결정이 확정된 뒤에 밝혀진 때에는 낙찰자는 매각대금을 납부할 때까지 매각허가결정의 취소신청을 할 수 있다(민사집행법 제127조 제1항). 뜻하지 않은 임차보증금반환채무의 인수가 위 법조항에서 말하는 "부동산에 관한 중대한 권리관계가 변동"된 경우에 해당함은 물론이다.

구(舊) 민사소송법 제639조 제1항은 부동산이 현저하게 "훼손"된 경우에 한하여 낙찰자의 매각불허가신청 또는 매각허가결정취소신청을 인정하는 것으로 규정하고 있었으나, "훼손"의 의미를 물리적 손상에 국한시키지 않고 낙찰자가 책임질 수 없는 사유로 부동산상의 부담이 급격히 증가함으로써 낙찰자가 그 부동산을 취득하는 것이 무의미하게 되는 경우를 포함시키는 것이 학설,[33] 판례였다.[34] 민사집행법은 이를 명문화한 것이다.

(나) 위와 같이 매각대금 납부 전에 임차권의 인수 사실을 안 경우에는 민사집행법 제127조 제1항에 의하여 낙찰자가 매각허가결정취

33) 김능환, "낙찰자가 인수할 부담의 증가와 낙찰자의 구제", 법조 1999. 5., 166-167; 서기석(주30), 339.

34) 대결 1998. 8. 24. 98마1031(공1998하, 2491).

소신청을 하여 구제받을 수 있는 길이 있는데,[35] 대금 납부 전에 그 사실을 알지 못하여 낙찰자가 매각대금을 납부한 후에 비로소 그 사실을 알게 되었다면 어떻게 할 것인가? 이에 관하여는 견해가 나뉜다.

1) **담보책임설** 이 설은, 낙찰자가 부동산의 훼손을 이유로 매각허가결정의 취소를 신청할 수 있는 것은 대금 납부 전까지임이 민사집행법 제127조 제 1 항의 규정상 명백하므로, 이제는 낙찰자는 민법상의 담보책임의 법리에 의하여 구제받을 수밖에 없다는 견해이다.[36]

2) **매각허가결정취소설** 이 설은, 설사 낙찰자가 대금을 납부하였다 하더라도 배당이 실시되기 전까지는 민사집행법 제127조 제 1 항을 유추적용하여 낙찰자에게 매각허가결정의 취소신청을 인정하여야 한다는 견해이다.[37] 다만, 낙찰의 목적을 달성할 수 없을 정도까지는 아닌 경우(예컨대, 임차보증금의 부담을 감수하고라도 경매 대상 주택을 취득할 의사가 있는 경우)에는 매각대금의 감액을 신청할 수 있다고 한다.[38]

그리하여 매각허가결정이 취소되면 낙찰자는 매각대금을 경매법원으로부터 돌려받으면 되고, 낙찰자 앞으로의 소유권이전등기는 경매법원의 직권에 의한 촉탁으로 말소하고, 저당권 등 말소되었던 등

---

35) 법원도서관, 민사집행법실무연구(재판자료 109집)(2006), 66-67; 사법연수원, 주택임대차보호법－상가건물임대차보호법 해설 포함(2008), 126-127.

한편, 낙찰자가 이러한 사실을 뒤늦게 알았으나 그래도 매수할 의사가 있을 경우에는 경매법원에 대하여 매각대금의 감액을 신청할 수 있고, 이 경우 경매법원으로서는 민법상의 쌍무계약에 있어서의 위험부담 내지 하자담보책임의 이론을 적용하여 감액결정을 할 수 있다고 할 것이다. 대결 2004. 12. 24. 2003마1665(공2005상, 234) 참조.

36) 서기석(주30), 339-340[다만, 서기석, "가등기에 기한 본등기가 경료된 경우 낙찰자의 구제방법", 대법원판례해설 29호(1998), 331-332는 이론상으로는 담보책임설이 타당하나 실무상으로는 매각허가결정취소설이 상당하다고 한다]; 이시윤(주23), 238-239; 이재성, 주석 강제집행법(Ⅲ)(1993), 386.

37) 김능환(주33), 172-174; 법원행정처, 부동산집행재판실무편람(2002), 106; 김효석, 주택임대차분쟁의 해결(2005), 270. 또한 송동원, "경매절차 진행중의 경매목적부동산의 멸실, 훼손", 재판자료 36집(1987), 26-27 참조.

38) 박재윤, 주석 강제집행법(Ⅲ)(1993), 466. 또한 서기석(주30), 339-340.

기들은 역시 경매법원의 직권에 의한 촉탁으로 회복등기를 함으로써[39] 모든 것이 낙찰 이전의 단계로 되돌아가 매각기일을 새로 지정하는 등 경매절차를 다시 진행하면 된다는 것이다.

3) 사견(私見) 민사집행법 제127조 제 1 항의 법문상으로는 담보책임설에 의할 수밖에 없을 것 같다.[40] 경매절차의 안정이라는 측면에서도 그러하다.

그러나, 후술(後述)[41]하는 바와 같이 경매에 적용되는 담보책임의 내용은 낙찰자가 채무자에 대하여 계약의 해제 또는 대금 감액의 청구를 하는 것이고, 그 채무자가 자력이 없는 때에는 그 대금의 배당을 받은 채권자에 대하여 그 대금의 전부나 일부의 반환을 청구하는 것이다(민법 제578조). 그런데, 채무자는 많은 경우 무자력일 것이므로 낙찰자로 하여금 담보책임의 법리에 의하여 구제받으라고 하는 것은 곧 경매법원은 채권자들에게 대금을 배당할 테니 낙찰자는 배당의 실시를 기다렸다가 그 배당금을 다시 회수하라고 하는 것과 다를 바 없다.[42] 그럴 바에는 차라리 매각대금을 아직 배당하기 전까지는 민사집행법 제127조 제 1 항을 유추 적용하여 낙찰자에게 매각허가결정의 취소신청권을 인정하는 것이 낫지 않을까 한다. 담보책임의 추궁은 최후의 구제수단이므로 경매절차에서 해결할 수 있는 한에서는 그렇게 하는 것이 보다 간명한 권리구제방법일 것이다. 결론적으로 후설(後說)에 찬성한다.[43] 반면 매각대금이 일단 배당된 이상은 담보책임

---

39) 대판 1996. 5. 31. 94다27205(공1996하, 2007).

40) 담보책임설을 취하는 입장에서는 매각허가결정취소설에 대하여, 낙찰자가 매각허가결정의 취소를 신청할 수 있는 종기를 어느 시점으로 할 것이냐는 궁극적으로 입법정책의 문제인바, 경매절차의 안정이라는 측면에서 법이 매각대금을 납부하기 전까지로 정한 이상 그에 따를 수밖에 없는 것이고, 많은 경우 채무자가 무자력일 것은 틀림없으나 꼭 그렇다고만 할 수는 없으므로, 매각허가결정취소설은 입법론으로는 몰라도 해석론으로는 채택하기 어렵다고 비판하는 것이 가능할 것이다.

41) 제 4 장 제 2 절 Ⅵ. 참조.

42) 김능환(주33), 173.

의 법리에 따를 수밖에 없다.

이에 관하여 대법원 1997. 11. 11. 자 96그64 결정[44]은, 낙찰자가 소유권에 관한 가등기의 목적이 된 부동산을 낙찰받아 매각대금까지 납부하여 소유권을 취득하였는데 그 뒤 가등기에 기한 본등기가 경료됨으로써 소유권을 상실하게 된 사안에서,

> "낙찰자는 민법 제578조, 제576조를 유추적용하여 담보책임을 추급할 수 있고, 이러한 담보책임은 낙찰자가 경매절차 밖에서 별소에 의하여 채무자 또는 채권자를 상대로 추급하는 것이 원칙이라고 할 것이나, 아직 배당이 실시되기 전이라면, 이러한 때에도 낙찰자로 하여금 배당이 실시되는 것을 기다렸다가 경매절차 밖에서 별소에 의하여 그 담보책임을 추급하게 하는 것은 가혹하므로, 이 경우 낙찰자는 구 민사소송법 제613조를 유추적용하여 집행법원에 대하여 경매에 의한 매매계약을 해제하고 납부한 매각대금의 반환을 청구하는 방법으로 위 담보책임을 추급할 수 있다"

고 판시하였는바, 이는 유추적용하는 법조로 구(舊) 민사소송법 제639조 제1항(민사집행법 제127조 제1항에 해당한다)이 아닌 구(舊) 민사소송법 제613조(민사집행법 제96조에 해당한다)를 들고 있는 것만 다를 뿐 배당이 실시되기 전에는 매각허가결정을 취소에 의할 것이라는 점에서 후설(後說)과 궤도를 같이하는 것으로 보인다.

다. 소멸한 선순위 저당권이 등기부상에 남아 있는 경우

임차인보다 선순위인 저당권이 이미 소멸하였으나 등기부상 그대로 방치된 상태인데, 경매법원이 이를 모른 채 경매개시결정을 하고,

---

43) 다만, 매각대금 납부 후 4주 안에 배당을 실시하는 현행 경매실무['부동산경매사건의 진행기간 등에 관한 예규'(송민 91-5) 참조]상으로는 낙찰자가 담보책임을 주장하는 시점이 배당이 실시된 후가 되는 게 보통일 것이므로 현실적으로는 양설의 구별 실익이 큰 것은 아니다.

44) 공1997하, 3747.

경매신청서에 첨부된 등기부등본에 의하여 이 선순위저당권자를 이해관계인으로 취급하여 이를 매각기일공고에 기재하고 매각물건명세서에도 기재한 경우도 문제이다.

낙찰자는 선순위 저당권자가 있으므로 임차권에 대항력이 없는 것으로 판단하고 낙찰을 받았는데, 사실은 선순위 저당권이 존재하지 않아서 임차인이 대항력을 갖는다면 낙찰자는 불측의 손해를 입게 된다.

이 경우 임차인은 선순위 저당권이 없는 임차권자임이 분명하고, 따라서 낙찰자에게 대항할 수 있다고 보지 않으면 안 된다.[45] 선순위 저당권이 있는 경우에 낙찰자에게 임차인이 대항하지 못하는 것은 임차인보다 앞선 선순위권자가 실제로 매각대금으로부터 우선변제를 받기 때문이지 매각물건명세서를 신뢰한 낙찰자를 보호하기 위한 것은 아니기 때문이다.

그러면 낙찰자를 구제할 방법은 없는가? 매각허가결정이 확정되기 전이라면 매각물건명세서 작성의 잘못을 이유로 즉시항고를 함으로써 구제를 받을 수 있다. 문제는 매각허가결정이 확정된 경우이다. 사견(私見)으로는 이 경우에도 배당이 행하여지기 전까지는 민사집행법 제127조를 유추적용하여 낙찰자에게 매각허가결정에 대한 취소신청권을 인정하고, 배당이 실시된 후에는 하자담보책임의 법리에 의함이 상당하다고 본다.

2. 주택이나 상가건물에 선순위 권리자가 없는 경우

주택이나 상가건물에 저당권, 가압류, 압류 등의 등기가 경료되어

45) 최 종(주23), 446-447.
대판 1998. 10. 27. 97다26104,26111(공1998하, 2740)은 저당권이 이미 소멸하였음에도 등기부상으로만 형식상 남아 있는 경우에 그보다 후순위로 경료된 처분금지가처분은 위 저당권에 의하여 영향을 받지 않기 때문에, 위 부동산의 경매절차에서 낙찰을 받은 자는 위 처분금지가처분권자에게 대항할 수 없다고 판시하여 같은 법리를 취하고 있다.

있지 아니한 경우에는 경매개시결정에 의한 압류의 효력이 발생하기 전까지만 임차권등기를 하거나 대항요건을 구비하면 임차인은 낙찰자에 대하여 자기의 임차권을 주장할 수 있다.[46] 압류의 효력은 경매개시결정이 채무자에게 송달된 때와 경매개시결정의 기입등기가 행하여진 때 중 빠른 시기에 발생한다(민사집행법 제83조 제 4 항).[47]

여기서 한 가지 유의할 점은, 경매개시결정에 의한 압류의 효력 발생 후에 비로소 경료된 저당권, 가압류 또는 압류의 등기는 위와 같은 대항력 여부 판정에 있어 아무런 기준이 되지 못한다는 것이다. 그러한 저당권자, 가압류권자 또는 압류권자는 이미 경매신청채권자에게 대항할 수 없기 때문이다.

3. 그 밖의 경우

가. 위 1.항에서 본 법리는 주택이나 상가건물에 대한 소유권이전등기청구권을 보전하기 위한 처분금지가처분권자나 가등기권자에 대한 관계에서도 마찬가지이다.[48] 즉 이들이 위 가처분이나 가등기에

---

46) 소재선(주24), 460.

임차권등기를 한 경우 매각으로 인하여 임차권이 원칙적으로 소멸하나, 임차인이 임차보증금 전액을 배당받지 못하면 그대로 존속하여 낙찰자에게 대항할 수 있다. 상세는 후술(後述) 제 4 장 제 4 절 Ⅲ.3.나. 참조.

47) 오용호(주23), 378은 경매개시결정이 채무자에게 송달된 여부를 임차인으로서는 알 수가 없으므로, 압류의 효력 발생 여부는 경매개시결정이 기입등기된 때만을 기준으로 하여야 하고 이를 기준으로 대항력 여부를 판단하여야 한다고 하나, 이는 민사집행법 제83조 제 4 항의 명문의 규정에 반하여 찬성할 수 없다. 압류의 효력이 언제 발생하였느냐는 임차인이 그 사실을 알았느냐에 무관하게 객관적으로 정해질 뿐이다.

48) 고상룡, "주택임대차보호법의 제문제(I)", 판례월보 1982. 12., 20; 이윤승(주23), 172; 최 종(주23), 445-446; 서울지방법원, 주택임대차와 관련한 상담사례집(1996), 22.

다만, 담보가등기의 경우에는 가등기담보등에 관한 법률 제 5 조 제 5 항에서 별도의 규율을 하고 있음에 유의하여야 한다. 동 조항에 의하면 담보가등기 후에 대항력 있는 임차권을 취득한 자는 가등기권리자가 채무자(임대주택의 소유자)에게 지급할 청산금의 범위 안에서 보증금을 반환받을 때까지 동시이행의 항변

기하여 소유권이전등기를 경료한 경우에 임차인의 대항력 여부 판단 시점은 임차권의 등기나 대항요건의 구비를 소유권이전등기시가 아니라 가처분 또는 가등기의 시점보다 먼저 구비하였느냐의 여부에 의하여 좌우된다. 임차권등기나 대항요건의 구비를 위 시점보다 뒤에 한 이상은 설사 그것이 소유권이전등기 시점보다는 앞선다 하더라도 대항력을 주장할 수 없다.[49][50]

임차인이 대항요건을 구비한 후에 소유권이전청구권보전의 가등기가 경료되고, 그 후에 임대차기간이 만료하더라도 임대차를 갱신하면 임대차의 동일성이 계속 유지되기 때문에 위 가등기에 기하여 본등기를 경료한 자에 대한 대항력도 여전히 존속한다. 다만, 임대차를 갱신하면서 보증금을 증액한 경우에는 가등기 전의 보증금액에 한하여 신소유자에게 대항할 수 있을 뿐, 가등기 후에 증액된 부분에 대하여는 대항력이 생기지 않는다.[51] 이는 앞에서 본 저당권이 설정된 경우와 마찬가지 법리이다.

나. 인도와 주민등록 또는 사업자등록에 의하여 대항요건을 구비한 채권적 전세임차인이 다시 전세권등기를 한 경우에 전세권등기가

권을 행사하여 가옥의 명도를 거부할 수 있다.

49) 대판 1984. 2. 14. 83다카2131(집32-1, 민90)(이 판결은 소유권이전등기청구권의 보전을 위한 가등기에 관한 것이다).

그런데 대판 1987. 6. 23. 86다카2408(공1987, 1221)은 처분금지가처분의 등기가 임차인이 대항요건을 구비한 시점보다 먼저 이루어졌다 하더라도 그 가처분에 기한 소유권이전등기가 임차권의 대항요건 구비 시점보다 뒤라면 임차권에 대항력이 있는 것처럼 판시하고 있는바, 이는 납득하기 어려운 판결이다.

50) 대항력을 갖추었을 뿐만 아니라 최선순위로 확정일자까지 구비한 임차인이 경매절차에서 배당요구를 하여 배당을 받은 경우에, 그 확정일자 후에 경료된 소유권이전등기청구권의 보전을 위한 가등기가 말소대상인지 여부에 관하여 이를 긍정하는 견해[윤 경, "경매절차에서 최선순위 확정일부 임차인이 배당요구를 한 경우 그 확정일자 이후에 경료된 소유권이전등기청구권의 보전을 위한 가등기는 말소대상인지 여부", 재판자료 109집(2006), 223-229]와 부정하는 견해[법원행정처, 법원실무제요 민사집행(II)(2003), 383-384]가 대립하는바, 전자(前者)에 찬성한다.

51) 대판 1986. 9. 9. 86다카757(집34-3, 민39).

선순위의 저당권 실행으로 말소되더라도 대항요건을 구비한 시점이 저당권등기일자에 앞서는 한 채권적 전세임차인은 대항력을 상실하지 않는다.[52] 이 경우의 전세권등기는 채권적 전세의 효력을 강화하려는 데 불과한 것이기 때문이다. 따라서 배당절차에서 전세권에 기하여 전세보증금의 일부를 배당받았다 하더라도 나머지 보증금에 관하여는 여전히 대항력이 존속한다.[53] 반대로 임차인이 대항요건을 상실하면 비록 전세권등기를 하였다 하더라도 건물임대차호법상의 대항력이나 우선변제권은 상실한다.[54]

---

52) 대판 1993. 11. 23. 93다10552, 93다10569등(공1994, 170).

53) 대판 1993. 12. 24. 93다39676(공1994상, 501).
반대 : 하경일, "주택임대차보호법상의 대항력과 전세권설정등기를 병행한 경우의 효력", 경영법무 22호(1996. 1.), 29 이하.

54) 대판 2007. 6. 28. 2004다69741(공2007하, 1146) : 주택임차인이 그 지위를 강화하고자 별도로 전세권설정등기를 마치더라도 주택임대차보호법상 주택임차인으로서의 우선변제를 받을 수 있는 권리와 전세권자로서 우선변제를 받을 수 있는 권리는 근거 규정 및 성립요건을 달리하는 별개의 것이라는 점, 주택임대차보호법 제 3 조의3 제 1 항에서 규정한 임차권등기명령에 의한 임차권등기와 동법 제 3 조의4 제 2 항에서 규정한 주택임대차등기는 공통적으로 주택임대차보호법상의 대항요건인 '주민등록일자', '점유개시일자' 및 '확정일자'를 등기사항으로 기재하여 이를 공시하지만 전세권설정등기에는 이러한 대항요건을 공시하는 기능이 없는 점, 주택임대차보호법 제 3 조의4 제 1 항에서 임차권등기명령에 의한 임차권등기의 효력에 관한 동법 제 3 조의3 제 5 항의 규정은 민법 제621조에 의한 주택임대차등기의 효력에 관하여 이를 준용한다고 규정하고 있을 뿐 주택임대차보호법 제 3 조의3 제 5 항의 규정을 전세권설정등기의 효력에 관하여 준용할 법적 근거가 없는 점 등을 종합하면, 주택임차인이 그 지위를 강화하고자 별도로 전세권설정등기를 마쳤다 하더라도 주택임차인이 주택임대차보호법 제 3 조 제 1 항의 대항요건을 상실하면 이미 취득한 주택임대차보호법상의 대항력 및 우선변제권을 상실한다.
이 판결에 대한 평석으로 조용현, "소액임차인이 별도로 전세권설정등기를 마친 경우 설정 당시 대항력 및 우선변제권을 가졌다 할지라도 이후 주민등록을 이전하여 대항력을 상실하였을 경우 위 전세권설정등기로서 임차권의 대항력 또는 우선변제권이 계속 유지된다고 볼 수 있는지 여부", 대법원판례해설 68호(2007), 210 이하 참조.

Ⅳ. 대항력의 존속

1. 주택이나 상가건물의 인도와 주민등록 또는 사업자등록은 대항력 취득의 요건인 동시에 존속요건이기도 하다.[55] 따라서 대항력의 취득 후 주민등록 또는 사업자등록을 다른 곳으로 옮기거나[56] 주택이나 상가건물을 인도하면 대항력을 상실하기 때문에, 그 후에 설정된 저당권에 기하여 당해 주택이나 상가건물을 낙찰 받은 자에 대하여는 대항력을 주장할 수 없다.[57]

다만, 임차인의 의사와는 무관하게 주택소유주가 몰래 퇴거신고를 하고 저당권을 설정한 후 다시 전입신고를 한 경우에는 임차권의 대항력이 소멸하지 않는다.[58]

또한, 주민등록이나 사업자등록이 직권말소된 경우에도 대항력을

---

55) 강신중, "집행절차에 있어서의 주택임차인의 지위", 재판자료 71집(1996), 459; 강종쾌, "주택임차권의 양도·전대와 대항력의 승계", 대법원판례해설 9호(1989), 98; 권용산, "상가건물임대차보호법의 문제점과 개선방안(Ⅱ), 법무사 2003. 4., 48-49; 박해식/박정삼/이경희, 상가임대차분쟁소송(2004), 120; 사법연수원, 주택임대차보호법－상가건물임대차보호법 해설 포함(2008), 88, 236; 이경준(주15), 28; 이윤승(주23), 162; 조용완(주3), 472; 진영광(주16), 69; 차영도(주19), 75; 최 종(주23), 438.

대판 1987. 2. 24. 83다카1695(공1987, 524); 대판 1989. 1. 17. 88다카143(공1989, 295); 대판 1997. 10. 10. 95다44597(공1997하, 3378); 대판 1998. 1. 23. 97다43468(공1998상, 609); 대판 1998. 12. 11. 98다34584(공1999상, 112); 대판 2000. 9. 29. 2000다37012(공2000하, 2223); 대판 2006. 1. 13. 2005다64002(공2006상, 238); 대판 2008. 3. 13. 2007다54023(미간행)

반대 : 김진현, "우리 주택임대차 제도의 문제점에 관한 비교법적 연구", 민사법학 13·14호(1996), 397-399는 주민등록은 대항력의 취득요건일 뿐 존속요건은 아니라고 한다. 또한 윤철홍(주15), 82는 상가건물임대차보호법의 문언상 상가건물의 사업자등록은 대항력의 존속요건이 아니라는 해석이 가능하다고 한다.

56) 사업자를 변경한 경우에도 마찬가지로 대항력을 상실한다. 반면 사업의 종류를 변경하는 것은 대항력의 존속에 영향을 주지 않는다. 사법연수원, 주택임대차보호법－상가건물임대차보호법 해설 포함(2007), 203.

57) 대판 1998. 1. 23. 97다43468(공1998상, 609).

58) 대판 2000. 9. 29. 2000다37012(공2000하, 2223).

상실하나,[59] 직권말소가 부적법하여 이의신청이나 행정소송에 의하여 직권말소처분이 취소됨으로써 말소된 주민등록이나 사업자등록이 회복되면 소급하여 대항력이 유지된다고 할 것이다.[60]

상가건물의 임차인이 사업을 폐지하면 대항력을 상실하는바,[61] 폐업을 하고도 아직 사업자등록은 말소하지 아니한 경우에 대항력이 계속 유지되는가에 관하여 판례는 이를 부정하고 있다.[62]

---

59) 반대 : 박진수(주15), 93; 유상현(주15), 62-63; 이규정, "상가건물임대차보호법의 문제점과 개선방안에 관한 연구", 연세대학교 석사학위 청구 논문(2007), 61은 사업자등록이 직권말소된 경우에는 대항력이 여전히 유지된다고 하나, 찬성하기 어렵다.

60) 사법연수원, 주택임대차보호법－상가건물임대차보호법 해설 포함(2008), 226-227; 유재복(주21), 148-149.

대판 2002. 10. 11. 2002다20957(공2002하, 2701) : 주택임차인의 의사에 의하지 아니하고 주민등록법 및 동법시행령에 따라 시장 군수 또는 구청장에 의하여 직권조치로 주민등록이 말소된 경우에도 원칙적으로 대항력을 상실한다고 할 것이지만, 주민등록법상의 직권말소제도는 거주관계 등 인구의 동태를 상시로 명확히 파악하여 주민생활의 편익을 증진시키고 행정사무의 적정한 처리를 도모하기 위한 것이고, 주택임대차보호법에서 주민등록을 대항력의 요건으로 규정하고 있는 것은 거래의 안전을 위하여 임대차의 존재를 제 3 자가 명백히 인식할 수 있게 위한 것으로서 그 취지가 다르므로, 직권말소 후 동법 소정의 이의절차에 따라 그 말소된 주민등록이 회복되거나 동법시행령 제29조에 의하여 재등록이 이루어짐으로써 주택임차인에게 주민등록을 유지할 의사가 있었다는 것이 명백히 드러난 경우에는 소급하여 그 대항력이 유지된다고 할 것이고, 다만, 그 직권말소가 주민등록법 소정의 이의절차에 의하여 회복된 것이 아닌 경우에는 직권말소 후 재등록이 이루어지기 이전에 주민등록이 없는 것으로 믿고 임차주택에 관하여 새로운 이해관계를 맺은 선의의 제 3 자에 대하여는 임차인은 대항력의 유지를 주장할 수 없다.

이 판결에 대한 평석으로 허부열, "주민등록이 직권말소된 경우, 주택임대차보호법상 주택임차인의 대항력이 상실되는지 여부", 대법원판례해설 42호(2003), 40 이하 참조.

61) 박진수(주15), 94; 차영도(주19), 77.

62) 대판 2006. 1. 13. 2005다64002(공2006상, 238) : 부가가치세법 제 5 조 제 4 항, 제 5 항의 규정 취지에 비추어 보면, 상가건물을 임차하고 사업자등록을 마친 사업자가 임차 건물의 전대차 등으로 당해 사업을 개시하지 않거나 사실상 폐업한 경우에는 그 사업자등록은 부가가치세법 및 상가건물 임대차보호법이 상가임대차의 공시방법으로 요구하는 적법한 사업자등록이라고 볼 수 없고, 이 경우 임차인이 상가건물 임대차보호법상의 대항력 및 우선변제권을 유지하기 위해서는 건물을 직접 점유하면서 사업을 운영하는 전차인이 그 명의로 사업자등록을 하여야 한다.

집합건물이 아닌 임대인 소유의 단독주택이나 상가건물 내에서는 거주부분이나 영업장소를 옮기더라도 기존의 주민등록이나 사업자등록만으로 대항력이 유지되지만,[63] 구분소유권이 등기된 집합건물 내에서 이동할 경우에는 대항력을 상실한다고 보아야 한다. 그런데, 이러한 경우에도 백화점 등 대규모 점포 내에서의 매장재구성으로 인하여 매장을 이동한 때에는 이동 전후 매장의 소유자가 동일인이라면 기존의 사업자등록으로 대항력이 유지된다는 견해도 있으나[64] 찬성하기 어렵다. 이는 사업장의 이동에 해당하기 때문에 기존 사업장에 대한 점유를 상실한 것이고, 사업자등록도 더 이상 유효하지 않다고 보아야 한다.

2. 인도와 주민등록 또는 사업자등록에 의하여 대항력을 취득한 후에 임차권등기를 하면 그 후 주민등록 또는 사업자등록을 다른 곳으로 옮기거나 주택이나 상거건물을 인도하더라도 처음 취득하였던 대항력이 계속 유지된다(주택임대차보호법 제 3 조의3 제 5 항 단서, 제 3 조의4 제 1 항, 상가건물임대차보호법 제 6 조 제 5 항 단서, 제 7 조 제 1 항).

그리고, 판례는 점유보조자에 의한 주민등록을 본인의 그것과 동시하므로 주택 임차인이 그 가족과 함께 그 주택에 대한 점유를 계속하고 있으면서 그 가족의 주민등록을 그대로 둔 채 임차인만 주민등록을 일시 다른 곳으로 옮긴 경우라면, 전체적으로나 종국적으로 주민등록의 이탈이라고 볼 수 없어 대항력을 상실하지 아니한다.[65]

3. 그러면, 대항력을 주장하기 위하여 대항요건은 언제까지 존속하고 있어야 하는가? 이 점에 관하여 명백히 판시한 판례는 아직 없

63) 박진수(주15), 29. 또한 대판 1998. 1. 23. 97다47828(공1998상, 614) 참조
64) 박진수(주15), 29; 유상현(주15), 50; 이규정(주59), 50; 차영도(주19), 38.
65) 대판 1987. 2. 24. 86다카1695(공1987, 524); 대결 1989. 1. 17. 88다카143(집37-1,민18); 대판 1996. 1. 26. 95다30338(공1996상, 745).

으나,[66] 경매절차에서 낙찰자에게 대항하기 위해서는 낙찰자에게 주택이나 상가건물의 소유권이 이전되는 시점, 즉 매각대금 납부시 현재 대항요건이 존속하고 있어야 주택임대차보호법 제 3 조 제 2 항이나 상가건물임대차보호법 제 3 조 제 2 항이 적용되어 낙찰자가 임대인의 지위를 승계할 것이기 때문에 대금 납부시까지 계속 존속하고 있어야 한다고 할 것이다.[67]

그런데, 임차인이 대항요건을 모두 구비하고 있는 동안 저당권이 설정된 경우에는 임차인이 저당권 실행 이전에 건물에서 퇴거한 경우에도 저당권 실행으로 인한 낙찰자에게 대항할 수 있다고 하는 견해[68]가 있고, 위 경우에 설사 주민등록을 이전하였다 하더라도 점유를 계속하고 있는 한 낙찰자에게 임차권을 대항할 수 있다는 하급심 판결[69]도 있으나, 사견(私見)으로는 제 3 자가 임차주택을 양수하기 전에 대항요건을 상실한 이상(인도에 의해서든 주민등록 이전에 의해서든) 낙찰자에게 임차권을 주장할 수 있다고 하는 것은 거래의 안전을 해쳐 부당하다고 본다. 낙찰자로서는 임차인이 주민등록이 되어 있지 아니

66) 대판 2006. 1. 13. 2005다64002(공2006상, 238)은 상가건물임차인의 우선변제권이 인정되기 위한 사업자등록의 존속기한을 배당요구의 종기까지로 판시하면서, 마치 대항력 인정을 위한 존속기한도 배당요구의 종기까지로 본 듯한 표현을 하고 있으나, 위 사건은 어디까지나 우선변제권이 쟁점이 된 사건이기 때문에 위 판결로써 판례의 입장을 속단할 것은 아니라고 할 것이다.

67) 김효석(주37), 194; 박해식/박정삼/이경희(주55), 122; 서기석(주30), 352; 이범주, "주택임차권의 대항력", 민사법의 제문제(방순원 고희 기념 논문집) (1984), 171; 최 종(주23), 437-438.

반대 : 사법연수원, 주택임대차보호법 – 상가건물임대차보호법 해설 포함(2008), 236은 배당요구의 종기까지만 존속하면 된다고 한다.

68) 조용완(주3), 473.

또한 최 창, "주택임대차보호법상의 대항력에 관하여", 무등춘추 1호(광주지방변호사회 편)(1988), 49는, 임차인이 대항요건을 모두 구비한 후에 임차주택에 대하여 후순위의 담보권의 설정등기나 압류등기가 경료되었는데 그 후 주민등록을 일시 다른 곳으로 이전하였다가 위 담보권의 실행인 임의경매나 강제경매에 기한 경락 전에 주민등록을 종전의 상태로 회복한 경우에도 임차인보호의 입장에서 대항력이 회복되는 것으로 해석하여야 한다고 한다.

69) 서울민사지법판 1984. 8. 27. 84가단4033(하집 1984-3, 329).

하거나 점유를 하고 있지 아니하여 대항력 있는 임차권의 부담이 없는 것으로 알고 낙찰을 받은 것인데, 과거에 대항요건을 구비하고 있었다 하여 임차권에 대항력을 부여한다면 예기치 않은 불이익을 받게 되기 때문이다.

Ⅴ. 대항력의 내용

1. 임대인 지위의 승계

가. 주택임대차보호법이 제정된 후 임차인이 취득하는 대항력의 내용이 무엇이냐를 둘러싸고 논의가 분분하자, 1983. 12. 30. 주택임대차보호법의 1차 개정시 "임차주택의 양수인은 임대인의 지위를 승계한 것으로 본다"는 조항을 신설하였다(주택임대차보호법 제3조 제2항).[70] 그리고 상가건물임대차보호법도 이를 그대로 따르고 있다(상가건물임대차보호법 제3조 제2항). 따라서 임대 주택이나 상가건물을 낙찰받은 낙찰자가 매각대금을 납부함으로써 목적물의 소유권을 취득하면 그에 대한 종전 임대인의 지위를 그대로 승계하게 된다.[71][72]

위 조항과 같은 입법례로는 독일 민법 제566조 제1항은 "임대인이 임대한 주거공간을 임차인에게 인도한 후 이를 제3자에게 양도한 때에는 양수인은 그의 소유권이 존속하는 동안 임대차관계로부터 발

---

70) 이에 관한 상세는 민일영, "임대주택의 양도인에 대한 임차보증금의 반환청구", 민사판례연구(Ⅸ), 100 이하 참조.

71) 대판 1986. 7. 22. 86다카466등(집34-2, 민73); 대판 1987. 2. 10. 86다카2076(공1987, 426); 대판 1992. 7. 14. 92다12827(공1992, 2404).

72) 한편 임대주택법 제25조, 부칙 제2조는, 부도 등이 발생한 공공건설임대주택을 2008. 6. 21. 이후 경매절차에서 낙찰받은 사람은 당초 입주자 모집공고에서 정한 임대의무기간 동안은 낙찰 당시의 임차인에게 의무적으로 임대하고, 이 경우 잔여 임대의무기간이 2년 미만인 경우는 최소 2년간 임대하되, 낙찰 당시의 잔여계약기간에는 낙찰 당시의 임대조건으로 임대하도록 규정하고 있다.

생하는 권리의무에 관하여 임대인의 지위를 갖는다"고 규정하고 있다.

임대인 지위의 승계는 법률상의 당연승계이므로 종전 소유자나 낙찰자에 의한 양도사실의 통지 혹은 임차인의 승낙 등은 불필요하다.

종전 소유자는 1인이었더라도 낙찰자가 여러 명인 경우에는 낙찰자가 임차인에 대하여 부담하는 채무는 불가분채무로 보아야 할 것이다.[73]

당연승계의 효과를 배제하는 특약은 임차인에게 불리한 것으로서 효력이 없으나(주택임대차보호법 제10조, 상가건물임대차보호법 제15조), 임차인이 낙찰자와 새로운 내용의 임대차계약을 체결하는 것은 물론 무방하다.[74]

대항력 있는 임대차의 기간이 종료한 후 임대차보증금을 반환하기 전에 주택이나 상가건물이 경매된 경우는 어떤가? 임대차보증금을 반환하기 전까지는 여전히 임대차관계가 존속하므로(주택임대차보호법 제 4 조 제 2 항, 상가건물임대차보호법 제 9 조 제 2 항) 이 경우에도 임대인의 지위가 낙찰자에게 승계된다고 할 것이다.[75]

나. 이처럼 임대인의 지위가 낙찰자에게 자동 승계되는 반면, 임차권은 등기에 의하여서가 아니라 인도와 주민등록 또는 사업자등록에 의하여 대항력을 취득한 경우에는 그 공시가 불완전하기 때문에, 주택이나 상가건물을 낙찰받거나 담보권을 취득하려는 자가 임대차계

73) 건물의 공유자가 공동으로 건물을 임대하고 보증금을 수령한 경우, 특별한 사정이 없는 한 그 임대는 각자 공유지분을 임대한 것이 아니라 임대목적물을 다수의 당사자로서 공동으로 임대한 것이고, 그 보증금 반환채무는 성질상 불가분채무에 해당한다고 보아야 한다[대판 1998. 12. 8. 98다43137(공1999상,106)].

이에 대하여 차영도(주19), 85 이하는 주택을 사용·수익케 할 의무는 불가분채무이지만 보증금반환의무는 분할채무라고 한다.

74) 조용완(주3), 475.

75) 대판 2002. 9. 4. 2001다64615(공2002하, 2319)

이 판결에 관한 평석으로, 황진효, "주택임대차보호법상 임차주택의 양도에 따른 임대차승계", 판례연구 15집(부산판례연구회 편)(2004), 371 이하 참조.

약의 내용에 관하여 문의할 경우에는 임차인은 이를 진실대로 고지할 의무가 있다.[76] 이와 관련하여 판례[77]는,

> "피고가 이 사건 건물에 관하여 사실은 전세금을 주고 전세계약을 체결하였으면서도 원고은행 직원에게 임대차계약을 체결하거나 그 보증금을 지급한 바가 없다는 내용의 각서를 작성하여 주었다면, 이는 원고은행으로 하여금 위 부동산에 대한 담보가치를 높게 평가하도록 하여 위 갑(甲)에게 대출하도록 한 것이므로, 만일 원고가 이 사건 건물에 대한 경매절차가 끝날 때까지도 피고의 위 채권적 전세관계를 알지 못하였다고 한다면 피고가 원고의 이 사건 명도청구에 즈음하여 이를 번복하면서 위 전세금 반환을 내세워 그 명도를 거부하는 것은 특단의 사실이 없는 한 금반언 내지 신의칙에 위배된다"

고 하고 있음에 유의할 필요가 있다.

2. 구체적 검토

이처럼 임대인 지위가 낙찰자에게 승계된다고 할 때 승계 여부가 문제되는 것을 구체적으로 검토하여 보면 다음과 같다.

가. 차 임

차임의 액, 지급시기, 지급방법 모든 것이 그대로 승계된다.[78] 민법 제621조에 의하여 임차권을 등기한 경우에는 차임의 지급시기에

---

76) 김은집, "주택임대차보호법 제3조 1항의 대항력의 내용", 형평과 정의 4집(대구지방변호사회 편)(1989), 67.

77) 대판 1987. 11. 24. 87다카1708(공1988, 164).
또한 대판 1987. 5. 12. 86다카2788 (공1987,973); 1987. 12. 8. 87다카1738(공1988, 270); 1997. 6. 27. 97다12211(공1997하, 2357); 대결 2000. 1. 5. 99마4307(공2000상, 545); 대판 2001. 9. 25. 2000다24078(공2001하, 2329) 참조.

78) 임차 주택이나 상가건물이 양도될 것을 예상하여 임대인과 임차인 사이에 합리적인 이유 없이 차임을 면제 또는 감액하기로 약정한 경우에는 이러한 약정까지 승계된다고 보기는 어려울 것이다[동지(同旨) : 최 창(주68), 51].

관한 특약, 차임을 전급(前給)한 경우 그 내용이 등기사항이므로(부동산등기법 제156조 제 1 항) 이를 등기하지 아니한 경우에는 낙찰자에 대하여 주장할 수 없으나,[79] 건물임대차보호법상의 임차권등기명령에 의하여 임차권을 등기한 경우 또는 단순히 인도와 주민등록 또는 사업자등록에 의하여 임차인이 대항력을 취득한 경우에는 등기 여부와는 무관하게 이들 사항을 주장할 수 있다.[80]

차임 중 낙찰자가 소유권을 취득한 때를 기준으로 이미 현실로 발생하여 연체되어 있는 부분은 별도의 채권양도절차가 없는 한 전소유자(종전 임대인)만이 청구할 수 있고, 그 청구권이 낙찰자에게 이전하지 않는다.[81] 따라서 낙찰자가 소유권을 취득하기 전에 연체된 차임액이 2기의 차임액에 달한다 하더라도 낙찰자가 이를 이유로 임대차를 해지할 수는 없다. 다만, 임차보증금이 수수된 경우에 후술(後述)하는 바와 같이 그 보증금에서 연체차임을 공제하는 것은 별개의 문제이다.

나. 임차보증금

(1) 임차보증금 및 채권적 전세의 전세금도 등기한 여부와 상관없이 낙찰자에게 그대로 승계된다고 보는 것이 통설,[82] 판례[83]이다. 낙

79) 곽윤직, 채권각론(제 6 판)(2003), 204.

80) 이윤승(주23), 173; 조용완(주3), 475.

81) 권용산(주55), 51; 김은집(주76), 66; 이범주(주67), 179; 이영숙, "주택임대차보호법 제 3 조 제 2 항 소정의 임대인 지위의 승계", 재판과 판례 7집(대구판례연구회편)(1998), 342; 이윤승(주23), 173; 조용완(주3), 476; 차영도(주19), 87-88; 최 창(주68), 51.

82) 이범주(주67), 179-80; 윤천희, 개정주택임대차보호법해설(1985), 14; 김진원, "주택임대차보호법에 관한 연구", 서울대학교 석사학위 청구 논문(1986), 52; 고상룡, 주석채권각칙(Ⅱ)(1987), 293.

이에 대하여 이주홍, "대항력 있는 소액임차인의 배당요구 철회와 경락인의 임차보증금 반환 채무의 인수 여부", 민사판례연구(Ⅹ)(1991), 143-145는 임대인의 지위가 승계되면 보증금반환채무가 당연히 인수된다는 것에 의문을 제기한다.

83) 대판 1993. 12. 7. 93다36615(공1994상, 343).

찰자가 보증금이나 전세금의 수수사실을 알았느냐, 낙찰자가 낙찰을 받음에 있어 보증금의 인수를 고려하였느냐의 여부를 묻지 아니한다.

낙찰자의 소유권 취득시 이미 차임이 연체되어 있었던 경우에 낙찰자가 인수한 보증금을 반환할 때 이는 공제의 대상인가? 매매 등과 같이 법률행위에 의하여 주택이나 상가건물을 양도할 경우에는 신,구 소유자 사이에서 기존의 연체차임을 정산하는 것이 보통이므로 이를 공제하고 남은 보증금만이 승계된다 할 것이나, 경매에 의하여 주택이나 상가건물의 소유자가 변동되는 마당에는 그러한 정산절차를 상정할 수 없어 문제이다.

전술(前述)한 바와 같이 연체차임채권이 당연히 양수인에게 이전하는 것은 아니기 때문에 이에 관한 양도, 양수 절차가 없었던 경우에는 보증금 전액을 반환하여야 한다고 볼 수도 있다.[84] 그러나 이 문제는 단순히 연체차임만의 문제가 아니라 보증금의 본질과 관련된 문제이기 때문에 다른 각도에서 접근할 필요가 있다. 보증금은 본질적으로 임차인이 임차물을 반환할 때 임차인의 채무불이행이 없으면 보증금의 전액을 반환하고 채무불이행이 있으면 그에 상응하는 액수를 공제한 잔액을 반환한다는 조건으로 임차인이 임대인에게 지급하는 금전이다. 따라서, 보증금은 임차인이 임차물을 반환할 때까지 임차인의 연체차임, 임차물의 멸실, 훼손 등에 의한 손해배상채무 등을 담보하며, 임대차 종료 후에 임차물의 반환시까지 임차인의 채무가 존재하는 때에는 보증금에서 당연히 공제된다. 상계의 의사표시를 따로 할 필요도 없다.[85] 차임을 연체한 임차인은 자기가 반환받을 보증금에서 연체차임이 당연히 공제될 것을 예상하고 있기 때문에 따로

84) 민일영, 민법주해(XV)(1997), 223; 박해식, 주택임대차보호법 해설의 법률지식(2000), 191.

85) 강병호, "건물임대차가 종료된 경우 보증금반환에 관한 제문제", 사법논집 20집(1989), 196; 김석우, "보증금", 법정논총 7집(중앙대학교 편)(1982), 21; 박준서, "임대차보증금의 법률관계", 민사재판의 제문제 7권(1993), 120; 대판 1987. 6. 23. 86다카2865(공1987, 1229).

상계의 의사표시를 필요로 하지 않는다고 임차인에게 불리한 것도 아니다.

보증금의 본질이 이와 같다면 낙찰자의 소유권 취득 후에 연체된 차임뿐만 아니라 낙찰자의 소유권 취득 당시에 이미 연체되어 있던 차임도 임대차의 종료로 보증금을 반환함에 있어서는 당연히 공제되어야 한다고 보는 것이 보다 합리적일 것이다.86) 이에 저자는 종전 주장을 바꿔 통설에 찬성한다.

낙찰자의 소유권 취득시 임차물의 멸실, 훼손 등에 의한 손해배상채무가 이미 존재하였던 경우에도 같은 이유로 그 손해액만큼 보증금에서 공제하여야 한다.

(2) 임차인이 대항력을 취득한 후에 주택이나 상가건물이 낙찰되어 낙찰자가 일단 임차보증금반환채무를 부담하게 된 이상, 그 후 임차인이 주민등록 또는 사업자등록을 다른 곳으로 옮겼다 하더라도 낙찰자의 임차보증금반환채무가 소멸하는 것은 아니므로 임차인은 여전히 낙찰자에 대하여 임차보증금의 반환을 청구할 수 있다.87) 그러나 그런 상태에서 또다시 주택이나 상가건물의 소유자가 바뀌게 되면 이제는 새로운 소유자에게 대항력을 주장할 수 없기 때문에 그에 대하여 임차보증금의 반환을 청구할 수는 없다.88)

(3) 임차 주택이나 상가건물의 양수인이 임대인의 지위를 승계한다고 해서 임차인은 종전 임대인에게는 임차보증금반환청구를 전혀 할 수 없는 것인가?

판례89)는 주택의 임대차에 관하여 이를 명백히 부정하고 있다.

---

86) 통설이다. 곽윤직(주79), 223; 권영상(주23), 170; 권용산(주55), 51-52; 김은집(주76), 66; 김증한/안이준, 신채권각론(상)(1960), 388; 이영숙(주81), 342-343; 조용완(주3), 478; 최 창(주68), 52.

87) 대판 1993. 12. 7. 93다36615(공1994상, 343).

88) 진영광(주16), 76.

89) 대판 1987. 3. 10. 86다카1114(공1987, 632)[이 판결에 대한 평석으로 이재성, "임대주

그 이유는 주택임대차보호법 제3조 제1항, 제2항의 해석상 종전 임대인의 채무는 소멸한다고 보아야 한다는 것이다. 판례의 이러한 태도는 상가건물의 임대차에도 그대로 적용될 것으로 보인다.

그러나 사견(私見)으로는 계속적 채권관계로서의 임대차계약의 성질, 건물임대차보호법의 입법취지 및 임차인의 보호의 견지에서 종전 임대인에 대하여도 임차보증금의 반환청구를 인정하여야 한다고 생각한다.[90] 그 구체적 논거는 다음과 같다.

㈎ 주택임대차보호법 제3조 제2항, 상가건물임대차보호법 제3조 제2항이 임차인의 보호를 더욱 강화하기 위하여 규정된 것임은 틀림없다. 그러나 위와 같은 목적 아래 신설된 조항을 판례와 같이 해석할 때 예기치 않은 불이익이 임차인에게 생길 수 있다는 것을 판례는 간과하고 있다.

판례에 의하면, 위 조항의 적용으로 종전 임대인은 그 임대차관계에서 완전히 탈피하고 양수인만이 임차보증금 반환의무를 부담한다고 한다. 임차보증금반환채무에만 국한하여 본다면 마치 면책적 채무인수가 있었던 것 같이 해석하는 것이다.

그런데 우리 민법은 채무인수는 채무자·인수인 사이의 계약으로 할 수 있으나, 단 채권자의 승낙을 얻어야만 그 효력이 생기는 것으

택을 양도한 자의 임차인에 대한 보증금반환책임", 이재성판례평석집(X)(1989), 501 이하는 판지(判旨)에 반대하고, 이영애, "임대인 지위의 승계와 임대차보증금 반환채무", 대법원판례해설 7호(1988), 65 이하는 판지(判旨)에 찬성한다]; 대판 1989. 10. 24. 88다카13172(공1989, 1746); 대판 1993. 7. 16. 93다17324(공1993, 2293); 대판 1993. 11. 23. 93다4083(공1994상, 168); 대판 1994. 3. 11. 93다29648(공1994상, 1176); 대판1996. 2. 27. 95다35616(공1996상, 1094)[이 판결에 대한 평석으로 이영숙(주81), 323 이하 참조]; 대판 1996. 11. 22. 96다38216(공1997상, 40); 대판 2005. 9. 9. 2005다23773(공2005하, 1595).

또한 판례에 찬성하는 견해로 강병호(주85), 208; 박진수(주15), 103; 윤방현, "상가건물임대차보호법에 관한 소고", 법학논총 11집 1호(조선대학교 법학연구소편)(2004), 129; 최 종(주23), 444.

90) 동지(同旨) : 김진현(주55), 364-365; 김형배, 채권각론(계약법)(신정판)(2001), 496; 이재성(주89), 509-510.

그 밖에 상세는 민일영(주70), 104 이하 참조.

로 규정하고 있다(민법 제454조 제 1 항). 무릇 채권은 채무자의 자력 여하에 따라 그 경제적 가치가 크게 좌우되기 때문에, 채무인수로 채무자가 변경되고 따라서 책임재산이 변경됨으로써 채권자에게 불이익을 주는 것을 방지하기 위하여 인수계약의 유효성을 채권자의 승낙에 의존케 한 것이다.[91] 채권자의 승낙을 효력요건으로 한 위 민법규정은 어디까지나 채권자의 보호를 위한 것으로서 채권자가 그의 의사에 반하여 불이익을 강요당하는 것은 부당하므로 채권자는 채무의 인수에 대한 승낙의무가 없고, 따라서 설사 채무자나 인수인이 승낙 여부의 확답을 최고하더라도(민법 제454조 제 2 항) 그에 대하여 굳이 답을 할 필요가 없으며 적극적으로 승낙의 확답을 하지 않는 한 승낙을 거절한 것으로 보는 것이다(민법 제455조 제 2 항).

일반적인 채무인수가 위와 같을진대, 항차 임차보증금반환채무에 관하여 달리 해석하는 게 타당할까? 이를 두 가지 점에서 고찰해 본다.

첫째, 임대차는 민법상의 각종 전형계약 중 대표적인 계속적 계약이다. 이러한 계속적 계약에 의한 계속적 채권관계는 일시적인 채권관계와 달라서 무엇보다도 당사자의 신뢰성이 특히 강하게 요청되고 그 결과 채권 · 채무의 당사자가 누구이냐는 매우 중요한 문제이다.[92] 우리 민법이 임차인이 임대인의 동의 없이 무단으로 임차권을 양도하거나 전대(轉貸)하는 것을 금지하고 있는 것(민법 제629조 제 1 항)도 바로 이 때문이다.

주택의 임차인은 그 및 그의 가족의 생활근거지를 마련하기 위하여 살 곳을 임차하고, 상가건물의 임차인은 생업에 종사할 터전을 마련하기 위하여 건물을 임차하는 것이다. 그러기 위해서 이른바 전세(채권적 의미의)의 경우에는 그 건물 값의 4~7할에 해당하는 금원을 보증금으로 임대인에게 지급하는바, 서민에게 있어 위 금원은 사실상

91) 곽윤직, 채권총론(제 6 판)(2003), 230.

92) 곽윤직(주79), 31.

그의 전재산이라고 하여도 과언이 아니다.[93] 이처럼 그의 전재산을 들여서 생활근거지나 영업장소를 마련하는 만큼 임차인은 임대차가 종료할 경우 그 보증금을 반환받는 것이 용이할지를 먼저 생각하지 아니할 수 없다. 흔히 세사는 사람들이 집주인이 어떤 사람인가, 재력이 어떤가, 집에 이상은 없나 등을 먼저 알아보고 세를 들어가는 이유가 바로 여기에 있는 것이다. 그리하여 임차인은 집주인이 재력이 있는 믿을 만한 사람이라고 생각하여 거액(절대적 액수가 얼마이든 임차인의 입장에서 보면 분명 거액이다)의 보증금을 주고 세를 들어 살고 있는데, 도중에 집주인이 바뀌자 판례와 같이 종전의 주인은 임대차관계에서 완전히 탈피하고 그의 보증금반환의무는 양수인(즉 바뀐 새 주인)만이 부담하니 임차인은 양수인만을 상대로 보증금반환청구를 하라고 하는 것은 위에서 본 임대차관계의 상호신뢰성을 무시한 이론이라 하지 아니할 수 없다.

둘째, 판례의 견해는 건물임대차보호법의 입법취지에도 반한다. 종래 임대차의 대항력이 없을 때에는 「매매는 임대차를 깨뜨린다」하여 매매가 이루어지면 임차인은 매수인에 대하여 그의 임차권을 주장할 수 없고, 따라서 목적물을 무조건 매수인에게 인도하여 주어야 하며 보증금은 임대인(즉, 종전 소유자)한테서만 반환받을 수 있을 뿐이라고 해석하여 왔다.[94] 그런데 임차인을 보호하기 위하여 기껏 건물임대차보호법을 제정하여 놓고는 이제는 양수인한테만 보증금의 반환을 청구하고 종전 소유자에게는 청구하지 못한다고 하는 것은 앞뒤가 안 맞는다고 할 것이다.

(나) 이상에서 고찰한 바에 의하면 주택임대차보호법 제 3 조 제 2 항의 의미에 관한 판례의 견해는 부당함을 알 수 있다. 위 법조항이 「양수인은 임대인의 지위를 승계한 것으로 본다」고 규정한 것은 임대

93) 고상룡(주48), 12.
94) 곽윤직, 채권각론(재전정판)(1984), 325.

인이 집을 양도하고 자취를 감춘 경우 등을 대비하여 명문으로 양수인에게도 임차보증금의 반환청구를 가능하게 함으로써 임차인을 보호하려고 한 것이지, 종전 임대인이 그의 지위를 완전히 벗어나 보증금 반환의무를 면한다고 볼 것은 아니라 할 것이다. 요컨대 종전 임대인도 여전히 위 의무를 부담한다고 보아야 한다.[95] 결국 양수인이 보증금반환채무를 중첩적으로 인수한 것과 같은 결과가 된다. 다만, 「지위를 승계한 것으로 본다」는 위 조문을 문리적으로 해석할 때 과연 저

95) 이범주(주67), 176에 의하면, 일본에서는 "종전의 소유자도 임대차에서 당연히 이탈하지 아니하고 신소유자와 병존하여 여전히 임대인의 의무를 부담한다"는 견해가 소수설로 주장되고 있으나, 통설은 "당연승계에 의해 임차인이 불이익을 받게 되는 특수한 경우에는 종전의 임대인에 대하여 채무불이행의 책임을 추궁할 수 있다"고 예외적으로 인정하는 한편 임차인이 당연승계를 원하지 아니하면 대항력에 의해 받는 이익을 스스로 포기하여 즉시 이의를 제기함으로써 임대차의 구속력으로부터 벗어날 수 있다고 하는 일종의 해지권을 또한 인정하는 이론구성을 취하고 있다고 한다.

우리나라에서도 주택임대차보호법 제 3 조 제 2 항의 당연승계 규정으로 인하여 임차인이 입게 될 불이익을 방지하기 위하여 임차인이 당연승계를 원하지 아니할 경우에는 임차주택의 소유권이 이전된 사실을 알고 지체 없이 종전의 임대인에게 이의를 제기함으로써 임대인의 지위가 새로운 소유자에게 승계되는 것을 부인할 수 있다는 견해[사법연수원, 주택임대차보호법－상가건물임대차보호법 해설 포함(2008), 110; 오용호(주23), 374; 이범주(주67), 176 참조. 또한 권용산(주55), 50은 상가건물의 임대차에 관하여 같은 입장이다]와 법률행위에 의한 소유권 이전의 경우에는 위와 마찬가지로 해석하고, 경매로 소유권이 이전될 경우에는 매각기일까지 이의를 제기함으로써 임대인 지위의 승계를 저지할 수 있다는 견해[조용완(주3, 475)]가 주장되고 있다.

대판 1996. 7. 12. 94다37646(공1996하, 2458)은 임차주택이 경매되는 경우 임차인이 임대차계약을 해지할 수 있다고 밝히고 있고, 대판 2002. 9. 4. 2001다64615(공2002하, 2319)는 대항력 있는 주택임대차에 있어 기간만료나 당사자의 합의 등으로 임대차가 종료한 상태에서 임차주택이 양도되었으나 임차인이 임대인의 지위승계를 원하지 않는 경우에는 임차인이 임차주택의 양도사실을 안 때로부터 상당한 기간 내에 이의를 제기함으로써 승계되는 임대차관계의 구속으로부터 벗어날 수 있다고 봄이 상당하고, 그와 같은 경우에는 양도인의 임차인에 대한 보증금 반환채무가 소멸하지 않는다고 한다.

사견(私見)으로는 주택임대차보호법 제 3 조 제 2 항에 "그러나, 임차인이 양도사실을 알고 지체 없이 임대인에게 이의를 제기한 경우에는 그러하지 아니하다"는 단서조항을 신설하는 것이 좋다고 생각한다. 독일민법은 해지권을 인정한다(동법 제566조 제 2 항 참조).

자와 같은 해석이 가능할까 하는 의문이 제기될 수 있으나, 꼭 불가능한 것은 아니라고 할 것이다.

참고로 독일민법 제566조의a는 "양도된 주거공간의 임차인이 임대인에게 그 의무의 이행에 관하여 담보를 제공하였을 때에는, 양수인은 그에 의하여 발생한 권리 의무를 승계한다. 임대차관계의 종료시에 임차인이 양수인으로부터 담보를 반환받을 수 없는 경우에는 임대인도 이를 반환할 의무를 진다"고 규정하고 있다.[96] 여기서 담보의 가장 전형적인 것은 임대차보증금(Mietkaution)인바,[97] 그 금액은 원칙적으로 1개월분 차임의 3배를 넘지 못한다(독일민법 제551조 제 1 항). 이처럼 금액이 적은 임대차보증금에 대하여도 임대인(즉, 종전 소유자)의 반환책임을 인정하는 입법례에 비추어 볼 때, 건물 값의 4~7할에 해당하는 임대차보증금이 수수되는 우리나라의 현실에서는 저자의 위와 같은 해석론이 지나친 것은 아니며, 오히려 필요한 것이 아닐까 한다.

(다) 위와 같이 종전 임대인도 보증금반환의무를 부담한다고 보면 필연적으로 다음과 같은 문제가 뒤따른다. 즉 만일 양도인(종전 임대인)·양수인의 일방이 임차인에게 보증금을 반환하였다면 이는 동시에 타방의 채무를 대위변제한 것이 되므로, 그는 타방에게 동액을 구상할 수 있느냐는 것이다.[98]

위 문제는 그 양도가 매매와 같이 양도인·양수인의 의사합치에 의하여 이루어졌는가, 아니면 경매와 같이 양도인의 의사와는 무관하게 이루어졌는가의 두 경우로 나누어 볼 수 있으나, 전자(前者)의 경우

96) 이준현, "임대인에 의한 임차목적물의 양도와 임대차관계에 대한 영향", 비교사법 11권 2호(한국비교사법학회 편)(2004), 199-200은 이러한 독일법의 규정을 원용하여 주택이나 상가건물의 양도인은 양도 후 상당기간 동안 양수인과 함께 책임을 져야 하며 그 책임은 보증금의 반환에 국한하지 않는다고 한다.

97) Kinne/Schach, Miet- und Mietprozessrecht, 3. Aufl.(2002), s. 728.

98) 양도로 인하여 종전 임대인의 보증금반환채무는 소멸한다고 보면 구상의 문제는 일어날 여지가 없다. 보증금반환채무는 오로지 양수인이 부담할 뿐이기 때문이다.

에는 임대주택을 매매할 매도인과 매수인 사이에 매매가격을 정함에 있어 보증금액을 고려할 것이므로 별로 문제가 안 된다.[99] 그러면 경매의 경우는 어떤가?

매매와는 달리 경매의 경우는 소유자(양도인)와 낙찰자(양수인) 사이에 보증금을 어떻게 할 것이냐에 관하여 합의가 이루어질 여지가 없으므로 구상문제도 해결이 쉽지 않다.

경매는 그것이 일반적인 강제경매이든 저당권의 실행에 의한 임의경매이든 매각기일의 공고에 매각목적물의 최저매각가격을 기재하도록 되어 있으며(민사집행법 제106조 제5호), 위 최저매각가격은 경매법원이 감정인에게 목적물을 평가하게 하여 이를 기초로 정하도록 되어 있다(민사집행법 제97조). 그리고 전술(前述)[100]한 바와 같이 대항력 있는

---

99) 예상되는 경우를 굳이 세분한다면 다음과 같이 될 것이다.

(1) 매도인·매수인·임차인의 3자가 모두 모여 주택의 매매에 따른 보증금반환채무의 부담자에 관하여 합의를 한 때에는 그에 따르면 될 것이고 달리 구상의 문제는 안 생긴다. 따라서 이러한 경우에는 소유권이 이전된다 하더라도 매도인만이 보증금반환채무를 부담하고 매수인은 그 부담을 면하기로 약정하는 것도 가능하다고 볼 것이며 이러한 약정을 굳이 주택임대차보호법 제10조에 의하여 무효라고 볼 것은 아니라고 생각한다.

반대 : 이범주(주67), 177.

(2) 매도인·매수인 간의 계약에 의한 경우

㈎ 보증금을 매매대금에서 공제한 경우

매수인이 보증금을 반환하기로 약정하고 대신 그 보증금액만큼 매매대금을 감액하였다면 매수인이 임차인에게 보증금을 반환하여도 구상의 문제는 일어나지 않는다. 그러나 매도인·매수인 사이의 위 약정은 임차인에게까지는 효력이 미치지 아니한다고 보아야 하므로(그렇지 않으면 임차인이 그의 의사에 반하여 불이익을 강요당하게 된다) 위 경우에도 매도인은 임차인에 대하여 보증금반환의무를 여전히 부담하며 이를 이행한 경우에는 매수인에게 동 금원을 구상할 수 있다고 볼 것이다.

㈏ 보증금을 매매대금에서 공제하지 아니한 경우

매도인이 보증금을 반환하기로 하고 매매대금에서 이를 공제하지 아니한 경우에는 앞의 예와는 반대로 해석하면 된다. 즉 매도인이 보증금을 반환하였다면 구상의 문제는 일어나지 아니하고, 매수인이 보증금을 반환하였다면(보증금의 공제 여부를 불문하고 매수인도 주택임대차보호법 제3조 제2항에 의하여 그 반환의무를 부담한다) 매도인에 대하여 동 금원을 구상할 수 있다고 볼 것이다.

100) 제3장 제4절 Ⅲ. 참조.

임대차가 목적물인 주택이나 상가건물에 존재하는 경우에도 경매법원은 감정인이 조사, 평가한 목적물의 평가액에서 임차보증금을 공제하지 아니한 채 최저매각가격을 정할 뿐 임차보증금을 평가액에서 공제하고 정하는 것이 아니다.

그런데 한편, 경매목적물인 주택이나 상가건물에 대항력 있는 임대차가 있는 경우에는 전술(前述)[101]한 바와 같이 임대차조사보고서가 매각물건명세서와 함께 경매법원에 비치되어 일반인의 열람에 제공되고, 매각기일의 공고에 그 내용이 기재되기 때문에 입찰에 임하는 사람들은 매수신청을 함에 있어 통상 임차보증금을 고려하여 응찰가격을 정하게 될 것이다.

만일, 낙찰자가 낙찰받은 가액이 목적부동산의 가액에서 임차보증금을 공제한 액이 아니라고 한다면, 낙찰 후 전소유자가 임차인에게 임차보증금을 반환하였을 경우에는 구상의 문제가 일어나지 아니하나, 낙찰자가 임차보증금을 반환하였을 경우(주택임대차보호법 제 3 조 제 2 항에 의하여 보증금반환의무를 지므로)에는 동 금원을 전소유자(종전 임대인)에게 구상할 수 있다고 보아야 한다. 그 이유는 전소유자가 변제할 채무를 낙찰자가 변제한 것이 되기 때문이다.

위와는 반대로 낙찰자가 낙찰받은 가액이 목적물의 가액에서 임차보증금을 공제한 액이라고 본다면 구상관계도 반대로 될 것이다. 즉 낙찰자가 임차인에게 임차보증금을 반환할 경우에는 구상의 문제는 일어나지 아니하고, 전소유자가 임차보증금을 반환한 경우에는 낙찰자에게 동 금원을 구상할 수 있다 할 것이다.

위와 같이 낙찰자가 낙찰받은 가액이 임차보증금을 공제한 액이라고 볼 것이냐 아니냐에 따라 전소유자와 낙찰자 사이의 구상관계는 정반대로 된다. 그러면 어떻게 보는 것이 보다 합당할까? 형식논리적으로 볼 때는 낙찰가액이 최저매각가격에서 임차보증금을 공제한 액

101) 제 3 장 제 2 절 Ⅰ. 참조.

이라고 보아야 할 법적 근거는 없다. 그러나 이 문제를 과연 위와 같이 형식논리적으로만 해결해야 하는가는 의문이다.

주지(周知)하는 바와 같이 경매로 소멸하는 저당권 외에는 경매대상 주택에 다른 부담이 전혀 없다 하더라도 도대체 법원이 정하는 최저매각가격이라는 것 자체가 시가보다 저렴하다. 그나마 대항력 있는 임대차가 있으면 낙찰가액은 그 보증금액수만큼(꼭 동일하지는 않더라도 적어도 상당액은) 더 내려가고 있는 게 현재의 실정이다. 물론 글자 그대로 「경매」인 만큼 낙찰가액이 시가보다 더 높을 수도 있지 않느냐는 주장도 가능하다. 그러나 그것은 어디까지나 이론일 뿐이다. 나아가 자기가 가지고 있던 부동산이 경매에 넘어가 헐값에 낙찰되는 것을 보고도 속수무책이어야 하는 소유자는 궁지에 몰린 경제적 약자일 수밖에 없는바, 결국 어느 쪽을 보호하여야 할 것이냐는 명약관화하다.

요컨대, 낙찰자의 보증금인수를 중첩적 채무인수라고 볼 경우에는 보증금을 변제한 종전 소유자를 보호해서 그의 낙찰자에 대한 구상을 인정하여야 하나, 보증금을 변제한 낙찰자의 종전 소유자에 대한 구상은 인정하여서는 안 된다는 것이 저자의 생각이다.

(4) 임차 주택이나 상가건물의 양수인이 임대인의 지위를 승계하기 때문에 종전 임대인은 임차보증금반환의무를 면하게 되며, 양수인만이 반환의무를 진다는 판례 이론에 의할 경우에는 임차보증금반환청구권이 제 3 자에 의하여 가압류된 상태에서 주택이나 상가건물이 양도되었다 하더라도 가압류권자는 양수인에 대하여만 가압류의 효력을 주장할 수 있다고 보아야 할 것이다. 종전 임대인은 이제 더 이상 보증금을 반환하여야 할 임대인의 지위에 있지 아니하기 때문이다. 결국 이 경우에는 채권가압류의 효력이 주택임대차보호법이라는 특별법에 의하여 변질되는 셈이다.

다. 존속기간

존속기간도 등기 여부와 상관없이 양수인과의 사이에 그대로 승계된다. 따라서 본래의 약정기간 중 낙찰자가 소유권을 취득한 때의 잔존기간 동안 임대차가 존속하게 된다. 종래의 것이 애당초 기간의 정함이 없는 임대차인 경우에는 낙찰자와의 사이에서도 마찬가지로 기간의 정함이 없는 임대차로 됨은 물론이다.

다만 한편 임대주택법의 적용을 받는 공공건설임대주택을 2008. 6. 21. 이후 경매절차에서 낙찰받은 사람은 당초 입주자 모집공고에서 정한 임대의무기간 동안 낙찰 당시의 임차인에게 의무적으로 임대하되, 이 경우 잔여 임대의무기간이 2년 미만인 경우는 최소 2년간 임대하여야 한다(동법 제25조, 부칙 제 2 조).

라. 양도, 전대의 특약

종전 소유자와 임차인 사이에 임차인이 자유롭게 임차권을 양도하거나 전대할 수 있다는 특약을 한 경우에는 그러한 특약도 낙찰자에게 그대로 승계된다.[102] 따라서 임차주택이 경매된 경우에 임차인은 낙찰자의 동의 없이도 임차권을 양도하거나 전대할 수 있다. 이 경우 임차권의 양수인이나 전차인은 주택이나 상가건물의 인도와 주민등록 또는 사업자등록이라는 대항요건을 구비하지 않아도 낙찰자에 대하여 자기의 임차권 또는 전차권을 주장할 수 있으나, 낙찰자로부터 다시 주택이나 상가건물을 전득하는 제 3 자에 대하여 대항하기 위하여는 대항요건을 갖추어야 한다.[103]

마. 필요비상환청구권 등

필요비상환청구권(민법 제626조 제 1 항)은 필요비의 지출시에 곧바

102) 박해식(주63), 192; 이범주(주67), 181-182; 이영숙(주81), 343; 최 창(주68), 52.
103) 권용산(주55), 52; 조용완(주3), 479.

로 생기는 권리이므로 주택이나 상가건물의 경매 전에 이미 발생되어 있는 필요비상환청구권을 낙찰자에 대하여 행사할 수 있는지에 관하여는 의문이 있으나, 필요비는 주택이나 상가건물의 보존을 위하여 지출한 비용이므로 낙찰자에게 상환의무가 승계된다고 보아도 무방할 것이다.[104]

유익비상환청구권(민법 제626조 제2항)이나 부속물매수청구권(민법 제646조)은 임대차의 종료시에 발생하는 권리이므로 낙찰자에 대하여 당연히 행사할 수 있다.[105]

바. 중간임차인의 문제

저당권은 용익의 요소가 없으므로 그것이 실행되지 않는 한 대항력 있는 임차인의 임차권과 상충의 문제가 생기지 아니하고, 저당권의 실행으로 경매가 행하여진 경우에는 결국 낙찰자와 임차인 사이의 문제로 전환된다. 이 경우 낙찰자의 지위는 전술(前述)한 바와 같이 낙찰로 인한 소유권 취득일이 아니라 1순위 저당권의 설정일자를 기준으로 정하여진다.

따라서 1순위 저당권과 2순위 저당권 사이에 건물임대차보호법상의 대항요건을 구비한 임차권이 있는 경우에 당해 주택이나 상가건물이 낙찰되면 낙찰자의 지위는 1순위 저당권을 기준으로 하여 정해지므로 임차권은 소멸하게 되는바, 이때 매각대금을 1순위 저당권자에게 배당하고 난 잔액을 임차인에게 배당할 것이냐 아니면 2순위 저당권자에게 배당할 것이냐 하는 문제가 있다. 이른바 중간임차인에 관한 문제이다. 이 문제를 좀 더 상술하면 다음과 같다.

근래 주택(아파트나 연립주택)이나 상가건물을 신축할 때는 많은 경우에 은행으로부터 건축자금을 장기로 융자받고 그 담보로 1번 근저

104) 동지(同旨) : 박해식(주63), 192-193; 이범주(주67), 182; 조용완(주3), 481.

105) 박재승(주23), 496; 이범주(주67), 183.

당권을 설정한다. 그러나 위 융자금은 일반적으로 건물가격에 비하여 그 비중이 크지 않고 그 상환기간이 장기(10~20년)여서 당해 주택이나 상가건물을 임차하려는 임차인은 1번 저당권에 대하여 크게 신경을 쓰지 않는 게 보통이다.[106] 문제는 그 후 2번 근저당권이 설정되는 데서 비롯된다. 이때는 피담보채권의 액수도 커지고, 변제기도 단기여서 임차기간 중 이 저당권의 실행 가능성이 높고 그 경우 임차권이 비록 2번 근저당권에는 우선한다고 하나, 일단 경매에 들어가면 1번 근저당권이 소멸하고(민사집행법 제91조 제 2 항) 그 결과 그보다 후순위인 임차권도 함께 소멸하기 때문이다(민사집행법 제91조 제 3 항).[107][108]

그런데 임차권에 대항력이 있다는 의미는 임대인인 소유자가 바뀌더라도 임차인이 신소유자에 대하여 종전 임대차의 효력을 주장할 수 있다는 데 불과하지 경매절차에서의 우선변제권까지 인정된다는 것은 아니기 때문에(확정일자를 받아 우선변제권이 인정되는 경우는 물론 별개의 문제이다), 결국 2번 근저당권자는 임차권자보다 열후(劣後)의 지위에 있으면서도 1번 근저당권자가 배당받고 남은 매각대금으로부터 임차권자보다 우선변제를 받게 된다. 이러한 결과가 불합리하다 하여

---

106) 임차기간 중 근저당권 실행의 염려가 거의 없고 실행되어도 보증금을 반환받는 데 별 지장이 없다고 생각하기 때문이다.

107) 강병호(주85), 209; 김정현, 경매실무요론(상)(1975), 553-4; 김오섭, "임대차에 있어서의 소액보증금의 보호를 둘러싼 제문제", 재판자료 32집(1986), 519; 오용호(주23), 377; 이범주(주67), 185 ; 이영대, "주택임차권의 대항력", 제15기 사법연수생 논문집(1985), 91; 이윤승(주23), 172; 조성민, "주택임차인의 대항력", 한국 민법이론의 발전(이영준 회갑 기념 논문집 II 채권편)(1999), 879; 조성수, "부동산경매절차에 있어서의 몇 가지 문제점", 사법논집 16집(1985), 498; 진영광(주16), 84.

대판 1987. 2. 24. 86다카1936(공1987, 525)[이 판결에 대한 평석으로 양상훈, "1번 저당권 설정 후에 대항력을 취득한 주택임차권보다 후에 설정된 저당권의 실행으로 목적물을 경락받은 자가 주택임대차보호법 제 3 조 소정의 양수인에 해당하는지 여부", 대법원판례해설 7호(1988), 99 이하 참조]; 대판 1987. 3. 10. 86다카1718(공1987, 636); 대판1990. 1. 23. 89다카33043(공1990, 516); 대판 1998. 8. 24. 98마1031(공1998하, 2491); 대판 1999. 4. 23. 98다32939(공1999상, 993).

108) 이러한 결과는 1번 저당권이 있는 상태에서 일반 채권자의 신청에 의한 강제경매가 행하여지는 경우도 마찬가지로 발생함은 물론이다.

위의 경우는 1번 저당권이 소멸하지 않고 따라서 임차권도 소멸하지 않는다는 견해,[109] 1번 저당권은 소멸하나 임차권은 소멸하지 않는다는 견해,[110] 임차권이 소멸하더라도 2번 저당권자에 앞서 임차인이 우선변제 받는다는 견해[111] 등이 주장되기도 한다.

그러나 1번 저당권이 소멸하지 않는다고 보는 것은 모든 저당권은 경매로 인하여 소멸한다는 민사집행법 제91조 제 2 항에 정면으로 반하고, 대항요건을 구비한 임차인이 주택임대차보호법 제 3 조의2 제 2 항, 상가건물임대차보호법 제 5 조 제 2 항에 의하여 2순위 저당권자의 등기보다 먼저 확정일자까지 갖추었거나, 임차권등기를 하였거나, 아니면 주택임대차보호법 제 8 조, 상가건물임대차보호법 제14조의 소액임차인에 해당하는 등 건물임대차보호법상의 우선변제권의 요건을 구비하지 아니한 이상 그에게 우선변제권을 주는 것은 법의 해석을 벗어나기 때문에 찬성할 수 없다. 요컨대, 2순위 저당권자에게 배당하여야 한다.[112]

---

109) 권용우, "주택임대차의 대항력", 고시연구 1992. 7., 113 이하; 김상수, "강제집행법상의 몇 가지 문제점", 저스티스 30권 2호(1997. 6.), 182; 양삼승(주32), 86-88; 양상훈(주107), 109; 이재성, "부동산의 경락과 가등기의 효력", 이재성판례평석집(VI)(1989), 373; 이진강, 주택임대차보호법령·가등기담보 등에 관한 법률 해설(1985), 39.

이에 관한 학설의 소개 및 비교법적 고찰은 이은희(주23), 5-67에서 상세히 다루고 있다. 한편, 후술(後述)하는 바와 같이 3차 개정 후의 주택임대차보호법 제 3 조의5는 임차권은 낙찰에 의하여 소멸하는 것을 원칙으로 하면서도, 단서에서 대항력이 있는 임차권으로서 보증금을 전액 변제받지 못한 것은 소멸하지 않는다고 규정하고 있는바, 위 반대설은 위 개정에도 불구하고 그대로 유지될 것으로 추측된다.

110) 김진현(주55), 380.

111) 고상룡, "주택임대차보호법의 문제점과 그 개정·보완방법(상)", 법률신문 1987. 12. 14., 10; 고용철, "주택임대차보호법에 관한 연구", 충남대법률행정연구소 논문집 16권(1988), 392; 김은집(주76), 70.

112) 동지(同旨): 조용완(주3), 483.

따라서 임차인으로서는 제 1 순위 저당권의 피담보채무가 소액일 경우 이를 대위변제하여 저당권을 소멸시킴으로써 자기가 최선순위로 대항요건을 구비한 자로 되는 방법을 강구하는 것도 스스로의 권리구제로서 고려할 만하다.

Ⅵ. 담보책임

1. 의 의

건물임대차보호법은 임차권의 등기 외에도 인도와 주민등록 또는 사업자등록이라는 간이한 방법으로 임차권의 대항력을 인정하므로 경매 주택이나 상가건물의 낙찰자는 인도와 주민등록 또는 사업자등록에 의하여 대항요건을 갖춘 임차인이 있다는 사실을 모르고 당해 주택이나 상가건물을 낙찰받을 수 있다. 그 결과 낙찰자는 보증금반환채무의 승계 등 뜻하지 아니한 손해를 입을 수 있으며, 거주나 영업의 목적으로 낙찰받은 경우에 그 목적을 달성할 수 없는 사태가 일어날 수도 있다. 여기서 이러한 경우에 낙찰자의 보호대책을 강구함으로써 거래의 안전을 도모할 수 있는 방안의 모색이 요청되며, 그러한 요청에 부응하여 주택임대차보호법 제3조 제3항, 상가건물임대차보호법 제3조 제3항은 주택이나 상가건물의 경매의 경우에 담보책임에 관한 민법 제578조를 준용하게 함으로써 낙찰자를 보호하고 있다.

2. 요 건

가. 주택이나 상가건물이 경매에 의하여 양도되었을 것

경매절차는 유효하여야 하며 경매절차가 무효인 경우에는 담보책임의 문제가 발생하지 않는다.[113]

---

113) 남효순, 민법주해(XIV)(1997); 대판 1988. 12. 6. 87다카2787(공 1989, 85); 대판 1991. 10. 11. 91다21640(공 1991, 2709); 대판 1993. 5. 25. 92다15574(공1993, 1836); 대판 2004. 6. 24. 2003다59259(공2004하, 1205)[이 판결에 대한 평석으로 송인권, "경매와 매도인의 담보책임", 저스티스 91호(2006. 6.), 197 이하 참조]

나. 주택이나 상가건물에 인도와 주민등록 또는 사업자등록에 의하여 대항력 있는 임차인이 있을 것

이러한 임차인이 우선변제권을 행사하여 보증금을 배당받아 가는 경우에는 낙찰자가 임차권의 부담을 승계하지 아니하므로 담보책임이 문제될 여지가 없다.

그리고, 임차권등기에 의하여 대항력이 있는 임차인은 그 존재가 등기에 의하여 공시되므로 선의(善意)의 낙찰자를 보호하기 위한 담보책임이 역시 문제로 되지 않는다.

다. 낙찰자가 위와 같이 대항력이 있는 임차인이 있다는 사실을 몰랐을 것

낙찰자가 선의(善意)인 이상 선의인 데 과실이 있느냐 여부는 묻지 않는다.[114] 경매의 경우에는 임대차의 기간, 차임, 보증금, 주민등록 전입신고일자, 사업자등록 신청일자 등이 매각물건명세서에 기재되어 일반인의 열람에 제공될 뿐만 아니라 매각기일의 공고내용에 포함되므로(민사집행법 제105조, 제106조), 이와 같이 임대차가 공고된 경우에는 낙찰자가 그 존재를 알고 경매에 참여하는 것이 통상적일 것이다.

반면, 만일 대항력 있는 임대차가 매각물건명세서 및 매각기일의 공고내용에서 누락(집행관의 임대차조사보고서가 부실한 경우 등에 이런 일이 일어날 수 있다)된 채 경매가 진행되어 매각허가결정이 확정되었다면 이 때에는 낙찰자의 선의가 사실상 추정된다고 할 것이고, 따라서 담보책임의 추궁이 가능할 것이다.[115]

114) 대판 1964. 5. 12. 63다663(집12-1, 민70) 참조. 이 판결은 의용민법(依用民法)하의 사건에 관한 것이나 현재도 그대로 적용된다 할 것이다[인천지법판 1998. 4. 1. 97가합19461(하집 1998-1, 60)]. 다만, 이에 대하여는 적어도 선의인데 중과실이 있는 경우에는 배제하여야 한다는 견해도 가능하다.

115) 조용완(주3), 482.

또한 전술(前述)[116]한 바와 같이 임차권보다 선순위인 저당권이 이미 소멸하였으나 등기부상 말소되지 않고 그대로 방치된 상태인데, 경매법원이 이를 모른 채 경매개시결정을 하고 경매신청서에 첨부된 등기부등본에 의하여 이 선순위저당권자를 이해관계인으로 취급하여 이를 매각물건명세서에 기재한 경우에도, 낙찰자는 선순위 저당권자가 있으므로 임차권에 대항력이 없는 것으로 판단하고 낙찰을 받았는데 사실은 선순위 저당권이 존재하지 않아서 임차권이 대항력을 갖는다면, 낙찰자는 불측의 손해를 입게 되므로 담보책임의 추궁이 가능하다고 할 것이다.

나아가 제 1 순위 저당권자, 대항요건을 갖춘 임차인,[117] 제 2 순위 저당권자가 차례로 있는 주택이나 상가건물에 관하여 제 2 순위 저당권자의 신청에 의하여 개시된 경매절차에서 제 1 순위 저당권의 존재로 그보다 후순위인 임차권이 소멸하는 것으로 알고 최고가매수신고를 하여 낙찰까지 받았는데, 매각대금 납부 전에 제 1 순위 근저당권이 변제 등의 사유로 소멸하면 낙찰자가 뜻하지 않게 임차권을 인수하게 되는바,[118] 낙찰자가 그러한 사실을 알지 못하여 매각대금을 납부함으로써 소유권을 취득한 후에 비로소 그 사실을 알게 되었다면 역시 담보책임의 추궁이 가능하다.[119]

---

116) 제 4 장 제 2 절 Ⅲ. 1. 다.

117) 이때의 임차인은 임차권등기를 한 임차인도 포함한다.

118) 제 1 순위 저당권자 다음에 대항요건을 갖춘 임차인이 있는데, 다른 일반채권자의 강제경매신청에 의하여 경매절차가 개시된 경우도 마찬가지이다. 상세는 제 4 장 제 2 절 Ⅲ. 1. 나. 참조.

119) 대판 2003. 4. 25. 2002다70075(공2003상, 1262).
이 사건에서 원심판결(서울고등법원 2002. 11. 1. 선고 2002나18604 판결)은 경매절차의 특성상 매수신청인은 자신의 위험부담하에 경매목적물에 관한 권리관계를 분석하여 자신의 책임으로 입찰에 임하여야 한다면서 이러한 경우에 낙찰자인 원고가 뜻하지 않게 임차권을 인수하게 된 것을 그의 귀책으로 돌렸으나, 매수신청인이 권리관계를 분석하여 자기 책임 아래 응찰하는 것은 매각기일까지의 일이며, 위 대법원판결이 적절하게 지적하고 있는 것처럼 매각기일이 지난 후에 발생한 사정변경에 대하여까지 그로 인한 부담을 낙찰자에게 귀속시킬 수는 없다 할 것이다.

라. 배당이 실시되었을 것

매각허가결정이 확정되기 전이라면 매각물건명세서 작성의 잘못을 이유로 즉시항고를 함으로써 구제를 받을 수 있고, 매각허가결정이 확정된 후 대금납부 전이면 민사집행법 제127조에 의하여 낙찰자에게 매각허가결정에 대한 취소신청권을 인정하면 된다.

문제가 되는 것은 낙찰자가 매각대금을 납부한 후인데, 전술(前述)[120]한 바와 같이 설사 대금을 납부하였다 하더라도 배당이 행하여지기 전까지는 민사집행법 제127조를 유추적용하여 낙찰자에게 매각허가결정에 대한 취소신청권을 인정하는 것이 옳다.[121] 매각허가결정이 취소되면 낙찰자는 매각대금을 경매법원으로부터 돌려받으면 되고, 낙찰자 앞으로의 소유권이전등기는 경매법원의 직권에 의한 촉탁으로 말소하고, 저당권 등 말소되었던 등기들은 역시 경매법원의 직권에 의한 촉탁으로 회복등기를 함으로써[122] 모든 것이 낙찰 이전의 단계로 되돌아가 매각기일을 새로 지정하는 등 경매절차를 다시 진행하면 된다.

결국 담보책임의 법리가 적용되는 것은 배당이 실시된 후만으로 국한된다.

3. 효　과

가. 개　설

선의의 낙찰자는 채무자에게 계약의 해제, 대금의 감액을 청구할 수 있고(민법 제578조 제1항), 채무자가 무자력일 때에는 매각대금을 배당받은 채권자에 대하여 그 대금의 전부 또는 일부의 반환을 청구할

120) 제4장 제2절 Ⅲ. 1. 나. (4) 참조.
121) 전술(前述)한 바와 같이 일단 낙찰자가 매각대금을 납부한 후에는 언제나 담보책임에 의하여 낙찰자를 구제하여야 한다는 반대 견해도 있다. 주36) 참조.
122) 대판 1996. 5. 31. 94다27205(공1996하, 2007).

수 있으며(동조 제 2 항), 채무자가 대항력 있는 임대차의 존재를 알고 고지하지 아니하거나 채권자가 이를 알고 경매를 청구한 때에는 그 사실을 알고 있던 채무자나 경매신청채권자에 대하여 손해배상을 청구할 수 있다(동조 제 3 항). 다만, 이러한 권리는 낙찰자가 대항력 있는 임차권의 존재사실을 안 날로부터 1년 내에 행사하여야 한다(민법 제578조 제 1 항, 제575조 제 3 항).

이하에서 이들 내용을 차례로 살펴본다.

나. 계약의 해제

(1) 해제의 의미

대항력 있는 임대차의 존재로 인하여 낙찰자가 낙찰받은 목적을 달성할 수 없는 경우, 예컨대, 거주나 영업의 목적으로 낙찰받았는데 거주나 영업을 할 수 없게 된 경우에는 채무자에 대하여 계약을 해제할 수 있다(민법 제578조 제 1 항). 그러면 경매절차에서의 계약의 해제의 의미는 무엇일까?

이에 관하여 유력한 학설은, "여기서 계약의 해제라고 하는 것은 경락허가결정의 취소를 의미한다고 할 수밖에 없다. 왜냐하면 경매의 경우에는 채무자와 경락인 사이에는 매매계약이 성립한 것이 아니고 오직 경락허가결정의 효력에 의하여 채무자 소유의 부동산이 경락인에게 이전되었던 것이므로 그 소유권 취득이 불가능하게 되었다면 경락인으로서는 그 경락허가결정을 취소한다고 할 수밖에 없을 것이기 때문이다"라고 설명하고, 따라서 "경락인이 채무자에 대하여 계약해제의 청구를 하면 그 경락허가결정은 효력을 상실한다"고 한다.[123] 과연 그런 것인가?

(가) 경매의 본질적 성격을 매매로 본다면,[124] 경매절차에서 낙찰

123) 이재성, "경락인의 채권자에 대한 배당금반환청구의 성질", 이재성판례평석집(Ⅸ)(1989), 481 이하.

을 해제한다는 것은 결국 낙찰자가 낙찰을 받기 전 단계로의 복귀를 의미한다고 보는 것이 논리적일 것이다.[125] 일반적으로 매매계약을 해제하면 매매계약을 체결하지 아니하였던 것과 마찬가지의 상태로 복귀하기 때문이다.

그런데, 경매절차에서는 매각기일에서의 매수신고의 최고('청약의 유인'에 해당한다)에 응하여 최고가로 매수신고('청약'에 해당한다)를 한 자에 대하여 매각을 허가('승낙'에 해당한다)하면 매매가 이루어지는 것이므로, 결국 경매절차에서의 낙찰자에 의한 해제는 매수신청인이 매수신고를 하기 전 단계로의 복귀를 의미한다. 따라서 낙찰자에 의한 해제 후에는 다시 매각기일을 지정하여 경매절차를 진행할 수 있다고 할 것이다.

(나) 위와 같이 낙찰자가 낙찰을 해제하면 경매절차가 매수신고 이전의 단계로 되돌아가는 것이 논리적 귀결로 보이는데, 그러면 과연 어떤 방법과 절차를 통하여 매수신고 이전의 단계로 복귀시킬 수 있는가 하는 현실적 의문이 제기된다.

전술(前述)한 것처럼 배당이 실시되기 전까지는 굳이 담보책임에 의한 해제에 의할 것 없이 매각허가결정을 취소함으로써 낙찰자를 구제하면 족하고, 담보책임에 의한 해제는 배당이 실시된 후에나 가능하다고 보는 이상, 이 단계에서는 이미 낙찰자에게로의 소유권이전등기나 경매개시결정기입등기를 비롯한 저당권 등 각종 부담의 말소등기 등이 경료된 상태이기가 십상이다.

그런데 이미 낙찰자에로의 소유권이전등기가 되고 경매개시결정기입등기를 비롯한 저당권 등의 각종 등기가 말소된 상태라면, 소유권이전등기를 도로 말소하고 이미 말소되었던 각종 등기를 모두 회복

124) 김석우, 채권법각론(1978), 198; 김증한, 채권각론(1988), 160; 김증한/안이준(주86), 245; 김현태, 신채권법각론(1975), 129.

125) 남효순(주113), 465는 낙찰자의 해제의사표시에 의하여 경매는 존재하지 않았던 것으로 된다고 하고 있는바, 같은 취지로 보인다.

해 놓지 않고서는 경매절차를 속행할 수 없다. 만일 위와 같이 등기의 원상회복이 필요한 것이라면 그 회복등기는 경매법원이 직권으로 촉탁하여 할 수 있는 것인가, 아니면 당초의 경매신청 채권자의 신청에 의하여야 하는 것인가? 만일 후자(後者)라면 당사자가 그러한 신청을 하지 아니하고 방치할 경우 경매법원은 어떤 조치를 취할 것인가? 이들 절차나 방법에 관한 규정은 민법이나 민사집행법의 그 어느 곳에도 없다.

또한, 경매의 본질적 성격이 매매라 하더라도 이는 어디까지나 사법(私法)적인 측면에서의 접근일 뿐이며, 경매는 채무자의 의사에 기하지 아니한 강제환가라는 점에서는 분명 공법적 처분으로서의 성질도 아울러 가진다[126]는 점을 고려한다면, 낙찰자의 해제의사표시는 경매가 매매로서의 성질을 가지는 사법(私法)적 측면에서만 그 효력을 발휘하여야 하고, 그것이 공법적 처분이라는 측면에까지 당연히 영향을 미칠 수는 없는 것(즉, 경매법원의 매각허가결정이라는 공적인 재판을 낙찰자가 일방적으로 무효화할 수는 없는 것이다. 민사집행법은 낙찰자에게 그러한 권한을 부여하고 있지 않다)이라고 보아야 하지 않을까 한다.

단순한 매매의 경우에는 계약을 해제하면 매도인과 매수인 사이에서만 계약을 없었던 것으로 하고 서로 원상회복의무를 이행함으로써 법률관계가 정리되지만(따라서 제 3 자에게 피해를 주는 일이 없다. 민법 제548조 제 1 항), 경매의 경우에는 단순한 매매와 달리 이해관계가 얽힌 자(각종 담보권자, 가압류 · 가처분권자, 조세채권자, 임차인 등)가 많아 그들의 이해관계를 조절하여야 하기 때문에 경매를 처음부터 없었던 것으로 돌린다는 것이 쉽지 않다.

경매절차의 하자가 중대하여 낙찰자에 의한 해제를 기다릴 것도 없이 경매절차가 근본적으로 무효가 되는 경우에는 도리 없이 경매를

126) 임승순, "경매의 신청과 요소의 착오", 사법논집 17집(1986), 241-242; 남효순(주 113), 457; 박두환, 민사집행법(2002), 235-236.

처음부터 없었던 것으로 돌릴 수밖에 없으나,[127] 경매절차를 무효로 할 만큼 하자가 중대한 것은 아니어서 경매절차는 여전히 유효한데 단지 낙찰자의 보호를 위하여 담보책임을 추궁하기 위한 경우까지 다른 많은 이해관계인들의 이익을 침해하면서 경매절차를 원점으로 돌린다는 것은 지나치므로, 어디까지나 낙찰자의 보호를 위한 범위 내로 국한하는 것이 합리적일 것이다.

이러한 점들을 고려한다면, 결국 경매절차와 관련하여 민법 제578조에서 말하는 계약의 해제는 이미 행하여진 경매절차 중 공법적인 측면, 즉 매각허가결정의 효력에는 아무런 영향을 미치지 아니하면서, 다만 경매의 사법(私法)적인 측면에 국한하여서만 낙찰의 효과를 부정함으로써 채무자에게 후술(後述)하는 대금의 반환의무를 지우는 것[128]으로 보는 편이 낫지 않을까 한다.[129][130]

---

127) 따라서 이 경우에 낙찰자는 매각대금을 배당받은 채권자들을 상대로 일반 부당이득반환청구를 할 수 있을 뿐이며 민법 제578조에 의한 담보책임을 추궁할 수는 없다. 대판 1993. 5. 25. 92다15574(공1993, 1836); 2004. 6. 24. 2003다59259(공2004하, 1205).

128) 대판 1986. 9. 23. 86다카560(공1986, 2946)은 경락인이 소유권에 관한 가등기의 목적이 된 부동산을 경락받아 경락대금까지 납부하여 소유권을 취득하였는데 그 뒤 가등기에 기한 본등기가 경료됨으로써 소유권을 상실하자 경락대금을 배당받은 채권자를 상대로 부당이득반환청구를 한 사안에서, 원심(서울고등법원 1986. 1. 31. 선고 85나3598 판결)이 위 본등기로 경매절차가 무효로 되었다고 보고 부당이득반환청구를 인용한 것에 대하여, 대법원은 경락은 무효가 아니며 단지 민법 제578조 소정의 경매와 매도인의 담보책임에 관한 규정에 따라 채무자에 대하여 계약을 해제하고 채무자의 무자력을 이유로 배당받은 채권자를 상대로 배당금의 반환을 구할 수 있다는 취지로 판시하여 원심판결을 파기하였다.

결국 이 판결은 경락인의 해제로 인하여 경락허가결정이 무효로 되는 것이 아니라는 것을 전제한 것으로 보인다. 그렇지 않다면 경락허가결정이 본등기에 의하여 무효가 되든(원심판결의 견해) 경락인의 해제에 의하여 무효가 되든 결과에 있어서는 동일하기 때문에 원심판결을 파기할 이유가 없기 때문이다.

129) 법률의 해석에 있어 중요시되는 것이 입법자의 입법의도라고 할 것인데, 입법자들이 민법 제578조를 입법할 때 과연 단순한 매매와 구별되는 경매의 특성을 충분히 염두에 두고 "계약해제"를 규정한 것인지 알 수 없는 것이 아쉽다. 오히려 민의원(民議院) 법제사법위원회 민법심의소위원회, 민법안심의록(상)(1957), 336을 볼 때, 이렇다 할 깊은 검토 없이 일본 민법 제568조를 그대로 옮겨 놓은 것이 아닌가 싶다. 일본 민법 외에는 경매의 경우의 담보책임에 관한 규정을 명문으로

(다) 위와 같은 해석은 민법 제578조 제 2 항의 존재로부터도 합리화될 수 있다. 후술(後述)하는 바와 같이 동 조항에 의하면 낙찰자가 해제한 경우 우선 채무자가 낙찰자에게 매각대금을 전액 반환하고, 채무자가 무자력인 경우에 한하여 매각대금으로부터 배당을 받은 채권자들이 그 반환의무를 지도록 하고 있다.

만일 해제에 의하여 매각허가결정이 무효로 된다면 채무 변제의 효과가 발생하지 아니하고 채무자는 매각대금으로부터 현실적으로 받은 돈도 없으므로 낙찰자에게 매각대금을 반환할 이유가 없다. 반면 배당받은 채권자들은 배당의 근거가 된 매각허가결정이 무효인 까닭에 자기들이 받은 돈을 당연히 반환하여야 한다. 따라서 채무자가 우

둔 입법례를 찾아보기 어렵다는 것이 아쉬운 점이다.

본래 일본 민법 제568조는 일본 구(舊) 민법 재산취득편 제67조를 수정한 것으로, 동 제67조 제 1 항은 "압류된 재산의 경락인이 추탈을 당한 경우에는 피압류자에게 대금의 반환을 청구할 수 있다. 만일 피압류자가 무자력인 경우에는 대금의 배당을 받은 채권자에 대하여 그 대금의 반환을 청구할 수 있다"고 규정하고 있었다. 그런데 일본 구(舊) 민법의 이러한 규정은 프랑스 민법의 태도를 이어받은 것이라고 한다.

프랑스 민법상으로는 매도인의 담보책임이 추탈담보책임과 하자담보책임으로 나뉘는데, 경매(법원이 행한 매각)에는 추탈담보책임만이 인정된다(동법 제1649조 참조). 이 경우 경락인이 경락받은 물건을 추탈당한 경우 누가 담보책임을 부담하는가에 관하여는 1차적으로는 피압류자가 담보책임을 지고, 다만 압류채권자가 목적물이 추탈될 것을 알면서도 경매절차를 진행시킨 경우에만 예외적으로 그도 책임을 진다고 하는 것이 다수설이라고 한다[양창수, "타인 소유 물건의 경매와 물상보증인의 담보책임", 민법연구 2권(1991), 248; 남효순, "프랑스민법에서의 매도인의 담보책임(Ⅰ)(Ⅱ)", 법학(서울대학교 법학연구소편), 34권 1호(1993), 166 이하 및 34권 2호(1993), 266 이하, Bernard Gross/Philippe Bihr, Contrats Ventes civiles et commerciales, baux d'habitation, baux commerciaux(2002), 218 각 참조].

130) 매각허가결정이 여전히 유효한데 채무자에게 대금반환의무가 생긴다는 것이 일견하여 이상하게 보일 수도 있으나, 가집행선고부 판결에 기하여 강제경매를 실시하여 매각허가결정이 선고되고 낙찰자가 매각대금을 납부한 후에는 그 판결이 상급심에서 취소됨으로써 강제경매의 기초가 된 집행권원이 효력을 상실하였다 하더라도 매각허가결정의 효력이 그대로 유지되며, 다만 가집행채권자가 부당이득반환 내지 손해배상책임을 질 뿐이라는 것[대판 1990. 12. 11. 90다카19098, 19104,19111(공1991, 464). 이 판결에 대한 평석으로 윤진수, "가집행선고의 실효와 경락인인 가집행채권자의 부당이득반환의무", 민사재판의 제문제 6권(1991), 175 이하 참조]에 비추어 본다면 이상할 것도 없다.

선적으로 매각대금을 반환하고 배당받은 채권자들이 보충적으로 매각대금을 반환할 것이 아니라, 배당받은 채권자들만이 매각대금을 부당이득으로 반환할 의무를 부담할 뿐이다. 그런데 민법 제578조 제 2 항이 위와 같이 채무자가 1차적으로 매각대금을 반환하고 채무자가 무자력인 경우에 한하여 배당받은 채권자들에게 보충적으로 매각대금의 반환의무를 지도록 한 것은 매각허가결정이 유효함을 전제로 할 때 좀 더 합리적인 설명이 가능하다.[131]

㈑ 위와 같이 해석할 경우 채무자의 보증인의 지위는 어떻게 되는가? 해제하더라도 매각허가결정은 여전히 유효하다고 보는 이상 배당으로 인한 변제의 효과는 유지되는 것이며, 따라서 그 범위 내에서 채무자의 보증인은 보증채무를 면하게 된다. 보증인도 배당받은 채권자들처럼 보충적인 책임을 져야 하는 것이 아닌가 하는 의문이 들 수도 있으나, 배당받은 채권자들처럼 특별규정이 있지 않은 이상 이를 인정하기는 어려울 것이다.

(2) 해제의 상대방

민법 제578조 제 1 항은 계약해제의 상대방으로 채무자를 규정하고 있다. 이는 경매 대상 주택이나 상가건물의 권리자인 채무자를 매도인으로, 따라서 담보책임자로 규정하고 있는 것이다.

그런데, 강제경매의 경우에는 채무자와 주택이나 상가건물의 소

131) 저자의 이러한 견해에 대하여는, "경매가 해제된 경우에 그로 인한 원상회복관계는 경매절차에 관여한 많은 이해관계인으로 말미암아 매우 복잡하게 된다. 예를 들어 만일 배당채권자들의 반환책임을 인정한다면 그들이 채무자에 대하여 가지는 채권이 부활하게 되고, 그들은 이것을 일일이 다시 추급하지 않으면 안 될 것이며, 또 채무자에게 보증인이 있다면 그의 책임도 다시 살아날 것이다. 그러므로 이와 같이 복잡한 권리추급관계를 간명하게 처리하기 위하여, 법은 이러한 문제의 해결이 최종적으로 귀착되는 당사자인 채무자에게 1차적인 책임을 집중시킨 것이다. 즉 민법 제578조 제 1 항, 제 2 항은 「계약의 해제」가 매각허가결정에 어떠한 영향도 미치지 아니함을 전제로 하여 마련된 규정이라기보다는, 그것에 영향을 주는 경우에라도 그로 인한 원상회복관계를 간명하게 처리하기 위하여 마련된 규정이라고 설명될 수도 있는 것이다"라는 반론이 제기될 수 있다(이상 양창수, "2003년 민사판례 관견", 인권과 정의 2004. 4., 58).

유자가 동일인이므로 문제가 없으나, 담보권 실행을 위한 임의경매의 경우에 주택이나 상가건물의 소유자가 물상보증인이라면 해제의 상대방은 채무자인가 물상보증인인가 하는 문제가 대두한다. 물상보증인이 제공한 담보물이 경매의 목적물로 된 이상 물상보증인이 매도인의 위치에 서고 따라서 그가 해제의 상대방으로 되어야 할 것이다.[132)]

(3) 해제의 효과

(가) 대금의 반환과 소유권의 회복

낙찰자가 해제를 하더라도 이미 이루어진 낙찰 그 자체에는 아무런 영향이 없으나(따라서 경매절차가 매수신고 이전의 단계로 되돌아가지 않는다), 채무자는 낙찰자에게 매각대금(매각대금 납입일로부터의 이자를 포함한다. 민법 제548조 제 2 항)을 전액 반환하여야 한다. 대신 해제 전에 이미 낙찰자 앞으로 소유권이전등기가 경료되었다면 낙찰자는 이를 말소하여 채무자에게 소유권을 회복시켜 주어야 한다. 즉, 채무자와 낙찰자 사이에 서로 원상회복의무를 지는 것이다. 이로써 낙찰자의 해제로 인한 법률관계는 종결되며 그 밖의 배당을 받은 채권자 등의 법률관계는 아무런 영향을 받지 않는다.

그런데 경매 대상 주택이나 상가건물이 물상보증인이 제공한 것이라면 1차적으로 대금반환의무를 지는 자는 채무자인가, 아니면 물상보증인인가에 관하여 논란이 있다. 학설은 채무자설[133)]과 물상보증

132) 김석우(주124), 198; 김주수, 채권각론(상)(1986), 202; 김증한(주124), 161; 남효순(주113), 464.

대판 1988. 4. 12. 87다카2641(공1988, 841)[이 판결에 대한 평석으로 양창수(주129), 231 이하 참조]도 "민법 제578조 제 1 항의 채무자에는 임의경매에 있어서의 물상보증인도 포함되는 것이라고 보는 것이 옳으므로 경락인이 그에 대하여 적법하게 계약해제권을 행사했을 때에는 물상보증인은 경락인에 대하여 원상회복의 의무를 지는 것이라고 할 것이다"라고 판시하여 같은 입장을 취하고 있다.

133) 김석우(주124), 199; 김증한(주124), 161; 김주수(주132), 203; 김현태(주124), 130; 김현채, 주석민법-채권각칙(3)(제 3 판)(1999), 135; 이상인, "민법 제578조 경매와 매도인의 담보책임에 관련된 실무상 문제점", 사법연구자료 18집(1991), 49; 이태재, 채권각론신강(1967), 189.

인설[134]이 대립되고, 판례는 물상보증인설을 따르고 있다.[135] 저자는 물상보증인이 제공한 담보물에 하자가 있었던 이상 물상보증인이 대금반환의무를 지는 것이 옳고, 대금을 반환한 물상보증인은 채무자에 대하여 이를 구상함으로써 보호받을 수 있다는 점에서 물상보증인설에 찬성한다.

⑷ 배당받은 채권자들의 보충적 책임

민법 제578조 제2항은 대금을 반환할 채무자가 무자력일 경우에는 매각대금으로부터 배당을 받은 채권자들이 그 반환의무를 지는 것으로 규정하고 있다.

배당받은 채권자들이 매도인의 지위에서는 것은 아니지만, 그들은 결과적으로 낙찰자가 출연한 대금으로부터 자기 채권의 만족을 받은 자들이므로, 채무자가 해결을 못 하는 이상 그들에게 원상회복의 보충적인 책임을 지워 받은 금원을 반환하게 하는 것은 당연하다. 다만, 이들이 반환하여야 할 범위는 각자 배당받은 금액(채무자와는 달리 배당금을 현실적으로 수령한 날부터의 이자를 포함한다고 할 것이다)[136] 범위 내로 한정되며, 연대책임을 질 일은 아니다.[137] 채무자의 무자력을 입증하면 곧바로 배당받은 채권자들을 상대로 반환청구가 가능하며 반드시 채무자를 상대로 먼저 청구하여야 하는 것은 아니다.[138]

그런데, 채무자가 완전 무자력이어서 한 푼도 반환할 수 없는 경우에는 배당받은 채권자들이 각자 배당받은 금원을 모두 반환하면 되는데, 채무자가 일부를 반환한 경우는 나머지를 어느 채권자가 반환할 것이냐 하는 문제가 생길 수 있다. 배당받은 각 채권자가 배당

---

134) 곽윤직(주79), 152; 남효순(주113), 466-467; 양창수(주129), 246-248.

135) 대판 1988. 4. 12. 87다카2641(공1988, 8411).

136) 김상찬/송서순, "경매에서의 매도인의 담보책임", 법과 정책 12집 1호(제주대학교 법과정책연구소 편) (2006. 2.), 105; 박재윤(주38), 465.

137) 남효순(주113), 467-468.

138) 박재윤(주38), 465; 대구고법판 1999. 6. 3. 98나4652[이는 대판 2001. 6. 12. 99다34673(공2001하, 1570)의 원심판결임].

액에 비례하여 반환하여야 한다는 견해도 가능하나, 선순위의 채권부터 만족시킨다는 배당의 본질상 배당순위의 역순(逆順)으로 반환금액에 달할 때까지 반환하여야 한다고 봄이 상당할 것이다. 배당순위가 같은 채권자들 사이에서는 물론 배당액에 비례하여 반환하여야 할 것이다.

채권자들이 이처럼 배당받은 금액을 낙찰자에게 반환하게 되면 채무자에 대하여 이를 구상할 수 있다고 보아야 한다. 이때 채권자들의 당초의 채권이 처음부터 소멸하지 않았던 것으로 보아 원래의 채권을 행사할 수 있는 것으로 볼 수도 있으나,[139] 전술(前述)한 것처럼 낙찰자가 해제를 하더라도 이미 이루어진 낙찰 그 자체에는 아무런 영향이 없다고 본다면 반환한 액수만큼만 채무자에게 구상할 수 있다고 해석하는 것이 수미일관(首尾一貫)하지 않을까 한다.[140]

---

139) 대판 1988. 12. 6. 87다카2787(공1989, 85)[이 판결에 대한 평석으로 박장우, "경락을 원인으로 한 소유권이전등기가 원인무효로 말소되어 채권자가 배당받은 경락대금을 경락인에게 반환한 경우 그 배당으로 인한 변제의 효력", 대법원판례해설 11호(1990), 7 이하 참조] : 경락을 원인으로 한 경락인 명의의 소유권이전등기가 원인무효로 말소되어 경락인이 그 소유권을 취득할 수 없게 되고 채무자 겸 소유자가 무자력이어서 경락대금을 배당받은 채권자인 원고가 경락대금을 경락인에게 반환한 것은 계약해제에 따른 원상회복의무에 기인한 것이라 할 것이고, 이로 인하여 원고는 부당이득반환채권을 새로이 취득한 것이 아니고 배당으로 인한 대여금채권의 변제가 효력이 없어지게 됨에 따라 당초의 대여금 채권이 변제되지 않고 남아 있다고 보아야 할 것이다.

위 판결에서 문제된 사안은 다음과 같다. 갑(甲)의 부동산에 을(乙) 명의의 소유권이전등기가 경료된 후 을(乙)이 설정한 근저당권에 기하여 경매가 진행된 결과 병(丙)이 경락을 받고 을(乙)의 채권자인 정(丁)이 배당을 받았는데, 을(乙) 명의의 소유권이전등기가 원인무효인 것임이 밝혀져 경매절차가 무효로 되어 버렸고, 따라서 병(丙) 명의의 경락을 원인으로 한 소유권이전등기가 말소되었다. 그런데, 을(乙)이 무자력인지라 정(丁)이 배당액을 병(丙)에게 반환한 후 을(乙)의 연대보증인에게 보증채무의 이행을 구한 것이다.

이처럼 이 판결은 애당초 경매가 이루어질 수 없는 부동산에 대하여 경매가 진행된 것이기 때문에 경락인의 해제 여부를 떠나 근본적으로 경매절차가 무효이므로, 이 글에서 논의의 대상으로 삼고 있는 경우, 즉 경매절차는 어디까지나 유효하고 다만 경락인의 보호를 위하여 그에게 계약해제권을 인정하는 경우와는 접근방법이 다르다고 할 것이다.

140) 채권액 중 경매절차에서 배당받지 못한 부분은 여전히 채무자에게 청구할 수 있

다. 대금 감액

(1) 의 의

대항력 있는 임대차가 존재하기는 하나 그렇다고 낙찰자가 낙찰받은 목적을 달성할 수 없는 것이 아닌 경우에는 굳이 낙찰을 해제할 필요는 없고, 그 대신 매각대금을 감액함으로써 낙찰자의 손해를 막을 수 있을 것이다. 즉, 이 경우에는 대항력 있는 임대차의 보증금액만큼 매각대금을 감액하면 되며, 구체적으로는 낙찰자가 그 액수만큼 채무자로부터 돌려받으면 된다. 이는 본래 채무자가 부담하여야 할 금원이기 때문이다. 그리고 채무자가 무자력이라면 배당받은 채권자들로부터 반환받으면 될 것이다(민법 제578조 제 2 항).

그런데, 판례는 계약의 해제를 전제하지 않는 대금의 감액은 허용하지 않고 있는바,[141] 이를 좀 더 자세히 살펴본다.

(2) 대법원 1996. 7. 12. 선고 96다7106 판결[142]

(가) 사건의 개요 및 재판의 경과

원고가 갑(甲) 소유의 주택을 180,050,000원에 낙찰받아 그 대금을 모두 납부하고 소유권이전등기까지 마친 후 점유자인 을(乙)을 상대로 건물명도청구소송을 제기하였는데, 을(乙)이 대항력 있는 임차인이라는 사실이 밝혀져 임차보증금 2,500만 원의 상환이행판결을 선고받자 을(乙)에게 위 임차보증금을 지급하였다.

원고는 위 주택을 낙찰 받을 당시 대항력 있는 임차인으로서 을(乙)이 있다는 것을 알지 못하였으므로 원고가 을(乙)에게 지급한 위 임차보증금 상당액을 매각대금으로부터 배당받은 피고들이 부당이득하였다고 주장하면서, 낙찰은 해제하지 않고 피고들을 상대로 단지

으므로 이를 구별할 실익은 별로 없다.

141) 동지(同旨) : 김현채, 주석채권각칙(Ⅰ)(1985), 590은 "대금반환의무의 성질은 계약의 전부 또는 일부의 해제에 따른 원상회복의무이므로 경락인은 계약을 해제함이 없이 부당이득의 반환을 채권자에게 청구할 수 없다"고 설명하고 있다.

142) 공1996하, 2478.

위 금원만의 연대반환을 구하였다.

제 1 심 및 항소심은 낙찰을 해제하지 아니한 이상 대금반환을 청구할 수 없다는 이유로 원고의 청구를 기각하였고 이에 원고가 상고하였다.

(나) 대법원판결

대법원은 다음과 같은 이유로 원고의 상고를 기각하였다.

> "경매의 목적물에 대항력 있는 임대차가 존재하는 경우에 경락인이 이를 알지 못한 때에는 경락인은 이로 인하여 계약의 목적을 달성할 수 없는 경우에 한하여 계약을 해제하고 채무자 또는 채무자에게 자력이 없는 때에는 배당을 받은 채권자에게 그 대금의 전부나 일부의 반환을 구하거나, 위 계약해제와 함께 또는 이와 별도로 경매목적물에 위와 같은 흠결이 있음을 알고 고지하지 아니한 채무자나 이를 알고 경매를 신청한 채권자에게 손해배상을 청구할 수 있을 뿐(주택임대차보호법 제 3 조 제 3 항, 민법 제575조 제 1 항, 제578조), 계약을 해제함이 없이 채무자나 경락대금을 배당받은 채권자들을 상대로 경매목적물상의 대항력 있는 임차인에 대한 임대차보증금에 상당하는 경락대금의 전부나 일부를 부당이득하였다고 하여 바로 그 반환을 구할 수 있는 것은 아니다."

(3) 사견(私見)

위 대법원판결의 사안에서 원고는 매각대금에서 2,500만 원을 감액하는 것을 원한 것이지 낙찰 자체를 해제하는 것은 원하지 않았다. 그래서 임차인에게 2,500만 원을 지급한 것이다. 따라서 위 금원만 돌려받으면 되는 것이다. 그런데 위 판결은 2,500만 원을 돌려받으려면 먼저 낙찰을 해제하여야 한다고 하였다. 그러나 낙찰을 해제하면 2,500만 원을 돌려받을 수 있을지는 몰라도 낙찰받은 주택의 소유권을 취득하지 못한다. 이는 쥐를 잡자고 독을 깨는 것과 같다.

본래 주택임대차보호법 제 3 조 제 4 항(상가건물임대차보호법 제 3 조 제 3 항도 같다)이 준용하도록 하고 있는 민법 제578조 제 1 항은 매도인의 담보책임에 관한 민법 제570조 내지 제577조의 규정을 경매에도 적용하여 낙찰자가 "계약의 해제 또는 대금감액의 청구"를 할 수 있다고 규정하고 있는바, 민법 제570조 내지 제577조 중 계약을 해제함이 없이 대금감액의 청구를 인정하는 것은 목적물에 민법 제572조(권리의 일부가 타인에게 속한 경우) 또는 제574조(수량부족, 일부멸실의 경우)[143]의 흠이 있는 경우일 뿐이라는 점에서, 경매목적물이 대항력 있는 임차권과 같은 용익적 권리에 의하여 제한을 받고 있는 경우(민법 제575조 제1항)는 대금감액청구가 인정되지 않는다고 보는 것이 민법 제578조의 문리적 해석에 부합한다고 볼 때 위 대법원판결의 논리가 일견(一見) 타당하다고 할 수도 있다.

그런데, 낙찰을 해제하면 매각대금 전액을 돌려받는 것이지 어떻게 그 중의 일부만 감액하는 것이 가능할까? 아마도 위 판결은 낙찰이 해제되지 아니하는 이상 채권자들의 배당금 수령은 부당이득이 아니므로 이를 반환할 이유가 없다고 본 것이 아닌가 싶다. 그러나 낙찰을 해제하게 되면 매각대금 전액의 반환만이 문제될 뿐이지 일부의 반환, 즉 대금 감액은 상정할 수 없다. 여기서 낙찰은 그대로 유지한 채 대금의 일부만 반환하는 길을 열어 놓을 필요가 있으며, 그러기 위해서는 민법 제578조 제1항, 제2항이 규정하고 있는 대금감액청구권을 위와 같이 제한적으로만 해석할 일이 아니라고 할 것이다.

본래 용익권의 존재는 소유권에 대한 질적인 하자가 되어 감축하여야 할 액수를 산정할 수 없기 때문에 민법 제575조가 대금감액을 인정하지 않고 단지 계약해제 또는 손해배상만 인정하는 것이라고 보는 것이 일반적이나,[144] 그렇다면 감액 산정이 용이한 경우에는 대금감액을 인정하여 보다 적정한 결과를 도출하는 것이 바람직할 것이다.[145]

143) 대판 2003. 1. 24. 2002다65189(공2003상, 730)는 수량 부족의 경우에 대금감액을 인정하는 것으로 보인다.

144) 김현채(주133), 121.

145) 김주수(주132), 193 참조.
그리고 실제 적용에 있어 대금감액청구와 손해배상청구가 그 결과에 있어 사

낙찰자의 입장에서는 매각대금의 일부를 반환받을 수 있다면 굳이 낙찰물의 소유권을 상실하게 되는 해제를 택할 이유가 없으며, 채무자나 배당받은 채권자의 입장에서도 일부 금원만 반환함으로써 기존의 낙찰을 유지할 수 있다면 마다할 이유가 없는 것이다.[146] 실제에 있어서도 대항력 있는 임대차보증금 2,500만 원의 존재가 알려졌더라면 그만큼(반드시 동일한 액수는 아닐지라도) 낙찰가액이 내려갔을 터이므로 채권자들의 배당액도 그만큼 줄어들었을 것이니, 위 임차보증금의 존재가 알려지지 않음으로써 더 받게 되었던 배당금을 채권자들(위 사건의 피고)로 하여금 도로 반환케 한다 하여도 부당하지는 않을 것이다.

라. 손해배상

채무자가 대항력 있는 임대차의 존재를 알고 고지하지 아니하거나 채권자가 이를 알고 경매를 신청한 때에는, 낙찰자는 그 사실을 알고 있던 채무자나 경매신청 채권자에 대하여 손해배상을 청구할 수 있다(민법 제578조 제 3 항).

(1) 고지의무를 지는 자는 채무자와 경매신청채권자이다. 양자 모두 대항력 있는 임차인의 존재를 알면서 고지하지 아니하였을 경우, 채무자가 1차적인 책임을 지고 경매신청 채권자는 채무자가 무자력일 경우에 한하여 보충적인 책임을 진다는 견해[147]와 채무자와 경매신청 채권자가 연대책임을 진다는 견해[148]가 대립한다. 사견으로는 후자(後

실상 차이가 없지 않은가 하는 생각도 든다.

146) 이렇게 보는 것이 전술(前述)한 바와 같이 배당이 실시되기 전까지는 매각허가결정을 취소할 수 있다는 입장에서도 낙찰의 목적을 달성할 수 없을 정도까지는 아닌 경우에는 매각대금의 감액을 신청할 수 있다고 하는 것[박재윤(주38), 466. 또한 서기석(주30), 339-340]과도 일맥상통한다.

147) 김석우(주124), 199; 김증한(주124), 162; 이태재(주133), 189.

148) 곽윤직(주79), 153; 권용우, 채권각론(전정판)(1994), 198; 김상용, 채권각론(상)(1999), 243; 김주수(주132), 203; 남효순(주113), 469; 이은영, 채권각론(제 3 판)

者)가 타당하다고 생각한다. 민법 제578조 제 3 항이 대금반환의무를 규정한 동조 제 2 항과 달리 채무자와 경매신청채권자를 동렬로 규정하고 있기 때문이다. 낙찰자를 보호한다는 관점에서도 그러하다.

채무자와 물상보증인이 다를 경우에는 물상보증인이 고지의무를 진다고 할 것이다. 계약 해제의 상대방을 물상보증인으로 보는 것과 같은 논리이다.

(2) 고지의 상대방은 경매법원이다.[149] 고지의무를 규정한 목적이 하자 있는 물건의 경매를 방지하기 위한 데 있기 때문이다.[150] 다만, 낙찰자에게 고지한 경우에도 고지의무를 이행한 것과 같게 볼 것이다. 대항력 있는 임대차의 존재를 알고 낙찰받은 낙찰자에 대하여까지 손해배상청구를 허용할 것은 아니기 때문이다.

(3) 고지의 시기는 채무자와 경매신청채권자가 다르다. 채무자는 낙찰자가 매각대금을 납부하기 전까지 대항력 있는 임대차의 존재를 알게 되면 고지하여야 하고 그렇지 않으면 손해배상책임을 지나, 경매신청 채권자는 경매신청 당시에 그 사실을 알고 경매를 신청한 경우에 한하여 손해배상책임을 진다.

(4) 낙찰자의 손해배상청구는 낙찰을 해제하고 할 수도 있고, 낙찰을 해제하지 않고도 할 수 있다. 판례도 대금감액청구와는 달리 같은 태도를 취하고 있다.[151]

(5) 전술(前述)한 바와 같이 담보책임이 성립하기 위하여 낙찰자의

(1999), 332.

149) 남효순(주113), 468; 대판 1964. 5. 12. 63다663(집12-1, 민70).

150) 대판 2003. 4. 25. 2002다70075(공2003상, 1262)에서 대법원은 채무자가 낙찰자인 원고에게 고지하지 않았음을 이유로 원고의 손해배상청구를 인정하고 있는데, 이를 가지고 대법원이 고지의 상대방을 낙찰자로 한정하는 입장을 취한 것이라고 볼 것은 아니다.

151) 대판 1996. 7. 12. 96다7106(공1996하, 2478); 대판 2003. 4. 25. 2002다70075(공2003상, 1262).

선의가 요구되지만, 그 선의임에 과실이 있는지 여부는 묻지 않으므로 손해배상청구에 과실상계의 법리는 적용되지 않는다.152)

마. 권리행사기간

(1) 이상에서 본 낙찰자의 계약해제권, 대금감액청구권, 손해배상청구권은 모두 낙찰자가 대항력 있는 임차권의 존재를 안 날로부터 1년 내에 행사하여야 한다(민법 제578조, 제575조 제 3 항). 이는 제척기간이라는 데 이론이 없다. 그러나 위 기간 안에 반드시 재판상 행사하여야 하는 것은 아니며, 재판 외의 행사도 가능하다.153)

낙찰자가 언제 그와 같은 사실을 알게 되었다고 볼 것이냐는 상당히 미묘한 문제이다. 낙찰자가 대금을 납부한 후 임차인을 상대로 명도청구를 한 경우에 임차인이 임차권의 대항력을 주장하여 명도를 거부하거나, 위에서 본 대법원 1996. 7. 12. 선고 96다7106 판결 사건에서처럼 임차인이 낙찰자를 상대로 임차보증금반환청구를 한 경우에 비로소 알게 되는 것이 보통일 것이다. 다만 이러한 경우에도 바로 그 때부터 1년의 권리행사기간이 진행한다고 단정할 것은 아니며, 대항력의 유무에 관한 다툼이 생겨 소송으로 발전한 경우에는 대항력의 존재를 인정하는 판결이 확정된 때부터 기산함이 옳을 것이다.154)

(2) 채무자의 무자력으로 배당채권자들에게 2차적으로 대금반환청구를 하는 경우(민법 제578조 제 2 항)에는 채무자가 무자력임을 안 날로부터 1년 이내에 하면 된다. 이에 관하여는 채무자를 상대로 1년 이내에 대금반환청구를 한 이상 배당채권자에 대하여는 10년의 소멸시효기간 내에 행사하면 된다는 견해도 가능하다.155)

152) 김현채(주133), 137; 대판 1964. 5. 12. 63다663(집12-1, 민70).
153) 대판 1978. 7. 11. 78다415(요집 민 I -2, 945) 참조.
154) 대판 1991. 12. 10. 91다27396(공1992, 485) 참조. 또한 양창수, "수량지정매매와 매수인의 권리행사기간", 민법연구(2)(1991), 275 이하 참조.
155) 김상찬/송서순(주136), 107. 또한 남효순(주113), 470 참조.

4. 동시이행

낙찰자는 담보책임을 추궁하여 낙찰을 해제한 경우에 채무자에 대하여 대금의 반환 또는 손해배상을 구할 수 있는 반면, 자기가 소유권을 취득하거나 명도받은 주택은 반환하여야 한다. 채무자와 낙찰자가 부담하는 이들 의무는 쌍무계약에 기한 것은 아니지만, 서로 밀접한 관계에 있기 때문에 그 이행에 관하여 견련성(牽連性)을 인정하는 것이 공평하다. 때문에 주택임대차보호법 제3조 제5항, 상가건물임대차보호법 제3조 제4항은 이 경우에 민법 제536조를 준용하여 낙찰자와 채무자의 의무가 동시이행의 관계에 있는 것으로 하였다.

같은 취지에서, 채무자가 무자력이어서 매각대금으로부터 배당을 받은 채권자들이 대금반환의무를 지는 경우에는 낙찰자와 채권자들의 의무가 동시이행관계에 있다고 보아야 할 것이다.

다만, 채무자로부터 매각대금의 일부만 반환받을 수 있는 경우, 또는 채권자가 여럿인 경우에는 어떤 기준으로 동시이행을 할 것인지 어려운 문제가 발생한다. 동시이행의 문제는 낙찰자가 낙찰을 해제하고 매각대금의 반환을 청구할 때 반환의무자가 소유권의 반환 등을 주장함으로써 생기는 것인바, 대금의 일부만 반환받고 소유권을 반환하여야 한다면 낙찰자에게 불리하고, 그렇다고 소유권은 반환받지 못한 채 일부라도 대금만 반환하여야 한다면 반환의무자에게 불리할 것이다. 담보책임이 본래 낙찰자의 보호에 초점을 둔 것이라는 점을 감안한다면 매각대금을 최종적으로 반환할 때 동시이행의 관계를 인정하는 쪽으로 해석하는 것이 옳지 않나 싶다. 낙찰을 해제하지 않고 단지 대금감액을 청구하거나 손해배상만 청구하는 경우에는 낙찰자가 부담하는 의무가 없으므로 동시이행의 관계가 성립할 여지가 없음은 물론이다.

제 3 절 우선변제권

I. 개 설

1. 임차주택이 경매되는 경우에 주택임대차보호법 제 3 조의2, 제 8 조는 일정한 요건을 구비한 임차인에게 그 보증금에 관하여 우선변제권을 인정함으로써 임차인의 보증금반환청구권을 보호하고 있다.[1] 그리고 상가건물임대차보호법 제 5 조, 제14조도 이를 그대로 본떠 상가건물이 경매되는 경우에 일정한 요건을 구비한 임차인의 보증금반환청구권을 보호하고 있다.

주택임대차보호법 제 8 조는 1983. 12. 30. 1차 개정시 신설된 데 비하여 주택임대차보호법 제 3 조의2는 그보다 6년 늦은 1989. 12. 30. 2차 개정시 신설되었다. 물권인 전세권자의 우선변제권(민법 제303조)도 1984. 4. 10.의 민법개정에 의하여 비로소 인정된 것(시행은 1984. 9. 1. 부터)을 생각하면, 그보다 앞서 주택임차인에게 우선변제권을 인정하기도 어려웠을 것이다.

---

1) 헌재결 1998. 2. 27. 97헌바20(헌공 26호, 246) : 헌법이 말하는 법 앞의 평등은 합리적인 근거 없는 차별취급을 금하는 것으로서, 주택임대차보호법 제 3 조의2 제 1 항이 임차인의 보증금에 대한 우선변제권을 인정하는 것은 입법목적과 달성수단의 양 측면에서 합리성을 갖추고 있으므로 임차주택의 소유자와 후순위권리자 및 양수인을 불합리하게 차별 취급하는 것으로 볼 수 없고, 또한 재산권의 보장면에서도 목적의 정당성과 방법의 적절성, 피해의 최소성 및 법익의 균형성을 모두 갖추고 있어 과잉금지의 원칙에도 위배되지 아니하기 때문에 주택임대차보호법 제 3 조의2 제 1 항은 평등권과 재산권을 침해한다고 볼 수 없다.

한편, 1999. 1. 21. 주택임대차보호법 3차 개정시 임차권등기명령 제도가 신설되었고(주택임대차보호법 제 3 조의3), 그에 기하여 임차권을 등기하게 되면 역시 주택임대차보호법 제 3 조의2에 의한 우선변제권을 취득하게 된다(동법 제 3 조의3 제 5 항). 또한 이와 균형을 맞추기 위하여 민법상의 임차권등기를 경료한 임차인에게도 동일하게 우선변제권을 인정하고 있다(동법 제 3 조의4 제 1 항). 이러한 사항들이 그 후에 제정된 상가건물임대차보호법에도 그대로 반영된 것은 물론이다(동법 제 6 조, 제 7 조 제 1 항).

이처럼 주택임대차보호법 제 3 조, 상가건물임대차보호법 제 3 조에 의하여 대항력이 부여되었을 뿐만 아니라 주택임대차보호법 제 3 조의2, 제 3 조의3 및 제 3 조의4, 상가건물임대차보호법 제 5 조, 제 6 조, 제 7 조에 의하여 우선변제권까지 부여됨으로써 주택이나 상가건물의 임차권은 단순한 채권의 영역에서 벗어나 더욱 물권화하였다고 할 수 있다.[2)]

아무튼 건물임대차보호법의 위 조문들에 의하여 주택이나 상가건물 임차인의 보호가 한층 강화되었으며, 특히 1순위 저당권자와 2순위 저당권자 사이의 이른바 중간임차인이 2순위 저당권자보다 우선적으로 변제를 받을 수 있는 길이 열리게 되어, 중간임차인에 관하여 종래 지적되었던 불합리가 많이 시정되었다.

2) 반면, 그 역작용으로 인하여 우리의 고유제도를 법제화한 전세권의 이용을 저해하는 결과를 낳았다거나(김상용, "주택임대차에 있어서 순위에 의한 우선특권", 사법행정 1993. 3., 80), 물권인 전세권의 존재의의를 퇴색시켰다는 비난(이주흥, "주택임차보증금 회수를 위한 우선변제권의 행사와 경매절차상 취급", 법조 1994. 11., 41)이 가해진다. 특히, 김상용 교수는 위와 같이 비난하면서, 소액보증금의 최우선변제에 의한 임차인의 보호 외에 주택임대차보호법 제 3 조의2에 의한 보증금반환청구권에 대한 우선변제권의 부여에 대하여 기본적으로 재고할 필요가 있다는 부정적인 견해를 피력하고 있다. 또한 소재선, "제정 상가임대차법의 문제점과 개선방향", 경희법학 36권 2호(경희대학교 법과대학 경희법학연구소 편)(2002), 100 및 이기택, "자치적 집행의 원칙으로부터 본 집행 실무", 법조 1995. 3., 54도 우선변제권의 인정에 부정적이다.

아무런 담보물권이나 가압류가 없는 주택이나 상가건물의 임차인으로서 대항력을 취득한 자나, 1순위의 담보물권자나 가압류권자보다 먼저 인도와 주민등록 또는 사업자등록의 대항요건을 구비하거나 임차권등기를 한 임차인은 주택이나 상가건물이 경매되더라도 낙찰자에게 대항할 수 있기 때문에 위 조문들이 없더라도 낙찰자로부터 보증금을 반환받을 수 있다는 것을 생각하면, 위 조문들이 임차인에게 우선변제권을 인정한 것은 결국 선순위의 저당권자나 가압류권자보다 뒤에 대항요건을 구비한 임차인의 보호를 위하여 실질적인 의미가 있다 할 것이다.

2. 소액임차인은 보증금 중 일정액을 다른 담보물권자보다 우선하여 변제받을 수 있다(주택임대차보호법 제 8 조 제 1 항, 상가건물임대차보호법 제14조).

건설교통부에서 1981년 말에 전국적으로 조사한 주택의 임차보증금 현황에 의하면, 200만 원 미만이 전체 임차가구의 약 50%, 500만 원 미만이 약 94%였고,[3] 1981. 1. 5.부터 동년 12. 31.까지 사이에 YMCA 시민중계실에 접수된 주택임대차에 관한 민원 중 약 64%가 50만 원 이상 350만 원 미만의 보증금을 돌려받지 못한 채 임차인이 집주인의 횡포 또는 저당권자의 저당권 실행에 의한 경매로 살던 집에서 쫓겨난 것을 내용으로 하였다.[4]

영세임차인의 보증금은 그것이 그들의 전재산이나 다름없는 것이어서 그에 대한 특별한 보호대책이 절실히 요구되었고, 그에 따라 1983. 12. 30. 주택임대차보호법 1차 개정시 "① 임차인은 소액의 보증금에 관하여 다른 담보물권자보다 자기채권의 우선변제를 받을 권리가 있다. ② 제 1 항의 경우에 소액보증금의 범위와 기준은 주택의 가

---

3) 이진강, 주택임대차보호법령 · 가등기담보등에관한법률 해설(1985), 84.
4) 이진강(주3), 83-4.

액(대지의 가액을 포함한다)의 2분의 1의 범위 안에서 대통령령으로 정한다"는 법 제 8 조가 획기적으로 신설되었다.[5)]

그러나, 당시 신설된 주택임대차보호법 제 8 조는 그것이 획기적인 만큼이나 문제점도 많았다. 그 중에서도 특히 첫째, 소액보증금이 보호를 받기 위해서는 임차인이 주택임대차보호법 제 3 조 제 1 항의 대항요건을 구비하여야 하는가? 둘째, 보호의 대상을 시행령에서 정하는 "소액"의 보증금에 한정할 경우 오히려 임대인에 의하여 악용될 여지는 없는가? 셋째, 소액보증금에 우선변제권이 인정되기 위해서는 임차권이 언제까지 성립하여야 하는가? 하는 문제가 지적되었고, 논의가 분분하였다.

이에 1989. 12. 30. 주택임대차보호법 2차 개정시 제 8 조를 다시 개정하여 위와 같은 문제점들을 어느 정도 해결하였다. 그러나 그러한 입법적인 해결 노력에도 불구하고 뒤에서 보는 바와 같이 여전히 많은 문제점을 지니고 있다. 특히 우선변제를 노리는 가장임차인의

---

5) 다만, 소규모의 주택을 소유하면서 그 일부를 타인에게 임대하고 있는 주택소유자도 역시 국가의 보호를 받아야 할 서민들이 대부분인데 주택임대차보호법 제 8 조가 신설됨으로써 주택의 담보가치가 그만큼 하락하여 주택을 담보로 융자받고자 하는 주택소유자, 특히 주택을 담보로 융자받아 상공업을 경영하고자 하는 영세상공인들에게는 막대한 타격을 주게 되었다는 점을 간과해서는 안 될 것이다[이상인, "주택임대차보호법 제 8 조의 소액보증금 보호에 관련된 실무상 문제", 사법연구자료 16집(1989), 408-9; 이해진, "소액보증금 보호에 관한 소고", 변호사(XV)(1985), 243].

때문에 1983. 12. 30. 1차 개정으로 주택임대차보호법 제 8 조를 신설할 당시 이미 대법원에서는 "선순위의 담보권자보다 우선하여 우선변제를 받을 권리를 인정하는 것은 — 비록 소액으로 한정한다고 하더라도 — 선순위담보권자의 기득이익을 심히 침해하는 결과가 되므로 불합리하다"고 하여 신설을 반대하였고 [법무부, 민사법개정시안에 대한 각계의견서(1982), 30], 금융계에서도 "금융기관 등 신용제공자는 소액보증금의 우선변제권을 감안하여 담보물의 담보가액을 낮게 책정하게 될 것이므로 주거용 건물의 담보가치를 저하시킬 가능성이 있으며, 따라서 담보물권 제도를 약화시키고 서민금융을 어렵게 할 우려"가 있다고 하여 반대하였다[법무부, 민사법개정시안에 대한 각계의견서(1982), 32].

또한 김 연, "부동산임차인의 강제집행절차상의 지위 : 강제집행법의 시각에서 본 주택임대차보호법", 민사소송(Ⅲ)(한국민사소송법학회 편)(2000), 367도 소액임차인에게 최우선변제권을 부여하는 데 대하여 반대한다.

발호가 눈에 두드러지는바, 그 때문에 '주택의 경매절차는 가장임차인과의 전쟁터'라는 말이 나올 정도이다.[6)]

주택에 관한 소액임차인 보호의 위와 같은 필요성과 제도적 보완은 그 후에 제정된 상가건물임대차보호법에도 그대로 반영되어 입법화되었다(동법 제14조). 그런데, 상거래에서는 영세임차인보다 더 열악한 지위에 있는 채권자가 얼마든지 있을 수 있고, 기본적으로 금융질서에 혼란을 불러오고, 나아가 주택과는 달리 내부구조가 명확하지 않은 상가건물의 경우에는 가장임차인을 양산할 가능성이 많기 때문에 상가건물임대차보호법이 소액임차인에게 주택임대차보호법에서와 같은 최우선변제권을 인정한 것은 잘못된 것이라고 비판하는 견해가 많다.[7)]

이하 우선변제권이 인정되는 임차인을 확정일자를 갖춘 임차인, 임차권등기를 한 임차인, 그리고 소액임차인으로 구분하여 그들의 우선변제권을 고찰한다.

---

6) 때문에 법원은 이러한 가장임차인을 가려내는 일에 적지 않은 힘을 들이고 있다. 대판 2000. 4. 21. 99다69624(공2000상, 1240); 대판 2001. 3. 23. 2000다53397(공2001상, 968); 대판 2001. 5. 8. 2001다14733[공2001하, 1362. 이 판결에 대한 평석으로 남해광, "주택임대차보호법상의 소액임차인과 관련하여", 재판실무연구 2003(광주지방법원 편)(2004), 77 이하 참조]; 대판 2003. 7. 22. 2003다21445(공2003하, 1777) 참조.

다만, 정상적인 임대차계약을 체결하고 거주하면서 단지 보증금을 기존 채권으로 갈음한 데 불과한 경우에 관한 대판 2002. 1. 8. 2001다47535(공2002상, 448) 참조. 또한 조한창, "신탁법에 따른 신탁등기와 주택임대차보호법에 의한 임대인 지위의 승계", 대법원판례해설 40호(2002), 499 이하 참조.

7) 김세옥, "상가건물임대차보호법 시행상의 문제점과 그 개선방향에 관한 소고", 경희대학교 석사학위 청구 논문(2003), 82; 소재선, "상가건물임대차보호법 및 동 시행령의 문제점과 개선방향", 시민과 변호사, 2003. 1., 26-27; 이경준, "상가건물임대차보호법의 문제점과 개선방안에 관한 연구", 전남대학교 석사학위 청구 논문(2004), 50; 임승현, "상가건물임대차에 관한 연구", 명지법학 3호(명지대학교 법학연구센터 편)(2004), 299.

Ⅱ. 확정일자를 갖춘 임차인의 우선변제권

1. 우선변제의 요건

가. 대항요건을 구비하였을 것

(1) 대항요건의 구비

우선변제권이 인정되기 위해서는 먼저 임차인이 건물임대차보호법에서 요구하는 인도와 주민등록 또는 사업자등록이라는 대항요건을 구비하여야 한다(주택임대차보호법 제 3 조의2 제 2 항, 상가건물임대차보호법 제 5 조 제 2 항). 따라서 대항요건을 구비하지 아니한 임차인에게는 후술(後述)하는 확정일자 취득 여부와는 상관없이 애당초 우선변제권이 인정될 여지가 없다. 다만, 후술(後述)하는 소액임차인과는 달리 대항요건을 꼭 경매개시결정의 기입등기 전에 구비할 필요는 없다.[8)]

그런데, 건물임대차보호법은 확정일자 외에 대항요건을 구비한 임차인은 우선변제권을 갖는다고 규정하고 있을 뿐, 구체적으로 경매절차에서 어느 시점까지 대항요건을 구비하고 있어야 하느냐에 관하여는 규정하고 있지 않다. 여기서 임차인이 일단 대항요건을 구비함으로써 우선변제권을 취득하기만 하면 그 후에는 그 대항요건 중의

8) 강신중, "집행절차에 있어서의 주택임차인의 지위", 재판자료 71집(1996), 464; 사법연수원, 주택임대차보호법－상가건물임대차보호법 해설 포함(2008), 150; 서정우, 민법주해(Ⅶ), 482; 이우재, 민사집행법에 따른 배당의 제문제(2008), 605; 이주흥(주2), 42.

이에 대하여 권영상, "주택임차인의 대항력, 우선변제권", 창원지방변호사회지(창간호)(1995), 177은, 주택임대차보호법 제 8 조에서 경매개시결정의 기입등기 전에 대항요건을 갖춘 주택임차인에 대하여만 최우선변제권을 인정하고 있는 점, 압류의 효력이 발생한 이후에는 상대적이기는 하나 처분금지효가 있는 점, 경매절차에 참여하는 일반채권자의 신뢰 보호의 관점 등에 비추어 볼 때 임대차계약 및 대항요건은 경매개시결정의 기입등기 전, 확정일자인은 매각결정기일까지 각 갖춘 임차인만이 배당요구를 할 수 있다고 하나, 명문의 규정도 없는데 확정일자부 임차인을 소액임차인과 같이 취급할 것은 아니고, 경매개시결정 후에 저당권을 취득한 자와 마찬가지로 취급하면 될 것이다.

일부를 흠결하게 되었다 하더라도 이미 취득한 우선변제권에 아무런 영향을 받지 않는가, 아니면 우선변제권이 최종적으로 만족을 얻게 되는 배당기일까지 대항요건을 계속 구비하지 않으면 우선변제권이 소멸하는가 하는 문제가 대두한다. 쉽게 말하면 인도와 주민등록 또는 사업자등록을 마쳤다가 당해 주택이나 상가건물에 대한 경매절차가 진행되는 중에 이사를 가버릴 경우 배당절차에서 임차보증금에 관하여 배당을 받을 수 있느냐 없느냐 하는 것이다.

이 문제에 관하여 처음으로 대법원의 견해를 분명히 밝힌 대법원 1997. 10. 10. 선고 95다44597 판결을 먼저 분석하고, 이어서 학설을 살펴보는 식으로 논의를 전개한다.[9] 다만, 후술(後述)하는 임차권등기를 한 경우에는 등기가 존속하는 한 대항요건의 일부를 상실하더라도 우선변제권이 여전히 존속하기 때문에 여기서의 논의는 임차권등기를 하지 아니한 경우에 국한한다.

(2) 판례－대법원 1997.10.10. 선고 95다44597 판결[10]

(가) 사건의 개요

병(丙)은 A은행에게 자기 소유의 서울 관악구 봉천동 연립주택 102호에 관하여 채무자를 B회사[병(丙)이 대표이사임]로 하여 1992. 1. 27. 채권최고액 금 100,000,000원, 1993. 1. 28. 채권최고액 금 50,000,000원의 각 근저당권설정등기를 경료하여 준 다음, 1993. 5. 22. 정(丁) 앞으로 위 주택의 소유권이전등기를 넘겨주었다. 그 후 위 각 근저당권에 관하여 1993. 12. 24. 피고1 앞으로 같은 달 20일 일부 대위변제(변제액 금 50,000,000원과 금 2,837,670원)를 원인으로 한 일부이전등기가 경료되었고, 같은 해 12. 30. 피고2 앞으로 같은 달 29일 일부 대위변제(변제액 금 50,000,000원과 금 2,296,916원)를 원인으로 한 일부이전등기가 경료

9) 경매대상이 주택인 사건에 관한 것이지만 상가건물에도 그대로 적용된다고 할 것이다.

10) 공1997하, 3378.

되었다.

원고 갑(甲)은 1993. 10. 20. 정(丁)으로부터 위 주택 중 방 1칸을 전세보증금 10,000,000원, 기간 1993. 10. 26.부터 1년으로 정하여 임차하여 그 무렵 입주한 후, 같은 해 11. 26. 주민등록전입신고를 하였다가 1994. 6. 7. 서울 강서구 내발산동 목화연립으로 전출하였다. 원고 을(乙)은 1993. 5. 30. 정(丁)으로부터 위 주택 중 방 1칸을 전세보증금 13,000,000원, 기간 1993. 6. 30.부터 1년으로 정하여 임차하여 그 무렵 입주한 후, 같은 해 11. 24. 주민등록 전입신고를 하였다가 1994. 7. 26. 경기 화성군 향남면 발안리로 전출하였다.

그런데 피고2의 담보권실행을 위한 경매신청에 따라 서울지방법원은 1994. 3. 25. 이 사건 주택에 대하여 경매개시결정을 하였고, 같은 해 4. 13. 위 경매개시결정의 기입등기가 마쳐졌다. 원고들(甲, 乙)은 1994. 4. 23. 위 각 전세보증금의 우선변제를 요구하는 배당요구서를 경매법원에 제출하였다. 경매 결과 위 주택은 1994. 7. 22. 소유자인 정(丁)에게 금 72,200,000원에 낙찰되어, 그가 같은 해 8. 23. 위 매각대금을 납부하였고, 경매법원은 같은 해 9. 8. 배당기일에 위 매각대금에서 집행비용을 공제한 나머지 금 70,147,150원 전액을 원고들에 우선하여 근저당권자인 피고들에게 동순위로 각 금 35,073,575원씩 평등 배당하였다. 이에 원고들은 위 배당기일에 배당이의 신청을 한 후, 같은 해 9. 13. 피고들을 상대로 배당이의의 소를 제기하였다.

(나) 재판의 경과 및 대법원판결

제 1 심(서울지방법원 1995. 5. 9. 선고 94가단129413 판결)은, 원고 갑(甲), 을(乙)은 위 주택의 소유자인 정(丁)으로부터 방 1칸씩을 임차하여 경매개시결정의 기입등기 전에 주택임대차보호법 제 3 조 제 1 항 소정의 대항요건을 구비한 자들로서 같은 법 제 8 조에 의하여 우선변제를 받을 임차인에 해당하므로, 경매법원이 원고 갑(甲), 을(乙)에게 배당하지 아니한 것은 잘못이라고 하여 그들에게 각각 700만 원씩 배당하는 것으로 배당표를 변경하였다. 이에 피고들이 항소하였는바, 항소심(서울지방법원 1995. 8. 30. 선고 95나22268 판결)도 제 1 심과 궤를 같이 하여 피고들의 항소를 기각하였다. 이에 다시 피고들이 상고하였고, 상고이유로 다음과 같이 주장하였다.

즉, 소액임차권자라 하더라도 임차보증금 중 일정액의 우선변제를 청구하려면 대항요건은 우선변제권의 행사 당시에도 계속 존속되고 있어야 하고, 주택임차보증금 우선변제권의 행사시기는 주택경매대금의 배당시라고 보아야 하는바, 그에 앞서 경매법원에 우선변제청구를 하는 것은 위 경매대금의 배당을 받음으로써 그 배당에서 우선변제권을 실현하기 위한 경매절차에의 참가행위에 불과하므로, 원심판결은 주택임대차의 대항요건은 대항력의 취득시에만 필요한 것이 아니라 대항력을 유지하기 위하여도 계속 존속하여야 하며 대항요건의 어느 하나라도 존속하지 않게 되면 그 후부터는 대항력이 소멸한다는 대법원판례(대법원 1989. 1. 17. 선고 88다카143 판결; 대법원 1987. 2. 24. 선고 86다카1695 판결)에 반한다는 것이다.

대법원은 피고들의 상고 중 원고 갑(甲)에 대한 부분은 파기환송하고, 원고 을(乙)에 대한 부분은 상고를 기각하였다. 필요한 부분을 그대로 인용하면 다음과 같다.

> "… 법(주택임대차보호법 – 저자 주. 이하 같음) 제 8 조에서 임차인에게 법 제 3 조 제 1 항 소정의 인도와 주민등록을 요건으로 명시하여 그 보증금 중 일정액의 한도 내에서는 등기된 담보물권자에게도 우선하여 변제받을 권리를 부여하고 있는 점, 위 임차인은 배당요구의 방법으로 우선변제권을 행사하는 점, 배당요구시까지만 위 요건을 구비하면 족하다고 한다면 동일한 임차주택에 대하여 법 제 8 조 소정의 임차인 이외에 법 제 3 조의 2 소정의 임차인이 출현하여 배당요구를 하는 등 경매절차상의 다른 이해관계인들에게 피해를 입힐 수도 있는 점 등에 비추어 볼 때, 공시방법이 없는 주택임대차에 있어서 주택의 인도와 주민등록이라는 우선변제의 요건은 그 우선변제권 취득시에만 구비하면 족한 것이 아니

고, 배당요구의 종기인 낙찰허가결정기일까지 계속 존속하고 있어야 한다고 봄이 상당하다고 할 것이다.
… 그럼에도 불구하고 원심이, 주택의 인도와 주민등록이라는 우선변제의 요건은 경매신청의 등기 전에 구비된 것만으로 족하다고 보고 원고들 모두 각 그 보증금 중 법시행령 제 3 조 제 1 항 소정의 금 7,000,000원의 한도 내에서는 피고들에 우선하여 변제받을 수 있다고 판단한 것은 주택임차인의 우선변제권에 관한 법리를 오해한 위법을 저지른 것이라 아니할 수 없는바, 원심판결 중 원고 갑(甲)에 대한 부분은 원심의 위와 같은 위법이 판결에 영향을 미쳤음이 명백하므로 이 점을 지적하는 논지는 이유있고, 원고 을(乙)에 대한 부분은 그 결론에 있어서 정당하여 원심의 위와 같은 위법이 판결에 영향을 미쳤다고 볼 수 없으므로 결국 논지는 이유 없음에 돌아간다고 할 것이다."[11]

---

11) 위 대법원판결의 사건의 원고 갑(甲), 을(乙)은 모두 소액임차인이다. 그렇다면 이하의 논의도 소액임차인에 국한하고 확정일자부 임차인은 제외할 것인가? 결론부터 말한다면 그럴 필요가 없다. 그 이유는 다음과 같다.

건물임대차보호법상 인도와 주민등록 또는 사업자등록이라는 대항요건을 구비한 임차인이 임대차계약서에 확정일자를 받은 때에는 우선변제권을 가진다(주택임대차보호법 제 3 조의2 제 2 항, 상가건물임대차보호법 제 5 조 제 2 항). 그런데 소액임차인은 위 대항요건을 경매개시결정의 기입등기 전에 갖춘 경우에는 그 보증금 중 일정액에 한하여 확정일자 없이도 우선변제권을 가진다(주택임대차보호법 제 8 조 제 1 항, 상가건물임대차보호법 제14조 제 1 항). 결국 인도와 주민등록 또는 사업자등록이라는 요건은 확정일자부 임차인이건 소액임차인이건 가리지 않고 모두 우선변제권을 취득하기 위하여 필요하다. 다만 소액임차인의 경우에는 담보물권자보다도 우선하는 최우선변제권이 인정되기 때문에 가장임차인이 출현할 가능성이 높아 위 요건을 경매개시결정의 기입등기 전에 갖출 것을 추가로 요구하고 있는 점만 다를 뿐이다(윤천희, "개정 주택임대차보호법의 해설", 사법행정 1990. 4., 92는 주택임대차보호법 제 3 조의2 제 2 항의 확정일자부 임차인은 환가대금의 배당이 가능한 최후시기인 배당기일까지 우선변제의 요건을 구비하면 우선변제를 받을 수 있다고 하나, 이는 배당요구의 종기제도와 조화되지 않는 견해이다. 확정일자부 임차인은 적어도 배당요구의 종기 전까지는 우선변제의 요건을 구비하여야 배당요구를 할 수 있는 것이다). 따라서 우선변제를 받기 위하여 대항요건이 계속 존속되어야 하는지의 여부를 논함에 있어서는 양자를 구별할 이유가 없다[다만, 후술(後述)하는 것처럼 주택임대차보호법 제 8 조를 근거로 경매개시결정 기입등기시설을 취할 경우에는 양자를 달리 취급하는 것이 불가능한 것은 아니다].

(3) 학 설

경매절차의 진행단계와 맞물려 우선변제권을 위한 대항요건 존속기간의 종기에 관하여 다음과 같은 견해들이 주장된다.

(가) 경매개시결정기입등기시설

이 설은 주택임대차보호법 제8조에서 경매개시결정의 기입등기[12] 전에 대항요건을 갖추면 우선하여 변제받을 권리가 있다고 규정하고 있을 뿐이므로, 경매개시결정의 기입등기 전에 위 요건을 일단 갖춘 이상 이를 계속 유지하지 아니하더라도 우선변제받을 수 있다는 견해이다.[13]

위에서 본 사건의 제1심판결이 "원고 갑(甲), 을(乙)이 임의경매신청의 등기 전에 주택임대차보호법 소정의 대항요건인 인도와 주민등록을 마쳐 우선변제권을 가지게 된 사실은 앞서 본 바와 같은바, 임차인이 일단 우선변제권을 가지게 된 이상 경매절차의 종료 전에 위 대항요건의 일부를 충족시키지 못하게 된 경우에도 경매절차에서 우선변제에 의한 보호를 받을 수 있다"고 한 것이나, 그 항소심판결이 "법 제8조 소정의 소액보증금 최우선변제권은 그 주택의 임의경매신청의 등기 경료 이전에 위 법 제3조 제1항 소정의 대항요건을 갖춤으로써 족하고, 달리 배당기일까지 위 대항요건이 존속되어야 할 것을 요하지 않는다"고 한 것은 바로 이러한 견해를 취한 것으로 보인다.

---

12) 주택임대차보호법 제8조 제1항, 상가건물임대차보호법 제14조 제1항의 법문에는 "경매신청의 등기"라고 되어 있는바, 이는 구(舊) 민사소송법 제611조 제1항의 제목을 그대로 사용한 것이다. 그러나 경매신청을 등기하는 것이 아니라 경매신청에 의하여 경매개시결정을 하면 그 개시결정을 등기하는 것이므로 경매개시결정의 기입등기라는 용어가 정확하다. 구(舊) 민사소송법 제611조 제1항에 해당하는 현행 민사집행법 제94조 제1항은 "경매개시결정의 등기"라고 용어를 바로잡았음에도 불구하고 건물임대차보호법상의 용어가 아직 그대로인 것은 빨리 시정되어야 한다.

13) 오용호, "부동산경매와 임차권", 재판자료 36집(1987), 360.

다만, 이 설을 취하더라도 극단적으로 경매개시결정의 기입등기 전에 일단 대항요건을 구비하기만 하였으면 위 등기 당시에는 이미 대항요건을 흠결한 경우까지도 우선변제권이 있다고 주장할 수는 없을 것이다.[14)]

또한 이 설은 주택임대차보호법 제 8 조를 근거로 하는 것이기 때문에 소액임차인은 위와 같이 해석하고, 확정일자부 임차인은 소액임차인과 달리 취급하여 후술(後述)하는 다른 견해를 취하는 것도 생각할 수 있을 것이다. 그러나 그와 같은 견해는 현재 주장되고 있지 않다.

㈏ 배당요구시설

이 설은 임차인이 배당요구를 할 당시에는 대항요건을 구비하고 있어야 하지만, 그 후에는 다른 곳으로 이사를 감으로써 대항요건을 흠결하게 되어도 우선변제, 즉 배당을 받을 수 있다는 견해이다.[15)]

㈐ 배당요구종기시설

이 설은 임차인이 매각대금에서 우선변제를 받기 위해서는 배당요구의 종기까지만 대항요건을 구비하고 있으면 된다는 견해이다.[16)]

---

14) 주택임대차보호법 제 8 조 제 1 항, 상가건물임대차보호법 제14조 제 1 항의 법문상으로 "경매신청의 등기 전에 제 3 조 제 1 항의 요건을 갖추어야 한다"고 되어 있기 때문에 이런 극단적인 주장도 가능할 여지가 있는 것이다. "경매개시결정의 기입등기 당시에 이미 제 3 조 제 1 항의 요건을 갖추고 있어야 한다"는 식으로 규정하였으면 아예 그런 해석의 여지를 남기지 않았을 것이다.

그런데, 박성철, "소액보증금의 우선변제와 경매실무", 법률신문 1984. 11. 5., 4. 및 이상인(주5), 424-425는 일단 대항요건을 구비하여 우선변제권을 취득한 이상 경매절차의 종료 전에 대항요건을 상실하더라도 우선변제를 받을 수 있다고 하는바, 이들 견해가 바로 위와 같이 해석하는 것인지는 논지가 불분명하여 정확히 알 수 없다. 또한 이들 견해는 주택임대차보호법 제 8 조 제 1 항이 개정되기 전에 주장된 것들로서 현재도 그대로 유지되는지도 알 수 없다.

15) 이는 후술(後述)하는 배당기일설에 대하여 의문을 제기한 매각대금납부시설에서 착안하여 저자가 1997. 7. 14. 부동산 입찰제도의 실무상 문제점을 다룬 전국 민사집행담당판사회의에서 발표하였던 견해이다. 민일영, "부동산입찰에 있어 임차권 처리에 관한 실무상 제문제", 부동산입찰제도(1997), 291.

16) 사법연수원, 주택임대차보호법-상가건물임대차보호법 해설 포함(2008), 153; 서울지방법원 신청 · 집행실무연구회, 신청 · 경매(입찰)의 실무(2000), 317; 이우재

위에서 본 대법원판결이 취한 견해이다.[17]

㈑ 매각대금납부시설

이 설은 임차인이 매각대금에서 우선변제를 받기 위해서는 경매로 인한 주택 소유권의 변동시점, 즉 낙찰자가 매각대금을 납부할 때까지만 대항요건을 구비하고 있으면 된다는 견해이다.[18]

㈒ 배당기일설

이 설은 주택의 인도와 주민등록은 대항요건의 취득요건인 동시에 존속요건이므로, 임차인이 우선변제권을 행사하기 위해서는 배당기일까지 계속하여 위 요건을 구비하고 있어야 한다는 견해이다.[19] 종래의 통설이자 실무예였고, 위에서 본 사건의 경매법원도 이 견해를 따랐다. 또한 위 사건의 상고이유도 이 설을 바탕으로 한 것이다.

⑷ 학설의 검토

전술(前述)한 바와 같이 임차 주택이나 상가건물의 인도와 주민등록 또는 사업자등록은 대항력을 취득하기 위한 요건인 동시에 우선변제권을 취득하기 위한 요건이기도 하며, 경매절차에서 낙찰자에게 대항하기 위해서는 낙찰자에게 주택이나 상가건물의 소유권이 이전되는

(주8), 605; 이은희, "저당권과 임차권의 관계에 관한 연구", 서울대학교 박사학위 청구 논문(1998), 126.

17) 그 후에도 대법원은 일관하여 같은 태도를 견지하고 있다. 대판 2002. 8. 13. 2000다61466(공2002하, 2167); 대판 대법원 2006. 1. 13. 선고 2005다64002 판결(공2006상, 238); 대판 2007. 6. 14. 2007다17475(공2007하, 1061) 등.

18) 권영상(주8), 181-182. 저자가 조사한 바로는 후술(後述)하는 배당기일설만이 별다른 이견 없이 주장되던 때에 처음으로 그에 대하여 의문을 제기하고 주장된 견해이다. 또한 정승열, 상가・주택 임대차보호법 실무(2002), 438 참조.

19) 서울민사지방법원, 보전처분 및 입찰에 관한 실무지침(1994), 67[다만, 전술(前述)한 바와 같이 위 책의 개정판인 서울지방법원 신청・집행실무연구회, 신청・경매(입찰)의 실무(2000), 317은 판례에 따라 배당요구종기시설을 취하고 있다]; 강신중(주8), 466; 김지영, "소액보증금임차인의 우선변제권", 서울대학교 석사학위 청구 논문(1995), 29; 김충원, "주택임대차보호법상의 우선변제권", 판례연구 9집(서울지방변호사회 편)(1996), 158; 민일영, "주택임대차보증금의 우선변제를 둘러싼 문제점에 관한 소고", 민법학논총(2)(곽윤직 고희 기념 논문집)(1995), 388- 389; 이주흥(주2), 39; 이해진(주5), 248-249.

시점인 매각대금 납부시 현재 대항요건이 존속하고 있어야 주택임대차보호법 제 3 조 제 3 항, 상가건물임대차보호법 제 3 조 제 2 항이 적용되어 낙찰자가 임대인의 지위를 승계할 것이기 때문에 그 때까지 대항요건이 계속 구비되어 있어야 한다.

그런데, 이처럼 대항력의 존속을 위하여 대항요건이 매각대금 납부시까지 계속 구비되어 있어야 한다고 해서, 우선변제권의 존속을 위하여도 필연적으로 대항요건이 매각대금 납부시까지 구비되어 있어야 한다고 할 것은 아니다. 양자는 취득요건에서 인도와 주민등록 또는 사업자등록이라는 요건이 공통될 뿐이지 그 존재 이유가 전혀 다르며 행사방법 또한 다르기 때문에 동일 선상에서 접근할 것이 아니다. 대항력은 임차주택의 소유자가 바뀔 경우에 그 신소유자에 대하여 임차권을 주장할 수 있느냐 하는 문제인 데 비하여, 우선변제권은 주택이나 상가건물이 경매될 경우에 그 매각대금으로부터 보증금을 다른 채권자들에 비하여 우선적으로 배당받을 수 있느냐 하는 문제인 것이다.

때문에 소유권의 변동시점에 대항요건을 구비하고 있기만 하면 임차인이 별도의 적극적인 행동을 취하지 아니하여도 대항력의 결과로 새로운 소유자에게 임차권이 승계되는 데 비하여, 경매절차에서 우선변제권이 만족을 받기 위해서는 대항요건을 구비하였다는 것만으로는 부족하고 임차인이 배당요구의 종기까지 배당요구를 함으로써(민사집행법 제84조 제 1 항, 제88조 제 1 항)[20] 그 권리를 적극적으로 행사하여

20) 주택임대차보호법 제 8 조에 관한 질의회답(재민 84-10 예규) 문4.; 고용철, "주택임대차보호법에 관한 연구", 충남대법률행정연구소 논문집 16권(1988), 391; 김권택, "강제집행에 있어서의 각종 우선특권", 재판자료 36집(1987), 396; 김성만, "소액임차보증금의 우선변제권에 있어서의 문제점", 판례월보, 1985. 12., 41; 오용호(주13), 361; 이상인(주5), 425; 이윤승, "주택임대차에 있어서 소액임차인의 보호", 사법논집 19집(1988), 164; 이해진(주5), 253; 하경일, 실무 경매와 주택임대차보호법(1987), 731.

이에 반하여, 소액임차인에 관한 한, 최 종, "경매절차에 있어서 임차인", 사법논집 18집(1987), 454는 배당기일까지 배당요구를 하면 된다고 하고, 권영상(주8),

야만 하는 것이다. 요컨대, 우선변제권을 위한 대항요건의 존속기간은 대항력을 위한 대항요건의 존속기간과는 무관하게 독자적으로 결정되어야 한다.

그러면 과연 우선변제권을 위한 대항요건의 존속기간은 언제까지인가? 위 학설들의 당부를 차례로 살펴본다.

(가) 우선 경매개시결정기입등기시설을 보면, 이 설은 주택임대차보호법 제 8 조, 상가건물임대차보호법 제14조에서 경매개시결정의 등기 전에 위 요건을 갖추도록 규정한 취지를 오해한 데서 비롯된 것으로 생각된다. 구(舊) 주택임대차보호법(1989. 12. 30. 2차 개정 전의 것) 제 8 조 제 1 항은 소액보증금의 우선변제권만 규정하고 그 우선변제권의 요건으로서 대항요건의 요부 및 구비시점에 관하여는 규정하지 않았다. 이에 대법원 예규[21]로 강제경매의 경우에는 매각허가결정 확정 전까지, 임의경매의 경우에는 매각대금 납부 전까지[위 각 시점은 1990. 1. 13. 개정되기 전의 구(舊) 민사소송법 및 구(舊) 경매법 아래에서 소유권의 변동시점이었다] 위 대항요건을 갖추어야 우선변제를 받을 수 있는 것으로 하였는바, 그러자 주택에 대한 경매개시결정 후에 가장임차인이 대거 출현하는 폐단이 발생하였다. 이러한 폐단을 막기 위한 제도적 장치가 필요하였고, 그 귀결로 주택임대차보호법 제 8 조 제 1 항을 현행과 같이 개정하여 경매개시결정의 기입등기 전에 대항요건을 갖춘 임차인에 한하여만 우선변제를 받을 수 있도록 한 것이다.[22] 그리고

180과 조성수, "부동산경매절차에 있어서의 몇 가지 문제점", 사법논집 16집(1985), 486은 아예 배당요구를 한 여부를 묻지 않고 배당을 하여야 한다고 한다. 그러나, 집행관에 의한 임대차의 조사만으로는 임차권의 존재를 분명히 알 수 없는데다가, 경매법원이 경매절차상 임차권의 존재를 달리 확실히 알 수 있는 방법이 없으며, 경매절차 진행 중에 임대차관계가 소멸 또는 종료하는 경우가 있으므로, 우선변제권이 있는 임차인이라 할지라도 경매법원이 정하는 배당요구의 종기까지 배당요구를 하여야만 경매절차에서 우선변제를 받을 수 있는 것이다.

21) 주택임대차보호법 제 8 조에 관한 질의회답(재민 84-10 예규) 문7.(이 예규 중 주택임대차보호법 제 8 조 제 1 항의 개정 후 문7.과 같이 입법적으로 해결된 부분들은 삭제되었다).

그것이 상가건물임대차보호법에도 그대로 규정된 것이다. 요컨대, 주택임대차보호법 제 8 조 제 1 항, 상가건물임대차보호법 제14조 제 1 항은 소액임차인이 우선변제를 받기 위한 최소한의 요건을 규정한 것일 뿐, 대항요건을 언제까지 구비하고 있어야 하는가 하는 종기의 문제에 관하여는 여전히 침묵을 지키고 있는 것이다.

민사집행법상 배당요구권자는 배당요구를 하여야 배당받을 수 있는 것이고, 우선변제권이 있는 임차인도 마찬가지이므로, 적어도 배당요구를 할 당시에는 우선변제권의 요건을 구비하고 있어야 한다. 배당요구라는 것이 본래 나에게 이러이러한 우선권이 있으니 다른 채권자에 앞서 변제하여 달라는 의사표시인 것인데, 그러한 의사표시를 하려면 그 당연한 전제로 그것을 뒷받침할 수 있는 권리가 있어야 한다. 결국 최소한 배당요구를 할 당시에는 우선변제권이 있어야 하고, 그 우선변제권의 요건으로서 대항요건의 구비가 요구되는 것이다.

(나) 배당기일설의 논거는, 주택이나 상가건물의 점유와 주민등록 또는 사업자등록은 대항력의 취득요건인 동시에 존속요건이고, 대항요건을 배당기일까지 계속 구비하고 있어야 우선변제권이 인정되므로, 도중에 주택이나 상가건물을 인도하거나 주민등록 또는 사업자등록을 옮긴 사실이 밝혀지면 우선변제권을 상실한다는 것이다. 나아가, 우선변제권을 인정한 입법취지가 임차인의 보증금반환청구권을 특별히 보호하려는 사회정책적 고려에서 비롯되었다는 점과 담보권자의 이익을 보호하여야 한다는 현실의 필요성을 조화하려면, 가장임차인을 막고 진정한 임차인과 담보권자를 보호하기 위하여 배당기일까지 대항요건을 구비하여야 한다는 것이다.[23]

전술(前述)한 바와 같이 위와 같은 배당기일설만이 별다른 이견 없이 주장되던 때에 처음으로 그에 대하여 의문을 제기하고 주장된

22) 이해진, "주택임대차보호법의 개정방향", 변호사(XX)(1990), 162-167.

23) 이주흥(주2), 39; 이해진(주5), 249.

견해가 바로 매각대금납부시설이다. 그런 의미에서 다소 장황하더라도 내용을 그대로 소개한다.

> "… 배당절차에서 우선변제권을 주장함에 있어서도 대항요건을 배당기일에 이르기까지 계속 구비하고 있어야 한다는 … 입장은 우선변제적 효력을 주장할 수 있는 임차인의 자격의 문제와 우선변제적 효력의 현실적인 실현의 문제를 구별치 않아 요건존속기간을 지나치게 늘려 잡은 잘못이 있다 할 것이다. 우선변제권은 낙찰자가 낙찰대금을 납부한 결과 그에게 이미 임차주택의 소유권이 이전됨으로써 종전 임대인에 대한 임차권이 소멸하는 시점에 우선변제권 인정에 필요한 공시요건 등 요건을 갖추고 있어야 할 것이고, 이로써 동 시점에 우선변제권을 가진 임차인이 확정되고, … 이미 우선변제적 효력에 따라 임차주택의 환가대금에 대하여 분량적으로 확보된 배당금에 대한 권리를 잃는 경우는 없다고 해야 할 것이다. 그와 같은 점은 낙찰대금 납부일 이후 주민등록을 타에 이전한 임차인의 경우도 마찬가지이다. 이렇게 새기는 것은 우선 그 시점 이후 새로이 낙찰대금에 대한 우선변제권을 주장하며 종전 임대인으로부터의 임차인이 배당요구를 해 올 여지도 없을 뿐더러, 우선변제권은 배당금을 수령할 수 있는 기초된 권능 내지 효력이지 기껏 배당금 수령권한을 의미하는 것은 아니기 때문이다. 반면 우선변제적 효력을 가진 임차인의 자격을 결정하는 '낙찰자에게 소유권이 이전되는 시점' 이전에는 전술한 바와 같이 임차주택을 위 시점 이전 낙찰자가 아닌 임대인 등에게 명도함으로써 그 점유를 잃은 임차인, 전가족의 주민등록을 이전한 임차인 등과 같이 우선변제권 인정의 전제되는 공시요건 중 어느 한 가지라도 잃는 경우에는 우선변제권도 같이 잃는다고 해야 할 것인바, 이로써 우선변제권 인정의 기초되는 공시요건은 곧 그 효력이 확정되기까지는 존속요건이라고 할 것이다 …"[24)]

(다) 생각건대, 전술(前述)한 바와 같이 우선변제청구권의 행사, 즉 배당요구를 하기 위하여 대항요건을 구비하여야 하는 것과 임차주택의 양수인에 대하여 임차권을 주장하기 위하여 대항요건을 구비하여

24) 권영상(주8), 181-182.

야 하는 것은 별개의 문제이다. 임차인이 임차 주택이나 상가건물을 계속 점유하면서 양수인에 대하여 임차권을 계속 주장하는 대항력의 문제에서는 당연히 제 3 자가 당해 주택을 양수할 때까지(즉, 경매절차에서는 매각대금 납부시까지) 대항요건을 구비하고 있어야 하지만,[25] 임차인이 우선변제를 받기 위하여 배당요구를 한 단계에서는 더 이상 대항력의 문제가 남지 않는다.[26] 임차인은 매각대금에서 배당을 받으면 되는 것뿐이고, 임차 주택이나 상가건물에서 스스로 퇴거함으로써 대항력의 주장 따위는 애당초 염두에 없는 임차인으로 하여금 계속 당해 주택이나 상가건물에 머무르도록 강요할 이유가 없다. 따라서 매각대금납부시설은 찬성하기 어렵다.

나아가, 우선변제청구권의 행사, 즉 배당요구를 하기 위하여 대항요건을 구비하여야 하는 것과 그 결과로 배당을 받는 것도 꼭 일치시킬 필요가 없다. 배당이 현실적으로 이루어지는 것은 배당기일이라고 할 것이나, 주택임차인이나 상가건물임차인과 같은 배당요구권자는 배당요구를 함으로써, 경매개시결정 기입등기 전의 담보물권자와 같이 배당요구 없이 당연히 배당받을 수 있는 자는 낙찰로 인하여 그 담보물권이 소멸함으로써, 각각 배당을 받을 수 있는 것이고, 배당기일은 위와 같이 배당을 받을 수 있는 자들 사이에서 배당표를 확정하고 그 확정된 배당표에 따라 배당금을 수령하는 날에 불과하다. 배당요구가 우선변제청구권의 행사이며,[27] 배당기일에서의 배당금의 수령

25) 낙찰자로서는 임차인이 주민등록이나 사업자등록이 되어 있지 아니하거나 점유를 하고 있지 아니하여 대항력 있는 임차권의 부담이 없는 것으로 알고 낙찰을 받은 것인데, 과거에 대항요건을 구비하고 있었다 하여 임차권에 대항력을 부여한다면 예기치 않은 불이익을 받게 되기 때문이다.

26) 대항력과 우선변제권이 있는 임차인이 배당요구를 하였다가 매각대금으로부터 보증금을 전액 돌려받지 못하면 낙찰자로부터 잔액을 반환받을 수 있다[대판 1997. 8. 29. 97다11195(공1997하, 2856)]는 것은 별개의 문제이다. 이는 낙찰자가 대금을 납부한 후에도 임차인이 계속하여 당해 주택에 주민등록을 한 채 거주하고 있는 경우이기 때문이다. 즉, 대항력의 연장선상의 문제이지 우선변제의 문제가 아니다.

은 그 행사에 따른 결과일 따름이다.

보증금의 반환과 상환으로 주택이나 상가건물을 인도한다는 이익을 포기하고 주택이나 상가건물을 먼저 인도하는 것은 임차인에게는 불리할 뿐이다. 그럼에도 불구하고 보증금은 나중에 받더라도 거주나 영업이 불안정한 상태로부터 하루라도 빨리 벗어나기 위하여 먼저 이사를 하려는 임차인을 잡아 두는 것은 순리에 반한다. 그렇다고 그를 배당기일까지 잡아 두는 것이 경매절차의 다른 이해관계인들에게 득이 되는 것도 아니다. 임차인이 미리 퇴거한다는 것은 낙찰자의 입장에서는 인도 문제가 생기지 않아 오히려 더 좋다.

요컨대, 대항요건의 종기를 매각대금납부시설보다 더 길게 잡은 배당기일설도 찬성하기 어렵다.

(라) 결국 주택이나 상가건물 임차인의 우선변제를 위한 대항요건의 종기는 배당요구시설과 배당요구종기시설 중 어느 견해를 취할 것이냐로 좁혀진다.

논리적으로 보면, 우선변제권의 행사는 배당요구로 나타나는 것이고, 권리의 행사시기에 그 권리를 행사하기 위한 요건이 구비되어 있으면 족하다는 관점에서 보면 배당요구시설이 보다 합당하다 할 것이다. 그런데 문제는 이 견해에 의할 경우 다수의 임차인 및 가장임차인의 출현을 막기 어렵다는 것이다. 예컨대, 우선변제권이 있는 A라는 임차인이 배당요구를 하고 즉시 퇴거한 후 B라는 임차인이 다시 그 주택이나 상가건물을 인도받고 주민등록 또는 사업자등록을 옮긴 다음 확정일자를 갖추고 배당요구를 하면 그 새로운 임차인 B에게도 주택임대차보호법 제 3 조의2 제 2 항, 상가건물임대차보호법 제 5 조 제 2 항에 의하여 우선변제권이 인정된다.[28] 배당요구는 경매법원이 정한

27) 강신중(주8), 461-463; 이주홍(주2), 58-61.

28) 새로 생기는 임차인으로서 우선변제권이 있는 임차인은 확정일자부 임차인에 한하게 된다. 소액임차인은 경매개시결정의 기입등기 전에 대항요건을 구비한 경우에만 우선변제권이 인정되므로 더 이상 문제될 여지가 없다.

배당요구의 종기까지 할 수 있으므로 위와 같은 예가 되풀이되면 결국 동일한 임차 주택이나 상가건물에 우선변제권이 인정되는 임차인이 다수 생기게 되어 부당할 뿐만 아니라, 이를 악용하면 가장임차인이 얼마든지 발생할 수 있어 많은 폐단이 생기게 된다.[29)]

배당요구시설에 의하면 위와 같은 폐단 외에도, 임차인이 배당요구를 하고 퇴거하는 바람에, 사적(私的)으로 조사하여 본 결과 당해 주택에 임차인이 아무도 없는 것으로 알고 뒤늦게 담보물권을 취득하거나 가압류를 하는 사람들을 보호할 수 없게 된다.

그렇다면 위와 같은 폐단을 막기 위해서는 배당요구의 종기[30)]까

29) 건물임대차보호법의 입법취지에 비추어 볼 때 주택이나 상가건물의 임차권은 물권과 같아서 "일부동산(一不動産) 일임차권(一賃借權)"만이 인정될 뿐이라는 견해, 즉 하나의 임차목적물로부터는 가장 먼저 생긴 임차권만이 우선변제를 받을 수 있을 뿐이며, 앞선 임차인이 퇴거하고 새로이 들어온 임차인에게는 우선변제권이 인정되지 않는다는 견해도 주장될 수 있다(1998. 9. 21. 민사판례연구회의 월례발표회장에서 윤진수 교수가 제시한 견해이다). 이 견해에 따른다면 본문에서 지적한 것과 같은 폐단이 생기지 않고, 따라서 배당요구시설을 취하는 데 큰 어려움이 없을 것이나, 문제는 위와 같은 견해가 과연 받아들여질 수 있느냐는 것이다. 깊은 검토를 요한다.

30) 주의할 것은 배당요구의 종기가 구(舊) 민사소송법하에서는 매각결정기일이었으나(동법 제605조), 현행 민사집행법하에서는 첫 매각기일 이전으로서 경매법원이 정하여 공고한 때로 바뀌었다는 점이다(동법 제84조 제 1 항). 그리고 경매법원이 한번 정한 종기를 연기하거나(동법 제84조 제 6 항), 변경(동법 제87조 제 3 항)한 경우에는 그 최종적으로 정해진 종기를 의미한다[대판 2002. 8. 13. 2000다61466 (공2002하, 2167)].

그런데, 임차인이 배당요구의 종기 전에 배당요구를 한 다음 배당요구의 종기 후에 주민등록이나 사업자등록을 옮겼는데, 배당요구의 종기가 연기되거나 변경된 경우는 문제이다. 배당요구의 종기가 연기되거나 변경되는 것은 임차인으로서는 전혀 예측할 수 없는 일인 데다가, 연기되거나 변경된 배당요구의 종기는 이미 배당요구를 한 임차인에게는 다시 고지하여 주지도 않는 점(민사집행법 제84조 제 7 항 단서, 제87조 제 3 항 단서)을 고려한다면, 이러한 임차인의 우선변제권을 배제하는 것은 지나치게 가혹하다는 주장이 있는바[법원도서관, 민사집행법실무연구(재판자료 109집)(2006), 73-74], 경청할 만한 견해이기는 하나, 그렇게 되면 동일한 임차 주택이나 상가건물에 대하여 대항력을 가진 임차인이 중복하여 나타나거나 가장임차인이 출현하여 다른 이해관계인들에게 피해를 주거나 경매절차의 진행을 방해할 가능성이 있어 찬성하기 어렵다. 다만, 임차인에게 예기치 못한 피해를 주는 것을 최소화하기 위하여는 배당요구의 종기를 연기하는 데 신중하여야 할 것이다[부동산등에 대한 경매절차 처리지침(대법원 재민 2002-1

지 대항요건을 계속 갖추고 있어야 한다고 할 수밖에 없다.[31)]

배당요구종기시설을 취하는 경우에는 새로운 임차인이나 가장임차인의 발생에 의하여 경매절차상의 다른 담보권자 기타 이해관계인에게 피해를 주는 것을 막을 수 있다.[32)] 배당요구의 종기가 지나면 새로운 임차인에 의한 배당요구가 불가능해지기 때문이다.[33)]

(5) 소 결

이상에서 검토한 바에 의하면 논리적으로는 배당요구시설이 합당하나, 다른 담보권자 기타 이해관계인의 보호와 조화를 이루기 위해서는 배당요구종기시설을 취할 수밖에 없다. 따라서 그와 같은 결론

예규) 제 5 조 제 4 항 참조].

31) 저자는 민일영(주15), 291에서 배당요구시설을 취하면서 가장임차인의 문제에 관하여 다음과 같은 입장을 밝힌 바 있다.

"문제는 가장임차인이 생길 수 있다는 것이나, 이도 염려할 바는 아니다. 집행관의 현황조사에서 일차적으로 임차인 여부가 판명되고, 소액임차인인 경우에는 경매개시결정 전에 대항요건을 구비하여야 하는 현행법하에서 배당요구 후에는 퇴거하여도 상관없다고 한다 해서 그 때문에 특별히 가장임차인이 더 늘어날 여지는 없을 것이다. 굳이 염려한다면 채무자와 짜고 경매개시 직전에 임차인으로서의 대항요건을 구비하였다가 현황조사가 끝나자마자 배당요구를 하고 퇴거하여 버리는 경우를 상정할 수 있고, 배당기일까지 거주하여야 한다고 요구하면 그런 가장임차인이 줄어들 수 있지 않겠느냐고 할 수 있겠으나, 어차피 채무자와 짜고 임차인을 가장하려 한다면 그와 같이 거주요건기간을 좀 더 늘린다고 해서 그만두지는 않을 것이다. 거주는 하지 않으면서 주민등록만 해 놓고 배당요구를 하는 임차인이 더욱 발호할 수 있겠으나, 이는 집행관의 현황조사를 충실히 함으로써 방지하여야 하는 문제라 할 것이다."

그러나, 위와 같이 하여도 본문에서 언급한 것과 같은 폐단은 막을 길이 없기 때문에 위 견해를 더 이상 유지하지 않는다.

32) 임차인이 배당요구를 한 후 배당요구의 종기 전에 퇴거하고, 다른 임차인이 새로이 대항요건을 구비하여 배당요구의 종기 전에 배당요구를 하는 경우, 뒤의 임차인을 앞선 임차인과 동일한 지위에 서 있는 것으로 보아 배당에서 제외하는 것이 가능하다면 이러한 폐단을 막을 수 있고, 따라서 굳이 배당요구종기시설을 취할 필요가 없게 된다. 그러나, 현행법상 위와 같은 임차인들을 동일한 지위에 있는 것으로 간주할 근거를 찾기 어렵다는 것이 문제이다.

33) 후술(後述)(주202)하는 바와 같이 논자에 따라서는 소액임차인(나아가 확정일자부 임차인에 대하여까지 확장하기도 한다)은 배당요구를 하지 않더라도 당연히 배당을 받을 수 있다고 주장하기도 하는바, 그런 견해를 취한다면 배당요구의 종기 후에도 배당을 받을 수 있는 새로운 소액임차인이 발생할 여지가 있게 된다.

을 취한 위 대법원판결의 입론에 찬성한다.

(6) 임차인이 경매를 청구하는 경우의 특수문제

(가) 문제의 소재

대항요건 및 확정일자를 갖추고 있는 임차인은 다른 채권자의 신청에 의한 경매절차에서 우선변제를 받을 수는 있어도 스스로 경매를 신청할 수는 없다. 전세권자와는 달리 경매청구권이 없기 때문이다. 따라서 경매를 신청하는 다른 채권자가 없는 한 우선변제권은 쓸모가 없게 된다. 임차인이 직접 보증금을 반환받기 위해서는 임대인을 상대로 보증금반환청구소송을 제기하여 승소확정판결의 집행권원을 얻어 강제경매를 신청하는 수밖에 없다. 그러나 위 소송에서는 임대인이 임대 주택이나 상가건물의 반환과 상환하여 보증금을 반환하겠다고 항변하는 것이 보통이고, 그 결과 상환이행판결이 선고된다.

임차인이 위 상환이행판결을 집행권원으로 하여 강제경매를 신청하기 위해서는 임차 주택이나 상가건물을 인도하였거나 인도의 제공을 한 사실을 증명하여야 한다(민사집행법 제41조 제1항). 즉, 임차인의 주택이나 상가건물의 인도 또는 그 제공이 집행개시의 요건인 것이다. 그런데 주택이나 상가건물의 점유는 우선변제권의 구비요건인 동시에 존속요건이기 때문에[임차인이 우선변제를 받기 위해서는 전술(前述)한 바와 같이 배당요구의 종기까지 대항요건을 구비하고 있어야 한다] 임차인이 주택이나 상가건물을 일단 임대인에게 인도하면 대항요건을 구비하지 못한 것으로 된다. 그 결과 임차인은 자기가 신청한 위 경매절차에서는 일반채권자에 불과할 뿐 우선변제를 받지 못하게 된다.

이와 같이 임차인은 다른 사람이 신청한 경매절차에서는 우선변제를 받는 데 비하여, 적극적으로 자기가 나서서 신청한 경매절차에서는 우선변제를 받지 못한다는 것은 확실히 균형이 맞지 않는다. 여기서 서울중앙지방법원을 비롯한 일부 법원의 경매실무에서는 임차인이 내용증명우편으로 임대인에게 보증금 반환을 최고한 사실만 소명되면 임차주택을 인도하지 않았더라도 경매개시결정을 함으로써 위와 같은 불균형을 해소하려고 노력하여 왔다.[34] 즉, 민사집행법 제41조 제 1 항에서 요구하는 채권자의 이행의 제공을 넓게 해석하여 임차인이 임대인에게 임차주택을 인도할 터이니 보증금을 반환하라고 최고하였다면 그로써 이행의 제공을 하였다고 본 것이다.

그러나, 이러한 해석론은 그 취지는 좋으나 아무래도 해석론의 범위를 넘어선 것이 아니냐는 비판도 많았기 때문에 주택임대차보호법의 3차 개정시에 아예 입법적으로 이 문제를 해결하였다.

즉, 주택임대차보호법 제 3 조의2 제 1 항을 신설하여 "임차인이 임차주택에 대하여 보증금반환청구소송의 확정판결 기타 이에 준하는 집행권원에 기한 경매를 신청하는 경우에는 민사집행법 제41조의 규정에 불구하고 반대의무의 이행 또는 이행의 제공을 집행개시의 요건으로 하지 아니한다"고 규정한 것이다.[35] 상가건물임대차보호법 역시 이를 본받아 동일한 규정을 두고 있다(동법 제 5 조 제 1 항). 따라서 임차인은 집행권원만 있으면 주택이나 상가건물에 대한 점유를 계속하면서 강제경매를 신청하여 우선변제를 받을 수 있게 되었다. 그리고 반대의무의 이행 또는 이행의 제공 없이 경매를 신청할 수 있는 대상은 건물만이 아니라 그 부지인 대지도 포함함은 물론이다.[36] 반면, 임대차의 대상인 당해 주택이나 상가건물이 아닌 다른 부동산에 대하여 경매를 신청할 경우에는 반대의무의 이행 또는 이행의 제공을 하여야 한다.[37]

34) 법률신문 1998. 7. 6., 2 참조.
35) 이러한 조항의 신설에 대하여, 고상룡, "주택임대차보호법 개정안의 제문제(상)", 법률신문 1998. 11. 16., 14는 판례의 축적으로 충분히 해결할 수 있는 일이므로 굳이 법조항을 신설할 것은 아니라고 비판한다.
36) 대결 2000. 3. 15. 99마4499(공2000상, 1133).
37) 법원도서관, 민사집행법실무연구(재판자료 109집)(2006), 32-33.

㈏ 입 법 론

위와 같이 주택임대차보호법 제3조의2 제1항, 상가건물임대차보호법 제5조 제1항을 둠으로써 임차인이 집행권원을 얻어 강제경매를 하는 경우의 불균형을 시정할 수 있게 되었으나, 저자는 이 기회에 주민등록표나 임대차등록부 또는 사업자등록부에 보증금을 기재할 것을 전제로 하여 대항요건과 확정일자를 갖춘 임차인에게 아예 경매청구권을 줄 것을 제안한다.[38] 위와 같은 임차인은 후술(後述)하는 바와 같이 우선변제를 받는 범위에 관하여 물권인 전세권에 비하여 강력한 보호를 받는 데다, 소액보증금에 해당하면 한 걸음 더 나아가 더욱 강력한 보호를 받는 마당이라면, 전세권에는 인정되는 경매청구권을 주택이나 상가건물의 임차권에 인정하지 못할 것도 없다. 경매청구권을 준다 해서 제3자의 이익이 더 침해되는 일도 없을 것이다.

1989. 12. 30. 주택임대차보호법을 2차로 개정할 당시 이미 구(舊) 평민당에서 우선변제권이 있는 임차인에게 경매청구권을 주자는 개정안을 국회에 제출한 바 있다. 이에 대하여는 당시에 그렇게 되면 임대차 종료 후 보증금 반환이 지연된다는 이유로 임차인이 즉시 경매신청을 함으로써 주택의 일부를 임차한 임차인의 신청으로 그 주택의 전부가 경매되는 사태까지 발생하여 임대인은 물론 다른 임차인들의 이익까지 침해하는 결과를 초래하여 형평에 반한다는 반론이 제기되었었다.[39] 그러나, 주택의 일부에 대하여 전세권을 취득한 자가 전세

---

38) 동지(同旨) : 고상룡, “주택임대차보호법의 문제점과 그 개정·보완방법(하)”, 법률신문 1987. 12. 17., 10; 성윤제, “주택임대차보호법 – 개정령부칙에 관한 비판”, 법률신문 1988. 2. 25.,11; 신택호, “임차인의 우선변제권의 대상”, 재판실무연구 1998(광주지방법원 편)(1999), 50.

또한 김상수, “절차법에서 본 주택임대차”, 법률신문 1998. 12. 10., 14 및 박재승, “부동산경매절차에 있어서의 임차인의 지위”, 사법논집 21집 (1990), 498-499 참조.

39) 고상룡, “주택임대차보호법중 개정법률안에 대한 사견(하)”, 법률신문 1989. 5. 15., 10.

금을 반환받기 위하여 당해 주택의 전부에 대하여 경매를 신청하는 것은 허용되지 않기 때문에,[40] 같은 논리를 적용한다면 경매청구권을 준다 하여 위 반론이 제기하는 것과 같은 문제는 발생하지 않는다 할 것이다.

나. 확정일자를 갖추었을 것

(1) 임차보증금에 관하여 우선변제권이 인정되기 위해서는 대항요건의 구비 외에 임대차계약서에 확정일자를 갖출 것이 요구된다. 임대차계약서에 확정일자를 갖출 것을 요구하는 이유는, 우선변제권의 인정 여부는 다른 채권자들에게 이해관계가 크게 걸려 있는 문제인데, 보증금에 관한 아무런 공시도 없이 우선변제권을 인정하게 되면 임대인과 임차인이 보증금액수에 관하여 얼마든지 담합하여 변경함으로써 다른 채권자들의 권리를 해할 수 있기 때문이다.[41]

임대차계약서에 확정일자를 갖추는 방법은 주택임대차와 상가건물임대차가 다르다.

먼저 주택임대차의 경우에는,

그 후 주택임대차보호법의 3차 개정안이 발표된 후에 남상우, "주택임대차보호법 개정안 문제 있다", 법률신문 1998. 12. 24., 15도 같은 견해를 피력하고 있었다.

40) 대결 1992. 3. 10. 91마256,257(공1992, 1269).
이 결정에 대한 평석으로 민일영, "부동산의 일부에 대한 전세권자의 부동산 전부에 대한 경매청구의 가부", 민사판례연구(XV)(1993), 100 이하 참조.

41) 대판 1999. 6. 11. 99다7992(공1999하, 1390) : 주택임대차보호법 제 3 조의2 제 2 항에 의하면, 주택임차인은 같은 법 제 3 조 제 1 항에 규정된 대항요건과 임대차계약서상에 확정일자를 갖춘 경우에는 경매절차 등에서 보증금을 우선하여 변제받을 수 있고, 여기서 확정일자의 요건을 규정한 것은 임대인과 임차인 사이의 담합으로 임차보증금의 액수를 사후에 변경하는 것을 방지하고자 하는 취지일 뿐, 대항요건으로 규정된 주민등록과 같이 당해 임대차의 존재 사실을 제 3 자에게 공시하고자 하는 것은 아니므로, 확정일자를 받은 임대차계약서가 당사자 사이에 체결된 당해 임대차계약에 관한 것으로서 진정하게 작성된 이상, 위와 같이 임대차계약서에 임대차 목적물을 표시하면서 아파트의 명칭과 그 전유부분의 동·호수의 기재를 누락하였다는 사유만으로 주택임대차보호법 제 3 조의2 제 2 항에 규정된 확정일자의 요건을 갖추지 못하였다고 볼 수는 없다.

첫째, 공증인사무소, 법무법인 또는 공증인가 합동법률사무소 등 공증기관에서 임대차계약서를 공정증서로 작성하는 방법,

둘째, 사문서로 된 임대차계약서에 위 공증기관에서 확정일자인을 찍어 주는 방법,

셋째, 사문서로 된 임대차계약서에 법원이나 등기소의 공무원이 확정일자인을 찍어 주는 방법,[42]

넷째, 주민등록전입신고를 하면서 임대차계약서를 제출하면 읍, 면, 동사무소에서 확정일자인을 찍어주는 방법[43]의 네 가지가 있다.

주택임대차가 위와 같이 여러 가지 방법으로 계약서에 확정일자를 갖출 수 있는 데 비하여 상가건물임대차는 오로지 당해 건물 소재지의 관할 세무서장만이 계약서에 확정일자를 부여할 수 있다(상가건물임대차보호법 제 5 조 제 2 항).[44]

(2) 그러면 확정일자는 어떻게 구비하는가?

(가) 주택임대차계약서에 확정일자를 구비하는 방법으로 현재 많이 이용되고 있는 위에서 본 셋째의 방법[45]을 민법부칙 제 3 조, "사문서

42) 대판 2002. 11. 8. 2001다51725(공2003상, 19) : 주택에 관하여 임대차계약을 체결한 임차인이 자신의 지위를 강화하기 위한 방편으로 따로 전세권설정계약서를 작성하고 전세권설정등기를 한 경우에, 따로 작성된 전세권설정계약서가 원래의 임대차계약서와 계약일자가 다르다고 하여도 계약당사자, 계약목적물 및 보증금액(전세금액) 등에 비추어 동일성을 인정할 수 있다면 그 전세권설정계약서 또한 원래의 임대차계약에 관한 증서로 볼 수 있고, 등기필증에 찍힌 등기관의 접수인은 첨부된 등기원인계약서에 대하여 민법 부칙 제 3 조 제 4 항 후단에 의한 확정일자에 해당한다고 할 것이므로, 위와 같은 전세권설정계약서가 첨부된 등기필증에 등기관의 접수인이 찍혀 있다면 그 원래의 임대차에 관한 계약증서에 확정일자가 있는 것으로 보아야 할 것이고, 이 경우 원래의 임대차는 대지 및 건물 전부에 관한 것이나 사정에 의하여 전세권설정계약서는 건물에 관하여만 작성되고 전세권등기도 건물에 관하여만 마쳐졌다고 하더라도 전세금액이 임대차보증금액과 동일한 금액으로 기재된 이상 대지 및 건물 전부에 관한 임대차의 계약증서에 확정일자가 있는 것으로 봄이 상당하다.

43) 이 방법은 1997. 9. 1.부터 시행되고 있다.

44) 이경준(주7), 63은 확정일자 부여 권한을 다른 관공서나 공증인에게 확대하여야 한다고 주장한다.

45) 2007년도에 법원 및 등기소에서 총 788,473건의 확정일자를 부여하였다. 법원행

의 일자확정 업무처리에 관한 예규"(제정 대법원 1990. 2. 14. 행정예규 제139호, 개정 1998. 2. 14. 행정예규 제340호) 및 "확정일자부 및 일자인 조제에 관한 규정"(1990. 10. 13. 대통령령 제13134호)에 의하여 상술하면 다음과 같다.

임대차계약서를 작성한 당사자나 소지인[46]은 언제든지 지방법원(서울가정법원은 제외), 지원 또는 등기소(상업등기소는 제외)에 그 계약서의 원본을 가지고 가서 확정일자를 부여하여 줄 것을 구술로 청구할 수 있다(위 예규 제 2 조 제 1 항, 제 4 조 제 1 항, 제 5 조).[47] 계약서의 일부에 공란이 있는 때에는 그 부분을 지우고 문서작성인이 날인한 것이어야 한다(위 예규 제 4 조 제 2 항).

확정일자인 제○○○○호

가로 5㎝, 세로 1㎝

(기부번호의 양식)

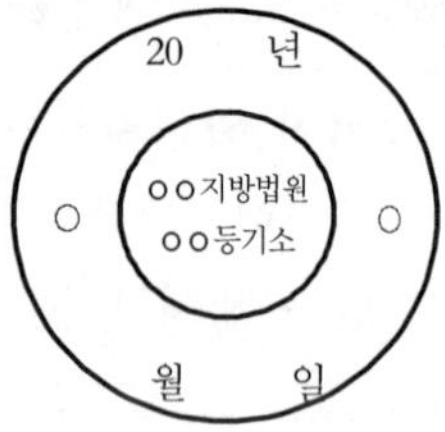

바깥원 지름 3㎝
안원 지름 1.5㎝
(확정일자인)

확정일자의 부여는 법원이나 등기소의 관할과 상관없이 어느 곳에서나 가능하다(위 예규 제 3 조).[48] 확정일자 부여 업무는 원칙적으로

정처, 사법연감(2008), 599.

46) 정승열, 상가・주택 임대차보호법 실무(개정1판)(2007), 373은 작성명의인과 그의 대리인으로 제한하여야 한다고 한다.

47) 확정일자 청구의 수수료는 1건당 600원이며, 다만 계약서의 매수가 4매를 초과하는 경우에는 초과매수 4매마다 100원씩 가산된다[사문서의 일자확정청구 수수료규칙(1995. 11. 20. 대법원규칙 제1400호) 제 2 조 제 1 항].

48) 정승열(주46), 372는 당사자의 주소지 내지 부동산소재지의 관할법원이나 등기소로 제한하여야 한다고 한다.

등기관이 담당하나, 등기관이 없을 경우에는 지방법원장이나 지원장이 지정하는 법원공무원이 담당한다(위 예규 제 2 조 제 2 항). 확정일자의 부여를 청구받은 담당공무원은 당해 임대차계약서의 여백(여백이 없는 경우에는 뒷면)에 다음과 같은 양식에 의한 기부번호를 기입하고 확정일자인을 찍은 후 매장마다 간인하며, 임대차계약서에 가감 또는 정정한 부분이 있는 경우에는 작성명의인으로 하여금 그 부분에 날인하고 그 난 외에 가감 또는 정정의 글자 수를 기입하게 한 후 그 난 밖의 부분에 별도의 확정일자인을 찍는다(위 예규 제 6 조 제 2 호).

(나) 상가건물임대차계약서에 확정일자를 구비하는 방법은 다음과 같다.

상가건물임대차보호법의 적용을 받는 임차인은 언제든지 당해 상가건물의 소재지를 관할하는 세무서에 임대차계약서의 원본을 가지고 가서 확정일자를 부여하여 줄 것을 신청할 수 있다[확정일자부여 및 열람제공에 관한 규정(국세청훈령 제1491호, 2002. 10. 14.) 제 8 조 제 1 항, 제 7 조 제 1 항, 제 2 항, 제 6 조 제 1 항, 제 5 조 제 1 항].[49] 신청은 주택임대차계약서와는 달리 구술이 아닌 확정일자신청서에 의하여 한다(위 규정 제 7 조 제 1 항). 임대차계약서에는 임대인과 임차인의 인적사항, 건물 소재지, 임대차의 목적 및 면적, 임대차기간, 보증금 및 차임 등이 명확히 기재되어 있어야 한다(위 규정 제 6 조 제 2 항).

확정일자의 부여를 신청받은 담당공무원은 당해 임대차계약서의 첫장 전면 여백에 다음과 같은 양식에 의한 확정일자인을 찍은 후 확정일자용 관인을 날인한다. 임대차계약서가 여러 장일 경우에는 매장마다 위 관인으로 간인한다(위 규정 제 8 조 제 4 항).

---

49) 2006년도에 총 133,695건을 부여하였다.
출처 : 통계청 홈페이지(http://www.kosis.kr/OLAP/Analysis/stat_OLAP.jsp?vwcd=MT_ZTITLE&fromsrc=NAVER&tbl_id=DT_133N_1425&org_id=133&path=%20재정 · 금융%20〉%20재정%20〉%20국세통계%20〉%20기타)

확정일자	제○○○-○○○○-□□□□□□□호 년 월 일 ○○세무서장 인

가로8㎝, 세로 3㎝
(확정일자인)

확정일자용
○○세무서장의 인
○○과

가로 2㎝
세로 위에서부터
0.5㎝, 1㎝, 0.5㎝
(확정일자용 관인)

(3) 이처럼 임대차계약서에 확정일자를 갖출 것을 요구함으로써 임대인과 임차인의 담합에 의한 보증금액의 사후 변경 내지 조작을 어느 정도 막을 수는 있으나,[50] 주택임대차의 경우에는 임대차계약서를 공적으로 공개하는 것이 아니기 때문에 제 3 자로서는 확정일자를 받았는지, 받았다면 보증금액이 얼마인지를 알 길이 없다. 따라서 주택의 담보권자는 자기보다 선순위의 임차보증금채권이 얼마나 되는지를 정확히 알 수가 없으므로 거래의 안전이 크게 위협을 받는다.[51]

그렇다면, 대항요건을 구비한 주택임차인에게 보증금에 관한 우선변제권을 인정하기 위해서는 단순히 확정일자를 갖추도록 할 것이

50) 주택임대차계약서의 보증금 액수를 정정한 경우에는 위에서 본 바와 같이 그 부분에 별도의 확정일자인을 찍게 되어 있으나, 같은 문서를 법원이나 등기소에 보관하는 것도 아니고 법원이나 등기소에서 보관하는 장부인 확정일자부에는 청구인의 주소, 성명, 문서명, 확정일자 부여일자 등만 기재할 뿐 보증금액과 같은 계약 내용을 기재하는 것이 아니다[확정일자부 및 일자인 조제에 관한 규정(1990. 10. 13. 대통령령 제13134호) 별지 제 1 호 서식]. 따라서 한 번 정정하여 확정일자를 받은 보증금 액수를 나중에 다시 임의로 정정한 경우에는 어느 것이 진정한 보증금액수인지 판정하기 어렵게 된다.

이에 비하여 상가건물임대차계약서의 경우는 확정일자를 부여한 임대차계약서의 사본을 세무서에서 보관하기 때문에(확정일자부여 및 열람제공에 관한 규정 제 9 조 제 1 항) 이를 열람함으로써 보증금을 정정한 여부를 확인할 수 있다(상가건물임대차보호법 제 4 조 제 1 항).

51) 김 연(주5), 352-353; 박동섭, "확정일자에 관하여", 민사재판의 제문제 7권(1993), 64; 유원규, "주택임차권의 공시방법", 21세기 한국민사법학의 과제와 전망(송상현 회갑 기념 논문집)(2002), 223-224; 정승열, "확정일자제도의 문제점 고찰", 법조 2002. 3., 230-231.

아니라, 주민등록 전입신고시에 보증금액을 신고하도록 하여 주민등록표에 기재하는 방법이나, 읍·면·동사무소에 주민등록표 외에 임대차등록부를 별도로 비치하여 보증금을 포함한 임대차에 관한 모든 사항을 기재하고 이를 열람할 수 있게 하는 방법 등을 강구하여야 하지 않을까 한다. 아니면 최소한 임대차계약서를 공정증서로 작성하게 함으로써 보증금액의 사후 조작에 의한 분쟁을 막는 제도적 장치를 강구하여야 할 것이다.

이러한 문제는 상가건물에 관하여는 입법적으로 해결되었다. 상가건물을 임차하여 사업자등록을 하려면 신청서에 임대차기간, 보증금, 차임을 기재하고(부가가치세법시행령 제 7 조 제 1 항, 부가가치세법시행규칙 별지 제 3 호 서식, 법인세법시행규칙 별지 제73호 서식), 임대차계약서 사본을 첨부하여야 한다(부가가치세법시행령 제 7 조 제 2 항, 법인세법시행령 제154조 제 2 항). 나아가 관할 세무서장이 임대차계약서에 확정일자를 부여하면 그 관련서류를 보관한다. 이러한 사항은 모두 열람의 대상이 되기 때문에(상가건물임대차보호법 제 4 조 제 1 항 제 4 호), 상가건물의 담보권자는 자기보다 선순위의 임차보증금채권이 얼마나 되는지를 정확히 알 수 있다.

한편 확정일자를 받은 임대차계약서를 분실하거나 임대차계약서가 멸실된 경우에 우선변제권이 계속 유지되는가 하는 문제가 있는바, 주택임대차의 경우에는 확정일자 발급대장 등에 의하여 확정일자를 받은 사실을 증명하고, 상가건물임대차의 경우에는 사업자등록사항 등의 현황서 등에 의하여 확정일자를 받은 사실을 증명하면 우선변제를 받을 수 있다고 할 것이다.[52)]

그리고 임차인이 인도와 주민등록이나 사업자등록으로 임차권의 대항력을 취득한 후 일시적이나마 다른 곳으로 주민등록이나 사업자

52) 동지(同旨) : 김효석, 주택임대차분쟁의 해결(2005), 315; 박해식, 주택임대차보호법 해설의 법률지식(2000), 252; 대판 1996. 6. 25. 96다12474(미간행).

등록을 이전하면 그 전출 당시 대항요건을 상실함으로써 대항력은 소멸하고, 그 후 임차인이 다시 그 주택이나 상가건물의 소재지로 주민등록이나 사업자등록을 이전하면 재전입한 때로부터 새로운 대항력이 다시 발생하는바, 이 경우 전출 전에 이미 임대차계약서상에 확정일자를 갖추었고 임대차계약도 재전입 전후를 통하여 그 동일성이 유지된다면, 임차인은 재전입시 임대차계약서상에 다시 확정일자를 받을 필요 없이 재전입 후에 그 주택이나 상가건물에 관하여 담보물권을 취득한 자보다 우선하여 보증금을 변제받을 수 있다.[53)]

(4) 확정일자와 관련하여 주택임대차보증금의 공시에 관한 문제를 좀 더 살펴본다.[54)]

주택임대차보호법이 세 차례에 걸쳐 개정되면서 임차인의 보증금에 관한 보호장치가 계속 강화되었다. 그러나 임차인의 보증금이 보호되면 될수록 그것이 공시되지 아니하는 한 탈법적으로 악용될 소지가 많아지며, 그로 인한 피해는 임대인이나 임차인이 아닌 제 3 의 양수인 혹은 담보권자에게 돌아가게 되고, 결국 거래의 안전이 침해되는 결과를 초래한다. 그런데 주택임대차보호법은 이에 관하여 외면하고 있었으며, 2차 개정시에 우선변제권의 전제조건에 국한하여 확정일자를 요구하는 것이 추가되었고, 3차 개정시에 임차권등기명령에 의하여 임차권등기를 할 경우에 한하여 보증금액도 등기하도록(임차권등기명령절차에 관한 규칙 제 6 조) 한 정도일 뿐이다. 결국 임차인을 우선 보호하는 데만 급급했다는 인상을 떨쳐버리기 어렵다. 보증금의 공시가 입법기술상 혹은 시행상 난점이 있다고 할지는 모르겠으나, 그렇다고 미룰 일이 아니라고 본다. 더구나 상가건물에 관하여는 사업자등록을 통해 공시가 이루어지고 있음을 상기하면 주택임차보증금에

53) 대판 1998. 12. 11. 98다34584(공1999상, 112)

54) 상가건물임대차보증금은 앞에서 보았듯이 사업자등록에 의하여 공시되고 있으므로 문제가 없다.

관하여도 조속한 조치가 필요하다.

여기서 그 동안 주택임대차보증금의 공시방법의 일환으로 제시된 것을 보면,

① 주민등록표에 보증금란을 신설하여 주민등록시 그 금액을 기재하는 방법,55)
② 관인임대차계약서만 사용하여 임대차계약을 체결케 하고 공인중개사가 서명날인하도록 하는 방법,56)
③ 임대인과 임차인의 인감이 날인된 임대차계약서의 작성을 강제하는 방법,57)
④ 임대차계약서에 동사무소 등에서 확정일자를 부여하도록 하여 공증하는 방법,58)
⑤ 임대차계약서의 작성을 강제하는 방법,59)
⑥ 임대차계약서를 작성하되 임대인, 임차인이 서명날인하게 하는 방법,60)
⑦ 임대차계약서를 확정일자 있는 증서에 의하도록 하는 방법,61)
⑧ 보증금을 세무신고 하도록 하는 방법,62)
⑨ 임대차계약서를 관인계약서로 작성하게 하고 이에 확정일자를 받게 하되, 임차보증금의 액수 및 그 영수 여부까지 기재토록 하는 방법,63)
⑩ 임차보증금반환채권을 피보전권리로 하여 임차건물에 부동산

55) 윤천희, 개정주택임대차보호법해설(1985), 44.
56) 고상룡, "임차권 공시는 「거주」만으로", 법률신문 1988. 10. 3., 10.
57) 김현태, "민법 및 주택임대차보호법개정안에 대하여", 사법행정 1982. 8., 6.
58) 한국민사법학회, 민사법개정의견서(1982), 53-4(이재성).
59) 한국민사법학회, 민사법개정의견서(1982), 90(김학동).
60) 이은영, "주택택임대차보호법의 개정에 관한 연구", 법조 1982. 4., 20.
61) 한국민사법학회, 민사법개정의견서(1982), 49(현승종).
62) 한국민사법학회, 민사법개정의견서(1982), 153(김정현).
63) 권영상(주8), 176-177.

가압류를 하되, 가압류등기시 피보전채권이 임차보증금이라는 것과 그 보증금의 수액을 기재하도록 하는 방법,[64]

⑪ 임차인이 단독으로 임차권등기나 전세권등기를 하는 방법,[65]

⑫ 임대차보증금이 일정액 이상인 주택임대차계약은 이를 반드시 정부에서 마련하는 몇 가지 유형의 표준계약서 양식에 의한 서면계약으로 체결하도록 강제하고, 당사자(특히 임차인)가 그 서면에 확정일자인을 받아 이를 관할 읍·면·동장에게 신고하고 그 사본을 제출하게 하는 방법,[66]

⑬ 주택임대차등록부를 주민등록관장관서에 비치하고 주택임차인으로 하여금 전입신고시에 주택임차신고를 함께 하도록 하여 주택임대차등록부에 임대차보증금을 기재하는 방법[67]

등이 있으며, 나아가 위와 같은 방법을 주택임대차보호법 등의 법률에 정할 것이냐,[68] 아니면 대통령령에 위임할 것이냐[69]에 관해서도 견해가 나뉜다.

위 견해들 중 ④의 견해를 개정주택임대차보호법이 받아들인 셈이다. ②③⑤⑥의 견해는 공시방법과는 사실상 거리가 멀다고 할 수 있고,[70] ⑦⑨의 견해는 ④의 견해와 유사하며, ①⑧⑪⑫의 견해는 공

---

64) 강신중(주8), 460-461; 정승열(주46), 233-234.

65) 박해식(주52), 252; 이은희, "임대차법의 현황과 과제", 민사법학 36호(2007), 447-448; 장동구, "주택임대차보호법의 문제점과 개선방안에 관한 연구", 건국대학교 석사학위 청구 논문(2008), 139.
또한 성순화, "건물임대차에 대한 연구", 명지대학교 석사학위 청구 논문(2005), 47도 임차권의 간이한 등기절차를 강구하여야 한다고 주장한다. 다만 구체적인 방법을 제시하고 있지는 않다.

66) 김진현, "우리 주택임대차 제도의 문제점에 관한 비교법적 연구", 민사법학 13,14호(1996), 399.

67) 유원규(주51), 226.

68) 이은영(주60), 30.

69) 고상룡(주56), 10.

70) 이미 대부분 임대차계약서를 작성하고 있는 것이 현재 거래의 실정이지 않을까? 문제는 그 계약서의 내용, 그 중 특히 보증금을 공시하는 방법을 찾자는 것이다.

시방법을 보다 강화한 것이라고 할 수 있다. ⑩의 견해는 보증금의 공시를 등기부로 일원화할 수 있다는 장점이 있으나, 가압류(가압류의 신청→가압류의 발령→등기의 촉탁)라는 절차를 반드시 거쳐야 하는 번거로움이 뒤따른다.

사견(私見)으로는 전술(前述)한 바와 같이 주민등록 전입신고시에 보증금액을 신고하도록 하여 주민등록표에 기재하는 방법이나, 동·읍·면사무소에 주민등록표 외에 임대차등록부를 별도로 비치하여 보증금을 포함한 임대차에 관한 모든 사항을 기재하고 이를 열람할 수 있게 하는 방법을 강구하는 것이 좋다고 생각한다. 다만, 주민등록표에 보증금을 기재하는 것은 주민등록표의 본래의 기능에 부합하지 않는 면이 있는 게 사실이고, 한편 임대차등록부를 별도로 비치할 경우에는 이를 인터넷을 이용하여 열람할 수 있게 함으로써 그 효용을 높이는 방안도 강구하여 볼 만하다.

다. 주택이나 상가건물이 경매에 의하여 매각되었을 것

(1) 임차인이 우선변제권을 행사하기 위해서는 당해 임차 주택이나 상가건물이 경매[71]에 의하여 매각되었어야 한다.[72] 경매에 의하지 아니하고 단순히 매매, 교환 등의 법률행위에 의하여 임차주택이 양도된 경우에는 대항력의 여부만이 문제로 될 뿐 우선변제권은 인정될 여지가 없다.[73]

경매가 종래에는 민사집행법상의 절차에 의하여 행하여지는 이른바 "강제경매"와 경매법상의 절차에 의하여 행하여지는 이른바 "임의경매"의 두 가지로 구별되었기 때문에, 종래 주택임대차보호법 제3조의2도 "민사소송법 및 경매법에 의한 경매"라고 하여 양자를 모두 규

71) 국세징수법에 의한 공매의 경우에도 우선변제권이 인정되나, 이 책의 연구와는 무관하므로 이에 관한 고찰은 생략한다.

72) 파산절차에서도 우선변제권이 인정된다. 채무자회생 및 파산에 관한 법률 제415조.

73) 이경준(주7), 31.

정하고 있었으나, 1990. 1. 13. 민사소송법을 개정하면서 경매법을 폐지하고 이를 민사소송법에 흡수함으로써 절차를 통일하였기 때문에(이러한 태도는 현행 민사집행법에서도 그대로 유지되고 있다) 주택임대차보호법의 3차 개정시에 "경매법에 의한 경매"라는 규정을 삭제하여 용어를 정리하였다. 상가건물임대차보호법은 개정된 주택임대차보호법의 용례를 따랐음은 물론이다.

(2) 주택이나 상가건물이 경매에 의하여 매각되었다고 다 우선변제를 받을 수 있는 것은 아니다.

예컨대, 경매가 개시되어 압류의 효력이 발생한 후에 주택이나 상가건물의 소유권이 변동되고, 새로운 소유자로부터 그 주택이나 상가건물을 임차한 후 대항요건과 확정일자를 구비한 임차인에게는 우선변제권이 인정되지 아니한다.[74] 이 경우 경매절차는 종전 소유자에 대한 관계에서 진행되는 것이고 배당요구는 그러한 경매절차에 편승하는 것인데, 위와 같은 임차인은 종전 소유자에 대하여는 아무런 권리가 없기 때문이다.

위와 같은 논리는 주택이나 상가건물이 가압류된 후 소유권이 변동되고 새로운 소유자로부터 그 주택이나 상가건물을 임차한 임차인이 대항요건과 확정일자를 구비하였는데, 그 가압류에 기한 본집행으로 경매절차가 진행되는 경우에도 동일하게 적용된다.[75]

라. 배당요구를 하였을 것

(1) 임차인이 환가대금으로부터 우선변제를 받기 위해서는 경매법원에 배당요구를 하여야 한다.[76] 대항요건을 갖춘 임차권이 등기부상

---

74) 이주홍(주2), 60. 또한 신동윤, "부동산경매에 있어서의 배당에 관한 문제점", 사법논집 23집(1992), 289-290 참조.

75) 박재승(주38), 491.

76) 남기정, "개정 강제집행법상 배당참가 채권자의 범위", 법조 1990. 10., 137은 압류의 효력 발생 후에 대항요건과 확정일자를 갖춘 임차인은 그러한 사유만으로는

공시되는 것이 아니므로 임차인이 스스로 배당요구를 하지 아니하는 이상 경매법원이 그러한 임차권의 존재를 알 길이 없기 때문이다.[77]

임차인이 배당요구를 하지 아니하여 우선변제를 받지 못하는 것을 방지하기 위하여 경매법원에서는 집행관의 임대차조사서 등에 의하여 임차인으로 판명된 자에 대하여 배당요구의 종기까지 배당요구를 하지 않으면 배당받지 못한다는 통지서를 보내고 있다.[78]

배당요구를 함에 있어서는 우선변제권이 있음을 증명하기 위하여 확정일자가 찍힌 임대차계약서와 주민등록등본이나 사업자등록사항 등의 현황서 등본을 제출할 필요가 있다.

이러한 배당요구를 할 수 있는 시한은 첫 매각기일 이전으로서 경매법원이 정하는 날까지이다(민사집행법 제84조 제 1 항).[79] 또한 절차의 안정 및 다른 배당요구권자 등 이해관계인의 이익을 위하여 배당요구의 철회는 배당요구의 종기까지만 허용된다(민사집행법 제88조 제 2 항).[80]

배당요구를 할 수 없고, 별도로 가압류를 하거나 집행권원이 있어야 배당요구를 할 수 있다고 하나, 이는 구(舊) 민사소송법 제605조 제 1 항(현행 민사집행법 제88조 제 1 항)의 명문의 규정에 반하기 때문에 찬성할 수 없다.

77) 권영상(주8), 178-179는 임차인이 배당요구를 하지 않더라도 객관적 자료에 의하여 우선변제권이 있다고 인정되면 배당하여야 한다고 하나, 찬성하기 어렵다.

78) “경매절차진행사실의 주택 및 상가건물 임차인에 대한 통지”(재민 98-6 예규) 참조.

79) 따라서 대항요건 및 확정일자도 그 때까지 구비하여야 함은 물론이다.
그런데, 현행 민사집행법하에서는 종래와는 달리 배당요구의 종기가 최초의 매각기일 이전으로 당겨졌기 때문에 임차인들이 배당요구를 할 기회를 모르고 놓칠 수가 있다. 따라서 경매법원이 배당요구의 종기를 결정한 후 현황조사명령을 하고, 그에 따라 집행관이 현황조사를 하면서 임차인들에게 배당요구의 종기를 알려주는 방식으로 경매절차를 진행한다면 임차인의 권리구제가 보다 효과적으로 이루어질 수 있을 것이다[손진홍, “배당요구의 종기 결정과 관련된 우선채권자의 보호에 관한 문제점 고찰”, 재판자료 109집(2006), 333 이하 참조].

80) 민일영(주19), 384; 서기석, “부동산입찰에서의 배당에 관한 실무상 제문제”, 부동산입찰제도(1997), 347; 여상조, “입찰절차의 명확화 · 간결화”, 부동산입찰제도(1997), 76; 조병훈, “매각조건의 확정 : 공시제도의 개선”, 부동산입찰제도(1997), 92.

한편, 배당요구가 신의칙에 반하는 권리행사일 경우에는 우선변제가 부인된다.[81)]

(2) 담보권 실행을 위한 임의경매절차에서 채무자가 경매 대상 주택이나 상가건물의 소유자(즉, 물상보증인이다)와 임대차계약을 체결하였음을 이유로 우선변제청구권을 주장하여 배당요구를 한 경우에 그에게 배당할 것인가?

건물임대차보호법상 임차인의 범위에서 채무자를 제한하는 명문의 규정이 없는 이상, 위와 같은 이유만으로 임차인을 배당에서 제외할 수는 없다. 그러나, 위와 같은 경우의 임차인은 대부분 가장임차인일 가능성이 높기 때문에(임대인이 임차인을 위하여 물상보증인이 된다는 것은 극히 이례적이다) 경매법원으로서는 이를 이유로 배당에서 제외하고 그로 하여금 배당이의(配當異議)를 하게 하는 방법을 강구할 수 있을 것이다. 또는 반대로 일단 채무자인 임차인에게 배당을 하고 다른 채권자들로 하여금 배당이의를 하게 하는 것도 물론 가능하다. 어느 방법을 취할 것인가는 경매법원의 판사가 적의 판단할 것이나, 일단 가장임차인의 의심이 들면 전자(前者)의 방법을 취하는 것이 좋을 것이다. 배당이의의 소를 제기하는 부담을 채무자에게 지우려는 것이다.

마. 임차인이 낙찰자에게 대항할 수 있는 경우 임대차의 종료 여부

(1) 문제의 소재

임차인이 낙찰자에게 대항할 수 있고 임대차기간이 아직 남아 있는 경우에는 원칙적으로 그 남은 기간 동안 임차인과 양수인 사이에

81) 대판 1997. 6. 27. 97다12211(공1997하, 2357) : 근저당권자가 담보로 제공된 건물에 대한 담보가치를 조사할 당시 대항력을 갖춘 임차인이 그 임대차 사실을 부인하고 임차보증금에 대한 권리주장을 않겠다는 내용의 확인서를 작성해 준 경우, 그 후 그 건물에 대한 경매절차에서 이를 번복하여 대항력 있는 임대차의 존재를 주장함과 아울러 근저당권자보다 우선적 지위를 가지는 확정일자부 임차인임을 주장하여 그 임차보증금반환채권에 대한 배당요구를 하는 것은 특별한 사정이 없는 한 금반언 및 신의칙에 위반되어 허용될 수 없다.

임대차가 그대로 존속한다(주택임대차보호법 제 3 조 제 3 항, 상가건물임대차보호법 제 3 조 제 2 항). 따라서 그러한 경우에는 임차인은 남은 기간이 경과하여 임대차가 종료하여야 비로소 낙찰자에 대하여 보증금의 반환을 청구할 수 있다.[82] 보증금은 그 본질상 임대차가 존속중인 한은 반환을 청구할 수 없는 것이기 때문이다.

이와 관련하여 실무상 흔히 문제되는 것은 낙찰자에 대항할 수 있는 임차인이 임대차기간이 아직 남아 있는데도 우선변제를 청구하는 경우 이를 어떻게 처리할 것이냐 하는 것이다. 즉, 낙찰자에 대항할 수 있는 임차인이 임대차기간이 아직 남아 있는데도 경매절차에서 배당요구를 하여 우선변제를 청구할 경우에 경매법원은 그에 대한 배당을 거부하여야 하는가, 아니면 임차 주택이나 상가건물에 대하여 경매가 진행될 경우에는 대항력 있는 임차인에게 임대차계약의 해지권을 인정하여 그의 배당요구를 해지의 의사표시로 보고 배당을 하여야 하는가 하는 것이다. 이 문제는 "다만, 임차인이 당해 주택의 양수인에게 대항할 수 있는 경우에는 임대차가 종료된 후가 아니면 보증금의 우선변제를 청구하지 못한다"고 규정하고 있었던 3차 개정 전의 주택임대차보호법 제 3 조의2 제 1 항 단서로 인하여 생긴 것으로서, 위 조항이 1999. 1. 21. 3차 개정으로 삭제되었는바, 이해의 편의를 위하여 먼저 그 삭제 전의 논의를 살펴보고 이어서 그 후의 이론구성을 시도하여 본다.

(2) 주택임대차보호법의 3차 개정(1999. 1. 21.) 전의 논의

3차 개정 전의 주택임대차보호법 제 3 조의2 제 1 항 단서는 "다만, 임차인이 당해 주택의 양수인에게 대항할 수 있는 경우에는 임대차가 종료된 후가 아니면 보증금의 우선변제를 청구하지 못 한다"고 규정하고 있었는바, 이 조항과 관련하여 임차인에게 해지권이 인정된다면 해지함으로써 임대차가 종료하게 되고 따라서 우선변제의 청구가 가

82) 대판 1998. 9. 25. 97다28650(공1998하, 2568).

능하지 않을까 하는 관점으로부터 출발하였으며 견해가 나뉘었다.

이하에서는 대항력 있는 임차인의 임대차계약 해지 가능 여부, 그것이 긍정될 경우 배당요구를 해지의 의사표시로 볼 것인지 및 해지 의사표시의 임대인에의 도달 요부, 그리고 해지의 효력발생을 위한 유예기간의 요부를 차례로 검토하여 본다.

㈎ 대항력 있는 임차인의 임대차계약 해지권

주택에 대하여 경매가 진행될 경우에 당해 주택의 대항력 있는 임차인이 임대차기간이 만료하지 아니하였음에도 임대차계약을 해지하여 임대차관계를 종료시킬 수 있는가에 관하여는 견해가 나뉘었다.

1) 학 설[83)]

가) 해지권긍정설 이 설은, 대항력 있는 임차인은 임대인의 지위승계를 원하지 아니하는 경우 이의를 제기함으로써 임대차관계의 구속력으로부터 벗어날 수 있으므로,[84)] 임차주택에 대하여 경매가 진행될 경우에는 임차인은 임대차계약을 해지함으로써 임대차관계를 종료시킬 수 있으며, 위와 같은 임차인이 배당요구, 즉 우선변제를

---

83) 이에 관하여는 최성준, "양수인에 대하여 대항할 수 있는 주택의 임대차에 있어서 임차인의 경매절차에서의 우선변제권", 민사재판의 제문제(하)(이시윤 회갑기념 논문집)(1995), 460 이하가 자세히 다루고 있다.

84) 조용완, "임대차의 대항력", 재판자료 32집(1986), 474; 오용호(주13), 374; 이은희, "대항력 있는 임차인의 해지권 인정 여부", 법학연구 9권(충북대학교 법학연구소편)(1998), 188-191. 또한, 김학동, "주택임대차보호법상의 문제점", 판례월보 1986. 11., 22; 김증한, 채권각론(1988), 242 참조.

한편, 이재성, "주택임대차보호법 제 3 조와 경락인의 주택명도청구", 이재성판례평석집(Ⅸ)(1989), 275는 임대주택에 경매신청이 있으면 임대인은 민법 제623조 소정의 임대인의 의무를 다하지 못하게 될 것임이 명백하게 드러났다고 할 수밖에 없으므로 임차인은 민법 제544조에 의하여 임대차계약을 해지할 수 있다고 한다.

이에 대하여 김오섭, "임대차에 있어서의 소액보증금의 보호를 둘러싼 제문제", 재판자료 32집(1986), 504는 "임대인 지위의 승계는 임대인의 채무가 거의 개인적인 색채를 갖는 것이 아니며 목적물의 소유권을 보유하는 것만으로도 거의 완전히 이행할 수 있다는 것을 고려한 법정효과라는 점에 비추어 법문상의 근거도 없이 임차인에 의한 승계의 부인을 인정할 필요는 없다고 생각한다"고 반론을 제기한다.

청구하면 그것으로써 임대차관계를 종료시키려는 해지의 의사를 표시한 것으로 보아야 한다는 견해이다.[85]

나) 해지권부정설 이 설은, 주택임대차보호법은 임대인의 인적 요소를 그렇게 중시하지 않으며, 임대차가 낙찰자에게 인수된다 하여 임대차 종료에 따른 우선변제권이 당해 낙찰로 소멸하는 것이 아니고, 구(舊) 민사소송법상 경매신청등기일로부터 6개월 이상의 기간이 남아 있는 전세권은 낙찰로 소멸하지 않는데(동법 제608조 제 2 항) 물권화된 대항력 있는 임대차에서 이와 달리 취급할 이유나 근거를 헤아리기 어렵다는 이유를 들어 아무런 법문상의 근거 없이 임차인이 일방적으로 해지하여 임대차계약의 구속력을 파기할 수는 없다는 견해이다.[86]

다만, 이 설도, 대항력 있는 임대차가 기간 만료 후 묵시의 갱신에 의하여 존속하고 있었던 경우에는 임차인의 일방적인 해지통고에 의하여 임대차관계를 종료시킬 수 있으므로(민법 제635조) 임차인의 배당요구서를 해지통고서의 성격을 겸유(兼有)한 문서로 보아 그 송달[구(舊) 민사소송법 제606조 제 1 항]로써 임대차계약이 종료한다고 한다.[87] 또한, 기간을 2년 미만으로 정한 임대차는 그 기간을 2년으로 본다는 주택임대차보호법 제 4 조 제 1 항은 임차인의 보호를 위한 규정이므로, 기간을 2년 미만으로 정한 임대차의 임차인이 스스로 약정 임대차기간이 만료하였음을 이유로 보증금의 우선변제를 청구할 경우에는 임

---

85) 민일영(주19), 383-384; 김지형(주19), 35-36, 박재승(주38), 500, 성락송, "우선변제권을 행사한 임차인의 경락인에 대한 지위", 민사판례연구(XX)(1998), 203-204; 서울민사지방법원, 보전처분 및 입찰에 관한 실무지침(1994), 67-68.

86) 강신중(주8), 463; 이주흥(주2), 49-50.

87) 이주흥(주2), 50-51.
신동윤(주74), 299-300은 묵시적으로 갱신된 임대차에 한하여 위와 같은 처리를 인정하나, 다만, 이 경우에도 배당요구를 임대차계약 해지의 의사표시로 보는 것은 근본적인 해결방법이 아니고 구(舊) 민사소송법 제608조 제 2 항(현행 민사집행법 제91조 제 2 항에 해당한다 : 저자 주)을 준용 내지 유추하여 임대차가 낙찰로 소멸하는 것으로 보는 것이 근본적인 해결방법이라고 한다.

대차의 종료를 인정할 수 있다고 한다.[88)]

다) 절 충 설 이 설은, 주택임대차보호법 제3조의2 제1항 단서가 임대차의 종료를 선행조건으로 하여 대항력 있는 임차인의 우선변제권을 인정한 것은 그 임차인으로 하여금 보증금의 우선변제권을 행사하기 전에 먼저 임대차관계를 깨끗이 종료케 하려는 취지라면서, 아직 임대차기간이 만료하지 아니하였어도 임대차계약을 해지할 수는 있되, 다만, 경매신청권자, 후순위채권자 및 낙찰자의 보호를 위하여 보증금의 승계 여부를 판단하여 응찰가를 결정할 수 있는 최초의 시기인 경매기일까지만 해지할 수 있게 제한하여야 한다는 견해이다.[89)]

라) 대항력포기설 위에서 본 학설들이 임차주택에 대하여 경매가 실시됨을 이유로 임차인이 임대차계약을 해지하여 임대차의 종료를 인정할 것이냐의 관점에서 주택임대차보호법 제3조의2 제1항 단서의 문제에 접근하고 있다면, 이 설은 대항력 있는 임차인의 배당요구를 대항력 포기의 관점에서 파악한다. 즉, 이 설에 의하면, 대항력 있는 임차인이 경매절차에서 배당요구를 하는 것은 자신의 대항력을 포기하여 이를 더 이상 주장하지 않겠다는 의사를 표시한 것으로 볼 수 있고, 그러한 의사표시에 의하여 이제는 대항력 없는 임대차로 되므로 임차인은 임대차가 종료하지 않았어도 우선변제를 청구할 수 있다고 한다. 그리고 위 대항력 포기의 의사표시는 해지의 의사표시와는 달리 임대인에게 도달할 필요가 없다고 한다.[90)]

2) 판례 - 대법원 1996. 7. 12. 선고 94다37646 판결[91)]

88) 신동윤(주74), 299.

89) 윤천희, "개정 주택임대차보호법의 문제점", 법률신문 1990. 2. 8., 10.

90) 최성준(주83), 472-478.

91) 공1996하, 2458.
이 판결에 대한 평석으로, 민일영, "대항력 있는 주택임차인의 임차기간 만료 전의 배당요구", 인권과 정의 1996. 11., 128 이하; 박치봉, "대항력 있는 주택임차인의 임차기간 만료 전의 배당요구", 재판과 판례 6집(대구판례연구회 편)(1997),

가) 사안의 개요 1992. 4. 12. 소외 갑(甲)이 자기 소유의 주택 중 방 1칸씩을 피고 을(乙), 병(丙)에게 임대하였다[임대보증금은 피고 을(乙)이 1,000만 원, 피고 병(丙)이 3,000만 원이었고, 임대기간은 둘 다 정하지 않음]. 피고 을(乙)은 위 임대차계약 체결일에 위 주택에 입주하고 같은 해 5. 18. 이전에 전입신고를 하였고, 피고 병(丙)은 임대차계약 체결 이전인 같은 해 4. 10. 위 주택에 입주하고 그 다음날 전입신고를 하였으며, 피고 을(乙), 병(丙)은 같은 해 10. 24. 임대차계약서상에 각 확정일자를 갖추었다. 그런데 소외 정(丁)이 같은 해 5. 21. 위 주택에 관하여 1번 근저당권을 취득하였고, 이어서 원고가 같은 해 10. 26. 위 주택에 관하여 2번 근저당권을 취득한 후, 1993. 4. 1. 원고가 위 주택에 대하여 임의경매를 신청하였다.

그에 따라 경매절차가 진행되자 피고들이 낙찰기일 전에 임차인으로서 배당요구를 하였고, 경매법원은 배당기일(1993. 9. 17.)에 피고들에게 배당을 실시하였다. 이에 피고들 때문에 배당을 못 받게 된 원고가 피고들을 상대로 배당이의를 하고 배당이의의 소를 제기하였다. 원고는 피고들이 대항력 있는 임차인이고 배당일 현재 아직 임대차가 종료하지 아니하여 주택임대차보호법 제 3 조의2 제 1 항 단서, 제 8 조 제 2 항에 의하여 우선변제청구권이 없기 때문에 피고들에 대한 배당은 부당하다고 주장하였다.

---

197 이하; 윤배경, "주택임대차보호법상 대항력 있는 임차인의 임대차 해지의 의사표시와 우선변제권", 판례연구 10집(서울지방변호사회 편)(1997), 136 이하 각 참조.

이 판결이 나오기 전까지는 이 문제에 관하여 대법원의 입장을 정면으로 밝힌 판결이 없었다. 다만, 대판 1993. 12. 24. 93다39676(공1994상, 501), 대판 1994. 2. 22. 93다55241(공1994상, 1083) 및 대판 1995. 5. 26. 95다13258(공1995하, 2264. 이 판결에 대한 평석으로 고상룡, "2년 미만의 기간을 정한 임대차와 보증금의 우선변제청구", 법률신문 1995. 10. 23., 15 및 소재선, "대항력 있는 주택임차인의 경매에서의 우선변제청구권", Jurist 2006. 3., 478면 이하 참조) 등이 임대차가 존속 중인 상태에서 배당요구를 하면 임대차가 종료한다는 것을 간접적으로 인정하고 있었던 것으로 보인다.

나) 재판의 경과 및 대법원판결 제 1 심(서울지방법원 서부지원 1994. 2. 2. 선고 93가단29504 판결)은, 피고들은 경매절차에서 배당요구를 함으로써 갑(甲)에 대하여 임대차계약 해지의 의사표시를 하였다고 보아야 하고, 따라서 위 각 임대차계약이 해지되어 종료하였다고 판시함으로써, 위 각 임대차계약이 종료하지 아니하였음을 전제로 한 원고의 청구를 기각하였다. 이에 반해 항소심(서울민사지방법원 1994. 6. 17.선고 94나10251 판결)은, 피고들이 배당절차에서 배당요구한 것을 가리켜 그것이 바로 원래의 임대인인 갑(甲)이나 낙찰자에 대한 임대차 해지의 의사표시라고는 볼 수 없으므로 위 각 임대차계약이 종료하지 않았다 하여 제 1 심 판결을 취소하고 원고의 청구를 인용하였다. 이에 피고들이 상고하였다.

대법원은 다음과 같은 이유로 원심판결을 파기환송하였다.

> "… 주택임대차보호법 제 3 조 제 1 항, 제 2 항, 제 3 조의2 제 1 항, 제 2 항, 제 4 조 제 2 항, 제 8 조 제 1 항, 제 2 항 규정들의 취지에 비추어, 같은 법에 의한 임차주택의 저당권자보다 앞서 대항력을 갖춘 임차인은 임차주택의 양수인에게 대항하여 보증금의 반환을 받을 때까지 임대차관계의 존속을 주장할 수 있는 권리와 법 제 3 조의2 제 1 항 본문 소정의 보증금이나 법 제 8 조 제 2 항 소정의 보증금 중 일정액에 관하여 임차주택의 가액으로부터 우선변제를 받을 수 있는 권리를 겸유하고 있고 원칙적으로 이 두 가지 권리 중 하나를 선택하여 행사할 수 있으나(대법원 1993. 12. 24. 선고 93다39676 판결 참조), 다만 임대차관계가 종료된 후가 아니면 우선 변제청구권을 행사할 수 없는 것으로 해석되는 것이다.
> 그러나 위와 같이 양수인에게 대항할 수 있는 임차권자라도 스스로 임대차관계의 승계를 원하지 아니할 때에는 승계되는 임대차관계의 구속을 면할 수 있다고 보아야 하므로 임차주택이 임대차기간의 만료 전에 경매되는 경우 임대차계약을 해지함으로써 종료시키고 우선변제를 청구할 수 있다고 할 것이다. 위의 경우 임차인에게 인정되는 해지권은 임차인의 사전 동의 없이 임대차 목적물인 주택이 경락으로 양도됨에 따라 임차인이 임대차의 승계를 원하지 아니할 경우에는 스스로 임대차를 종

료시킬 수 있어야 한다는 공평의 원칙 및 신의성실의 원칙에 근거한 것이므로, 해지통고 즉시 그 효력이 생긴다고 보아야 할 것이다.

그리고 임대차의 목적물인 주택이 경매되는 경우에 대항력을 갖춘 임차인이 임대차기간이 종료되지 아니하였음에도 경매법원에 배당요구를 하는 것은 스스로 더 이상 임대차관계의 존속을 원하지 아니함을 명백히 표명하는 것이어서 다른 특별한 사정이 없는 한 이를 임대차 해지의 의사표시로 볼 수 있고, 한편 민사소송법(구법임. 이 판결에서는 이하 동일함 : 저자 주) 제606조 제1항은 배당요구사실을 경매법원이 채무자에게 통지하도록 규정하고 있고 제728조가 담보권실행을 위한 경매에도 준용하고 있으므로, 경매법원이 위 법조에 정한 바에 따라 임대인에게 배당요구사실의 통지를 하면 결국 임차인의 해지의사가 경매법원을 통하여 임대인에게 전달되어 이 때 해지통지가 임대인에게 도달된 것으로 볼 것이니, 임대차관계는 위 배당요구 통지의 임대인에 대한 도달 즉시 해지로 종료된다고 할 것이다.

따라서 임차주택이 임대차기간의 만료 전에 경매되는 경우에 대항력 있는 임차인이 배당요구를 하고 그 배당요구의 통지가 임대인에게 도달하였다면 임대차관계는 이로써 종료되어 법 제3조의2 제1항 단서에 해당하지 아니하게 되므로 임차인에게 같은 법조 제1항 본문 또는 제8조 제1항에 의한 우선변제권을 인정하여야 할 것이다.

이 사건 기록에 의하면 이 사건 임대차의 목적물인 … 부동산의 소액임차인 겸 확정일자 있는 임차인인 피고 을(乙) 및 확정일자 있는 임차인인 피고 병(丙)은 모두 양수인(경락인)에게 대항할 수 있는 임차권자로서 이 사건 경매절차에서 매각결정기일 이전인 1993. 6. 7. 경매법원에 배당요구신청서를 각 제출한 사실이 인정되는바, 피고들은 위의 배당요구를 함으로써 각 임대차계약의 해지 의사표시를 한 것으로 보아야 할 것이다.

그러므로 원심법원으로서는 피고들로부터 각 배당요구를 받은 경매법원이 민사소송법 제728조, 제606조 제1항에 따라 배당요구사실을 이 사건 경매채무자이며 임대인인 갑(甲)에게 통지하였는지 여부를 심리하여 피고들의 위 각 배당요구가 해지통지로서의 효력이 있는지 여부를 밝혀 보았어야 할 것이다. 그럼에도 불구하고 원심이 배당요구사실이 경매법원에 의하여 임대인인 갑(甲)에게 통지되었는지 여부에 관하여 심리하지도 아니한 채 피고들이 배당요구한 것으로는 임대차해지의 의사표시라고 볼 수 없어 피고들에 대하여 임대차관계가 종료되지 아니하였다는 이유로 우선변제청구권을 부정한 것은 주택임대차보호법상 우선변제권에 대한 법리오해의 위법을 저질렀다고 할 것이다."

3) 사견(私見)

가) 주택임대차보호법 제 4 조 제 1 항은 기간의 정함이 없거나 기간을 2년 미만으로 정한 임대차는 그 기간을 2년으로 본다고 규정하고 있으나, 이는 임차인을 위하여 임차기간을 보장하는 것으로서 주택임대차보호법 제10조와 관련하여 보면, 임차인으로서는 2년 이내라도 기간의 정함이 없는 임대차로서 민법 제635조에 의하여 해지할 수 있다고 할 것이다. 대법원 1995. 5. 26. 선고 95다13258 판결[92]은 임대차기간을 2년 미만으로 정한 임대차의 임차인이 스스로 그 약정 임대차기간이 만료하였음을 이유로 임차보증금의 반환을 구하는 경우에는 임대차의 종료를 인정하여 그 임차보증금에 관하여 우선변제를 청구할 수 있다고 하였고, 이어서 나온 대법원 1995. 10. 12. 선고 95다22283 판결[93]도 기간을 1년으로 정한 주택임대차에서 임차인이 2년 이내에 임대차를 해지할 수 있음을 인정하였는바, 이러한 법리는 기간을 정하지 아니한 임대차에서도 마찬가지로 적용되어야 할 것이다. 기간을 정하지 아니한 임대차를 주택임대차보호법 제 4 조 제 1 항이 기간을 2년으로 하도록 한 것은 임차인을 위하여 그의 계속 거주권을 보장하여 주려는 것이지 임차인 스스로 이를 원하지 아니할 경우까지 강제로 기간을 2년으로 늘여 확정하려는 것은 아니기 때문이다. 결국 기간의 정함이 없거나 기간을 2년 미만으로 정한 임대차는 임차인이

92) 공1995하, 2264.
동지(同旨) : 대판 2001. 9. 25. 2000다24078(공2001하,2329)[이 판결에 대한 평석으로 소재선, "2년 미만의 약정 임대차를 주장하여 배당요구한 임차인의 경락인에 대한 대항력 행사", Jurist 2006. 3., 456면 이하 참조].

93) 공1995하, 3733.

원하면 2년 이내에도 임대차를 해지할 수 있다는 결론에 다다른다(앞에서 본 바와 같이 대항력 있는 임차인의 임대차 해지를 부정하는 견해도 이 점만큼은 인정하고 있다).

이런 관점에서 위 대법원 1996. 7. 12. 선고 94다37646 판결의 사건으로 눈을 돌리면, 피고들이 소외 갑(甲)과 체결한 임대차는 애당초 기간의 정함이 없는 것이었으므로 피고들은 그들이 원하는 대로 임대차를 해지할 수 있었고, 따라서 그들의 배당요구를 임대차계약의 해지 의사표시로 본다면 그로써 임대차가 종료한 셈이 되어[94] 피고들이 우선변제, 즉 배당을 받는 데 아무런 지장이 없었던 것이다.

나) 만일 기간의 정함이 없거나 기간을 2년 미만으로 정한 임대차는 주택임대차보호법 제 4 조 제 1 항에 의하여 그 기간이 확정적으로 2년으로 된다고 보면 어떻게 되는가? 이러한 경우에 2년의 기한 전에 임차주택의 경매를 이유로 임차인이 임대차를 해지할 수 있는가? 이는 아예 처음부터 2년 이상의 기간으로 임대차기간을 정한 경우에도 똑같이 생기는 문제이다.

(ㄱ) 생각건대, 임차인이 대항력을 갖고 있는 주택임대차에 있어 임대인의 교체는 채무(사용수익하게 할 의무)의 인수를 수반하는바, 그것이 아무리 인적 색채가 약한 채무라고 하더라도 당사자의 계약 내용은 특정인을 임대인으로 한 것이므로 임대인의 교체가 채무이행의 확실성 등에 영향을 미치는 것을 부정할 수 없다. 특히 주택 중 일부만에 대한 임대차의 경우에는 더욱 그러하다.

그러므로 임대인이 교체되는 경우 비록 임차인이 대항력을 갖추어 새 임대인에 대하여 임대차를 주장할 수 있는 경우에도, 임대인의 교체에 임차인의 사전 승낙까지는 불필요하다고 하더라도 최소한 임차인이 이의를 제기함으로써 임대차를 종료시키고 임대차관계에서 벗

94) 그 의사표시의 임대인에의 도달 요부의 문제는 차치하고라도, 이 문제는 뒤에서 다시 검토한다.

어날 수 있다고 보는 것이 타당하다. 즉, 임차인에게 해지권을 인정하여야 한다.

위 대법원 1996. 7. 12. 선고 94다37646 판결은 앞에서 본 바와 같이 임차인에게 이러한 해지권을 명시적으로 인정하고 있으며, 그것이 공평의 원칙 및 신의성실의 원칙에 부합한다고 판시하고 있다. 한 마디로 말하여, 임대인이 임차인의 의사와 상관없이 주택을 양도(매매에 의하든 경매에 의하든)할 수 있다면 임차인도 자기 의사에 따라 승계를 거부하고 임대차를 종료시킬 수 있게 하는 것이 공평하다는 것이다.[95] 위 판지(判旨)에 전적으로 찬성한다.[96]

(ㄴ) 주거용으로 임차한 건물이 경매로 넘어갈 경우 임차인들은 대항력을 갖춘 여부를 불문하고 가능하다면 매각대금에서 우선변제를 받고 계쟁 건물에서 퇴거하기를 원하는 것이 일반적일 것이다. 이는 가족생활의 기반이 되는 주거가 경매되는 불안정한 상태로부터 가능한 한 벗어나는 것이 생활의 안정에 긴요하다고 생각하기 때문이다. 경매실무에서 보아도 대항력을 갖춘 임차인들이 승계보다는 우선변제를 받고자 배당요구를 하는 것을 선호하는 실정인바, 위와 같은 연유에서 기인한다고 보아야 하지 않을까.

더구나, 주택임대차보호법 제 3 조의2 제 1 항 및 제 8 조를 신설하거나 개정한 입법취지가 기본적으로 임차인을 보다 확실하게 보호하려는 데 있는데, 임대차기간이 언제 만료하는가, 묵시적으로 갱신된 상태인가 아닌가, 경매절차의 종료까지 소요되는 기간이 얼마나 되는가 라는 우연한 사정에 의하여 '대항력과 확정일자를 갖춘 임차인 또는 대항력 있는 소액임차인'이 배당을 받기도 하고 배당을 받지 못하기도 하며, 특히 소액임차인의 경우 아직 임대차가 종료하지 않았다

95) 대법원의 이러한 태도는 그 후에도 계속 이어진다. 대판 1998. 9. 18. 97다28407(공1998하, 2509); 대판 1998. 10. 27. 98다1560(공1998하, 2757); 대판 2001. 9. 5. 2001다1942(공2001하, 2333).

96) 윤배경(주91), 140-143은 판지(判旨)에 반대한다.

는 사정만으로 대항력 있는 소액임차인이 대항력 없는 소액임차인에 비하여 자신이 원하는 대로 배당을 받을 수 없다(즉 경우에 따라서는 더 불리하게 된다)는 점 등을 고려하면, '대항력과 확정일자를 갖춘 임차인 또는 대항력 있는 소액임차인'에게 임대차의 승계를 강요하고 우선변제권을 부정하는 것은 입법취지에도 배치된다고 할 것이다.

(ㄷ) 대항력과 확정일자를 갖춘 임차인 또는 대항력 있는 소액임차인에게 임대차관계의 승계권과 우선변제권을 다 인정하는 이유가 임차인 보호에 있는 이상 구체적으로 어느 것을 선택할지는 임차인의 의사에 맡기는 것이 옳다. 임차인마다 이해관계가 다를 수 있기 때문이다.

앞에서 본 대법원 1995. 5. 26. 선고 95다13258 판결은 확정일자와 대항력을 구비한 임차인이 스스로 낙찰자가 된 경우에 관한 것인바, 이 때 임대차기간이 만료하지 아니하였다는 이유로 임차인에게 배당하지 아니하고 임대차의 승계만 강요한다면 결국 임차권은 소유권과의 혼동으로 소멸하므로 제 3 자가 낙찰한 경우에 비하여 임차인에게 현저히 불리하게 된다.

또한 위 대법원 1996. 7. 12. 선고 94다37646 판결 사건의 경우도 낙찰자가 임차인인 피고 병(丙)의 남편이기 때문에 피고 병(丙)의 입장에서 볼 때 임차권의 승계는 아무 의미가 없으므로 당연히 배당절차에서 우선변제 받는 쪽을 택한 것이다.

(나) 임차인의 배당요구와 해지의 의사표시

위에서 본 바에 의하면 임차주택에 대하여 경매가 진행되는 경우에 대항력 있는 임차인(그가 확정일자를 갖추었건, 아니면 소액임차인이건)은 임대차기간이 만료하지 않았어도 임대차를 해지함으로써 임대차를 종료시킬 수 있다.

그러면 그 해지의 방법은 어떠한가? 물론 임차인이 임대인에 대하여 해지의 통고를 하는 것을 생각할 수 있고, 그것이 가장 확실한 방법임은 더 말할 나위도 없을 것이다. 그러나 현실적으로 실무상의 예를 보면, 임차인이 임대인에게 해지통고를 별도로 하는 경우는 거의 없고 경매법원에 배당요구서만 제출하는 것이 보통인바, 이로써 임대차계약을 해지하는 의사를 표시한 것으로 볼 수 있느냐는 문제가 등장한다.

생각건대, 임차인이 경매법원에 배당요구서를 제출하면 그로써 임대차계약을 해지하는 의사를 표시한 것으로 보는 것이 합리적이라 할 것이다. 왜냐하면, 배당요구는 한 마디로 보증금을 돌려 달라는 것이므로, 대항력을 갖춘 임차인이 임대차기간이 만료하지 아니하였음에도 불구하고 경매법원에 배당요구를 하는 것은 더 이상 임대차관계의 존속을 원하지 아니함을 명백히 표명하는 것으로 보아야 하기 때문이다. 앞에서 본 해지권긍정설은 임차인의 배당요구를 이와 같이 보고 있고,[97] 위 대법원 1996. 7. 12. 선고 94다37646 판결도 같은 취지로 판시하고 있다.[98] 뿐만 아니라 해지권부정설을 취하는 견해조차도 기간의 정함이 없는 임대차의 경우에 예외적으로 임차인의 해지권을 인정하면서, 그 경우에 임차인의 배당요구에 해지의 의사표시가 담겨져 있는 것으로 보고 있다.[99]

그런데, 임차인이 배당요구를 함으로써 임대차관계가 종료하였다고 보았는데 정작 취하 등에 의하여 경매절차가 도중에 종결된 경우에는 어떻게 할 것이냐 하는 문제가 생길 수 있으나, 임차인의 배당요구를 경매가 끝까지 진행되어 배당을 실시할 것을 조건으로 임대차관계를 종료시키겠다는 의사표시, 즉 배당에까지 이르지 아니할 것을 해제조건으로 하는 임대차계약 해지의 의사표시라고 본다면 문제가 없을 것이다.[100]

---

97) 주85) 참조.

98) 동지(同旨) : 대판 1998. 9. 18. 97다28407(공1998하, 2509); 대판 1998. 10. 27. 98다1560(공1998하, 2757).

99) 주87)의 본문 참조.

(다) 해지 의사표시의 임대인에의 도달 요부

임차주택이 경매 중인 경우에 임차인이 배당요구를 함으로써 임대차계약 해지의 의사표시를 한 것으로 본다면, 임대차가 종료하기 위해서는 그러한 의사표시가 임대인에게 도달하여야 하는가?

일반적으로 해지의 의사표시는 상대방 있는 단독행위로서 상대방에게 도달한 때 효력이 발생하는바(민법 제111조 제 1 항), 구(舊) 민사소송법은 임차인이 배당요구를 하면 경매법원이 그 사실을 채무자에게 통지하도록 요구하고 있었으므로(동법 제606조 제 1 항. 현행 민사집행법 제89조도 동일하다),[101] 경매법원이 임대인(채무자)에게 배당요구사실을 통지하면 결국 임차인의 해지의사가 경매법원을 통하여 임대인에게 전달되므로 그 때 해지의 의사표시가 도달한 것으로 볼 수 있어 문제가 없다.

위 대법원 1996. 7. 12. 선고 94다37646 판결은 경매법원이 임차인의 배당요구사실을 임대인에게 통지함으로써 임차인의 해지의사가 임대인에게 도달하여야 비로소 해지의 효력이 발생한다고 판시하고 있다.[102] 이는 상대방 있는 의사표시인 해지의 효력발생에 관한 일반이론에 충실한 판시라고 할 수 있다.[103]

다만, 사견(私見)으로는 이왕 법률에 없는 해지권을 공평의 원칙 및 신의성실의 원칙에 근거하여 인정할 마당이었다면 한 걸음 더 나아가 경매법원에 대한 배당요구만으로 해지의 효력이 발생한다고 볼

---

100) 민일영(주19), 384; 이주흥, "대항력 있는 소액임차인의 배당요구 철회와 경락인의 임차보증금 반환 채무의 인수 여부", 민사판례연구(Ⅹ)(1991), 142.

101) '부동산경매사건의 진행기간 등에 관한 예규'(재민 91-5)는 배당요구일로부터 3일 내에 배당요구사실을 채무자에게 통지하도록 규정하고 있으며, 경매실무에서는 법원사무관 명의로 배당요구통지서를 작성한 후 배당요구서 부본을 첨부하여 발송하고 있다. 법원행정처, 법원실무제요 민사집행(Ⅱ)(2003), 432-433.

102) 동지(同旨) : 대판 1998. 9. 18. 97다28407(공1998하, 2509); 대판 1998. 10. 27. 98다1560(공1998하, 2757).

103) 권혁중, "대항력과 우선변제권이 있는 임차인의 임대기간 만료 전 배당요구시 임대인에 대한 통지", 부동산입찰제도(1997), 374는 위 판지(判旨)에 찬성한다.

수는 없었을까 하는 아쉬움이 있다.[104)]

아무튼 종래 경매실무에서는 경매법원이 임차인의 배당요구사실을 채무자(임대인)에게 통지하지 않는 예가 많았는데,[105)] 이 사건 대법원판결을 계기로 통지를 철저히 하게 되었다.[106)]

(라) 해지의 효력발생을 위한 유예기간의 필요 여부

민법 제636조, 제635조 제 2 항 제 1 호에 의하면, 부동산의 임차인이 해지통고를 하면 그로부터 1개월이 지나야 해지의 효력이 생긴다. 그러면 위 대법원 1996. 7. 12. 선고 94다37646 판결의 사건과 같이 임차주택이 경매되어 대항력 있는 임차인이 임대차를 해지하는 경우에도 배당요구의 통지가 임대인에게 도달한 날로부터(위 대법원판결과 같이 해지의 의사표시가 임대인에게 도달할 것을 요구하는 경우) 혹은 배당요구를 한 날로부터[사견(私見)과 같이 해지의 의사표시가 임대인에게 도달할 필요가 없다고 볼 경우] 1개월이 지나야 비로소 해지의 효력이 발생하여 임대차가 종료한다고 보아야 하는가?

이 문제에 관하여 위 대법원 1996. 7. 12. 선고 94다37646 판결은 그와 같은 1개월의 유예기간은 필요 없으며 해지의 의사표시가 임대인에게 도달하는 즉시 해지의 효력이 발생하여 임대차가 종료한다고 판시하였다.

생각건대, 1개월의 유예기간을 요구하게 되면, 임대인의 교체를 원하지 아니하여 해지하였음에도 불구하고 양수인과의 사이에 임대차관계가 일단 형성되었다가 일정 기간 후에 비로소 해소되는 결과가 발생할 수 있는바, 이는 대항력 있는 임차인에게 해지권을 인정하는 취지, 즉 승계를 원하지 아니하는 임차인으로 하여금 공평의 견지에서 곧바로 임대차를 종료시킬 수 있게 한다는 취지에 반한다. 결국,

---

104) 민일영(주91), 138.

105) 서울민사지방법원, 보전처분 및 입찰에 관한 실무지침(1994), 75.

106) 대항력과 우선변제권 있는 주택임차인의 배당요구시 업무처리 예규(재민 97-10) 참조.

해지통고 즉시 임대차가 종료한다고 보는 판례의 태도가 타당하다고 할 것이다.[107)]

(3) 주택임대차보호법의 3차 개정 후

(가) 종전 제3조의2 제1항 단서의 삭제

3차 개정으로 1999. 3. 1.부터 시행되는 현행 주택임대차보호법은 종전 제3조의2 제1항을 제2항으로 하면서 제1항에 있던 단서를 삭제하였다. 위에서 본 대법원 1996. 7. 12. 선고 94다37646 판결을 계기로 3차 개정시 동 조항의 실효성이 없어졌으므로 삭제하는 것이 좋다는 대법원의 의견에 따라 삭제한 것이다. 따라서 대항력 있는 임차인도 임대차의 종료 여부를 묻지 않고 우선변제권을 행사하여 배당요구를 할 수 있게 되었다.[108)]

그러면 위와 같은 법 개정을 전후하여 배당요구의 성질이 달라진 것일까? 사견(私見)으로는 법 개정 전후를 불문하고 배당요구는 임대차계약 해지의 의사표시로서의 성격을 계속 지닌다고 봄이 옳지 않을까 한다. 배당요구는 바로 보증금 반환청구에 다름 아닌데, 임대차가 종료하지 않고는 보증금을 반환받을 수 없는 법리이고 보면, 결국 배당요구로 임대차계약 해지의 의사표시를 한 것이고, 그럼으로써 임대차가 종료하였으니 보증금을 반환하여야 하는 법률관계가 생기는 것이 아닐까 한다. 그렇게 보면 종전의 단서조항은 당연한 내용을 확인한 주의적 규정에 불과하였다고 할 수 있다.

따라서 임대차가 종료하지 않으면 우선변제를 받을 수 없다는 것은 현재도 여전히 당연한 원리이며,[109)] 다만, 배당요구를 함으로써 임대차가 해지되어 종료하는 것으로 될 뿐이다. 결국 위에서 본 배당요

107) 동지(同旨): 이은희(주84), 197. 반대 : 윤배경(주91), 144.

108) 반대 : 유원규, "주택임차인의 우선변제권 행사의 일회성", 민사판례연구(XXII)(2000), 154는 현행법 아래서도 임차인이 경매절차에서 배당요구를 하려면 여전히 임대차가 종료되어야 한다고 주장한다.

109) 고상룡(주35), 14.

구에 의한 해지의 인정 문제, 해지의 의사표시인 배당요구 사실을 임대인에게 통지하는 문제 및 해지의 효력발생시기에 관한 문제는 법 개정 후에도 여전히 그대로 남게 되며,[110] 현재로서는 위에서 본 판례 이론이 그대로 적용될 수밖에 없다.

다만, 여기서 저자는 임대차 해지의 의사표시인 배당요구 사실을 따로 임대인에 통지하지 않더라도 경매법원에 대한 배당요구만으로 해지의 효력이 발생한다고 보는 것이 더 낫다고 생각한다.[111] 그 이유는 다음과 같다.

일반적으로 해지권의 행사가 상대방에게 도달하여야 비로소 효력이 발생하도록 한 근거는 그로 인한 법률관계의 형성을 분명히 하고 상대방이 해지로 인한 법률관계를 처리할 수 있도록 하기 위함이다. 그런데 자기 소유의 임대주택이 경매에 넘어간 임대인은 어떤가?

임대주택에 대하여 경매가 개시되면 압류의 효력에 의하여 임대인(소유자)의 그 주택에 대한 처분권한이 제한되고 그 권한은 소유자로부터 경매법원으로 사실상 넘어간다. 경매가 진행 중인 주택에 대한 임대차가 해지되는 경우 남는 가장 중요한 법률관계는 임대차보증금의 반환과 임차주택의 명도인데, 이것은 경매법원의 배당절차에서 처리되거나 낙찰자와 임차인 사이의 문제로 남을 뿐이다. 결국 임대인이 직접 처리하여야 할 문제는 별로 없다. 때문에 경매채무자인 임대인은 임대차의 존속 여부나 보증금의 반환 문제에 별 관심이 없는 것이 보통이며, 만일 임대인이 보증금의 수액 등에 다툼이 있는 경우에

110) 이에 고상룡(주35), 14는 종전의 주택임대차보호법 제 3 조의2 제 1 항 단서를 삭제할 것이 아니라 "이러한 경우 임대차의 종료 전이라도 임차인은 임대차계약을 해지하고 보증금의 우선변제를 청구할 수 있다"고 분명히 하는 것이 더 낫다고 한다.

111) 동지(同旨) : 소재선(주92), 462; 장동구(주65), 136-137; 윤 경, "경매절차에서 최선순위 확정일부 임차인이 배당요구를 한 경우 그 확정일자 이후에 경료된 소유권이전등기청구권의 보전을 위한 가등기는 말소대상인지 여부", 재판자료 109집(2006), 218-219.

는 배당절차에서 배당이의를 함으로써 구제될 수 있다. 결국 임대주택의 처분권한을 사실상 넘겨받은 경매법원에 대하여 임차인이 배당요구를 하면 그로써 임대차 해지의 의사를 표시하여 통지한 것으로 본다 하여 특별히 임대인에게 돌아가는 불이익이 없는 셈이다. 그렇다면, 또다시 임대인에게 배당요구사실을 통지하지 아니하더라도 해지의 효력이 발생한다고 보아도 무방할 것이다.

그런데, 위와 같이 해석한다 하여 배당요구에 관한 민사집행법 제89조의 통지제도가 불필요하다는 것은 아니다. 임대인(채무자)은 배당요구사실을 통지받음으로써 배당에 관한 이의를 할 것인지 여부를 결정할 수 있으므로 통지제도는 여전히 필요한 것이다. 그럼에도 불구하고 배당요구사실의 통지를 촉구하였던 전술(前述) "대항력과 우선변제권 있는 주택임차인의 배당요구시 업무처리 예규"(송민 97-10)를 1999. 4. 16. 폐지[112]한 것은 성급한 감이 없지 않다. 물론 민사집행법 제89조의 통지제도 자체에 문제점이 많아 실무에서 제대로 지켜지지 않았고,[113] 나아가 민사집행법 제정 당시 폐지론이 대두하기도 하였으나,[114] 통지를 요구하는 현행 민사집행법의 규정이 엄연히 존재하는 이상[115] 위 예규를 굳이 폐지할 것은 아니었다고 생각한다.

(나) 주택임대차보호법 제 3 조의5와의 관계

3차 개정 후의 주택임대차보호법은 제 3 조의5를 신설하여 "임차권은 임차주택에 대하여 민사집행법에 의한 경매가 행하여진 경우에는 그 임차주택의 낙찰에 의하여 소멸한다"(동조 본문)고 규정함으로써 임차권도 마치 저당권처럼(민사집행법 제91조 제 2 항 참조) 낙찰로 소멸하

112) "대항력과 우선변제권 있는 주택임차인의 배당요구시 업무처리 요령(재민 97-10) 폐지 예규"(대법원 1999. 4. 16. 송무예규 제713호) 참조.

113) 서울지방법원 신청·집행실무연구회, 신청·경매(입찰)의 실무(구판)(1997), 166-167.

114) 법원행정처, 민사소송법(강제집행편) 개정착안점(1996), 125-127.

115) 단지 채무자의 인낙 여부에 따른 채권확정절차[구(舊) 민사소송법 제606조 제 2 항, 제 3 항]만을 삭제하였을 뿐이다.

는 것을 원칙으로 하고 있다. 낙찰자에게 대항할 수 없는 임차권은 위와 같은 조항이 없어도 당연히 소멸하므로, 위 조항이 의미를 갖는 것은 낙찰자에게 대항할 수 있는 임차권에 한하여서이다.

그런데, 이처럼 낙찰자에게 대항할 수 있는 임차인 중 임차권등기를 한 임차인의 경우에는 임차권이 등기부상 공시되고 따라서 경매법원이 당연히 배당(즉, 배당요구를 할 필요 없이)을 하기 때문에 낙찰로 소멸한다고 하여도 임차인에게 불리할 것이 없고, 임차권을 담보물권화한 주택임대차보호법의 취지에도 부합한다 할 것이다. 그에 비하여 확정일자부 임차인이나 소액임차인은 등기부상 공시되지 않기 때문에 우선변제를 받으려면 반드시 배당요구를 하여야 하는바, 이를 주택임대차보호법 제 3 조의5와 관련시켜 보면 결국 낙찰자에게 대항할 수 있는 확정일자부 임차인(또는 소액임차인)이 '배당요구를 하면' 그 임차권이 소멸한다고 보는 것이 개정법률의 취지라 할 것이다.[116]

낙찰자에게 대항할 수 있는 확정일자부 임차인(또는 소액임차인)이 배당요구를 하지 않고 낙찰자에게 임차권을 주장하겠다는 경우에까지 그의 임차권도 무조건 낙찰으로 소멸한다고 볼 것은 아니라 할 것이다.[117] 그런 임차인에게는 임차권등기를 한 임차인과는 달리 경매법원이 배당할 길이 없고, 배당도 하지 않은 임차권을 강제로 소멸시키는 것은 부당하기 때문이다.

(4) 상가건물임대차의 경우

위에서 본 주택임대차보호법의 3차 개정 후의 논의는 상가건물임대차의 임대차에도 그대로 적용된다. 상가건물임대차보호법은 3차 개

116) 다만, 배당액이 보증금의 전액에 미치지 못할 경우에는 임차권이 소멸하지 않는 바(주택임대차보호법 제 3 조의5 단서), 이에 관한 상세는 제 4 장 제 4 절 Ⅲ. 3. 나. 참조.

117) 반대 : 박용표, "주택임대차보호법상 대항력과 우선변제권을 겸유하는 임차인에 대한 배당표가 확정될 때까지의 사용·수익과 부당이득", 판례연구 17집(부산판례연구회 편)(2006), 297은 배당요구를 한 여부와 상관없이 언제나 낙찰로 소멸한다고 한다.

정된 주택임대차보호법을 반영하여 제정되었기 때문이다. 즉 3차 개정된 주택임대차보호법 제 3 조의2는 상가건물임대차보호법 제 5 조로, 주택임대차보호법 제 3 조의5는 상가건물임대차보호법 제 8 조로 각각 수용되었다.

따라서 상가건물의 대항력 있는 임차인은 임대차기간이 종료하지 않았더라도 배당요구를 할 수 있고, 이러한 배당요구를 임대차계약의 해지 의사표시로 보아 배당을 실시하여야 한다. 그리고 이러한 임차인이 보증금을 전액 배당받게 되면 그의 임차권이 소멸하고, 배당액이 보증금의 전액에 미치지 못할 경우에는 임차권이 소멸하지 않는다 (상가건물임대차보호법 제 8 조).

2. 우선변제의 내용

가. 보증금의 우선변제

대항요건을 구비하고 임대차계약서상에 확정일자를 갖춘 임차인은 경매에 의한 임차 주택이나 상가건물의 환가대금으로부터 후순위 권리자 그 밖의 채권자보다 우선하여 보증금을 변제받을 권리가 있다 (주택임대차보호법 제 3 조의2 제 2 항, 상가건물임대차보호법 제 5 조 제 2 항).

(1) 우선순위의 결정

법문에는 임차인이 후순위 권리자보다 우선하여 보증금을 변제받는다고만 되어 있을 뿐, 과연 누가 후순위 권리자인가에 관하여는 아무런 규정을 두고 있지 않다. 해석론상으로는 임차인의 우선변제권은 저당권과 동일한 취급을 받는 것으로 봄이 상당하다. 실무에서도 이와 같이 취급하고 있다. 이를 구체적으로 살펴보면 다음과 같다.

(가) 압류권자, 가압류권자 등과의 관계

임차인과 압류, 가압류권자 사이에서는 임차인이 대항요건 및 확정일자를 모두 갖춘 최종시점과 압류, 가압류의 등기를 한 시점의 전후에 의하여 전자(前者)가 앞서면 임차인이 우선하고 후자(後者)가 앞서거나 같은 날이면 동순위가 된다.[118]

(나) **담보물권자와의 관계**

가등기담보권자는 목적부동산에 대하여 경매절차가 진행되면 다른 채권자보다 자기채권의 우선변제를 받을 권리가 있으며, 이 경우 그 순위에 관하여는 가등기담보권을 저당권으로 보는바, 담보가등기가 경료된 때 저당권설정등기가 행하여진 것으로 본다(가등기담보 등에 관한 법률 제13조).

한편 전세권자는 목적부동산으로부터 후순위 권리자 기타 채권자보다 전세금의 우선변제를 받을 권리가 있다(민법 제303조 제1항 후단). 전세권자의 순위에 관하여는 가등기담보권과 같은 규정이 없으나, 가등기담보권과 같은 원리로 저당권과 같이 취급하는 데 이론이 없다.

확정일자부 임차인은 저당권자와 동일하게 취급하기 때문에, 임차인과 저당권자, 가등기담보권자 또는 전세권자와 같은 담보물권자들과의 사이에서는 결국 임차인이 대항요건 및 확정일자를 모두 갖춘 최종시점과 담보물권을 등기한 시점의 전후에 의하여 우선순위가 결정된다.[119]

이와 관련하여 실무상 다음과 같은 것들이 문제로 된다.

1) 임차인이 대항요건과 확정일자 중 대항요건을 늦게 갖춘 경우에 우선순위 결정의 기준일은 대항요건을 구비한 날인가 아니면 그 다음날인가?[120] 예컨대, 임차인이 확정일자를 받은 날이 2007. 7. 6., 인도와 주민등록이나 사업자등록의 대항요건을 모두 갖춘 날이 2007. 7.

---

118) 대판 1992. 10. 13. 92다30597(공1992, 3138).
이 판결에 대한 평석으로 김상용(주2), 76 이하 및 윤홍근, "주택임대차보호법에 의한 우선변제권의 발생시기", 민사판례연구(XVI), 121 이하 각 참조.

119) 윤천희(주11), 94; 이우재(주8), 657.

120) 대항요건을 먼저 구비하고 확정일자를 나중에 갖추면 확정일자를 받은 날이 우선순위의 기준일이 됨은 물론이다.

10.이고, 저당권자의 저당권등기가 경료된 날이 2007. 7. 10.이라고 할 때 임차인이 우선하는가 아니면 저당권자가 우선하는가가 문제로 된다.

주택임대차보호법 제 3 조 제 1 항, 상가건물임대차보호법 제 3 조 제 1 항이 임차권의 대항력은 대항요건을 구비한 다음날부터 생긴다고 규정하고 있기 때문에, 위 예의 경우 임차인의 우선변제권 취득일은 2007. 7. 11.이 되고 따라서 저당권자보다 후순위가 된다고 볼 여지가 있다.[121]

실제로 대법원 1997. 12. 12. 선고 97다22393 판결[122]은,

"… 주택임대차보호법(이하 '법'이라고만 한다) 제 3 조 제 1 항은, 임대차는 등기가 없는 경우에도 임차인이 주택의 인도와 주민등록을 마친 때에는 그 익일부터 제 3 자에 대하여 효력이 있고, 이 경우 전입신고를 한 때에 주민등록이 된 것으로 본다고 규정하고, 법 제 3 조의2 제 1 항은, 법 제 3 조 제 1 항의 대항요건과 임대차계약증서상의 확정일자를 갖춘 임차인은 경매 등에 의한 환가대금에서 후순위 권리자 기타 채권자보다 우선하여 보증금을 변제받을 권리가 있다고 규정하고 있는바, 법 제 3 조 제 1 항이 인도와 주민등록을 갖춘 다음날부터 대항력이 발생한다고 규정한 것은 인도나 주민등록이 등기와 달리 간이한 공시 방법이어서 인도 및 주민등록과 제 3 자 명의의 등기가 같은 날 이루어진 경우에 그 선후관계를 밝혀 선순위 권리자를 정하는 것이 사실상 곤란한데다가, 제 3 자가 인도와 주민등록을 마친 임차인이 없음을 확인하고 등기까지 경료하였음에도 그 후 같은 날 임차인이 인도와 주민등록을 마침으로 인하여 입을

121) 이경준(주7), 31.

122) 공1998상, 267.

이 판결의 사안은, 피고가 갑(甲)과 1994. 9. 15. 갑(甲) 소유의 아파트에 관하여 임대차계약을 체결한 후 같은 달 16일 입주 및 전입신고를 함과 아울러 임대차계약서에 주택임대차보호법 소정의 확정일자를 받았고, 같은 날 원고가 같은 아파트에 관하여 근저당권설정등기를 경료한 것이다. 원심판결(대전지방법원 1997. 5. 9. 선고 97나704 판결)은 피고의 우선순위는 입주 및 전입신고를 한 다음날인 같은 달 17일을 기준으로 결정하여야 한다고 보아 원고가 피고보다 선순위 권리자로서 경매대금에서 우선배당받아야 한다고 판단하였다. 대법원도 원심판결의 견해를 지지하여 상고를 기각하였다.

수 있는 불측의 피해를 방지하기 위하여 임차인보다 등기를 경료한 권리자를 우선시키고자 하는 취지라고 할 것이고, 법 제 3 조의2 제 1 항에 규정된 우선변제적 효력은 대항력과 마찬가지로 주택임차권의 제 3 자에 대한 물권적 효력으로서 임차인과 제 3 자 사이의 우선순위를 대항력과 달리 규율하여야 할 합리적인 근거도 없으므로, 법 제 3 조의2 제 1 항에 규정된 확정일자를 입주 및 주민등록일과 같은 날 또는 그 이전에 갖춘 경우에는 우선변제적 효력은 대항력과 마찬가지로 인도와 주민등록을 마친 다음날을 기준으로 발생한다고 보아야 할 것"

이라고 판시하였다.[123]

그러나, 주택임대차보호법 제 3 조 제 1 항이 대항력의 발생일을 대항요건을 구비한 다음날로 규정한 데 비하여, 주택임대차보호법 제 3 조의2 제 2 항(3차 개정 전은 제 1 항임), 상가건물임대차보호법 제 5 조 제 2 항은 대항요건과 확정일자를 갖추면 곧바로 우선변제권이 발생하는 것으로 규정하고 있는 점에 비추어 보면, 우선변제권의 발생일과 대항력의 발생일을 꼭 결부시켜 해석할 것은 아니라고 할 것이다. 따라서 위 예의 경우 임차인의 우선변제권은 대항요건을 구비한 날인 2007. 7. 10.에 발생한다고 보아야 하고, 결국 보증금반환청구권과 저당채권은 동순위라고 할 것이다.[124]

한편 만일 위 판례와 같이 우선변제권은 대항요건을 구비한 다음날 발생한다고 해석한다면, 그 다음날은 0시부터 우선변제권이 발생한다고 보아야 할 것이므로 그 다음날에 저당권을 취득한 채권자보다는 항상 우선한다고 할 것이다.[125] 저당권은 아무리 빨라도 등기소가

123) 동지(同旨) : 대판 1998. 9. 8. 98다26002(공1998하, 2417); 대판 1999. 3. 23. 98다46938(공1999상, 733); 대판 2000. 3. 23. 99다67970(미간행).
진영광, 실무 상가건물임대차보호법(2002), 107은 이러한 판례의 태도에 찬성한다.

124) 동지(同旨) : 강신중(주8), 464-465; 고상룡, 주석민법-채권각칙(3)(제 3 판) (1999), 539; 권영상(주8), 193; 최신섭, "주택임대차보호법상 우선변제권의 취득시기", 법학연구 4집(인하대학교 법학연구소 편)(2001), 18.

125) 대판 1999. 5. 25. 99다9981(공1999하, 1269) 참조.

문을 여는 오전 9시가 되어야 취득할 수 있기 때문이다.

2) 임차인이 대항요건보다 나중에 확정일자를 구비하였는데, 같은 날에 전후 두 개의 저당권이 설정된 경우는 어떤가?[126] 이 문제는 예컨대, 대항요건을 구비한 임차인이 후에 확정일자를 갖춘 날이 2007. 7. 6.인데, 같은 날에 1번 저당권과 2번 저당권이 모두 설정되었을 경우 임차인의 보증금반환청구권과 각 저당권에 의하여 담보되는 채권의 우선순위는 어떻게 되는가 하는 것이다. 경매실무상 흔히 볼 수 있는 일이다.

저당권 상호간에는 분명 우선순위가 정하여져 있지만(등기의 순위에 의한다), 임차인이 확정일자를 갖춘 시각과 각 저당권이 설정된 시각의 선후를 정한다는 것은 사실상 불가능하다. 결국 우선 위 3개의 채권을 동순위로 취급하여 안분배당을 한 다음, 저당권 상호간에는 우열이 있으므로 1번 저당권자가 자기 채권의 만족을 받을 때까지 2번 저당권자의 배당액을 흡수하는 것으로 처리할 수밖에 없다.[127]

3) 임대차가 갱신된 경우는 어떤가? 예컨대, 임차인이 2005. 12. 1. 임대차계약을 체결하고 같은 해 12. 6. 대항요건 및 확정일자를 모두 갖추었고, 그 후 2007. 1. 1. 저당권이 설정되었는데, 2007. 12. 1. 임대차계약을 갱신한 경우에는 처음의 대항요건 및 확정일자를 갖춘 2005. 12. 6.을 기준으로 임차인의 우선순위를 결정하여야 한다. 후순위 저당권자는 임대차의 갱신을 항상 예견하여야 하기 때문이다.

문제는 갱신과 더불어 보증금이 인상된 경우이다. 이에 관하여는 인상된 보증금에 대하여도 대항력 및 우선변제권을 인정하여야 한다는 견해가 있고,[128] 하급심판결 중에도 그러한 입장을 취한 것이 있으

126) 대항요건을 확정일자보다 나중 또는 같은 날에 구비한 경우는 사견(私見)으로는 마찬가지의 문제가 발생하나, 전술(前述)한 바와 같이 판례의 견해에 따른다면 문제가 되지 않는다.

127) 이우재(주8), 605.

128) 고상룡, 주석채권각칙(Ⅱ)(1987), 302.

나,[129] 그렇게 되면 제3자의 이익을 너무 침해하게 되어 부당하다. 양수인이나 저당권자 등 제3자는 기존의 임대차보증금을 용인하고 물권을 취득하는 것이지 장래 얼마가 될지도 모르는 인상될 보증금까지 용인하고 물권을 취득하는 것은 아니기 때문이다.

임차인이 대항요건을 구비한 후에 저당권이 설정되고, 그 후에 임대차기간이 만료하더라도 임대차를 갱신하면 임대차의 동일성이 계속 유지되기 때문에 대항력도 여전히 존속하되, 다만, 임대차를 갱신하면서 보증금을 증액한 경우에는 저당권 설정 전의 보증금액에 한하여 낙찰자에게 대항할 수 있을 뿐, 저당권 설정 후에 증액된 부분에 대하여는 대항력이 생기지 않는다는 판례[130]에 따라 실무례도 인상 전의 보증금에 한하여 우선변제를 인정하고 있다. 다만, 갱신과 더불어 인상된 보증금에 대하여 확정일자를 받고 그 날짜가 저당권 설정일자보다 앞선다면 그 인상된 보증금에 대하여 우선변제권이 인정되는 것은 더 말할 나위도 없다.

4) 임차인이 주민등록이나 사업자등록을 마치고 입주함으로써 임차권의 대항력을 취득한 후 일시적이나마 다른 곳으로 주민등록이나 사업자등록을 이전하면 전술(前述)한 바와 같이 그 이전 당시 대항요건을 상실함으로써 대항력이 소멸한다. 그 후 임차인이 다시 그 주택이나 상가건물의 소재지로 주민등록이나 사업자등록을 이전하더라도 대항력은 당초에 소급하여 회복되는 것이 아니라 재전입한 때로부터 새로운 대항력이 다시 발생한다. 그런데, 이 경우에 전출 전에 이미 임대차계약서상에 확정일자를 갖추었고 임대차계약도 재전입 전후를 통하여 그 동일성이 유지된다면, 임차인은 재전입시 임대차계약서상

129) 서울민사지법판 1990. 3. 27. 89나1978(법률신문 1990. 5. 24., 8).

130) 대판 1990. 8. 24. 90다카11377(공1990, 2007)[이 판결에 대한 평석으로 김상용, "임차보증금의 증액과 낙찰자에 대한 대항력(상)", 법률신문 1991. 1. 14., 15는 판지(判旨)에 찬성하고, 지대운, "임차보증금 증액의 후순위근저당권자에 대한 효과", 법률신문 1991. 3. 7., 11은 판지(判旨)에 반대한다]; 서울고법판 1997. 10. 15. 97구14820(법률신문 1997. 12. 15., 12).

에 다시 확정일자를 받을 필요 없이 재전입 이후에 그 주택에 관하여 담보물권을 취득한 자보다 우선하여 보증금을 변제받을 수 있음은 전술(前述)한 바와 같다.[131]

(다) 다른 임차인과의 관계

다른 임차인이 후술(後述)하는 소액임차인에 해당하면 그 소액임차인이 확정일자부 임차인에 우선함은 물론이다. 확정일자부 임차인 상호간에는 대항요건 및 확정일자를 모두 갖춘 최종시점의 선후에 의하여 우선순위가 결정된다.[132] 확정일자부 임차인이 동시에 소액임차인일 경우에는 당연히 먼저 소액임차인으로서 우선순위를 결정하고, 배당받지 못한 나머지 금액에 관하여는 확정일자부 임차인으로서의 순위에 따라 변제받게 된다.[133]

(라) 국세, 지방세와의 관계

임차 주택이나 상가건물에 대하여 부과된 국세, 지방세와 그 가산금(이른바 '당해세'이다. 국세기본법 제35조 제 1 항 제 3 호, 지방세법 제31조 제 2 항 제 3 호)은 임차인의 보증금반환채권에 우선한다.

당해세란 국세, 지방세 중 경매 목적인 부동산에 대하여 부과된 것을 말한다. 국세 중 당해세로는 상속세,[134] 증여세,[135] 종합부동산

---

131) 제 4 장 제 3 절 Ⅱ. 1. 나. 참조.

132) 강신중(주8), 466.

133) 대판 2007. 11. 15. 2007다45562(공2007하, 1918) : 주택임대차보호법 제 3 조의2 제 2 항은 대항요건(주택인도와 주민등록전입신고)과 임대차계약증서상의 확정일자를 갖춘 주택임차인은 후순위 권리자 기타 일반채권자보다 우선하여 보증금을 변제받을 권리가 있음을 규정하고 있는바, 이는 그와 같은 주택임차인에게 부동산 담보권에 유사한 권리를 인정한다는 취지로서, 이에 따라 대항요건과 확정일자를 갖춘 임차인들 상호간에는 대항요건과 확정일자를 최종적으로 갖춘 순서대로 우선변제받을 순위를 정하게 되므로, 만일 대항요건과 확정일자를 갖춘 임차인들이 주택임대차보호법 제 8 조 제 1 항에 의하여 보증금 중 일정액의 보호를 받는 소액임차인의 지위를 겸하는 경우, 먼저 소액임차인으로서 보호받는 일정액을 우선 배당하고 난 후의 나머지 임차보증금채권액에 대하여는 대항요건과 확정일자를 갖춘 임차인으로서의 순위에 따라 배당을 하여야 하는 것이다.

134) 대판 1995. 4. 7. 94다11835(공1995상, 1817); 대판 1996. 7. 12. 96다21058(공1996하, 2491) 등 참조.

세[136]가 있다(국세기본법 제35조 제 5 항). 지방세 중 당해세로는 재산세, 도시계획세,[137] 공동시설세,[138] 재산세에 부가되는 지방교육세 등이 있다(지방세법시행령 제14조의4).[139]

지방세법시행령 제14조의4가 취득세 및 등록세도 과거에는 당해세로 규정하고 있었으나, 헌법재판소의 결정[140] 취지에 비추어 이를

135) 대판 1999. 8. 20. 99다6135(공1999하, 1871); 대판 2001. 1. 30. 2000다47972(공2001상, 535).

136) 본래는 종합토지세(과세표준이 분리과세표준인 경우)가 지방세로서 당해세였는데[대판 2001. 2. 23. 2000다58088(공2001상, 748)], 2005. 1. 5. 세법이 개정되어 종합토지세는 폐지되고(법률 제7332호) 대신 종합부동산세가 국세로 신설되어 당해세가 되었다(법률 제7329호).

137) 대판 2001. 2. 23. 2000다58088(공2001상, 748).

138) 대판 2002. 2. 8. 2001다74018(공2002상, 665).

139) 지방세법상의 당해세는 본래 국세기본법상의 당해세와 마찬가지로 취급하였었으나[구(舊) 지방세법 제31조 제 2 항 제 3 호 단서], 1991. 12. 14. 동 조항을 개정하여 일반의 조세와 동등하게 취급하였다가, 1995. 12. 6. 다시 동 조항을 개정하여 국세기본법상의 당해세와 마찬가지로 취급하고 있다. 대판 1999. 3. 12. 98다59125(공1999상, 660) 참조.

140) 헌재결 1994. 8. 31. 91헌가1(헌법재판소판례집 6-2, 153) : 세법상 이른바 당해세의 우선에 관한 특례는 당해세가 저당권 등 이른바 약정담보물권에 의하여 담보되는 채권에 우선함을 규정한 것인바, 이러한 약정담보물권은 당사자간의 설정계약과 그 등기(또는 기타의 공시방법)에 의하여 설정되는 것이므로 그 설정계약 당시 담보물권 취득자가 장래의 일정기한까지에 그 담보목적물에 대하여 부과될 이른바 당해세의 종목과 세액을 상당한 정도로 예측할 수 있는 경우에는 이를 감안하여 그 당해세가 우선징수되더라도 이에 의하여 영향을 받지 않고 그 담보목적물의 매각대금에서 피담보채권의 전액 또는 그에 가까운 변제를 받을 수 있게끔 담보물권 설정계약의 내용을 자기에게 유리하게 약정할 수 있고, 따라서 이러한 경우에는 당해세의 우선징수권을 인정하더라도 실질적으로는 담보물권의 본질적인 내용을 침해한다거나 그 내용을 과도하게 제한하는 것이라고 볼 수 없다. 따라서 당해세의 발생에 관한 담보물권 취득자의 이러한 예측가능성의 유무가 바로 그 담보물권의 실질적인 보장 여부를 결정하게 된다고 볼 수 있다. 그런데, 지방세법상 취득세는 부동산 · 차량 · 중기 · 입목 또는 항공기의 취득에 대하여 부과하는 조세라고 규정되어 있으나(제105조 제 1 항), 여기서 취득이라 함은 매매 · 교환 · 증여 · 기부, 법인에 대한 현물출자, 건축, 공유수면의 매립, 간척에 의한 토지의 조성 등과 기타 이와 유사한 취득으로서 원시취득, 승계취득 또는 유상 · 무상을 불문한 일체의 취득을 말한다고 규정되어 있고(제104조 제 8 호) 선박 · 차량과 중기의 종류의 변경 또는 토지의 지목을 사실상 변경함으로써 그 가액이 증가한 경우에는 이것 또한 취득으로 본다는 규정(제105조 제 5 항)과 법인의 주식 또는 지분을 주주 또는 사원으로부터 취득함으로써 과점주주가 된 때에

당해세로 인정하지 않는 것이 경매실무였고,[141] 마침내 2005. 1. 5. 위 조항이 개정되어 이제는 당해세가 아니다. 그리고 증여세는 대법원판례가 일정한 경우에 당해세에서 배제하고 있다.[142] 결국 임차인의 보증금반환채권에 우선하는 당해세는 상속세, 증여세의 일부, 종합부동산세, 재산세, 도시계획세, 공동시설세, 재산세에 부가되는 지방교육세 등이 있는 셈이다.

당해세가 아닌 국세 및 지방세는 그 법정기일과 임차인이 대항요건 및 확정일자를 모두 갖춘 최종시점의 선후에 의하여 우선순위가 결정된다(국세기본법 제35조 제 1 항 제 3 호, 지방세법 제31조 제 2 항 제 3 호 참조).[143]

는 그 과점주주는 당해 법인의 부동산 · 차량 · 중기 · 입목 또는 항공기를 취득한 것으로 본다는 규정(제105조 제 6 항 본문) 등이 있어 지방세법이 규정하는 "취득"의 개념은 우리들이 상식적으로 알고 있는 "취득"의 개념보다는 훨씬 광범위하고 복잡한 것이어서, 비록 그것이 당해 재산에 관한 것이라 할지라도 이를 미리 예측하기는 매우 어렵다고 보이고, 또 지방세법상 등록세는 재산권 기타 권리의 취득 · 이전 · 변경 또는 소멸에 관한 사항을 공부에 등기 또는 등록하는 경우에 그 등기 또는 등록을 받은 자에게 부과하는 조세이나(제124조), 그 등기 또는 등록 대상의 범위가 광범하여 이것 또한 그 과세원인의 발생가능성을 예측하기 어렵다. 따라서 취득세와 등록세를 당해세의 우선에 관한 특례에 포함시키는 것은 조세법률주의의 이념인 국민의 경제생활에 관한 예측가능성의 보장을 허물고 기본권 제한입법의 한계와 재산권보장에 관한 헌법규정(헌법 제37조 제 2 항 및 제23조 제 1 항)에 위배된다.

141) 대판 1996. 3. 8. 95다51113(공1996상, 1215) 참조.

142) 대판 1996. 3. 12. 95다47831(공1996상, 1250) : 국세기본법상의 법정기일 전에 설정된 근저당권에 의하여 담보된 채권보다 우선하는, 그 매각 재산에 대하여 부과된 국세 · 가산금은 근저당권이 설정된 재산 자체에 대하여 부과된 국세 · 가산금이어야 할 것인데, 상속세법 제34조의6(현행 '상속세 및 증여세법' 제45조)의 규정에 의하여 부과된 증여세는 재산의 취득자금을 증여받은 것으로 추정하여 그 재산의 취득자금에 대하여 부과하는 것이어서 국세기본법상의 그 매각재산 자체에 대하여 부과된 국세 · 가산금이라고 할 수 없으므로, 위 법정기일 전에 설정된 근저당권에 의하여 담보된 채권에 우선하지 못한다.

143) 김상근, "조세 및 임금채권의 우선권과 배당", 재판자료 72집(1996), 234-235; 박재승(주38), 494-495; 서울지방법원 신청 · 집행실무연구회, 신청 · 경매(입찰)의 실무(2000), 335-336; 서울고법판 1997. 10. 15. 97구14820(법률신문 1997. 12. 15., 12). 반대 : 신동윤(주74), 304-305는 확정일자부 임차인의 보증금반환채권이 국세나 지방세보다 언제나 후순위라고 한다.

국세의 법정기일은 국세기본법 제35조 제 1 항 제 3 호 가. 내지 바. 목에 의하여, 지방세의 법정기일은 지방세법 제31조 제 2 항 제 3 호 가. 내지 마. 목에 의하여 각 결정된다.

㈒ 임금·퇴직금·재해보상금 등의 채권과의 관계

최종 3개월분 임금[144], 최종 3년간의 퇴직금[145] 및 재해보상금 채권은 확정일자부 임차인의 보증금반환청구권에 우선한다(근로기준법 제38조 제 2 항, 근로자퇴직급여보장법 제11조 제 2 항). 반면 위 채권들을 제외한 그 밖의 임금, 퇴직금 기타 근로관계로 인한 채권은 보증금반환채권보다 후순위이다(근로기준법 제38조 제 1 항, 근로자퇴직급여보장법 제11조 제 1 항).[146]

㈓ 국세 및 지방세의 다음 순위로 징수하는 보험료 등과의 관계

과거에는 산업재해보상보험료 기타 징수금[구(舊) 산업재해보상보험법 제76조]이나 고용보험료 같은 공과금은 저당권에 의하여 담보되는 채권보다는 후순위였기 때문에[147] 보증금반환채권보다도 후순위였다. 그런데 2003. 12. 31. 제정된 고용보험 및 산업재해보상보험의 보험료 징수 등에 관한 법률(법률 제7047호, 2005. 1. 1. 시행) 제30조 단서에 따라 이제는 고용보험료, 산업재해보상보험료 기타 징수금의 납부기한 전에 설정된 저당권에 기하여 담보되는 채권에 한하여 그보다 후순위이므로, 확정일자부 임차인의 보증금반환청구권과의 관계도 동일하게 보아야 한다.

---

144) 대판 1997. 11. 14. 97다32178 판결(공1997하, 3831).

145) 우선변제 받는 퇴직금은 250일분의 평균임금을 초과할 수 없다[2005. 11. 30.까지는 근로기준법 부칙 제13조 제 4 항에 의하고, 2005. 12. 1.부터는 근로자퇴직급여보장법(2005. 1. 27. 제정, 법률 제7379호) 부칙 제 4 조 제 4 항에 의한다].

146) 이에 대하여 서정우(주8), 491 및 이주흥(주2), 63은 보증금채권이 저당권에 우선하면 "보증금채권→저당권→임금채권"의 순으로 배당하고, 보증금채권이 저당권보다 후순위이면 "저당권→임금채권→보증금채권"의 순으로 배당하여야 한다고 한다.

147) 대판 1990. 3. 9. 89다카17898(공1990, 869) 참조.

또한 과거에는 구(舊) 의료보험법상의 의료보험료도 저당권에 의하여 담보되는 채권보다는 후순위였기 때문에 보증금반환채권보다도 후순위였으나(동법 제56조 제 3 항, 제58조), 동법을 대체한 국민건강보험법(법률 제5854호, 2000. 7. 1. 시행)상의 건강보험료는 그 납부기한 전에 설정된 저당권에 기하여 담보되는 채권에 한하여 그보다 후순위이므로(국민건강보험법 제73조 단서), 확정일자부 임차인의 보증금반환청구권과의 관계도 동일하게 보아야 한다. 국민연금법상의 연금보험료에도 같은 법리가 적용된다(국민연금법 제98조).

요컨대, 임차인이 대항요건 및 확정일자를 고용보험료, 산업재해보상보험료, 건강보험료, 연금보험료 등의 납부기한 전에 구비하였어야만 이들 각종 보험료보다 우선변제를 받는다.

그런데, 이들 보험료는 조세보다는 항상 후순위이기 때문에(고용보험 및 산업재해보상보험의 보험료징수 등에 관한 법률 제30조 본문, 국민건강보험법 제73조 본문, 국민연금법 제98조) 보증금반환채권이 이들 보험료보다는 후순위이나 조세보다는 선순위인 경우에는 배당의 순환관계가 발생하는 것을 피할 수 없다.

(2) 우선변제를 받는 대상

(가) 임차인은 임차 주택이나 상가건물의 환가대금으로부터 우선변제를 받는다. 건물만의 임차인이라 할지라도 대지를 포함한 환가대금으로부터 우선변제를 받는다(주택임대차보호법 제 3 조의2 제 2 항, 상가건물임대차보호법 제 5 조 제 2 항). 주택이나 상가건물이 미등기인 경우에도 건물로부터는 우선변제를 못 받더라도(미등기건물에 대하여는 민사집행법 제81조 제 1 항 제 2 호의 경우를 제외하고는 경매절차를 진행할 수 없으므로) 대지의 환가대금으로부터는 우선변제를 받을 수 있다.[148][149]

---

148) 대판 2007. 6. 21. 2004다26133(전)(공2007하, 1080) : 대항요건 및 확정일자를 갖춘 임차인과 소액임차인에게 우선변제권을 인정한 주택임대차보호법 제 3 조의2 및 제 8 조가 미등기 주택을 달리 취급하는 특별한 규정을 두고 있지 아니하므로, 대항요건 및 확정일자를 갖춘 임차인과 소액임차인의 임차주택 대지에 대한 우선

이처럼 임차인이 대지의 환가대금으로부터도 우선변제를 받을 수 있게 한 것은 임차인의 보호를 위한 것인바, 건물만의 전세권자는 건물대금에서만 우선변제를 받는 것에 비하여 볼 때 주택이나 상가건물에 관한 한 임차권이 물권인 전세권보다 더 강한 우선변제권을 갖는 결과가 된다. 그러나 아무리 임차인을 보호한다고 하지만 이렇게까지 보호하는 것이 과연 입법론상 타당한지는 의문이다. 자칫 전체적인 법체계를 혼란시킬 수 있기 때문이다.

(나) 건물만의 임차인이 대지의 환가대금으로부터도 우선변제를 받으려면 건물과 대지가 모두 임대인의 소유이어야 한다. 주택임대차보호법 제3조의2 제2항이 대지의 소유자에 관하여 명시하고 있지 않은 것과는 달리 상가건물임대차보호법 제5조 제2항은 이 점을 분명히 하고 있다. 다만, 임차인의 우선변제권은 이른바 법정담보물권의 성격을 갖는 것으로서 임대차 성립시의 임차 목적물인 주택이나 상가건물 및 그 대지의 가액을 기초로 임차인을 보호하고자 인정되는 것이므로, 대지가 임대차 성립 당시 임대인의 소유였던 이상, 그 후에 타인에게 양도되어 건물과 대지의 소유자가 서로 다르게 된 경우에도

변제권에 관한 법리는 임차주택이 미등기인 경우에도 그대로 적용된다. 이와 달리 임차주택의 등기 여부에 따라 그 우선변제권의 인정 여부를 달리 해석하는 것은 합리적 이유나 근거 없이 그 적용대상을 축소하거나 제한하는 것이 되어 부당하고, 민법과 달리 임차권의 등기 없이도 대항력과 우선변제권을 인정하는 같은 법의 취지에 비추어 타당하지 아니하다.

이 판결에 대한 평석으로 김상윤, "미등기주택 임차인의 대지환가대금에 대한 우선변제권 행사 가부", 재판과 판례 16집(대구판례연구회 편) (2007), 237 이하 및 지영난, "미등기주택을 임차하여 주택임대차보호법상 대항력 및 확정일자를 갖춘 임차인이 그 주택 대지환가대금에 대한 우선변제권을 행사할 수 있는지 여부", 대법원판례해설 68호(2008), 180 이하 각 참조.

149) 저자는 과거에 "주택임대차보호법 제3조의2에 관한 일고", 법조 1994. 12., 28-29 및 "주택임대차보증금의 우선변제를 둘러싼 문제점에 관한 소고-주택임대차보호법 제3조의 2를 중심으로-", 민법학논총 · 제2(곽윤직 고희 기념 논문집)(1995), 389-390에서 확정일자부 임차인이 대지로부터도 우선변제를 받는 것은 건물 및 대지에 저당권이 설정되어 그 저당권의 실행으로 경매가 진행되는 경우 또는 그러한 건물 및 대지에 대한 일반채권자의 강제경매신청에 의하여 경매가 진행되는 경우에 국한하여야 한다고 주장하였으나, 이러한 주장을 철회한다.

임차인은 대지의 환가대금으로부터 우선변제를 받을 수 있다.[150)]

(다) 건물과 대지가 동시에 경매되든[151)] 시기를 달리 하여 따로 경매되든 임차인은 각 절차에 모두 참가하여 우선변제를 받을 수 있다.[152)] 다만, 먼저 시작된 배당절차에서 전부 우선변제를 받게 되면 그로 인해 배당을 못 받게 된 후순위담보권자는 임차인을 대위하여 나중의 배당절차에 참가할 수 있다(민법 제368조 제 2 항).[153)] 임차인보다 후순위인 담보권자가 건물과 대지에 관한 경매의 시기가 다르다는 우연한 사정에 의하여 경매가 동시에 진행된 경우보다 불이익을 받는 것을 방지하고 그의 이익을 보호하기 위함이다.

예컨대, 4,000만 원짜리 대지와 2,000만 원짜리 건물로 된 주택에 임차인 갑(甲)이 선순위로 3,000만 원의 보증금반환청구권이 있고, 저당권자 을(乙)이 후순위로 3,000만 원의 채권이 있는 경우에, 대지만을 경매하여 4,000만 원을 배당한다면 그로부터 갑(甲)은 보증금 3,000만 원 전액을 배당받고 을(乙)은 1,000만 원밖에 배당받지 못한다.

만일 대지, 건물이 함께 경매되어 환가대금이 동시에 배당되었다면 갑(甲)은 대지로부터 2,000만 원, 건물로부터 1,000만 원을 배당받을 것이므로, 건물이 함께 경매되어 동시에 배당되었을 경우에 건물이 분담하게 될 위 1,000만 원에 관하여 을(乙)은 갑(甲)을 대위하여 뒤에

---

150) 대판 2007. 6. 21. 2004다26133(전)(공2007하, 1080)

151) 대판 2003. 9. 5. 2001다66291(공2003하, 2004) : 대지와 건물이 동시에 경매되어 임차인이 대지와 건물 모두로부터 배당을 받는 경우에는 마치 그 대지와 건물 전부에 대한 공동저당권자와 유사한 지위에 서게 되므로, 대지와 건물이 동시에 매각되어 임차인에게 그 경매대가를 동시에 배당하는 때에는 민법 제368조 제 1 항을 유추적용하여 대지와 건물의 경매대가에 비례하여 그 채권의 분담을 정하여야 하고, 민법 제368조 제 1 항에서 말하는 '각 부동산의 경매대가'라 함은 매각대금에서 당해 부동산이 부담할 경매비용과 선순위채권을 공제한 잔액을 말한다.

152) 따라서 대지 및 건물에 관한 근저당권자가 그 대지 및 건물에 관한 경매를 신청하였다가 그 중 건물에 대한 경매신청만을 취하함으로써 이를 제외한 대지 부분만이 낙찰되었다고 하더라도, 그 주택의 임차인은 그 대지에 관한 매각대금 중에서 보증금을 우선변제 받을 수 있다. 대판 1996. 6. 14. 96다7595(공1996하, 2180).

153) 이른바, 배당절차에 있어서의 이시배당(異時配當)의 문제로서 상세는 법원행정처, 법원실무제요 민사집행(Ⅱ)(2003), 692 이하 참조.

건물의 환가대금으로부터 변제받을 수 있는 것이다.

나. 임차 주택이나 상가건물의 인도

(1) 임차인이 임차 주택이나 상가건물의 환가대금에서 우선배당된 보증금을 수령하기 위하여는 당해 주택이나 상가건물을 낙찰자에게 인도하여야 한다(주택임대차보호법 제3조의2 제3항, 상가건물임대차보호법 제5조 제3항). 임차인이 보증금을 우선변제받고도 주택이나 상가건물을 낙찰자에게 인도하지 아니하면 대금을 모두 납부한 낙찰자에게 매우 불리하기 때문이다.

본래 임대인의 보증금 반환과 임차인의 임차 주택이나 상가건물 반환은 동시이행관계에 있어 양자의 이익이 균형을 이룬다. 그런데 경매의 경우는 임차 주택이나 상가건물을 매각한 경매법원이 낙찰자로부터 대금을 납부받아 보관하다가 그 중에서 보증금채권에 배당된 금원을 임차인에게 지급하는 것이기 때문에, 임차인의 보증금반환채권의 확보를 위하여 인정되는 동시이행의 항변권을 이 경우에까지 인정할 필요는 없다.[154] 즉, 임차인의 선(先)인도의무를 인정하여도 임차인에게 불리한 점이 없다. 왜냐하면, 임차인은 낙찰자에게 임차 주택이나 상가건물을 인도한 사실만 증명하면 경매법원으로부터 곧바로 자기 몫의 배당금을 수령할 수 있기 때문이다.[155]

그리하여 경매실무에서는 우선배당된 보증금을 수령하려고 하는 임차인으로 하여금 낙찰자로부터 인도확인서를 받아 제출케 하고 있다.[156]

154) 임차인이 낙찰자에게 대항할 수 없는 경우에는 애당초 동시이행의 문제가 생기지도 않는다. 그는 무조건의 인도의무를 부담하기 때문이다. 따라서 그러한 임차인에게는 배당된 보증금을 먼저 지급하여 줄 수 없는 것은 당연하다.

155) 신동윤(주74), 300.

156) 낙찰자로부터 인도확인서를 받을 수 없는 때에는 통·반장의 확인서로 대체하거나, 낙찰자 등을 심문하는 방법을 취한다.

(2) 임차인이 낙찰자에게 대항할 수 있음에도 불구하고 우선변제 청구를 한 경우에는 임대차관계를 종료시키려는 의사표시를 한 것으로 보아 환가대금에서 그에게 우선배당을 하는 것이 상당함은 전술(前述)한 바와 같다. 이 경우에 임차인이 보증금 전액을 배당받을 수 있는 때에는 낙찰자에 대하여 보증금을 반환받을 때까지 임대차관계의 존속을 주장할 수는 없으나, 경매절차에서 그 보증금 상당의 배당금을 현실로 지급받을 수 있는 때, 즉 임차인에 대한 배당표가 확정될 때까지는 낙찰자에 대하여 임차 주택이나 상가건물의 인도를 거절할 수 있다.157) 따라서 그 때까지는 임차인이 점유하면서 사용하더라도 부당이득이 되지 않는다.158) 다만, 종전의 임대차관계가 그대로 유지되므로 보증금 외에 차임 약정이 있는 경우에는 임차인은 낙찰자에게 낙찰대금 납부 후 배당표 확정시까지의 차임을 지급하여야 한다.159)

반면, 일단 배당표가 확정되면 위에서 본 바와 같이 임차인은 낙찰자에게 주택이나 상가건물을 인도하고 배당된 보증금을 경매법원으로부터 수령하여야 하는바, 낙찰자의 인도 요구에도 불구하고 정당한

157) 대판 1997. 8. 29. 97다11195(공1997하, 2856).
이 판결에 대한 평석으로 한호형, "경매의 진행과 대항력 있는 주택임차권의 관계", 인권과 정의 1998. 12., 135 이하 참조.

158) 대판 2004. 8. 30. 2003다23885(공2004하, 1592) : 주택임대차보호법 제 3 조의5의 입법 취지와 규정 내용에 비추어 보면, 주택임대차보호법상의 대항력과 우선변제권의 두 권리를 겸유하고 있는 임차인이 우선변제권을 선택하여 임차주택에 대하여 진행되고 있는 경매절차에서 보증금에 대한 배당요구를 하여 보증금 전액을 배당받을 수 있는 경우에는, 특별한 사정이 없는 한 임차인이 그 배당금을 지급받을 수 있는 때, 즉 임차인에 대한 배당표가 확정될 때까지는 임차권이 소멸하지 않는다고 해석함이 상당하다 할 것이므로, 경락인이 낙찰대금을 납부하여 임차주택에 대한 소유권을 취득한 후에 임차인이 임차주택을 계속 점유하여 사용·수익하였다고 하더라도 임차인에 대한 배당표가 확정될 때까지의 사용·수익은 소멸하지 아니한 임차권에 기한 것이어서 경락인에 대한 관계에서 부당이득이 성립하지 아니한다.
이 판결에 대한 평석으로 박용표(주117), 285 이하 및 이세창, "경매절차에서 대항력과 우선변제권을 겸유하고 있는 임차인의 지위", 재판실무연구2005(광주지방법원 편), 3 이하 각 참조.

159) 박용표(주117), 311.

이유 없이 낙찰자에 대하여 주택이나 상가건물의 인도를 거부한 채 계속 점유, 사용한다면 그로 인한 차임 상당 부당이득금을 낙찰자에게 반환하여야 한다.[160)]

임차인이 우선변제를 받을 수는 있으나 선순위 저당권 등의 존재로 인하여 그의 임차권으로 낙찰자에게 대항할 수 없는 경우에는 낙찰자가 대금을 납부하여 소유권을 취득한 후에는 낙찰자의 인도요구를 거부할 수 없다.[161)]

(3) 임차인이 낙찰자에게 대항할 수 있음에도 불구하고 우선변제청구를 하였는데, 위 (2)항과는 달리 환가대금으로부터의 배당액이 보증금액에 모자라는 경우는 어떻게 할 것인가? 이에 관하여는 후술(後述)[162)]한다.

(4) 대항력 있는 임차인은 비록 임대차계약서에 확정일자를 구비하였다 하더라도 환가대금으로부터 우선변제를 받는 것이 강요되는 것은 아니기 때문에 자기의 선택에 따라 낙찰자로부터 보증금의 전액을 반환받는 길을 택할 수 있는바, 이 경우에는 보증금의 반환과 임차 주택이나 상가건물의 반환이 동시이행관계에 있음은 더 말할 나위도 없다.[163)]

3. 이해관계인의 구제

임차 주택이나 상가건물의 매각대금을 배당함에 있어 대항요건과 확정일자를 갖춘 임차인의 우선순위와 보증금에 관하여 이의가 있는

160) 서울지법판 1999. 1. 13. 98나18178(법률신문 1999. 2. 1., 12).
이에 대하여 한호형(주157), 142는 임차인은 낙찰자가 매각대금을 납부한 후부터 기산하여 인도시까지의 부당이득을 낙찰자에게 반환하여야 한다고 한다.

161) 반대: 박용표(주117), 310은 임차인이 배당받을 금액이 있다면 임차권의 소멸시점을 배당기일로 보아 그 이후에만 인도의무를 진다고 한다.

162) 제 4 장 제 4 절 Ⅲ. 참조.

163) 대판 1994. 2. 22. 93다55241(공1994상, 1083) 참조.

이해관계인은 경매법원에 이의를 신청할 수 있고(주택임대차보호법 제3조의2 제4항, 상가건물임대차보호법 제5조 제4항), 이러한 이의신청에 대하여는 민사집행법 제152조 내지 제161조의 배당표에 대한 이의에 관한 규정이 준용된다(주택임대차보호법 제3조의2 제5항, 상가건물임대차보호법 제5조 제5항).[164]

Ⅲ. 임차권등기를 한 임차인의 우선변제권

1. 우선변제의 요건

가. 임차권등기를 하였을 것

임차권등기는 임차권등기명령에 의한 것이건 임대인과 임차인의 공동신청에 의한 것이건 묻지 않는다. 다만, 이러한 등기는 주택의 경우에는 1999. 3. 1. 이후에 경료되고, 상가건물의 경우에는 2002. 11. 1. 이후에 경료된 것이어야 한다.

주택의 경우 임차권등기명령에 의한 등기는 임차권등기명령 자체가 1999. 3. 1. 이후에나 가능하므로(동 제도를 도입한 제3차 개정의 시행일이 1999. 3. 1.이다. 3차 개정된 주택임대차보호법의 부칙 제1항) 그에 기한 등기도 당연히 그 이후에나 가능하게 되나, 임대인과 임차인의 공동신청에 의한 민법상의 임차권등기는 1999. 3. 1. 이전에도 얼마든지 가능하였는바, 3차 개정 주택임대차보호법은 민법상의 임차권등기도 개정법의 시행일인 1999. 3. 1. 이후에 된 것에 한하여 우선변제권을 인정하고 있다(동법 부칙 제3항).

상가건물의 경우에도 임차권등기명령에 의한 등기는 임차권등기명령 자체가 상가건물임대차보호법의 시행일인 2002. 11. 1. 이후에나

---

164) 상세는 제2장 제3절 Ⅳ. 4. 참조.

가능하므로 그에 기한 등기도 당연히 그 이후에나 가능하게 되나, 임대인과 임차인의 공동신청에 의한 민법상의 임차권등기는 2002. 11. 1. 이전에도 얼마든지 가능하였는바, 상가건물임대차보호법은 민법상의 임차권등기도 동법의 시행일인 2002. 11. 1. 이후에 된 것에 한하여 우선변제권을 인정하고 있다(동법 부칙 제 2 항).

인도와 주민등록에 의하여 대항요건을 갖춘 후 임대차계약서에 확정일자까지 받아 우선변제권을 취득한 임차인은 전술(前述)한 바와 같이 배당요구의 종기까지는 대항요건을 계속 구비하고 있어야 우선변제를 받을 수 있는데, 그러한 임차인이 임차권등기를 한 경우에는 배당요구의 종기 전에 대항요건을 상실하였더라도 여전히 우선변제를 받을 수 있다(주택임대차보호법 제 3 조의3 제 5 항 단서, 제 3 조의4 제 1 항, 상가건물임대차보호법 제 6 조 제 5 항 단서, 제 7 조 제 1 항).

나. 주택이나 상가건물이 경매에 의하여 매각되었을 것

이에 관하여는 확정일자부 임차인에서의 설명이 그대로 적용된다.[165)]

다. 배당요구의 요부

전술(前述)한 확정일자부 임차인이나 후술(後述)하는 소액임차인이 매각대금으로부터 우선변제를 받기 위해서는 경매법원에 배당요구를 하여야 한다. 이러한 임차인들의 임차권은 등기부상 공시되는 것이 아니므로, 임차인이 스스로 배당요구를 하지 아니하면 경매법원이 그러한 임차권의 존재를 알 길이 없기 때문이다.

이에 비하여 임차권등기를 한 임차인은 그 임차권등기의 시점이 언제이냐에 따라 배당요구의 필요 여부가 결정된다. 즉, 임차권등기의

---

165) 제 4 장 제 3 절 Ⅱ. 1. 다. 참조.

시점이 경매개시결정기입등기의 시점보다 앞서면 별도로 배당요구를 할 필요 없이 당연히 배당을 받게 되나,[166] 임차권등기의 시점이 경매개시결정기입등기의 시점보다 나중이면 반드시 배당요구를 하여야 배당을 받게 된다.[167] 이는 임차권등기를 한 임차인이 당연히 경매절차의 이해관계인으로 되느냐 아니면 권리신고를 하여야 비로소 이해관계인으로 되느냐 하는 문제[168]와 일맥상통하는 것이다.

경매개시결정기입등기 후에 임차권등기를 한 임차인이 배당요구를 할 수 있는 시한은 경매법원이 정한 배당요구의 종기까지이다(민사집행법 제84조 제 1 항).

라. 임차인이 낙찰자에게 대항할 수 있는 경우 임대차의 종료 여부

확정일자를 구비한 임차인이 낙찰자에게 대항할 수 있는 경우 우선변제를 받기 위해서는 임대차가 종료하여야 하는가에 관한 전술(前述)한 논의는 임차권등기를 한 임차인이 낙찰자에게 대항할 수 있는

166) 대판 2005. 9. 15. 2005다33039(공2005하, 1610) : 임차권등기명령에 의하여 임차권등기를 한 임차인은 우선변제권을 가지며, 위 임차권등기는 임차인으로 하여금 기왕의 대항력이나 우선변제권을 유지하도록 해 주는 담보적 기능을 주목적으로 하고 있으므로, 위 임차권등기가 첫 경매개시결정등기 전에 등기된 경우, 배당받을 채권자의 범위에 관하여 규정하고 있는 민사집행법 제148조 제4호의 "저당권 · 전세권, 그 밖의 우선변제청구권으로서 첫 경매개시결정 등기 전에 등기되었고 매각으로 소멸하는 것을 가진 채권자"에 준하여, 그 임차인은 별도로 배당요구를 하지 않아도 당연히 배당받을 채권자에 속하는 것으로 보아야 한다.

그런데, 이우재(주8), 612-615는 위 판결은 임차권등기명령에 의하여 등기한 임차권에 한하여 적용되고, 민법 제621조의 규정에 의하여 등기한 임차권은 그것이 최선순위이고, 아직 존속기간이 남아 있다면 전세권과 마찬가지로 임차권자의 선택에 따라 그가 배당요구를 한 경우에만 배당을 하여야 한다고 한다. 그러나 최선순위 전세권은 민사집행법 제91조 제 4 항에 의하여 전세권자의 선택에 따라 배당 및 그로 인한 소멸 여부를 결정하지만, 주택이나 상가건물의 등기한 임차권은 임차인의 선택과는 상관없이 경락으로 인하여 소멸하기 때문에(주택임대차보호법 제 3 조의5, 상가건물임대차보호법 제 8 조) 임차인의 배당요구 여부를 묻지 않고 당연히 배당을 하여야 한다고 할 것이다.

167) 이에 대하여 윤 경, "경매(입찰)에서의 주택임차권등기권자의 지위", 법조 2000. 4., 26-27은 어느 경우나 배당요구가 불필요하다고 하나 찬성할 수 없다.

168) 제 2 장 제 2 절 Ⅱ. 및 Ⅲ. 참조.

경우에도 그대로 해당한다. 요컨대, 임대차의 종료 여부와는 상관없이 배당을 받을 수 있다.

특히 3차 개정 후의 주택임대차보호법은 제3조의5를 신설하여 "임차권은 임차주택에 대하여 민사집행법에 의한 경매가 행하여진 경우에는 그 임차주택의 낙찰에 의하여 소멸한다"고 규정하였고, 상가건물임대차보호법 제8조도 동일하게 규정함으로써, 임차권도 마치 저당권처럼 낙찰로 소멸하는 것을 원칙으로 하고 있는바, 이처럼 소멸을 원칙으로 하는 이상은 그에 상응하여 당연히 배당을 하여야 한다.

다만, 배당액이 보증금의 전액에 미치지 못할 경우에는 임차권이 소멸하지 않는바(주택임대차보호법 제3조의5 단서, 상가건물임대차보호법 제8조 단서), 이에 관하여는 뒤에 상술한다(제4장 제4절 Ⅲ. 3. 나. 참조).

2. 우선변제의 내용

가. 보증금의 우선변제

우선순위 및 우선변제 받는 대상 등은 확정일자부 임차인의 그것과 같다. 즉, 우선변제에 관한 한 임차권자를 저당권자와 동일시하여 임차권등기일자를 저당권등기일자로 보고 다른 채권자와의 우선순위를 정하면 된다. 같은 날짜에 여러 개의 등기가 행하여져도 등기번호에 의하여 순위가 정하여지기 때문에 문제될 것이 없다.

임차권등기를 한 임차인이 동시에 소액임차인이라면 우선순위를 정함에 있어서는 소액임차인으로서 최우선변제를 받을 수 있고, 대항요건과 확정일자를 구비한 임차인이 나중에 임차권등기까지 한 경우에는 임차인에게 유리한 쪽인 대항요건과 확정일자를 구비한 시점을 기준으로 우선순위를 정하면 된다.[169]

169) 이우재(주8), 670-671.

나. 임차 주택이나 상가건물의 인도

이에 관하여는 확정일자부 임차인에서의 설명이 그대로 적용된다.[170)]

3. 이해관계인의 구제

임차 주택이나 상가건물의 매각대금을 배당함에 있어 임차권등기를 한 임차인의 우선순위와 보증금에 관하여 이의가 있는 이해관계인은 경매법원에 이의를 신청할 수 있다.

전술(前述)한 확정일자부 임차인이나 후술(後述)하는 소액임차인과는 달리 임차권등기를 한 임차인의 배당에 대하여는 이의신청에 관한 명문의 규정이 없으나, 민사집행법상의 일반원칙에 따라 당연히 배당이의가 인정된다.[171)]

Ⅳ. 소액임차인의 우선변제권

1. 우선변제의 요건

가. 소액임차인일 것

(1) 우선변제를 받을 수 있는 임차인은 주택이나 상가건물의 모든 임차인이 아니라 보증금[172)]이 일정액 이하인 소액임차인에 한한다.

(가) 먼저 주택의 경우를 보면, 수도권정비계획법에 따른 수도권 중 과밀억제권역[173)]에서는 6,000만 원 이하, 광역시(군지역과 인천광역시지역은

170) 전술(前述) 제 4 장 제 3 절 Ⅱ. 2. 나. 참조.

171) 이에 관한 상세는 전술(前述) 제 2 장 제 3 절 Ⅳ. 4. 참조.

172) 임대차 종료시 보증금에 의해서 담보되는 차임 등을 공제한 금액이 아니라 임대차계약상의 보증금액을 말한다. 동지(同旨) : 김지영(주19), 15.

173) 수도권정비계획법 제 6 조, 동시행령 제 9 조 별표 1에 의하면 아래 지역이 이에

제외)에서는 5,000만 원 이하, 그 밖의 지역에서는 4,000만 원 이하인 임차인에 한한다(주택임대차보호법 제 8 조 제 3 항, 동시행령 제 4 조).[174)]

주택임대차보호법의 1차 개정에 의하여 동법 제 8 조가 신설될 당시에는 보증금이 서울특별시 및 직할시에서는 300만 원 이하, 기타의 지역에서는 200만 원 이하였다가[1984. 6. 14.자 시행령(대통령령 제11441호)], 1987. 12. 1. 시행령이 개정(대통령령 제12283호)되어 각 500만 원 이

해당한다.

서울특별시, 인천광역시[강화군, 옹진군, 중구 운남동·운북동·운서동·중산동·남북동·덕교동·을왕동·무의동, 서구 대곡동·불노동·마전동·금곡동·오류동·왕길동·당하동·원당동, 연수구 송도매립지(인천광역시장이 송도 신시가지 조성을 위하여 1990. 11. 12. 송도 앞 공유수면매립공사면허를 받은 지역을 말한다), 남동유치지역을 제외한다], 의정부시, 구리시, 남양주시(호평동, 평내동, 금곡동, 일패동, 이패동, 삼패동, 가운동, 수석동, 지금동 및 도농동에 한한다), 하남시, 고양시, 수원시, 성남시, 안양시, 부천시, 광명시, 과천시, 의왕시, 군포시, 시흥시(반월특수지역을 제외한다). 인천광역시(단 강화군, 옹진군, 중구의 일부, 연수구의 일부 제외), 의정부시, 남양주시 일부, 하남시, 고양시, 수원시, 성남시, 안양시, 부천시, 광명시, 의왕시, 군포시, 시흥시(단 반월특수지역 제외).

174) 주택임대차보호법시행령 제 3 조 제 4 항에 의하면 하나의 주택에 임차인이 2인 이상이고 이들이 그 주택에서 가정공동생활을 하는 경우에는 이들을 1인의 임차인으로 보아 이들의 각 보증금을 합산하도록 되어 있다.

그러나 이 조항에는 문제가 있다. 이러한 사례는 흔히 미혼의 동생 을(乙)이 결혼한 형 갑(甲)네 집에서 같이 사는 경우에 발생하는바, 서울에서 갑(甲)의 이름으로 3,500만 원의 임대차계약을 체결하였을 뿐만 아니라 을(乙)의 이름으로도 3,000만 원의 임대차계약을 체결하였다 하여 각각 배당요구를 하는 예를 경매실무에서 볼 수 있다. 실제로는 갑(甲)의 이름으로만 임대차계약을 체결하고 을(乙)은 거기에 얹혀살고 있는 것인데도 불구하고 이처럼 각각 배당요구를 하면 각각 2,000만 원씩 합계 4,000만 원의 배당을 받을 것으로 기대하고 허위의 임대차계약서를 첨부하여 배당요구를 하는 것이다.

이때 주택임대차보호법시행령 제 3 조 제 4 항을 적용하여 보증금의 합계가 6,500만 원이라고 하게 되면 갑(甲)이고 을(乙)이고 한 푼도 배당을 못 받는 사태가 벌어지고 만다[이윤승(주20), 156은 이러한 사태를 용인한다]. 혹을 떼려다 혹을 붙인 격이 되는 것이다. 법원을 속이려 한 만큼 그 응보를 받는 것이라고 치부하여 버리면 그만이겠으나[대판 2001. 5. 15. 2001다18513(공2001하, 1388) 참조] 그러기엔 너무 가혹하다. 이러한 경우에 가정공동생활을 하는 것이 아니라고 하여 갑(甲), 을(乙)에게 각각 2,000만 원씩 합계 4,000만 원을 배당하는 것이나, 가정공동생활을 하는 것이라고 하여 갑(甲), 을(乙) 모두에게 한 푼도 배당하지 않는 것이나 양쪽 모두 형평에 맞지 않는다. 때문에 경매실무에서는 갑(甲)에게만 2,000만 원을 배당하고 을(乙)은 가장임차인으로 처리하여 배당에서 제외하는 방법을 취하고 있다.

하, 400만 원 이하로 상향되었고, 2차 법개정에 따른 시행령의 재개정(1990. 2. 19. 대통령령 제12930호)으로 각 2,000만 원 이하, 1,500만 원 이하로 상향되었고, 1995. 10. 19. 시행령이 다시 개정(대통령령 제14785호)되어 서울특별시 및 광역시(군지역은 제외)에서는 3,000만 원 이하, 기타의 지역에서는 2,000만 원 이하로 상향되었고, 2001. 9. 15. 시행령이 다시 개정(대통령령 제17360호)되어 수도권정비계획법에 따른 수도권 중 과밀억제권역에서는 4,000만 원 이하, 광역시(군지역과 인천광역시지역은 제외)에서는 3,500만 원 이하, 그 밖의 지역에서는 3,000만 원 이하로 상향되었고, 2008. 8. 21. 시행령이 다시 개정(대통령령 제20971호)되어 현재는 위와 같이 수도권정비계획법에 따른 수도권 중 과밀억제권역에서는 6,000만 원 이하, 광역시(군지역과 인천광역시지역은 제외)에서는 5,000만 원 이하, 그 밖의 지역에서는 4,000만 원 이하이다.

다음에 상가건물의 경우를 보면,[175] 서울특별시에서는 4,500만 원 이하, 수도권정비계획법에 의한 수도권 중 과밀억제권역(서울특별시를 제외한다)에서는 3,900만 원 이하, 광역시(군지역과 인천광역시지역은 제외)에서는 3,000만 원 이하, 그 밖의 지역에서는 2,500만 원 이하인 임차인에 한한다(상가건물임대차보호법 제14조 제 3 항, 동법시행령 제 6 조).[176]

(나) 이러한 소액임차인에 해당하는 여부의 판단시점은 원칙적으로 배당시이다.[177] 따라서 비록 처음 임대차계약을 체결할 당시에는

---

175) 상가건물의 보증금은 본래의 보증금 외에 차임이 있는 경우 그 차임액을 상가건물임대차보호법 제 2 조 제 2 항, 동시행령 제 2 조 제 3 항에 따라 보증금으로 환산하여 본래의 보증금에 합한 금액을 말한다. 환산방법의 상세는 전술(前述) 제 2 장 제 2 절 Ⅰ. 2. 나. 참조.

176) 이 범위의 소액임차인은 대략 전체 상가건물임차인의 20%에 해당한다. 문장운, "상가임대차보호법시행령안 마련 근거", 상가건물임대차보호법시행령 제정 공청회 자료집(법무부)(2002. 8. 23.), 7. 참조.

177) 동지(同旨) : 권용산, "상가건물임대차보호법의 문제점과 개선방안(Ⅳ), 법무사 2003. 6., 28; 김광일, "상가건물임대차보호법에 관한 연구", 국민대학교 석사학위 청구 논문(2003), 80; 김효석(주52), 421; 박재승(주38), 485; 성순화(주65), 49. 대판 2008. 5. 15. 2007다23203(공2008상, 850).

이에 반하여 압류시를 기준으로 하여야 한다는 견해로는 박해식(주52),

보증금액수가 적어 소액임차인에 해당하였다 하더라도 그 후 갱신 과정에서 증액되어 위에서 본 한도를 초과하면 이제는 더 이상 소액임차인에 해당하지 않는다. 역(逆)으로 처음에는 보증금액이 많아 소액임차인에 해당하지 않았는데 갱신 과정에서 보증금액이 줄어 배당시에는 위에서 본 한도 이하로 되었다면 소액임차인에 해당한다.

다만, 소액임차인으로서 우선변제를 받기 위한 탈법수단으로 임대인과 짜고 허위로 보증금액을 줄인 것이 명백하면 우선변제에서 제외하여야 한다.[178] 경매개시결정의 기입등기가 된 후에 임대차계약을 갱신하여 보증금을 위에서 본 한도 이하로 낮춘 경우는 일단 허위일 가능성이 높다.[179] 그러나 임대인과 임차인이 짜고 은밀하게 만든 계약서가 허위라는 것을 밝힌다는 것은 사실상 매우 어렵다. 집행관이 경매 대상 주택의 현황을 조사할 때 임대차관계를 정확히 파악하여야 하는 이유 중의 하나가 바로 여기에 있는 것이다.

보증금액이 소액임차인에 해당하는 여부의 판단시점을 위와 같이 배당시로 보는 것과 같은 관점에서, 행정구역의 개편으로 소액임차인에 해당하는 여부가 바뀔 경우에도 마찬가지로 배당시의 행정구역을 기준으로 하여 소액임차인에 해당하는 여부를 결정할 것이다.[180]

(다) 예컨대, 주택을 1/2씩의 지분비율로 공유하고 있는 갑(甲)과 을(乙)이 공동으로 병(丙)에게 그 주택 전체를 임대하였는데 을(乙)의 채권자가 을(乙)의 공유지분에 대하여 경매를 신청한 경우에, 병(丙)이 소액임차인인지 여부의 판단기준은 무엇인가?

511-512; 이주흥(주2), 39; 진영광(주123), 141-142가 있다.

178) 대판 2008. 5. 15. 2007다23203(공2008상, 850).
허위로 보증금을 줄인 정도가 아니라 아예 허위로 소액임차권을 창출한 경우는 더 말할 것도 없이 우선변제에서 제외하여야 함은 물론이다[대판 2001. 5. 8. 2001다14733(공2001하, 1362)].

179) 오용호(주13), 356; 이윤승(주20), 157; 지철수, "부동산경매절차에서 임차인의 지위와 그 보호에 관한 고찰", 사법연구자료 23집(1996), 302.

180) 김지영(주19), 15도 같은 취지로 보인다.

이를 보증금 전액으로 할 것이냐, 아니면 경매목적물인 1/2지분에 상응하는 금액으로 할 것이냐의 문제가 있는바, 보증금 전액을 기준으로 하여야 한다고 할 것이다.[181] 갑(甲)과 을(乙)이 병(丙)에 대하여 부담하는 보증금반환의무는 성질상 불가분채무라는 것이 판례[182]의 입장이기 때문이다. 실제로 이렇게 보지 않으면 소유자와 임차인이 담합하여 단독소유를 공유로 만듦으로써 소액임차인이 아닌 것을 소액임차인으로 만들 수 있어 부당하다.

그러면, 병(丙)이 위 경매절차에서 소액보증금(또는 확정일자를 받아 우선권이 있는 때에는 그 보증금 전체)의 배당을 요구한다면 경매법원으로서는 병(丙)에게 그 보증금 전액을 배당할 것인가, 아니면 지분비율에 비례하여 그 중 1/2에 해당하는 금액만 배당할 것인가?

위와 같이 갑(甲), 을(乙)의 병(丙)에 대한 보증금반환채무가 성질상 불가분채무라 한다면 당연히 전액을 배당하여야 할 것이다. 여기서 병(丙)이 보증금반환채권의 만족을 받을 경우 을(乙)은 갑(甲)에게 그 1/2 상당액을 구상할 수 있음은 물론이다.

(2) 그런데 우선변제를 받을 수 있는 임차인을 이처럼 소액임차인에 국한하는 것은 문제가 있다. 단적으로 말하면, 예컨대, 서울에서 주택임차인의 보증금이 6,000만 원이면 보호받으면서 거기서 단돈 1원이라도 초과하면 보호를 못 받는 불합리한 사태가 발생하는 것이다.[183] 6,000만 원이 소액보증금이라면 6,000만 1원도 소액보증금임에 틀림없다. 그럼에도 후자(後者)는 보호를 못 받는다는 것은 매우 불합리하다. 이러한 문제점은 주택임대차보호법 제 8 조가 처음 신설된 때부터 제기되어 왔으나,[184] 1989. 12. 30. 2차 개정시에도 기본 틀이 그

181) 김효석(주52), 422; 서기석(주80), 350; 이우재(주8), 653.

182) 대판 1998. 12. 8. 98다43137(공1999,106)

183) 대판 1993. 9. 14. 92다49539(공1993하, 2754).

184) 김권택(주20), 393; 김오섭(주84), 500; 오용호(주13), 355; 이상인(주5), 418, 432; 이진강(주3), 90; 이해진(주5), 250; 조성수(주20), 490.

대로 유지되었다. 또한 그 후 제정된 상가건물임대차보호법에도 그대로 수용되었다(동법 제14조).

여기서 실제로 경매실무를 보자.

주택의 소액임차인을 보증금이 6,000만 원(서울특별시의 경우) 이하인 임차인에 국한하는 데서 오는 부작용이 경매실무에서는 심하게 드러나고 있다. 즉, 경매절차를 시작하면서 집행관이 임대차 조사를 할 때만 하여도 멋도 모르고 곧이곧대로 보증금이 7,000만 원 내지 1억 원(당해 임차주택의 종류, 규모로 볼 때 그것이 상식적으로 합당한 금액이다)이라고 하였던 주택임차인들이 배당요구를 하면서는 임대인과 짜고 계약서를 허위로 급조하여 배당요구서에 보증금이 5,000만 원이라고 버젓이 적어 내며,[185] 그러면 법원은 많은 경우에 임차주택의 종류, 규모로 볼 때 그것이 거짓말일 가능성이 크다는 의심을 하면서도 명백한 증거가 없기 때문에 어쩔 수 없이 소액임차인으로 처리하여 그에게 그 중 일정액(서울특별시의 경우 2,000만 원)을 배당하여 주고 있다.

나아가 심한 경우에는 같은 집에 같은 규모로 세 들어 사는 임차인들(따라서 그들 상호간에는 각자의 보증금을 서로 잘 안다) 중 집행관에 의한 임대차 조사시에는 보증금이 7,000만 원이라고 하였다가 배당요구시에는 5,000만 원이라고 거짓말한 사람은 이처럼 소액임차인으로 취급받아 2,000만 원을 배당받는 데 비하여, 임대차 조사시 및 배당요구시 모두 7,000만 원이라고 사실대로 말한 사람은 소액임차인이 아니라 하여 배당에서 완전히 제외되는 일이 경매법정에서 일어나고 있다. 과연 이들 임차인들이 법원을 어떤 시각으로 바라볼까?

결국 깊은 숙고(熟考)를 거치지 않은 채 만들어진 법이 국민을 거짓말쟁이로 만들고 있으며, 법원은 속는 줄 알면서도 그 장단에 따를 수밖에 없는 상황이다. 논자에 따라서는 이처럼 거짓말을 하는 임차

185) 심지어는 공정증서로 작성하거나 확정일자를 받은 진짜 계약서를 제출하고도 그 후 보증금을 날조한 허위의 계약서를 다시 제출하는 예를 흔히 볼 수 있다.

인은 경매법원이 배당에서 제외하면 되지 않느냐는 소박한 반론을 제기할 수도 있을 것이다.[186]

그러나 예컨대, 서울 강남지역의 30평짜리 아파트를 독채로 임차하고서도 보증금이 5,000만 원 내지 6,000만 원이라고 한다면 분명 '눈 가리고 아웅' 하는 소리임에 틀림없으나, 적극적으로 직권에 의한 사실조사를 할 수 없는 경매법원으로서는 그런 임차인이 제출하는 비상식적인 계약서가 첨부된 배당요구서에 구속받을 수밖에 없으며, 오직 그로 인해 배당을 못 받거나 적게 받는 다른 이해관계인이 배당이의 소송을 통하여 다투는 길밖에 없다는 점을 유념할 필요가 있다. 그러나 승소가능성이 확실하지도 않은 마당에[187] 시간과 비용을 들여 번거롭게 배당이의소송을 제기하느니 차라리 2,000만 원의 손해를 감수하겠다는 이해관계인이 더 많은 게 현 실정이다. 심지어 금융기관에서 서울에 있는 단독주택을 담보로 대출할 때는 방 하나마다 2,000만 원의 소액임차인이 존재하는 것을 전제로 대출금을 정하고 있기까지 하다.

따라서 저자는 전술(前述)한 바와 같이 경매개시결정의 기입등기가 된 후에 임대차계약을 갱신하여 보증금을 위에서 본 한도 이하로 낮춘 경우는 일단 허위로 추정하여 배당에서 제외하여야 한다고 생각한다. 그에 대하여 이의가 있으면 그러한 임차인으로 하여금 배당이의 신청 및 배당이의의 소를 제기하게 하는 쪽이 더 낫다고 할 것이다.

(3) 위와 같은 극히 비정상적인 사태를 근본적으로 치유하고 법을

---

186) 이윤승(주20), 157 참조.
또한 박성철(주14), 4는 이러한 경우에는 경매법원이 배당기일에 직권으로 임대인과 임차인을 심문하는 등의 방법으로 탈법행위 여부를 가리는 것이 필요하다고 하나, 임대인과 임차인이 담합하는 이상 소송절차에서도 가리기 힘든 것을 위와 같은 심문에 의하여 가린다는 것은 기대하기 어렵다.

187) 임대인과 임차인이 공모하고 있는 판국에 제 3 자가 임차인의 보증금액이 6,000만 원이 넘는다는 사실을 입증한다는 것이 쉬운 일인가.

현실에 맞게 하려면 결국 보증금의 보호를 소액임차인에 국한하고 있는 현행 주택임대차보호법이나 상가건물임대차보호법의 태도를 버리고, 모든 보증금 중 일정액에 우선변제권을 주는 방법밖에 없다.[188)]

즉, 모든 보증금의 일정액에 관하여 우선변제권을 부여하되 그 일정액의 범위를 대통령령으로 조절한다면, 애초의 입법취지인 소액임차인을 보호하는 것과 똑같은 효과를 거두면서 동시에 위에서 본 바와 같은 불합리를 방지할 수 있을 것이다.

나. 대항요건을 갖추었을 것

(1) 우선변제권은 주택임대차보호법 제 3 조 제 1 항, 상가건물임대차보호법 제 3 조 제 1 항에서 요구하는 인도와 주민등록[189)]이나 사업자등록이라는 대항요건을 구비한 소액임차인에게만 인정된다. 나아가 그 대항요건은 주택이나 상가건물에 대한 경매개시결정의 기입등기 전에 구비하여야 한다(주택임대차보호법 제 8 조 제 1 항 후문, 상가건물임대차보호법 제14조 제 1 항 후문).

따라서 대항요건을 구비하지 아니한 임차인에게는 우선변제권이 인정될 여지가 없다. 그리고 대항요건은 확정일자부 임차인에서 본 바와 같이 배당요구의 종기까지 계속 구비하고 있어야 한다.

(2) 주택임대차보호법의 2차 개정 전에는 대항요건의 구비 요부(要否)에 관하여 명문의 규정이 없었다. 그 결과 다음과 같이 견해가 갈렸었다.

---

188) 동지(同旨) : 박해식(주52), 509-510; 신택호(주38), 50. 또한 김은집, "주택임대차보호법 제 3 조 1항의 대항력의 내용", 형평과 정의 4집(대구지방변호사회 편)(1989), 70 참조.

189) 서울지법판 1998. 11. 11. 98나38493(법률신문 1999. 1. 4., 14)은 소액임차인이 주민등록 전입신고를 함에 있어 반드시 독립한 세대주일 필요는 없고 다른 임차인의 동거인으로 전입신고를 한 경우에도 상관없다고 하나, 이러한 임차인은 가장임차인일 가능성이 크기 때문에 그에 대한 우선변제를 인정함에 있어서는 신중을 기하여야 할 것이다.

즉, 대항요건을 구비하여야 한다고 볼 근거가 없고, 그럴 필요도 없으며, 대항요건을 구비하지 못한 임대차 중에 보호의 필요성이 오히려 더 큰 경우가 많고, 대항요건의 구비를 요구한다 해도 가장임차인을 방지하기 어렵고, 또한 가장임차인을 방지하기 위하여 진정한 임차인의 보호를 외면할 수는 없다는 등의 이유로 대항요건의 구비가 불필요하다고 하는 견해[190]와 주택임대차보호법의 취지가 대항요건을 갖춘 실질적인 임차인의 주거권을 보호하는 데 있고, 대항요건의 구비를 요구하지 않으면 주거와 관계없는 임차인을 보호하는 경우도 생기고, 나아가 가장임차인의 조작으로 집행채권자를 해하게 되므로 대항요건의 구비가 필요하다는 견해[191]가 대립하였으며, 실무는 후자(後者)를 따르고 있었다.

그런 점에서 주택임대차보호법 제 8 조 제 1 항 후문은 이 문제를 입법적으로 해결하면서 후자(後者)의 견해 및 실무례를 따른 셈이고, 상가건물임대차보호법 제14조 제 1 항 후문은 이를 그대로 본받은 것이다.

(3) 소액보증금의 우선변제권이 인정되기 위해서는 임차권이 어느 시기까지 성립하여야 하는가에 관하여 주택임대차보호법의 2차 개정 전에는 명문의 규정이 없었다. 때문에 역시 다음과 같이 견해가 갈렸었다.

즉, 주택 소유자는 그의 소유권을 상실하기까지는 얼마든지 유효하게 임대차계약을 체결할 수 있으므로 낙찰자의 소유권 취득시까지 임차권을 취득한 자는 우선변제권이 있다는 견해(이른바 소유권이전시설)[192]와 경매신청에 의한 압류등기, 즉 경매개시결정의 기입등기를

190) 소수설이었다. 김오섭(주84), 497; 이진강(주3), 100; 하경일(주20), 720.

191) 통설이었다. 김권택(주20), 394; 김성만(주20), 41; 민일영, "주택임대차법에 관한 제문제", 민사판례연구(XII)(1991), 475; 박성철(주14), 4; 오용호(주13), 358; 이상인(주5), 422-3; 이영대, "주택임차권의 대항력", 제15기 사법연수생논문집(1985), 92; 이윤승(주20), 158; 이해진(주5), 245; 조성수(주20), 486-487; 최 종(주20), 451.

기준으로 하여 그 이전에 성립한 임차권만 보호하여야 한다는 견해(이른바 압류시설)193)가 대립하였었다.

전설(前說)의 논거는, 주택임대차보호법 제 8 조의 보호대상이 되는 소액임차권의 성립시기를 압류시를 기준으로 함은 사회보장적인 견지에서 소액임차인을 특별히 보호하고 있는 주택임대차보호법의 취지에 맞지 아니하고, 주택임대차보호법 제 8 조에 의한 보호는 임차권 그 자체에 대한 것이라기보다는 보증금반환청구권이라는 특정 채권에 대한 것이므로 그것이 압류 전에 성립했느냐 압류 후에 성립했느냐에 따라 보호 여부를 달리 할 이유가 없고, 등기된 담보권자보다도 우선하는 소액임차인의 권리가 경매절차에서 일반채권자인 압류채권자에 우선하지 못한다 함은 모순이고, 소액임차인에게 계약 체결 전에 등기부를 일일이 열람하여 압류 여부를 확인하기를 기대하기도 어려운 일이라는 데 있었다.

이에 대하여 후설(後說)의 논거는, 압류에 의하여 경매 목적물의 처분제한효과가 발생하므로 압류 후에 체결한 임대차는 압류채권자 또는 담보권자에게 효력이 없다 할 것이고, 따라서 그 임차권에 기한 보증금반환청구권도 압류채권자에게는 주장할 수 없다고 함이 이론상 타당하며, 압류 후에 성립한 소액임차인도 보호를 받는다면 악용의 여지가 많고, 소액임차인의 보증금반환청구권에 관하여 담보권자에 우선하는 권리를 부여하는 자체만으로도 이미 큰 보호를 주는 것인데, 더 나아가 집행절차에 있어서의 기본원칙을 배제하면서까지 보호를 할 필요는 없다는 데 있었다.

주택임대차보호법의 2차 개정 당시 구(舊) 평민당 및 구(舊) 민주

192) 김권택(주20), 393; 김오섭(주84), 498; 박성철(주14), 4; 윤천희,"주택임차권의 대항력의 득실에 관한 문제(상)", 판례월보 1987. 5., 51; 이윤승(주20), 155; 조성수(주20), 489.

193) 김성만(주20), 42; 오용호(주13), 352; 이상인(주5), 416; 최 종(주20), 452; 하경일(주20), 221.

당의 개정안은 모두 후자(後者)의 견해를 취하여 "제 1 항의 경우에 임차인은 경매신청등기 전에 법 제3조 제1항의 요건을 갖추어야 한다"는 조항을 신설할 것을 제안하였고, 그것이 입법화된 것이며, 그 후 상가건물임대차보호법에도 또한 그대로 반영되었다.

(4) 가장임차인의 문제

이처럼 소액임차인이 대항요건을, 그것도 주택이나 상가건물에 대한 경매개시결정의 기입등기 전에 구비하여야만 우선변제권이 인정되기 때문에 경매개시결정 후 허위로 주민등록 전입신고나 사업자등록만 하여 놓는 가장임차인을 어느 정도 막을 수 있다.

그런데 여기서 다시 경매실무를 보자.

채무자가 빚에 몰려 그의 주택이나 상가건물이 경매로 넘어가기까지는 적어도 상당한 기간이 소요된다. 채무자가 전혀 예상치도 못한 사이에 어느 날 갑자기 경매가 시작되는 것은 아니다. 채권자가 판결 등의 집행권원을 취득하여 경매를 신청하는 경우는 말할 것도 없고 저당권 등을 실행하기 위하여 경매를 신청하는 경우도 마찬가지이다. 더구나 금융기관부실자산 등의 효율적 처리 및 한국자산관리공사의 설립에 관한 법률 제45조의2 제 2 항은 한국자산관리공사나 일정한 금융기관[194]이 임의경매를 신청하려면 먼저 부동산등기부상의 주소(주민등록상의 주소와 다른 경우에는 주민등록상의 주소를 포함한다)로 경매실행 예정임을 통지하도록 하고 있다. 때문에 채무자는 자기가 빚을 갚지 않았기 때문에 머지않아 경매가 시작될 것을 예상할 수 있으며, 그는 마음만 먹으면 그 때부터 얼마든지 주위 사람들을 동원하여 허

---

194) 여기에 해당하는 금융기관은 한국산업은행, 중소기업은행, 장기신용은행, 한국수출입은행 기타 은행법에 의하여 인가를 받은 은행과 농업협동조합중앙회, 수산업협동조합중앙회, 축산업협동조합중앙회, 보험업법에 의한 보험회사, 상호저축은행, 신용보증기금, 기술신용보증기금, 여신전문금융업법에 의한 여신전문금융회사 등이다(금융기관부실자산 등의 효율적 처리 및 한국자산관리공사의 설립에 관한 법률 제45조의2 제 2 항, 제 1 항).

위의 주민등록이나 사업자등록을 하여 가장임차인을 양산할 수 있다.[195)]

경매개시결정의 기입등기가 되기 한두 달 전에 방 하나에 한 세대 꼴로 한꺼번에 주민등록 전입신고가 되어 있는 것을 경매절차에서 흔히 볼 수 있는 이유가 바로 여기에 있다.[196)]

재미있는 것은 이 경우 경매신청채권자가 부지런하여 그들의 인척관계 등을 열심히 추적하면 채무자와 이들 급조된 임차인들 사이에 부자, 부부, 형제자매, 동서, 시부모와 며느리, 장인(장모)과 사위 등 인척관계가 있거나, 사장과 종업원 등 고용관계가 있는 사실이 밝혀지는 예가 많이 있다는 점이다.

물론 이와 같은 사실이 밝혀지면 그들은 일단 배당에서 제외하는 것이 보통이다.[197)][198)] 그러나 이러한 인척 내지 고용관계 역시 경매법원이 적극적으로 조사할 수 있는 것이 아니기 때문에 다른 이해관계인이 밝히지 않는 이상 이들 가장임차인에게도 배당을 하여 줄 수밖에 없는 실정이다.

이러한 가장임차인을 줄이려면 경매개시결정의 기입등기로부터

---

195) 예컨대, 대판 2001. 3. 23. 2000다53397(공2001상, 968) 참조.

196) 이들은 경매절차를 진행하면서 주민등록지로 각종 통지를 계속 보내도 대개 송달불능으로 된다.

197) 실무상 가장임차인으로 보여 배당에서 제외할 경우, 그 중 1/3은 아예 배당기일에 이의조차 안 하고, 1/3은 이의는 하지만 배당이의소송으로까지는 나아가지 않고, 1/3은 배당이의를 하고 배당이의소송을 제기한다고 한다[황병하, "부동산경매에 있어서 임차보증금 배당에 관한 몇 가지 문제", 저스티스 제96호(2007. 2.), 110].

아무튼 가장임차인으로 의심되는 사람은 배당에서 제외함으로써 그로 하여금 배당이의를 통하여 스스로 진정한 임차인임을 입증하게 하는 것이 경매실무상 바람직하다[동지(同旨) : 이우재(주8), 689-690].

198) 사해행위 취소의 대상도 된다. 대판 2005. 5. 13. 2003다50771(공2005상, 935)[이 판결에 대한 평석으로 신진화, "채무자가 채무초과 상태에서 주택임대차보호법 제 8 조의 소액보증금 최우선변제권 보호대상인 임차권을 설정해 준 행위가 사해행위취소의 대상이 되는지 여부", 재판과 판례 15집(대구판례연구회 편)(2007), 225 이하 참조].

최소한 6개월 전에 주민등록이나 사업자등록을 하지 않으면 우선변제권을 인정하지 않는 방안을 생각하여 볼 수 있으나,[199] 그 기간의 정함이 자의적일 수 있고, 결국은 정도의 차이만 있을 뿐 근본적인 대책은 되지 못한다.[200]

아무튼 소액보증금에 한하여 최우선변제권을 인정하는 바람에 많은 국민들로 하여금 거짓말을 하게끔 조장할 뿐만 아니라, 법원의 권위는 있는 대로 실추시키고 있는 현행 주택임대차보호법 제 8 조, 상가건물임대차보호법 제14조는 근본적인 재검토를 요한다.

다. 주택이나 상가건물이 경매에 의하여 매각되었을 것

소액임차인이 우선변제권을 행사하기 위해서는 당해 임차 주택이나 상가건물이 경매에 의하여 매각되었어야 한다. 경매에 의하지 아니하고 단순히 매매, 교환 등의 법률행위에 의하여 양도된 경우에는 대항력의 여부만이 문제로 될 뿐 우선변제권은 인정될 여지가 없다.

라. 배당요구를 하였을 것

(1) 소액임차인이 매각대금으로부터 우선변제를 받기 위해서는 경매법원에 배당요구를 하여야 한다.[201] 소액임차권이 등기부상 공시되

---

199) 김명섭, "임대차계약 체결 목적에 의한 주택임대차보호법 적용범위 제한 여부", 부동산소송 3집(서울지방법원 편)(2003), 182.

200) 성순화(주65), 52는 주민신고센터를 두어 가장임차인을 신고하는 사람은 포상하고 가장임차인에게는 강력한 제재를 가함으로써 주택임대차보호법을 악용하는 탈법행위를 막아야 한다고 하나, 그러한 조치가 과연 가능할지, 설사 가능하다고 해도 얼마나 실효성이 있을지 의문이다.

한편, 윤철홍, "상가건물임대차보호법의 문제점", 비교사법 9권 1호(한국비교사법학회 편)(2002. 4.), 88은 임차인이 대항요건을 구비하기 전에 가압류, 가처분의 등기가 경료되었거나, 담보권 설정 후에 건물의 내부구조를 무단으로 변경한 경우에는 상가건물임대차보호법상의 최우선변제권을 인정하지 말자는 방안을 제시한다.

201) 대판 2002. 1. 22. 2001다70702(공2002상, 540).

는 것이 아니기 때문에 소액임차인이 스스로 배당요구를 하지 아니하는 이상 경매법원으로서는 그러한 임차권의 존재를 알 길이 없기 때문이다.[202] 소액임차인이 배당요구를 하지 아니하여 실권의 불이익을 받는 것을 막기 위하여 경매실무에서는, 집행관의 임대차조사보고서에 나타난 임차인들에 대하여 경매기일을 통지하면서 아울러 매각결정기일까지 배당요구를 하지 아니하면 배당을 받을 수 없다는 내용을 기재한 통지서를 발송하고 있다.[203]

(2) 소액임차인의 배당요구의 종기에 관하여, 구(舊) 민사소송법이 1990. 1. 13. 개정되기 전에는, 강제경매의 경우는 매각결정기일까지이고 임의경매의 경우는 배당기일까지라고 보아야 한다는 견해[204]와 소액보증금에 관한 우선변제권은 소액임차인의 보호를 위해 사회보장적 견지에서 특별히 인정되는 강력한 권리이므로 강제경매, 임의경매를 가리지 않고 경락대금의 배당이 가능한 최후시기, 즉 배당기일까지 배당요구를 하면 된다는 견해[205]가 대립하였었다.

그러나 1990. 1. 13. 구(舊) 민사소송법의 개정으로 모든 배당요구는 매각결정기일까지만 가능하게 되었기 때문에(동법 제605조 제 1 항, 제735조), 소액임차인이라 하여 달리 취급하지 않았다.[206] 배당요구의 종

202) 이에 대하여는 주택임대차보호법이 사회보장적 견지에서 소액임차인을 특별히 보호하려는 취지의 법률이므로 배당요구가 없더라도 임대차조사결과 등으로 경매절차에서 소액보증금의 존재가 밝혀지든가, 임차인이 이를 증명한 때에는 우선배당하여야 한다는 견해[김오섭(주84), 512-513 ; 이재성(주84), 276; 조성수(주20), 488]도 있으나, 법의 명문의 규정에 반하여 찬성할 수 없다.

203) "경매절차 진행사실의 주택임차인에 대한 통지"(재민 98-6 예규) 참조.

204) 이해진(주5), 254-255.

205) 김권택(주20), 396; 김성만(주20), 41, 박성철(주14), 4 ; 오용호(주13), 362; 이상인(주5), 426-427; 이윤승(주20), 165; 이진강(주3), 114; 조성수(주20), 489; 최 종(주20), 454-455; 하경일(주20), 771.

206) 서기석(주80), 349.

그런데, 신동윤(주74), 302는 1990. 1. 13. 개정된 구(舊) 민사소송법 아래에서도 배당기일까지 배당요구를 할 수 있다고 하나, 명문의 규정(동법 제605조 제 1 항)에 반하여 찬성할 수 없다.

기를 경매법원으로 하여금 정하게 한 현행 민사집행법(제84조 제 1 항) 하의 경매실무도 배당요구의 종기까지 배당요구한 소액임차인에 한하여 우선변제권을 인정하고 있다.

(3) 배당요구의 방법에 관하여는 민사집행규칙 제48조가 정하는 바에 따른다

즉, 보증금이 기재된 임대차계약서 사본 및 주민등록표등본이나 사업자등록사항 등의 현황서를 첨부하여 배당요구액을 기재한 배당요구서를 법원에 제출하면 된다. 배당요구서의 양식은 법원의 경매담당 창구에 비치되어 있는바, 반드시 이에 의하여야 하는 것은 아니다.

경우에 따라서는 소액임차인이 소액임차인으로서의 권리신고서만 제출하고 배당요구서는 내지 않는 수가 있는바, 서울중앙지방법원의 경매실무는 이 경우에도 배당요구의 의사가 있었는데 법의 무지로 권리신고만 한 것으로 선의로 해석하여[207] 권리신고를 배당요구로 보아 처리하고 있다.[208]

(4) 배당요구를 하지 아니하여 경매절차에서 우선변제를 받지 못한 이상 따로 낙찰자에 대하여 보증금의 우선변제를 요구할 수 없음은 물론이다.[209]

문제는 소액임차인이 배당요구를 하지 아니하여 후순위채권자가 소액임차인이 배당받아야 할 임차보증금 상당의 금원까지 배당받은

207) 일반인으로서는 권리신고와 배당요구를 구별한다는 것이 쉬운 일이 아니다.

208) 서울지방법원 신청·집행실무연구회, 신청·경매(입찰)의 실무(2000), 281.
대판 1999. 2. 9. 98다53547(공1999상, 482)이 "배당요구는 채권의 원인과 수액을 기재한 서면에 의하여 집행법원에 배당을 요구하는 취지가 표시되면 되므로, 원심이 확정한 바와 같이 원고가 경매목적 부동산에 관하여 가압류결정을 받은 다음 채권의 수액을 기재한 서면에 그 가압류결정을 첨부하여 경매법원에 제출하였다면 채권의 원인과 수액을 기재하여 배당을 요구하는 취지가 표시된 것으로 보아야 하고, 그 서면의 제목이 권리신고라고 되어 있다 하여 달리 볼 것이 아니다"라고 하고 있는 점에 비추어 볼 때, 위와 같은 실무처리례가 잘못된 것이라고 할 것은 아니다.

209) 대판 1988. 4. 12. 87다카844(공1988, 830).

경우 소액임차인이 그 후순위채권자를 상대로 동액 상당의 부당이득 반환청구를 할 수 있느냐 하는 것이다. 이에 관하여는 뒤에 상술한다.[210]

마. 소액임차인이 낙찰자에게 대항할 수 있는 경우 임대차의 종료 여부

이에 관하여는 확정일자부 임차인의 경우와 마찬가지로 취급하면 된다.

바. 특수한 문제

(1) 전차인(轉借人)의 해당 여부

임차인으로부터 주택이나 상가건물을 전차(轉借)한 소액전차인에게도 우선변제권이 인정되는가?

이에 관하여는, 소액보증금에 관한 우선변제의 권리는 건물임대차보호법에 의하여 물권적 성질을 갖는 강력한 권리로 승격되었다 할 것이므로, 서민 보호를 위한 이러한 입법취지에 비추어 소액전차인도 보증금반환청구권에 관하여 소액임차인과 동일한 권리를 갖는다고 해석하여야 한다는 견해[211]와 전대인(임차인)이 소액임차인인 경우에 한하여 전차인에게도 우선변제권을 인정하는 견해[212] 및 임대인의 동의

210) 제 4 장 제 3 절 V. 참조.

211) 박재승(주38), 485; 이윤승(주20), 154; 지철수(주179), 303-304.

212) 주택임대차보호법 제 8 조에 관한 질의회답(재민 84-10 예규) 문9.; 강신중(주8), 473-474; 김지영(주19), 18-19; 박해식(주52), 517-518; 사법연수원, 주택임대차보호법－상가건물임대차보호법 해설 포함(2008), 197; 윤 경, 부동산경매의 실무(하)(1999), 349-350.

이 견해에 의하면, 전대인이 소액임차인이 아닌 경우에도 소액임차인인 전차인에게 우선변제권을 인정한다면 위와 같은 전대인(임차인)이 수인의 소액임차인에게 전대하는 방법으로 자신의 임차보증금을 우선변제받을 수 있는 부당한 결과가 발생하게 되어 주택임대차보호법 제 8 조에서 소액보증금의 범위를 제한한 의미가 상실되므로, 소액임차인인 전차인의 우선변제권을 전대인(임차인)이 소액임차인인 경우에 한하여 인정할 필요가 있다고 한다.

가 있는 전대(轉貸)의 경우에는 언제나 소액전차인에게 우선변제권을 인정하고 임대인의 동의가 없는 전대의 경우에는 전대인(임차인)이 소액임차인인 경우에 한하여 전차인에게도 우선변제권을 인정하는 견해[213)]가 있다.

그러나, 전대차의 경우에는 전차인이 임대인, 즉 주택 소유자에 대하여 직접 보증금의 반환을 청구할 수 없는바, 소유자에 대하여 반환을 청구할 수 없는 보증금을 매각대금으로부터 우선변제 받는다는 것은 분명 모순이다. 아무리 주택임대차보호법 제8조, 상가건물임대차보호법 제14조의 입법취지가 서민 보호에 있다고 하더라도, 해석론으로 법의 근본체계를 부정하는 것은 찬성할 수 없다. 서민 보호의 입법취지라 하여 아무렇게나 휘둘러도 좋은 전가의 보도일 수는 없는 것이다. 한 마디로 소액전차인에 대한 우선변제는 부정되어야 한다.[214)]

뿐만 아니라 소액전차인에게 우선변제를 인정하게 되면 소액임차인의 요건에 해당하지 않는 임차인이 임차 주택이나 상가건물을 쪼개 허위로 소액전차인을 양산한 후 그들로 하여금 배당요구를 하게 하는 탈법을 조장할 염려가 있다.[215)]

(2) 임차권등기 후의 소액임차인

전술(前述)한 바와 같이 임차권등기를 하면 그 후 대항요건을 상실하더라도 우선변제를 받는 데 지장이 없다. 그러나 임차인의 보호를 위한 이 제도가 자칫하면 임차인에게 불리하게 작용할 수도 있다.

즉, 임차권등기에 의하여 우선변제권이 확보된 것으로 알고 다른

213) 오용호(주13), 356-357; 이상인(주5), 421-422.
또한 김권택(주20), 395-396도 분명치는 않으나 이러한 견해를 취한 것으로 보인다.

214) 동지(同旨) : 황병하(주197), 107; 서울지법판 1998. 2. 13. 97나41904(법률신문 1998. 3. 2., 12).

215) 이상인(주5), 422 및 이윤승(주20), 157-158은 이 경우에까지도 우선변제를 인정하고 있으나, 찬성할 수 없다.

곳으로 이사한 임차인이 그 후에 생긴 소액임차인 때문에 후순위가 되어 우선변제를 받지 못하는 수도 생기게 되는 것이다. 그런가 하면 임대인과 임차인이 통모하여 임차권등기를 한 후에 소액임차인들을 허위로 창출하여 냄으로써 모두 우선변제를 받게 하면 사실상 하나의 임차부분으로부터 2중, 3중으로 배당을 받게 되어 그만큼 다른 채권자들이 손해를 보게 된다.

이러한 사태를 막기 위하여 건물임대차보호법은 임차권등기가 된 주택이나 상가건물(임대차의 목적이 주택이나 상거건물의 일부분인 경우에는 그 해당부분)을 그 후에 임차한 소액임차인은 주택임대차보호법 제8조, 상가건물임대차보호법 제14조에 의한 소액보증금 우선변제를 받을 수 없다고 규정하고 있다(주택임대차보호법 제3조의3 제6항, 제3조의4 제1항, 상가건물임대차보호법 제6조 제6항, 제7조 제1항).[216)]

그러나 이처럼 소액임차인의 우선변제만 막았을 뿐 확정일자부 임차인의 우선변제는 허용하기 때문에, 임차권등기 후 확정일자부 임차인을 허위로 창출하면 다른 채권자들은 여전히 피해를 보게 된다.[217)] 또한 임차권등기를 허위로 계속함으로써 다른 채권자들에게 피해를 줄 수도 있다.

한편, 임차권등기 후에 임차한 소액임차인의 우선변제권을 배제함으로써 반대로 임대인에게 불리해질 수도 있음은 전술(前述)한 바와 같다.[218)]

---

216) 임차권등기가 아닌 전세권등기가 된 주택이나 상가건물을 그 후에 임차한 소액임차인에 관하여는 법률의 규정이 없으나, 임차권등기를 한 임차인을 보호하는 이상은 전세권등기를 한 전세권자도 역시 보호하는 것이 형평에 맞으므로 이러한 소액임차인도 소액임차인은 주택임대차보호법 제8조, 상가건물임대차보호법 제14조에 의한 소액보증금 우선변제를 받을 수 없다고 할 것이다.
동지(同旨) : 이우재(주8), 674-675; 황병하(주197), 109-110.

217) 소액임차인이 아니고 확정일자부 임차인이 생기는 것은 임차권등기를 한 임차인에게는 영향이 없다. 그들은 임차권등기를 한 임차인보다 후순위이기 때문이다.

218) 제2장 제2절 Ⅱ. 1. 마. 참조.

2. 우선변제의 내용

가. 보증금 중 일정액의 우선변제

소액임차인은 경매에 의한 주택이나 상가건물의 매각대금으로부터 다른 담보물권자보다 우선하여 보증금 중 일정액을 변제받을 권리가 있다(주택임대차보호법 제 8 조 제 1 항 전문, 상가건물임대차보호법 제14조 제 1 항 전문).

(1) 우선변제액

우선변제 받는 범위는 보증금 전액이 아니라 그 중 일정액이다. 구체적으로는 주택임대차보호법 제 8 조 제 3 항의 위임을 받은 주택임대차보호법시행령 제 3 조와 상가건물임대차보호법 제14조 제 3 항의 위임을 받은 상가건물임대차보호법시행령 제 7 조가 정하고 있다. 이들 조항에 의하면,

㈎ 먼저 주택의 경우에는, 소액임차인이 보증금 중 우선변제 받는 금액은 수도권정비계획법에 따른 수도권 중 과밀억제권역에서는 2,000만 원 이내, 광역시(군지역과 인천광역시지역은 제외)에서는 1,700만 원 이내, 그 밖의 지역에서는 1,400만 원 이내이다.[219] 이는 소액보증

---

219) 헌재결 2000. 6. 29. 98헌마36(헌공 제47호) : 주택임대차보호법시행령 제 3 조 제 1 항, 제 4 조에서 우선변제권을 인정받을 임차인 및 보증금의 범위와 기준을 크게 2분하여 특별시 · 광역시(군지역 제외)지역과 기타지역으로 나누고, 특별시 · 광역시(군지역 제외)지역에서는 3,000만 원 이하의 보증금을 낸 임차인에 대하여 1,200만 원의 범위 내에서, 기타 지역에서는 2,000만 원 이하의 보증금을 낸 임차인에 대하여 800만 원의 범위 내에서 우선변제권을 인정한 것은, 대체로 위 2개 지역의 인구밀집도, 택지시세, 주택임대차의 수요공급, 교통편의성, 교육여건, 생활기반시설 및 주변환경 등에 따른 임대차보증금의 차이를 고려하여 차등을 두면서 한편으로 다른 담보물권자나 주택소유자의 이해를 지나치게 해하지 않는 범위 내에서 입법의 취지를 달성하기 위한 합리적인 입법권의 행사라고 판단되고, 한편 광역시 내의 군지역은 1995년 이전까지는 광역시에 편입되지 않았던 지역으로, 행정구역의 변경에 따라 광역시에 편입되었으나 광역시 내의 다른 구지역과 비교하여 볼 때 전반적으로 경제력이나 소득수준이 아직까지는 다소 뒤떨어지고 임대차보증금을 결정할 여러 요인들의 차이로 인하여 임대차보증금이 광역시 내의 구지역에 비하여 평균적으로 낮은 수준을 유지하고 있다고 보여 그 차

금의 약 1/3에 해당하는 금액이다. 따라서 예컨대, 서울의 경우 임차보증금이 5,000만 원이면 그 중 2,000만 원에 한하여 우선변제권이 인정되며, 임차보증금이 2,000만 원이면 보증금 전액에 대하여 우선변제권이 인정된다.

1983. 12. 30. 주택임대차보호법의 1차 개정에 의하여 동법 제8조가 신설될 당시에는 우선변제 받는 보증금이 서울특별시 및 직할시에서는 300만 원 이내, 기타의 지역에서는 200만 원 이내였다가[1984. 6. 14.자 시행령(대통령령 제11441호)], 1987. 12. 1. 시행령이 개정(대통령령 제12283호)되어 각각 500만 원 이내, 400만 원 이내로 상향되었고, 1989. 12. 30. 제2차 법 개정에 따른 시행령의 재개정(1990. 2. 19. 대통령령 제12930호)으로 다시 각각 700만 원 이내, 500만 원 이내로 상향되었고, 1995. 10. 19. 시행령이 다시 개정(대통령령 제14785호)되어 각각 1,200만 원 이하, 800만 원 이하로 상향되었으며, 2001. 9. 15. 시행령이 다시 개정(대통령령 제17360호)되어 수도권 중 과밀억제권역에서는 1,600만 원 이내, 광역시(군지역과 인천광역시지역은 제외)에서는 1,400만 원 이내, 그 밖의 지역에서는 1,200만 원 이내로 상향되었고, 2008. 8. 21. 시행령이 다시 개정(대통령령 제20971호)되어 현재는 위와 같이 수도권 중 과밀억제권역에서는 2,000만 원 이내, 광역시(군지역과 인천광역시지역은 제외)에서는 1,700만 원 이내, 그 밖의 지역에서는 1,400만 원 이내이다

다음에 상가건물의 경우에는, 소액임차인이 보증금 중 우선변제 받는 금액은 서울특별시에서는 1,350만 원 이내, 수도권정비계획법에 의한 수도권 중 과밀억제권역(서울특별시를 제외한다)에서는 1,170만 원 이내, 광역시(군지역과 인천광역시지역은 제외)에서는 900만 원 이내, 그 밖의 지역에서는 750만 원 이내이다. 이는 소액보증금의 30%에 해당하는 금액이다. 주택의 경우에는 약 1/3인데 그보다 보호금액의 비율

별에 합리적 이유가 있고 입법재량을 일탈하였다고 보이지 않는다.

이 낮은 것은 주택임차권은 생존권의 성격이 강한 데 비하여 상가건물임차권은 이익 창출의 성격이 강하기 때문에 차이를 둔 것이다.

(나) 우선변제의 대상이 되는 위 (가)항 기재 금액이 주택 가액의 1/2이나 상가건물 가액의 1/3을 초과하는 때에는 주택 가액의 1/2이나 상가건물 가액의 1/3에 해당하는 금액 한도 내에서 우선변제권이 인정된다(주택임대차보호법시행령 제 3 조 제 2 항, 상가건물임대차보호법시행령 제 7 조 제 2 항).[220] 예컨대, 서울의 경우 주택임차보증금이 2,200만 원이면 그 중 2,000만 원을 우선변제받을 수 있으나, 주택 가액이 3,000만 원에 불과하다면 그 1/2에 해당하는 1,500만 원만 우선변제받게 된다.

여기서 말하는 주택이나 상가건물의 가액은 주택이나 상가건물의 시가가 아닌 낙찰가액임은 물론이다.[221] 다만, 낙찰가액으로부터 경매비용을 공제한 나머지 액을 기준으로 하여야 한다는 견해와[222] 건물임대차보호법의 취지에 비추어 경매비용을 공제하지 아니한 금액을 기준으로 하여야 한다는 견해[223]가 대립하는바, 판례[224]는 "주택임대차보호법 제 8 조 소정의 우선변제권의 한도가 되는 주택가액의 2분의 1에서 '주택가액'이라 함은 매각대금에다 입찰보증금에 대한 배당기일까지의 이자, 몰수된 입찰보증금 등을 포함한 금액에서 집행비용을 공제한 실제 배당할 금액이라고 봄이 상당하다"고 판시하여 전설(前說)을 따르고 있다.

(다) 하나의 주택이나 상가건물에 소액임차인이 2인 이상이고, 그들이 우선변제를 받을 보증금의 합산액이 주택 가액의 1/2이나 상가건물 가액의 1/3을 초과하는 경우에는 그 각 우선변제를 받을 보증금의 합산액에 대한 각 임차인의 우선변제를 받을 보증금의 비율로 그

220) 이 한도를 확대하여야 한다는 견해로는 성순화(주65), 51 참조.
221) 주택임대차보호법 제 8 조에 관한 질의회답(재민 84-10 예규) 문11.
222) 강신중(주8), 478; 권용산(주177), 31; 오용호(주13), 363; 이상인(주5), 427; 이우재(주8), 664; 이주흥(주2), 38; 지철수(주179), 315.
223) 이윤승(주20), 166; 최 종(주20), 455.
224) 대판 2001. 4. 27. 2001다8974(공2001상, 1248).

주택 가액의 1/2이나 상가건물 가액의 1/3에 해당하는 금액을 분할한 금액을 우선변제 받는다(주택임대차보호법시행령 제 3 조 제 3 항, 상가건물임대차보호법시행령 제 7 조 제 3 항).

예컨대, 서울에서 소액임차인이 갑(甲), 을(乙), 병(丙) 3인이고 갑(甲)의 임차보증금이 3,000만 원, 을(乙)의 임차보증금이 2,000만 원, 병(丙)의 임차보증금이 1,000만 원인데 주택 가액은 7,000만 원이라고 할 경우, 우선변제를 받을 수 있는 금액은 갑(甲), 을(乙)이 각 2,000만 원, 병(丙)이 1,000만 원으로 되나, 주택 가액의 1/2은 3,500만 원에 불과하므로 갑(甲), 을(乙), 병(丙)은 위 금액을 전부 우선변제 받지는 못하고, 그 중 갑(甲), 을(乙)은 각각 1,400만 원(= 3,500만 원 × 2,000만 원 / 5,000만 원), 병(丙)은 700만 원(= 3,500만 원 × 1,000만 원 / 5,000만 원)만 우선변제를 받게 된다.

(라) 주택이나 상가건물의 가액에는 대지의 가액이 포함된다(주택임대차보호법 제 8 조 제 3 항, 상가건물임대차보호법 제14조 제 3 항). 따라서 건물만의 임차인이라 할지라도 대지를 포함한 매각대금으로부터 우선변제를 받는다.[225]

건물과 대지가 시기를 달리 하여 경매되더라도 임차인은 각 경매절차에 참가하여 우선변제를 받을 수 있으며,[226] 건물과 대지 중 먼저

---

225) 주택임대차보호법 제 8 조에 관한 질의회답(재민 84-10 예규) 문12.
대판 2003. 9. 5. 2001다66291(공2003하, 2004)은 이러한 법리를 전제로 하여, 주택임대차보호법 제 8 조에 규정된 소액보증금반환청구권은 임차 목적 주택에 대하여 저당권에 의하여 담보된 채권, 조세 등에 우선하여 변제받을 수 있는 이른바 법정담보물권으로서, 주택임차인이 대지와 건물 모두로부터 배당을 받는 경우에는 마치 그 대지와 건물 전부에 대한 공동저당권자와 유사한 지위에 서게 되므로 대지와 건물이 동시에 매각되어 주택임차인에게 그 경매대가를 동시에 배당하는 때에는 민법 제368조 제 1 항을 유추적용하여 대지와 건물의 경매대가에 비례하여 그 채권의 분담을 정하여야 한다고 판시하고 있다.

226) 따라서 대지 및 건물에 관한 근저당권자가 그 대지 및 건물에 관한 경매를 신청하였다가 그 중 건물에 대한 경매신청만을 취하함으로써 이를 제외한 대지 부분만이 낙찰되었다고 하더라도, 그 주택이나 상가건물의 임차인은 그 대지에 관한 매각대금 중에서 보증금을 우선변제 받을 수 있다. 대판 1996. 6. 14. 96다7595(공1996하, 2180).

경매되는 것의 매각대금의 1/2(주택)이나 1/3(상가건물) 한도 안에서 우선변제를 받고, 못 받은 것이 있으면 후에 경매되는 것의 매각대금의 1/2(주택)이나 1/3(상가건물) 한도 안에서 다시 우선변제를 받는다.[227] 다만, 이처럼 대지의 매각대금으로부터도 우선변제를 받기 위해서는 건물과 대지의 소유자가 동일하여야 하나,[228] 이와 같은 우선변제권은 법정담보물권의 성격을 갖는 것으로서 임대차 성립시의 임차 목적물인 주택이나 상가건물 및 그 대지의 가액을 기초로 임차인을 보호하고자 인정되는 것이므로, 임대차 성립 당시 임대인의 소유였던 대지가 그 후 타인에게 양도되어 임차주택이나 상가건물과 그 대지의 소유자가 서로 다르게 된 경우에도 마찬가지로 인정된다.[229]

그런데, 실무상 흔히 볼 수 있는 사례인 나대지에 저당권이 설정되었는데 그 후에 지상에 주택이나 상가건물이 신축되고 대지의 저당권 실행으로 경매가 진행될 경우에는, 건물의 임차인은 대지의 환가대금에서 우선변제를 받지 못한다고 할 것이다.[230][231] 우선변제를 인

---

227) 주택임대차보호법 제 8 조에 관한 질의회답(재민 84-10 예규) 문13, 14.; 강신중(주8), 478; 오용호(주13), 364; 이윤승(주20), 166-167; 이주흥(주2), 38.

228) 김효석(주52), 455; 윤 경, "미등기주택임차인의 우선변제권", Jurist 2002. 8., 58.

229) 대판 2007. 6. 21. 2004다26133(전)(공2007하, 1080)

230) 대판 1999. 7. 23. 99다25532(공1999하, 1740) : 임차주택의 환가대금 및 주택가액에 건물뿐만 아니라 대지의 환가대금 및 가액도 포함된다고 규정하고 있는 주택임대차보호법(1999. 1. 21. 법률 제5641호로 개정되기 전의 것) 제 3 조의2 제 1 항 및 제 8 조 제 3 항의 각 규정과 같은 법의 입법 취지 및 통상적으로 건물의 임대차에는 당연히 그 부지 부분의 이용을 수반하는 것인 점 등을 종합하여 보면, 대지에 관한 저당권의 실행으로 경매가 진행된 경우에도 그 지상 건물의 소액임차인은 대지의 환가대금 중에서 소액보증금을 우선변제 받을 수 있다고 할 것이나, 이와 같은 법리는 대지에 관한 저당권 설정 당시에 이미 그 지상 건물이 존재하는 경우에만 적용될 수 있는 것이고, 저당권 설정 후에 비로소 건물이 신축된 경우에까지 공시방법이 불완전한 소액임차인에게 우선변제권을 인정한다면 저당권자가 예측할 수 없는 손해를 입게 되는 범위가 지나치게 확대되어 부당하므로, 이러한 경우에는 소액임차인은 대지의 환가대금에 대하여 우선변제를 받을 수 없다고 보아야 한다.

반대 : 권용산(주177), 31 및 신택호(주38), 48-49는 이 경우에도 임차인의 보호를 위하여 그의 우선변제권을 인정하여야 한다고 한다. 또한 이우재(주8), 660-661 및 황병하(주197), 118은 대지의 선순위저당권자가 우선변제를 받고 남

정한다면 저당권자가 예측할 수 없는 손해를 입게 되어 부당하기 때문이다.[232)]

또한 대지와 건물에 대하여 공동저당권이 설정되었는데 건물소유자가 임의로 건물을 헐어버리고 새로운 건물을 신축하여 임대한 경우에 대지의 저당권 실행으로 경매가 진행될 경우에도 건물의 임차인은 대지의 환가대금에서 우선변제를 받지 못한다고 할 것이다. 종전 건물의 철거로 건물상의 저당권이 소멸함으로써 피해를 입은 저당권자에게 임차인의 최우선변제로 인한 손해까지 부담케 하는 것은 너무 가혹하기 때문이다.[233)] 다만, 대지 저당권자의 신청으로 건물에까지 일괄경매가 행하여졌다면,[234)] 임차인이 건물의 환가대금으로부터 우선변제를 받을 수 있음은 물론이다.

위와 같이 소액임차인이 대지의 환가대금으로부터도 우선변제를 받을 수 있는 법리는 대지에 관한 저당권 설정 당시에 이미 그 지상에 주택이나 상가건물이 존재하는 경우에만 적용될 수 있는 것인바,[235)] 여기서 한 걸음 나아가 그러면 그 지상건물은 등기된 건물이어야 하는가, 아니면 미등기건물이라도 상관없는가 하는 문제가 있다.

은 금액에 대하여는 우선변제권을 인정하는 것이 옳다고 한다.

231) 이 경우에 대지의 저당권자가 건물에 대하여 일괄경매를 신청하여(민법 제365조) 건물도 함께 낙찰된 경우에는 임차인은 그 건물대금으로부터 우선변제를 받을 수 있음은 물론이다.

232) 강신중(주8), 475-477.

이는 소액임차인에 국한되는 문제이다. 전술(前述)한 확정일자부 임차인의 경우는 나대지에 대한 저당권자보다 후순위일 것이기 때문에(건물이 신축된 후 임차한 것이므로) 우선변제를 인정하여도 나대지의 저당권자를 해하는 일이 없다. 그런데 김상윤(주148), 251은 이 경우에도 우선변제를 부정하나, 의문이다.

233) 동지(同旨) : 박창수, "대지의 경매와 미등기 주택 임차인의 배당－사례를 중심으로－", 법조 2005. 4., 175.

반대 : 김효석(주52), 388; 서울서부지원판 1998. 7. 22. 97가단37992(하집 1998-2, 284). 또한 황병하(주197), 119 참조.

234) 이것이 가능함은 대결 1998. 4. 28. 97마2935(공1998상, 1481) 참조.

235) 대지에 아무런 저당권이 없는 상황에서 강제경매를 하는 경우라면 지상의 주택이나 상가건물 임차인이 대지의 환가대금으로부터 우선변제를 받을 수 있음은 더 말할 나위도 없다.

이에 관하여 대법원 2001. 10. 30. 선고 2001다39657 판결[236]은, 주택임대차보호법 제 8 조 제 1 항이 주택의 소액임차인이 우선변제를 받으려면 주택에 대한 경매개시결정 기입등기 전에 대항요건을 구비할 것을 요구하고 있는 점에 비추어 볼 때 지상건물은 등기된 건물이어야 하고 미등기상태라면 대지로부터 우선변제를 받을 수 없다고 하였다. 미등기건물에는 경매개시결정의 기입등기를 할 수 없기 때문이다. 그러나 그 후의 대법원 2007. 6. 21. 선고 2004다26133 전원합의체 판결[237]은 위 판례를 변경하여 이러한 지상건물이 미등기라 하더라도 대지의 환가대금으로부터 우선변제를 받을 수 있다고 하였다. 경매개시결정의 기입등기를 굳이 미등기건물에 하지 않더라도 대지에 관하여 하면 된다는 것이다. 이 판결의 요지는 다음과 같다.

> 대항요건 및 확정일자를 갖춘 임차인과 소액임차인에게 우선변제권을 인정한 주택임대차보호법 제 3 조의2 및 제 8 조가 미등기 주택을 달리 취급하는 특별한 규정을 두고 있지 아니하므로, 대항요건 및 확정일자를 갖춘 임차인과 소액임차인의 임차주택 대지에 대한 우선변제권에 관한 법리는 임차주택이 미등기인 경우에도 그대로 적용된다. 임차주택의 등기 여부에 따라 그 우선변제권의 인정 여부를 달리 해석하는 것은 합리적 이유나 근거 없이 그 적용대상을 축소하거나 제한하는 것이 되어 부

---

236) 공2001하, 2566[이 판결에 대한 평석으로, 김성수, "미등기주택 임차인의 우선변제권", 재판과 판례 12집(대구판례연구회 편)(2004), 486 이하; 윤 경(주228), 55 이하; 이옥형, "소액보증금 우선변제권행사의 요건 : 주택임대차보호법 제 8 조 제 1 항 후문을 중심으로", 재판실무연구 2002(광주지방법원 편)(2003), 115 이하 각 참조].

이 점에서 임차인이 양수인에 대하여 대항력을 주장하기 위하여는 미등기 건물이라도 상관없는 것과 차이가 있었다[대판 1987. 3. 24. 86다카164(공1987, 708)].

237) 공2007하, 1080[이 판결에 대한 평석으로 김상윤(주148), 237 이하 및 지영난(주148), 180 이하 참조].

이 사건은 미등기 다세대 주택의 임차인인 원고들이 피고가 위 주택의 대지에 근저당권을 설정받기 전에 대항요건 및 확정일자를 갖추었는바, 피고의 근저당권에 기하여 신청된 대지에 관한 경매절차에서 원고들이 그 대지의 환가대금으로부터 피고에 앞서 우선변제를 받을 수 있느냐는 것이 쟁점이었다.

당하고, 민법과 달리 임차권의 등기 없이도 대항력과 우선변제권을 인정하는 같은 법의 취지에 비추어 타당하지 아니하다. 다만, 소액임차인의 우선변제권에 관한 같은 법 제8조 제1항이 그 후문에서 '이 경우 임차인은 주택에 대한 경매신청의 등기 전에' 대항요건을 갖추어야 한다고 규정하고 있으나, 이는 소액보증금을 배당받을 목적으로 배당절차에 임박하여 가장 임차인을 급조하는 등의 폐단을 방지하기 위하여 소액임차인의 대항요건의 구비시기를 제한하는 취지이지, 반드시 임차주택과 대지를 함께 경매하여 임차주택 자체에 경매신청의 등기가 되어야 한다거나 임차주택에 경매신청의 등기가 가능한 경우로 제한하는 취지는 아니라 할 것이다. 대지에 대한 경매신청의 등기 전에 위 대항요건을 갖추도록 하면 입법 취지를 충분히 달성할 수 있으므로, 위 규정이 미등기 주택의 경우에 소액임차인의 대지에 관한 우선변제권을 배제하는 규정에 해당한다고 볼 수 없다.

요컨대, 주택이나 상가건물이 미등기인 경우에도 대지의 환가대금으로부터 우선변제를 받을 수 있는 것이다.[238] 판례의 이러한 이론은 전술(前述)한 바와 같이 건물과 대지가 시기를 달리 하여 경매되더라도 임차인은 각 경매절차에 참가하여 우선변제를 받을 수 있다는 것과 일맥상통한다. 왜냐하면 대지만 경매할 경우에는 경매개시결정의 기입등기가 대지에 대하여만 이루어지므로 임차인의 대항요건 구비 여부도 대지에 대한 경매개시결정의 기입등기 시점을 기준으로 판단할 수밖에 없고, 그렇다면 건물이 등기된 것이냐 아니냐는 대지의 경매절차에 참가하여 우선변제를 받을 수 있느냐 없느냐의 판단에 아무런 영향을 못 미치기 때문이다.

(2) 우선순위

(가) 소액임차인의 보증금 중 위에서 본 일정액은 저당권자, 전세

238) 이 경우에 건물로부터는 우선변제를 못 받는다. 미등기건물에 대하여는 민사집행법 제81조 제1항 제2호의 경우를 제외하고는 경매절차를 진행할 수 없기 때문이다.

권자, 가등기담보권자 등의 다른 담보물권자의 채권보다 우선하여 변제 받는다(주택임대차보호법 제 8 조 제 1 항 전문, 상가건물임대차보호법 제14조 제 1 항 전문). 소액임차인이 경매개시결정의 기입등기 전에 대항요건을 구비한 이상, 그 시점이 위와 같은 담보물권자들의 등기시점보다 나중이어도 무방하다. 때문에 다른 압류권자나 가압류권자와의 관계에서도 항상 우선한다.

뿐만 아니라 국세, 지방세 등의 모든 조세채권보다도 우선하여 변제받는다(국세기본법 제35조 제 1 항 제 4 호, 지방세법 제31조 제 2 항 제 4 호). 국세, 지방세가 당해세라 하더라도 마찬가지이다. 따라서 국세 및 지방세의 다음 순위로 징수하는 각종 보험료 예컨대, 고용보험료, 산업재해보상보험료 기타 징수금(고용보험 및 산업재해보상보험의 보험료징수 등에 관한 법률 제30조), 국민건강보험료(국민건강보험법 제73조), 국민연금보험료(국민연금법 제98조) 등과 같은 공과금보다도 선순위임은 물론이다.

다만, 근로자의 최종 3개월분의 임금[239] · 최종 3년간의 퇴직금[240] 및 재해보상금 채권(근로기준법 제38조 제 2 항, 근로자퇴직급여보장법 제11조 제 2 항)과는 동순위로 배당받는다.[241]

결국 일정액의 소액보증금은 최종 3개월분의 임금 등 채권과 더불어 제 1 순위로 우선변제를 받는 셈이다.[242] 소액임차인들 상호간에는 임대차계약 성립의 전후나 대항요건 구비의 전후를 묻지 않고 동

---

239) 대판 1997. 11. 14. 97다32178(공1997하, 3831).

240) 우선변제 받는 퇴직금은 250일분의 평균임금을 초과할 수 없다. 주145) 참조.

241) 부동산경매에서 우선채권간의 배당순위(재민 91-2 예규) 참조.

242) 대판 2005. 5. 13. 2003다50771(공2005상, 935) : 주택임대차보호법 제 8 조의 소액보증금 최우선변제권은 임차목적 주택에 대하여 저당권에 의하여 담보된 채권, 조세 등에 우선하여 변제받을 수 있는 일종의 법정담보물권을 부여한 것이므로, 채무자가 채무초과상태에서 채무자 소유의 유일한 주택에 대하여 위 법조 소정의 임차권을 설정해 준 행위는 채무초과상태에서의 담보제공행위로서 채무자의 총재산의 감소를 초래하는 행위가 되는 것이고, 따라서 그 임차권설정행위는 사해행위취소의 대상이 된다.

이 판결에 대한 평석으로 신진화(주198), 225 이하 참조.

순위로 배당받는다.[243)]

소액보증금 중 위에서 본 일정액을 넘는 나머지 부분은 그에 관하여 확정일자가 있는 경우에는 전술(前述)한 확정일자부 임차보증금、과 동일하게 취급하여 배당을 받으나, 확정일자가 없는 경우에는 배당을 받지 못한다.

(나) 전세권자가 동시에 소액임차인에 해당하는 경우의 특수문제

이른바 채권적 전세계약을 체결하고 입주한 임차인이 권리 보호를 한다고 전세권등기를 하는 경우가 흔히 있다. 이 때 대지에 대하여도 전세권등기를 하면 큰 문제가 없는데, 주택이나 상가건물의 일부에 대하여만 전세계약을 체결한 경우 또는 주택이나 상가건물이 집합건물인 경우에는 건물의 전부 또는 그 일부에 대하여만 전세권등기를 하는 것이 보통이다.[244)] 이처럼 전세권등기를 하게 되면 그 후부터는 단순한 임차인이 아니라 물권자인 전세권자로 취급된다.

그런데 문제는 바로 여기서 발생한다. 전세권등기보다 선순위의 저당권등기가 존재하고 그 피담보채권이 거액이면 경매절차에서 전세권자에게 돌아갈 몫이 없게 되는 사태가 흔히 발생한다. 선순위의 저당권부채권액이 많지 않다 하더라도 전세권등기는 건물에 국한되었기 때문에 역시 전세권자에게 돌아갈 몫이 미미한 경우가 많다(단독 주택의 경매시에 낙찰가액의 대부분을 차지하는 것은 토지가액임을 상기할 필요가 있다).

선순위의 저당권이 존재하는 경우에 이처럼 전세권등기를 함으로써 물권자인 전세권자로 승격한 종전 임차인은 거의 보호를 받지 못하는 반면, 전세권등기를 하지 않은 채 여전히 임차인으로만 머무르고 있는 사람은 그가 만일 소액임차인이라면 저당권자에 우선하여 변제를 받으며, 그것도 건물가액만이 아니라 토지가액으로부터도 우선

---

243) 강신중(주8), 479.

244) "공유지분에 대한 전세권설정등기"(대법원 등기예규 제574호) 참조.

변제를 받는다.

순전히 법형식적으로만 고찰하면 위와 같은 논리를 받아들여야 하나, 이는 일반 국민의 법감정과 너무도 거리가 있다. 소액의 채권적 전세계약을 체결한 사람이 전세권등기를 하는 것은 어떻게든 법의 보호를 조금이라도 더 받자는 데 목적이 있는 것이지 전세권등기 이전보다 더 불리해지자고 하는 것은 결코 아니다. 따라서 위와 같은 사람에게는 소액임차인으로서의 지위를 계속 인정하여야 한다.[245] 현재 법원의 실무례도 전세권자가 동시에 소액임차인에 해당하는 경우에는 그에게 유리한 쪽으로 배당을 하고 있다.

(3) 주택임대차보호법 부칙과의 관계

㈎ 주택임대차보호법 중 1983. 12. 30. 1차 개정된 부분의 시행일은 1984. 1. 1.이고(동 부칙 제1항), 위 개정된 부분은 개정 전의 사항에 대하여도 적용된다(동 부칙 제2항). 다만, 소액보증금의 보호에 관한 주택임대차보호법 제8조의 개정규정은 동 개정규정의 시행일인 1984. 1. 1. 전에 임차주택에 대하여 담보물권을 취득한 사람에 대하여는 적용하지 아니한다.

그런데 1차 개정된 주택임대차보호법 제8조 2항은 소액보증금의 범위와 기준을 시행령으로 정하도록 하였는바, 그 시행령이 1984. 6. 14.에야 공포 시행되기에 이르렀고, 그에 의하면 보증금이 서울특별시 및 직할시에서는 300만 원 이하, 기타의 지역에서는 200만 원 이하(1987. 12. 1.자로 시행령이 개정되어 각 500만 원 이하, 400만 원 이하로 상향되었다)인 경우에 한하여 소액보증금으로 보호를 받는다.

여기서 1차 개정된 주택임대차보호법의 시행일인 1984. 1. 1. 이후로서 시행령의 시행일인 1984. 6. 14. 전에 체결된 임대차계약의 보증금이 위 기준 이하인 경우에 소액보증금으로 보호를 받느냐 하는 문제가 제기된다. 예컨대, 서울에서 1984. 4. 1. 보증금 250만 원의 임

245) 대판 1993. 11. 23. 93다10552,10569(공1994, 170) 참조.

대차계약을 체결하였고, 동 임차주택에 1984. 3. 1. 저당권이 설정된 경우에 임차인이 저당권자에 우선하여 보증금을 변제받을 수 있느냐는 것이다.

사견(私見)으로는, 개정법률이 1984. 1. 1.부터 시행되는 이상 시행령의 미비로 보호를 받지 못한다고 하는 것은 본말이 바뀐 해석이라고 본다. 주택임대차보호법 제 8 조 제 2 항이 시행령에 위임한 것은 소액보증금의 범위일 뿐 소액보증금의 보호 개시일자까지 위임한 것은 아니기 때문이다. 요컨대, 위와 같은 임차인도 보증금의 우선변제를 받을 수 있다고 할 것이다.[246)]

근본적으로는, 법률을 개정하면서 시행령으로 정할 것을 위임하여 놓은 사항이 있으면 개정법률의 시행시기에 시행령의 시행시기를 맞추는 입법기술적인 노력이 절실히 요구되는 장면이라 할 것이다. 법의 개정이 분쟁을 줄이는 것이 아니라 분쟁을 야기하는 쪽으로 나아가서는 안 되기 때문이다. 그러나 그럼에도 불구하고 후술(後述)하는 바와 같이 1989. 12. 30.의 2차 개정에서도 입법자는 똑같은 잘못을 저질렀다.[247)] 참으로 안타까운 일이라고 아니할 수 없다.

(나) 주택임대차보호법 중 1989. 12. 30. 2차 개정된 부분의 시행일은 공포일인 1989. 12. 30.이고(동 부칙 제 1 항),[248)] 위 개정된 부분은 개정 전의 사항에 대하여도 적용된다(동 부칙 제 2 항). 다만, 다음의 예외가 있다.

---

246) 동지(同旨) : 강신중(주8), 470; 고상룡(주128), 339-340; 박해식(주52), 657.
반대 : 대판 2002. 3. 29. 2001다84824(공2002상, 1010)[이 판결에 대한 평석으로 박경호, "주택임대차보호법이 개정, 시행된 후 대통령령이 개정되기 전에 근저당권이 설정된 경우, 소액임차인 해당 여부의 기준시행령", 대법원판례해설 40호 (2002), 562 이하 참조]는 반대로 시행령의 시행일을 기준으로 판단한다.

247) 그러나 헌재결 2004. 9. 23. 2003헌바3(헌공 제97호)은 이것이 입법의 미비가 아니라고 한다.

248) 시행일이 주택임대차보호법의 처음 제정시에는 공포일, 1차 개정시에는 부칙에서 정한 특정일, 2차 개정시에는 다시 공포일로 변경되었는바, 뚜렷한 이유도 없이 이랬다저랬다 하여 일관성이 없다.

1) 개정 주택임대차보호법의 시행 전에 임대주택에 대하여 담보물권을 취득한 사람에 대하여는 종전의 규정에 의한다(동 부칙 제 3 항). 이 규정이 주로 문제되는 것은 보증금의 보호에 관한 주택임대차보호법 제 3 조의2 및 제 8 조에 관하여서이다.

예컨대, 개정 주택임대차보호법의 시행일인 1989. 12. 30. 전에 대항요건 및 확정일자를 갖춘 임차인과 저당권자가 있는 경우에는 설사 임차인이 대항요건 및 확정일자를 갖춘 일자가 저당권 설정일자보다 앞선다 하더라도 임차인의 보증금이 저당권보다 우선하지 못한다는 것이다. 또한 위 예에서 임차인의 보증금이 소액(예컨대, 서울에서 1,000만 원)이라 하더라도 그 중 일정액(즉, 700만 원)에 관하여도 우선변제를 받지 못한다.[249)]

요컨대, 1989. 12. 30. 이전에 담보물권을 취득한 사람과 임차인과의 사이에서의 우열관계는 개정 전의 법률(1983. 12. 30. 법률 제3682호)에 의하여서만 판단하여야 한다. 종전 담보물권자의 기득권을 보호하기 위한 것임은 더 말할 나위도 없다.

한편, 개정 주택임대차보호법 제 8 조의 규정에 관하여도 전술(前述)한 1983. 12. 30. 1차 개정된 제 8 조의 적용시기에 관한 문제와 동일한 다음과 같은 문제가 발생한다.

보증금 중 일정액의 보호에 관한 주택임대차보호법 제 8 조의 2차 개정규정은 동 개정규정의 시행일인 1989. 12. 30. 전에 임차주택에 대하여 담보물권을 취득한 사람에 대하여는 적용하지 아니한다. 그런데, 주택임대차보호법 제 8 조 제 3 항은 우선변제권이 있는 소액임차인 및 보증금의 범위와 기준을 시행령으로 정하도록 하고 있는바, 그 시행령이 1990. 2. 19.에야 공포 시행되기에 이르렀고, 그에 의하면 보증금이 서울특별시 및 직할시에서는 2,000만 원 이하, 기타의 지역에서는 1,500만 원 이하인 경우에 한하여 그 중 일정액(서울특별시 및 직할

249) 대판 1993. 9. 14. 92다49539(공1993하, 2754).

시에서는 700만 원 이내, 기타의 지역에서는 500만 원 이내)이 우선변제의 보호를 받는다. 여기서 개정 주택임대차보호법의 시행일인 1989. 12. 30. 이후로서 시행령의 시행일인 1990. 2. 19. 전에 체결된 임대차계약의 보증금이 위 기준에 해당하는 경우에 보증금의 일정액이 우선변제의 보호를 받느냐 하는 문제가 제기된다. 예컨대, 서울에서 1990. 2. 1. 보증금 1,500만 원의 임대차계약을 체결하였고, 동 임차주택에 1990. 1. 15. 저당권이 설정된 경우에 임차인이 보증금 중 700만 원을 저당권자에 우선하여 변제받을 수 있느냐는 것이다.

사견(私見)으로는, 전술(前述)한 바와 같이 개정법률이 1989. 12. 30.부터 시행되는 이상 시행령의 미비로 보호를 받지 못한다고 하는 것은 본말이 바뀐 해석이라고 할 것이고, 위와 같은 임차인도 보증금 중 일정액에 관하여 우선변제를 받을 수 있다고 할 것이다.

2) 2차 개정 주택임대차보호법 시행일인 1989. 12. 30. 현재 존속하는 임대차의 보증금이 개정 전 법률(1983. 12. 30. 법률 제3682호) 제 8 조의 규정에 의한 소액보증금에 해당하는 경우에는 종전의 규정에 의한다(동 부칙 제 5 항). 즉, 서울의 경우 1989. 12. 30. 현재 존속하는 임대차의 보증금이 500만 원 이하라면 개정 전 제 8 조가 적용된다는 것이다. 따라서 임차주택에 대한 경매개시결정의 기입등기 전에 인도와 주민등록이라는 대항요건을 구비하지 않았다 하더라도 배당요구의 종기까지 배당요구만 하면 우선변제가 인정된다.

3) 주택임대차보호법시행령이 1995. 10. 19. 개정되어 소액임차인의 범위가 보증금이 특별시 및 광역시(군지역 제외)에서는 3,000만 원 이하, 기타의 지역에서는 2,000만 원 이하로 확대되었고, 그 중 우선변제가 인정되는 일정액은 특별시 및 광역시(군지역 제외)에서는 1,200만 원 이내, 기타의 지역에서는 800만 원 이내로 확대되었다. 다만, 개정 시행령의 시행 전에 임차주택에 대하여 담보물권을 취득한 사람에 대하여는 종전의 규정에 의한다(동 부칙 제 2 항).

여기서 종전의 규정이 적용되는 담보물권자에 확정일자부 임차인이 포함되는지가 실무상 논의된다. 예컨대, 1993. 5. 1. 대항요건과 확정일자를 갖춘 임차인 갑(甲)의 보증금이 5,000만 원이고, 1994. 5. 1. 임대차계약을 체결한 임차인 을(乙)의 보증금이 2,500만 원인 경우에 1995. 10. 19. 전에는 을(乙)이 소액임차인이 아니기 때문에 갑(甲)에 대하여 우선변제권을 주장할 수 없었으나, 1995. 10. 19 이후에는 을(乙)이 소액임차인에 해당하는 결과 갑(甲)에 대하여 우선변제권을 주장할 수 있느냐 하는 것이다.

사견(私見)으로는, 전술(前述)한 바와 같이 확정일자부 임차인은 우선변제권을 논함에 있어 저당권자와 동일시하여야 한다고 보기 때문에 위 경우에 을(乙)은 갑(甲)에 대하여 우선변제권을 주장할 수 없다고 할 것이다.[250)]

나아가 주택임대차보호법시행령이 2001. 9. 15. 및 2008. 8. 21. 다시 개정되어 소액임차인의 범위 및 소액보증금 중 우선변제가 인정되는 일정액이 전술(前述)한 바와 같이 각각 또다시 상향되었는바, 그에 따라 역시 위와 같은 문제가 발생하며 그 처리방법 또한 위와 같이 할 수밖에 없다.

(다) 이상에서 본 것처럼 주택임대차보호법 및 동 시행령의 소액보증금에 관한 규정이 여러 번 바뀌고 그 때마다 경과조치를 두었기 때문에, 소액임차인과 저당권자의 우열관계가 매우 복잡하다. 여기서 저당권과 소액보증금의 우열관계를 예를 들어 정리하여 보면 다음과 같다.

서울에서 임차주택에 다음과 같은 저당권이 설정되어 있다고 하자.

1번 저당권 설정일자 : 1984. 1. 1. 전

2번 저당권 설정일자 : 1984. 1. 1. 이후 1987. 12. 1. 전

---

250) 반대 : 이우재(주8), 649-652는 담보물권자에 확정일자부 임차인을 포함시키는 것에 반대한다.

3번 저당권 설정일자 : 1987. 12. 1. 이후 1989. 12. 30. 전
4번 저당권 설정일자 : 1989. 12. 30. 이후 1995. 10. 19. 전
5번 저당권 설정일자 : 1995. 10. 19. 이후 2001. 9. 15 전
6번 저당권 설정일자 : 2001. 9. 15. 이후 2008. 8. 21. 전
7번 저당권 설정일자 : 2008. 8. 21. 이후

위 주택의 임차인의 보증금 액수에 따라 다음의 여섯 가지를 상정할 수 있다.

《사례 1》 보증금이 300만 원 이하인 경우

이 경우에 보증금은 1번 저당권에 대하여만 후순위일 뿐 나머지 저당권보다는 우선한다.

《사례 2》 보증금이 300만 원 초과 500만 원 이하인 경우

이 경우에 보증금은 1, 2번 저당권에 대하여는 후순위이나, 3, 4, 5, 6, 7번 저당권에 대하여는 우선한다.

《사례 3》 보증금이 500만 원 초과 2,000만 원 이하인 경우

이 경우에 보증금은 1, 2, 3번 저당권에 대하여는 후순위이고, 경매개시결정의 기입등기가 되기 전에 대항요건을 구비한 때에 한하여 4번 저당권에 대하여 700만 원 한도 내에서, 5번 저당권에 대하여 1,200만 원 한도 내에서, 6번 저당권에 대하여 1,600만 원 한도 내에서, 7번 저당권에 대하여 보증금 전액에 관하여 각 우선한다. 다만, 확정일자를 갖춘 경우에는 4, 5, 6번 저당권에 한하여 대항요건 및 확정일자를 구비한 시기가 저당권 성립일보다 앞서면 보증금 전액에 관하여 우선한다.

《사례 4》 보증금이 2,000만 원 초과 3,000만 원 이하인 경우

이 경우에 보증금은 1, 2, 3, 4번 저당권에 대하여는 후순위이고, 경매개시결정의 기입등기가 되기 전에 대항요건을 구비한 때에 한하여 5번 저당권에 대하여 1,200만 원 한도 내에서, 6번 저당권에 대하여 1,600만 원 한도 내에서, 7번 저당권에 대하여 2,000만 원 한도 내에서 각 우선한다. 다만, 확정일자를 갖춘 경우에는 4, 5, 6, 7번 저당권에 한하여 대항

요건 및 확정일자를 구비한 시기가 저당권 성립일보다 앞서면 보증금 전액에 관하여 우선한다.

《사례 5》 보증금이 3,000만 원 초과 4,000만 원 이하인 경우
이 경우에 보증금은 1, 2, 3, 4, 5번 저당권에 대하여는 후순위이고, 경매개시결정의 기입등기가 되기 전에 대항요건을 구비한 때에 한하여 6번 저당권에 대하여만 1,600만 원 한도 내에서, 7번 저당권에 대하여 2,000만 원 한도 내에서 각 우선한다. 다만, 확정일자를 갖춘 경우에는 4, 5, 6, 7번 저당권에 한하여 대항요건 및 확정일자를 구비한 시기가 저당권 성립일보다 앞서면 보증금 전액에 관하여 우선한다.

《사례 6》 보증금이 4,000만 원을 초과 6,000만 원 이하인 경우
이 경우에 보증금은 1, 2, 3, 4, 5, 6번 저당권에 대하여는 후순위이고, 경매개시결정의 기입등기가 되기 전에 대항요건을 구비한 때에 한하여 7번 저당권에 대하여만 2,000만 원 한도 내에서 우선한다. 다만, 확정일자를 갖춘 경우에는 4, 5, 6, 7번 저당권에 한하여 대항요건 및 확정일자를 구비한 시기가 저당권 성립일보다 앞서면 보증금 전액에 관하여 우선한다.

《사례 7》 보증금이 6,000만 원을 초과하는 경우
이 경우에는 어느 저당권에 대하여도 우선하지 못한다. 다만, 확정일자를 갖춘 경우에는 4, 5, 6, 7번 저당권에 한하여 대항요건 및 확정일자를 구비한 시기가 저당권 성립일보다 앞서면 보증금 전액에 관하여 우선한다.

이상 어느 경우에나 임차인이 배당요구의 종기까지 배당요구를 하지 아니하면 우선권을 상실한다.

(4) **배당의 순환관계**

배당절차에서 갑(甲)은 을(乙)에게 우선하고, 을(乙)은 병에게 우선하고, 병(丙)은 갑(甲)에게 우선하여 갑(甲), 을(乙), 병(丙)이 서로 톱니바퀴처럼 맞물려 있는 관계를 배당의 순환관계라고 한다. 예컨대, 당해세인 상속세채권(甲) 500만 원과 1983. 12. 30. 이전에 설정된 저당권부채권(乙) 1,500만 원과 소액보증금채권(丙) 1,000만 원 사이에서, 갑(甲)은 을(乙)에게 우선하고, 을(乙)은 병(丙)에게 우선하고, 병(丙)은 갑(甲)에게 우선한다.

위 경우에 갑(甲), 을(乙), 병(丙) 중 어느 것도 가장 선순위라고 할 수 없다. 그러면 이러한 경우에는 어떻게 배당을 할 것인가? 이해관계인을 공평히 보호한다는 의미에서 각 권리자 사이에 안분배당을 한 후 각자 우선관계를 가려 흡수하는 방식(안분후흡수설)이 합당하며,[251] 현재 경매실무에서도 그렇게 하고 있다.

이에 의하면, 먼저 갑(甲), 을(乙), 병(丙)을 일단 동순위로 보고 1차로 각 채권의 액수에 따라 안분하여 배당한 후, 채권액 중 배당받지 못한 부분은 2차로 각자 자신보다 후순위자에 대한 배당액으로부터 흡수하게 된다. 이 때 2차에서 흡수하고 흡수당하는 범위는 1차에서 안분하여 배당한 액을 기준으로 각자 모자라는 만큼 흡수하고 각자 배당받은 범위 내에서 흡수당할 뿐이다.[252] 그렇지 않으면 순환이 되풀이되기 때문이다.

위 예에서 매각대금이 1,500만 원이라면 1차로 갑(甲), 을(乙), 병(丙)에게 채권액에 따라 각 250만 원(= 1,500만 원 × 500만 원 / 3,000만 원), 750만 원(=1,500만 원 × 1,500만 원 / 3,000만 원), 500만 원(= 1,500만 원 × 1,000만 원 / 3,000만 원)을 배당한다. 그리고 갑(甲)은 채권액 500만 원 중 배당받지 못한 250만 원을 후순위자인 을(乙)로부터 흡수하고, 을(乙)은 채권액 1,500만 원 중 배당받지 못한 750만 원을 후순위자인 병(丙)으로부터 흡수하여야 하는데 병(丙)에게 배당된 금액이 500만 원뿐이므로 500만 원만 흡수하며, 병(丙)은 채권액 1,000만 원 중 배당받지 못한 500만 원을 후순위자인 갑(甲)으로부터 흡수하여야 하는데 갑(甲)에게 배당된 금액이 250만 원뿐이므로 250만 원만 흡수한다. 그 결과 최

251) 신동윤(주74), 317; 오용호(주13), 366; 이윤승(주20), 168.
252) 법원행정처, 법원실무제요 민사집행(Ⅱ)(2003), 534.

종적으로 갑(甲)은 250만 원(= 1차 배당액 250만 원 + 乙로부터 흡수한 250만 원 - 丙에게 흡수당한 250만 원), 을(乙)은 1,000만 원(= 1차 배당액 750만 원 + 丙으로부터 흡수한 500만 원 - 甲에게 흡수당한 250만 원), 병(丙)은 250만 원(1차 배당액 500만 원 + 甲으로부터 흡수한 250만 원 - 乙에게 흡수당한 500만 원)을 배당받는 것으로 된다.

나. 임차 주택이나 상가건물의 인도

(1) 소액임차인이 임차 주택이나 상가건물의 매각대금에서 우선배당된 일정액의 보증금을 수령하기 위해서는 임차 주택이나 상가건물을 낙찰자에게 인도하여야 한다.[253]

주택임대차보호법 제 8 조 제 2 항이 동법 제 3 조의2 제 3 항을 준용하고 있지 아니하고, 상가건물임대차보호법 제14조 제 2 항이 동법 제 5 조 제 3 항을 준용하고 있지 아니하기 때문에 인도 여부와 상관없이 배당액을 소액임차인에게 무조건 지급하여야 한다는 견해도 있으나,[254] 임차보증금의 반환은 임차 주택이나 상가건물의 인도와 동시이행의 관계에 있으므로 임차인의 의무이행 전에 배당액을 지급할 수는 없고, 정지조건부채권에 대한 배당액의 교부방법과 마찬가지로 주택이나 상가건물의 인도를 조건으로 배당액을 공탁하여 두고 임차인이 인도를 증명한 때에 이를 지급하는 것이 타당하다. 경매실무례도 이에 의하고 있다. 만일 배당금을 무조건 지급하여야 한다면 임차인이 보증금을 우선변제받고도 임차 주택이나 상가건물을 낙찰자에게 인도하지 아니하면 대금을 모두 납부한 낙찰자에게 매우 불리하기 때문이다.

반면, 임차인이 주택이나 상가건물을 인도하여야 배당금을 수령

---

253) 주택임대차보호법 제 8 조에 관한 질의회답(재민 84-10 예규) 문10.; 박해식(주52), 543-544; 오용호(주13), 368; 이윤승(주20), 165; 최 종(주20), 458.

254) 김지영(주19), 65-66; 신동윤(주74), 303; 이상인(주5), 430.
또한 박재승(주38), 484도 동지(同旨)로 보인다.

할 수 있다고 하면 사실상 임차인의 선이행을 강요하는 것이 되나, 임차인은 인도사실을 증명하기만 하면 경매법원으로부터 배당액을 언제든지 수령할 수 있으므로 그로 인하여 불이익을 받는 것이 없다.

3. 이해관계인의 구제

임차 주택이나 상가건물의 매각대금을 배당함에 있어 소액임차인의 우선순위와 보증금에 관하여 이의가 있는 이해관계인은 경매법원에 이의를 신청할 수 있고(주택임대차보호법 제 8 조 제 2 항, 제 3 조의2 제 4 항, 상가건물임대차보호법 제14조, 제 5 조 제 4 항), 이러한 이의신청에 대하여는 민사집행법 제152조 내지 제161조의 배당표에 대한 이의에 관한 규정이 준용된다(주택임대차보호법 제 8 조 제 2 항, 제 3 조의2 제 5 항, 상가건물임대차보호법 제14조, 제 5 조 제 4 항).[255]

4. 소 결

전술(前述)한 바와 같이 소액보증금의 우선변제권으로 인하여 허위의 임대차계약서가 양산되고 경매법정이 거짓말 경연장으로 희화(戱畵)화되는 비정상적인 사태를 치유하기 위해서는 보증금의 보호를 소액임차인에 국한하고 있는 현행법의 태도를 버리고, 모든 보증금 중 일정액에 우선변제권을 주는 방법밖에 없다. 그러나 이것도 본질적으로는 편법에 지나지 않는다. 이제는 소액임차인의 우선변제권 제도를 근본적으로 재검토해야 할 때이다.

공시방법의 선후를 불문하고 최우선변제권을 인정함으로써 후일자(後日字) 채권이 선일자(先日字) 물권에 우선하는 소액보증금 최우선변제 제도가 사법의 기본질서에 반하는 것임은 더 말할 나위도 없다.

255) 상세는 전술(前述) 제 2 장 제 3 절 Ⅳ. 4. 참조.

그럼에도 불구하고 주택임대차보호법에서 처음 이러한 제도를 두었던 것은 법률에 무지한 무주택영세민의 주거생활을 보장하기 위한 것이었다. 그런데 확정일자에 의한 우선변제권 제도를 도입한 지 20여 년이 지나 이미 널리 활용되고 있을 뿐만 아니라, 지금은 등기소나 법원이 아닌 동사무소에서 전입신고를 하면서 바로 임대차계약서에 확정일자를 부여받을 수 있으므로 확정일자를 받으러 등기소에 따로 가야 하는 번거로움도 없는 데다, 전입신고를 담당하는 동사무소 직원 등을 통하여 전입신고자에 대하여 확정일자의 의미를 홍보한다면 법률의 무지로 인한 피해를 얼마든지 막을 수 있다. 따라서 합법적으로 우선변제권을 인정받을 수 있고(이사와 동시에 전입신고를 하는 것은 당연하고 또한 그것이 정상적인 것이다), 그를 위한 절차를 밟는 데 특별한 비용이나 시간이 필요하지도 않은데, 그러한 절차를 이용하지 않은 소액임차인에게 합법적 절차를 밟은 담보권자나 임차인에 앞서는 최우선변제권을 인정할 필요성은 적다고 할 것이다. 이는 상가건물의 경우에도 세무서에 사업자등록을 하면서 바로 임대차계약서에 확정일자를 부여받을 수 있다는 점에서 동일하다.

법률이 국민에게 부정직하게 처신할 수 있는 수단으로 이용되어서는 안 되는데, 소액보증금의 최우선변제 제도는 전술(前述)한 바와 같이 가장임차인을 양산함으로써 많은 국민들로 하여금 거짓말을 하게끔 조장하고 있는 것이 현실이다. 법률은 국민을 계몽하여 건전한 법질서를 유도해 나가야 할 것인바, 담보물권에 앞서 대항요건과 확정일자를 갖춘 임차인만이 우선변제권을 향유한다는 것을 홍보함으로써 국민들이 정직하게 법질서를 따를 수 있는 기틀을 마련해야 할 것이다.

결론적으로 주택임대차보호법 제 8 조, 상가건물임대차보호법 제14조의 소액보증금 보호제도를 이제는 폐지하여야 한다는 것이 저자의 생각이다.[256]

V. 부당이득반환청구의 가부

1. 배당이의소송 후의 부당이득반환청구

가. 임차 주택이나 상가건물의 경매절차에서 우선변제권을 주장한 임차인에 대하여 경매법원이 배당을 하자 후순위채권자가 그에 대하여 배당이의를 하고 나아가 배당이의소송을 제기한 결과, 임차인에 대한 배당을 취소하고 그 부분을 이의를 한 후순위채권자에게 배당하는 판결이 선고, 확정됨으로써 그 채권자가 배당금을 수령하였는데, 그 후 이번에는 임차인이 그 후순위채권자를 상대로 위 금원의 부당이득반환청구를 제기한다면 어떻게 될 것인가? 또는 역(逆)으로 후순위채권자가 위 배당이의소송에서 패소한 후 다시 임차인을 상대로 부당이득반환청구를 한다면 어떻게 될 것인가?[257]

나. 이 문제는 본질적으로 배당이의소송의 성질과 관련하여 검토하여야 한다. 배당이의소송의 성질에 관한 확인소송설[258]이나 구제소

---

256) 윤철홍(주200), 89는 상가건물의 임대차에 관하여 저자와 같은 견해를 취한다.

257) 그 밖에 임차인이 후순위채권자를 상대로 배당이의소송을 제기하였다가 패소한 후 다시 부당이득반환청구를 하는 경우 및 위 배당이의소송에서 패소한 후순위채권자가 임차인을 상대로 다시 부당이득반환청구를 하는 경우도 마찬가지이다. 위와 같이 배당이의소송 후의 부당이득반환청구는 네 가지의 경우로 나눌 수 있는데, 임차인이 제기할 경우는 후순위채권자의 채권이 부존재한다거나 또는 순위에서 뒤짐을 청구원인으로 주장할 수 있는 반면, 후순위채권자가 제기할 경우는 임차인의 채권의 부존재만을 청구원인으로 주장할 수 있다.

258) 이 설은 다시 소송상 확인소송설과 실체적 확인소송설로 나뉜다.

① 소송상 확인소송설은 배당이의소송을 배당절차상의 배당청구권의 확인 내지 배당표의 소송상의 위법의 확인을 구하는 확인소송이라고 한다[小野木 常, 强制執行法概論(1957), 224-225. 우리나라에는 이 견해를 취하는 사람이 없다].

이 설은 배당이의소송이 실체상의 권리주장이 아니고 그 실체상의 권리에 기한 소송상의 권리를 주장하는 것이라고 보는 점에서는 형성소송설과 입장을 같이 하나, 배당표의 변경은 물론 그 취소도 하등 이의인용판결의 내용을

송설[259]의 입장에서 배당이의소송에서는 당사자가 배당을 받을 수 있는 실체적 권리의 존부를 확정한다고 하게 되면 후소(後訴)는 전소(前訴)의 기판력에 저촉되어 허용될 수 없는 것이 분명하다.

이에 비하여 배당이의소송의 성질을 경매법원이 작성한 배당표의 취소, 변경을 명하는 것이라고 보는 형성소송설[260]에 의할 경우에는 배당이의소송의 소송물이 배당표변경청구권이라는 소송법상의 형성권이므로 배당이의소송이 확정되었다 하더라도 실체상의 청구권이 확정되는 것은 아니고, 따라서 후소(後訴)가 전소(前訴)의 기판력에 저촉되지 않는다고 볼 수 있다.[261] 확인소송설이나 구제소송설을 취하면서도 확인의 대상을 실체적 권리의 존부가 아닌 소송법상의 배당청구권

이루는 것이 아니라고 한다.

② 실체적 확인소송설은 배당이의소송을 배당기일에서의 이의의 당부, 따라서 이의의 대상인 채권의 존부, 범위, 순위의 확인을 구하는 확인소송이라고 한다[이영섭, 민사소송법(하)(제7개정판)(1972), 193; 한종열, 개정 민사소송법(하)(최신판)(1995), 257; 兼子 一, 强制執行法(증보판)(1978), 225].

확인의 대상이 소송상의 권리인 배당청구권이 아니고 실체적 배당청구권이라고 하는 점에서 소송상 확인소송설과 입장을 달리 한다.

259) 이 설은 배당이의소송을 실체적 배당청구권의 확인과 배당표의 변경 내지 실효라고 하는 확인기능과 형성기능을 겸유하는 특수한 소송이라고 한다. 강대성, 민사집행법(제 3 판)(2006), 424; 오석락, "배당이의소송", 민사재판의 제문제 1권(1977), 295; 정웅태, "배당이의소송", 민사법연구(창간호)(1991), 195.

260) 이 설은 배당이의소송은 이의있는 채권자가 실체상 권리의 존재를 전제로 하여 배당법원이 작성한 배당표의 변경을 명하는 판결 또는 이를 취소하여 새로운 배당표의 작성을 명하는 판결을 구하는 소송법상의 형성소송이라고 한다. 우리나라뿐만 아니라 독일, 일본에서의 통설이다. 박상일, 신민사소송법(하)(1963), 220; 방순원/김광년, 민사소송법(하)(제 2 전정판)(1993), 348; 오시영, 민사집행법(2007), 566; 이시윤, 신민사집행법(제 4 판)(2007), 323; 이주홍, 주석강제집행법(Ⅱ)(1993), 527; Zöller, ZPO(22 Aufl.)(2001), §878 Rdnr.2; Baumbach/Lauterbach/ Albers/Hartmann, ZPO(65 Aufl.)(2007), §878 Rdnr.7; Rosenberg/Gaul/Schilken, Zwangsvollstreckungsrecht(11.Aufl.)(1997), §59 Ⅳ7; Stein/Jonas, Kommentar zur ZPO (22 Aufl.)(2004), §878 Rdnr. 40; Thomas/Putzo, ZPO(28 Aufl.)(2007), §878 Rdnr.1; 宮脇幸彦, 强制執行法各論(1978), 480; 菊井維大, 民事訴訟法(二)(1974), 216; 沈澤利一/園部厚, 民事執行の實務(上)(補訂版)(2007), 748; 中野貞一郎, 注解 民事執行法(3)(1984), 394.

261) 김봉석, "민사집행법상 집행법원의 배당에 대한 불복방법 및 그 문제점", 민사집행법연구 1권(2005), 133.

이라고 본다면 역시 마찬가지이다.

그러나, 형성소송에서도 형성소권, 즉 형성요건 내지 형성원인인 권리관계의 존부에 기판력이 미친다고 보는 것이 통설이므로,[262] 배당이의소송의 확정판결은 형성요건 내지 형성원인이 되는 실체적 배당수령권의 존부에 대하여 기판력이 미친다고 할 것이다. 이와 같이 본다면 배당이의소송의 판결이 확정된 후에 이와 내용상 배치되는 부당이득반환청구소송을 다시 제기하는 것은 허용되지 않는다고 할 것이다.[263][264]

설사 배당이의판결의 기판력은 집행법상의 이의권의 존부의 판단

---

262) 김홍규/강태원, 민사소송법(2008), 610; 방순원, 민사소송법(상)(全訂改版)(1987), 603; 송상현/박익환, 민사소송법(신정 5판)(2008), 441-442; 이시윤, 신민사소송법(제 4 판)(2008), 559; 정동윤/유병현, 민사소송법(제 2 판)(2007), 697; 한종열, 민사소송법(상)(개정증보판)(1995), 538; 호문혁, 민사소송법(제 6 판)(2008), 639.

263) 곽용진, 민사집행법(2007), 616; 노갑식, "집행절차에서의 배당과 관련된 부당이득반환청구", 재판실무 3집(창원지방법원 편)(2005), 315; 박두환, 민사집행법(2002), 426; 이주홍(주260), 547-549.

대판 2000. 1. 21. 99다3501(공2000상, 477)[이 판결에 대한 평석으로 오종윤, "배당이의소의 성질과 기판력", 인권과 정의 2000. 7., 105 이하 및 이영갑, "배당이의판결의 기판력과 부당이득반환청구", 판례연구 12집(부산판례연구회 편)(2001), 1055 이하 참조] : 채권자가 제기한 배당이의의 소의 본안판결이 확정된 때에는 이의가 있었던 배당액에 관한 실체적 배당수령권의 존부의 판단에 기판력이 생긴다고 할 것이고, 위 배당이의의 소에서 패소의 본안판결을 받은 당사자가 그 판결이 확정된 후 상대방에 대하여 위 본안판결에 의하여 확정된 배당액이 부당이득이라는 이유로 그 반환을 구하는 소송을 제기한 경우에는, 전소인 배당이의의 소의 본안판결에서 판단된 배당수령권의 존부가 부당이득반환청구권의 성립 여부를 판단하는 데 있어 선결문제가 된다고 할 것이므로, 당사자는 그 배당수령권의 존부에 관하여 위 배당이의의 소의 본안판결의 판단과 다른 주장을 할 수 없고, 법원도 이와 다른 판단을 할 수 없다.

264) 다만, 배당이의소송은 대립하는 당사자 사이의 배당액을 둘러싼 분쟁을 그들 사이에서 상대적으로 해결하는 것에 지나지 아니하여 그 판결의 효력은 오직 그 소송의 당사자에게만 미칠 뿐이므로(배당이의소송의 상대성), 어느 채권자가 배당이의소송에서의 승소확정판결에 기하여 경정된 배당표에 따라 배당을 받은 경우에, 그 배당이 배당이의소송에서 패소확정판결을 받은 자 아닌 다른 배당요구채권자가 배당받을 몫까지도 배당받은 결과로 된다면 그 다른 배당요구채권자(그에게는 배당이의소송의 기판력이 미치지 않는다)는 배당이의소송의 승소확정판결에 따라 배당받은 채권자를 상대로 부당이득반환청구를 할 수 있다.

동지(同旨) : 대판 2007. 2. 9. 2006다39546(공2007상, 433).

에만 생기는 것이라 하더라도, 패소한 당사자가 후에 상대방에 대하여 이의사유와 동일한 사유로 부당이득의 반환을 구할 수 있다고 하거나, 경정된 배당표에 의한 배당액의 수령을 부당이득으로 주장할 수 있다고 하면 똑같은 분쟁을 다시 되풀이하는 것밖에 안 되어 부당하므로, 배당이의판결은 적어도 부당이득의 반환청구와 관련하여 승소한 당사자가 받은 배당액의 존재를 확정하는 한도에서는 기판력이 생긴다고 하여야 할 것이다.[265]

다. 이론의 문제를 떠나 실제상으로도, 민사집행법 제155조의 반대해석상으로나, 후술(後述)하는 바와 같이 배당기일에 출석하고서도 배당이의를 하지 않았거나 배당기일에 아예 불출석한 자에 대하여 후에 실체상의 권리를 주장하는 부당이득반환청구를 부정하는 마당에서는 하물며 배당이의소송을 제기하여 패소한 자에 대하여 부당이득반환청구를 허용할 수는 없다고 할 것이다.

2. 배당이의를 하지 아니한 자의 부당이득반환청구

가. 문제의 소재

전술(前述)한 바와 같이 대항요건(즉, 인도 및 주민등록이나 사업자등록)을 구비한 확정일자부 임차인 또는 소액임차인이 경매절차에서 우선변제를 받으려면 배당요구의 종기까지 배당요구를 하여야 한다. 그러면 이러한 적법한 배당요구를 하지 아니한 임차인이 그 후 배당절차가 종료한 다음에 후순위채권자를 상대로 별소(別訴)를 제기하여 자

265) 오석락(주259), 306.
전소(前訴)와 후소(後訴)가 정면으로 모순된 법률관계를 소송물로 할 경우에는 후소(後訴)가 전소(前訴)의 기판력에 저촉된다는 것이 일반적으로 인정되는 이론이다. 송상현/박익환(주262), 451; 이시윤(주262), 577; 정동윤/유병현(주262), 711; 호문혁(주262), 660.

기가 배당받지 못한 부분에 대한 부당이득반환청구를 할 수 있는가 하는 문제가 있는바, 이러한 임차인에 대하여는 부당이득반환청구를 인정하지 않는 것으로 대법원판례가 정립되어 있다.[266)]

여기서 한 걸음 나아가, 위와 같은 임차인이 배당요구는 적법하게 하였으나, 그 후의 배당절차에서 배제되었음에도 불구하고 배당이의를 하지 아니하여 배당표가 확정되고 후순위채권자가 배당액을 수

---

266) 대판 1996. 12. 20. 95다28304(공1997상, 342)[이 판결에 대한 평석으로 김현석, "부동산경매절차에서 배당요구를 하지 아니한 임금채권자의 지위", 민사판례연구(XX)(1998), 216 이하; 서기석, "배당절차 종료 후 채권자의 부당이득반환청구", 대법원판례해설 27호(1996), 146 이하; 조남대, "배당절차 종료 후의 부당이득반환청구", 청주법률논단 1집(충북법률실무연구회 편) (1999), 263 이하; 조철호, "배당절차 종료 후 채권자의 부당이득반환청구, 재판과 판례 7집(대구판례연구회 편)(1998), 347 이하 등 참조]; 대판 1997. 2. 25. 96다10263(공1997상, 865); 대판 1998. 10. 13. 98다12379(공1998하, 2660).

이 문제를 정면으로 다룬 첫 판결인 위 대판 1996. 12. 20. 95다28304는 후술(後述)하는 배당이의를 하지 아니한 자의 부당이득반환청구권의 허용 여부에 관한 이분설(二分說)의 영향을 받았는지 판결문상에 마치 "집행목적물의 교환가치에 대하여만 우선변제권을 가지고 있는 법정담보물권자"는 배당요구를 하지 아니하였어도 별소(別訴)로 부당이득반환청구를 할 수 있는 것처럼 읽힐 수 있는 설시를 함으로써 그 의미해석을 둘러싸고 한 때 혼선을 빚기도 하였으나, 그 후에 나온 위 대판 1997. 2. 25. 96다10263는 오해의 소지를 없애기 위하여 판결문상에서 법정담보물권자에게 예외를 인정하는 듯한 설시를 하지 않았다.

그리고 마침내 위 대판 1998. 10. 13. 98다12379는 이 문제를 정면으로 다루어, "… 민사소송법 제605조 제 1 항에서 규정하는 배당요구가 필요한 배당요구채권자는, 압류의 효력발생 전에 등기한 가압류채권자, 경락으로 인하여 소멸하는 저당권자 및 전세권자로서 압류의 효력발생 전에 등기한 자 등 당연히 배당을 받을 수 있는 채권자의 경우와는 달리, 경락기일까지 배당요구를 한 경우에 한하여 비로소 배당을 받을 수 있고, 적법한 배당요구를 하지 아니한 경우에는 비록 실체법상 우선변제청구권이 있다 하더라도 경락대금으로부터 배당을 받을 수는 없을 것이므로, 이러한 배당요구채권자가 적법한 배당요구를 하지 아니하여 그를 배당에서 제외하는 것으로 배당표가 작성·확정되고 그 확정된 배당표에 따라 배당이 실시되었다면 그가 적법한 배당요구를 한 경우에 배당받을 수 있었던 금액 상당의 금원이 후순위채권자에게 배당되었다고 하여 이를 법률상 원인이 없는 것이라고 할 수 없을 것이다. 주택임대차보호법에 의하여 우선변제청구권이 인정되는 임대차보증금반환채권은 현행법상 위와 같은 배당요구가 필요한 배당요구채권에 해당하는 것이므로, 같은 취지의 원심 판단은 정당하고, 거기에 소론과 같은 법리오해의 위법이 있다고 할 수 없다"
고 판시하였다.

령한 후에 비로소 그 후순위채권자를 상대로 부당이득반환청구를 하는 것은 어떤가 하는 문제가 있다.

이 문제에 관하여는 민사집행법 제155조와 관련하여 논의가 분분하다. 즉, 민사집행법 제155조에 의하면 배당이의를 한 임차인이 배당이의의 소 제기 기간을 해태하여 소를 제기하지 못한 경우에 배당표에 의한 배당을 받은 후순위채권자에 대하여 별소(別訴)로 부당이득반환청구를 할 수 있는바, 이처럼 '배당기일에 배당이의를 하였으나 제때에 배당이의의 소를 제기하지 못한 임차인' 외에 배당기일에 아예 출석하지 아니함으로써 배당이의를 하지 아니한 임차인(배당기일에 출석하였으나 배당이의를 하지 아니한 임차인 및 배당이의를 하였다가 이의를 철회한 임차인도 동일하다)도 마찬가지로 별소(別訴)로 부당이득반환청구를 할 수 있느냐는 것이다.

나. 학 설

(1) 긍 정 설

이 설은 부당이득반환청구가 권리남용에 해당하지 않는 한 배당기일에 배당이의를 한 여부를 불문하고 이를 허용하여야 한다는 견해이다.[267)]

이 설이 들고 있는 논거는 대체로 다음과 같다.

---

267) 곽용진(주263), 617-618; 권성우, "배당절차 종료 후 부당이득반환청구권의 성립요건에 관한 검토", 재판과 판례 12집(대구판례연구회 편), 379-380; 김교창, "임의경매절차상 청구금액의 확정시기", 민사재판의 제문제 8권(1994), 885; 김봉석(주261), 131; 김현석(주266), 232; 박두환(주263), 415; 박우동, 주석강제집행법(Ⅲ)(1993), 598; 박해식(주52), 265; 양창수, "부당배당과 부당이득반환청구", 판례실무연구(Ⅰ)(1996), 612; 이영갑(주263), 1069-1070; 이우재(주8), 1417-1418; 이주흥(주260), 519; 진 철, "배당절차에 참가하지 않은 채권자의 부당이득반환청구", 판례와 실무 2004(인천지방법원 편)(2004), 182-185; 채영수, "배당이의와 부당이득반환청구", 대법원판례해설 10호(1988), 100-101.

저자도 한 때 이 견해를 취하였으나[민일영, "부동산경매절차에 있어 배당표에 대한 이의에 관한 소고", 저스티스 25권 2호(1992. 12.), 72], 지금은 후술(後述)하는 바와 같이 부정설을 지지한다.

첫째, 배당표의 확정 및 그 실시는 단지 강제집행절차의 종료를 의미하는 것일 뿐이고 실체적인 권리관계의 존부까지 확정하는 것은 아니기 때문에, 배당금을 부당하게 수령한 다른 채권자에게 그 부당이득의 반환을 청구할 수 있다.

즉, 채권자가 배당기일에 출석하지 아니하여 배당표에 동의한 것으로 간주되거나, 출석하였는데 배당이의를 하지 않은 경우에도, 이는 기껏해야 배당절차에서 배당표에 따른 배당 실시에 동의한 것으로 의제되는 데 불과하고, 다른 채권자의 실체법상의 권리를 승인하거나 자기의 부당이득반환청구권을 포기하는 것은 아니기 때문에, 채권자는 자기가 받을 수 있었던 배당액을 부당하게 수령한 다른 채권자에 대하여 부당이득반환을 청구할 수 있다.

둘째, 현행법상 배당이의를 하지 아니한 경우의 실권효를 규정한 특별한 규정이 없는데다가, 배당의 결과를 확정시키기 위하여 부당이득반환청구권을 배제하여야 할 정도로 절차적 안정이 요구되지도 않는다.

셋째, 연혁적으로 보더라도, 민사집행법 제155조의 모법이라 할 독일의 구(舊) 민사소송법 제764조 제 2 항(현행 민사소송법 제878조 제 2 항)[268]이 배당이의의 소 제기를 게을리한 자에 대하여 실체법상의 우선권(ein besseres Recht)을 주장하는 별소(別訴)를 인정한 것은 바로 배당절차가 실체상의 권리까지 결정하는 것은 아니라는 것을 확인한 데 그 입법취지가 있다.[269]

---

268) "배당이의를 한 채권자가 배당표에 따라 배당금을 수령한 채권자에 대하여 소로 우선권을 주장하는 권한은 배당이의의 소 제기 증명기간의 해태 및 배당표의 실시에 의하여 배제되지 아니한다"(Die Befugnis des Gläubigers, der dem Plan widersprochen hat, ein besseres Recht gegen den Gläubiger, der einen Geldbetrag nach dem Plan erhalten hat, im Wege der Klage geltend zu machen, wird durch die Versäumung der Frist und durch die Ausführung des Planes nicht ausgeschlossen).

269) 따라서 독일에서는 배당이의를 하지 아니한 자가 별소(別訴)로 부당이득반환청구를 하는 것을 인정하는 것이 통설이다. 독일에서의 논의의 상세는 양창수(주 267), 611-612 외에 이주흥, "배당절차와 관련된 부당이득반환청구", 판례실무연구

(2) **부 정 설**

이 설은 채권자가 적법한 소환을 받아 배당기일에 출석하여 자기의 의견을 진술할 기회를 부여받았음에도 이러한 기회를 이용하지 아니한 이상, 배당절차가 종료한 후에 부당이득반환청구의 소로써 새삼 자신의 실체상 권리를 주장하는 것은 허용되지 않는다는 견해이다.[270]

이 설이 들고 있는 논거는 대체로 다음과 같다.

첫째, 일단 배당표를 승인하고 나서 후일 그 배당이 잘못되었다고 주장하는 것은 금반언의 원칙에 반한다.

둘째, 배당표상의 배당순위 또는 그 액수에 관하여 기판력이 인정되는 것은 아니지만, 긍정설과 같이 부당이득반환청구권을 널리 인정하는 것은 배당표에 의한 배당의 결과를 불안정하게 할 뿐만 아니라, 배당절차를 실질적으로 헛수고에 그치게 하고, 그로써 상대방으로 하여금 부당이득반환청구 소송에 응소케 하는 부담을 지게 하는 결과가 되어 부당하다.

셋째, 배당을 함에 있어 1차적으로 협의배당을 하고 채권자간에 협의가 이루어지지 아니할 경우에 비로소 우선순위에 따른 배당을 하고 있는 데서 볼 수 있듯이, 본래 배당에 참가한 채권자 상호간의 배당관계는 채권자의 자주적인 태도 결정에 따라 변용의 여지가 부여되어 있기 때문에, 배당의 순위나 액수에 관하여 실체관계와의 엄밀한

(Ⅰ)(1996), 577-579 및 유남석, "독일법상 집행채권자의 청구금액 확장 여부와 강제집행절차에서의 배당 후 부당이득반환청구", 판례실무연구(Ⅰ)(1996), 615-621 참조.

270) 노갑식(주263), 313; 방순원, 민사소송법(하)(全訂改版)(1987), 313; 이영섭(주258), 189; 오석락, "배당표의 하자에 대한 불복방법", 고시계 1975. 5., 52; 오종윤, "배당이의와 부당이득반환청구", 사법논집 26집(1995), 326-329; 윤윤수, "우선변제청구권자의 부당이득반환청구", 판례연구(Ⅴ)(부산판례연구회 편)(1996), 582- 583; 정호영, "배당이의의 소", 재판자료 36집(1987), 489; 정동윤, "배당절차 종료 후의 부당이득반환청구에 관하여", 판례실무연구(Ⅰ)(1996), 608; 조남대(주266), 271-272; 조정래, "배당이의와 부당이득반환청구", 판례연구(Ⅰ)(부산판례연구회 편)(1991), 423-425; 조철호(주266), 363-364.

합치를 요구하는 것이 아니다.

넷째, 민사집행법에서 배당절차에 관하여 채권자 사이의 조정을 기하는 방법으로 배당이의 신청과 배당이의의 소라는 특수한 구제수단을 보장하고 있음에도 불구하고 스스로 그 권리 주장 기회를 이용하지 않은 채권자는 배당표의 기재를 더 이상 다투지 않겠다는 취지를 표명한 것으로 평가할 수 있고, 나아가 배당이의 신청이 없는 경우에 경매법원은 배당표에 기하여 배당을 실시하여야 할 의무가 있기 때문에, 그에 따라 배당금을 교부받는 것은 채권자 사이의 조정관계에 있어서는 절차상으로나 실체상으로나 모두 정당한 것이므로 이를 가지고 법률상 원인이 없는 이익이라고 볼 수는 없다.[271]

다만, 채권자의 부당이득반환청구권을 부정하기 위하여는 그 채권자에게 배당이의 신청 및 배당이의의 소를 제기할 기회가 부여되었을 것을 요하므로, 적법한 기일 소환을 받지 못한 채권자 등과 같이 귀책사유가 없는 채권자는 부당이득반환청구권을 상실하지 않는다.

다섯째, 민사집행법 제155조가 배당이의를 신청한 채권자가 제소기간을 해태한 경우에 소로써 우선권 기타를 주장할 수 있다고 규정한 것을 뒤집어 보면, 배당이의를 신청하지 아니한 채권자는 별소(別訴)로 우선권을 주장할 수 없다는 취지라고 해석 못 할 바 아니다.

(3) 이분설(二分說)

이 설은 채권자를 일반채권자와 담보권자로 구분하여, 전자(前者)에 대하여는 부당이득반환청구권을 부정하고 후자(後者)에 대하여는 부당이득반환청구권을 긍정하는 견해이다.[272][273]

---

271) 부당이득법이 다른 법률 규정에 의하여 권리변동이 일어난 것을 부당이득의 이름으로 부인할 수 있는 '서열이 높은 법'은 아니다. 윤윤수(주270), 581.

272) 본래 일본의 최고재판소 1991. 3. 22. 판결(判例時報 1380호, 90)이 취한 견해이다. 우리나라에서는 이시윤(주260), 327-328이 견해를 따르고 있고, 논지가 확실하지는 아니하나, 윤홍근, "경매절차에서 배당요구를 하지 않은 소액임차인의 지위", 민사판례연구(XIII)(1991), 267도 이 견해를 취한 것으로 보인다. 또한 서기석(주266), 156 참조.

이 설이 일반채권자와 담보권자를 구별하는 논거는 다음과 같다.

일반채권자는 집행대상인 특정 재산으로부터 배타적인 만족을 받는 실체법상의 권리가 없기 때문에 그 재산의 교환가치를 파악하고 있었던 것도 아닌 데다가, 다른 책임재산으로부터 나중에 다시 평등분배를 받을 권리가 여전히 남아 있으므로, 가사 정당하게 배당표가 작성되었다면 자기에게 배당되었을 금액을 다른 채권자가 부당하게 많이 배당받았다 하더라도 그로 인한 손해가 있다고 할 수 없다. 따라서 부당이득반환청구를 할 수 없다.

그러나, 담보권자는 일반채권자와는 달리 집행대상 재산의 교환가치를 파악하고 있었던 것이므로, 배당이 종료되어 담보권이 소멸하였다면 배당금을 수령한 후순위채권자는 배당을 받지 못한 선순위담보권자의 우선권을 침해하여 이득을 얻고 담보권자에게 손실을 끼친 것이어서 그와의 관계에서 부당이득을 취득한 결과가 된다. 나아가 배당표의 실시는 계쟁 배당금의 귀속을 확정하는 것이 아니기 때문에, 담보권자에 관한 한 배당이의를 하지 않았다 하더라도 부당이득반환청구권을 인정하여야 한다.

다. 판 례

(1) 구(舊) 경매법(1990. 1. 3. 폐지)에 의한 임의경매에 관한 판례

대법원은 구(舊) 경매법에 의한 임의경매절차에 있어서는 동법에 규정이 없다 하여 강제경매의 배당절차에서와 같은 채권자의 배당요구, 배당표의 확정 및 배당표에 대한 이의 자체를 부정하였기 때문에,[274] 그 당연한 귀결로 매각대금 교부(배당)절차에서 배당이의를 한 여부를 묻지 않고 부당이득반환청구를 인정하였다.[275]

273) 그 밖에 일본에서는 이분설(二分說)과 유사하게 일정한 경우에 한하여 부당이득반환청구권을 인정하거나 부정하는 절충적인 견해들이 여러 가지로 주장되고 있는바, 이들의 소개에 관하여는 김현석(주266), 225-226 참조.

274) 대판 1977. 7. 12. 76다863(공1977, 10215); 대결 1990. 3. 27. 90그8(공 1990, 1228).

특히 이 문제에 관한 한 효시로 보이는 판결인 대법원 1964. 7. 14. 선고 63다839 판결[276]이 구(舊) 경매법에 의하여

> "경매대금을 지급 또는 배당하는 행위는 실체법상의 권리를 확정하는 것이 아니므로 배당을 받아야 할 자가 배당을 받지 못하고 배당을 못 받을 자가 배당을 받은 경우에는 배당에 관하여 이의를 한 여부, 형식상 배당절차가 확정되었는가의 여부에 관계없이 부당이득반환청구권이 발생한다"

고 설시한 표현은 현재까지도 계속 즐겨 인용되고 있다.

⑵ 강제경매 및 1990. 1. 13. 구(舊) 민사소송법 개정 후의 담보권실행을 위한 경매에 관한 판례

㈎ 우선변제권이 있는 채권자

대법원은, 강제경매 및 민사소송법 개정(1990. 1. 13.) 후의 담보권실행을 위한 경매절차에서 적법한 배당요구를 하였던 우선채권자가 배당기일에 출석하여 배당표에 대하여 이의가 없다고 진술하였거나,[277] 적법하게 소환을 받고도 배당기일에 출석하지 아니하여[278] 법

---

275) 대판 1964. 7. 14. 63다839(집12-2, 민15); 대판 1972. 6. 13. 72다503(집20-2, 민110); 대결 1989. 9. 11. 89마580(공1990, 441); 대결 1990. 3. 27. 90그8(공1990, 1228); 대판 1990. 3. 27. 90다카315,322,339(공1990, 1229)[이 판결에 대한 평석으로 윤홍근(주272), 255 이하 참조]; 대판 1991. 6. 28. 91다5327(공1991, 2028) 등.

276) 집12-2, 민15.

277) 대판 1988. 11. 8. 86다카2949(공1988, 1522)[이 판결에 대한 평석으로 조정래(주270), 413 이하 및 채영수(주267), 93 이하 참조].

이 판결의 사안은, 채권압류의 경합으로 제3채무자가 공탁하고 그 사유를 법원에 신고함으로써 배당절차가 개시되었는데, 압류채권자로서 우선권자인 임금채권자들이 배당기일에 출석하여 배당에 이의가 없다고 진술함으로써 후순위권자인 조세채권자가 배당을 받았는데, 그 후 임금채권자들이 조세채권자를 상대로 부당이득반환청구를 한 것이다.

278) 대판 1994. 2. 22. 93다55241(공1994상, 1083).

이 판결의 사안은, 선순위 확정일자를 갖춘 임차인이 배당요구를 한 후 배당기일에 불출석하자 경매법원이 그 임차인이 선순위 확정일자를 갖춘 사실을 간과하여 소액보증금만 배당하고 후순위 근저당권자에게 배당을 하였는바, 배당절차

원이 작성한 배당표대로 배당절차가 종료된 후에 부당이득의 반환을 청구한 사안에서, "확정된 배당표에 의하여 배당을 실시하는 것은 실체법상의 권리를 확정하는 것이 아니므로 배당을 받아야 할 자가 배당을 받지 못하고 배당을 받지 못할 자가 배당을 받은 경우에는 배당에 관하여 이의를 한 여부 또는 형식상 배당절차가 확정되었는가의 여부에 관계없이 배당을 받지 못한 우선채권자는 부당이득반환청구권이 있다"고 판시함으로써 부당이득반환청구를 인정하였다.279)

한 걸음 나아가 대법원은, 배당표에 대한 아무런 이의가 없어 배당표가 확정되었으나 아직 배당금을 수령하지 못한 채권자를 상대로 한 부당이득반환청구소송에서, "임차보증금채권이 존재하지 아니함에도 배당표에는 위 채권이 존재하는 것으로 확정되었다면 피고는 법률상 원인 없이 대한민국에 대한 위 금액 상당의 배당채권을 취득한 것이 되어 부당이득이 성립한다"고 판시함으로써 채권의 부당이득반환청구를 인정하였다.280)

종료 후 임차인이 후순위 근저당권자를 상대로 부당이득반환청구를 한 것이다. 또한 대판 1997. 2. 14. 선고 96다51585(공1997상, 769)[이 판결에 대한 평석으로 민일영, "체납처분과 배당요구, 그리고 부당이득반환청구", 법조 1997. 10., 165 이하] 참조.

279) 이러한 법리의 설시는 그 후의 판결에서도 계속 이어진다. 대판 2000. 10. 10. 선고 99다53230(공2000, 2299); 대판 2002. 10. 11. 2001다3054(공2002하, 2668); 대판 2002. 10. 22. 2000다59678(공2002하, 2787)[이 판결에 대한 평석으로 윤 경, "불법말소된 저당권의 권리자와 배당이의의 소", 민사소송(Ⅵ)(한국민사소송법학회 편)(2002), 237 이하 참조].

280) 대판 1996. 11. 22. 96다34009(공1997상, 32)[이 판결에 대한 평석으로 강영호, "경매절차에 있어서 임차보증금반환채권이 없는 자가 1순위 배당채권자로 된 배당표가 확정된 경우 정당한 권리자의 권리행사방법", 대법원판례해설 26호(1996), 124 이하 참조].

이 판결의 사안은, 근저당권자가 신청한 경매절차에서 가장임차인이 근저당권에 우선하는 확정일자부 임차권이라며 배당요구를 하였고, 이에 대하여 근저당권자가 이의를 하지 않아 임차인에게 배당하는 배당표가 확정되었는데, 근저당권자가 뒤늦게 임차인의 배당금수령청구권을 가압류한 후 그를 상대로 부당이득반환청구를 한 것이다. 이는 대판 1991. 4. 9. 91다1578(공1991, 1360)이 구(舊) 경매법에 의한 매각대금교부표에 매각대금을 교부받을 자로 기재된 것만으로는 대금을 실제로 수령하기 전까지는 아직 부당이득을 한 것이라고 할 수 없다고 하여

(나) 우선변제권이 없는 일반채권자

강제경매절차에서 우선변제권 있는 조세채권자가 매각결정기일까지 적법하게 교부청구(배당요구)를 하지 아니하였음에도 조세채권자에게 배당이 실시되자, 배당이의를 하지 아니한 후순위 일반채권자인 경매신청채권자가 조세채권자를 상대로 부당이득의 반환을 청구한 사안에서, 대법원 1993. 3. 26. 선고 92다52773 판결[281]은, 실체법상 우선권이 있는 채권자라 하더라도 매각결정기일까지 적법한 배당요구를 하지 아니한 이상 배당절차에서 배당금을 수령할 권한이 없다는 이유로 후순위 일반채권자인 경매신청채권자의 부당이득반환청구권을 인정하였다.

그 후 대법원 2001. 3. 13. 선고 99다26948 판결[282]에서 "확정된 배당표에 의하여 배당을 실시하는 것은 실체법상의 권리를 확정하는 것이 아니므로, 배당을 받아야 할 채권자가 배당을 받지 못하고 배당을 받지 못할 자가 배당을 받은 경우에는 배당을 받지 못한 채권자로서는 배당에 관하여 이의를 한 여부에 관계없이 배당을 받지 못할 자이면서도 배당을 받았던 자를 상대로 부당이득반환청구권을 갖는다 할 것이고, 배당을 받지 못한 그 채권자가 일반채권자라고 하여 달리 볼 것은 아니다"라고 판시함으로써 일반채권자의 부당이득반환청구권을 보다 분명하게 인정하였다.

(3) 현행 민사집행법하에서의 판례

민사집행법 시행 후의 사안에 관하여는 한동안 판례가 나오지 않았지만, 민사집행법 제155조가 구(舊) 민사소송법 제593조와 내용이 동일하기 때문에 판례의 태도에 변화가 없을 것으로 생각되었다. 그러다 마침내 대법원 2007. 2. 9. 선고 2006다39546 판결[283]이 배당요구를

부당이득반환청구를 배척한 것과 대비된다.

281) 공1993상, 1298.

282) 공2001, 863.

이 판결에 대한 평석으로 권성우(주267), 368 이하 참조.

하였으나 배당을 전혀 받지 못하였음에도 불구하고 배당이의를 하지 않은 일반채권자가 배당을 받은 다른 채권자를 상대로 부당이득반환청구를 한 사안에서

> "확정된 배당표에 의하여 배당을 실시하는 것은 실체법상의 권리를 확정하는 것이 아니므로, 배당을 받아야 할 채권자가 배당을 받지 못하고 배당을 받지 못할 자가 배당을 받은 경우에는 배당을 받지 못한 채권자로서는 배당에 관하여 이의를 한 여부에 관계없이 배당을 받지 못할 자이면서도 배당을 받았던 자를 상대로 부당이득반환청구권을 갖는다 할 것이고, 배당을 받지 못한 그 채권자가 일반채권자라고 하여 달리 볼 것은 아니다"

라고 판시함으로써 민사집행법 시행 후에도 여전히 종전과 동일한 입장을 견지하고 있음을 분명히 하였다.[284]

라. 사견(私見)

(1) 실체법상 채권 또는 담보권이 없는 자가 배당금을 수령하거나, 후순위 권리자가 우선변제권이 있는 선순위 채권자보다 우선배당을 받은 경우에 법률상 원인이 없는 이득을 취한 것으로서, 그 사후적 교정수단으로서 부당이득반환청구권을 인정하는 것이 얼핏 당연하다고 할 수도 있다.

그러나, 본래 배당절차는 환가에 의하여 얻은 배당재산의 분배를 둘러싸고 채권자 상호간의 관계가 전면에 부상하는 것이어서, 배당에 참가한 채권자 상호간의 배당관계는 채권자의 자주적인 태도 결정에 따라 변화의 여지가 부여되어 있기 때문에, 그 배당의 순위나 액수에 관하여 반드시 실체관계와 엄밀하게 합치할 것이 요구되지 아니한다.

---

283) 공 2007상, 433

284) 그 후에 이어서 나온 대판 2007. 2. 22. 2006다21538(미간행) 및 대판 2007. 3. 29. 2006다49130(미간행)도 같은 법리를 설시하고 있다.

각 채권자는 자기가 가진 채권의 일부만으로 배당요구를 할 수 있음은 물론이고, 채권자들 사이에 실체관계와는 다른 내용의 합의가 성립하였다 하더라도 경매법원으로서는 실체관계와의 합치 여부를 묻지 않고 그 합의된 내용에 따라 배당을 실시하여야 한다.

또한, 민사집행법은 배당을 위하여 배당기일을 정하면 각 채권자에게 통지하여 미리 배당표를 열람하게 하고(동법 제146조), 각 채권자가 제출한 채권계산서를 기초로 하여 작성된 배당표의 기재가 자기에게 불리하고 다른 채권자에게 부당하게 유리한 경우에 이에 대한 이의를 진술할 수 있도록 함(동법 제151조 제 3 항)은 물론 다른 채권자의 이의에 대한 인정 여부를 진술케 함으로써 채권자 상호간의 이해조정을 도모하여, 거기서 도출된 합의에 따라 배당의 순위 및 액수 등을 확정토록 하고(동법 제152조 제 2 항), 이의가 채권자간의 조정에 의하여 해결되지 아니할 경우에는 배당이의의 소에 의하여 이의의 당부를 궁극적으로 판단케 하여(동법 제154조 내지 제158조) 그 판결 결과에 따라 채권자간의 배당의 순위 기타 액수를 확정토록 하는 것을 기본적 구조로 하고 있다.

이처럼 배당표의 확정에 관한 채권자들의 처분권이 인정되고, 배당절차에서 자기의 이해관계를 주장할 수 있는 기회가 민사집행법상 보장되어 있음에도 불구하고 통지를 받고도 배당기일에 출석하지 아니함으로써 배당표의 실시에 동의한 것으로 간주되거나(동법 제153조 제 1 항) 배당기일에 출석하였으나 배당표에 대하여 아무런 이의를 제기하지 아니한 채권자는 법원이 작성한 배당표의 기재에 찬성한다는 의사표시를 한 것으로 볼 수밖에 없다.[285] 따라서, 위와 같은 절차를

285) 긍정설의 입장에서는 배당이의를 하지 아니한 것은 통상 채권자의 부지 때문이므로 이처럼 몰라서 이의하지 않은 자에게 실권을 시키는 것은 안 된다고 주장하나[이주흥(주260), 519], 알고서 이의를 하지 아니하였건 몰라서 이의를 하지 아니하였건 법의 적용에 차이를 둘 수는 없다. 그런 논리라면 상소기간을 몰라 상소를 하지 아니한 자에 대하여도 실체법상의 별도의 구제책을 강구하여야 할 것이다.

통하여 확정된 배당표에 따른 배당의 실시는 실체적으로나 절차적으로 정당성이 충분히 확보되는 것이라 할 수 있다. 그 결과 배당표에 대한 이의신청이 없는 경우에는 실체적인 법률관계와 상이한 배당이 실시되어 결과적으로 과다한 배당을 받는 채권자가 나온다 하더라도, 그는 채권자들 사이의 합의에 따라 배당이 실시된 경우와 마찬가지로 법률상 원인이 있는 배당금을 수령한 것이라고 봄이 상당하다.

결론적으로 부정설에 찬성한다. 다만, 부정설의 정당성은 채권자에게 배당표가 마음에 안 들 경우 채권자가 이에 이의를 제기하여 다툴 수 있다는 절차적 보장이 전제될 때 비로소 확보되는 것이므로, 채권자에게 그러한 기회가 주어짐이 없이 배당이 실시되었다면 그 시정을 위하여 부당이득반환청구를 인정하여야 한다. 따라서 배당받을 채권자가 적법한 통지를 받지 못함으로써 배당기일에 출석하여 이의할 기회가 원천적으로 봉쇄되었다든가, 다른 채권자의 기망이나 강박에 의하여 이의를 하지 못한 경우에는 부당이득반환청구를 인정하여야 할 것이다.[286]

(2) 긍정설을 따를 경우에는 결과적으로 경매법원의 배당절차를 헛수고로 만드는 결과가 된다. 민사집행법이 기껏 배당이라는 제도를 만들어 그 요건과 절차를 상세히 규정할 뿐만 아니라 부당한 배당에 대한 구제절차까지 마련한 마당에 그것을 한낱 휴지조각으로 만드는 이론에는 찬성할 수 없다.

별소(別訴)에 의한 부당이득반환청구권이 인정되는 마당에 누가 애써 배당요구 또는 배당이의 신청 내지 배당이의의 소를 하려 들 것인가. 그리고 경매법원이 무엇하러 굳이 배당요건이나 배당순위를 따지겠는가. 권리자가 애써 절차를 준수하여 경매법원에서 배당을 받았

---

286) 정동윤(주270), 608은 허위채권으로 부당하게 배당받은 채권자를 상대로 한 부당이득반환청구도 인정하여야 한다고 하나, 이 경우에는 채무자의 부당이득반환청구권을 대위하는 것으로 처리함이 옳을 것이다[동지(同旨) : 오종윤(주270), 328].

고 그와 같이 배당을 받을 때 아무런 이의를 제기하는 사람이 없어 안심하고 있었는데, 남들은 권리를 찾느라 애쓰는 동안 낮잠 자고 있던 사람이 뒤늦게 나타나 도로 다 내어 놓으라 한다면 법원의 경매제도는 그 근본부터 국민의 불신을 받는 대상이 된다. 경매법원의 배당절차가 아무런 이의 없이 끝났는데도 배당받은 채권자들로 하여금 부당이득반환청구권의 10년 소멸시효가 완성되는 날까지는 항상 불안에 떨게 해서야 어떻게 국민들이 법원의 경매절차를 신뢰할 수 있겠는가?

특히, 채권자들 사이의 적극적인 협의에 의하여 배당이 이루어진 경우를 생각하여 본다면 "배당의 결과를 확정시키기 위하여 부당이득반환청구를 배제하여야 할 정도로 절차적 안정이 요구되지는 않는다"고 하는 긍정설은 찬성할 수 없다.

빚이 많은 채무자가 수인의 채권자를 모아 놓고 내가 갖고 있는 재산이 이것밖에 없으니 적당히 나눠 가지라고 하여 채권자들이 협의를 거쳐 분배하였을 때, 적게 받은 사람이 많이 받은 사람을 상대로 나의 손실로 네가 이득한 것이니 부당이득으로 반환하라고 청구할 수는 없는 노릇이다.[287] 그와 같은 분배에 동의할 수 없으면 애당초 이의를 하였어야지, 분배할 때는 아무런 이의가 없다고 동의하여 놓고는 뒤늦게 나는 반대라며 도로 내 놓으라고 하는 것은 신의칙에 반한다고 하지 않을 수 없다.

(3) 긍정설의 저변에 깔려 있는 가장 중요한 논거는 절차법에 의하여 실체법상의 권리가 제한되는 것은 안 된다는 것이고, 긍정설을 취하는 대법원판결들은 하나 같이 "확정된 배당표에 의하여 배당을 실시하는 것은 실체법상의 권리를 확정하는 것이 아니므로, 배당을

287) 과연 많이 배당을 받은 자에게 '이득'이 있고 적게 배당받은 자에게 '손해'가 있는지가 근본적으로 의문이다. 전자(前者)는 그 배당으로 채권이 소멸하였고, 후자(後者)는 여전히 채권을 가지고 있기 때문이다[양창수(주267), 613].

받아야 할 자가 배당을 받지 못하고 배당을 받지 못할 자가 배당을 받은 경우에는 배당을 받지 못한 우선채권자는 배당을 받은 자에 대하여 부당이득반환청구권이 있다"는 설시를 반복하고 있다.[288]

그러나, 절차법에 의하여 실체법상의 권리행사가 제한되는 예는 배당절차 외에도 얼마든지 있다. 기판력이 그 전형적인 예이며, 소 취하 후의 재소 금지, 각종의 제소기간, 상소기간의 제한도 마찬가지이다. 대법원을 최종심으로 하고 더 이상의 법원을 두고 있지 않은 것도 역시 마찬가지가 아닐까. 위와 같은 각종의 절차적 제한이 있다하여, 본래 존재하던 권리가 없어지는 것도 아니고 반대로 없던 권리가 생겨나는 것도 아니다.

쉬운 예로, 대여금청구소송을 제기하여 1심에서 승소판결을 받은 후 어떤 이유로든 소를 취하하면 다시 그 돈을 돌려달라는 소송을 제기하지 못한다(민사소송법 제267조 제 2 항). 실체법상의 대여금채권은 여전히 존재하며 그것이 확정적으로 소멸하는 것이 결코 아닌데도 절차법에 의하여 그 권리행사가 배제되는 것이다. 그렇다고 이는 부당하니 시정하여야 한다며, 아무튼 돈을 갚지 않아도 되는 채무자가 부당이득을 한 것이므로 채권자의 부당이득반환청구를 인정하자고 주장하는 사람은 아무도 없다.

마찬가지로, 권리가 분명 존재하지만 소송기술이 부족하여 대법원에 이르도록 패소함으로써 더 이상의 권리행사가 배제되면 이를 그대로 수용하여야 한다. 실체법상 아무리 권리가 존재하여도 절차법적으로 마련된 구제수단이 그것뿐이면 어쩔 수 없는 것이다. 절차법에

---

288) 이 점에 관하여 윤윤수(주270), 578은 "이는 소송을 실체법상의 권리, 특히 청구권의 실행절차에 불과한 것으로 보아 절차법은 실체법의 조법(助法)이고 수단적, 기술적 규정에 불과한 것이라는 관점에 기인하는 것일 터이나, 실체법과 절차법의 구별은 일반적인 기능 또는 구실에서 말하는 것으로서 양자는 민사분쟁의 해결이라는 공통의 목적을 위하여 서로 제휴하여 봉사하는 것으로서 그 구실에 있어서 주종의 구별이 있다고는 말할 수 없으므로 이론적으로 미흡하다"고 하고 있다. 매우 적절한 지적이 아닐까 한다.

의하여 실체법상의 권리행사를 제한하는 것은 안 된다는 논리는 실체법과 절차법이 분화되기 전의 원시시대로 되돌아가자는 것에 지나지 않는다.

분쟁을 일정한 절차를 거쳐 해결하기로 한 이상은 어차피 일정 단계에서 종결지어야 한다. 억울하다고, 부당하다고, 무한정으로 구제의 길을 열어 둘 수는 없는 노릇이다. 절차법에서 나름대로의 충분한 구제수단을 마련하여 놓았음에도 불구하고 그것을 이용하지 않는 사람에게 새삼 실체법상의 구제수단을 부여할 필요는 없는 것이다.

논자에 따라서는, 저자가 위에서 예로 든 것은 절차법 중에서도 소송절차에 관한 규정에 국한된 것이고 집행절차에 관한 규정은 달리 취급하여야 한다고 할지도 모른다.[289] 그러나, 이는 집행절차에 관한 규정은 소송절차에 관한 규정에 비하여 소홀하게 취급하는 잘못된 세태를 반영한 것이다. "아무리 천하에 자랑할 만한 명문의 판결문이라 할지라도 집행에 의하여 그 실효성이 보장되지 않으면 한낱 휴지조각에 불과하게 된다. 판결 등에 표시된 추상적·관념적인 권리를 구체적·현실적인 권리로 승화시키는 것이 강제집행절차"[290]임을 유의할 필요가 있다.

나아가, 대법원판례 자체에서도 경매절차에 따른 실체법상의 권리행사를 제한하는 것을 용인하고 있다는 것을 유의할 필요가 있다. 임의경매신청채권자가 피담보채권의 일부만으로 경매신청을 함으로써 결과적으로 후순위자에게 다액의 배당금이 교부된 후 선순위자인 신청채권자가 후순위자를 상대로 부당이득반환청구를 한 사안에서 대법원은,

> "… 임의경매절차에 있어 채권자가 피담보채권의 전부 또는 일부를 청구할 것인지의 여부는 그의 임의에 속하는 것이라 할 것이고, 그 일부만

289) 김현석(주266), 232 참조.
290) 박우동 외 3인 공편, 주석 강제집행법(Ⅰ)(1993)의 머리말에서 인용.

을 청구한 경우에 경매법원으로서는 교부신청한 일부 금액만을 채권자에게 교부하면 족하다 할 것이므로, 배당기일까지 신청채권액을 확장함이 없이 이에 기초하여 배당절차가 종료되었다면 경매대금을 지급 또는 배당하는 행위가 실체법상의 권리를 확정하는 것이 아니라 하더라도 그로써 경매대금의 배당은 적어도 적법하게 실시되었다 할 것이고, 경매신청채권자가 청구하지 아니한 부분의 해당금액이 후순위담보권자에게 배당되었다 하여 이를 굳이 법률상 원인 없는 것이라고는 볼 수 없다"

고 판시하였다.[291)]

또한, 대법원은 전술(前述)한 바와 같이 적법한 배당요구를 하지 아니한 자는 배당절차 종료 후 부당이득반환청구를 할 수 없다고 하고 있을 뿐만 아니라,[292)] 조세채권자가 배당요구의 종기 후에 교부청구를 함으로써 청구금액을 확장한 부분에 대하여도 경매법원이 전액 배당하는 내용의 배당표를 작성하자 후순위채권자인 경매신청채권자가 배당기일에서 이의를 신청한 후 배당이의의 소를 제기한 사안에서, 배당요구의 종기 후 배당기일까지 사이에 비로소 교부청구된 세액은 그것이 실체법상의 우선권 있는 채권인지의 여부를 불문하고 배당받을 수 없다는 취지로 판시하여 후순위채권자인 경매신청채권자의 배당이의를 인용하였다.[293)] 만일 위 배당이의소송에서 패소한 우선채

291) 대판 1988. 2. 23. 87다카1790(공1988, 585); 대판 1997. 2. 28. 96다495(공1997상, 902).

특히 후자(後者)의 판결은 "근저당권자는 민법상 채권 전부의 변제를 받을 때까지 저당물 전부에 대하여 그 권리를 행사할 수 있는 것이므로 경매절차의 이념상 신청채권자인 근저당권자가 일부청구를 하였다가 채권계산서 등에 의하여 청구금액을 확장하는 것은 허용할 수 없다고 하더라도 그 실체적 권리관계는 부당이득반환의 법리에 따라 구제되어야 한다는 취지의 논지는 독자적 견해에 불과하여 받아들일 수 없다"고 설시하고 있음을 주목할 필요가 있다.

반면, 위 대판 1988. 2. 23. 87다카1790과 마찬가지로 구(舊) 경매법 아래서의 판례인 대판 1977. 2. 22. 76다2894(공1977, 9940)는 같은 사안에서 부당이득반환청구를 인정하여 대비된다.

292) 주266) 참조.

또한 채권에 대한 집행에 관한 대판 1994. 11. 22. 94다2572(공1995상, 71) 참조.

293) 대판 1993. 9. 14. 93다22210(공1993하, 2775).

권자가 그 후 자기가 실체법상 우선권 있는 채권자라는 이유를 들어 반대로 후순위채권자인 경매신청채권자를 상대로 부당이득반환청구를 하면 어떻게 될까? 이는 배당이의소송 판결의 기판력의 문제와도 직결되는데, 적어도 위 배당이의소송 판결의 태도를 견지한다면 위 부당이득반환청구는 기각하여야 할 것이다.

이처럼 대법원판례는 경매신청단계에서 일부청구를 한 경우 및 배당요구의 종기까지 적법한 배당요구를 하지 아니한 경우에는 이미 그 후의 실체법상의 부당이득반환청구를 부정하고 있다. 일부청구의 여부, 배당요구의 여부, 배당이의의 여부는 모두 하나같이 채권자의 의사에 맡겨진 것인데도 유독 배당이의에 한하여 달리 취급하는 이유를 모르겠다.294)

(4) 긍정설의 또 하나의 논거인 연혁적, 비교법적인 이유도 설득력이 부족하다. 긍정설의 주장대로 민사집행법 제155조의 모법인 독일의 구(舊) 민사소송법 제764조 제 2 항(독일 현행 민사소송법 제878조 제 2 항)이 배당이의의 소 제기를 게을리한 자에 대하여 실체법상의 우선권

이 판결에 대한 평석으로 전하은, "체납처분에 의한 압류와 조세교부청구의 성질 및 종기", 대법원판례해설 20호(1993), 288 이하 및 유현석, "경매에서의 조세교부청구의 시기", 판례연구 8집(서울지방변호사회 편)(1995), 79 이하 참조.

294) 논자에 따라서는 "배당이의를 하지 아니한 경우의 부당이득은 배당받지 못한 자가 자신의 권리의 소명을 하지 못하여 자신의 권리를 부인 당하는 경우와 상대방의 채권을 단기간 내에 조사하기 어렵기 때문에 상대방의 허위채권에 이의하지 못한 경우 두 가지가 있을 수 있고, 또한 배당요구를 하지 아니한 경우는 전적으로 배당요구를 하지 아니한 자의 사정으로 인한 것이어서 배당요구하지 아니함으로 인한 불이익을 스스로 감수하는 것이 마땅하고 다른 채권자에게 법적 불안을 강요할 수 없는 것이며, 배당요구가 없어 당해 우선변제권 존재조차 예측할 수 없었던 것이다"라고 그 차이를 설명할지도 모른다.

그러나, 배당이의도 이를 하고 안 하고는 전적으로 채권자의 의사에 달린 것이며, 단기간 내에 상대방의 채권을 조사하기 어렵다 하나, 이미 상대방이 배당요구를 한 시점부터 조사하여 대비할 수 있었는 데다, 그래도 시간이 없다면 배당이의의 신청을 하고 소를 제기하여 심리하는 도중에도 얼마든지 허위채권인 여부를 가릴 수 있는 것이다. 그것을 꼭 부당이득반환청구의 소로 가려야 하는 것은 아니다. 따라서 위 설명으로는 양자에 차이를 두는 합리적 근거가 되기에 부족하다.

(ein besseres Recht)을 주장하는 별소(別訴)를 인정한 것은 바로 배당절차가 실체상의 권리까지 결정하는 것은 아니라는 것을 확인한 규정에 불과하다면, 결국 위 조항은 있으나 마나 한 것이고, 부당이득반환청구의 인정 여부는 해석론 내지는 법정책적인 선택[295]의 문제에 달려 있다는 것밖에 안 된다.[296]

우리와 마찬가지로 독일의 구(舊) 민사소송법 제764조 제2항을 본뜬 조항을 두고 있던 일본의 구(舊) 민사소송법(동법 제634조) 아래에서의 일본의 해석론은 독일과는 달리 오히려 별소(別訴)에 의한 부당이득반환청구를 부정하는 것이 다수설이었고, 위와 같은 조항을 아예 삭제한 현행 민사집행법 아래에서도 부당이득반환청구를 부정하는 것이 역시 다수설인 점을 볼 때,[297] 독일이 이러니까 우리도 이래야 한다는 식의 논리는 설득력이 없는 것이다. 참고로 이 문제에 관하여 프랑스[298]나 미국[299]에서도 부당이득반환청구를 부정하고 있다.

(5) 이분설(二分說)도 담보권자에 대하여 부당이득반환청구를 인정하는 점에서 긍정설에 대한 비판이 그대로 적용되고, 경매부동산의 매각대금으로부터 채무변제를 받고자 하는 채권자들 사이의 이해관계를 조정하는 배당절차에서 담보권이 소멸하였다는 것이 담보권자를 일반채권자와 구별할 만한 충분한 근거가 되지 못한다는 점에서 역시 찬성할 수 없다.

---

295) 정동윤(주270), 608.

296) 그런 점에서 현행법상 실권효를 인정한 명문의 규정이 없다는 긍정설의 논거는 설득력이 없다. 부당이득반환청구가 가능하다는 명문의 규정 또한 없기 때문이다.

297) 일본에서의 논의의 소개는 김현석(주266), 225-228 및 中野貞一郎(주260), 386 이하 참조.

298) 이 문제에 관한 프랑스법의 소개에 관하여는 이재환, "프랑스법상 부동산압류절차 및 배당절차", 판례실무연구(Ⅰ)(1996), 622 이하 참조.

299) 이 문제에 관한 미국법의 소개에 관하여는 이성호, "미국법상 담보권실행 및 강제집행절차와 채권자의 청구금액 확장의 문제", 판례실무연구(Ⅰ) (1996), 629 이하 참조.

(6) 별소(別訴)에 의한 부당이득반환청구를 부정하면 배당이의의 남용이 우려될 수도 있다.[300] 배당이의를 하지 아니하면 부당이득반환청구의 소를 제기하지 못하니 배당이의를 하여 놓고 보자는 채권자들이 속출할 것이라는 염려이다.

그러나 이는 오히려 바람직한 것이다. 물론, 배당기일의 정확한 소환, 배당표 작성기간의 준수 등을 통하여 배당이의의 기회를 줄이는 것이 바람직하지만, 배당에 불만이 있는 이상은 배당이의 신청 및 배당이의의 소에 의하여 신속히 해결하여야 하고, 그렇게 하는 것이야말로 민사집행법이 요구하는 바이다. 그러한 불복방법을 즉시 취하지 않고 배당절차가 종료한 후 몇 년이 흐른 다음에 아닌 밤중에 홍두깨 식으로 부당이득반환청구의 소를 제기하는 것이야말로 법적 안정성을 깨뜨리고 혼란을 야기하는 것이다.

문제는 민사집행법 제155조이다. 동조는 일단 배당이의를 하여 놓으면 별소(別訴)에 의한 부당이득반환청구소송을 가능케 하고 있다. 배당이의를 하고도 기간을 해태하여 배당이의의 소를 제기하지 못한 채권자를 구제하겠다는 것이 그 취지이나, 이는 잘못된 발상이다. 그런 식의 논리라면, 상소기간을 도과한 자, 재심 제기기간을 도과한 자, 조정에 갈음하는 결정에 대하여 기간 내에 이의신청을 하지 못한 자, 매각허가결정에 대하여 항고기간을 도과하여 즉시항고를 하지 못한 자 등 법정기간을 도과하여 권리행사를 못 하는 자들에 대하여도 실체법상의 구제수단을 마련하여야 할 것이다. 그런 의미에서 대법원에서 주도한 구(舊) 민사소송법 중 강제집행편의 개정작업 당시 동법 제593조(현행 민사집행법 제155조)의 삭제 필요성이 제기되었었는데[301]

300) 조남대(주266), 277.

301) 국회법제사법위원회, 민사집행법안에 대한 공청회자료(2001), 83; 법원행정처, 실효성 있는 민사집행제도 마련을 위한 토론회 결과 보고서(서기석 부장판사 발제 부분)(1996), 57; 민일영, "민사소송법 중 강제집행편의 개정방향", 저스티스 34권 3호(2001. 6.), 74.

그것이 민사집행법의 제정에 반영되지 못한 것이 아쉽다. 일본이 민사집행법을 제정하면서 구(舊) 민사소송법에 있던 위와 같은 조항(동법 제634조)을 삭제한 것은 좋은 참고가 될 것이다.

제 4 절 대항력과 우선변제권의 상호관계

Ⅰ. 문제의 소재

임차권등기를 하였거나, 임대차계약서에 확정일자를 구비하였거나, 소액임차인에 해당하여 우선변제권이 있는 임차인이 그 임차권등기나 건물임대차보호법상의 대항요건이 최선순위이기 때문에 낙찰자에게 자기의 임차권을 주장할 수 있는 대항력도 있는 경우에 위 두 권리의 상호관계를 어떻게 볼 것인가를 둘러싸고 다음과 같은 문제들이 제기된다.

즉, ① 양자는 병존하는 것인가 아니면 어느 하나만 인정되는 것인가, ② 만일 병존한다면 그 중 어느 하나를 선택하여 행사할 경우에 다른 권리에 미치는 영향은 어떠한가, 나아가 ③ 우선변제권을 행사한 경우에도 대항력이 존속한다면 이를 바탕으로 우선변제권을 다시 행사하는 것은 가능한가 하는 것들이 바로 그것이다.

이하 차례로 검토한다.

Ⅱ. 대항력과 우선변제권의 병존 여부

낙찰자에게 자기의 임차권을 주장할 수 있는 대항력이 있는 임차인이 우선변제권의 요건도 구비한 경우에 임차인에게 두 권리가 모두 인정되는가에 관하여는 견해가 나뉜다.

1. 학 설

가. 긍 정 설

이 설은 건물임대차보호법상의 대항력에 관한 규정과 우선변제권에 관한 규정은 모두 임차인의 보호를 위한 것이므로, 그 각 규정을 둔 취지에 비추어 볼 때 각각의 요건을 모두 갖춘 임차인은 두 권리를 겸유하며 그 중 하나를 선택하여 행사할 수도 있다는 견해이다.[1)]

나. 부 정 설

이 설은 대항력 있는 임차권이 종료사유 없이 적법하게 존속 중일 경우에는 그 보증금에 관하여 우선변제청구권이 없고, 임차기간의 만료 등 임대차의 종료사유가 발생하여 임차인이 현실적으로 보증금반환청구권을 행사할 수 있게 되고 나아가 경매절차에서 그 반환을 청구한 때에는 우선변제청구권만이 있다거나,[2)] 주택에 대하여 경매가 개시되면 임차인은 곧바로 임대차계약을 해지할 수 있고, 임차인은 우선적으로 매각대금에서 임차보증금을 반환받아야 하며, 그렇게 하고서도 보증금을 반환받지 못한 경우에 한하여 대항력을 주장할 수

---

1) 오용호, "부동산경매와 임차권", 재판자료 36집(1987), 353-354; 이주흥, "주택임차보증금 회수를 위한 우선변제권의 행사와 경매절차상 취급", 법조 1994. 11., 47; 정승열, 상가·주택 임대차보호법 실무(개정1판)(2007), 339-340; 최 종, "경매절차에 있어서 임차인", 사법논집 18집(1987), 461; 하경일, 실무 경매와 주택임대차보호법(1987), 393.

2) 이윤승, "주택임대차에 있어서 소액임차인의 보호", 사법논집 19집(1988), 175. 한편, 김오섭, "임대차에 있어서의 소액보증금의 보호를 둘러싼 제문제", 재판자료 32집(1986), 516은 대항력이 있는 임대차에 있어서 낙찰시까지 임대차계약기간이 만료하면 그 보증금은 낙찰자가 인수하지 않는다고 하고 있는바, 취지가 분명하지는 않으나 부정설의 입장으로 보인다.

있을 뿐이라는 견해이다.[3)]

2. 판 례

이 문제에 관하여 판례는 대법원 1986. 7. 22. 선고 86다카466,467,468, 469 판결[4)]이

> "… 현행 주택임대차보호법(1983. 12. 30 법 제3682호, 1984. 1. 1.부터 시행) 제 3 조 제1, 2항에 의하면, 임대차는 그 등기가 없는 경우에도 임차인이 주택의 인도와 주민등록을 마친 때에는 그 익일부터 제 3 자에 대하여 효력이 있다. 임대주택의 양수인(기타 임대할 권리를 승계한 자를 포함한다)은 임대인의 지위를 승계한 것으로 본다고 규정하고 있고, 같은 법 제 4 조 제 2 항은 임대차가 종료한 경우에도 임차인이 보증금을 반환받을 때까지는 임대차관계는 존속하는 것으로 본다고 규정하고 있으며, 같은 법 제 8 조 제 1 항은 임차인은 소액의 보증금에 관하여 다른 담보권자보다 자기 채권의 우선변제를 받을 권리가 있다고 규정하고 있는바, 임차인의 보호를 위한 위 규정들의 취지에 비추어 위 규정의 요건을 갖춘 임차인은 임차주택의 양수인에게 대항하여 보증금의 반환을 받을 때까지 임대차관계의 존속을 주장할 수 있는 권리와 소액의 보증금에 관하여 임차주택의 가액으로부터 우선변제를 받음과 동시에 임차목적물을 명도할 수 있는 권리를 겸유하고 있다고 해석되고 이 두 가지 권리 중 하나를 선택하여 행사할 수 있다고 보아야 할 것이다"

고 판시한 이래 계속 긍정설을 취하여 오고 있다.[5)]

---

3) 이재성, "주택임대차보호법 제 3 조와 경락인의 주택명도청구", 이재성판례평석집(Ⅸ)(1989), 276.

4) 공1986, 1104.
이 판결에 대한 평석으로 이재성(주3), 258 이하 및 이홍복, "임차주택의 경매시 우선변제권을 행사하지 아니한 임차인의 대항력", 대법원판례해설 6호(1987), 81 이하 각각 참조.

5) 대판 1987. 2. 10. 86다카2076(공1987, 426)[이 판결은 소액임차인에 관한 것이다. 이 판결에 대한 평석으로 이주흥, "대항력 있는 소액임차인의 배당요구 철회와 경락인의 임차보증금 반환 채무의 인수 여부", 민사판례연구(Ⅹ)(1991), 130 이하

3. 사견(私見)

건물임대차보호법이 임차인에게 대항력 및 우선변제권을 인정하는 취지 및 그 요건이 서로 상이한데, 두 요건을 다 갖춘 경우에는 어느 하나만 인정된다고 보아야 할 별다른 근거를 찾기 어렵다. 더구나 판례가 들고 있는 주택임대차보호법 제3조 제1항, 제2항, 제3조의2 제1항, 제2항(현행 제2항, 제3항), 제4조 제2항, 제8조 제1항, 제2항 외에 보증금이 전액 변제되지 아니한 대항력 있는 임차권은 낙찰에 의하여 소멸하지 않는다는 제3조의5 단서가 신설된 현행 주택임대차보호법하에서는 더더욱 양자가 병존한다고 보아야 할 것이다. 그리고 위 조항들이 반영된 상가건물임대차보호법하에서도 역시 마찬가지로 보아야 할 것이다.

Ⅲ. 대항력과 우선변제권의 선택적 행사 가부

위에서 본 것처럼 각각의 요건을 갖추기만 하면 대항력과 우선변제권은 병존하며 임차인은 그 중 하나를 선택하여 행사할 수 있다고 할 경우에, 그 중 하나의 권리를 행사하면 다른 하나의 권리는 어떻게 되는가? 바꾸어 말하면 그 나머지 다른 하나의 권리는 포기한 것

참조].

또한 대판 1993. 12. 24. 93다39676(공1994상, 501) : 임차인의 보호를 위한 주택임대차보호법 제3조 제1항, 제2항, 제3조의2 제1항, 제2항, 제4조 제2항, 제8조 제1항, 제2항 규정들의 취지에 비추어, 위 규정의 요건을 갖춘 임차인은 임차주택의 양수인에게 대항하여 보증금의 반환을 받을 때까지 임대차관계의 존속을 주장할 수 있는 권리와 보증금에 관하여 임차주택의 가액으로부터 우선변제를 받을 수 있는 권리를 겸유하고 있다고 해석되고, 이 두 가지 권리 중 하나를 선택하여 행사할 수 있다.

동지(同旨) : 대판 1996. 7. 12. 94다37646(공1996하, 2458)(이 판결은 소액임차인 및 확정일자부 임차인 모두에 관한 것이다).

으로 보아야 하는가, 아니면 그 권리도 여전히 행사할 수 있는가 하는 문제가 있다. 이는 주로 대항력과 우선변제권을 모두 갖춘 임차인이 우선변제를 청구하였으나 배당순위에서 밀려 일부밖에 배당받지 못한 경우 나머지 잔액을 낙찰자로부터 반환받을 수 있는가 하는 문제로 다루어진다.[6][7]

1. 학 설

가. 긍 정 설

이 설은 대항력과 우선변제권을 모두 구비한 임차인이 보증금반환청구권에 관하여 우선변제권을 행사하여 배당요구를 하였으나 일부밖에 변제받지 못한 경우에는 나머지 잔액을 낙찰자로부터 반환받을 수 있다는 견해이다.[8]

나. 부 정 설

이 설은 낙찰자에게 대항할 수 있는 임차인이라고 하더라도 스스

6) 임차인이 대항력을 선택하여 우선변제를 청구하지 않은 경우에는 낙찰자가 임대인의 지위를 그대로 승계하므로 임차인은 낙찰자로부터 당연히 보증금 전액을 반환받을 수 있어 문제가 되지 아니한다.

7) 일반적으로 대항력 있는 임차인이 확정일자까지 갖춘 후에 저당권이 설정된 경우에는 최저매각가격이 배당요구한 임차인의 보증금에 못 미칠 경우 잉여의 가망이 없다 하여 미리 경매절차를 취소할 것이기 때문에(민사집행법 제102조) 이러한 문제가 일어나지 않는다. 다만, 대항요건을 구비한 후 확정일자를 갖추기 전에 저당권이 설정된 경우, 혹은 대항력만 있고 확정일자가 없는 소액임차인이 배당요구를 할 경우에는 보증금 중 배당받지 못하는 부분이 나올 수 있다(소액임차인은 보증금 중 일정액만 우선변제 받는다). 후술(後述)하는 대판 1997. 8. 22. 96다53628(공1997하, 2793)은 바로 후자(後者)에 해당하는 사안에 관한 판결이다.

8) 서기석, "부동산입찰에서의 배당에 관한 실무상 제문제", 부동산입찰제도(1997), 348; 성락송, "우선변제권을 행사한 임차인의 경락인에 대한 지위", 민사판례연구(XX)(1998), 210-211; 이헌숙, "대항력 있는 임차인이 임차목적물의 경매절차에서 우선변제청구를 하였으나 환가대금이 보증금액에 모자라게 되는 경우 경락인에 대한 지위", 재판과 판례 7집(대구판례연구회 편)(1998), 312-313.

로 우선변제를 선택하여 임차주택의 매각대금에서 배당을 받은 이상 비록 보증금 전액을 배당받지 못하였더라도 이제는 낙찰자에게 임대차를 주장할 수 없기 때문에 그에게 나머지 보증금의 반환을 청구할 수는 없고, 오로지 종전 임대인에 대하여 청구할 수 있을 뿐이라는 견해이다.[9)]

2. 판 례

이 문제에 관하여 판례는 대법원 1997. 8. 22. 선고 96다53628 판결[10)]이

"… 임차인에게 위 두 가지 권리(대항력과 우선변제권 : 저자 주)를 인정하고 있는 취지가 그 보증금을 반환받을 수 있도록 보장하기 위한 데 있는 점, 경매절차의 안정성, 경매 이해관계인들의 예측가능성 등을 아울러 고려하여 볼 때, 위 두 가지 권리를 겸유하고 있는 임차인이 먼저 우선변제권을 선택하여 임차주택에 대하여 진행되고 있는 경매절차에서 보증금 전액에 대하여 배당요구를 하였다고 하더라도, 그 순위에 따른 배당이 실시될 경우 보증금 전액을 배당받을 수 없었던 때에는 그 보증금 중 경매절차에서 배당받을 수 있었던 금액을 공제한 잔액에 관하여 낙찰자에게 대항하여 이를 반환받을 때까지 임대차관계의 존속을 주장할 수 있다고 봄이 상당하다고 할 것이다. 이 경우 위 임차인의 배당요구에 의하여 위 임대차는 해지되어 종료하고(대법원 1996. 7. 12. 선고 94

9) 권영상, "주택임차인의 대항력, 우선변제권", 창원지방변호사회지(창간호) (1995), 188; 유원규, "주택임차인의 우선변제권 행사의 일회성", 민사판례연구(XXII) (2000), 153-154; 이은희, "대항력 있는 주택임차인의 우선변제권 행사와 임차권의 소멸 여부", 법학연구 5권(서울대학교 편)(1998), 231-232; 이주흥(주1), 58; 한호형, "경매의 진행과 대항력 있는 주택임차권의 관계", 인권과 정의 1998. 12., 140-141.
또한 이균부, "대항력 있는 주택임차인의 우선변제권 행사", 민사판례연구(XIX) (1997), 195-196도 같은 취지로 보인다.

10) 공1997하, 2793.
이 판결에 대한 평석으로 성락송(주8), 193 이하; 이은희(주9), 223 이하; 이헌숙(주8), 303 이하 각각 참조.

다37646 판결 참조), 다만 법 제4조 제2항에 의하여 위 임차인이 그 보증금의 잔액을 반환받을 때까지 그 임대차관계가 존속하는 것으로 의제될 뿐이므로, 낙찰자는 법 제3조 제2항에 의하여 그 임대차가 종료된 상태에서의 임대인의 지위를 승계한다고 할 것이다."

고 판시한 이래 계속 긍정설을 취하여 오고 있다.[11]

3. 사견(私見)

가. 판례에 찬성

생각건대, 임차인이 우선변제권을 행사하여 배당요구를 함으로써 임대차가 종료하긴 하였으나, 보증금 전액을 배당받지 못하고 잔액이 남게 되면 주택임대차보호법 제4조 제2항, 상가건물임대차보호법 제9조 제2항에 따라 임대차가 종료하였더라도 임차인이 보증금 잔액을 반환받을 때까지는 임대차관계가 존속하는 것으로 간주되고,[12]

---

11) 대판 1997. 8. 29. 97다11195(공1997하, 2856); 대판 1998. 6. 26. 98다2754(공1998하, 1984); 대판 1998. 7. 10. 98다15545(공1998하, 2093); 대판 2001. 3. 23. 2000다30165(공2001상, 950); 대판 2005. 6. 9. 2004다58598(미간행).
다만, 여기서 낙찰자에게 대항할 수 있는 보증금 잔액은 보증금 중 경매절차에서 올바른 배당순위에 따른 배당이 실시될 경우의 배당액을 공제한 나머지 금액을 의미하는 것이지 임차인이 배당절차에서 현실로 배당받은 금액을 공제한 나머지 금액을 의미하는 것이 아니며, 따라서 임차인이 배당받을 수 있었던 금액이 현실로 배당받은 금액보다 많은 경우에는 임차인이 그 차액에 관하여는 과다 배당받은 후순위 배당채권자를 상대로 부당이득의 반환을 구하는 것은 별론으로 하고 낙찰자를 상대로 그 반환을 구할 수는 없다(위 대판 2001. 3. 23. 2000다30165)[이에 관한 상세는 윤 경, "2년 미만의 약정 임대차를 주장하여 배당요구한 임차인의 경락인에 대한 대항력 행사", 대법원판례해설 38호(2002), 480-485 참조].
한편, 대판 1993. 12. 24. 93다39676(공1994상, 501)은 대항력 있는 임차인이 동시에 전세권설정등기를 하여 전세권에 기하여 보증금의 일부를 우선변제 받은 경우에 남은 보증금에 관하여 대항력을 주장할 수 있음을 밝혔다.

12) "임대차가 종료"하였는데 "임대차관계가 존속"한다는 것은 얼핏 모순된 것처럼 보이나, 이는 임대차기간이 만료한 경우 또는 임대차계약을 해지한 경우에도 임차인이 보증금을 반환받을 때까지는 그 정산을 위하여 일종의 법정임대차관계가 여전히 존속한다는 의미이므로 꼭 모순된 것은 아니다.

낙찰로 주택의 소유권을 취득한 낙찰자는 주택임대차보호법 제3조 제2항, 상가건물임대차보호법 제3조 제2항에 의하여 임대인의 지위를 승계한 것으로 되므로, 임차인은 보증금 잔액을 낙찰자로부터 반환받을 때까지 임차주택의 명도를 거부할 수 있다고 보아야 한다.[13]

그런데 이에 대하여는, 낙찰자에게 잔액의 반환의무를 부담시키는 것은 신중하지 못한 선택을 한 임차인을 보호하기 위하여 낙찰자에게 예상 밖의 손해를 주고 경매절차를 불안정하게 한다는 비판이 가해지나,[14] 임차인의 배당요구 여부만 확정되면(이를 위하여 앞에서 언급한 바와 같이 매각물건명세서의 정확한 기재가 요망된다) 장차 낙찰자가 인수할 채무액을 예상하는 데 어려움이 없으므로 적정 매수신청가격을 산정하는 데 문제가 없는 데다, 임차인이 배당요구를 한 경우에 그렇지 아니한 경우보다 어떻든 이득을 보는 사람은 낙찰자뿐이므로 그의 이득이 줄어든다 하여(이득이 줄어들 뿐이지 적어도 손해를 보는 것은 아니다) 부당하지는 않다고 할 것이다.

나아가, 배당요구를 함으로써 우선변제권을 행사한 경우 보증금 잔액 반환채무가 낙찰자에게 승계되지 아니하고 임차인은 이를 종전 임대인으로부터 반환받아야 한다고 하게 되면, 종전 임대인은 사실상 무자력으로 되었기 때문에 우선변제권을 선택한 임차인에게는－비록 본인이 선택한 것이지만－너무나 가혹한 결과가 된다. 이는 임차인의 보증금을 보호하려는 건물임대차보호법의 입법취지에도 반한다. 낙찰자에게 대항할 수 있는 임차인이 경매절차에서 배당요구를 하는 의도는 불안정한 주거로부터 벗어나려는 것이고, 이미 경매절차가 진행된 이상 거기에서 먼저 배당을 받고 나머지가 있으면 낙찰자로부터 그 잔액을 받을 것으로 생각하지, 그 잔액을 종전 임대인으로부터 받을

13) 이는 임대차의 기간 만료 후 임차인이 보증금의 반환을 요구하였으나 보증금 중 일부만 반환을 받은 상태에서 주택의 소유권이 제3자에게 양도된 경우, 양수인이 보증금 잔액의 반환채무를 부담하는 것과 같은 이치라고 할 수 있다.

14) 유원규(주9), 154.

것이라고 생각하지는 않을 것이다.

요컨대, 임차인은 임차 주택이나 상가건물을 낙찰자에게 인도하고 경매법원으로부터 배당금을 수령한 다음(주택임대차보호법 제3조의2 제3항, 상가건물임대차보호법 제5조 제3항) 부족액을 낙찰자에게 청구하든지, 아니면 부족액을 낙찰자로부터 수령하고 임차 주택이나 상가건물을 인도한 후 경매법원으로부터 배당금을 수령할 수 있는 것이다. 따라서 낙찰자가 당해 주택이나 상가건물의 인도를 요구하여 올 경우에 임차인은 부족액에 관하여 동시이행의 항변을 할 수 있다.

나. 주택임대차보호법 제3조의5, 상가건물임대차보호법 제8조

(1) 주택임대차보호법 제3조의5는 "임차권은 임차주택에 대하여 민사집행법에 따른 경매가 행하여진 경우에는 그 임차주택의 경락에 따라 소멸한다. 다만, 보증금이 전액 변제되지 아니한, 대항력이 있는 임차권은 그러하지 아니하다"고 규정하고 있다. 상가건물임대차보호법 제8조도 동일하다.

주택임대차보호법 제3조의5는 1999. 1. 21. 주택임대차보호법의 3차 개정시 신설된 것인바, 입법자는 그 신설의 입법취지에 관하여,

> "임차주택에 대한 경매가 실행되고 임차인이 배당요구를 하였음에도 임차보증금을 전액 변제받지 못할 경우 임차권이 소멸한 것으로 보는가에 관한 판례를 보면, 대항력과 우선변제권을 겸유하고 있는 임차인이 먼저 우선변제권을 선택하여 임차주택에 대하여 진행되고 있는 경매절차에서 보증금 전액에 대하여 배당요구를 하였다 하더라도 그 순위에 따른 배당이 실시될 경우 보증금전액을 배당받을 수 없었던 때에는 그 보증금 중 경매절차에서 반환받을 수 있었던 금액을 공제한 잔액에 관하여 낙찰자에게 대항하여 이를 반환받을 때까지 임대차관계의 존속을 주장할 수 있다고 봄이 상당하다고 하고 있음(대판 1997. 8. 22. 96다53628). 이 경우 임차인의 배당요구에 의하여 임대차는 종료하지만 법 제4조 제2

> 항에 의하여 위 임차인이 그 보증금의 잔액을 반환받을 때까지 그 임대차관계가 존속하는 것으로 의제되므로, 낙찰자는 법 제3조 제2항에 의해서 임대인의 지위를 승계하게 됨. 안 제3조의5는 이러한 판례를 명문화한 것으로 보증금 전액을 변제받지 못한 대항력 있는 임차권은 잔액을 변제받을 때까지 존속한다고 규정함으로써 임차인의 보증금회수권에 대한 보호를 강화하고 있음"

이라고 설명한다.[15)]

그런데, 위 설명처럼 주택임대차보호법 제3조의5가 대법원 1997. 8. 22. 선고 96다53628 판결에서 설시한 법리를 명문화한 것이라면 일견하여 더 이상의 논쟁을 잠재운 것으로 되나, 굳이 이를 입법화할 필요가 있었는지는 의문이다. 설마 판례가 변경될 것을 염려해서 입법화한 것은 아닐 것이다.[16)] 주택임대차보호법의 3차 개정으로 확정일자부 임차인이나 소액임차인 외에 임차권등기를 한 임차인, 특히 민법상의 임차권등기를 한 임차인에게까지 우선변제권을 부여하게 된 결과 적어도 경매절차상으로는 등기된 임차권과 저당권이 차이가 없게 되었고, 그렇다면 임차권도 저당권과의 균형상 낙찰로 소멸한다는 소제주의(消除主義)를 선언할 필요가 있었을 것이다(민사집행법 제91조 제2항 참조).

다만, 용익물권인 동시에 담보물권이면서 임차권과 유사한 전세권은 구(舊) 민사소송법이 존속기간의 정함이 없거나 경매개시결정의 기입등기 후 6월 이내에 그 기간이 만료하는 경우에 한하여 소멸하는 것으로 하고 있었는 데 비하여(동법 제608조 제2항), 임차권은 그런 제한 없이 모두 소멸하는 것으로 한 것은 3차 개정 주택임대차보호법 제3조의2 제2항이 전술(前述)한 것처럼 종전의 "다만, 임차인이 당해

15) 국회법제사법위원회, 주택임대차보호법중개정법률안 심사보고서(1998), 15; 국회사무처, 제198회 국회 법제사법위원회 회의록 제12호(1998), 6.

16) 오히려 저자가 조사한 바로는 법무부가 처음 주택임대차보호법 개정안을 성안하였을 때에는 제3조의5에 해당하는 조문이 없었는데, 그 후 의견조회과정에서 대법원의 의견을 반영한 것이라고 한다.

주택의 양수인에게 대항할 수 있는 경우에는 임대차가 종료한 후가 아니면 보증금의 우선변제를 청구하지 못한다"는 단서규정을 삭제함으로써 임대차의 종료 여부를 묻지 않고 우선변제를 청구할 수 있다고 본 데 따른 조치이다. 즉, 아무 때고 우선변제를 청구할 수 있는 대신 임차권은 낙찰로 소멸케 한 것이다.

그런데 한편, 이처럼 임차권을 낙찰로 무조건 소멸하는 것으로 하게 되면 대항력 있는 임차인의 경우 보증금을 전액 변제받는다면 몰라도 그렇지 아니할 경우에는 임차권의 무조건적 소멸을 강요받는 것이 부당하기 때문에, 제 3 조의5에 단서를 두어 보증금이 전액 변제되지 아니하면 임차권이 소멸하지 않는 것으로 한 것이다. 마침 판례가 우선변제권을 행사하였으나 보증금을 전액 변제받지 못한 경우에는 낙찰자에 대하여 여전히 임차권을 주장하여 그로부터 보증금을 반환받을 수 있다고 하고 있었으므로 위와 같은 입법화에 어려움이 없었던 것으로 보인다.

임차권등기를 한 임차인이 아니라 최선순위의 대항요건(즉, 인도 및 주민등록)과 확정일자를 구비한 임차인이 우선변제권을 행사하지 않고 대항력을 주장하여 낙찰자로부터 보증금을 전액 반환받으려고 하는 경우에는 임차인이 배당요구를 하지 않았기 때문에 경매법원으로서는 그러한 임차인에게 배당할 길이 없다. 그런데도 임차권이 소멸한다면 그 부당함은 말할 나위도 없다. 그렇게 보면 주택임대차보호법 제 3 조의5 단서, 상가건물임대차보호법 제 8 조 단서는 일리가 있는 규정이다.

(2) 그러나 한편, 주택임대차보호법 제 3 조의5 본문, 상가건물임대차보호법 제 8 조 본문은 낙찰의 효과에 관한 인수주의(引受主義)와 소제주의(消除主義) 중의 선택이라는 어느 정도 입법정책의 문제이기 때문에 그렇다 치더라도, 특히 동조 단서는 그다지 사려 깊지 못한 입

법이 아니었나 생각된다. 왜냐하면 주택임대차보호법 제4조 제2항, 상가건물임대차보호법 제9조 제2항이 있기 때문이다. 오히려 비슷한 조문이 두 개 존재함으로써 양자를 어떻게 조화할 것이냐 하는 문제가 생겼는바, 입법과정에서는 이 문제는 전혀 고려되지 않은 것으로 보인다.

주택임대차보호법 제4조 제2항, 상가건물임대차보호법 제9조 제2항에 의하여 존속하는 임대차관계는 이를 법정임대차관계(또는 의제임대차관계)라 하여 보증금의 반환 확보를 위한 범위 내에서 존속하는 것으로 본다. 임대차가 종료한 경우에도 임차인이 보증금을 반환받을 때까지는 그 정산을 위하여 일종의 법정임대차관계가 여전히 존속한다는 것이다. 그리하여 임차인이 보증금을 반환받을 때까지는 임대차관계가 존속하므로 임차인은 계속 거주하는 한 차임지급의무를 여전히 부담하나, 그 곳에 거주하지 않고 이사한 이상은 차임지급의무를 부담하지 않는다.[17] 이 점에서 계약기간 중이면 거주 여부를 불문하고 차임을 지급하여야 하는 본래의 임대차관계와 다르다.

그런데, 이처럼 주택임대차보호법 제4조 제2항, 상가건물임대차보호법 제9조 제2항은 임대차가 종료하여도 임대차관계가 존속하는 것으로 규정하는 데 비하여, 주택임대차보호법 제3조의5, 상가건물임대차보호법 제8조는 임차권은 낙찰에 의하여 소멸하지만 보증금이

---

17) 고상룡, 주석채권각칙(II)(1987), 300 참조.

대판 1998. 7. 10. 98다15545(공1998하, 2093) : 주택임대차보호법상의 대항력과 우선변제권을 겸유하고 있는 임차인이 배당요구를 하였으나 보증금 전액을 배당받지 못하였다면 임차인은 임차보증금 중 배당받지 못한 금액을 반환받을 때까지 그 부분에 관하여는 임대차관계의 존속을 주장할 수 있으나 그 나머지 보증금 부분에 대하여는 이를 주장할 수 없으므로, 임차인이 그의 배당요구로 임대차계약이 해지되어 종료된 다음에도 계쟁 임대 부분 전부를 사용·수익하고 있어 그로 인한 실질적 이익을 얻고 있다면, 그 임대 부분의 적정한 임료 상당액 중 임대차관계가 존속하는 것으로 보는 배당받지 못한 금액에 해당하는 부분을 제외한 나머지 보증금에 해당하는 부분에 대하여는 부당이득을 얻고 있다고 할 것이어서 이를 반환하여야 한다.

전액 변제되지 아니하면 대항력이 있는 임차권은 소멸하지 않는다고 하고 있어 표현을 달리 하고 있다. 문언대로라면 주택임대차보호법 제 3 조의5, 상가건물임대차보호법 제 8 조에 의할 경우에는 낙찰을 전후한 임차권에 차이가 없다. 즉, 대항력 있는 임차권은 종전과 동일한 모습으로 그대로 존속하는 것이다.

따라서, 주택임대차보호법 제 4 조 제 2 항, 상가건물임대차보호법 제 9 조 제 2 항에 의할 경우에는 보증금의 반환 확보를 위한 범위 내에서 임대차관계가 존속하는 것으로 의제되는 것에 불과한 데 비하여, 주택임대차보호법 제 3 조의5, 상가건물임대차보호법 제 8 조에 의할 경우에는 종전과 다름없는 완전한 임차권이 그대로 존속하는 것으로 된다.[18] 그렇게 본다면 임차인은 주택임대차보호법 제 4 조 제 2 항, 상가건물임대차보호법 제 9 조 제 2 항이 아닌 보다 자기에게 유리한 주택임대차보호법 제 3 조의5, 상가건물임대차보호법 제 8 조에 의한 보호를 주장할 것이고, 경매에 관한 한 주택임대차보호법 제 4 조 제 2 항, 상가건물임대차보호법 제 9 조 제 2 항은 무용지물로 되고 말 것이다. 그런 반면, 주택임대차보호법 제 3 조의5, 상가건물임대차보호법 제 8 조에 의하여 임차권이 소멸하지 않게 된 이상, 임차인은 계약기간 중이면 주택임대차보호법 제 4 조 제 2 항, 상가건물임대차보호법 제 9 조 제 2 항에 의할 때와는 달리 거주 여부를 불문하고 차임을 지급하여야 하므로 임차인에게 반드시 유리한 것만은 아니다.

(3) 이상에서 본 바에 의하면, 주택임대차보호법 제 3 조의5와 제 4 조 제 2 항, 그리고 상가건물임대차보호법 제 8 조와 제 9 조 제 2 항을 조화롭게 해석하려면, 대항력과 우선변제권이 있는 임차인이 있는 경우에 당해 주택이나 상가건물이 경매에 의하여 낙찰될 경우에는 주택임대차보호법 제 3 조의5, 상가건물임대차보호법 제 8 조를 적용하고, 그 밖의 사유로 임대차가 종료할 경우에는 주택임대차보호법 제 4 조

18) 박해식, 주택임대차보호법 해설의 법률지식(2000), 277.

제 2 항, 상가건물임대차보호법 제 9 조 제 2 항을 적용하는 길밖에 없다.[19] 이를 정리하면 다음과 같이 될 것이다.

(가) 임차 주택이나 상가건물이 낙찰된 경우 대항력이 없는 임차권은 당연히 소멸하므로 문제가 되지 아니한다. 문제는 대항력이 있는 임차권인데, 이는 다시 임차권등기를 한 경우와 그렇지 아니한 경우를 나누어 볼 필요가 있다.

1) 임차권등기를 한 임차인의 경우 이러한 임차인은 보증금반환청구권에 관하여 배당요구를 한 여부를 불문하고 경매절차에서 당연히 배당을 받는다.[20] 보증금 전액을 배당받으면 임차권은 소멸하며(주택임대차보호법 제 3 조의5 본문, 상가건물임대차보호법 제 8 조 본문), 일부라도 변제받지 못하게 되면 임차권은 소멸하지 않고 존속한다(동조 단서). 이 때 존속하는 임차권의 성질을 주택임대차보호법 제 4 조 제 2 항, 상가건물임대차보호법 제 9 조 제 2 항과 같이 법정임대차관계로 볼 여지도 있으나, 법문상 무리한 해석으로 보이며, 종전의 임차권과 다를 바 없다고 보아야 할 것이다.

다만, 이 경우 임차인은 임차 부분의 적정한 임료 상당액 중 배당받은 보증금액에 해당하는 부분에 대하여는 부당이득을 하는 셈이므로 이를 반환하는 것이 공평하다.[21] 구체적으로는 본래 보증금만 있고 월차임은 없었던 임대차(소위 채권적 전세)였다면 감소된 보증금에 상응하는 차임 상당을 반환하여야 하고, 본래 보증금 외에 월차임이 있었던 임대차였다면 감소된 보증금에 상응하는 차임 상당을 증액하여야 할 것이다.

2) 대항요건을 구비한 확정일자부 임차인 또는 대항요건을 구비한 소액

---

19) 박해식(주18), 277.

20) 임차권등기를 한 임차인으로서 대항력이 있는 임차인이라면 그의 임차권등기는 경매개시결정의 기입등기 전에 경료되었을 것이기 때문에 배당요구를 한 여부와 상관없이 당연히 배당을 받는다.

21) 대판 1998. 7. 10. 98다15545(공1998하, 2093) 참조.

임차인의 경우 이러한 임차인은 배당요구를 하여야 비로소 경매절차에서 배당을 받는다. 따라서 배당요구를 함으로써 우선변제를 받기보다는 낙찰자에 대하여 대항력을 주장하겠다고 할 경우에는 경매법원으로서는 배당할 길이 없기 때문에 낙찰에 불구하고 임차권이 소멸하지 않고 그대로 존속한다고 보아야 한다.[22] 즉, 주택임대차보호법 제 3 조의5, 상가건물임대차보호법 제 8 조가 적용되지 않는다.

반면 이러한 임차인도 우선변제권을 행사하여 배당요구를 하면 배당을 받게 되며, 보증금 전액을 배당받으면 임차권이 소멸하게 된다(주택임대차보호법 제 3 조의5 본문, 상가건물임대차보호법 제 8 조 본문). 그러나 일부라도 변제받지 못하게 되면 임차권은 소멸하지 않고 존속한다(동조 단서). 이 때 존속하는 임차권의 성질은 종전의 임차권과 다를 바 없다. 이 경우에 임차 부분의 적정한 임료 상당액 중 배당받은 보증금액에 해당하는 부분에 대하여는 부당이득을 하는 셈이므로[23] 이를 반환하는 것이 공평하다.

(나) 임대차가 낙찰 이외의 사유로 종료한 경우에는 주택임대차보호법 제 3 조의5, 상가건물임대차보호법 제 8 조는 적용의 여지가 없고, 오로지 주택임대차보호법 제 4 조 제 2 항, 상가건물임대차보호법 제 9 조 제 2 항의 적용만이 문제될 뿐이다.

(다) 위에서 본 바에 의하면 주택임대차보호법 제 3 조의5, 상가건

22) 반대 : 박용표, "주택임대차보호법상 대항력과 우선변제권을 겸유하는 임차인에 대한 배당표가 확정될 때까지의 사용 · 수익과 부당이득", 판례연구 17집(부산판례연구회 편)(2006), 297은 배당요구를 하지 않았더라도 낙찰로 인하여 임차권이 소멸한다고 한다.

한편, 김제완, "주택임대차보호법에 있어서 임차인의 대항력과 우선변제권의 경합문제에 관한 고찰", 안암법학 12호(안암법학회 편)(2001), 244-245는 이러한 임차인은 우선변제권을 먼저 행사하여야 하고(즉 배당요구를 먼저 하여야 하고), 우선변제권을 행사하였는데 변제받지 못한 보증금이 있을 경우에 비로소 대항력을 행사하여야 한다는 것이 법의 취지라고 한다.

23) 사법연수원, 주택임대차보호법－상가건물임대차보호법 해설 포함(2008), 171은 부당이득이 아니라 부족임료로서 지급하여야 한다고 한다.

물임대차보호법 제 8 조를 적용할 것이냐 아니면 주택임대차보호법 제 4 조 제 2 항, 상가건물임대차보호법 제 9 조 제 2 항을 적용할 것이냐 하는 문제가 생기는 경우는 결국 임차인이 대항력이 있는 임차권등기를 하였는데 보증금을 전액 변제받지 못한 경우 및 선순위로 대항요건을 구비한 확정일자부 임차인(또는 선순위로 대항요건을 구비한 소액임차인)이 배당요구를 하였는데 보증금을 전액 변제받지 못한 경우에 한하여서임을 알 수 있다.

그런데, 등기한 임차권은 낙찰에 의하여 소멸하므로 임대차가 종료하는 것으로 되고,[24] 대항요건을 구비한 임차인이 배당요구를 한다는 것은 전술(前述)한 바와 같이 임대차계약 해지의 의사표시를 한 것이기 때문에 역시 임대차가 종료하게 된다. 그렇다면 주택임대차보호법 제 3 조의5 단서, 상가건물임대차보호법 제 8 조 단서를 새삼스레 따로 규정하지 않더라도 주택임대차보호법 제 4 조 제 2 항, 상가건물임대차보호법 제 9 조 제 2 항에 의하여 우선변제 받지 못한 보증금 잔액의 반환 문제를 해결할 수 있었는데, 공연히 주택임대차보호법 제 3 조의5와 상가건물임대차보호법 제 8 조에 단서를 둠으로써 위에서 본 바와 같이 복잡해지고 만 셈이다.

여기서 근본적으로 저자는 주택임대차보호법 제 3 조의5 단서, 상가건물임대차보호법 제 8 조 단서를 삭제하여 어느 경우에나 주택임대차보호법 제 4 조 제 2 항, 상가건물임대차보호법 제 9 조 제 2 항에 의하도록 하는 것이 적절하다고 생각한다.

---

24) 저당권은 물권이므로 낙찰에 의하여 소멸한다고 하여도 이상할 것이 없으나(저당권이 담보하는 피담보채권의 소멸 여부는 별개의 문제이다. 전액 배당을 받지 못하는 한 채권자와 채무자 사이의 채권관계는 여전히 존속한다), 임차권은 채권인데 그것이 낙찰에 의하여 소멸한다는 것은 무슨 의미인가?

주택임대차보호법 제 3 조의5 본문 및 단서, 상가건물임대차보호법 제 8 조 본문 및 단서를 유기적으로 해석하면, 이는 결국 임대차에 대항력이 없는 경우는 임대차관계가 종료하고, 대항력이 있는 경우에도 보증금을 전액 변제(배당)받으면 역시 임대차관계가 종료하고, 대항력이 있는데 보증금을 전액 변제(배당)받지 못하면 그 범위 내에서 임대차관계가 여전히 존속한다는 의미로 보아야 할 것이다.

Ⅳ. 우선변제권의 2회 행사 가부[25]

1. 문제의 소재

앞에서 살펴본 것처럼 대항력과 우선변제권을 구비한 임차인이 그 주택이나 상가건물의 경매절차에서 우선변제권을 행사하여 배당요구를 하였으나 배당순위에서 밀려 임차보증금을 다 배당받을 수 없었던 경우에, 임차인이 그 배당받은 금액을 공제한 잔액에 관하여 낙찰자에 대항하여 이를 반환받을 때까지 임대차관계의 존속을 주장할 수 있는가 하는 문제를 둘러싸고 긍정설과 부정설이 대립하여 왔고, 판례의 추이가 주목되던 차에 이를 긍정하는 대법원판결[26]이 선고된 후 같은 취지의 판결이 계속 나오고 있고, 주택임대차보호법 개정법 제3조의5, 상가건물임대차보호법 제8조 단서는 이를 입법화하기까지에 이르렀다.

우선변제권을 행사한 후 잔존 보증금에 관한 대항력의 존속 여부를 둘러싼 문제가 이처럼 일찍부터 논의의 대상이 되었던 것과는 달리, 우선변제권을 행사한 후 잔존보증금에 관한 우선변제권의 재행사 가능 여부를 둘러싼 문제는 후술(後述)하는 대법원 1998. 6. 26. 선고 98다275 판결이 선고되기 전까지는 크게 관심을 끌지 못하였다.[27] 이

25) 이에 관한 상세는 민일영, "동일주택에 대한 2회의 경매와 임차인의 우선변제권에 관한 시론", 법조 1999. 3., 48 이하 참조.

26) 대판 1997. 8. 22. 96다53628(공1997하, 2793).

27) 저자가 조사한 범위 내에서는 단지 이주홍(주1), 57-58에서 아래와 같은 논거로 우선변제권의 거듭 행사를 부정하였다.

임대차관계의 종료로 임차보증금 회수를 위한 우선변제권이 행사되면 대항력 있는 임대차는 대항력 없는 임대차로 전락하고 다만 보증금 회수를 위하여 그 존속이 의제될 뿐, 낙찰로 인하여 임차권의 사용수익권과 우선변제청구권이라는 양면 모두 소멸한다. 임차보증금 회수를 위한 우선변제권의 낙찰로 인한 소멸, 인수에 관하여 민사집행법에 특별한 규정을 두지는 않았지만, 저당권의 소멸을 규정한 민사집행법 제91조 제2항의 규정을 유추적용하면 임차보증금반환회수

는 이 문제가 한번 경매가 진행되어 낙찰로 소유권이 변동된 주택이나 상가건물이 다시 경매되는 경우에나 발생하는 것으로서, 실무에서도 흔히 접할 수 있는 것이 아니기 때문에 주의를 끌지 못한 데서 기인한 것으로 보인다.

이해의 편의를 위하여 이 문제를 단순화한 한 가지 예를 들면 다음과 같다.

임차인이 주택이나 상가건물을 최선순위로 임차하여 주민등록이나 사업자등록을 하고 입주하였다. 그런데 아직 임대차계약서에 확정일자를 받지 못한 사이에 주택이나 상가건물에 저당권이 설정되었고, 그제야 임차인이 확정일자를 받았다. 저당권의 실행으로 주택이나 상가건물이 경매되었고, 임차인은 우선변제권을 행사하여 배당요구를 하였지만 저당권자보다 후순위여서 배당을 받지 못하였다. 그렇지만 임차권에 대항력이 있기 때문에 임차인은 낙찰자에게 임차부분을 인도하지 않고 계속하여 점유·사용하였다. 위 주택이나 상가건물에 새로운 저당권이 설정되고 그에 기하여 새로운 경매절차가 진행되자 임차인이 다시 우선변제권을 행사하여 배당요구를 하였다. 임차인이 이처럼 우선변제권을 거듭 행사하는 것이 과연 가능하냐는 것이 바로 문제의 핵심이다.

바로 이 문제에 관하여 정면으로 다룬 대법원판결이 있으므로 이하에서는 이 판결을 먼저 살펴보고, 이어서 논의를 전개한다.

청구권에 부착된 우선변제권은 그 행사와 더불어 낙찰로 인하여 소멸한다고 볼 것이다. 이와 같이 임대차종료에 따른 우선변제권이 우선변제권 행사 당시 당해 목적부동산상의 권리로서 낙찰로 소멸하게 되면, 그 경매절차에서 전부 만족을 얻지 못하였다 하여 낙찰자에 대하여 다시 임차권의 존속을 주장하거나 낙찰자 소유의 부동산에 대한 경매절차에서 재차 우선변제권을 행사할 수는 없다.

2. 대법원 1998. 6. 26. 선고 98다2754 판결[28)]

가. 사건의 개요

여기에서의 논의에 필요한 범위 내에서 사건의 개요를 정리하면 다음과 같다.

창원시 중앙동 소재 이 사건 주택은 원래 소외 병(丙)의 소유였는데, 을(乙 : 피고)은 1984. 12. 1. 처남인 병(丙)으로부터 이를 임차보증금 2,000만 원, 임대기간 48개월로 정하여 임차한 후 이를 인도받아 1985. 2. 23. 전입신고를 마치고 거주하기 시작하였다. 을(乙)은 1988. 1. 10. 위 임차보증금을 금 3,000만 원으로 증액하여 다시 임차하였다가, 1992. 1. 25. 위 임차보증금을 금 3,500만 원으로 증액하고 임대기간을 48개월로 정하여 다시 이를 임차하였고, 같은 해 9. 8. 임대차계약서상에 확정일자를 받았다.

위 주택에 관하여 1985. 3. 2. 소외 한국주택은행 명의의 근저당권설정등기가 경료되고, 다시 1989. 9. 2., 1990. 3. 29., 1990. 6. 11., 1992. 4. 7. 등 4회에 걸쳐 소외 주식회사 한국상업은행 명의의 근저당권설정등기가 경료되었고, 1992. 7. 11. 병(丙)으로부터 소외 정(丁) 명의로 소유권이전등기가 경료되었다.

한국상업은행이 1993. 2. 23. 위 주택에 관하여 창원지방법원에 위 각 근저당권에 기한 임의경매를 신청하였고, 위 법원으로부터 1993. 2. 25. 경매개시결정이 내려져 그 경매절차(이하 '제 1 차 경매'라고 한다)가 진행되자, 을(乙)은 위 임차보증금 3,500만 원을 우선변제받기 위하여 같은 해 5. 26. 위 법원에 배당요구를 하였다.

위 주택은 1993. 7. 30. 종전 소유자인 정(丁)에게 경락되었고, 정(丁)이 경락대금을 완납하자 경매법원은 같은 해 10. 26. 배당을 실시

28) 공1998하, 1984.

하였는바, 을(乙)의 임차권이 위 각 근저당권보다 후순위라는 이유로 을(乙)에게 전혀 배당을 하지 아니하였다.

위 주택에 관한 위 각 근저당권설정등기는 위 제1차 경매의 경락을 원인으로 1993. 12. 7. 모두 말소되었고, 소외 무(戊)가 이 사건 주택을 정(丁)으로부터 매수하여 같은 날 그의 명의로 소유권이전등기를 경료하였다. 한편 을(乙)은 종전과 다름없이 계속하여 위 주택에 거주하였다. 그 후 위 주택에 관하여 1993. 12. 21. 채권최고액 금 1억 3,000만 원으로 한 갑(甲 : 원고) 명의의 근저당권설정등기가 경료되었다. 갑(甲)이 1996. 5. 8. 위 주택에 관하여 창원지방법원에 위 근저당권에 기한 임의경매를 신청하였고, 위 법원으로부터 1996. 5. 9. 경매개시결정이 내려져 그 경매절차(이하 '제2차 경매'라고 한다)가 진행되자, 을(乙)은 위 임차보증금 3,500만 원을 우선변제받기 위하여 같은 해 6. 15. 위 경매법원에 다시 배당요구를 하였다.

위 주택은 1996. 8. 20. 소외 기(己)에게 낙찰되었고, 기(己)가 매각대금을 완납하자 경매법원은 같은 해 10. 18. 배당을 실시하였는바, 을(乙)을 주택임대차보호법 제3조의2 제1항 소정의 우선변제권이 있는 임차인으로서 근저당권자인 갑(甲)보다 선순위로 인정하여 을(乙)에게 위 임차보증금 3,500만 원 전액을 1순위로 배당하고, 갑(甲)에게 2순위로 나머지를 배당하였다.

갑(甲)이 위 배당기일에 위와 같은 배당에 이의신청을 하고 을(乙)을 상대로 배당이의의 소를 제기하였다.

나. 재판의 경과 및 대법원판결

제1심(창원지방법원 1997. 3. 27. 선고 96가합8888 판결)은 을(乙 : 피고)에게 제1순위로 3,500만 원을 배당한 경매법원의 조치가 정당하다고 보아 갑(甲 : 원고)의 청구를 기각하였다. 즉 제2차 경매에서도 을(乙)에게 우선변제권이 있다는 것이었다. 이에 반해 항소심(부산고등법원

1997. 12. 12. 선고 97나4517 판결)은 제 1 심판결과는 달리 제 2 차 경매에서는 을(乙)에게 우선변제권이 없다고 보아 배당표를 변경하였는바, 을(乙)에 대한 배당액 3,500만 원을 전부 삭제하여 갑(甲)에게 모두 배당하는 것으로 경정하였다.

이에 을(乙)이 상고하였으나, 대법원도 항소심과 마찬가지로 을(乙)의 우선변제권이 제 1 차 경매에서 낙찰로 소멸한 결과 제 2 차 경매에서는 우선변제권이 부정된다고 판시하여 을(乙)의 상고를 기각하였다.[29] 판결이유는 다음과 같다.

> "… 주택임대차보호법상의 대항력과 우선변제권의 두 가지 권리를 겸유하고 있는 임차인이 먼저 우선변제권을 선택하여 임차주택에 대하여 진행되고 있는 경매절차에서 보증금 전액에 대하여 배당요구를 하였으나 그 순위가 늦은 까닭으로 보증금 전액을 배당받을 수 없었던 때에는, 보증금 중 경매절차에서 배당받을 수 있었던 금액을 뺀 나머지에 관하여

---

29) 이 사건에서 경매법원은 원고에게 83,439,131원을 배당하고, 피고에게 3,500만 원을 배당하였다. 그리고 이에 대한 배당이의소송에서의 원고의 청구취지는 피고에 대한 배당액을 전액 취소하여 원고에게 전부(즉 합계 118,439,131원) 배당하여 달라는 것이었다. 이에 대하여 항소심판결은 원고의 배당채권액이 117,231,561원에 불과하다고 인정하여 그 주문에서, 배당표 중 "원고에 대한 배당액 금 83,439,131원을 금 117,231,561원으로 증액하고, 피고에 대한 배당액 금 35,000,000원을 삭제하는 것으로 경정"하고, 원고의 나머지 청구를 기각한다고 판결하였다.

그러나 항소심판결의 위와 같은 주문에는 문제가 있다. 본래 배당이의소송의 심리 결과 피고에 대한 배당이 부당하다고 하여 그 배당을 취소할 경우에 그로 인하여 생기는 배당액을 원고에게 추가로 배당함에 있어서는, 원고의 채권이 만족을 받을 때까지 원고에게 귀속시키고 남는 돈이 있으면 피고에게 그대로 남겨 두어야 한다는 것이 판례이다[대판 1998. 5. 22. 98다3818(공1998하, 1722). 이 판결에 대한 평석으로 민일영, "배당이의 소송의 판결에 관한 소고", 인권과 정의, 1998. 10., 86 이하 참조]. 따라서 이 사건에서도 항소심판결이 설사 피고에 대한 배당이 부당하다고 보았다 하더라도, 피고의 배당액 3,500만 원을 전액 삭제할 것이 아니라, 원고의 채권을 만족시키는 한도인 33,792,430원만 삭제하고 나머지 1,207,570원은 피고에 대한 배당액으로 그대로 남겨 두었어야 했다. 항소심판결의 위와 같은 잘못은 설사 피고가 상고이유에서 지적하지 않았다 하더라도 대법원이 직권으로 시정하는 것이 바람직하였는데(위 대법원 1998. 5. 22. 선고 98다3818 판결 참조), 그에 이르지 아니한 채 상고를 기각한 이 사건 상고심판결은 아쉬움을 남긴다.

경락인에게 대항하여 이를 반환받을 때까지 임대차관계의 존속을 주장할 수 있다.
이 경우 임차인의 배당요구에 의하여 임대차는 해지되어 종료하며, 다만 같은 법 제4조 제2항에 의하여 임차인이 보증금의 잔액을 반환받을 때까지 임대차관계가 존속하는 것으로 의제될 뿐이어서, 낙찰자는 같은 법 제3조 제2항에 의하여 임대차가 종료한 상태에서의 임대인의 지위를 승계하고, 임차인의 우선변제권은 경락으로 인하여 소멸하는 것이다(대법원 1997. 8. 22. 선고 96다53628 판결 참조). 원심이 같은 취지에서, 대항력과 우선변제권을 가진 임차인인 피고가 이 사건 주택에 관한 경매절차에서 보증금에 대하여 배당요구를 함으로써 이 사건 임대차계약은 해지되어 종료하였고, 이 사건 주택이 경락된 이상, 그 경락인이 마침 임대인의 지위에 있던 종전 소유자이고, 피고는 후순위 권리자이어서 전혀 배당을 받지 못한 채 계속하여 이 사건 주택에 거주하고 있었다고 하더라도, 그 후 이 사건 주택에 관하여 새로이 경료된 근저당권설정등기에 기한 경매절차에서 그 매각대금으로부터 우선변제를 받을 권리는 없고, 다만 경락인에 대하여 임차보증금을 반환받을 때까지 임대차관계의 존속을 주장할 수 있을 뿐이라고 판단한 것은 정당하고, 거기에 상고이유에서 주장하는 바와 같은 법리오해의 위법이 있다고 할 수 없다."

3. 학 설

위에서 보듯이 대항력과 우선변제권을 겸비한 주택임차인이 당해 주택의 제1차 경매절차에서 우선변제권을 행사한 후 잔존보증금에 관하여 제2차 경매절차에서 다시 우선변제권을 행사할 수 있느냐의 여부를 둘러싸고, 위 대법원 1998. 6. 26. 선고 98다2754 판결 사건의 경매법원 및 제1심은 그것이 가능하다는 입장이었고, 그에 비하여 항소심과 대법원은 불가능하다는 입장을 취하였다.[30]

그리고 위 대법원판결이 선고되자 곧 실무가들의 관심을 끌었는바, 판결취지에 찬성하여 우선변제권의 거듭 행사를 부정하는 견해와

30) 판례는 그 후에도 같은 입장을 견지하고 있다. 대판 2001. 3. 27. 98다4552(공2001상, 988).

판결취지에 반대하여 우선변제권의 거듭 행사를 긍정하는 견해가 대립한다. 이를 살펴본다.

가. 부 정 설[31)]

이 견해의 논거는 다음과 같다.

(1) 주택임차권의 대항력의 요건은 주택의 인도와 주민등록이고, 우선변제권의 요건은 거기에 임대차계약서에의 확정일자 부여가 덧붙여져야 한다. 여기서 확정일자를 부여받을 "임대차계약서"는 임대인과 임차인 사이의 정당한 계약서이어야 한다.

그런데, 임차인이 제 1 차 경매에서 우선변제권을 행사하여 배당요구를 하고도 그 임차보증금 전액을 배당받지 못하여 그 낙찰자와의 사이에서 임대차관계가 존속하는 것으로 간주되는 경우에 있어서는, 종전의 임대차계약은 배당요구에 의하여 종료하였고, 이제는 주택임대차보호법 제 4 조 제 2 항의 규정에 의한 이른바 법정임대차관계만이 존재하게 되는 것이다. 따라서 이 경우 우선변제권 행사의 요건으로서의 "임대차계약서에의 확정일자"는, 종전의 임대차계약서에 대한 것으로는 부족하고(그 임대차계약은 이미 종료하였으므로), 제 1 차 경매에서의 낙찰자와의 사이에서 성립한 이른바 법정임대차관계에 대하여 확정일자를 부여받아야 하는 것으로 보아야 하는데, 그것이 불가능함은 자명하다. 결국 제 2 차 경매에서는 대항력은 구비하고 있지만 우선변

---

31) 위 대법원 1998. 6. 26. 선고 98다2754 판결이 선고된 후 저자가 이를 검토하는 과정에서 법원의 내부전산망을 통하여 김능환 부장판사(당시 직급. 이하 같다)와 유원규 부장판사의 의견을 구하였는바, 마침 찬반의 서로 상반되는 견해를 표명하였다. 다만, 김능환 부장판사(부정설)는 위 대법원판결을 이론적으로 뒷받침하려 할 경우의 논리라는 전제하에 견해를 피력하였고, 유원규 부장판사(긍정설)는 그 후 자신의 견해를 다시 정리하여 1999. 7. 17. 민사판례연구회에서 이를 발표하였다[주9) 참조]. 모두 경청할 만한 훌륭한 견해로 생각되어 두 분의 양해를 얻어 여기에 정리, 소개한다.

한편 그 후에 발표된 윤 경, "제 1 경매절차의 주택임차인의 제 2 경매절차에서의 지위", 법조 2001. 6., 51-54는 김능환 부장판사의 견해에 동조하고 있다.

제권행사의 요건은 구비하지 못한 것으로 볼 수밖에 없다.

(2) 주택의 임대차가 종료하면, 임차인은 적극적으로는 임차보증금의 반환을 청구할 수 있고, 소극적으로는 명도청구에 대하여 임차보증금반환과의 동시이행을 항변할 수 있다. 그리고 임대차 존속 중에 주택소유권이 변동된 경우에는, 주택임대차보호법 제3조 제2항에 의하여 그 임대차관계가 양수인에게 승계되므로 임차인은 그 양수인에 대하여 임차인으로서의 모든 권리의무를 그대로 유지하게 된다.

그러나, 임대차가 종료한 후 주택소유권이 변동된 경우에는, 주택임대차보호법 제3조 제2항이 곧바로 적용될 수는 없어 임차인이 그 주택양수인에 대하여 무슨 권리를 보유하거나 주장할 수 없음이 원칙이지만, 동법 제4조 제2항에 의하여 일정한 범위 내에서 임대차관계가 존속하는 것으로 간주되는 결과 비로소 동법 제3조 제2항이 적용될 수 있고, 그리하여 임차인은 임대차 종료 후의 주택양수인에 대하여도 임차보증금의 반환청구 또는 동시이행의 항변을 할 수 있게 되는 것이다.

그런데, 이 경우 임대차 종료 후의 주택양수인에게 승계되는 임대차는 임차보증금의 반환만이 문제되는 임대차관계일 뿐이다. 그리고 그 임대차관계는 임차보증금이 반환될 때까지만 제한적, 한시적으로 존속하는 것이므로 임대인(주택의 양수인)으로서는 언제든지, 아무런 제한 없이, 임차인에 대하여 주택의 명도를 청구할 수 있되, 임차인으로부터 보증금 반환과의 동시이행의 항변을 받게 될 뿐이다. 또한 임대인의 주택명도청구에 대하여 임차인으로서는, 기간이 만료하지 아니하였다거나, 해지의 의사표시가 없었다거나, 해지의 의사표시와 그 효력발생에 필요한 기간이 경과하지 아니하였다는 등의 주장, 즉 임대차계약관계의 종료 여부에 관한 주장은 일체 할 수 없고, 오로지 보증금의 반환을 주장하여 동시이행의 항변 등을 할 수 있을 뿐이다.

임대차관계가 존속하는 것으로 간주되는 다른 하나의 효과는, 임차인의 주택의 점유가 불법이거나 권원이 없는 것으로 되지 아니하고 임대차관계에 기한 정당한 것이 되므로 그에 대하여 손해배상이나 부당이득반환의무를 지지 아니한다는 데 있다.

위와 같이 본다면 주택임대차보호법 제4조 제2항에 의한 법정임대차관계를 종전의 계약상의 임대차관계와 동일시 할 수는 없는 것이다.

제1차 경매에서 우선변제권을 행사하여 배당요구를 하였음에도 불구하고 그 보증금 전액을 배당받지 못하고 제2차 경매에서 재차 우선변제권 행사 여부가 문제된다는 것은, 그 임차인이 대항력의 측면에서는 최선순위이어서 낙찰자에게 대항할 수 있지만 우선변제의 측면에서는 저당권자 등보다 후순위라는 것을 의미한다. 이는 바꾸어 말하면, 그 임대차가 대항력과 우선변제권을 두루 갖춘 완벽한 임대차는 아니라는 의미이다. 그럼에도 불구하고 그 임대차에 대하여 제2차 경매에서 우선변제청구권을 인정한다면, 이는 원래 요건의 일부에 흠결이 있어 완벽하지 못하였던 임대차관계가 제1차 경매가 행하여짐으로써 오히려 처음보다도 더 완벽한 권리관계로 변환됨을 인정하는 결과가 된다.

이러한 효과를 용인할 수 있을까? 오히려 그 우선변제청구권은 제1차 경매에서 행사한 것으로 충분하고, 또 그 경매에 의하여 당연히 소멸하며(선순위의 저당권보다 후순위이었으므로), 제2차 경매에서는 최선순위인 대항력만이 남는다고 보는 것이 당연하고도 자연스럽다.

(3) 임대차가 종료하였음에도 불구하고 제1차 경매절차에서 우선변제권을 행사하지 아니한 경우는 어떤가?

이는 두 가지로 나누어 볼 수 있다. 하나는, 임대차기간이 만료한 경우이고, 다른 하나는 임대인 또는 임차인의 해지의사표시에 의한 경우이다.

전자(前者)의 경우에 우선변제권을 행사하지 아니하였다는 것은 임대인 및 임차인 쌍방이 임대차관계의 종료 또는 보증금의 반환에 관하여 아무런 의사표시도 하지 아니하였음을 뜻하는 것이고, 이는 그 임대차관계가 적어도 묵시적으로 갱신되었음을 의미하는 것이 된다. 이 경우에 낙찰자에게 승계되는 임대차관계는 주택임대차보호법 제3조 제2항에 의한 것이지 동법 제4조 제2항에 의한 것은 아니다. 따라서 우선변제권도 당연히 존속하며 이는 문제될 것이 없다.

그에 비하여 후자(後者)의 경우에는, 행사할 수 있었던 우선변제청구권을 스스로의 선택에 의하여 행사하지 아니한 이상, 이제는 우선변제청구권은 소멸하고 대항력만이 남게 될 뿐이라고 보는 것이 공평, 타당할 것이다.

(4) 임차인이 우선변제청구권을 행사했는데도 그 보증금 전액을 배당받지 못하여 잔존 보증금의 범위 내에서 그 임대차관계가 낙찰자와의 사이에서 존속하는 것으로 간주되는 경우, 임차인과 낙찰자 양측의 태도에는 다음의 두 가지 경우가 있을 수 있다. 하나는 즉시 낙찰자와 새로이 임대차계약을 체결하는 것이고(임대차보증금에 변경을 가하든지 아니하든지 간에), 다른 하나는 아무런 조치 없이 방치하는 것이다.

전자(前者)의 경우에는, 그 새로운 임대차계약을 기준으로 하여, 그에 대한 확정일자의 유무에 의하여 우선변제권의 유무를 가려야 할 것이라는 데는 아무런 이론(異論)이 없을 것이나. 그런데 후자(後者)의 경우에는, 만일 종전의 우선변제권이 되살아나 최선순위로서의 우선변제권을 확보하게 된다면, 낙찰자와 새로운 계약을 체결하는 등으로 적극적인 조치를 취한 사람이 아무런 조치도 없이 수수방관하고 있는 사람보다도 오히려 더 불리한 지위에 놓이게 됨을 인정하는 결과로 되어 부당한 것이 아닐까?

(5) 제 2 차 경매에서 임차인의 우선변제청구권을 인정할 것인가 아닌가는, 결국 종전의 임차인에 대한 임차보증금반환채무를 제 2 차 경매에서의 낙찰자와 다른 배당채권자들 중 누구의 부담으로 귀속시킬 것인가의 문제로 직결된다. 따라서 이는 근본적으로 선택의 문제이다.

우선변제권의 거듭 행사를 인정하는 경우에는 그 보증금은 제 2 차 경매에 참여하는 다른 배당채권자들의 부담으로 돌아가고(보증금액이 최선순위로 배당재단에서 공제될 터이므로) 제 2 차 경매의 낙찰자는 아무런 부담이 없는 완전한 소유권을 취득할 수 있는 반면에, 이를 부정하는 경우에는 그 보증금반환채무는 그대로 제 2 차 경매의 낙찰자의 부담으로 인수된다. 그런데 다른 배당채권자들은 담보권 등을 취득할 당시(그들은 모두 제 1 차 경매에서의 낙찰이 이루어진 후에 이해관계를 맺은 사람들이다)에 이미 선순위의 임차인이 존재한다는 사실을 익히 알고 있었던 사람들이므로 그 보증금만큼을 배당재단에서 공제하고 나머지만으로 배당하더라도 그들의 예상과 이해에 크게 반하는 것이 아니며, 오히려 그 보증금반환의무를 제 2 차 경매의 낙찰자에게 부담시키면 임차주택의 담보가치에 관한 다른 채권자들의 일반적인 평가와 예상에 반하여 그들에게 예기치 못한 이익을 주는 결과로 될 수 있다. 그렇게 볼 때 우선변제청구권을 인정하는 편이 제 2 차 경매의 낙찰자를 보다 두텁게 보호하고 경매절차를 보다 안정적인 것으로 되게 함은 부인할 수 없다.

그러나 우선변제청구권을 인정한다고 하더라도 이를 행사하지 않는 임차인이 있을 수 있고, 이 경우에는 그 임차보증금반환의무는 꼼짝없이 낙찰자가 인수할 수밖에 없으므로 우선변제청구권을 인정한다고 하여 모든 문제가 해결되는 것이라고는 할 수 없다. 차라리 우선변제청구권을 한번 행사한 이상 그 후에는 언제나 대항력의 유무만이 문제될 수 있을 뿐이라고 하는 편이 논리적으로 일관성이 있는 것이다.

"임차인의 대항력 취득→경매 신청(또는 담보권취득)→임차인의 우선변제권 취득"의 순서를 전제로 할 때, 대항력은 당초부터 제 1 차 경매가 있든 없든 간에 아무런 영향을 받지 아니하여야 마땅하지만, 후순위 제한물권 등은 낙찰로 소멸하는 것이 원칙이므로 경매 신청보다 후순위인 우선변제권은 그 경매(제 1 차) 신청에 의한 낙찰에 의하여 소멸하여야 마땅한 것이다. 환언하면, 이러한 임차인은 언뜻 대항력과 우선변제권을 모두 가지고 있었던 것처럼 보이지만, 실질에 있어서는 대항력만을 가지고 있었음에 불과하고, 따라서 제 2 차 경매에서도 그 대항력만을 인정하여야 하는 것이다(보증금 중 일부를 배당받은 경우에 있어서도 잔존 보증금의 범위 내에서는 동일하게 이론 구성할 수 있다). 우선변제권은 실제로 배당을 받는 데 의미가 있기 때문이다.

그리고, 제 2 차 경매에서 낙찰자가 예상치 못한 불이익을 입는 문제점은, 제 2 차 경매의 매각물건명세서에 위 임대차관계를 '낙찰자가 인수하여야 할 부담'의 하나로 명시한다면 제 2 차 경매에 관여하는 자들의 오해를 방지할 수 있을 것이므로 충분히 해결할 수 있는 것이다. 만일 매각물건명세서를 위와 같이 정확히 작성하지 아니한 경우에는, 제 2 차 경매의 낙찰자에게 예기치 못한 불이익을 주는 결과로 될 수 있겠지만, 그 낙찰자가 낙찰허가에 대하여 항고하는 등으로 다투지 아니한 채 매각허가결정이 확정된 이상, 스스로 법률의 부지 내지 부주의로 말미암아 입게 되는 불이익 내지 손실일 터이므로 부득이한 결과라고 보아야 한다.

나. 긍 정 설[32]

이 견해의 논거는 다음과 같다.

(1) 대항력과 우선변제권을 겸비한 주택임차인이 그 주택의 경매

32) 유원규(주9), 157 이하.

절차에서 우선변제권을 행사하여 배당요구를 하였으나 배당순위에서 밀려 임차보증금을 전액 배당받을 수 없었던 경우에는 그 배당받은 금액을 공제한 잔액에 관하여 낙찰자에게 대항하여 이를 반환받을 때까지 임대차관계의 존속을 주장할 수 있다는 대법원판례의 태도를 그대로 유지하는 한, 대항력 있는 임대차가 종료하고 다만 임대차보증금의 반환을 위하여 임대차관계가 의제되는 상태에 있다고 하더라도 우선변제권은 여전히 존속한다고 보아야 한다. 저당권의 소멸에 관한 민사집행법 제91조 제 2 항과 같은 특별규정이 없으므로, 낙찰로 인하여 소멸하지 않는 의제임차권 중 보증금반환청구권에 관하여 주어진 우선변제권만이 소멸한다고 해석하는 것은 무리이다. 종전 보증금반환채권에 우선변제적 효력이 인정되었는데, 경매절차에서 배당요구를 한 번 하였다고 하여 갑자기 우선변제적 효력이 없어진다는 근거를 쉽게 납득할 수 없다.

(2) 주택임대차보호법 제 4 조 제 2 항이 임대차가 종료한 후에도 임대차관계의 존속을 의제하는 취지는 "종료한 임대차계약관계"에서 발생한 종전 보증금반환채권을 보장해주기 위한 것이며, 법정임대차관계가 의제됨으로 인하여 종전 보증금반환채권은 소멸하고 새로운 보증금반환채권이 생기는 것은 아니다. 우선변제권이 소멸한다고 하는 견해가 "임대차관계가 의제되는 상태"는 정상적인 임대차와는 다르다는 점을 그 논거로 한다면, 예컨대, 대항력 있는 임대차가 종료한 후 저당권이 실행된 경우 임차인이 배당요구를 하지 아니한 때에도 우선변제권은 소멸한다고 볼 것인지 의문이다.

주택임대차보호법 제 4 조 제 2 항에 의한 임대차관계는 오로지 청산을 위하여 의제되는 임대차관계라고 보아야 하기 때문에, 동법 제 4 조 제 2 항에 의한 임대차관계가 종전 계약상의 임대차관계와 동일시할 수 없는 것이라는 점에 관하여는 부정설에 동감하지만, 그렇다고 하여 그것이 우선변제권이 소멸하는 이유가 될 수는 없다.

우선 위와 같이 임대차관계가 의제되는 이유가 바로 임차인이 가지고 있는 보증금반환청구권의 보장에 있음은 법문상 명백하며, 여기서의 보증금반환청구권이란 내내 종전 임대차계약(정확하게는 종된 계약으로서의 보증금계약)에서 발생한 채권임을 부정할 수 없다. 주택임대차보호법 제 4 조 제 2 항에서 인정하는 임대차관계가 종전 임대차관계와는 다른 것이라고 하여, 종전 임대차계약에서 발생한 보증금반환청구권은 소멸하고 새로운 보증금반환청구권이 발생한다고 볼 수는 없는 것이다. 이것은 임대차 종료 후 양수인이나 낙찰자 등에게 임대차가 승계되는 경우에도 다를 바가 없다. 제 1 차 경매로 '소멸'하였던 우선변제권이 제 2 차 경매에서 '되살아나는' 것이 아니라, 애당초 소멸하지 않고 존속하는 것이다.

(3) 최선순위 대항력을 가졌으나 후순위 우선변제권을 가진 임대차에 대하여 제 2 차 경매에서도 우선변제청구권을 인정한다면, 이는 원래 요건의 일부에 흠결이 있어 완벽하지 못하였던 임대차관계가 제 1 차 경매가 행하여짐으로써 오히려 처음보다도 더 완벽한 최선순위의 권리로 변환됨을 인정하는 결과로 된다는 부정설의 지적은 적절하다. 그러나 이것은 경매절차에서의 저당권에 관한 소제주의(消除主義)의 반사적 이익의 결과일 뿐이다. 또 임차권의 대항력이 투하자본의 회수라는 측면에서도 가장 강력한 담보가 된다는 점을 감안해 보면, 최선순위의 대항력을 갖춘 임차인이 제 2 차 경매에서 우선변제권을 행사하여 임대차보증금을 회수할 수 있도록 한다고 하여 공평에 반하는 것이라고는 할 수 없다. 임차인이 제 2 차 경매에서 우선변제권을 행사할 수 없도록 한다고 하더라도 제 2 차 경매의 낙찰자에게 여전히 대항할 수 있는 지위에 있게 되므로, 제 2 차 경매의 매각대금은 잔존하는 임대차보증금의 액수만큼 줄어들게 되고 그에 따라 배당에 참가

하는 제2차 경매의 다른 채권자들의 만족도 줄어들 수밖에 없게 된다. 결국 2차 경매에서 임차인의 우선변제를 인정하느냐 않느냐가 후순위 채권자들의 이해관계에 사실상 영향을 미치지 못하는 것이다.

(4) 부정설은 임대인 또는 임차인의 해지의사표시에 의하여 임대차가 종료한 경우에 행사할 수 있었던 우선변제청구권을 스스로의 선택에 의하여 행사하지 아니한 이상, 이제는 우선변제청구권은 소멸하고 대항력만이 남게 될 뿐이라고 보는 것이 공평, 타당하다고 하지만, 대항력 있는 임차인이 최우선변제권도 가지고 있었던 경우라면 제1차 경매에서 우선변제권을 행사하지 않고 있다가 제2차 경매에서 마음을 바꾸어 배당요구를 할 수 있다고 해석하는 것이 불공평하다거나 부당하다고 할 수는 없다.

대항력은 주택임차권에 대하여 부여되는 것이고, 우선변제권은 주택임대차계약에 부수하여 체결되는 보증금계약으로부터 발생하는 보증금반환채권에 부여되는 '권능'이다. 보증금반환청구권이라는 권리에 우선변제권이라는 권능이 법에 의하여 부여된 이상, 그 '권리'가 소멸하지 않는 상태에서 '권능'만이 소멸하는 것으로 보는 것이 가능한지 의문이다. 보증금반환청구권 자체가 소멸하거나 법에 의하여 그 권능이 박탈되지 않는 한 존속하는 것이다.

(5) 부정설은, 경매절차의 불안정성과 관련하여, 매각물건명세서에 "낙찰자가 인수하여야 할 부담"의 하나로서 명시함으로써 제2차 경매에 관여하는 자들의 오해를 방지할 수 있고 또 그로써 충분하며, 만일 매각물건명세서를 위와 같이 정확히 작성하지 아니하는 경우에는 제2차 경매의 낙찰자에게 예기치 못한 불이익을 주는 결과로 될 수 있겠지만, 이는 그 낙찰자가 낙찰허가에 대하여 항고하는 등으로 다투지 아니한 채 매각허가결정이 확정된 이상, 스스로 법률의 부지 내지 부주의로 말미암아 입게 되는 불이익 내지 손실이므로 부득이한

결과라고 보아야 한다고 한다.

그러나, 제 2 차 경매에서 임차인이 이미 제 1 차 경매에서 우선변제권을 상실하였는가를 경매법원이 일일이 판별하여 매각물건명세서에 낙찰자가 인수하여야 할 부담으로 명시하는 것이 과연 가능한가 하는 실제적인 의문이 든다.

뿐만 아니라 매각물건명세서에 위 점이 기재되지 아니하였다면 결국은 배당단계에 가서야 비로소 임차인에게 우선변제권이 없다는 것이 밝혀질 것인데, 제 2 차 경매의 낙찰자에게 낙찰허가단계에서 이를 다투지 아니하였다고 그의 불이익으로 돌리는 것이 올바른 태도인지 의문이다.

(6) 대항력을 갖춘 주택임차인이 임대인에 대하여 보증금반환청구소송을 제기하여 전부 승소판결(편의상 임대인이 동시이행의 항변을 하지 않은 것으로 가정한다)을 받은 후 당해 주택에 대한 강제경매를 신청하였는데, 선순위 채권자들이 있어서 보증금을 일부만 변제받았다고 가정하자.

이 경우 판례에 의하면 임차인이 낙찰자에 대하여 대항력을 유지하는 관계로 청산적인 의미의 임대차관계일망정 임대차가 낙찰자에게 승계되고, 따라서 보증금반환채무도 승계된다. 한편 낙찰자는 변론종결 후의 승계인에 해당하므로, 임차인으로서는 위 보증금반환청구소송의 판결에 승계집행문을 부여받아 다시 당해 주택에 대한 제 2 차 강제경매를 신청할 수 있다. 여기서 주택임차인이 후순위 우선변제권을 갖고 있었다고 가정하여 보면, 제 2 차 경매에서나마 그 우선변제권이 이제는 선순위로 존속하는 것으로 보아 먼저 배당해 주고, 다시는 대항력을 유지하는 임대차관계가 존속하는 일이 없도록 해결해 버리는 것이 오히려 실제적인 방안이 될 것이다.

제 2 차 경매의 다른 배당채권자들은 선순위 주택임차인이 있는 것으로 알고 자기 권리를 취득하였다고 보아야 할 것이니(이는 부정설도 인정한다), 위와 같이 해결하더라도 큰 불만이 없을 것이고, 나아가 제 2 차 경매에서마저 낙찰자에게 임대차의 부담이 돌아간다면 경매 자체가 쉽게 이루어질지도 의문이기 때문이다.

4. 사견(私見)

가. 위에서 본 우선변제권 부정설과 긍정설은 모두 나름대로의 합리성과 근거를 갖추고 있다고 할 것이다. 그렇다면 그 중 어느 입장을 취할 것이냐는 부정설을 지지하는 김능환 부장판사도 지적한 것처럼 선택의 문제로 남게 된다. 일단 위 대법원 1998. 6. 26. 선고 98다2754 판결을 뒷받침하는 데는 김능환 부장판사가 제시한 부정설의 견해가 매우 정치하고 또한 설득력이 있는 것으로 보인다.

여기서 대법원 1997. 8. 22. 선고 96다53628 판결[33]을 다시 한 번 살펴볼 필요가 있다. 위 판결은

> "… 임차인의 보호를 위한 주택임대차보호법(이하 '법'이라고만 한다) 제 3 조 제 1 항, 제 2 항, 제 3 조의2 제 1 항, 제 2 항, 제 4 조 제 2 항, 제 8 조 제 1 항, 제 2 항의 규정들의 취지에 비추어, 위 각 규정의 요건을 갖춘 임차인은 임차주택의 양수인에게 대항하여 보증금의 반환을 받을 때까지 임대차관계의 존속을 주장할 수 있는 권리와 법 제 3 조의2 제 1 항 본문 소정의 보증금이나 법 제 8 조 제 3 항 소정의 보증금에 관하여 임차주택의 가액으로부터 우선변제를 받을 수 있는 권리를 겸유하고 있다고 해석되고 이 두 가지 권리 중 하나를 선택하여 행사할 수 있음은 소론이 주장하는 바와 같으나(대법원 1986. 7. 22. 선고 86다카466,467,468,469 판결; 1993. 12. 24. 선고 93다39676 판결; 1996. 7. 12. 선고 94다37646 판결), 위 각 규정에서 임차인에게 위 두 가지 권리를 인정하고 있는 취지가 그 보증금을 반환받을 수 있도록 보장하기 위한 데 있는 점, 경매절차의

---

33) 공1997하, 2793.

안정성, 경매 이해관계인들의 예측가능성 등을 아울러 고려하여 볼 때, 위 두 가지 권리를 겸유하고 있는 임차인이 먼저 우선변제권을 선택하여 임차주택에 대하여 진행되고 있는 경매절차에서 보증금 전액에 대하여 배당요구를 하였다고 하더라도, 그 순위에 따른 배당이 실시될 경우 보증금 전액을 배당받을 수 없었던 때에는 그 보증금 중 경매절차에서 배당받을 수 있었던 금액을 공제한 잔액에 관하여 경락인에게 대항하여 이를 반환받을 때까지 임대차관계의 존속을 주장할 수 있다고 봄이 상당하다고 할 것이다. 이 경우 위 임차인의 배당요구에 의하여 위 임대차는 해지되어 종료하고(대법원 1996. 7. 12. 선고 94다37646 판결 참조), 다만 법 제4조 제2항에 의하여 위 임차인이 그 보증금의 잔액을 반환받을 때까지 그 임대차관계가 존속하는 것으로 의제될 뿐이므로, 경락인은 법 제3조 제2항에 의하여 그 임대차가 종료한 상태에서의 임대인의 지위를 승계한다고 할 것이다."

라고 판시하고 있다.

요컨대, 위 판결에 의하면 임차주택의 경매 당시 대항력과 확정일자를 갖춘 임차인은 우선변제권을 행사할 수 있는데, 위 임차인이 배당요구를 함으로써 우선변제권을 행사하였다고 하더라도 그 배당순위 때문에 보증금 전액을 배당받을 수 없었던 경우에는 배당받지 못한 보증금 잔액을 반환받을 때까지 주택임대차보호법 제4조 제2항에 의하여 법정임대차관계가 존속하며, 주택임대차보호법 제3조 제2항에 의하여 낙찰자는 위와 같이 존속하는 법정임대차관계의 임대인의 지위를 승계한다는 것이다.

이와 같이 임차인과 낙찰자 사이에 법정임대차관계가 존속한다고 보는 이상, 낙찰자 소유로 된 주택이 다시 경매되는 경우 임차인은 잔존보증금에 관하여 위 법정임대차관계에 터잡아 위 주택의 환가대금으로부터 여전히 우선변제를 받을 수 있다고 보는 것이 균형을 이룬다고 보아야 하지 않을까 한다. 위 대법원 1998. 6. 26. 선고 98다2754 판결은 그 판시에서 임차인의 우선변제권이 낙찰로 소멸한다고 하면서 위 대법원 1997. 8. 22. 선고 96다53628 판결을 참조판결로 들고 있으나, 저자는 오히려 위 후자(後者)의 판결과의 균형상 우선변제권이 소멸하지 않는다고 보는 것이 합당하다고 생각한다.

나. 주택임대차보호법 제 4 조 제 2 항에 의하여 법정임대차관계가 존속하는 상태에서 임차주택이 양도되면, 양수인은 주택임대차보호법 제 3 조 제 2 항에 의하여 그 법정임대차관계의 임대인의 지위를 승계한다. 따라서 임차인은 양수인에 대하여 자기의 임차권을 주장하여 여전히 종전대로 임차주택을 사용할 수 있고, 보증금을 반환받고 주택을 인도하여 주기 전까지 양자 사이의 관계는 정상적인 임대차관계와 크게 다를 바 없다.[34)]

법정임대차관계를 인정하는 근본 이유가 임차인의 보증금반환청구권을 보장하려는 데 있고, 비록 법정임대차관계라고 하지만 임차인의 양수인에 대한 보증금반환청구권에 관한 한 종전의 임대차와 하등 다를 바 없는데, 정작 보증금반환청구권을 보호하기 위하여 특별히 인정되는 우선변제권이 소멸한다고 보는 것은 주택임대차보호법의 취지에 맞지 않는다고 할 것이다.

다. 위 대법원 1998. 6. 26. 선고 98다2754 판결이 주택임차인의 우선변제권은 한 번 행사하면 소멸한다고 본 것인지는 불분명하다. 위 대법원판결은 임차인이 우선변제권을 행사하여 배당요구를 하면 임대차가 종료하고, 낙찰로 우선변제권이 소멸한다는 논리구조를 취하고 있기 때문이다.

그렇다면 제 1 차 경매에서 우선변제권의 행사 즉, 배당요구를 하지 않았다면 임차인의 우선변제권은 소멸하지 않는다고 본 것일까?

34) 가장 주된 차이는 부정설도 지적하듯이 양수인(임대인)이 기간의 구애를 받지 않고 언제든지 보증금을 반환하기만 하면 임대차관계를 완전히 종결시킬 수 있다는 것이다.

전술(前述)한 바와 같이 부정설은, 임차보증금 회수를 위한 우선변제권의 낙찰로 인한 소멸, 인수에 관하여 구(舊) 민사소송법에 특별한 규정을 두지는 않았지만, 저당권이나 기간 만료한 전세권의 소멸을 규정한 구(舊) 민사소송법 제608조 제 2 항의 규정을 유추적용하면 임차보증금반환회수청구권에 부착된 우선변제권은 그 행사와 더불어 낙찰로 인하여 소멸한다고 주장한다. 논지가 분명하지는 않으나 우선변제권을 행사하지 않은 경우에는 소멸하지 않는다고 보는 듯하다.

그런데, 구(舊) 민사소송법 제608조 제 2 항(현행 민사집행법 제91조 제 2 항)이 규정한 저당권에 관한 이른바 소제주의(消除主義)는 그 행사 여부를 묻지 않고 저당권을 낙찰로 소멸시키는 것이다. 임차인의 우선변제권의 소멸 근거로 구(舊) 민사소송법 제608조 제 2 항을 유추적용하면서 유독 거기에만 행사 여부의 구별을 두는 것은 자의적인 감이 든다. 무릇 권리가 행사로 소멸하기 위해서는 그 행사로 소기의 목적을 달성하여야 하는 것이지, 그 목적을 달성하지도 못하였는데 한 번 행사하였다는 이유만으로 소멸한다는 것은 불합리하다. 예컨대, 임차보증금반환청구권을 행사하여 임대인에게 보증금의 반환을 청구하였는데, 임대인으로부터 보증금을 현실로 반환받지 않아도 단지 반환청구를 하였다는 사실 그 자체만으로 이제는 임차보증금반환청구권이 소멸하여 더 이상 존재하지 않는다고 할 수는 없는 노릇이다.

보다 근본적으로는 임차인의 우선변제권의 소멸 근거로 구(舊) 민사소송법 제608조 제 2 항을 유추적용하는 데 문제가 있다. 임차보증금반환청구권, 나아가 임차권은 소멸하지 않고 그대로 있는데 임차보증금반환청구권의 하나의 권능인 우선변제권만이 위 조항을 유추하여 소멸한다고 보는 것은 무리라고 할 것이다.

라. 이론의 당부를 떠나, 우선변제권이라는 것이 본래 경매를 전제로 하는 것인 만큼, 부정설과 긍정설의 어느 입장이 경매절차의 안

정과 공평이라는 실제적인 측면에 부합하는지를 살펴볼 필요가 있다.

(1) 주택임차인이 제 1 차 경매에서 우선변제권의 행사 즉, 배당요구를 하였고 제 2 차 경매에서 다시 배당요구를 하는 경우에, 부정설에 의하면 제 2 차 경매가 매우 불안정하여질 수밖에 없다. 주택임차인이 제 1 차 경매에서 우선변제권의 행사, 즉 배당요구를 하였던 사실이 제 2 차 경매의 경매기록에 나타나지 않으므로, 경매 참가자로서는 그 주택임차인에게 제 2 차 경매에서는 우선변제권이 없다는 사실을 알기 어렵다. 제 2 차 경매의 참가자들로서는 외견상 최선순위의 대항력과 확정일자를 갖춘 임차인이 배당요구를 하고 있는 이상 그에게 1 순위로 배당이 이루어질 것으로 알고 경매에 참가할 것이다. 따라서 주택임차인이 매각대금에서 배당받아감으로써 그 임대차의 부담이 소멸할 것으로 예상하고 높은 가격으로 참가할 것인데, 예상과는 달리 그 임대차의 부담이 소멸하지 않고 그대로 인수된다면 제 2 차 경매의 낙찰자는 불측의 손해를 입게 된다. 그런가 하면 다른 배당참가자들은 더 많은 배당을 받음으로써 예기치 않은 이익을 보게 된다.

그에 비하여 위 경우에 긍정설에 의하면 낙찰자의 불측의 손해 및 다른 배당참가자들의 예기치 않은 이익을 막을 수 있다. 그런데, 긍정설에 의하면 다른 배당참가자들에게 불측의 손해를 가하는 일은 없을까? 만일 그렇다면 긍정설도 쉽게 취할 바가 못 될 것이다. 그러나 그럴 염려는 없다.

제 1 차 경매가 끝난 후에는 다른 담보권이나 가압류 등은 모두 말소되고 주택임차인만 남는다. 제 1 차 경매의 낙찰자로부터 새로이 담보물권 등을 취득하여 이해관계를 맺는 채권자들은 이미 그 주택에 선순위 임차권의 부담이 있다는 사실을 알고 있는 것이다. 따라서 그들은 임차인이 배당요구를 하면 그에게 우선적으로 배당이 이루어진다는 것을 예상하고 있으며, 이미 그 점을 고려하여 담보물권 등을 취득한 것이다. 결국 임차인에게 우선변제를 부정하면 다른 배당채권자들에게 예상 밖의 이익을 주고 낙찰자에게 예상 밖의 손해를 가하는 일이 생길지언정, 우선변제를 긍정함으로써 다른 배당채권자들에게 예상 밖의 손해를 가하는 일은 생기지 않는다.

(2) 전술(前述)한 바와 같이 주택임차인이 제 1 차 경매에서 우선변제권의 행사 즉, 배당요구를 하지 아니한 경우에는 부정설도 제 2 차 경매에서의 임차인의 우선변제권을 인정하는 것으로 보인다. 따라서 제 2 차 경매에서 임차인이 배당요구를 한 경우에(제 2 차 경매에서 임차인이 배당요구를 하지 아니한 경우에는 긍정설에 의하든 부정설에 의하든 낙찰자에게 인수되므로 문제가 되지 않는다) 그에게 우선배당을 할 것이냐 아니할 것이냐는 그가 제 1 차 경매에서 배당요구를 하였느냐 아니하였느냐에 의하여 좌우된다. 그러나 유감스럽게도 주택임차인이 제 1 차 경매에서 배당요구를 하였느냐 아니하였느냐는 제 2 차 경매의 경매기록에 전혀 나타나지 않는다. 따라서 경매 참가자로서는 그 주택임차인에게 제 2 차 배당이 이루어질 것이냐 아니냐를 알 길이 없다. 그만큼 경매절차가 불안정해지는 것은 말할 것도 없다.

이러한 불안정을 막기 위해서는 경매법원이 임차인이 제 1 차 경매에서 배당요구를 하였던 여부를 미리 알려 주어야 한다. 구체적으로는 매각물건명세서에 임차인이 이미 제 1 차 경매에서 배당요구를 한 일이 있기 때문에 그가 비록 제 2 차 경매에서 배당요구를 하고 있지만 그는 배당을 받을 수 없으므로 낙찰자가 그의 임차권을 인수하여야 한다는 취지를 기재하여야 한다. 즉, 임차권을 '부동산 위의 부담으로서 낙찰로 인하여 소멸하지 아니하는 것'으로 기재하는 것이다.

그러면 경매법원은 위와 같은 조치를 쉽게 할 수 있는가? 이것이 가능하려면 임차인이 제 1 차 경매에서 배당요구를 하면서 자기는 제 1 차 경매에서 배당요구를 하였었는데 순위에서 밀려 배당을 받지 못하였기 때문에 제 2 차 경매에서 다시 배당요구를 하는 것이라고 미리 밝혀야 한다. 그런데 과연 배당요구서에 임차인이 위와 같은 사실을 기재하는 것을 기대할 수 있을까? 안타깝게도 이는 연목구어(緣木求魚)일 뿐이다. 결국 제 2 차 경매의 참가자들은 고사하고 경매법원조차도 임차인이 제 1 차 경매에서 배당요구를 한 일이 있는지 여부를 쉽사리 알 수 없다는 이야기이다.

물론 경매법원이 굳이 알려고 노력한다면 알 수는 있을 것이다. 그 방법으로는 다음과 같은 것을 생각할 수 있다. 우선 제 2 차 경매에서 임차인이 배당요구를 하여 올 경우에 배당요구서에 첨부된 임대차계약서상의 임대인 이름이 제 2 차 경매에서의 주택소유자와 동일인인 여부를 확인한다. 양자가 서로 다르면 일단 경매기록에 편철되어 있는 부동산등기부를 살펴보아 그 사이에 경매에 의한 소유권 변동이 있었는지를 확인하다. 그럼으로써 임대인이 현재의 소유자(제 1 차 경매의 낙찰자 또는 그로부터 양수한 자)가 아니고 종전 소유자(제 1 차 경매의 채무자 혹은 물상보증인)라는 것이 밝혀지면, 배당요구한 임차인을 심문하고, 나아가 필요하면 종전 경매기록을 가져다 봄으로써(경매기록의 보존기간이 3년이므로 그 안에 제 2 차 경매가 행하여지면 제 1 차 경매기록이 보존되어 있을 것이다) 임차인이 제 1 차 경매에서 배당요구를 한 일이 있는지 여부를 확인한다. 그러나 이는 어디까지나 가능하다고 생각되는 방법을 제시한 것일 뿐, 신속을 요하는 경매절차에서 과연 경매법원에 위와 같은 조치를 요구할 수 있을지 의문이다. 더구나 위에서 본 사건과 같이 종전소유자(임대인)가 제 1 차 경매의 낙찰자로 되기라도 하면 위와 같은 조치를 기대하기가 더욱 힘들 것이다.

위와 같은 조치가 힘들다면, 제 2 차 경매에서 임차인이 배당요구를 하여 올 경우에 배당요구서에 첨부된 임대차계약서상의 임대인 이름이 제 2 차 경매에서의 주택소유자와 다르면 더 이상의 조치를 취할 것도 없이 곧바로 매각물건명세서에 "… 임대차관계는 낙찰자가 인수할 수도 있다"는 정도의 경고문구를 기재하여 낙찰자의 주의를 촉구하는 것도 하나의 방법일 수 있을 것이나, 그 정도만으로는 오히려 경매절차의 불안정을 더 초래할 가능성도 있다.

5. 주택임대차보호법 제 3 조의5의 신설 후의 새로운 해석론[35)]

이상에서 살펴본 것은 1999. 1. 21. 3차 개정으로 주택임대차보호법 제 3 조의5가 신설되기 전의 해석론이다. 그러면 동조가 신설된 현재는 어떤가?

주택임대차보호법 제 3 조의5에 의하면 전술(前述)한 바와 같이 대항력과 우선변제권을 구비한 주택임차인이 그 주택의 경매절차에서 우선변제권을 행사하여 배당요구를 하였으나 배당순위에서 밀려 임차보증금을 다 배당받을 수 없었던 경우에 임차권은 소멸하지 않고 그대로 존속한다. 즉, 종래처럼 임대차는 종료하되 다만 보증금을 반환받을 때까지 법정임대차관계가 존속하는 것으로 의제되는(주택임대차보호법 제 4 조 제 2 항) 것이 아니라, 종전의 임차권이 소멸하지 않고 그대로 존속하는 것이다.

이처럼 임차권이 소멸하지 않는다고 하는 이상 임차권의 권능으로서의 우선변제권도 당연히 그대로 존속한다고 보아야 한다. 따라서 우선변제권의 2회 행사가 가능하다.[36)] 주택임대차보호법 제 3 조의5 단서의 신설이 입법론상 과연 옳으냐에 관하여는 전술(前述)한 것처럼 의문이 있으나 이는 별개의 문제이고, 주택임대차보호법 제 3 조의5 단서가 신설된 마당에는 위에서 본 견해의 대립은 더 이상 유지되기

---

35) 이 조항을 그대로 본뜬 조항(상가건물임대차보호법 제 8 조)이 들어 있는 상가건물임대차보호법하에서의 해석론도 동일하다.

36) 박해식(주18), 370.
그럼에도 불구하고 대판 2001. 3. 27. 98다4552(공2001상, 988); 대판 2006. 2. 10. 2005다21166(공2006상, 423)이 종전 판례를 그대로 답습하고 있는 것은 재고를 요한다. 동지(同旨) : 김효석, 주택임대차분쟁의 해결(2005), 357.

어렵다고 할 것이다. 물론 주택임대차보호법 제 3 조의5 단서가 주택임대차보호법 제 4 조 제 2 항과 실질적으로 다를 바 없다는 견지에 선다면 위에서 본 견해의 대립도 여전히 의미가 있을 것이다.[37]

37) 윤 경(주31), 58-59.

제5절 인도명령과 임대차

Ⅰ. 문제의 소재

주택이나 상가건물을 낙찰받은 자는 경매법원에 매각대금을 납부함으로써 소유권을 취득한다(민사집행법 제135조). 그런데 완전한 소유권을 행사하기 위해서는 주택이나 상가건물을 인도받을 필요가 있다. 종전의 소유자나 임차인 등 이제까지의 점유자가 낙찰자에게 임의로 주택을 인도하여 준다면 아무런 문제가 없으나, 그렇지 않은 경우에는 낙찰자로 하여금 주택을 인도받을 수 있게 하는 방안이 필요하다.

낙찰자가 취득한 소유권에 기하여 주택의 인도청구소송을 제기함으로써 인도받는 것이 물론 가능하지만, 국가의 공권력에 의하여 행하여진 경매를 통하여 소유권을 취득하였음에도 또다시 민사소송을 제기하여야만 인도를 받을 수 있다고 한다면 경매를 통하여 부동산을 매수하고자 하는 자, 특히 실수요자들로 하여금 경매에의 참가를 주저하게 할 뿐이다.

여기서 낙찰자가 낙찰받은 주택을 쉽게 인도받을 수 있게 하기 위하여 마련된 제도가 바로 인도명령이다. 즉, 채무자나 소유자 등이 임의로 인도하지 아니하는 때에는 낙찰자는 집행관으로 하여금 낙찰주택을 강제로 낙찰자에게 인도케 하여 달라는 신청을 경매법원에 할 수 있고, 경매법원의 명령에 의하여 주택을 인도받을 수 있다(민사집행법 제136조 제 1 항).[1] 이러한 인도명령은 항고로만 불복을 신청할 수 있는 재판(민사집행법 제56조 제 1 호)으로서 집행권원이 된다.

그러면 낙찰자는 이러한 인도명령은 누구를 상대로 신청할 수 있는 것일까, 낙찰된 주택이나 상가건물을 점유하면서 임의의 인도를 거부하고 있는 자가 있다면 그가 누구인지를 묻지 않고 신청할 수 있는가? 특히 점유자가 임차인인 경우가 주로 문제이다.

Ⅱ. 인도명령의 당사자

1. 신 청 인

신청인은 매각대금을 완납한 낙찰자[2]와 그 상속인 등 일반승계인에 한하고, 낙찰자의 특별승계인은 신청인적격이 없다.[3]

2. 상 대 방

인도명령의 상대방은 다음과 같은 사람들이다.

① 채무자[4] 및 그의 일반승계인

---

1) 경매법원의 인도명령이 내려지면 신청인은 집행관에게 위임하여 민사집행법 제258조 제 1 항에 따라 인도집행을 하게 한다(동법 제136조 제 6 항). 이 경우 집행문은 필요치 않다.

2) 대결 1970. 9. 30. 70마539(집18-3, 민181).

3) 대결 1966. 9. 10. 66마713(집14-3, 민25).

4) 대판 1998. 4. 24. 96다30786(공1998상, 1434) : 부동산의 인도명령의 상대방이 채무자인 경우에 그 인도명령의 집행력은 당해 채무자는 물론 채무자와 한 세대를 구성하며 독립된 생계를 영위하지 아니하는 가족과 같이 그 채무자와 동일시되는 자에게도 미친다 할 것인바, 근저당권의 채무자인 처에 대한 적법한 부동산 인도명령의 집행 당시 대항력을 갖춘 임차권자가 아니고 또한 처와 같은 세대를 구성하면서 그 부동산을 공동점유하고 있었던 남편의 공동점유를 본인의 의사에 반하여 배제하였다고 하여 이를 곧 점유의 위법한 침탈이라고 할 수 없다.

② 소유자[5)]

③ 점유자. 다만, 낙찰자에게 대항할 수 있는 권원을 가진 점유자는 제외된다(민사집행법 제136조 제 1 항).

임차인과의 관계에서 문제가 되는 것은 바로 이 ③항의 점유자인바, 항을 바꾸어 검토한다.

Ⅲ. 인도명령의 상대방인 임차인

1. 점유자인 임차인

구(舊) 민사소송법하에서는 낙찰된 주택이나 상가건물을 점유[6)]하고 있는 임차인은 그가 압류의 효력이 발생한 후에 점유를 시작한 경우에 한하여 인도명령의 상대방이 되었다(동법 제647조 제 1 항 본문).[7)]

5) 강제경매의 경우에는 채무자와 소유자가 원칙적으로 동일인이므로 문제가 되지 아니하나, 담보권실행을 위한 임의경매의 경우에는 양자가 얼마든지 다를 수 있고, 그 경우 양자 중 낙찰된 주택이나 상가건물을 직접점유하고 있는 자가 인도명령의 상대방으로 된다.

6) 직접점유자에 한한다. 주택을 다른 사람에게 전대한 사람 등 간접점유자에 대하여는 인도명령이 발령되어도 전차인에 대하여 다시 인도명령을 얻지 않는 한 민사집행법 제259조에 의한 인도청구권의 이부(移付)를 받아야 하므로 간접점유자를 인도명령의 상대방으로 할 실익이 없기 때문이다[지철수, "부동산경매절차에서 임차인의 지위와 그 보호에 관한 고찰", 사법연구자료 23집(1996), 297; 박재윤, 주석 강제집행법(Ⅲ)(1993), 493].

7) 그 결과 구(舊) 민사소송법하에서는 압류의 효력이 언제 발생하였는가의 문제가 전면에 부상하였었다. 즉, 본래 부동산경매절차에서 압류의 효력은 경매개시결정의 기입등기가 행하여진 시점과 경매개시결정이 채무자(담보권실행을 위한 경매에서는 소유자)에게 송달된 시점 중 앞서는 시점에 발생하는데[구(舊) 민사소송법 제603조 제 4 항. 현행 민사집행법 제83조 제 4 항도 동일하다], 이러한 압류에 앞서 가압류나 저당권의 등기가 먼저 되어 있었다면 압류의 효력발생시기가 그 시점으로 소급한다고 볼 것이냐 하는 문제가 있었던 것이다. 그리하여 우선 선행하는 가압류등기가 있는 경우에는 ① 가압류등기시를 언제나 압류의 효력발생시로 보는 견해(우리나라에서는 주장되지 않았고, 일본의 法曹會 編, 民事執行法の實務, 292-293이 취한 견해이다), ②압류가 당해 가압류의 본집행으로 이루

그런데, 임차인의 점유개시 시기는 기록에 나타난 집행관의 현황조사보고서, 주민등록등 · 초본, 임대차계약서와 심문과정에서의 당사자의 진술 등을 종합하여 판단할 수밖에 없는데, 경매실무상 현황조사보고서는 당사자 또는 인근 거주자에게 물어 본 그대로를 기재한 것이 많아서 정확하지 않은 경우가 많고, 임대차계약서 역시 의심스러운 때가 많은 것이 경매의 실정이다. 비록 주민등록등 · 초본에 전입일자가 기재되어 있기는 하나, 이는 그야말로 전입신고를 한 날짜에 지나지 아니하고 전입신고를 하였다고 하여 곧 점유를 개시하였다고 추정되는 것도 아니다. 이런 상황에서는 소유자와 임차인이 담합하는 한 경매법원이 임차인의 점유가 압류의 효력 발생 후에 개시되었다고 인정하고 인도명령을 발령한다는 것이 쉬운 일이 아니다. 결국 극단적으로는 낙찰자가 임차인으로부터 주택을 인도받기 위하여는 언제나 인도청구소송을 다시 제기하여야 한다는 소리가 나오게 된다. "경매절차는 가장임차인과의 전쟁터"라는 희화(戲畵)적인 표현이 또다시 현실로 다가오는 장면이다. 때문에 낙찰자가 임차인을 비롯한 점유자의 아무런 근거도 없는 이사비용(심지어는 보증금 중 일부) 요구를 들어줄 수밖에 없었다.[8] 인도명령의 실상이 이렇게 되어서는 경매제도 전체의 안

어진 경우에 한하여 가압류등기시를 압류의 효력 발생시로 본 견해[박재윤(주6), 494], ③ 어떤 경우에도 선행 가압류를 기준시로 볼 수 없고 본래의 압류시를 기준으로 하여야 한다고 한 견해[지철수(주6), 297; 법원행정처, 법원실무제요 강제집행(상)(개정증보판)(1992), 491]가 대립하고 있었다.

다음으로 선행하는 저당권설정등기가 있는 경우에는 ① 저당권설정등기시를 언제나 압류의 효력 발생시로 보는 견해[우리나라에서는 주장되지 않았고, 일본의 田中康久, 新民事執行法の解説(1979), 180이 취한 견해이다], ② 압류가 당해 저당권의 실행으로 되었거나 그 피담보채권에 기한 강제경매로 이루어진 경우에 한하여 저당권설정등기시를 압류의 효력 발생시로 본 견해[박재윤(주6), 494], ③ 어떤 경우에도 선행 저당권설정등기를 기준시로 볼 수 없고 본래의 압류시를 기준으로 하여야 한다고 한 견해[지철수(주6), 297. 또한, 여상조, "입찰절차의 명확화 · 간결화", 부동산입찰제도(1997), 79에 의하면 서울지방법원 신청 · 집행실무연구회에서는 토의결과 이 견해가 다수설이었다고 한다]가 대립하고 있었다.

8) 인도명령의 집행 자체에도 상당한 비용이 든다. 예컨대, 30평인 1층 아파트의 경우 집행관 수수료와 인부의 일당으로 약 80만 원 정도를 예납하여야 하고 집행불

정과 실효성이 떨어질 수밖에 없다. 따라서 인도명령의 실효성을 높이고 나아가 경매제도의 안정을 위해서는 임차인을 포함하여 점유자가 낙찰자에게 대항할 수 없다면 굳이 그의 점유개시 시점을 압류의 효력 발생 후로 제한할 필요가 없이 모두 인도명령을 발령할 수 있게 하여야 한다는 입법론이 제기되었고, 현행 민사집행법 제136조 제 1 항은 이를 받아들여 원칙적으로 모든 점유자에 대하여 인도명령이 가능한 것으로 하였다. 낙찰자가 경매절차에서 낙찰을 받고 대금을 납부하여 소유권을 취득한 마당에 자기에게 대항할 수 없는 임차인을 상대로 다시금 주택이나 상가건물의 인도청구소송을 제기하라고 요구하는 것은 비경제적이고 경매절차의 안정만 해칠 뿐이다.

2. 낙찰자에게 대항할 수 있는 점유권원이 있는 경우

가. 임차인이 낙찰자에게 대항할 수 있는 점유권원을 가지고 있는 경우에는 인도명령을 발령할 수 없다(민사집행법 제136조 제 1 항 단서).

임차인이 대항할 수 있는 점유권원을 가지고 있는 전형적인 예로는 임차권등기를 최선순위로 하였거나 건물임대차보호법상의 대항요건을 최선순위로 구비한 경우를 들 수 있다.[9] 그 밖에 낙찰자와 새로운 임대차계약을 체결한 임차인도 낙찰자에게 대항할 수 있음은 물론이다.

점유권원의 존재 여부 판단 시점은 인도명령의 성립시이다.[10] 인수될 권리가 낙찰자에게 인수되는 것은 낙찰자로의 소유권이전 시기, 즉 대금 납부시이지만(민사집행법 제135조), 그 시점에 존재하였던 점유

능시에도 그 30% 정도는 출장비로 부담하여야 한다고 한다. 신태길, "부동산 인도명령제도의 개선", 부동산입찰제도(1997), 116.

9) 대판 1997. 8. 29. 97다11195(공1997하, 2856) 참조.

10) 박재윤(주6), 496; 전세정, 민사집행법(2008), 513.

권원이 인도명령 성립시까지 사이에 소멸하였다면(예컨대, 임차인이 임차보증금을 변제받았거나, 임대차계약이 해제된 경우) 인도명령의 대상이 되는 것이 당연하다.

나. 이와 관련하여 대항력 있는 임차인이 우선변제권을 행사하여 경매법원에서 그에게 임차보증금 전액을 배당하였는데 배당금을 수령하지 않고 주택의 인도를 거부하고 있는 경우 인도명령을 할 수 있는지가 실무상 문제로 제기된다. 배당금의 수령을 거부하는 것을 배당요구의 철회의 의사표시로 볼 여지는 있으나, 전술(前述)한 바와 같이 배당요구의 철회는 배당요구의 종기까지만 허용되기 때문에 배당금 수령의 거부 자체는 부적법하다고 할 수밖에 없다. 또한 이러한 임차인의 임차권은 낙찰로 인하여 소멸한다(주택임대차보호법 제 3 조의5, 상가건물임대차보호법 제 8 조). 따라서 이러한 임차인에 대하여는 인도명령이 가능하다고 할 것이다.

Ⅳ. 인도명령의 실효성 제고 방안

위에서 본 바와 같이 현행 민사집행법은 낙찰자에게 대항할 수 있는 점유권원을 가지고 있지 아니하는 모든 점유자에 대하여 인도명령을 할 수 있도록 함으로써 인도명령의 실효성을 제고하고 있다. 그러나 여기서 한 걸음 더 나아가 부동산 경매제도를 정착하고 낙찰자의 지위의 안정성을 확보하기 위한 방안으로서, 정당한 이유 없이 자기가 점유하는 낙찰부동산의 인도를 거부하는 등의 집행방해행위에 대하여 형사상의 제재를 가하는 것을 검토해 볼 시점에 이르렀다는 지적[11]에 저자도 공감한다.

11) 신태길(주8), 116-117.

제 5 장

입 법 론

임차 주택이나 상가건물의 경매절차에서 임차인을 보호하기 위하여 주택임대차보호법과 상가건물임대차보호법은 여러 규정을 두고 있고, 민사집행법에도 관련 규정들이 산재(散在)한다. 그러나, 이들 규정 중에는 그 타당성에 관하여 입법론상 의문이 제기되는 것들이 있는바, 그 중 경매와 관련하여 그에 대한 저자의 의견을 제시하면 다음과 같다.[1)]

가. 주택임대차보호법 제 3 조 제 1 항, 상가건물임대차보호법 제 3 조 제 1 항

위 조항의 대항요건으로서 주민등록이나 사업자등록을 요구하는 부분에 관하여 행정편의적 발상이라거나 다른 나라의 입법례가 없다는 이유로 삭제하여야 한다는 의견이 있으나, 저자는 존속시켜야 한다고 생각한다. 거래의 안전을 기하고 가장임차인의 발호를 막는 최소한의 방파제 역할을 하기 때문이다.

---

1) 논자에 따라서는 주택임대차보호법이 불합리하고 부적법한 면이 많으므로 아예 민법의 임대차조항을 개정하여 주택임대차보호법의 취지를 흡수하고 주택임대차보호법은 폐지하는 것이 현실 문제상으로나 비교법적으로(독일, 일본 등의 민법과 비교하여) 타당하다는 견해를 제시하기도 한다[현승종, "민법개정의 움직임과 임대차법", 사법행정 1981. 10., 31 이하; 한국민사법학회, 민사법개정의견서(1982), 58-9(김석우)].

물론 법체계상 특별법의 양산이 바람직하지 않고 궁극적으로 기본법에 편입시켜야 함에는 이론이 있을 수 없다. 그러나 과연 우리의 현실이 요구하는 임차인 보호의 필요성을 기본법인 민법의 개정을 통하여 충족시킬 수 있을까는 의문이다. 주택임대차보호법의 조항을 있는 그대로 혹은 개정이 필요하면 개정하여 민법에 편입하면 되지 못할 것도 없지 않느냐고 반론을 제기하면 할 말이 없으나, 이는 일반법으로서의 민법의 성격에 부적절하지 않을까 한다.

독일의 임차인보호법이 폐지되고 민법의 사회적 조항(soziale Klausel)으로 대체되었다고 하나, 이는 어디까지나 주택사정이 호전되어 종전처럼 강력한 임차인 보호법은 더 이상 필요 없게 된 데서 기인함을 간과해서는 안 된다[김학동, "독일에서의 임대차법의 변천(하)" 사법행정 1982. 4., 29 ; 이상혁, 부동산임대차의 현대적 법리, 39-40]. 반면, 우리의 주택사정은 제 1 장 주1)의 통계수치가 보여 주듯이 주택임대차보호법이 제정될 당시보다 현재 무주택가구율이 더 상승하여 주택난이 심화되고 있다고 해도 과언이 아니다. 따라서 주택임대차보호법을 폐지하고 이를 민법에 편입시킨다는 게 아직은 시기상조라고 할 수밖에 없다.

나. 주택임대차보호법 제 3 조 제 2 항, 상가건물임대차보호법 제 3 조 제 2 항

주택임대차보호법 제3조 제2항, 상가건물임대차보호법 제3조 제2항 에 "그러나, 임차인이 양도사실을 알고 지체 없이 임대인에게 이의를 제기한 경우에는 그러하지 아니하다"는 단서조항을 신설하는 것이 바람직하다.

다. 주택임대차보호법 제 3 조의2 제 1 항, 상가건물임대차보호법 제 5 조 제 1 항

위 조항 자체에는 문제가 없으나, 저자는 보다 근본적으로 위 조항을 개정하여 다음과 같이 임차인에게 경매청구권을 부여하는 것이 더 좋다고 생각한다.

주택임대차보호법 제3조의2(보증금의 회수)
① 임대인이 보증금의 반환을 지체한 때에는 제3조 제1항의 대항요건과 임대차계약증서상의 확정일자를 갖춘 임차인은 민사집행법이 정한 바에 따라 임차주택의 경매를 청구할 수 있다.

상가건물임대차보호법 제5조(보증금의 회수)
① 임대인이 보증금의 반환을 지체한 때에는 제3조 제1항의 대항요건과 임대차계약증서상의 확정일자를 갖춘 임차인은 민사집행법이 정한 바에 따라 임차건물의 경매를 청구할 수 있다.

그리고 같은 취지를 등기한 임차인과 소액임차인(소액임차인의 우선변제권을 계속 존속시킬 경우)에 관하여도 규정한다. 따라서 주택임대차보호법 제3조의3 제5항 본문을 "임차권등기명령에 의한 임차권등기가 경료되면 임차인은 제3조 제1항의 규정에 의한 대항력, 제3조의2 제1항의 규정에 의한 경매청구권 및 제3조의2 제2항의 규정에 의한 우선변제권을 취득한다"로 개정하고, 주택임대차보호법 제8조 제2항을 "제3조의2 제1항, 제4항 내지 제6항의 규정은 제1항의 경우에 이를 준용한다"로 개정하고, 상가건물임대차보호법 제6조 제5항 본문을 "임차권등기명령에 의한 임차권등기가 경료되면 임차인은 제3조 제1항의 규정에 의한 대항력, 제5조 제1항의 규정에 의한 경매청구권 및 제5조 제2항의 규정에 의한 우선변제권을 취득한다"로 개정하고, 주택임대차보호법 제14조 제2항을 "제5조 제1항, 제4항 내지 제6항의 규정은 제1항의 경우에 이를 준용한다"로 개정한다.

라. 주택임대차보호법 제3조의2 제2항

대항요건을 구비한 주택임차인에게 보증금에 관한 우선변제권을 인정하기 위하여는 단순히 확정일자만을 갖추도록 할 것이 아니라, 한 걸음 나아가 주민등록 전입신고시에 보증금액을 신고하도록 하여 주민등록표에 기재하는 방법이나, 읍·면·동사무소에 주민등록표 외에 임대차등록부를 별도로 비치하여 보증금을 포함한 임대차에 관한 모든 사항을 기재하고 이를 열람할 수 있게 함으로써 다른 이해관계인들이 손쉽게 그 액수를 확인할 수 있는 방법 등을 강구하여야 한다고 생각한다. 아니면 최소한 임대차계약서를 공정증서로 작성하게 함으로써 보증금액의 사후 조작에 의한 분쟁을 막는 제도적 장치를 강구하여야 할 것이다.

마. 주택임대차보호법 제3조의2 제4, 5항, 상가건물임대차보호법 제5조 제4, 5항

위 조항 중 경매법원에 대한 이의신청 부분은 삭제함이 옳다고 생각한다. 민사집행법상의 배당이의 제도와 중복되기 때문이다.

바. 주택임대차보호법 제 3 조의3, 상가건물임대차보호법 제 6 조

위 조문은 삭제함이 옳다고 생각한다. 법체계만 혼란시키고 실효성이 의문시되기 때문이다.

아니면 최소한 임차권등기명령신청의 사유가 되는 임대차의 종료를 임대차기간의 만료로 국한함이 옳다.

사. 주택임대차보호법 제 3 조의5 단서, 상가건물임대차보호법 제 8 조 단서

주택임대차보호법 제 3 조의3, 상가건물임대차보호법 제 6 조를 존치시킨다 하더라도, 주택임대차보호법 제 3 조의5 중 단서조항과 상가건물임대차보호법 제8조 중 단서조항은 삭제함이 옳다고 생각한다. 주택임대차보호법 제 4 조 제 2 항, 상가건물임대차보호법 제9조 제 2 항으로 충분하기 때문이다.

아. 주택임대차보호법 제 3 조의6(임차인의 우선매수권), 상가건물임대차보호법 제 7 조의2(임차인의 우선매수권)의 신설

임차인에게 우선매수권을 인정하는 주택임대차보호법 제 3 조의6, 상가건물임대차보호법 제 7 조의2를 다음과 같이 신설할 것을 제안한다.

> 주택임대차보호법 제 3 조의6(임차인의 우선매수권)
> ① 임차인은 매각기일까지 민사집행법 제113조에 의한 보증을 제공하고 최고가매수신고가격과 동일한 가격으로 채무자의 지분을 우선매수할 것을 신고할 수 있다.
> ② 제 1 항의 경우에 법원은 최고가매수신고에 불구하고 그 임차인에게 매각을 허가하여야 한다.
> ③ 제 1 항의 규정에 의하여 임차인이 우선매수신고를 한 경우에는 최고가매수신고인을 민사집행법 제114조에 규정된 차순위매수신고인으로 본다.

상가건물임대차보호법 제7조의2(임차인의 우선매수권)

① 임차인은 매각기일까지 민사집행법 제113조에 의한 보증을 제공하고 최고가매수신고가격과 동일한 가격으로 채무자의 지분을 우선매수할 것을 신고할 수 있다.

② 제1항의 경우에 법원은 최고가매수신고에 불구하고 그 임차인에게 매각을 허가하여야 한다.

③ 제1항의 규정에 의하여 임차인이 우선매수신고를 한 경우에는 최고가매수신고인을 민사집행법 제114조에 규정된 차순위매수신고인으로 본다.

위와 같이 임차인의 우선매수권을 인정할 경우에는 국민주택기금의 지원을 받아 건설된 공공임대주택이 경매되는 경우에 임차인에게 우선배수권을 인정하는 임대주택법 제15조의2는 삭제하여야 한다.

자. 주택임대차보호법 제8조, 상가건물임대차보호법 제14조

이제는 임차인의 우선변제권의 보호는 주택임대차보호법 제3조의2, 상가건물임대차보호법 제5조에 맡기고 소액임차인의 최우선변제를 규정한 위 조항은 삭제할 때가 되었다고 생각한다. 가장임차인의 발호가 심하기 때문이다.

만일 위 조항을 삭제하지 않고 계속 존치시킨다면, 차라리 임차인의 범위를 소액임차인으로 제한하는 부분은 삭제함이 옳다고 생각한다.

부 록

1. 주택임대차보호법
   (1) 현행 법률
   (2) 연혁 법률
2. 주택임대차보호법시행령
   (1) 현행 시행령
   (2) 연혁 시행령
3. 상가건물임대차보호법
   (1) 현행 법률
   (2) 연혁 법률
4. 상가건물임대차보호법시행령
   (1) 현행 시행령
   (2) 연혁 시행령
5. 사문서의 일자확정 업무처리에 관한 예규(대법원예규)
6. 확정일자 부여 및 열람 제공에 관한 규정(국세청훈령)

1. 주택임대차보호법

Ⅰ. 현행 법률(2008 3. 21. 법률 제8923호)

제 1 조(목적)

이 법은 주거용 건물의 임대차(賃貸借)에 관하여 「민법」에 대한 특례를 규정함으로써 국민 주거생활의 안정을 보장함을 목적으로 한다.

[전문개정 2008. 3. 21]

제 2 조(적용 범위)

이 법은 주거용 건물(이하 "주택"이라 한다)의 전부 또는 일부의 임대차에 관하여 적용한다. 그 임차주택(賃借住宅)의 일부가 주거 외의 목적으로 사용되는 경우에도 또한 같다.

[전문개정 2008. 3. 21]

제 3 조(대항력 등)

① 임대차는 그 등기(登記)가 없는 경우에도 임차인(賃借人)이 주택의 인도(引渡)와 주민등록을 마친 때에는 그 다음 날부터 제삼자에 대하여 효력이 생긴다. 이 경우 전입신고를 한 때에 주민등록이 된 것으로 본다.

② 국민주택기금을 재원으로 하여 저소득층 무주택자에게 주거생활 안정을 목적으로 전세임대주택을 지원하는 법인이 주택을 임차한 후 지방자치단체의 장 또는 그 법인이 선정한 입주자가 그 주택을 인도받고 주민등록을 마쳤을 때에는 제 1 항을 준용한다. 이 경우 대항력이 인정되는 법인은 대통령령으로 정한다.

③ 임차주택의 양수인(讓受人)(그 밖에 임대할 권리를 승계한 자를 포함한다)은 임대인(賃貸人)의 지위를 승계한 것으로 본다.

④ 이 법에 따라 임대차의 목적이 된 주택이 매매나 경매의 목적물이 된 경우에는 「민법」 제575조 제 1 항 · 제 3 항 및 같은 법 제578조를 준용한다.

⑤ 제 4 항의 경우에는 동시이행의 항변권(抗辯權)에 관한 「민법」 제536조를 준용한다.

[전문개정 2008. 3. 21]

제 3 조의2(보증금의 회수)

① 임차인(제 3 조 제 2 항의 법인을 포함한다. 이하 같다)이 임차주택에 대하여 보증금반환청구소송의 확정판결이나 그 밖에 이에 준하는 집행권원(執行權原)에 따라서 경매를 신청하는 경우에는 집행개시(執行開始)요건에 관한 「민사집행법」 제41조에도 불구하고 반대의무(反對義務)의 이행이나 이행의 제공을 집행개시의 요건으로 하지 아니한다.

② 제 3 조 제 1 항 또는 제 2 항의 대항요건(對抗要件)과 임대차계약증서(제 3 조 제 2 항의 경우에는 법인과 임대인 사이의 임대차계약증서를 말한다)상의 확정일자(確定日字)를 갖춘 임차인은「민사집행법」에 따른 경매 또는「국세징수법」에 따른 공매(公賣)를 할 때에 임차주택(대지를 포함한다)의 환가대금(換價代金)에서 후순위권리자(後順位權利者)나 그 밖의 채권자보다 우선하여 보증금을 변제(辨濟)받을 권리가 있다.

③ 임차인은 임차주택을 양수인에게 인도하지 아니하면 제 2 항에 따른 보증금을 받을 수 없다.

④ 제 2 항에 따른 우선변제의 순위와 보증금에 대하여 이의가 있는 이해관계인은 경매법원이나 체납처분청에 이의를 신청할 수 있다.

⑤ 제 4 항에 따라 경매법원에 이의를 신청하는 경우에는「민사집행법」제152조부터 제161조까지의 규정을 준용한다.

⑥ 제 4 항에 따라 이의신청을 받은 체납처분청은 이해관계인이 이의신청일부터 7일 이내에 임차인을 상대로 소(訴)를 제기한 것을 증명하면 해당 소송이 끝날 때까지 이의가 신청된 범위에서 임차인에 대한 보증금의 변제를 유보(留保)하고 남은 금액을 배분하여야 한다. 이 경우 유보된 보증금은 소송의 결과에 따라 배분한다.

[전문개정 2008. 3. 21]

제 3 조의3(임차권등기명령)

① 임대차가 끝난 후 보증금을 반환받지 못한 임차인은 임차주택의 소재지를 관할하는 지방법원·지방법원지원 또는 시·군 법원에 임차권등기명령을 신청할 수 있다.

② 임차권등기명령의 신청서에는 다음 각 호의 사항을 적어야 하며, 신청의 이유와 임차권등기의 원인이 된 사실을 소명(疎明)하여야 한다.

1. 신청의 취지 및 이유
2. 임대차의 목적인 주택(임대차의 목적이 주택의 일부분인 경우에는 해당 부분의 도면을 첨부한다)
3. 임차권등기의 원인이 된 사실(임차인이 제3조 제1항 또는 제2항에 따른 대항력을 취득하였거나 제3조의2 제2항에 따른 우선변제권을 취득한 경우에는 그 사실)
4. 그 밖에 대법원규칙으로 정하는 사항

③ 다음 각 호의 사항 등에 관하여는 「민사집행법」 제280조 제1항, 제281조, 제283조, 제285조, 제286조, 제288조 제1항·제2항 본문, 제289조, 제290조 제2항 중 제288조 제1항에 대한 부분, 제291조 및 제293조를 준용한다. 이 경우 "가압류"는 "임차권등기"로, "채권자"는 "임차인"으로, "채무자"는 "임대인"으로 본다.

1. 임차권등기명령의 신청에 대한 재판
2. 임차권등기명령의 결정에 대한 임대인의 이의신청 및 그에 대한 재판
3. 임차권등기명령의 취소신청 및 그에 대한 재판
4. 임차권등기명령의 집행

④ 임차권등기명령의 신청을 기각(棄却)하는 결정에 대하여 임차인은 항고(抗告)할 수 있다.

⑤ 임차인은 임차권등기명령의 집행에 따른 임차권등기를 마치면 제3조 제1항 또는 제2항에 따른 대항력과 제3조의2 제2항에 따른 우선변제권을 취득한다. 다만, 임차인이 임차권등기 이전에 이미 대항력이나 우선변제권을 취득한 경우에는 그 대항력이나 우선변제권은 그대로 유지되며, 임차권등기 이후에는 제3조 제1항 또는 제2항의 대항요건을 상실하더라도 이미 취득한 대항력이나 우선변제권을 상실하지 아니한다.

⑥ 임차권등기명령의 집행에 따른 임차권등기가 끝난 주택(임대차의 목적이 주택의 일부분인 경우에는 해당 부분으로 한정한다)을 그 이후에 임차한 임차인은 제8조에 따른 우선변제를 받을 권리가 없다.

⑦ 임차권등기의 촉탁(囑託), 등기공무원의 임차권등기 기입(記入) 등 임차권등기명령을 시행하는 데에 필요한 사항은 대법원규칙으로 정한다.

⑧ 임차인은 제1항에 따른 임차권등기명령의 신청과 그에 따른 임차권등기와 관련하여 든 비용을 임대인에게 청구할 수 있다.

[전문개정 2008. 3. 21]

제 3 조의4(「민법」에 따른 주택임대차등기의 효력 등)

①「민법」 제621조에 따른 주택임대차등기의 효력에 관하여는 제 3 조의3 제 5 항 및 제 6 항을 준용한다.

② 임차인이 대항력이나 우선변제권을 갖추고「민법」 제621조 제 1 항에 따라 임대인의 협력을 얻어 임대차등기를 신청하는 경우에는 신청서에「부동산등기법」 제156조의 사항 외에 다음 각 호의 사항을 적어야 하며, 이를 증명할 수 있는 서면(임대차의 목적이 주택의 일부분인 경우에는 해당 부분의 도면을 포함한다)을 첨부하여야 한다.

1. 주민등록을 마친 날
2. 임차주택을 점유(占有)한 날
3. 임대차계약증서상의 확정일자를 받은 날

[전문개정 2008. 3. 21]

제 3 조의5(경매에 의한 임차권의 소멸)

임차권은 임차주택에 대하여「민사집행법」에 따른 경매가 행하여진 경우에는 그 임차주택의 경락(競落)에 따라 소멸한다. 다만, 보증금이 모두 변제되지 아니한, 대항력이 있는 임차권은 그러하지 아니하다.

[전문개정 2008. 3. 21]

제 4 조(임대차기간 등)

① 기간을 정하지 아니하거나 2년 미만으로 정한 임대차는 그 기간을 2년으로 본다. 다만, 임차인은 2년 미만으로 정한 기간이 유효함을 주장할 수 있다.

② 임대차기간이 끝난 경우에도 임차인이 보증금을 반환받을 때까지는 임대차관계가 존속되는 것으로 본다.

[전문개정 2008. 3. 21]

제 5 조

삭제 〈1989. 12. 30〉

제 6 조(계약의 갱신)

① 임대인이 임대차기간이 끝나기 6개월 전부터 1개월 전까지의 기간에 임차인에게 갱신거절(更新拒絶)의 통지를 하지 아니하거나 계약조건을 변경하

지 아니하면 갱신하지 아니한다는 뜻의 통지를 하지 아니한 경우에는 그 기간이 끝난 때에 전 임대차와 동일한 조건으로 다시 임대차한 것으로 본다. 임차인이 임대차기간이 끝나기 1개월 전까지 통지하지 아니한 경우에도 또한 같다.

② 제1항의 경우 임대차의 존속기간은 정하지 아니한 것으로 본다.

③ 2기(期)의 차임액(借賃額)에 달하도록 연체하거나 그 밖에 임차인으로서의 의무를 현저히 위반한 임차인에 대하여는 제1항을 적용하지 아니한다.

[전문개정 2008. 3. 21]

제6조의2(묵시적 갱신의 경우 계약의 해지)

① 제6조 제1항의 경우 임차인은 언제든지 임대인에게 계약해지(契約解止)를 통지할 수 있다.

② 제1항에 따른 해지는 임대인이 그 통지를 받은 날부터 3개월이 지나면 그 효력이 발생한다.

[전문개정 2008. 3. 21]

제7조(차임 등의 증감청구권)

당사자는 약정한 차임이나 보증금이 임차주택에 관한 조세, 공과금, 그 밖의 부담의 증감이나 경제사정의 변동으로 인하여 적절하지 아니하게 된 때에는 장래에 대하여 그 증감을 청구할 수 있다. 다만, 증액의 경우에는 대통령령으로 정하는 기준에 따른 비율을 초과하지 못한다.

[전문개정 2008. 3. 21]

제7조의2(월차임 전환 시 산정률의 제한)

보증금의 전부 또는 일부를 월 단위의 차임으로 전환하는 경우에는 그 전환되는 금액에 「은행법」에 따른 금융기관에서 적용하는 대출금리와 해당 지역의 경제 여건 등을 고려하여 대통령령으로 정하는 비율을 곱한 월차임(月借賃)의 범위를 초과할 수 없다.

[전문개정 2008. 3. 21]

제8조(보증금 중 일정액의 보호)

① 임차인은 보증금 중 일정액을 다른 담보물권자(擔保物權者)보다 우선하여 변제받을 권리가 있다. 이 경우 임차인은 주택에 대한 경매신청의 등기 전에

제3조 제1항의 요건을 갖추어야 한다.

② 제1항의 경우에는 제3조의2 제4항부터 제6항까지의 규정을 준용한다.

③ 제1항에 따라 우선변제를 받을 임차인 및 보증금 중 일정액의 범위와 기준은 주택가액(대지의 가액을 포함한다)의 2분의 1의 범위에서 대통령령으로 정한다.

[전문개정 2008. 3. 21]

제9조(주택 임차권의 승계)

① 임차인이 상속인 없이 사망한 경우에는 그 주택에서 가정공동생활을 하던 사실상의 혼인 관계에 있는 자가 임차인의 권리와 의무를 승계한다.

② 임차인이 사망한 때에 사망 당시 상속인이 그 주택에서 가정공동생활을 하고 있지 아니한 경우에는 그 주택에서 가정공동생활을 하던 사실상의 혼인 관계에 있는 자와 2촌 이내의 친족이 공동으로 임차인의 권리와 의무를 승계한다.

③ 제1항과 제2항의 경우에 임차인이 사망한 후 1개월 이내에 임대인에게 제1항과 제2항에 따른 승계 대상자가 반대의사를 표시한 경우에는 그러하지 아니하다.

④ 제1항과 제2항의 경우에 임대차 관계에서 생긴 채권·채무는 임차인의 권리의무를 승계한 자에게 귀속된다.

[전문개정 2008. 3. 21]

제10조(강행규정)

이 법에 위반된 약정(約定)으로서 임차인에게 불리한 것은 그 효력이 없다.

[전문개정 2008. 3. 21]

제11조(일시사용을 위한 임대차)

이 법은 일시사용하기 위한 임대차임이 명백한 경우에는 적용하지 아니한다.

[전문개정 2008. 3. 21]

제12조(미등기 전세에의 준용)

주택의 등기를 하지 아니한 전세계약에 관하여는 이 법을 준용한다. 이 경우 "전세금"은 "임대차의 보증금"으로 본다.

[전문개정 2008. 3. 21]

제13조(「소액사건심판법」의 준용)
임차인이 임대인에 대하여 제기하는 보증금반환청구소송에 관하여는「소액사건심판법」 제6조, 제7조, 제10조 및 제11조의2를 준용한다.
[전문개정 2008. 3. 21]

부 칙
이 법은 공포한 날부터 시행한다.

Ⅱ. 연혁 법률

[1] 1981. 3. 5. 제정 법률 제3379호

제1조(目的)
이 法은 住居用建物의 賃貸借에 관하여 民法에 대한 特例를 規定함으로써 國民의 住居生活의 安定을 保障함을 目的으로 한다.

제2조(適用範圍)
이 法은 住居用建物(이하 "住宅"이라 한다)의 全部 또는 一部의 賃貸借에 관하여 이를 適用한다.

제3조(對抗力등)
① 賃貸借는 그 登記가 없는 경우에도 賃借人이 住宅의 引渡와 住民登錄을 마친 때에는 그 翌日부터 第3者에 대하여 效力이 생긴다. 이 경우 轉入申告를 한 때에 住民登錄이 된 것으로 본다.
② 民法 第575條 第1項·第3項 및 第578條의 規定은 이 法에 의하여 賃貸借의 目的이 된 住宅이 賣買 또는 競賣의 目的物이 된 경우에 이를 準用한다.
③ 民法 第536條의 規定은 第2項의 경우에 이를 準用한다.

제 4 조(賃貸借期間)

期間을 1年 미만으로 정한 賃貸借는 그 期間의 정함이 없는 것으로 본다.

제 5 조(解止의 制限)

期間의 정함이 없는 賃貸借에 있어 賃貸人은 契約을 締結한 날로부터 6月이 경과하지 아니하면 契約의 解止通告를 할 수 없다. 그러나 契約이 更新된 경우에는 그러하지 아니하다.

제 6 조(契約의 更新)

① 賃貸人이 賃貸借期間滿了전 6月부터 1月까지에 賃借人에 대하여 更新拒絶의 통지 또는 條件을 變更하지 아니하면 更新하지 아니한다는 뜻의 통지를 하지 아니한 경우에는 그 期間이 滿了된 때에 前賃貸借와 同一한 條件으로 다시 賃貸借한 것으로 본다. 이 경우에 賃貸借의 存續期間은 그 정함이 없는 것으로 본다.

② 2期의 借賃額에 달하도록 借賃을 延滯하거나 기타 賃借人으로서의 義務를 顯著히 違反한 賃借人에 대하여는 第1項의 規定을 適用하지 아니한다.

제 7 조(强行規定)

이 法의 規定에 違反된 約定으로서 賃借人에게 不利한 것은 그 效力이 없다.

제 8 조(一時使用을 위한 賃貸借)

이 法은 一時使用을 위한 賃貸借임이 明白한 경우에는 이를 適用하지 아니한다.

附　　則

① (施行日) 이 法은 公布한 날로부터 施行한다.

② (經過措置) 이 法은 이 法 施行후 締結되거나 更新된 賃貸借에 이를 適用한다. 다만, 第3條의 規定은 이 法 施行당시 存續중인 賃貸借에 대하여도 이를 適用하되 이 法 施行 전에 物權을 取得한 第3者에 대하여는 그 效力이 없다.

[2] 1983. 12. 30. 일부 개정 법률 제3682호

제 1 조(目的)
이 法은 住居用建物의 賃貸借에 관하여 民法에 대한 特例를 規定함으로써 國民의 住居生活의 安定을 保障함을 目的으로 한다.

제 2 조(適用範圍)
이 法은 住居用建物(이하 "住宅"이라 한다)이 全部 또는 一部의 賃貸借에 관하여 이를 適用한다. 그 賃借住宅의 一部가 住居외의 目的으로 사용되는 경우에도 또한 같다. 〈개정 1983. 12. 30〉

제 3 조(對抗力등)
① 賃貸借는 그 登記가 없는 경우에도 賃借人이 住宅의 引渡와 住民登錄을 마친 때에는 그 翌日부터 第3者에 대하여 效力이 생긴다. 이 경우 轉入申告를 한 때에 住民登錄이 된 것으로 본다.
② 賃借住宅의 讓受人(기타 賃貸할 權利를 承繼한 者를 포함한다)은 賃貸人의 地位를 承繼한 것으로 본다. 〈신설 1983. 12. 30〉
③ 民法 第575條 第1項·第3項 및 第578條의 規定은 이 法에 의하여 賃貸借의 目的이 된 住宅이 賣買 또는 競賣의 目的物이 된 경우에 이를 準用한다.
④ 法 第536條의 規定은 第3項의 경우에 이를 準用한다. 〈개정 1983. 12. 30〉

제 4 조(賃貸借期間등 〈개정 1983. 12. 30〉
① 期間을 1年 미만으로 정한 賃貸借는 그 期間의 정함이 없는 것으로 본다.
② 賃貸借가 終了한 경우에도 賃借人이 保證金을 返還받을 때까지는 賃貸借關係는 存續하는 것으로 본다. 〈신설 1983. 12. 30〉

제 5 조(解止의 制限)
期間의 정함이 없는 賃貸借에 있어 賃貸人은 契約을 締結한 날로부터 6月이 경과하지 아니하면 契約의 解止通告를 할 수 없다. 그러나 契約이 更新된 경우에는 그러하지 아니하다.

제 6 조(契約의 更新)

① 賃貸人이 賃貸借期間滿了전 6月부터 1月까지에 賃借人에 대하여 更新拒絶의 통지 또는 條件을 變更하지 아니하면 更新하지 아니한다는 뜻의 통지를 하지 아니한 경우에는 그 期間이 滿了된 때에 前賃貸借와 同一한 條件으로 다시 賃貸借한 것으로 본다. 이 경우에 賃貸借의 存續期間은 그 정함이 없는 것으로 본다.

② 2期의 借賃額에 달하도록 借賃을 延滯하거나 기타 賃借人으로서의 義務를 顯著히 違反한 賃借人에 대하여는 第1項의 規定을 適用하지 아니한다.

제 7 조(借賃등의 增減請求權)

約定한 借賃 또는 保證金이 賃借住宅에 관한 租稅·公課金 기타 負擔의 增減이나 經濟事情의 變動으로 인하여 상당하지 아니하게 된 때에는 當事者는 將來에 대하여 그 增減을 請求할 수 있다. 그러나 增額의 경우에는 大統領令이 정하는 基準에 따른 比率을 초과하지 못한다.

[본조신설 1983. 12. 30]

제 8 조(少額保證金의 보호)

① 賃借人은 少額의 保證金에 관하여 다른 擔保物權者보다 自己債權의 優先辨濟를 받을 權利가 있다.

② 第1項의 경우에 少額保證金의 범위와 基準은 住宅의 價額(垈地의 價額을 포함한다)의 2分之 1의 범위 안에서 大統領令으로 정한다.

[본조신설 1983. 12. 30]

제 9 조(住宅의 賃借權의 承繼)

① 賃借人이 相續權者없이 死亡한 경우에 그 住宅에서 家庭共同生活을 하던 事實上의 婚姻關係에 있는 者는 賃借人의 權利와 義務를 承繼한다.

② 賃借人이 死亡한 경우에 死亡 당시 相續權者가 그 住宅에서 家庭共同生活을 하고 있지 아니한 때에는 그 住宅에서 家庭共同生活을 하던 事實上의 婚姻關係에 있는 者와 2寸 이내의 親族은 共同으로 賃借人의 權利와 義務를 承繼한다.

③ 第1項 및 第2項의 경우에 賃借人이 死亡한 후 1月 이내에 賃貸人에 대하여 反對意思를 표시한 때에는 그러하지 아니하다.

④ 第1項 및 第2項의 경우에 賃貸借關係에서 생긴 債權·債務는 賃借人의

權利義務를 承繼한 者에게 歸屬한다.
[본조신설 1983. 12. 30]

제10조(强行規定)
이 法의 規定에 違反된 約定으로서 賃借人에게 不利한 것은 그 效力이 없다.
[제7조에서 이동 〈1983. 12. 30〉]

제11조(一時使用을 위한 賃貸借)
이 法은 一時使用을 위한 賃貸借임이 明白한 경우에는 이를 適用하지 아니한다.
[제8조에서 이동 〈1983. 12. 30〉]

제12조(未登記傳貰에의 準用)
이 法은 住宅의 登記하지 아니한 傳貰契約에 관하여 이를 準用한다. 이 경우 "傳貰金"은 "賃貸借의 保證金"으로 본다.
[본조신설 1983. 12. 30]

附　則
① (施行日) 이 法은 1984年 1月 1日부터 施行한다.
② (經過措置의 原則) 이 法은 특별한 規定이 있는 경우를 제외하고는 이 法 施行전에 생긴 事項에 대하여도 이를 適用한다. 그러나 종전의 規定에 의하여 생긴 效力에는 影響을 미치지 아니한다.
③ (借賃 등의 增額請求에 관한 經過措置) 第7條 但書의 改正規定은 이 法 施行전에 借賃 등의 增額請求가 있은 경우에는 이를 適用하지 아니한다.
④ (少額保證金의 보호에 관한 經過措置) 第8條의 改正規定은 이 法 施行전에 賃借住宅에 대하여 擔保物權을 取得한 者에 대하여는 이를 適用하지 아니한다.

[3] 1989. 12. 30. 일부 개정 법률 제4188호

제 1 조(目的)

이 法은 住居用建物의 賃貸借에 관하여 民法에 대한 特例를 規定함으로써 國民의 住居生活의 安定을 保障함을 目的으로 한다.

제 2 조(適用範圍)

이 法은 住居用建物(이하 "住宅"이라 한다)의 全部 또는 一部의 賃貸借에 관하여 이를 適用한다. 그 賃借住宅의 一部가 住居외의 目的으로 사용되는 경우에도 또한 같다. 〈개정 1983. 12. 30〉

제 3 조(對抗力등)

① 賃貸借는 그 登記가 없는 경우에도 賃借人이 住宅의 引渡와 住民登錄을 마친 때에는 그 翌日부터 第3者에 대하여 效力이 생긴다. 이 경우 轉入申告를 한 때에 住民登錄이 된 것으로 본다.

② 賃借住宅의 讓受人(기타 賃貸할 權利를 承繼한 者를 포함한다)은 賃貸人의 地位를 承繼한 것으로 본다. 〈신설 1983. 12. 30〉

③ 民法 第575條 第1項·第3項 및 第578條의 規定은 이 法에 의하여 賃貸借의 目的이 된 住宅이 賣買 또는 競賣의 目的物이 된 경우에 이를 準用한다.

④ 民法 第536條의 規定은 第3項의 경우에 이를 準用한다. 〈개정 1983. 12. 30〉

제 3 조의2(保證金의 回收)

① 第3條 第1項의 對抗要件과 賃貸借契約證書上의 確定日字를 갖춘 賃借人은 民事訴訟法 및 競賣法에 의한 競賣 또는 國稅徵收法에 의한 公賣時 賃借住宅(垈地를 포함한다)의 換價代金에서 後順位權利者 기타 債權者보다 우선하여 保證金을 辨濟받을 權利가 있다. 다만, 賃借人이 당해 住宅의 讓受人에게 對抗할 수 있는 경우에는 賃貸借가 종료된 후가 아니면 保證金의 優先辨濟를 請求하지 못한다.

② 賃借人은 賃借住宅을 讓受人에게 引渡하지 아니하면 第1項의 規定에 의한 保證金을 受領할 수 없다.

③ 第1項의 規定에 의한 優先辨濟의 順位와 保證金에 대하여 異議가 있는

利害關係人은 競賣法院 또는 滯納處分廳에 異議를 申請할 수 있다.
④ 民事訴訟法 第590條 내지 第597條의 規定은 第3項의 規定에 의하여 競賣法院에 異議를 申請하는 경우에 이를 準用한다.
⑤ 第3項의 規定에 의하여 異議申請을 받은 滯納處分廳은 利害關係人이 異議申請日부터 7日이내에 賃借人을 상대로 訴를 제기한 것을 證明한 때에는 당해 訴訟의 終結時까지 異議가 申請된 범위안에서 賃借人에 대한 保證金의 辨濟를 留保하고 殘餘金額을 配分하여야 한다.이 경우 留保된 保證金은 訴訟의 結果에 따라 配分한다.
[본조신설 1989. 12. 30]

제 4 조(賃貸借期間등 〈개정 1983. 12. 30〉
① 期間의 정함이 없거나 期間을 2年미만으로 정한 賃貸借는 그 期間을 2年으로 본다. 〈개정 1989. 12. 30〉
② 賃貸借가 終了한 경우에도 賃借人이 保證金을 返還받을 때까지는 賃貸借關係는 存續하는 것으로 본다. 〈신설 1983. 12. 30〉

제 5 조
삭제 〈1989. 12. 30〉

제 6 조(契約의 更新)
① 賃貸人이 賃貸借期間滿了전 6月부터 1月까지에 賃借人에 대하여 更新拒絶의 통지 또는 條件을 變更하지 아니하면 更新하지 아니한다는 뜻의 통지를 하지 아니한 경우에는 그 期間이 滿了된 때에 前賃貸借와 同一한 條件으로 다시 賃貸借한 것으로 본다. 이 경우에 賃貸借의 存續期間은 그 정함이 없는 것으로 본다.
② 2期의 借賃額에 달하도록 借賃을 延滯하거나 기타 賃借人으로서의 義務를 顯著히 違反한 賃借人에 대하여는 第1項의 規定을 適用하지 아니한다.

제 7 조(借賃등의 增減請求權)
約定한 借賃 또는 保證金이 賃借住宅에 관한 租稅·公課金 기타 負擔의 增減이나 經濟事情의 變動으로 인하여 상당하지 아니하게 된 때에는 當事者는 將來에 대하여 그 增減을 請求할 수 있다. 그러나 增額의 경우에는 大統領令이 정하는 基準에 따른 比率을 초과하지 못한다.

제 8 조(保證金 중 一定額의 보호)

① 賃借人은 保證金 중 一定額을 다른 擔保物權者보다 우선하여 辨濟받을 權利가 있다. 이 경우 賃借人은 住宅에 대한 競賣申請의 登記전에 第3條 第1項의 요건을 갖추어야 한다.

② 第3條의2 第1項 但書, 第3項 내지 第5項의 規定은 第1項의 경우에 이를 準用한다.

③ 第1項의 規定에 의하여 優先辨濟를 받을 賃借人 및 保證金 중 一定額의 범위와 基準은 住宅價額(垈地의 價額을 포함한다)의 2分의 1의 범위 안에서 大統領令으로 정한다.

[전문개정 1989. 12. 30]

제 9 조(住宅의 賃借權의 承繼)

① 賃借人이 相續權者없이 死亡한 경우에 그 住宅에서 家庭共同生活을 하던 事實上의 婚姻關係에 있는 者는 賃借人의 權利와 義務를 承繼한다.

② 賃借人이 死亡한 경우에 死亡당시 相續權者가 그 住宅에서 家庭共同生活을 하고 있지 아니한 때에는 그 住宅에서 家庭共同生活을 하던 事實上의 婚姻關係에 있는 者와 2寸이내의 親族은 共同으로 賃借人의 權利와 義務를 承繼한다.

③ 第1項 및 第2項의 경우에 賃借人이 死亡한 후 1月이내에 賃貸人에 대하여 反對意思를 표시한 때에는 그러하지 아니하다.

④ 第1項 및 第2項의 경우에 賃貸借關係에서 생긴 債權·債務는 賃借人의 權利義務를 承繼한 者에게 歸屬한다.

[본조신설 1983. 12. 30]

제10조(强行規定)

이 法의 規定에 違反된 約定으로서 賃借人에게 不利한 것은 그 效力이 없다.

제11조(一時使用을 위한 賃貸借)

이 法은 一時使用을 위한 賃貸借임이 明白한 경우에는 이를 適用하지 아니한다.

제12조(未登記傳貰에의 準用)
이 法은 住宅의 登記하지 아니한 傳貰契約에 관하여 이를 準用한다. 이 경우 "傳貰金"은 "賃貸借의 保證金"으로 본다.

附 則
① (施行日) 이 法은 公布한 날부터 施行한다.
② (存續중인 賃貸借에 관한 經過措置) 이 法은 특별한 規定이 있는 경우를 제외하고는 이 法 施行당시에 存續중인 賃貸借에 대하여도 이를 適用한다.
③ (擔保物權者에 대한 經過措置) 이 法 施行전에 賃借住宅에 대하여 擔保物權을 취득한 者에 대하여는 종전의 規定에 의한다.
④ (賃貸借期間에 대한 經過措置) 이 法 施行당시 存續중인 賃貸借의 期間에 대하여는 종전의 規定에 의한다.
⑤ (少額保證金에 관한 經過措置) 이 法 施行당시 종전의 第8條의 規定에 의한 少額保證金에 해당하는 경우에는 종전의 規定에 의한다.

[4] 1997. 12. 13. 일부 개정 법률 제5454호

(내용의 개정이 아니라 '정부부처명칭등의변경에따른건축법등의정비에관한법률'의 시행에 따른 용어의 정비라 생략)

[5] 1999. 1. 21. 일부 개정 법률 제5641호

제 1 조(目的)
이 法은 住居用建物의 賃貸借에 관하여 民法에 대한 特例를 規定함으로써 國民의 住居生活의 安定을 保障함을 目的으로 한다.

제 2 조(適用範圍)
이 法은 住居用建物(이하 "住宅"이라 한다)의 全部 또는 一部의 賃貸借에 관하여 이를 適用한다. 그 賃借住宅의 一部가 住居외의 目的으로 사용되는 경우에도 또한 같다. 〈개정 1983. 12. 30〉

제 3 조(對抗力등)

① 賃貸借는 그 登記가 없는 경우에도 賃借人이 住宅의 引渡와 住民登錄을 마친 때에는 그 翌日부터 第3者에 대하여 效力이 생긴다. 이 경우 轉入申告를 한 때에 住民登錄이 된 것으로 본다.

② 賃借住宅의 讓受人(기타 賃貸할 權利를 承繼한 者를 포함한다)은 賃貸人의 地位를 承繼한 것으로 본다. 〈신설 1983. 12. 30〉

③ 民法 第575條 第1項·第3項 및 第578條의 規定은 이 法에 의하여 賃貸借의 目的이 된 住宅이 賣買 또는 競賣의 目的物이 된 경우에 이를 準用한다.

④ 民法 第536條의 規定은 第3項의 경우에 이를 準用한다. 〈개정 1983. 12. 30〉

제 3 조의2(保證金의 回收)

① 賃借人이 賃借住宅에 대하여 保證金返還請求訴訟의 確定判決 기타 이에 준하는 債務名義에 기한 競賣를 申請하는 경우에는 民事訴訟法 第491條의2의 規定에 불구하고 反對義務의 이행 또는 이행의 제공을 執行開始의 요건으로 하지 아니한다. 〈신설 1999. 1 .21〉

② 第3條 第1項의 對抗要件과 賃貸借契約證書上의 確定日字를 갖춘 賃借人은 民事訴訟法에 의한 競賣 또는 國稅徵收法에 의한 公賣時 賃借住宅(垈地를 포함한다)의 換價代金에서 後順位權利者 기타 債權者보다 우선하여 保證金을 辨濟받을 權利가 있다. 〈개정 1997. 12. 13, 1999. 1. 21〉

③ 賃借人은 賃借住宅을 讓受人에게 引渡하지 아니하면 第2項의 規定에 의한 保證金을 受領할 수 없다. 〈개정 1999. 1. 21〉

④ 第2項의 規定에 의한 優先辨濟의 順位와 保證金에 대하여 異議가 있는 利害關係人은 競賣法院 또는 滯納處分廳에 異議를 申請할 수 있다. 〈개정 1999. 1 .21〉

⑤ 民事訴訟法 第590條 내지 第597條의 規定은 第4項의 規定에 의하여 競賣法院에 異議를 申請하는 경우에 이를 準用한다. 〈개정 1999. 1. 21〉

⑥ 第4項의 規定에 의하여 異議申請을 받은 滯納處分廳은 利害關係人이 異議申請日부터 7日이내에 賃借人을 상대로 訴를 제기한 것을 證明한 때에는 당해 訴訟의 終結時까지 異議가 申請된 범위안에서 賃借人에 대한 保證金의 辨濟를 留保하고 殘餘金額을 配分하여야 한다.이 경우 留保된 保證金

은 訴訟의 結果에 따라 配分한다. 〈개정 1999. 1. 21〉
[본조신설 1989. 12. 30]

제 3 조의3(賃借權登記命令)
① 賃貸借가 종료된 후 保證金을 반환받지 못한 賃借人은 賃借住宅의 所在地를 관할하는 地方法院 · 地方法院支院 또는 市 · 郡 法院에 賃借權登記命令을 申請할 수 있다.
② 賃借權登記命令의 申請에는 다음 各號의 사항을 기재하여야 하며, 申請의 이유 및 賃借權登記의 원인이 된 사실은 이를 疎明하여야 한다.
1. 申請의 취지 및 이유
2. 賃貸借의 目的인 住宅(賃貸借의 目的이 住宅의 일부분인 경우에는 그 圖面을 첨부한다)
3. 賃借權登記의 원인이 된 사실(賃借人이 第3條 第1項의 規定에 의한 對抗力을 취득하였거나 第3條의2 第2項의 規定에 의한 優先辨濟權을 취득한 경우에는 그 사실)
4. 기타 大法院規則이 정하는 사항

③ 民事訴訟法 第700條 第1項, 第701條 · 第703條 · 第704條, 第706條 第1項 · 第3項 · 第4項 前段, 第707條, 第710條의 規定은 賃借權登記命令의 申請에 대한 裁判, 賃借權登記命令의 決定에 대한 賃貸人의 異議申請 및 그에 대한 裁判, 賃借權登記命令의 取消申請 및 그에 대한 裁判 또는 賃借權登記命令의 執行등에 관하여 이를 準用한다. 이 경우 "假押留"는 "賃借權登記"로, "債權者"는 "賃借人"으로, "債務者"는 "賃貸人"으로 본다.
④ 賃借權登記命令申請을 棄却하는 決定에 대하여 賃借人은 抗告할 수 있다.
⑤ 賃借權登記命令의 執行에 의한 賃借權登記가 經了되면 賃借人은 第3條 第1項의 規定에 의한 對抗力 및 第3條의2 第2項의 規定에 의한 優先辨濟權을 취득한다. 다만, 賃借人이 賃借權登記 이전에 이미 對抗力 또는 優先辨濟權을 취득한 경우에는 그 對抗力 또는 優先辨濟權은 그대로 유지되며, 賃借權登記 이후에는 第3條 第1項의 對抗要件을 상실하더라도 이미 취득한 對抗力 또는 優先辨濟權을 상실하지 아니한다.
⑥ 賃借權登記命令의 執行에 의한 賃借權登記가 經了된 住宅(賃貸借의 目的이 住宅의 일부분인 경우에는 해당부분에 한한다)을 그 이후에 賃借한 賃借人

은 第8條의 規定에 의한 優先辨濟를 받을 權利가 없다.
⑦ 賃借權登記의 촉탁, 登記公務員의 賃借權登記 記入등 賃借權登記命令의 施行에 관하여 필요한 사항은 大法院規則으로 정한다.
⑧ 賃借人은 第1項의 規定에 의한 賃借權登記命令의 申請 및 그에 따른 賃借權登記와 관련하여 소요된 費用을 賃貸人에게 請求할 수 있다.
[본조신설 1999. 1. 21]

제 3 조의4(民法의 規定에 의한 住宅賃貸借登記의 효력 등)

① 第3條의3第5項 및 第6項의 規定은 民法 第621條의 規定에 의한 住宅賃貸借登記의 효력에 관하여 이를 準用한다.
② 賃借人이 對抗力 또는 優先辨濟權을 갖추고 民法 第621條 第1項의 規定에 의하여 賃貸人의 協力을 얻어 賃貸借登記를 申請하는 경우에는 申請書에 不動産登記法 第156條에 規定된 사항 외에 다음 各號의 사항을 기재하여야 하며, 이를 증명할 수 있는 書面(賃貸借의 目的이 住宅의 일부분인 경우에는 해당부분의 圖面을 포함한다)을 첨부하여야 한다.

1. 住民登錄을 마친 날
2. 賃借住宅을 占有한 날
3. 賃貸借契約證書상의 確定日字를 받은 날

[본조신설 1999. 1. 21]

제 3 조의5(競賣에 의한 賃借權의 消滅)

賃借權은 賃借住宅에 대하여 民事訴訟法에 의한 競賣가 행하여진 경우에는 그 賃借住宅의 競落에 의하여 消滅한다. 다만, 保證金이 全額 辨濟되지 아니한 對抗力이 있는 賃借權은 그러하지 아니하다.

제 4 조(賃貸借期間등) 〈개정 1983. 12. 30〉

① 期間의 정함이 없거나 期間을 2年 미만으로 정한 賃貸借는 그 期間을 2年으로 본다. 다만, 賃借人은 2年 미만으로 정한 기간이 有效함을 主張할 수 있다. 〈개정 1989. 12. 30, 1999. 1. 21〉
② 賃貸借가 終了한 경우에도 賃借人이 保證金을 返還받을 때까지는 賃貸借關係는 存續하는 것으로 본다. 〈신설 1983. 12. 30〉

제 5 조

삭제 〈1989. 12. 30〉

제 6 조(契約의 更新)

① 賃貸人이 賃貸借期間滿了전 6月부터 1月까지에 賃借人에 대하여 更新拒絶의 통지 또는 조건을 변경하지 아니하면 更新하지 아니한다는 뜻의 통지를 하지 아니한 경우에는 그 期間이 滿了된 때에 前賃貸借와 同一한 조건으로 다시 賃貸借한 것으로 본다. 賃借人이 賃貸借期間滿了전 1月까지 통지하지 아니한 때에도 또한 같다. 〈개정 1999. 1. 21〉

② 第1項의 경우 賃貸借의 存續期間은 정함이 없는 것으로 본다. 〈신설 1999. 1. 21〉

③ 2期의 借賃額에 달하도록 借賃을 延滯하거나 기타 賃借人으로서의 義務를 顯著히 違反한 賃借人에 대하여는 第1項의 規定을 適用하지 아니한다.

제 6 조의2(默示的 更新의 경우의 契約의 解止)

① 第6條 第1項의 경우 賃借人은 언제든지 賃貸人에 대하여 契約解止의 통지를 할 수 있다.

② 第1項의 規定에 의한 解止는 賃貸人이 그 통지를 받은 날부터 3月이 經過하면 그 效力이 발생한다.

[본조신설 1999. 1. 21]

제 7 조(借賃 등의 增減請求權)

約定한 借賃 또는 保證金이 賃借住宅에 관한 租稅·公課金 기타 負擔의 增減이나 經濟事情의 變動으로 인하여 상당하지 아니하게 된 때에는 當事者는 將來에 대하여 그 增減을 請求할 수 있다. 그러나 增額의 경우에는 大統領令이 정하는 基準에 따른 比率을 초과하지 못한다.

제 8 조(保證金 중 一定額의 보호)

① 賃借人은 保證金 중 一定額을 다른 擔保物權者보다 우선하여 辨濟받을 權利가 있다. 이 경우 賃借人은 住宅에 대한 競賣申請의 登記전에 第3條 第1項의 요건을 갖추어야 한다.

② 第3條의2 第4項 내지 第6項의 規定은 第1項의 경우에 이를 準用한다. 〈개정 1999. 1. 21〉

③ 第1項의 規定에 의하여 優先辨濟를 받을 賃借人 및 保證金 중 一定額의 범위와 基準은 住宅價額(垈地의 價額을 포함한다)의 2分의 1의 범위 안에서 大統領令으로 정한다.

[전문개정 1989. 12. 30]

제 9 조(住宅의 賃借權의 承繼)

① 賃借人이 相續權者없이 死亡한 경우에 그 住宅에서 家庭共同生活을 하던 事實上의 婚姻關係에 있는 者는 賃借人의 權利와 義務를 承繼한다.

② 賃借人이 死亡한 경우에 死亡 당시 相續權者가 그 住宅에서 家庭共同生活을 하고 있지 아니한 때에는 그 住宅에서 家庭共同生活을 하던 事實上의 婚姻關係에 있는 者와 2寸이내의 親族은 共同으로 賃借人의 權利와 義務를 承繼한다.

③ 第1項 및 第2項의 경우에 賃借人이 死亡한 후 1月 이내에 賃貸人에 대하여 反對意思를 표시한 때에는 그러하지 아니하다.

④ 第1項 및 第2項의 경우에 賃貸借關係에서 생긴 債權·債務는 賃借人의 權利義務를 承繼한 者에게 歸屬한다.

[본조신설 1983. 12. 30]

제10조(强行規定)

이 法의 規定에 違反된 約定으로서 賃借人에게 不利한 것은 그 效力이 없다.

제11조(一時使用을 위한 賃貸借)

이 法은 一時使用을 위한 賃貸借임이 明白한 경우에는 이를 適用하지 아니한다.

제12조(未登記傳貰에의 準用)

이 法은 住宅의 登記하지 아니한 傳貰契約에 관하여 이를 準用한다. 이 경우 "傳貰金"은 "賃貸借의 保證金"으로 본다.

제13조(少額事件審判法의 準用)

少額事件審判法 第6條·第7條·第10條 및 第11條의2의 規定은 賃借人이 賃貸人에 대하여 제기하는 保證金返還請求訴訟에 관하여 이를 準用한다.

附 則

① (施行日) 이 法은 1999年 3月 1日부터 施行한다.

② (存續중인 賃貸借에 관한 經過措置) 이 法은 특별한 規定이 있는 경우를

제외하고는 이 法 施行당시 存續중인 賃貸借에 대하여도 이를 적용한다.
③ (賃貸借登記에 관한 經過措置) 第3條의4의 改正規定은 이 法 施行전에 이미 經了된 賃貸借登記에 대하여는 이를 적용하지 아니한다.

[6] 2001. 12. 29. 일부 개정 법률 제6541호

第1條(目的)
이 法은 住居用建物의 賃貸借에 관하여 民法에 대한 特例를 規定함으로써 國民의 住居生活의 安定을 保障함을 目的으로 한다.

第2條(適用範圍)
이 法은 住居用建物(이하 "住宅"이라 한다)의 全部 또는 一部의 賃貸借에 관하여 이를 適用한다. 그 賃借住宅의 一部가 住居외의 目的으로 사용되는 경우에도 또한 같다. 〈개정 1983. 12. 30〉

第3條(對抗力 등)
① 賃貸借는 그 登記가 없는 경우에도 賃借人이 住宅의 引渡와 住民登錄을 마친 때에는 그 翌日부터 第3者에 대하여 效力이 생긴다. 이 경우 轉入申告를 한 때에 住民登錄이 된 것으로 본다.
② 賃借住宅의 讓受人(기타 賃貸할 權利를 承繼한 者를 포함한다)은 賃貸人의 地位를 承繼한 것으로 본다. 〈신설 1983. 12. 30〉
③ 民法 第575條 第1項·第3項 및 第578條의 規定은 이 法에 의하여 賃貸借의 目的이 된 住宅이 賣買 또는 競賣의 目的物이 된 경우에 이를 準用한다.
④ 民法 第536條의 規定은 第3項의 경우에 이를 準用한다. 〈개정 1983. 12. 30〉

第3條의2(保證金의 回收)
① 賃借人이 賃借住宅에 대하여 保證金返還請求訴訟의 確定判決 기타 이에 준하는 債務名義에 기한 競賣를 申請하는 경우에는 民事訴訟法 第491條의2의 規定에 불구하고 反對義務의 이행 또는 이행의 제공을 執行開始의 요건으로 하지 아니한다. 〈신설 1999. 1. 21〉

② 第3條 第1項의 對抗要件과 賃貸借契約證書上의 確定日字를 갖춘 賃借人은 民事訴訟法에 의한 競賣 또는 國稅徵收法에 의한 公賣時 賃借住宅(垈地를 포함한다)의 換價代金에서 後順位權利者 기타 債權者보다 우선하여 保證金을 辨濟받을 權利가 있다. 〈개정 1997. 12. 13, 1999. 1. 21〉

③ 賃借人은 賃借住宅을 讓受人에게 引渡하지 아니하면 第2項의 規定에 의한 保證金을 受領할 수 없다. 〈개정 1999. 1. 21〉

④ 第2項의 規定에 의한 優先辨濟의 順位와 保證金에 대하여 異議가 있는 利害關係人은 競賣法院 또는 滯納處分廳에 異議를 申請할 수 있다. 〈개정 1999. 1. 21〉

⑤ 民事訴訟法 第590條 내지 第597條의 規定은 第4項의 規定에 의하여 競賣法院에 異議를 申請하는 경우에 이를 準用한다. 〈개정 1999. 1. 21〉

⑥ 第4項의 規定에 의하여 異議申請을 받은 滯納處分廳은 利害關係人이 異議申請日부터 7日 이내에 賃借人을 상대로 訴를 제기한 것을 證明한 때에는 당해 訴訟의 終結時까지 異議가 申請된 범위 안에서 賃借人에 대한 保證金의 辨濟를 留保하고 殘餘金額을 配分하여야 한다. 이 경우 留保된 保證金은 訴訟의 結果에 따라 配分한다. 〈개정 1999. 1. 21〉

[본조신설 1989. 12. 30]

第3條의3 (賃借權登記命令)

① 賃貸借가 종료된 후 保證金을 반환받지 못한 賃借人은 賃借住宅의 所在地를 관할하는 地方法院·地方法院支院 또는 市·郡 法院에 賃借權登記命令을 申請할 수 있다.

② 賃借權登記命令의 申請에는 다음 各號의 사항을 기재하여야 하며, 申請의 이유 및 賃借權登記의 원인이 된 사실은 이를 疎明하여야 한다.

1. 申請의 취지 및 이유
2. 賃貸借의 目的인 住宅(賃貸借의 目的이 住宅의 일부분인 경우에는 그 圖面을 첨부한다)
3. 賃借權登記의 원인이 된 사실(賃借人이 第3條 第1項의 規定에 의한 對抗力을 취득하였거나 第3條의2 第2項의 規定에 의한 優先辨濟權을 취득한 경우에는 그 사실)
4. 기타 大法院規則이 정하는 사항

③ 民事訴訟法 第700條 第1項, 第701條·第703條·第704條, 第706條 第1項·

第3項·第4項 前段, 第707條, 第710條의 規定은 賃借權登記命令의 申請에 대한 裁判, 賃借權登記命令의 決定에 대한 賃貸人의 異議申請 및 그에 대한 裁判, 賃借權登記命令의 取消申請 및 그에 대한 裁判 또는 賃借權登記命令의 執行등에 관하여 이를 準用한다. 이 경우 "假押留"는 "賃借權登記"로, "債權者"는 "賃借人"으로, "債務者"는 "賃貸人"으로 본다.

④ 賃借權登記命令申請을 棄却하는 決定에 대하여 賃借人은 抗告할 수 있다.

⑤ 賃借權登記命令의 執行에 의한 賃借權登記가 經了되면 賃借人은 第3條 第1項의 規定에 의한 對抗力 및 第3條의2 第2項의 規定에 의한 優先辨濟權을 취득한다. 다만, 賃借人이 賃借權登記이전에 이미 對抗力 또는 優先辨濟權을 취득한 경우에는 그 對抗力 또는 優先辨濟權은 그대로 유지되며, 賃借權登記 이후에는 第3條 第1項의 對抗要件을 상실하더라도 이미 취득한 對抗力 또는 優先辨濟權을 상실하지 아니한다.

⑥ 賃借權登記命令의 執行에 의한 賃借權登記가 經了된 住宅(賃貸借의 目的이 住宅의 일부분인 경우에는 해당부분에 한한다)을 그 이후에 賃借한 賃借人은 第8條의 規定에 의한 優先辨濟를 받을 權利가 없다.

⑦ 賃借權登記의 촉탁, 登記公務員의 賃借權登記 記入등 賃借權登記命令의 施行에 관하여 필요한 사항은 大法院規則으로 정한다.

⑧ 賃借人은 第1項의 規定에 의한 賃借權登記命令의 申請 및 그에 따른 賃借權登記와 관련하여 소요된 費用을 賃貸人에게 請求할 수 있다.

[본조신설 1999. 1. 21]

第3條의4(民法의 規定에 의한 住宅賃貸借登記의 효력 등)

① 第3條의3 第5項 및 第6項의 規定은 民法 第621條의 規定에 의한 住宅賃貸借登記의 효력에 관하여 이를 準用한다.

② 賃借人이 對抗力 또는 優先辨濟權을 갖추고 民法 第621條 第1項의 規定에 의하여 賃貸人의 協力을 얻어 賃貸借登記를 申請하는 경우에는 申請書에 不動産登記法 第156條에 規定된 사항 외에 다음 各號의 사항을 기재하여야 하며, 이를 증명할 수 있는 書面(賃貸借의 目的이 住宅의 일부분인 경우에는 해당부분의 圖面을 포함한다)을 첨부하여야 한다.

1. 住民登錄을 마친 날
2. 賃借住宅을 占有한 날

3. 賃貸借契約證書상의 確定日字를 받은 날
[본조신설 1999. 1. 21]

第 3 條의5(競賣에 의한 賃借權의 消滅)
賃借權은 賃借住宅에 대하여 民事訴訟法에 의한 競賣가 행하여진 경우에는 그 賃借住宅의 競落에 의하여 消滅한다. 다만, 保證金이 全額 辨濟되지 아니한 對抗力이 있는 賃借權은 그러하지 아니하다.
[본조신설 1999. 1. 21]

第 4 條(賃貸借期間 등) 〈개정 1983. 12. 30〉
① 期間의 정함이 없거나 期間을 2年 미만으로 정한 賃貸借는 그 期間을 2年으로 본다. 다만, 賃借人은 2年 미만으로 정한 기간이 有效함을 主張할 수 있다. 〈개정 1989. 12. 30, 1999. 1. 21〉
② 賃貸借가 終了한 경우에도 賃借人이 保證金을 返還받을 때까지는 賃貸借關係는 存續하는 것으로 본다. 〈신설 1983. 12. 30〉

第 5 條
삭제 〈1989. 12. 30〉

第 6 條(契約의 更新)
① 賃貸人이 賃貸借期間滿了전 6月부터 1月까지에 賃借人에 대하여 更新拒絶의 통지 또는 조건을 변경하지 아니하면 更新하지 아니한다는 뜻의 통지를 하지 아니한 경우에는 그 期間이 滿了된 때에 前賃貸借와 同一한 조건으로 다시 賃貸借한 것으로 본다. 賃借人이 賃貸借期間滿了 전 1月까지 통지하지 아니한 때에도 또한 같다. 〈개정 1999. 1. 21〉
② 第1項의 경우 賃貸借의 存續期間은 정함이 없는 것으로 본다. 〈신설 1999. 1. 21〉
③ 2期의 借賃額에 달하도록 借賃을 延滯하거나 기타 賃借人으로서의 義務를 顯著히 違反한 賃借人에 대하여는 第1項의 規定을 適用하지 아니한다.

第 6 條의2(默示的 更新의 경우의 契約의 解止)
① 第6條 第1項의 경우 賃借人은 언제든지 賃貸人에 대하여 契約解止의 통지를 할 수 있다.
② 第1項의 規定에 의한 解止는 賃貸人이 그 통지를 받은 날부터 3月이 經

過하면 그 效力이 발생한다.
[본조신설 1999. 1. 21]

第 7 條(借賃 등의 增減請求權)

約定한 借賃 또는 保證金이 賃借住宅에 관한 租稅·公課金 기타 負擔의 增減이나 經濟事情의 變動으로 인하여 상당하지 아니하게 된 때에는 當事者는 將來에 대하여 그 增減을 請求할 수 있다. 그러나 增額의 경우에는 大統領令이 정하는 基準에 따른 比率을 초과하지 못한다.
[본조신설 1983. 12. 30]

제 7 조의2(월차임 전환시 산정률의 제한)

보증금의 전부 또는 일부를 월 단위의 차임으로 전환하는 경우에는 그 전환되는 금액에 은행법에 의한 금융기관에서 적용하는 대출금리 및 당해 지역의 경제여건 등을 감안하여 대통령령이 정하는 비율을 곱한 월차임의 범위를 초과할 수 없다.
[본조신설 2001. 12. 29]

第 8 條(保證金 중 一定額의 보호)

① 賃借人은 保證金 중 一定額을 다른 擔保物權者보다 우선하여 辨濟받을 權利가 있다. 이 경우 賃借人은 住宅에 대한 競賣申請의 登記 전에 第 3 條 第 1 項의 요건을 갖추어야 한다.
② 第 3 條의2 第 4 項 내지 第 6 項의 規定은 第 1 項의 경우에 이를 準用한다. 〈개정 1999. 1. 21〉
③ 第 1 項의 規定에 의하여 優先辨濟를 받을 賃借人 및 保證金 중 一定額의 범위와 基準은 住宅價額(垈地의 價額을 포함한다)의 2分의 1의 범위 안에서 大統領令으로 정한다.
[전문개정 1989. 12. 30]

第 9 條(住宅의 賃借權의 承繼)

① 賃借人이 相續權者없이 死亡한 경우에 그 住宅에서 家庭共同生活을 하던 事實上의 婚姻關係에 있는 者는 賃借人의 權利와 義務를 承繼한다.
② 賃借人이 死亡한 경우에 死亡 당시 相續權者가 그 住宅에서 家庭共同生活을 하고 있지 아니한 때에는 그 住宅에서 家庭共同生活을 하던 事實上의

婚姻關係에 있는 者와 2寸 이내의 親族은 共同으로 賃借人의 權利와 義務를 承繼한다.

③ 第1項 및 第2項의 경우에 賃借人이 死亡한 후 1月 이내에 賃貸人에 대하여 反對意思를 표시한 때에는 그러하지 아니하다.

④ 第1項 및 第2項의 경우에 賃貸借關係에서 생긴 債權·債務는 賃借人의 權利義務를 承繼한 者에게 歸屬한다.

[본조신설 1983. 12. 30]

第10條(强行規定)

이 法의 規定에 違反된 約定으로서 賃借人에게 不利한 것은 그 效力이 없다.

第11條(一時使用을 위한 賃貸借)

이 法은 一時使用을 위한 賃貸借임이 明白한 경우에는 이를 適用하지 아니한다.

第12條(未登記傳貰에의 準用)

이 法은 住宅의 登記하지 아니한 傳貰契約에 관하여 이를 準用한다. 이 경우 "傳貰金"은 "賃貸借의 保證金"으로 본다.

[본조신설 1983. 12. 30]

第13條 (少額事件審判法의 準用)

少額事件審判法 第6條·第7條·第10條 및 第11條의2의 規定은 賃借人이 賃貸人에 대하여 제기하는 保證金返還請求訴訟에 관하여 이를 準用한다.

[본조신설 1999. 1. 21]

부 칙

이 법은 공포 후 6월이 경과한 날부터 시행한다.

[7] 2002. 1. 26. 일부 개정 법률 제6627호

(내용의 개정이 아니라 민사집행법의 제정에 따른 용어와 인용조문의 정비라 생략)

[8] 2005. 1. 27. 일부 개정 법률 제7358호

(내용의 개정이 아니라 민사집행법의 개정에 따른 인용조문의 정비라 생략)

[9] 2007. 8. 3. 일부 개정 법률 제8583호

第 1 條(目的)

이 法은 住居用建物의 賃貸借에 관하여 民法에 대한 特例를 規定함으로써 國民의 住居生活의 安定을 保障함을 目的으로 한다.

第 2 條(適用範圍)

이 法은 住居用建物(이하 "住宅"이라 한다)의 全部 또는 一部의 賃貸借에 관하여 이를 適用한다. 그 賃借住宅의 一部가 住居외의 目的으로 사용되는 경우에도 또한 같다. 〈개정 1983. 12. 30〉

第 3 條(對抗力등)

① 賃貸借는 그 登記가 없는 경우에도 賃借人이 住宅의 引渡와 住民登錄을 마친 때에는 그 翌日부터 第3者에 대하여 效力이 생긴다. 이 경우 轉入申告를 한 때에 住民登錄이 된 것으로 본다.

② 국민주택기금을 재원으로 하여 저소득층의 무주택자에게 주거생활안정을 목적으로 전세임대주택을 지원하는 법인이 주택을 임차한 후 지방자치단체의 장 또는 해당 법인이 선정한 입주자가 그 주택에 관하여 인도와 주민등록을 마친 때에는 제1항을 준용한다. 이 경우 대항력이 인정되는 법인은 대통령령으로 정한다. 〈신설 2007. 8. 3〉 〈종전 제2항은 제3항으로 이동 2007. 8. 3〉

③ 賃借住宅의 讓受人(기타 賃貸할 權利를 承繼한 者를 포함한다)은 賃貸人의 地位를 承繼한 것으로 본다. 〈신설 1983. 12. 30〉 〈제2항에서 이동, 종전 제3항은 제4항으로 이동 2007. 8. 3〉

④ 民法 第575條 第1項·第3項 및 第578條의 規定은 이 法에 의하여 賃貸借의 目的이 된 住宅이 賣買 또는 競賣의 目的物이 된 경우에 이를 準用한다. 〈제3항에서 이동, 종전 제4항은 제5항으로 이동 2007. 8. 3〉

⑤ 民法 第536條의 規定은 第3項의 경우에 이를 準用한다. 〈개정 1983. 12.

30〉 〈제 4 항에서 이동 2007. 8. 3〉

第 3 條의2(保證金의 回收)

① 임차인(제 3 조제 2 항의 법인을 포함한다. 이하 같다)이 賃借住宅에 대하여 保證金返還請求訴訟의 確定判決 기타 이에 준하는 집행권원에 기한 競賣를 申請하는 경우에는 민사집행법 제41조의 規定에 불구하고 反對義務의 이행 또는 이행의 제공을 執行開始의 요건으로 하지 아니한다. 〈신설 1999. 1. 21, 2002. 1. 26, 2007. 8. 3〉

② 제 3 조 제 1 항 또는 제 2 항의 대항요건과 임대차계약증서(제 3 조 제 2 항의 경우에는 법인과 임대인 사이의 임대차계약증서를 말한다)上의 確定日字를 갖춘 賃借人은 민사집행법에 의한 競賣 또는 國稅徵收法에 의한 公賣時 賃借住宅(垈地를 포함한다)의 換價代金에서 後順位權利者 기타 債權者보다 우선하여 保證金을 辨濟받을 權利가 있다. 〈개정 1997. 12. 13, 1999. 1. 21, 2002. 1. 26, 2007. 8. 3〉

③ 賃借人은 賃借住宅을 讓受人에게 引渡하지 아니하면 第 2 項의 規定에 의한 保證金을 受領할 수 없다. 〈개정 1999. 1. 21〉

④ 第 2 項의 規定에 의한 優先辨濟의 順位와 保證金에 대하여 異議가 있는 利害關係人은 競賣法院 또는 滯納處分廳에 異議를 申請할 수 있다. 〈개정 1999. 1. 21〉

⑤ 민사집행법 제152조 내지 제161조의 規定은 第 4 項의 規定에 의하여 競賣法院에 異議를 申請하는 경우에 이를 準用한다. 〈개정 1999. 1. 21, 2002. 1. 26〉

⑥ 第 4 項의 規定에 의하여 異議申請을 받은 滯納處分廳은 利害關係人이 異議申請日부터 7日이내에 賃借人을 상대로 訴를 제기한 것을 證明한 때에는 당해 訴訟의 終結時까지 異議가 申請된 범위 안에서 賃借人에 대한 保證金의 辨濟를 留保하고 殘餘金額을 配分하여야 한다. 이 경우 留保된 保證金은 訴訟의 結果에 따라 配分한다. 〈개정 1999. 1. 21〉

[본조신설 1989. 12. 30]

第 3 條의3(賃借權登記命令)

① 賃貸借가 종료된 후 保證金을 반환받지 못한 賃借人은 賃借住宅의 所在地를 관할하는 地方法院 · 地方法院支院 또는 市 · 郡 法院에 賃借權登記命令을 申請할 수 있다.

② 賃借權登記命令의 申請에는 다음 各號의 사항을 기재하여야 하며, 申請의 이유 및 賃借權登記의 원인이 된 사실은 이를 疎明하여야 한다. 〈개정 2007. 8. 3〉

1. 申請의 취지 및 이유
2. 賃貸借의 目的인 住宅(賃貸借의 目的이 住宅의 일부분인 경우에는 그 圖面을 첨부한다)
3. 賃借權登記의 원인이 된 사실(賃借人이 제3조 제1항 또는 제2항에 따른 대항력을 취득하였거나 第3條의2 第2項의 規定에 의한 優先辨濟權을 취득한 경우에는 그 사실)
4. 기타 大法院規則이 정하는 사항

③ 민사집행법 제280조 제1항, 제281조, 제283조, 제285조, 제286조, 제288조 제1항·제2항 본문, 제289조, 제290조 제2항 중 제288조 제1항에 대한 부분, 제291조, 제293조의 規定은 賃借權登記命令의 申請에 대한 裁判, 賃借權登記命令의 決定에 대한 賃貸人의 異議申請 및 그에 대한 裁判, 賃借權登記命令의 取消申請 및 그에 대한 裁判 또는 賃借權登記命令의 執行 등에 관하여 이를 準用한다. 이 경우 "假押留"는 "賃借權登記"로, "債權者"는 "賃借人"으로, "債務者"는 "賃貸人"으로 본다. 〈개정 2002. 1. 26, 2005. 1. 27〉

④ 賃借權登記命令申請을 棄却하는 決定에 대하여 賃借人은 抗告할 수 있다.

⑤ 賃借權登記命令의 執行에 의한 賃借權登記가 經了되면 賃借人은 제3조 제1항 또는 제2항에 따른 대항력 및 第3條의2 第2項의 規定에 의한 優先辨濟權을 취득한다. 다만, 賃借人이 賃借權登記이전에 이미 對抗力 또는 優先辨濟權을 취득한 경우에는 그 對抗力 또는 優先辨濟權은 그대로 유지되며, 賃借權登記 이후에는 제3조 제1항 또는 제2항의 대항요건을 상실하더라도 이미 취득한 對抗力 또는 優先辨濟權을 상실하지 아니한다. 〈개정 2007. 8. 3〉

⑥ 賃借權登記命令의 執行에 의한 賃借權登記가 經了된 住宅(賃貸借의 目的이 住宅의 일부분인 경우에는 해당부분에 한한다)을 그 이후에 賃借한 賃借人은 第8條의 規定에 의한 優先辨濟를 받을 權利가 없다.

⑦ 賃借權登記의 촉탁, 登記公務員의 賃借權登記 記入등 賃借權登記命令의 施行에 관하여 필요한 사항은 大法院規則으로 정한다.

⑧ 賃借人은 第1項의 規定에 의한 賃借權登記命令의 申請 및 그에 따른

賃借權登記와 관련하여 소요된 費用을 賃貸人에게 請求할 수 있다.
[본조신설 1999. 1. 21]

第 3 條의4(民法의 規定에 의한 住宅賃貸借登記의 효력등)

① 第3條의3 第5項 및 第6項의 規定은 民法 第621條의 規定에 의한 住宅賃貸借登記의 효력에 관하여 이를 準用한다.

② 賃借人이 對抗力 또는 優先辨濟權을 갖추고 民法 第621條 第1項의 規定에 의하여 賃貸人의 協力을 얻어 賃貸借登記를 申請하는 경우에는 申請書에 不動産登記法 第156條에 規定된 사항 외에 다음 各號의 사항을 기재하여야 하며, 이를 증명할 수 있는 書面(賃貸借의 目的이 住宅의 일부분인 경우에는 해당부분의 圖面을 포함한다)을 첨부하여야 한다.

1. 住民登錄을 마친 날
2. 賃借住宅을 占有한 날
3. 賃貸借契約證書상의 確定日字를 받은 날

[본조신설 1999. 1. 21]

第 3 條의5(競賣에 의한 賃借權의 消滅)

賃借權은 賃借住宅에 대하여 민사집행법에 의한 競賣가 행하여진 경우에는 그 賃借住宅의 競落에 의하여 消滅한다. 다만, 保證金이 全額 辨濟되지 아니한 對抗力이 있는 賃借權은 그러하지 아니하다. 〈개정 2002. 1. 26〉
[본조신설 1999. 1. 21]

第 4 條(賃貸借期間 등 〈개정 1983. 12. 30〉

① 期間의 정함이 없거나 期間을 2年 미만으로 정한 賃貸借는 그 期間을 2年으로 본다. 다만, 賃借人은 2年 미만으로 정한 기간이 有效함을 主張할 수 있다. 〈개정 1989. 12. 30, 1999. 1. 21〉

② 賃貸借가 終了한 경우에도 賃借人이 保證金을 返還받을 때까지는 賃貸借關係는 存續하는 것으로 본다. 〈신설 1983. 12. 30〉

第 5 條

삭제 〈1989. 12. 30〉

第 6 條(契約의 更新)

① 賃貸人이 賃貸借期間滿了전 6月부터 1月까지에 賃借人에 대하여 更新拒

絶의 통지 또는 조건을 변경하지 아니하면 更新하지 아니한다는 뜻의 통지를 하지 아니한 경우에는 그 期間이 滿了된 때에 前賃貸借와 同一한 조건으로 다시 賃貸借한 것으로 본다. 賃借人이 賃貸借期間滿了전 1月까지 통지하지 아니한 때에도 또한 같다. <개정 1999. 1. 21>

② 第1項의 경우 賃貸借의 存續期間은 정함이 없는 것으로 본다. <신설 1999. 1. 21>

③ 2期의 借賃額에 달하도록 借賃을 延滯하거나 기타 賃借人으로서의 義務를 顯著히 違反한 賃借人에 대하여는 第1項의 規定을 適用하지 아니한다.

第 6 條의2 (默示的 更新의 경우의 契約의 解止)

① 第6條 第1項의 경우 賃借人은 언제든지 賃貸人에 대하여 契約解止의 통지를 할 수 있다.

② 第1項의 規定에 의한 解止는 賃貸人이 그 통지를 받은 날부터 3月이 經過하면 그 效力이 발생한다.

[본조신설 1999. 1. 21]

第 7 條(借賃등의 增減請求權)

約定한 借賃 또는 保證金이 賃借住宅에 관한 租稅·公課金 기타 負擔의 增減이나 經濟事情의 變動으로 인하여 상당하지 아니하게 된 때에는 當事者는 將來에 대하여 그 增減을 請求할 수 있다. 그러나 增額의 경우에는 大統領令이 정하는 基準에 따른 比率을 초과하지 못한다.

[본조신설 1983. 12. 30]

제 7 조의2(월차임 전환시 산정률의 제한)

보증금의 전부 또는 일부를 월 단위의 차임으로 전환하는 경우에는 그 전환되는 금액에 은행법에 의한 금융기관에서 적용하는 대출금리 및 당해 지역의 경제여건 등을 감안하여 대통령령이 정하는 비율을 곱한 월차임의 범위를 초과할 수 없다.

[본조신설 2001.12.29]

第 8 條(保證金 중 一定額의 보호)

① 賃借人은 保證金 중 一定額을 다른 擔保物權者보다 우선하여 辨濟받을 權利가 있다. 이 경우 賃借人은 住宅에 대한 競賣申請의 登記 전에 第3條

第 1 項의 요건을 갖추어야 한다.
② 第 3 條의2 第 4 項 내지 第 6 項의 規定은 第 1 項의 경우에 이를 準用한다. 〈개정 1999. 1. 21〉
③ 第 1 項의 規定에 의하여 優先辨濟를 받을 賃借人 및 保證金 중 一定額의 범위와 基準은 住宅價額(垈地의 價額을 포함한다)의 2分의 1의 범위 안에서 大統領令으로 정한다.
[전문개정 1989. 12. 30]

第 9 條(住宅의 賃借權의 承繼)

① 賃借人이 相續權者없이 死亡한 경우에 그 住宅에서 家庭共同生活을 하던 事實上의 婚姻關係에 있는 者는 賃借人의 權利와 義務를 承繼한다.
② 賃借人이 死亡한 경우에 死亡 당시 相續權者가 그 住宅에서 家庭共同生活을 하고 있지 아니한 때에는 그 住宅에서 家庭共同生活을 하던 事實上의 婚姻關係에 있는 者와 2寸 이내의 親族은 共同으로 賃借人의 權利와 義務를 承繼한다.
③ 第 1 項 및 第 2 項의 경우에 賃借人이 死亡한 후 1月 이내에 賃貸人에 대하여 反對意思를 표시한 때에는 그러하지 아니하다.
④ 第 1 項 및 第 2 項의 경우에 賃貸借關係에서 생긴 債權·債務는 賃借人의 權利義務를 承繼한 者에게 歸屬한다.
[본조신설 1983. 12. 30]

第 10 條(强行規定)

이 法의 規定에 違反된 約定으로서 賃借人에게 不利한 것은 그 效力이 없다.

第 11 條(一時使用을 위한 賃貸借)

이 法은 一時使用을 위한 賃貸借임이 明白한 경우에는 이를 適用하지 아니한다.

第 12 條(未登記傳貰에의 準用)

이 法은 住宅의 登記하지 아니한 傳貰契約에 관하여 이를 準用한다. 이 경우 "傳貰金"은 "賃貸借의 保證金"으로 본다.
[본조신설 1983. 12. 30]

第13條(少額事件審判法의 準用)

少額事件審判法 第6條·第7條·第10條 및 第11條의2의 規定은 賃借人이 賃貸人에 대하여 제기하는 保證金返還請求訴訟에 관하여 이를 準用한다.
[본조신설 1999. 1. 21]

부 칙

이 법은 공포 후 3개월이 경과한 날부터 시행한다.

2. 주택임대차보호법시행령

Ⅰ. 현행 시행령(2008. 8. 21. 대통령령 제20971호)

제 1 조(목적)

이 영은 「주택임대차보호법」에서 위임된 사항과 그 시행에 관하여 필요한 사항을 정함을 목적으로 한다.

[전문개정 2008. 8. 21]

제 1 조의2 (대항력이 인정되는 법인)

「주택임대차보호법」(이하 "법"이라 한다) 제 3 조 제 2 항 후단에서 "대항력이 인정되는 법인"이란 다음 각 호의 법인을 말한다.

1. 「대한주택공사법」에 따른 대한주택공사
2. 「지방공기업법」 제49조에 따라 주택사업을 목적으로 설립된 지방공사

[전문개정 2008. 8. 21]

제 2 조(차임 등 증액청구의 기준 등)

① 법 제 7 조에 따른 차임이나 보증금(이하 "차임등"이라 한다)의 증액청구는 약정한 차임등의 20분의 1의 금액을 초과하지 못한다.

② 제 1 항에 따른 증액청구는 임대차계약 또는 약정한 차임 등의 증액이 있은 후 1년 이내에는 하지 못한다.

[전문개정 2008. 8. 21]

제 2 조의2(월차임 전환시 산정률)

법 제 7 조의2에서 "대통령령으로 정하는 비율"이란 연 1할 4푼을 말한다.

[전문개정 2008. 8. 21]

제 3 조(보증금 중 일정액의 범위 등)

① 법 제 8 조에 따라 우선변제를 받을 보증금 중 일정액의 범위는 다음 각 호의 구분에 의한 금액 이하로 한다.

1. 「수도권정비계획법」에 따른 수도권 중 과밀억제권역: 2천만 원
2. 광역시(군지역과 인천광역시지역은 제외한다): 1천 700만 원
3. 그 밖의 지역: 1천 400만 원

② 임차인의 보증금 중 일정액이 주택가액의 2분의 1을 초과하는 경우에는 주택가액의 2분의 1에 해당하는 금액까지만 우선변제권이 있다.

③ 하나의 주택에 임차인이 2명 이상이고, 그 각 보증금 중 일정액을 모두 합한 금액이 주택가액의 2분의 1을 초과하는 경우에는 그 각 보증금 중 일정액을 모두 합한 금액에 대한 각 임차인의 보증금 중 일정액의 비율로 그 주택가액의 2분의 1에 해당하는 금액을 분할한 금액을 각 임차인의 보증금 중 일정액으로 본다.

④ 하나의 주택에 임차인이 2명 이상이고 이들이 그 주택에서 가정공동생활을 하는 경우에는 이들을 1명의 임차인으로 보아 이들의 각 보증금을 합산한다.

[전문개정 2008. 8. 21]

제 4 조(우선변제를 받을 임차인의 범위)

법 제 8 조에 따라 우선변제를 받을 임차인은 보증금이 다음 각 호의 구분에 의한 금액 이하인 임차인으로 한다.

1. 「수도권정비계획법」에 따른 수도권 중 과밀억제권역: 6천만 원
2. 광역시(군지역과 인천광역시지역은 제외한다): 5천만 원
3. 그 밖의 지역: 4천만 원

[전문개정 2008. 8. 21]

부　칙

제 1 조(시행일) 이 영은 공포한 날부터 시행한다.

제 2 조(경과조치) 이 영 시행 전에 임차주택에 대하여 담보물권을 취득한 자에 대하여는 종전의 규정에 따른다.

Ⅱ. 연혁 시행령

[1] 1984. 6. 14. 제정 대통령령 제11441호

제 1 조(목적)
이 영은 주택임대차보호법(이하 "법"이라 한다)에서 위임된 사항과 그 시행에 관하여 필요한 사항을 정함을 목적으로 한다.

제 2 조(차임등 증액청구의 기준 등)
① 법 제7조의 규정에 의한 차임 또는 보증금(이하 "차임등"이라 한다)의 증액청구는 약정한 차임 등의 20분의 1의 금액을 초과하지 못한다.
② 제1항의 규정에 의한 증액청구는 임대차계약 또는 약정한 차임등의 증액이 있은 후 1년 이내에는 이를 하지 못한다.

제 3 조(소액보증금의 범위 등)
① 법 제8조의 규정에 의한 소액보증금의 범위를 서울특별시 및 직할시에서는 300만 원 이하, 기타의 지역에서는 200만 원 이하로 한다.
② 임차인의 소액보증금이 주택의 가액의 2분의 1을 초과하는 경우에는 주택의 가액의 2분의 1에 해당하는 금액에 한하여 우선 변제권이 있다.
③ 하나의 주택에 임차인이 2인 이상이고, 그 각 소액보증금의 합산액이 주택의 가액의 2분의 1을 초과하는 경우에는 그 각 소액보증금의 합산액에 대한 각 임차인의 소액보증금의 비율로 그 주택의 가액의 2분의1에 해당하는 금액을 분할한 금액을 각 임차인의 소액보증금으로 본다.
④ 하나의 주택에 임차인이 2인 이상이고 이들이 그 주택에서 가정공동생활을 하는 경우에는 이들을 1인의 임차인으로 보아 이들의 각 보증금을 합산한다.

부 칙
이 영은 공포한 날로부터 시행한다.

[2] 1987. 12. 1. 일부 개정 대통령령 제12283호

제 1 조(목적)
이 영은 주택임대차보호법(이하 "법"이라 한다)에서 위임된 사항과 그 시행에 관하여 필요한 사항을 정함을 목적으로 한다.

제 2 조(차임등 증액청구의 기준 등)
① 법 제7조의 규정에 의한 차임 또는 보증금(이하 "차임등"이라 한다)의 증액청구는 약정한 차임 등의 20분의 1의 금액을 초과하지 못한다.
② 제1항의 규정에 의한 증액청구는 임대차계약 또는 약정한 차임등의 증액이 있은 후 1년 이내에는 이를 하지 못한다.

제 3 조(소액보증금의 범위 등)
① 법 제8조의 규정에 의한 소액보증금의 범위를 서울특별시 및 직할시에서는 500만 원 이하, 기타의 지역에서는 400만 원 이하로 한다. 〈개정 1987. 12. 1〉
② 임차인의 소액보증금이 주택의 가액의 2분의 1을 초과하는 경우에는 주택의 가액의 2분의 1에 해당하는 금액에 한하여 우선 변제권이 있다.
③ 하나의 주택에 임차인이 2인 이상이고, 그 각 소액보증금의 합산액이 주택의 가액의 2분의 1을 초과하는 경우에는 그 각 소액보증금의 합산액에 대한 각 임차인의 소액보증금의 비율로 그 주택의 가액의 2분의1에 해당하는 금액을 분할한 금액을 각 임차인의 소액보증금으로 본다.
④ 하나의 주택에 임차인이 2인 이상이고 이들이 그 주택에서 가정공동생활을 하는 경우에는 이들을 1인의 임차인으로 보아 이들의 각 보증금을 합산한다.

부 칙
① (시행일) 이 영은 공포한 날로부터 시행한다.
② (소액보증금의 범위변경에 따른 경과조치) 이 영 시행 전에 임차주택에 대하여 담보물권을 취득한 자에 대하여는 종전의 규정을 적용한다.

[3] 1990. 2. 19. 일부 개정 대통령령 제12930호

제 1 조(목적)

이 영은 주택임대차보호법(이하 "법"이라 한다)에서 위임된 사항과 그 시행에 관하여 필요한 사항을 정함을 목적으로 한다.

제 2 조(차임등 증액청구의 기준 등)

① 법 제7조의 규정에 의한 차임 또는 보증금(이하 "차임등"이라 한다)의 증액청구는 약정한 차임등의 20분의 1의 금액을 초과하지 못한다.

② 제1항의 규정에 의한 증액청구는 임대차계약 또는 약정한 차임등의 증액이 있은 후 1년 이내에는 이를 하지 못한다.

제 3 조(보증금중 일정액의 범위 등)

① 법 제8조의 규정에 의한 보증금 중 일정액의 범위를 서울특별시 및 직할시에서는 700만 원 이하, 기타의 지역에서는 500만 원 이하로 한다. 〈개정 1987. 12. 1, 1990. 2. 19〉

② 임차인의 보증금 중 일정액이 주택의 가액의 2분의 1을 초과하는 경우에는 주택의 가액의 2분의 1에 해당하는 금액에 한하여 우선 변제권이 있다. 〈개정 1990. 2. 19〉

③ 하나의 주택에 임차인이 2인 이상이고 그 각 보증금 중 일정액의 합산액이 주택의 가액의 2분의 1을 초과하는 경우에는 그 각 보증금 중 일정액의 합산액에 대한 각 임차인의 보증금 중 일정액의 비율로 그 주택의 가액의 2분의1에 해당하는 금액을 분할한 금액을 각 임차인의 보증금 중 일정액으로 본다. 〈개정 1990. 2. 19〉

④ 하나의 주택에 임차인이 2인 이상이고, 이들이 그 주택에서 가정공동생활을 하는 경우에는 이들을 1인의 임차인으로 보아 이들의 각 보증금을 합산한다.

제 4 조(우선변제를 받을 임차인의 범위)

법 제8조의 규정에 의한 우선변제를 받을 임차인의 범위는 보증금이 서울특별시 및 직할시에서는 2,000만 원 이하, 기타의 지역에서는 1,500만 원 이하인 임차인으로 한다.

[본조신설 1990. 2. 19]

부 칙
이 영은 공포한 날부터 시행한다.

[4] 1995. 10. 19. 일부 개정 대통령령 제14785호

제 1 조(목적)
이 영은 주택임대차보호법(이하 "법"이라 한다)에서 위임된 사항과 그 시행에 관하여 필요한 사항을 정함을 목적으로 한다.

제 2 조(차임등 증액청구의 기준 등)
① 법 제7조의 규정에 의한 차임 또는 보증금(이하 "차임등"이라 한다)의 증액청구는 약정한 차임등의 20분의 1의 금액을 초과하지 못한다.
② 제1항의 규정에 의한 증액청구는 임대차계약 또는 약정한 차임등의 증액이 있은 후 1년 이내에는 이를 하지 못한다.

제 3 조(보증금중 일정액의 범위 등)
① 법 제8조의 규정에 의한 보증금 중 일정액의 범위를 특별시 및 광역시(군지역을 제외한다)에서는 1,200만 원 이하, 기타의 지역에서는 800만 원 이하로 한다. 〈개정 1987. 12. 1, 1990. 2. 19, 1995. 10. 19〉
② 임차인의 보증금 중 일정액이 주택의 가액의 2분의 1을 초과하는 경우에는 주택의 가액의 2분의 1에 해당하는 금액에 한하여 우선 변제권이 있다. 〈개정 1990. 2. 19〉
③ 하나의 주택에 임차인이 2인 이상이고, 그 각 보증금 중 일정액의 합산액이 주택의 가액의 2분의 1을 초과하는 경우에는 그 각 보증금 중 일정액의 합산액에 대한 각 임차인의 보증금 중 일정액의 비율로 그 주택의 가액의 2분의1에 해당하는 금액을 분할한 금액을 각 임차인의 보증금 중 일정액으로 본다. 〈개정 1990. 2. 19〉
④ 하나의 주택에 임차인이 2인 이상이고 이들이 그 주택에서 가정공동생활을 하는 경우에는 이들을 1인의 임차인으로 보아 이들의 각 보증금을 합산한다.

제 4 조(우선변제를 받을 임차인의 범위)

법 제8조의 규정에 의한 우선변제를 받을 임차인의 범위는 보증금이 특별시 및 광역시(군지역을 제외한다)에서는 3,000만 원 이하, 기타의 지역에서는 2,000만 원 이하인 임차인으로 한다. 〈개정 1995. 10. 19〉

[본조신설 1990. 2. 19]

부 칙

① (시행일) 이 영은 공포한 날부터 시행한다.

② (경과조치) 이 영 시행 전에 임차주택에 대하여 담보물권을 취득한 자에 대하여는 종전의 규정에 의한다.

[5] 2001. 9. 15. 일부 개정 대통령령 제17360호

제 1 조(목적)

이 영은 주택임대차보호법(이하 "법"이라 한다)에서 위임된 사항과 그 시행에 관하여 필요한 사항을 정함을 목적으로 한다.

제 2 조(차임등 증액청구의 기준 등)

① 법 제7조의 규정에 의한 차임 또는 보증금(이하 "차임등"이라 한다)의 증액청구는 약정한 차임등의 20분의 1의 금액을 초과하지 못한다.

② 제1항의 규정에 의한 증액청구는 임대차계약 또는 약정한 차임등의 증액이 있은 후 1년 이내에는 이를 하지 못한다.

제 3 조(보증금중 일정액의 범위 등)

① 법 제8조의 규정에 의하여 우선변제를 받을 보증금 중 일정액의 범위는 다음 각 호의 구분에 의한 금액 이하로 한다. 〈개정 2001. 9. 15〉

1. 수도권정비계획법에 의한 수도권 중 과밀억제권역 : 1천 600만 원
2. 광역시(군지역과 인천광역시지역을 제외한다) : 1천 400만 원
3. 그 밖의 지역 : 1천 200만 원

② 임차인의 보증금 중 일정액이 주택의 가액의 2분의 1을 초과하는 경우에는 주택의 가액의 2분의 1에 해당하는 금액에 한하여 우선 변제권이 있다.

〈개정 1990. 2. 19〉
③ 하나의 주택에 임차인이 2인 이상이고, 그 각 보증금 중 일정액의 합산액이 주택의 가액의 2분의 1을 초과하는 경우에는 그 각 보증금 중 일정액의 합산액에 대한 각 임차인의 보증금 중 일정액의 비율로 그 주택의 가액의 2분의1에 해당하는 금액을 분할한 금액을 각 임차인의 보증금 중 일정액으로 본다. 〈개정 1990. 2. 19〉
④ 하나의 주택에 임차인이 2인 이상이고 이들이 그 주택에서 가정공동생활을 하는 경우에는 이들을 1인의 임차인으로 보아 이들의 각 보증금을 합산한다.

제 4 조(우선변제를 받을 임차인의 범위)
법 제 8 조의 규정에 의하여 우선변제를 받을 임차인은 보증금이 다음 각 호의 구분에 의한 금액 이하인 임차인으로 한다.

1. 수도권정비계획법에 의한 수도권 중 과밀억제권역 : 4천만 원
2. 광역시(군지역과 인천광역시지역을 제외한다) : 3천500만 원
3. 그 밖의 지역 : 3천만 원

[전문개정 2001. 9. 15]

부 칙
① (시행일) 이 영은 공포한 날부터 시행한다.
② (경과조치) 이 영 시행 전에 임차주택에 대하여 담보물권을 취득한 자에 대하여는 종전의 규정에 의한다.

[6] 2002. 6. 19. 일부 개정 대통령령 제17627호

제 1 조(목적)
이 영은 주택임대차보호법(이하 "법"이라 한다)에서 위임된 사항과 그 시행에 관하여 필요한 사항을 정함을 목적으로 한다.

제 2 조(차임등 증액청구의 기준 등)
①법 제 7 조의 규정에 의한 차임 또는 보증금(이하 "차임등"이라 한다)의 증액

청구는 약정한 차임등의 20분의 1의 금액을 초과하지 못한다.
② 제1항의 규정에 의한 증액청구는 임대차계약 또는 약정한 차임등의 증액이 있은 후 1년 이내에는 이를 하지 못한다.

제 2 조의2(월차임 전환시 산정률)
법 제7조의2에서 "대통령령이 정하는 비율"이라 함은 연 1할4푼을 말한다.
[본조신설 2002. 6. 19]

제 3 조(보증금 중 일정액의 범위 등)
① 법 제8조의 규정에 의하여 우선변제를 받을 보증금 중 일정액의 범위는 다음 각 호의 구분에 의한 금액 이하로 한다. 〈개정 2001. 9. 15〉
 1. 수도권정비계획법에 의한 수도권 중 과밀억제권역 : 1천 600만 원
 2. 광역시(군지역과 인천광역시지역을 제외한다) : 1천 400만 원
 3. 그 밖의 지역 : 1천 200만 원
② 임차인의 보증금 중 일정액이 주택의 가액의 2분의 1을 초과하는 경우에는 주택의 가액의 2분의 1에 해당하는 금액에 한하여 우선 변제권이 있다. 〈개정 1990. 2. 19〉
③ 하나의 주택에 임차인이 2인 이상이고, 그 각 보증금 중 일정액의 합산액이 주택의 가액의 2분의 1을 초과하는 경우에는 그 각 보증금 중 일정액의 합산액에 대한 각 임차인의 보증금 중 일정액의 비율로 그 주택의 가액의 2분의1에 해당하는 금액을 분할한 금액을 각 임차인의 보증금 중 일정액으로 본다. 〈개정 1990. 2. 19〉
④ 하나의 주택에 임차인이 2인 이상이고 이들이 그 주택에서 가정공동생활을 하는 경우에는 이들을 1인의 임차인으로 보아 이들의 각 보증금을 합산한다.

제 4 조(우선변제를 받을 임차인의 범위)
법 제8조의 규정에 의하여 우선변제를 받을 임차인은 보증금이 다음 각 호의 구분에 의한 금액 이하인 임차인으로 한다.
 1. 수도권정비계획법에 의한 수도권 중 과밀억제권역 : 4천만 원
 2. 광역시(군지역과 인천광역시지역을 제외한다) : 3천 500만 원
 3. 그 밖의 지역 : 3천만 원 〈개정 2001. 9. 15〉

부 칙

이 영은 2002년 6월 30일부터 시행한다.

[7] 2007. 10. 23. 일부 개정 대통령령 제20334호

제 1 조(목적)

이 영은 주택임대차보호법(이하 "법"이라 한다)에서 위임된 사항과 그 시행에 관하여 필요한 사항을 정함을 목적으로 한다.

제 1 조의2(대항력이 인정되는 법인)

법 제3조 제2항 후단에서 "대항력이 인정되는 법인"이란 다음 각 호의 법인을 말한다.

1. 「대한주택공사법」에 따른 대한주택공사
2. 「지방공기업법」 제49조에 따라 주택사업을 목적으로 설립된 지방공사

[본조신설 2007. 10. 23]

제 2 조(차임등 증액청구의 기준 등)

① 법 제7조의 규정에 의한 차임 또는 보증금(이하 "차임등"이라 한다)의 증액청구는 약정한 차임등의 20분의 1의 금액을 초과하지 못한다.

② 제1항의 규정에 의한 증액청구는 임대차계약 또는 약정한 차임등의 증액이 있은 후 1년 이내에는 이를 하지 못한다.

제 2 조의2 (월차임 전환시 산정률)

법 제7조의2에서 "대통령령이 정하는 비율"이라 함은 연 1할4푼을 말한다.

[본조신설 2002. 6. 19]

제 3 조(보증금 중 일정액의 범위 등)

① 법 제8조의 규정에 의하여 우선변제를 받을 보증금 중 일정액의 범위는 다음 각 호의 구분에 의한 금액 이하로 한다. 〈개정 2001. 9. 15〉

1. 수도권정비계획법에 의한 수도권 중 과밀억제권역 : 1천 600만 원
2. 광역시(군지역과 인천광역시지역을 제외한다) : 1천 400만 원
3. 그 밖의 지역 : 1천 200만 원

② 임차인의 보증금 중 일정액이 주택의 가액의 2분의 1을 초과하는 경우에는 주택의 가액의 2분의 1에 해당하는 금액에 한하여 우선 변제권이 있다. 〈개정 1990. 2. 19〉

③ 하나의 주택에 임차인이 2인 이상이고, 그 각 보증금 중 일정액의 합산액이 주택의 가액의 2분의 1을 초과하는 경우에는 그 각 보증금 중 일정액의 합산액에 대한 각 임차인의 보증금 중 일정액의 비율로 그 주택의 가액의 2분의1에 해당하는 금액을 분할한 금액을 각 임차인의 보증금 중 일정액으로 본다. 〈개정 1990. 2. 19〉

④ 하나의 주택에 임차인이 2인 이상이고 이들이 그 주택에서 가정공동생활을 하는 경우에는 이들을 1인의 임차인으로 보아 이들의 각 보증금을 합산한다.

제 4 조(우선변제를 받을 임차인의 범위)

법 제 8 조의 규정에 의하여 우선변제를 받을 임차인은 보증금이 다음 각 호의 구분에 의한 금액 이하인 임차인으로 한다.

1. 수도권정비계획법에 의한 수도권 중 과밀억제권역 : 4천만 원
2. 광역시(군지역과 인천광역시지역을 제외한다) : 3천500만 원
3. 그 밖의 지역 : 3천만 원

[전문개정 2001.9.15]

부 칙

이 영은 2007년 11월 4일부터 시행한다.

3. 상가건물임대차보호법

Ⅰ. 현행 법률(2005. 1. 27. 법률 제7358호)

제 1 조(목적)
이 법은 상가건물 임대차에 관하여 민법에 대한 특례를 규정함으로써 국민 경제생활의 안정을 보장함을 목적으로 한다.

제 2 조(적용범위)
① 이 법은 상가건물(제 3 조 제 1 항의 규정에 의한 사업자등록의 대상이 되는 건물을 말한다)의 임대차(임대차 목적물의 주된 부분을 영업용으로 사용하는 경우를 포함한다)에 대하여 적용한다. 다만, 대통령령이 정하는 보증금액을 초과하는 임대차에 대하여는 그러하지 아니하다.
② 제 1 항 단서의 규정에 의한 보증금액을 정함에 있어서는 당해 지역의 경제여건 및 임대차 목적물의 규모 등을 감안하여 지역별로 구분하여 규정하되, 보증금 외에 차임이 있는 경우에는 그 차임액에 은행법에 의한 금융기관의 대출금리 등을 감안하여 대통령령이 정하는 비율을 곱하여 환산한 금액을 포함하여야 한다.

제 3 조(대항력 등)
① 임대차는 그 등기가 없는 경우에도 임차인이 건물의 인도와 부가가치세법 제 5 조, 소득세법 제168조 또는 법인세법 제111조의 규정에 의한 사업자등록을 신청한 때에는 그 다음 날부터 제3자에 대하여 효력이 생긴다.
② 임차건물의 양수인(그 밖에 임대할 권리를 승계한 자를 포함한다)은 임대인의 지위를 승계한 것으로 본다.
③ 민법 제575조 제 1 항 · 제 3 항 및 제578조의 규정은 이 법에 의하여 임대차의 목적이 된 건물이 매매 또는 경매의 목적물이 된 경우에 이를 준용한다.
④ 민법 제536조의 규정은 제 3 항의 경우에 이를 준용한다.

제 4 조(등록사항 등의 열람 · 제공)

① 건물의 임대차에 이해관계가 있는 자는 건물의 소재지 관할 세무서장에게 다음 각 호의 사항의 열람 또는 제공을 요청할 수 있다. 이때 관할 세무서장은 정당한 사유 없이 이를 거부할 수 없다.

1. 임대인 · 임차인의 성명, 주소, 주민등록번호(임대인 · 임차인이 법인 또는 법인 아닌 단체인 경우에는 법인명 또는 단체명, 대표자, 법인등록번호, 본점 · 사업장소재지)
2. 건물의 소재지, 임대차 목적물 및 면적
3. 사업자등록 신청일
4. 사업자등록 신청일 당시의 보증금 및 차임, 임대차기간
5. 임대차계약서상의 확정일자를 받은 날
6. 임대차계약이 변경 또는 갱신된 경우에는 변경된 일자, 보증금 및 차임, 임대차기간, 새로운 확정일자를 받은 날
7. 그 밖에 대통령령이 정하는 사항

② 제 1 항의 규정에 의한 자료의 열람 및 제공과 관련하여 필요한 사항에 대하여는 대통령령으로 정한다.

제 5 조(보증금의 회수)

① 임차인이 임차건물에 대하여 보증금반환청구소송의 확정판결 그 밖에 이에 준하는 집행권원에 기한 경매를 신청하는 경우에는 민사집행법 제41조의 규정에 불구하고 반대의무의 이행 또는 이행의 제공을 집행개시의 요건으로 하지 아니한다.

② 제 3 조 제 1 항의 대항요건을 갖추고 관할 세무서장으로부터 임대차계약서상의 확정일자를 받은 임차인은 민사집행법에 의한 경매 또는 국세징수법에 의한 공매시 임차건물(임대인 소유의 대지를 포함한다)의 환가대금에서 후순위권리자 그 밖의 채권자보다 우선하여 보증금을 변제받을 권리가 있다.

③ 임차인은 임차건물을 양수인에게 인도하지 아니하면 제 2 항의 규정에 의한 보증금을 수령할 수 없다.

④ 제 2 항의 규정에 의한 우선변제의 순위와 보증금에 대하여 이의가 있는 이해관계인은 경매법원 또는 체납처분청에 이의를 신청할 수 있다.

⑤ 민사집행법 제152조 내지 제161조의 규정은 제 4 항의 규정에 의하여 경매법원에 이의를 신청하는 경우에 이를 준용한다.

⑥ 제 4 항의 규정에 의하여 이의신청을 받은 체납처분청은 이해관계인이 이의신청일부터 7일 이내에 임차인을 상대로 소를 제기한 것을 증명한 때에는 당해 소송의 종결시까지 이의가 신청된 범위 안에서 임차인에 대한 보증금의 변제를 유보하고 잔여금액을 배분하여야 한다. 이 경우 유보된 보증금은 소송의 결과에 따라 배분한다.

제 6 조(임차권등기명령)

① 임대차가 종료된 후 보증금을 반환받지 못한 임차인은 임차건물의 소재지를 관할하는 지방법원 · 지방법원지원 또는 시 · 군법원에 임차권등기명령을 신청할 수 있다.

② 임차권등기명령의 신청에는 다음 각 호의 사항을 기재하여야 하며, 신청의 이유 및 임차권등기의 원인이 된 사실은 이를 소명하여야 한다.

1. 신청의 취지 및 이유
2. 임대차의 목적인 건물(임대차의 목적이 건물의 일부분인 경우에는 그 도면을 첨부한다)
3. 임차권등기의 원인이 된 사실(임차인이 제 3 조 제 1 항의 규정에 의한 대항력을 취득하였거나 제 5 조제 2 항의 규정에 의한 우선변제권을 취득한 경우에는 그 사실)
4. 그 밖에 대법원규칙이 정하는 사항

③ 민사집행법 제280조 제 1 항, 제281조, 제283조, 제285조, 제286조, 제288조 제 1 항 · 제 2 항 본문, 제289조, 제290조 제 2 항 중 제288조 제 1 항에 대한 부분, 제291조, 제293조의 규정은 임차권등기명령의 신청에 대한 재판, 임차권등기명령의 결정에 대한 임대인의 이의신청 및 그에 대한 재판, 임차권등기명령의 취소신청 및 그에 대한 재판 또는 임차권등기명령의 집행 등에 관하여 이를 준용한다. 이 경우 "가압류"는 "임차권등기"로, "채권자"는 "임차인"으로, "채무자"는 "임대인"으로 본다. 〈개성 2005. 1. 27〉

④ 임차권등기명령신청을 기각하는 결정에 대하여 임차인은 항고할 수 있다.

⑤ 임차권등기명령의 집행에 의한 임차권등기가 경료되면 임차인은 제 3 조 제 1 항의 규정에 의한 대항력 및 제 5 조 제 2 항의 규정에 의한 우선변제권을 취득한다. 다만, 임차인이 임차권등기 이전에 이미 대항력 또는 우선변제권을 취득한 경우에는 그 대항력 또는 우선변제권이 그대로 유지되며, 임차권등기 이후에는 제 3 조 제 1 항의 대항요건을 상실하더라도 이미 취득한 대

항력 또는 우선변제권을 상실하지 아니한다.

⑥ 임차권등기명령의 집행에 의한 임차권등기가 경료된 건물(임대차의 목적이 건물의 일부분인 경우에는 해당 부분에 한한다)을 그 이후에 임차한 임차인은 제14조의 규정에 의한 우선변제를 받을 권리가 없다.

⑦ 임차권등기의 촉탁, 등기관의 임차권등기 기입 등 임차권등기명령의 시행에 관하여 필요한 사항은 대법원규칙으로 정한다.

⑧ 임차인은 제1항의 규정에 의한 임차권등기명령의 신청 및 그에 따른 임차권등기와 관련하여 소요된 비용을 임대인에게 청구할 수 있다.

제7조 (민법의 규정에 의한 임대차등기의 효력 등)

① 제6조 제5항 및 제6항의 규정은 민법 제621조의 규정에 의한 건물임대차등기의 효력에 관하여 이를 준용한다.

② 임차인이 대항력 또는 우선변제권을 갖추고 민법 제621조 제1항의 규정에 의하여 임대인의 협력을 얻어 임대차등기를 신청하는 경우에는 신청서에 부동산등기법 제156조에 규정된 사항 외에 다음 각 호의 사항을 기재하여야 하며, 이를 증명할 수 있는 서면(임대차의 목적이 건물의 일부분인 경우에는 해당부분의 도면을 포함한다)을 첨부하여야 한다.

1. 사업자등록을 신청한 날
2. 임차건물을 점유한 날
3. 임대차계약서상의 확정일자를 받은 날

제8조(경매에 의한 임차권의 소멸)

임차권은 임차건물에 대하여 민사집행법에 의한 경매가 행하여진 경우에는 그 임차건물의 경락에 의하여 소멸한다. 다만, 보증금이 전액 변제되지 아니한 대항력이 있는 임차권은 그러하지 아니하다.

제9조(임대차기간 등)

① 기간의 정함이 없거나 기간을 1년 미만으로 정한 임대차는 그 기간을 1년으로 본다. 다만, 임차인은 1년 미만으로 정한 기간이 유효함을 주장할 수 있다.

② 임대차가 종료한 경우에도 임차인이 보증금을 반환받을 때까지는 임대차관계는 존속하는 것으로 본다.

제10조(계약갱신 요구 등)

① 임대인은 임차인이 임대차기간 만료 전 6월부터 1월까지 사이에 행하는 계약갱신 요구에 대하여 정당한 사유 없이 이를 거절하지 못한다. 다만, 다음 각 호의 1의 경우에는 그러하지 아니하다.

1. 임차인이 3기의 차임액에 달하도록 차임을 연체한 사실이 있는 경우
2. 임차인이 거짓 그 밖의 부정한 방법으로 임차한 경우
3. 쌍방 합의하에 임대인이 임차인에게 상당한 보상을 제공한 경우
4. 임차인이 임대인의 동의 없이 목적 건물의 전부 또는 일부를 전대한 경우
5. 임차인이 임차한 건물의 전부 또는 일부를 고의 또는 중대한 과실로 파손한 경우
6. 임차한 건물의 전부 또는 일부가 멸실되어 임대차의 목적을 달성하지 못할 경우
7. 임대인이 목적 건물의 전부 또는 대부분을 철거하거나 재건축하기 위해 목적 건물의 점유 회복이 필요한 경우
8. 그 밖에 임차인이 임차인으로서의 의무를 현저히 위반하거나 임대차를 존속하기 어려운 중대한 사유가 있는 경우

② 임차인의 계약갱신요구권은 최초의 임대차 기간을 포함한 전체 임대차 기간이 5년을 초과하지 않는 범위 내에서만 행사할 수 있다.

③ 갱신되는 임대차는 전 임대차와 동일한 조건으로 다시 계약된 것으로 본다. 다만, 차임과 보증금은 제11조의 규정에 의한 범위 안에서 증감할 수 있다.

④ 임대인이 제1항의 기간 이내에 임차인에 대하여 갱신거절의 통지 또는 조건의 변경에 대한 통지를 하지 아니한 경우에는 그 기간이 만료된 때에 전임대차와 동일한 조건으로 다시 임대차한 것으로 본다. 이 경우에 임대차의 존속기간은 정함이 없는 것으로 본다.

⑤ 제4항의 경우 임차인은 언제든지 임대인에 대하여 계약해지의 통고를 할 수 있고, 임대인이 그 통고를 받은 날부터 3월이 경과하면 그 효력이 발생한다.

제11조(차임 등의 증감청구권)

① 차임 또는 보증금이 임차건물에 관한 조세, 공과금 그 밖의 부담의 증감

이나 경제사정의 변동으로 인하여 상당하지 아니하게 된 때에는 당사자는 장래에 대하여 그 증감을 청구할 수 있다. 그러나 증액의 경우에는 대통령령이 정하는 기준에 따른 비율을 초과하지 못한다.

② 제1항의 규정에 의한 증액청구는 임대차계약 또는 약정한 차임 등의 증액이 있은 후 1년 이내에는 이를 하지 못한다.

제12조(월차임 전환시 산정률의 제한)

보증금의 전부 또는 일부를 월 단위의 차임으로 전환하는 경우에는 그 전환되는 금액에 은행법에 의한 금융기관에서 적용하는 대출금리 및 당해 지역의 경제여건 등을 감안하여 대통령령이 정하는 비율을 곱한 월차임의 범위를 초과할 수 없다.

제13조(전대차관계에 대한 적용 등)

① 제10조 내지 제12조의 규정은 전대인과 전차인의 전대차관계에 적용한다.

② 임대인의 동의를 받고 전대차계약을 체결한 전차인은 임차인의 계약갱신요구권 행사기간 범위 내에서 임차인을 대위하여 임대인에게 계약갱신요구권을 행사할 수 있다.

제14조(보증금 중 일정액의 보호)

①임 차인은 보증금 중 일정액을 다른 담보물권자보다 우선하여 변제받을 권리가 있다. 이 경우 임차인은 건물에 대한 경매신청의 등기 전에 제3조제1항의 요건을 갖추어야 한다.

② 제5조 제4항 내지 제6항의 규정은 제1항의 경우에 이를 준용한다.

③ 제1항의 규정에 의하여 우선변제를 받을 임차인 및 보증금 중 일정액의 범위와 기준은 임대건물가액(임대인 소유의 대지 가액을 포함한다)의 3분의 1의 범위 안에서 당해 지역의 경제여건, 보증금 및 차임 등을 고려하여 대통령령으로 정한다.

제15조(강행규정)

이 법의 규정에 위반된 약정으로서 임차인에게 불리한 것은 그 효력이 없다.

제16조(일시사용을 위한 임대차)

이 법은 일시사용을 위한 임대차임이 명백한 경우에는 이를 적용하지 아니한다.

제17조(미등기전세에의 준용)
이 법은 목적건물의 등기하지 아니한 전세계약에 관하여 이를 준용한다. 이 경우 "전세금"은 "임대차의 보증금"으로 본다.

제18조(소액사건심판법의 준용)
소액사건심판법 제6조·제7조·제10조 및 제11조의2의 규정은 임차인이 임대인에 대하여 제기하는 보증금반환청구소송에 관하여 이를 준용한다.

부칙(민사집행법) 〈제7358호, 2005.1.27〉
제1조(시행일) 이 법은 공포 후 6월이 경과한 날부터 시행한다.
제2조 생략
제3조(다른 법률의 개정) ① 상가건물임대차보호법 중 다음과 같이 개정한다. 제6조 제3항 전단 중 "민사집행법 제280조제1항, 제281조, 제283조, 제285조, 제286조, 제288조제1항·제2항·제3항 본문, 제289조 제1항 내지 제4항"을 "민사집행법 제280조 제1항, 제281조, 제283조, 제285조, 제286조, 제288조 제1항·제2항 본문, 제289조"로 한다.
② 및 ③생략

제4조 생략

Ⅱ. 연혁 법률

[1] 2001. 12. 29. 제정 법률 제6542호

제1조(목석)
이 법은 상가건물 임대차에 관하여 민법에 대한 특례를 규정함으로써 국민 경제생활의 안정을 보장함을 목적으로 한다.

제2조(적용범위)
① 이 법은 상가건물(제3조 제1항의 규정에 의한 사업자등록의 대상이 되는 건물을 말한다)의 임대차(임대차 목적물의 주된 부분을 영업용으로 사용하는 경

우를 포함한다)에 대하여 적용한다. 다만, 대통령령이 정하는 보증금액을 초과하는 임대차에 대하여는 그러하지 아니하다.

② 제1항 단서의 규정에 의한 보증금액을 정함에 있어서는 당해 지역의 경제여건 및 임대차 목적물의 규모 등을 감안하여 지역별로 구분하여 규정하되, 보증금 외에 차임이 있는 경우에는 그 차임액에 은행법에 의한 금융기관의 대출금리 등을 감안하여 대통령령이 정하는 비율을 곱하여 환산한 금액을 포함하여야 한다.

제3조(대항력 등)

① 임대차는 그 등기가 없는 경우에도 임차인이 건물의 인도와 부가가치세법 제5조, 소득세법 제168조 또는 법인세법 제111조의 규정에 의한 사업자등록을 신청한 때에는 그 다음 날부터 제3자에 대하여 효력이 생긴다.

② 임차건물의 양수인(그 밖에 임대할 권리를 승계한 자를 포함한다)은 임대인의 지위를 승계한 것으로 본다.

③ 민법 제575조제1항 · 제3항 및 제578조의 규정은 이 법에 의하여 임대차의 목적이 된 건물이 매매 또는 경매의 목적물이 된 경우에 이를 준용한다.

④ 민법 제536조의 규정은 제3항의 경우에 이를 준용한다.

제4조(등록사항 등의 열람 · 제공)

① 건물의 임대차에 이해관계가 있는 자는 건물의 소재지 관할 세무서장에게 다음 각 호의 사항의 열람 또는 제공을 요청할 수 있다. 이때 관할 세무서장은 정당한 사유 없이 이를 거부할 수 없다.

1. 임대인 · 임차인의 성명, 주소, 주민등록번호(임대인 · 임차인이 법인 또는 법인 아닌 단체인 경우에는 법인명 또는 단체명, 대표자, 법인등록번호, 본점 · 사업장소재지)
2. 건물의 소재지, 임대차 목적물 및 면적
3. 사업자등록 신청일
4. 사업자등록 신청일 당시의 보증금 및 차임, 임대차기간
5. 임대차계약서상의 확정일자를 받은 날
6. 임대차계약이 변경 또는 갱신된 경우에는 변경된 일자, 보증금 및 차임, 임대차기간, 새로운 확정일자를 받은 날
7. 그 밖에 대통령령이 정하는 사항

② 제1항의 규정에 의한 자료의 열람 및 제공과 관련하여 필요한 사항에

대하여는 대통령령으로 정한다.

제 5 조(보증금의 회수)

① 임차인이 임차건물에 대하여 보증금반환청구소송의 확정판결 그 밖에 이에 준하는 집행권원에 기한 경매를 신청하는 경우에는 민사집행법 제41조의 규정에 불구하고 반대의무의 이행 또는 이행의 제공을 집행개시의 요건으로 하지 아니한다.

② 제 3 조 제 1 항의 대항요건을 갖추고 관할 세무서장으로부터 임대차계약서상의 확정일자를 받은 임차인은 민사집행법에 의한 경매 또는 국세징수법에 의한 공매시 임차건물(임대인 소유의 대지를 포함한다)의 환가대금에서 후순위권리자 그 밖의 채권자보다 우선하여 보증금을 변제받을 권리가 있다.

③ 임차인은 임차건물을 양수인에게 인도하지 아니하면 제 2 항의 규정에 의한 보증금을 수령할 수 없다.

④ 제 2 항의 규정에 의한 우선변제의 순위와 보증금에 대하여 이의가 있는 이해관계인은 경매법원 또는 체납처분청에 이의를 신청할 수 있다.

⑤ 민사집행법 제152조 내지 제161조의 규정은 제 4 항의 규정에 의하여 경매법원에 이의를 신청하는 경우에 이를 준용한다.

⑥ 제 4 항의 규정에 의하여 이의신청을 받은 체납처분청은 이해관계인이 이의신청일부터 7일 이내에 임차인을 상대로 소를 제기한 것을 증명한 때에는 당해 소송의 종결시까지 이의가 신청된 범위 안에서 임차인에 대한 보증금의 변제를 유보하고 잔여금액을 배분하여야 한다. 이 경우 유보된 보증금은 소송의 결과에 따라 배분한다.

제 6 조(임차권등기명령)

① 임대차가 종료된 후 보증금을 반환받지 못한 임차인은 임차건물의 소재지를 관할하는 지방법원 · 지방법원지원 또는 시 · 군법원에 임차권등기명령을 신청할 수 있다.

② 임차권등기명령의 신청에는 다음 각 호의 사항을 기재하여야 하며, 신청의 이유 및 임차권등기의 원인이 된 사실은 이를 소명하여야 한다.

1. 신청의 취지 및 이유
2. 임대차의 목적인 건물(임대차의 목적이 건물의 일부분인 경우에는 그 도면을 첨부한다)
3. 임차권등기의 원인이 된 사실(임차인이 제 3 조 제 1 항의 규정에 의한 대

항력을 취득하였거나 제5조 제2항의 규정에 의한 우선변제권을 취득한 경우에는 그 사실)

4. 그 밖에 대법원규칙이 정하는 사항

③ 민사집행법 제280조 제1항, 제281조, 제283조, 제285조, 제286조, 제288조 제1항·제2항·제3항 본문, 제289조 제1항 내지 제4항, 제290조 제2항 중 제288조 제1항에 대한 부분, 제291조, 제293조의 규정은 임차권등기명령의 신청에 대한 재판, 임차권등기명령의 결정에 대한 임대인의 이의신청 및 그에 대한 재판, 임차권등기명령의 취소신청 및 그에 대한 재판 또는 임차권등기명령의 집행 등에 관하여 이를 준용한다. 이 경우 "가압류"는 "임차권등기"로, "채권자"는 "임차인"으로, "채무자"는 "임대인"으로 본다.

④ 임차권등기명령신청을 기각하는 결정에 대하여 임차인은 항고할 수 있다.

⑤ 임차권등기명령의 집행에 의한 임차권등기가 경료되면 임차인은 제3조 제1항의 규정에 의한 대항력 및 제5조 제2항의 규정에 의한 우선변제권을 취득한다. 다만, 임차인이 임차권등기 이전에 이미 대항력 또는 우선변제권을 취득한 경우에는 그 대항력 또는 우선변제권이 그대로 유지되며, 임차권등기 이후에는 제3조 제1항의 대항요건을 상실하더라도 이미 취득한 대항력 또는 우선변제권을 상실하지 아니한다.

⑥ 임차권등기명령의 집행에 의한 임차권등기가 경료된 건물(임대차의 목적이 건물의 일부분인 경우에는 해당 부분에 한한다)을 그 이후에 임차한 임차인은 제14조의 규정에 의한 우선변제를 받을 권리가 없다.

⑦ 임차권등기의 촉탁, 등기관의 임차권등기 기입 등 임차권등기명령의 시행에 관하여 필요한 사항은 대법원규칙으로 정한다.

⑧ 임차인은 제1항의 규정에 의한 임차권등기명령의 신청 및 그에 따른 임차권등기와 관련하여 소요된 비용을 임대인에게 청구할 수 있다.

제7조(민법의 규정에 의한 임대차등기의 효력 등)

① 제6조 제5항 및 제6항의 규정은 민법 제621조의 규정에 의한 건물임대차등기의 효력에 관하여 이를 준용한다.

② 임차인이 대항력 또는 우선변제권을 갖추고 민법 제621조 제1항의 규정에 의하여 임대인의 협력을 얻어 임대차등기를 신청하는 경우에는 신청서에 부동산등기법 제156조에 규정된 사항 외에 다음 각 호의 사항을 기재하여야 하며, 이를 증명할 수 있는 서면(임대차의 목적이 건물의 일부분인 경우에는 해

당부분의 도면을 포함한다)을 첨부하여야 한다.

1. 사업자등록을 신청한 날
2. 임차건물을 점유한 날
3. 임대차계약서상의 확정일자를 받은 날

제 8 조(경매에 의한 임차권의 소멸)

임차권은 임차건물에 대하여 민사집행법에 의한 경매가 행하여진 경우에는 그 임차건물의 경락에 의하여 소멸한다. 다만, 보증금이 전액 변제되지 아니한 대항력이 있는 임차권은 그러하지 아니하다.

제 9 조(임대차기간 등)

① 기간의 정함이 없거나 기간을 1년 미만으로 정한 임대차는 그 기간을 1년으로 본다. 다만, 임차인은 1년 미만으로 정한 기간이 유효함을 주장할 수 있다.

② 임대차가 종료한 경우에도 임차인이 보증금을 반환받을 때까지는 임대차 관계는 존속하는 것으로 본다.

제10조(계약갱신 요구 등)

① 임대인은 임차인이 임대차기간 만료 전 6월부터 1월까지 사이에 행하는 계약갱신 요구에 대하여 정당한 사유 없이 이를 거절하지 못한다. 다만, 다음 각 호의 1의 경우에는 그러하지 아니하다.

1. 임차인이 3기의 차임액에 달하도록 차임을 연체한 사실이 있는 경우
2. 임차인이 거짓 그 밖의 부정한 방법으로 임차한 경우
3. 쌍방 합의하에 임대인이 임차인에게 상당한 보상을 제공한 경우
4. 임차인이 임대인의 동의 없이 목적 건물의 전부 또는 일부를 전대한 경우
5. 임차인이 임차한 건물의 전부 또는 일부를 고의 또는 중대한 과실로 파손한 경우
6. 임차한 건물의 전부 또는 일부가 멸실되어 임대차의 목적을 달성하지 못할 경우
7. 임대인이 목적 건물의 전부 또는 대부분을 철거하거나 재건축하기 위해 목적 건물의 점유 회복이 필요한 경우
8. 그 밖에 임차인이 임차인으로서의 의무를 현저히 위반하거나 임대차를

존속하기 어려운 중대한 사유가 있는 경우

② 임차인의 계약갱신요구권은 최초의 임대차 기간을 포함한 전체 임대차 기간이 5년을 초과하지 않는 범위 내에서만 행사할 수 있다.

③ 갱신되는 임대차는 전 임대차와 동일한 조건으로 다시 계약된 것으로 본다. 다만, 차임과 보증금은 제11조의 규정에 의한 범위 안에서 증감할 수 있다.

④ 임대인이 제1항의 기간 이내에 임차인에 대하여 갱신거절의 통지 또는 조건의 변경에 대한 통지를 하지 아니한 경우에는 그 기간이 만료된 때에 전임대차와 동일한 조건으로 다시 임대차한 것으로 본다. 이 경우에 임대차의 존속기간은 정함이 없는 것으로 본다.

⑤ 제4항의 경우 임차인은 언제든지 임대인에 대하여 계약해지의 통고를 할 수 있고, 임대인이 그 통고를 받은 날부터 3월이 경과하면 그 효력이 발생한다.

제11조(차임 등의 증감청구권)

① 차임 또는 보증금이 임차건물에 관한 조세, 공과금 그 밖의 부담의 증감이나 경제사정의 변동으로 인하여 상당하지 아니하게 된 때에는 당사자는 장래에 대하여 그 증감을 청구할 수 있다. 그러나 증액의 경우에는 대통령령이 정하는 기준에 따른 비율을 초과하지 못한다.

② 제1항의 규정에 의한 증액청구는 임대차계약 또는 약정한 차임 등의 증액이 있은 후 1년 이내에는 이를 하지 못한다.

제12조(월차임 전환시 산정률의 제한)

보증금의 전부 또는 일부를 월 단위의 차임으로 전환하는 경우에는 그 전환되는 금액에 은행법에 의한 금융기관에서 적용하는 대출금리 및 당해 지역의 경제여건 등을 감안하여 대통령령이 정하는 비율을 곱한 월차임의 범위를 초과할 수 없다.

제13조(전대차관계에 대한 적용 등)

① 제10조 내지 제12조의 규정은 전대인과 전차인의 전대차관계에 적용한다.

② 임대인의 동의를 받고 전대차계약을 체결한 전차인은 임차인의 계약갱신요구권 행사기간 범위 내에서 임차인을 대위하여 임대인에게 계약갱신요구권을 행사할 수 있다.

제14조(보증금 중 일정액의 보호)
① 임차인은 보증금 중 일정액을 다른 담보물권자보다 우선하여 변제받을 권리가 있다. 이 경우 임차인은 건물에 대한 경매신청의 등기 전에 제3조 제1항의 요건을 갖추어야 한다.
② 제5조 제4항 내지 제6항의 규정은 제1항의 경우에 이를 준용한다.
③ 제1항의 규정에 의하여 우선변제를 받을 임차인 및 보증금 중 일정액의 범위와 기준은 임대건물가액(임대인 소유의 대지 가액을 포함한다)의 3분의 1의 범위 안에서 당해 지역의 경제여건, 보증금 및 차임 등을 고려하여 대통령령으로 정한다.

제15조(강행규정)
이 법의 규정에 위반된 약정으로서 임차인에게 불리한 것은 그 효력이 없다.

제16조(일시사용을 위한 임대차)
이 법은 일시사용을 위한 임대차임이 명백한 경우에는 이를 적용하지 아니한다.

제17조(미등기전세에의 준용)
이 법은 목적건물의 등기하지 아니한 전세계약에 관하여 이를 준용한다. 이 경우 "전세금"은 "임대차의 보증금"으로 본다.

제18조(소액사건심판법의 준용)
소액사건심판법 제6조·제7조·제10조 및 제11조의2의 규정은 임차인이 임대인에 대하여 제기하는 보증금반환청구소송에 관하여 이를 준용한다.

부 칙
① (시행일) 이 법은 2003년 1월 1일부터 시행한다.
② (적용례) 이 법은 이 법 시행 후 체결되거나 갱신된 임대차부터 적용한다. 다만, 제3조·제5조 및 제14조의 규정은 이 법 시행당시 존속중인 임대차에 대하여도 이를 적용하되, 이 법 시행 전에 물권을 취득한 제3자에 대하여는 그 효력이 없다.
③ (기존 임차인의 확정일자 신청에 대한 경과조치) 이 법 시행당시의 임차인으로서 제5조의 규정에 의한 보증금 우선변제의 보호를 받고자 하는 자는 이

법 시행 전에 대통령령이 정하는 바에 따라 건물의 소재지 관할 세무서장에게 임대차계약서상의 확정일자를 신청할 수 있다.

[2] 2002. 8. 26. 일부 개정 법률 제6718호

상가건물임대차보호법의 시행일을 2002. 11. 1.로 변경하는 것임.

4. 상가건물임대차보호법시행령

Ⅰ. 현행 시행령(2008. 8. 21. 대통령령 제20970호)

제 1 조(목적)

이 영은 「상가건물임대차보호법」에서 위임된 사항과 그 시행에 관하여 필요한 사항을 정하는 것을 목적으로 한다. 〈개정 2008. 8. 21〉

제 2 조(적용범위)

① 「상가건물임대차보호법」(이하 "법"이라 한다) 제 2 조 제 1 항 단서에서 "대통령령이 정하는 보증금액"이라 함은 다음 각 호의 구분에 의한 금액을 말한다. 〈개정 2008. 8. 21〉

1. 서울특별시 : 2억 6천만 원
2. 「수도권정비계획법」에 따른 수도권 중 과밀억제권역(서울특별시를 제외한다) : 2억 1천만 원
3. 광역시(군지역과 인천광역시지역을 제외한다) : 1억 6천만 원
4. 그 밖의 지역 : 1억 5천만 원

② 법 제 2 조 제 2 항의 규정에 의하여 보증금 외에 차임이 있는 경우의 차임액은 월 단위의 차임액으로 한다.

③ 법 제 2 조 제 2 항에서 "대통령령이 정하는 비율"이라 함은 1분의 100을 말한다.

제 3 조(등록사항 등의 열람 · 제공)

① 상가건물의 임대차에 이해관계가 있는 자는 법 제 4 조 제 1 항의 규정에 의하여 등록사항 등의 열람 또는 제공을 요청하는 때에는 별지 제 1 호 서식에 의한 요청서에 이해관계가 있는 자임을 입증할 수 있는 서류를 첨부하여 당해 건물의 소재지를 관할하는 세무서장에게 제출하여야 한다.

② 법 제 4 조 제 1 항의 규정에 의한 등록사항 등의 열람 또는 제공은 사업자등록신청서 · 사업자등록정정신고서 및 그 첨부서류와 확정일자를 기재한 장부 중 열람을 요청한 사항을 열람하게 하거나, 별지 제 2 호 서식에 의한

현황서나 건물도면의 등본을 교부하는 방법에 의한다.

③ 법 제4조 제1항의 규정에 의한 등록사항 등의 열람 또는 제공은 전자적 방법에 의할 수 있다.

④ 법 제4조 제1항 제7호에서 "그 밖에 대통령령이 정하는 사항"이라 함은 임대차의 목적이 건물의 일부분인 경우 그 부분의 도면을 말한다.

제 4 조 (차임 등 증액청구의 기준)

법 제11조 제1항의 규정에 의한 차임 또는 보증금의 증액청구는 청구당시의 차임 또는 보증금의 100분의 9의 금액을 초과하지 못한다. 〈개정 2008. 8. 21〉

제 5 조(월차임 전환시 산정률)

법 제12조에서 "대통령령이 정하는 비율"이라 함은 연 1할5푼을 말한다.

제 6 조(우선변제를 받을 임차인의 범위)

법 제14조의 규정에 의하여 우선변제를 받을 임차인은 보증금과 차임이 있는 경우 법 제2조 제2항의 규정에 의하여 환산한 금액의 합계가 다음 각 호의 구분에 의한 금액 이하인 임차인으로 한다. 〈개정 2008. 8. 21〉

1. 서울특별시 : 4천 500만 원
2. 「수도권정비계획법」에 의한 수도권 중 과밀억제권역(서울특별시를 제외한다) : 3천 900만 원
3. 광역시(군지역과 인천광역시지역을 제외한다) : 3천만 원
4. 그 밖의 지역 : 2천 500만 원

제 7 조(우선변제를 받을 보증금의 범위 등)

① 법 제14조의 규정에 의하여 우선변제를 받을 보증금 중 일정액의 범위는 다음 각 호의 구분에 의한 금액 이하로 한다. 〈개정 2008. 8. 21〉

1. 서울특별시 : 1천 350만 원
2. 「수도권정비계획법」에 의한 수도권 중 과밀억제권역(서울특별시를 제외한다) : 1천 170만 원
3. 광역시(군지역과 인천광역시지역을 제외한다) : 900만 원
4. 그 밖의 지역 : 750만 원

② 임차인의 보증금 중 일정액이 상가건물의 가액의 3분의 1을 초과하는 경우에는 상가건물의 가액의 3분의 1에 해당하는 금액에 한하여 우선변제권이 있다.

③ 하나의 상가건물에 임차인이 2인 이상이고, 그 각 보증금 중 일정액의 합산액이 상가건물의 가액의 3분의 1을 초과하는 경우에는 그 각 보증금 중 일정액의 합산액에 대한 각 임차인의 보증금 중 일정액의 비율로 그 상가건물의 가액의 3분의 1에 해당하는 금액을 분할한 금액을 각 임차인의 보증금 중 일정액으로 본다.

부 칙

제1조(시행일) 이 영은 공포한 날부터 시행한다.

제2조(경과조치) 이 영 시행 당시 존속 중인 상가건물임대차계약에 대하여는 종전의 규정에 따른다. 다만, 제4조의 개정규정은 그러하지 아니하다.

【별지 제 1 호 서식】

<table>
<tr><td colspan="7">등록사항 등의 열람·제공 요청서</td><td>처리기간</td></tr>
<tr><td colspan="2">접수번호</td><td colspan="5"></td><td rowspan="2">즉 시</td></tr>
<tr><td colspan="7"></td></tr>
<tr><td rowspan="5">요
청
인</td><td>상 호
(법인명)</td><td></td><td colspan="2">사업자등록번호</td><td colspan="3"></td></tr>
<tr><td>성 명
(대표자)</td><td></td><td colspan="2">주민등록번호
(법인등록번호)</td><td colspan="3"></td></tr>
<tr><td rowspan="2">주소 또는
본점소재지</td><td rowspan="2"></td><td rowspan="2">전화
번호</td><td>휴대전화</td><td>사업장</td><td colspan="2">주소지</td></tr>
<tr><td></td><td></td><td colspan="2"></td></tr>
<tr><td>이해관계인
해당사유</td><td colspan="6">1. 임대인 2. 임차인 3. 근저당설정권자 등
4. 그 밖의 이해관계인( )</td></tr>
<tr><td rowspan="10">요
청
내
용</td><td colspan="2">열람(제공) 범위</td><td colspan="5">임차인 전부, 임차인 일부</td></tr>
<tr><td colspan="7">건물소재지(건물명, 동, 열, 층, 호수까지 구체적으로 기재)</td></tr>
<tr><td colspan="7"></td></tr>
<tr><td colspan="4">임 대 인</td><td colspan="3">임 차 인</td></tr>
<tr><td>구 분</td><td>사업자등록번호</td><td>주민등록번호
(법인등록번호)</td><td>사업자등록번호</td><td colspan="3">주민등록번호
(법인등록번호)</td></tr>
<tr><td>등기부상
소 유 자</td><td></td><td></td><td></td><td colspan="3"></td></tr>
<tr><td></td><td></td><td></td><td></td><td colspan="3"></td></tr>
<tr><td></td><td></td><td></td><td></td><td colspan="3"></td></tr>
<tr><td colspan="2">사용용도</td><td colspan="5"></td></tr>
<tr><td colspan="2">구 분</td><td colspan="5">1. 열 람 2. 제 공</td></tr>
<tr><td colspan="8">「상가건물임대차보호법」 제 4 조에 따라 위 상가건물의 임대차내용에 대한 등록사항 등의 열람(제공)을 요청합니다.</td></tr>
</table>

<table>
<tr><td colspan="3">20 년 월 일
요청인 (서명 또는 인)
세무서장 귀하</td></tr>
<tr><td rowspan="2">구
비
서
류</td><td>요청인(대표자) 제출서류</td><td>담당 공무원 확인사항
(부동의하는 경우 요청인이 직접 제출하여야 하는 서류)</td></tr>
<tr><td>1. 요청인의 신분을 확인할 수 있는 서류 1부(주민등록증 등 신분증의 제시로 갈음할 수 있음)
2. 그 밖의 이해관계인인 경우에는 이해관계를 입증할 수 있는 서류 1부
3. 요청인의 대리인이 요청하는 경우에는 위임장 1부(요청인의 인감증명서가 첨부되어야 함)</td><td>등기부 등본(근저당설정권자 등이 요청하는 경우에 한한다)(1부)</td></tr>
<tr><td colspan="3">본인은 이 건 업무처리와 관련하여 「전자정부구현을 위한 행정업무 등의 전자화촉진에 관한 법률」 제21조 제1항에 따른 행정정보의 공동이용을 통하여 담당 공무원이 위의 담당 공무원 확인사항을 확인하는 것에 동의합니다.

요청인(대표자) (서명 또는 인)</td></tr>
<tr><td colspan="3">유의사항 : 등록사항 등의 열람 또는 제공은 「상가건물임대차보호법」 제4조에 따라 이해관계인에게만 허용됩니다.</td></tr>
</table>

【별지 제2호 서식】

<table>
<tr><td colspan="2">발급번호</td><td colspan="3" rowspan="2">등록사항 등의 현황서</td><td colspan="3">처리기간</td></tr>
<tr><td colspan="2"></td><td colspan="3">즉 시</td></tr>
<tr><td rowspan="4">현재의임대인(임대법인)</td><td>상 호
(법인명)</td><td colspan="6"></td></tr>
<tr><td>성 명
(대표자)</td><td></td><td colspan="2">주민등록번호
(법인등록번호)</td><td colspan="3"></td></tr>
<tr><td>사업장소재지</td><td colspan="6"></td></tr>
<tr><td>주 소
(본점소재지)</td><td colspan="6"></td></tr>
<tr><td colspan="2" rowspan="2">임대차 부동산</td><td colspan="6">건물소재지(번지 · 호수까지 표시)</td></tr>
<tr><td colspan="6"></td></tr>
<tr><td colspan="8">임 차 인 별 현 황(임차인 전부, 임차인 일부)</td></tr>
<tr><td rowspan="3">구 분</td><td>상 호
(법인명)</td><td>성 명
(대표자)</td><td colspan="4">주 소
(본점소재지)</td><td>주민(법인)
등록번호</td></tr>
<tr><td>사업자등록신청
(정정신고)일</td><td>위치(건물명 ·
층 · 열 · 호수)</td><td>면적
(㎡)</td><td>임대차
기 간</td><td>보증금</td><td>월차금</td><td>계약서상 임대인의 주민(법인)등록번호</td></tr>
<tr><td colspan="7">확정일자를 받은 날</td></tr>
<tr><td rowspan="2">1</td><td></td><td></td><td colspan="4"></td><td></td></tr>
<tr><td></td><td></td><td></td><td></td><td></td><td></td><td></td></tr>
</table>

2							
3							
4							

상가건물임대차보호법 제4조의 규정에 의하여 요청한 상가건물에 대한 등록사항 등의 현황은 위와 같습니다.

20 년 월 일

세무서장 (인)

〈뒤쪽〉

<table>
<tr><td rowspan="2" colspan="2">임대차 부동산</td><td colspan="6">건물소재지(번지 · 호수까지 표시)</td></tr>
<tr><td colspan="6"></td></tr>
<tr><td colspan="8">임 차 인 별　현　황</td></tr>
<tr><td rowspan="3">구분</td><td>상　호
(법인명)</td><td>성　명
(대표자)</td><td colspan="4">주　　소
(본점소재지)</td><td>주민등록번호
(법인등록번호)</td></tr>
<tr><td>사업자등록신청(정정신고)일</td><td>위치(건물명 · 층 · 열 · 호수)</td><td>면적
(㎡)</td><td>임대차
기 간</td><td>보증금</td><td>월
차
금</td><td>계약서상임대인의
주민(법인)등록번호</td></tr>
<tr><td colspan="7">확정일자를 받은 날</td></tr>
<tr><td rowspan="3">6</td><td></td><td></td><td colspan="4"></td><td></td></tr>
<tr><td></td><td></td><td></td><td></td><td></td><td></td><td></td></tr>
<tr><td colspan="7"></td></tr>
<tr><td rowspan="3">7</td><td></td><td></td><td colspan="4"></td><td></td></tr>
<tr><td></td><td></td><td></td><td></td><td></td><td></td><td></td></tr>
<tr><td colspan="7"></td></tr>
<tr><td rowspan="3">8</td><td></td><td></td><td colspan="4"></td><td></td></tr>
<tr><td></td><td></td><td></td><td></td><td></td><td></td><td></td></tr>
<tr><td colspan="7"></td></tr>
<tr><td rowspan="3">9</td><td></td><td></td><td colspan="4"></td><td></td></tr>
<tr><td></td><td></td><td></td><td></td><td></td><td></td><td></td></tr>
<tr><td colspan="7"></td></tr>
</table>

Ⅱ. 연혁 시행령

[1] 2002. 10. 14. 제정 대통령령 제17757호

제 1 조(목적)
이 영은 상가건물임대차보호법에서 위임된 사항과 그 시행에 관하여 필요한 사항을 정하는 것을 목적으로 한다.

제 2 조(적용범위)
① 상가건물임대차보호법(이하 "법"이라 한다) 제2조 제1항 단서에서 "대통령령이 정하는 보증금액"이라 함은 다음 각 호의 구분에 의한 금액을 말한다.

1. 서울특별시 : 2억 4천만 원
2. 수도권정비계획법에 의한 수도권 중 과밀억제권역(서울특별시를 제외한다) : 1억 9천만 원
3. 광역시(군지역과 인천광역시지역을 제외한다) : 1억 5천만 원
4. 그 밖의 지역 : 1억 4천만 원

② 법 제2조제2항의 규정에 의하여 보증금 외에 차임이 있는 경우의 차임액은 월 단위의 차임액으로 한다.
③ 법 제2조 제2항에서 "대통령령이 정하는 비율"이라 함은 1분의 100을 말한다.

제 3 조 (등록사항 등의 열람 · 제공)
① 상가건물의 임대차에 이해관계가 있는 자는 법 제4조 제1항의 규정에 의하여 등록사항 등의 열람 또는 제공을 요청하는 때에는 별지 제1호 서식에 의한 요청서에 이해관계가 있는 자임을 입증할 수 있는 서류를 첨부하여 당해 건물의 소재지를 관할하는 세무서장에게 제출하여야 한다.
②법 제4조제 1항의 규정에 의한 등록사항 등의 열람 또는 제공은 사업자등록신청서 · 사업자등록정정신고서 및 그 첨부서류와 확정일자를 기재한 장부 중 열람을 요청한 사항을 열람하게 하거나, 별지 제2호 서식에 의한 현황서나 건물도면의 등본을 교부하는 방법에 의한다.
③ 법 제4조 제1항의 규정에 의한 등록사항 등의 열람 또는 제공은 전자적 방법에 의할 수 있다.

④ 법 제4조 제1항 제7호에서 "그 밖에 대통령령이 정하는 사항"이라 함은 임대차의 목적이 건물의 일부분인 경우 그 부분의 도면을 말한다.

제4조(차임 등 증액청구의 기준)
법 제11조 제1항의 규정에 의한 차임 또는 보증금의 증액청구는 청구당시의 차임 또는 보증금의 100분의 12의 금액을 초과하지 못한다.

제5조(월차임 전환시 산정률)
법 제12조에서 "대통령령이 정하는 비율"이라 함은 연 1할5푼을 말한다.

제6조(우선변제를 받을 임차인의 범위)
법 제14조의 규정에 의하여 우선변제를 받을 임차인은 보증금과 차임이 있는 경우 법 제2조 제2항의 규정에 의하여 환산한 금액의 합계가 다음 각 호의 구분에 의한 금액 이하인 임차인으로 한다.

1. 서울특별시 : 4천 500만 원
2. 수도권정비계획법에 의한 수도권 중 과밀억제권역(서울특별시를 제외한다) : 3천 900만 원
3. 광역시(군지역과 인천광역시지역을 제외한다) : 3천만 원
4. 그 밖의 지역 : 2천 500만 원

제7조(우선변제를 받을 보증금의 범위 등)
① 법 제14조의 규정에 의하여 우선변제를 받을 보증금 중 일정액의 범위는 다음 각 호의 구분에 의한 금액 이하로 한다.

1. 서울특별시 : 1천 350만 원
2. 수도권정비계획법에 의한 수도권 중 과밀억제권역(서울특별시를 제외한다) : 1천 170만 원
3. 광역시(군지역과 인천광역시지역을 제외한다) : 900만 원
4. 그 밖의 지역 : 750만 원

② 임차인의 보증금 중 일정액이 상가건물의 가액의 3분의 1을 초과하는 경우에는 상가건물의 가액의 3분의 1에 해당하는 금액에 한하여 우선변제권이 있다.
③ 하나의 상가건물에 임차인이 2인 이상이고, 그 각 보증금 중 일정액의 합산액이 상가건물의 가액의 3분의 1을 초과하는 경우에는 그 각 보증금 중 일정액의 합산액에 대한 각 임차인의 보증금 중 일정액의 비율로 그 상가건

물의 가액의 3분의 1에 해당하는 금액을 분할한 금액을 각 임차인의 보증금 중 일정액으로 본다.

부 칙

① (시행일) 이 영은 2002년 11월 1일부터 시행한다.

② (기존 임차인의 확정일자 신청에 대한 경과조치) 이 영 공포 후 법 부칙 제3항의 규정에 의하여 임대차계약서상의 확정일자를 신청하고자 하는 자는 임대차계약서와 함께 사업자등록증을 제시하여야 한다.

별지 제1호 서식과 별지 제2호 서식 : (생략)

[2] 2006. 6. 12. 일부 개정 대통령령 제19507호

(내용의 개정이 아니라 '행정정보의 공동이용 및 문서감축을 위한 국가채권관리법 시행령 등 일부개정령'에 의한 별지 제1호 서식의 정비라 생략)

5. 사문서의 일자확정 업무처리에 관한 예규

제정 1990. 2. 14 등기행예 제27호 대법원행정예규 제139호
개정 1998. 2. 14 대법원행정예규 제340호

제 1 조(적용범위)
이 지침은 민법 부칙 제3조의 규정에 의하여 사문서에 대한 일자확정의 청구가 있는 경우에 이를 적용한다.

제 2 조(담당공무원)
① 사문서에 대한 일자확정청구사건은 지방법원(형사 및 가정법원은 제외한다), 지원, 등기소(상업등기소는 제외한다)에서 처리한다.
② 제1항의 사건은 부동산등기법 제12조의 규정에 의하여 등기공무원으로 지정된 법원공무원이 이를 담당하되, 등기과가 없는 지방법원이나 지원의 경우에는 지방법원장 또는 지원장이 지정하는 법원주사보 이상의 법원공무원이 담당한다.

제 3 조(관할)
제2조의 사건은 법원 또는 등기소의 관할에 관계없이 접수 처리한다.

제 4 조(청구대상문서)
① 일자확정을 구하는 사문서는 문서작성인의 서명 또는 기명날인이 있는 문서의 원본이어야 한다.
② 제1항의 사문서는 완성된 것이어야 하며 그 일부에 공란이 있는 경우에는 그 부분을 지우고 문서작성인이 날인한 것이어야 한다.

제 5 조(청구인 등)
① 사문서의 소지자는 그 문서의 작성명의인이 아닌 경우에도 일자확정청구를 할 수 있다.
② 일자확정의 청구는 구술로써 한다.

제 6 조(업무처리방식)

일자확정청구를 받은 담당공무원은 다음 방식에 의하여 업무를 처리한다.

1. 확정일자부의 해당란에 청구자(사문서의 작성명의인을 말하며, 명의인이 2인 이상일 때에는 ○○○ 외 ○인으로 기재할 수 있다)의 성명과 주소 및 문서명목을 기재하고 확정일자인을 찍는다.
2. 당해 사문서의 여백(여백이 없는 경우에는 이면)에 아래 양식에 의한 기부번호를 기입하고 확정일자인을 찍은 후 매장마다 간인한다. 사문서에 가감 또는 정정된 부분이 있는 경우에는 작성명의인으로 하여금 그 부분에 날인을 하고 그 난외에 가감 또는 정정의 글자수를 기입하게 한 후 그 난외 부분에 별도의 확정일자인을 찍는다.

(기부번호의 양식)

확정일자 제○○○○호

세로 1㎝, 가로 5㎝

3. 당해 사문서와 확정일자부 사이에 계인한다.
4. 수수료가 기본액을 초과할 때에는 확정일자부의 당해 계인란 여백에 그 수수료액을 기재한다.
5. 당해 사문서의 여백 또는 이면에 기기(인증기)에 의하여 소정 수수료의 영수필 취지를 표시하거나 영수필증을 첩부하고 별표 1과 같은 양식의 소인인을 조제하여 적색 또는 청색 스탬프를 사용하여 소인을 하여야 한다.

제 7 조(확정일자부 등)

① 확정일자부는 매년 조제하고 기부번호는 매년 갱신한다.

② 사용기간이 지난 확정일자부는 마지막 기부번호란 다음에 폐쇄의 뜻을 기재하고, 당해 확정일자부를 폐쇄한다.

제 8 조(보존기간)

폐쇄한 확정일자부는 이를 20년간 보존한다.

[별표 1]

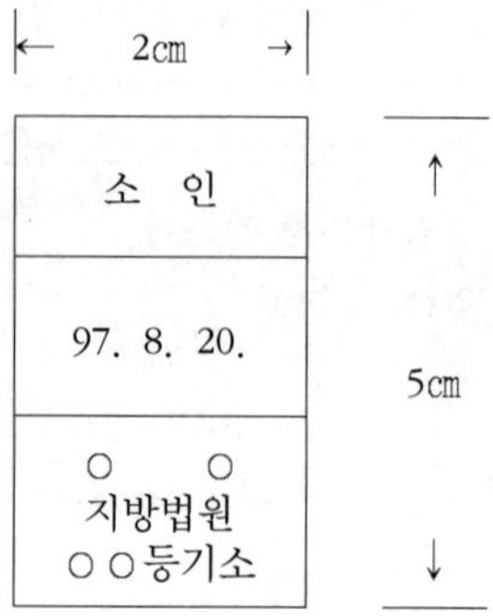

6. 확정일자 부여 및 열람 제공에 관한 규정

국세청 훈령 제1491호

제 1 장 총 칙

제 1 조(목적) 이 규정은 상가건물임대차보호법과 관련하여 확정일자 부여 및 이해관계인에 대한 등록사항 등의 열람·제공 업무에 관한 업무처리절차와 그 방법, 이해관계인의 범위와 입증방법 등을 정함으로써 종사 직원의 효율적인 업무집행을 지원하는데 그 목적이 있다.

제 2 조(정의) 이 규정에서 사용하는 용어의 정의는 다음과 같다.

1. "임차인"이라 함은 상가건물임대차보호법의 적용대상이 되는 일정규모 이하의 보증금액(보증금 외 차임환산액 포함)으로 상가건물을 임차한 개인·법인 및 단체를 말한다.
2. "임대차계약서"라 함은 상가건물임대차보호법의 적용대상이 되는 상가건물(사업자등록의 대상이 되는 건물)의 임대차계약서를 말한다.
3. "확정일자"라 함은 관할세무서장이 임대차계약서가 존재하였음을 인정한 날짜를 말한다.
4. "등록사항 등"이라 함은 상가건물임대차보호법 제 4 조 제 1 항 제 1 호 내지 제 7 호를 말한다.
5. "전산입력"이라 함은 자료의 내용을 전산관리시스템에 수록하는 것을 말한다.
6. "전산출력"이라 함은 전산관리시스템에 수록된 내용을 문서로 산출하는 것을 말한다.

제 3 조(적용원칙) 이 규정에서 정하지 아니한 사항 중 국세청장이 정하는 일반규정이 있는 경우에는 그 규정에 따른다.

제 2 장 확정일자 부여

제 4 조(적용범위) 이 장은 상가건물임대차보호법 제 5 조와 관련하여 임차인이 사업자등록신청(정정신고 포함)시 또는 사업자등록신청(정정신고 포함) 전후 임대차계약서에 확정일자를 신청하는 경우에 이를 적용한다.

제 5 조(부여기관) ① 임대차계약서에 확정일자의 부여는 임차상가건물의 소재지 관할 세무서장이 한다.
② 확정일자 부여업무를 취급하는 담당 공무원은 정규직 공무원으로 한다.

제 6 조(부여대상) ① 확정일자를 부여하는 임대차계약서는 계약당사자의 서명 또는 날인이 있는 문서의 원본이어야 한다.
② 제 1 항의 임대차계약서는 임대인·임차인의 인적사항, 건물의 소재지, 임대차의 목적물 및 면적, 임대차 기간, 보증금 및 차임 등이 명확히 표시되어야 하며, 그 일부가 누락된 경우 신청인에게 이를 보완하도록 한 후 확정일자를 부여한다.
③ 임대차계약이 변경 또는 갱신된 경우 새로이 확정일자를 부여한다.

제 7 조(신청서의 접수) ① 확정일자 신청은 임대차계약서 원본과 『확정일자 신청서(별지 제 6 호 서식)』에 의하여 접수한다. 확정일자 신청을 사업자등록신청이나 사업자등록정정신고와 동시에 하는 경우 『사업자등록신청서(부가가치세법시행규칙 별지 제 3 호 서식, 법인세법시행규칙 별지 제73호 서식)』, 『사업자등록정정신고서(부가가치세법시행규칙 별지 제 7 호 서식)』에 의하여 접수한다.
② 확정일자 신청은 임차인 또는 임차인의 위임을 받은 자로부터 접수한다.
③ 제 2 항에서 임차인의 위임을 받은 자라 함은 임차인의 『확정일자 신청 위임장(별지 제 7 호 서식)』을 소지하고 위임받은 자의 신분을 확인할 수 있는 신분증을 제시하는 자를 말한다.

제 8 조(업무처리절차) ① 확정일자 신청을 받은 담당공무원은 신청인의 적격여부, 신청인이 제시한 임대차계약서가 상가건물임대차보호법의 적용을 받는 일정규모 이하의 보증금액(보증금 외 차임환산액 포함)에 해당되는지 여부 등을 검토한 후 접수한다.
② 신청인이 확정일자 신청 및 사업자등록신청(정정신고 포함)을 동시에 하는

경우 담당공무원은 제1항에서 규정한 검토사항 외 사업자등록신청(정정신고 포함) 구비서류의 누락여부를 확인하고, 신청인이 건물의 일부를 임차한 경우에는 해당부분을 표시한 『사업장도면(별지 제2호 서식)』이 누락되지 않도록 한다.

③ 신청서와 임대차계약서의 내용을 상호대사한 후 그 내용을 전산입력하고, 『확정일자 신청내용 확인서(별지 제5호 서식)』를 전산출력하여 입력사항의 오류 여부를 신청인에게 직접 확인하게 한 후 전산입력내용이 정확한 경우 신청인의 서명 또는 날인을 받는다.

④ 임대차계약서 원본의 첫장 전면 여백에 다음 서식의 확정일자인을 찍은 후 확정일자와 전산으로 부여된 확정일자번호를 기재하고 확정일자용 관인을 날인한다. 다만, 임대차계약서가 1매 이상일 경우 매장을 동 관인으로 간인한다.

확정일자	제○○○-○○○○-□□□□□□□호 년 월 일 ○○세무서장 인

가로8㎝, 세로 3㎝
(확정일자인)

확정일자용
○○세무 서장의 인
○○과

가로 2㎝
세로 위에서부터
0.5㎝, 1㎝, 0.5㎝
(확정일자용 관인)

⑤ 확정일자를 부여한 임대차계약서를 사본하여 원본과 간인한 후, 원본은 신청인에게 교부한다.

⑥ 제3항 및 제4항의 규정을 적용함에 있어 전산입력이 불가능한 사유가 발생하는 경우 『확정일자번호 수동부여대장(별지 제4호 서식)』에 확정일자 신청내용을 기재하고 동대장의 일련번호에 의하여 확정일자번호를 부여(일련번호는 900,000부터 사용가능하며 중복사용 불가)하며, 그 다음날까지 신청내용을 전산입력한 후 입력내용을 전산출력하여 입력내용 오류여부를 확인하고 그 출력물인 『확정일자 관리부(별지 제3호 서식)』에 주무 과장의 결재를 받는다.

⑦ 전산입력내용에 오류사항이 확인되는 경우 『확정일자입력내역 오류정정

관리부(별지 제8호 서식)』에 정정일, 정정내역 등을 기재하고 주무 과장의 결재를 받은 후 이를 정정한다.

제9조(관련서류 편철 · 보관) ① 확정일자 신청서, 확정일자 신청내용 확인서 및 간인된 임대차계약서 사본 등 확정일자 관련서류는 전산부여된 확정일자 번호분과 수동부여된 확정일자번호분을 구분하여 그 번호순으로 편철 · 보관한다.

② 사업자등록신청 및 정정신고시 제출받은 첨부서류 중 사업장도면 은 접수번호순으로 별도 편철 · 보관하고, 사업자등록신청서 등 세적민원서류는 주무과로 인계한다.

제3장 등록사항 등의 열람 · 제공

제10조(적용범위) 이 장은 상가건물임대차보호법 제4조의 규정에 의하여 건물의 임대차에 이해관계가 있는 자가 등록사항 등의 열람 또는 제공을 요청하는 경우에 이를 적용한다.

제11조(열람 · 제공기관) ① 등록사항 등의 열람 또는 제공은 건물의 소재지 관할 세무서장이 한다.

② 등록사항 등의 열람 또는 제공업무를 취급하는 담당 공무원은 정규직 공무원으로 한다.

제12조(이해관계인 범위와 입증방법) ① 등록사항 등을 열람 또는 제공받을 수 있는 건물의 임대차에 이해관계가 있는 자는 다음 각호의 1에 해당하는 자를 말한다.

1. 당해 상가건물의 임대인 및 임차인
2. 채권 또는 채무관계에 의하여 당해 상가건물의 등기부등본상에 기재된 권리자
3. 열람 또는 제공과 관련하여 법원의 판결을 받은 자
4. 제1호 및 제2호의 자가 부재자인 경우 민법 제22조의 규정에 의한 재산관리인
5. 제1호 내지 제4호에 준하는 자로서 세무서장이 필요하다고 인정하는 이해관계인

② 이해관계인의 입증방법은 다음 각 호에 의한다.

1. 제 1 항 제 1 호의 경우 임대차계약서
2. 제 1 항 제 2 호의 경우 등기부등본 등 권리자임을 입증하는 서류
3. 제 1 항 제 3 호의 경우 판결문
4. 제 1 항 제 4 호 및 제 5 호의 경우 그 입증서류

제13조(요청서의 접수) ① 등록사항 등의 열람 또는 제공 요청은 이해관계인임을 입증하는 서류와『등록사항 등의 열람 · 제공 요청서(상가건물임대차보호법 시행령 별지 제 1 호 서식)』에 의하여 접수한다.
② 등록사항 등의 열람 또는 제공 요청은 이해관계인 또는 이해관계인의 위임을 받은 자로부터 접수한다.
③ 제 2 항에서 이해관계인의 위임을 받은 자라 함은 이해관계인의 인감증명서를 첨부한 『등록사항 등의 열람(제공)요청 위임장(별지 제 1 호 서식)』을 소지하고 위임받은 자의 신분을 확인할 수 있는 신분증을 제시하는 자를 말한다.

제14조(열람 · 제공의 범위) ① 이해관계인에게 등록사항 등을 열람 또는 제공하는 경우 임대인 · 임차인의 개인정보 보호를 위해 그 범위를 다음 각 호로 한다.
1. 제12조 제 1 항 제 1 호 및 제 4 호의 임대인 또는 그 재산관리인인 경우 임대차계약 상대방인 임차인에 관한 등록사항 등
2. 제12조 제 1 항 제 1 호 및 제 4 호의 임차인 또는 그 재산관리인인 경우 당해 임차인에 관한 등록사항 등
3. 제12조 제 1 항 제 2 호 및 제 4 호의 권리자 또는 그 재산관리인인 경우 당해 상가건물의 임차인에 관한 등록사항 등
4. 제12조 제 1 항 제 3 호의 경우 당해 문서에 명시된 범위

② 세무서장이 필요하다고 인정하는 이해관계인의 경우에도 이해관계 범위내의 등록사항 등을 제공함으로써 임대인 · 임차인의 개인정보가 누설되지 않도록 한다.

제15조(업무처리절차) ① 등록사항 등의 열람 또는 제공 요청을 받은 담당 공무원은 이해관계인임을 입증할 수 있는 자료를 요구하여 이해관계인임을 확인한다.
② 이해관계인이 제출한『등록사항 등의 열람 · 제공 요청서(상가건물임대차보

호법시행령 별지 제 1 호 서식)』의 내용을 전산입력한다.
③ 등록사항 등의 열람 또는 제공은 전산으로 관리되고 있는 등록사항 등을 전산출력한 『등록사항 등의 현황서(상가건물임대차보호법시행령 별지 제 2 호 서식)』를 교부하는 방법으로 한다.
④ 『등록사항 등의 현황서(상가건물임대차보호법시행령 별지 제 2 호 서식)』를 전산출력하는 경우 열람·제공의 범위 내에서 상가건물임대차보호법의 적용대상인 일정규모 이하의 보증금액(보증금 외 차임환산액 포함)에 해당하는 내역만 출력되도록 출력범위를 지정한다.
⑤ 이해관계인이 도면의 열람 또는 제공을 요청하는 경우 이해관계인이 제출한 『등록사항 등의 열람·제공 요청서(상가건물임대차보호법시행령 별지 제 1 호 서식)』의 열람(제공)범위 란에 "도면 제공"이라고 기재한 후 해당 도면의 사본을 교부한다.

제16조(관련서류 편철·보관) 등록사항 등의 열람·제공 요청서 등 열람(제공)요청 관련서류는 접수번호순으로 편철·보관한다.

부 칙

① (시행일) 이 규정은 2002년 11월 1일부터 시행한다. 다만, 제 4 조 내지 제 9 조의 규정은 상가건물임대차보호법시행령 공포일로부터 시행한다.

【별지 제 1 호 서식】

<table>
<tr><td colspan="5">등록사항 등의 열람(제공)요청 위임장</td></tr>
<tr><td rowspan="4">위임하는 자
(임 대 인,
임 차 인,
기타이해
관 계 인)</td><td>성 명
(대표자)</td><td></td><td>주민등록번호</td><td>-</td></tr>
<tr><td>상 호
(법인명)</td><td></td><td>사업자등록번호</td><td></td></tr>
<tr><td rowspan="2">주 소
(본점소재지)</td><td rowspan="2"></td><td>전화번호</td><td></td></tr>
<tr><td>휴대전화</td><td></td></tr>
<tr><td colspan="5">상기 본인은 아래의 위임받은 자에게 상가건물임대차보호법 제 4 조 1항의 규정에 의한 사업자 등록사항 등의 열람(제공)요청 및 수령에 관한 일체의 권리와 의무를 위임합니다.

년 월 일
위임하는 자 (인)
(임대인, 임차인, 기타 이해관계인)
(※ 위임하는 자의 인감증명서상 인감을 날인하여야 합니다)

세무서장 귀하</td></tr>
<tr><td rowspan="2">위임받은 자</td><td>성 명</td><td>(인)</td><td>주민등록번호</td><td>-</td></tr>
<tr><td>위임하는자
와의 관계</td><td></td><td>전화번호</td><td></td></tr>
<tr><td>제 출 처</td><td colspan="2"></td><td>용 도</td><td></td></tr>
<tr><td>첨부서류</td><td colspan="4">위임하는 자의 인감증명서 1부</td></tr>
<tr><td colspan="5">※ 1. 위임받은 자의 신분증(주민등록증, 운전면허증 등)을 제시하여야 하며, 신분증 사본을 세무서에서 보관하게 됩니다.
2. 다른 사람의 인장 도용 등으로 허위 위임장을 작성하여 요청할 경우에는 형법 제231조와 제232조의 규정에 의하여 사문서 위·변조죄로 5년 이하의 징역 또는 1천만원 이하의 벌금에 처하게 됩니다.</td></tr>
</table>

【별지 제2호 서식】

<table>
<tr><td colspan="2"></td><td colspan="2">사업장도면
〔사업자등록신청(정정신고)시 첨부서류〕</td><td></td></tr>
<tr><td rowspan="3">임차인</td><td>상 호
(법인명)</td><td></td><td>사업자등록번호</td><td></td></tr>
<tr><td>성 명
(대표자)</td><td>(서명 또는 인)</td><td>주민등록번호
(법인등록번호)</td><td></td></tr>
<tr><td>임차건물
소 재 지</td><td colspan="3"></td></tr>
<tr><td colspan="2">사업자등록신청
(정정신고)접수번호</td><td colspan="3"></td></tr>
<tr><td colspan="5">〔 도 면 〕</td></tr>
<tr><td colspan="5">작성요령
1) 건물의 전체면적(㎡)과 해당임차부분의 일부면적(㎡) 등을 표시할 것
2) 평면도 등으로 작성하며, 통로·주출입구 등 표시할 것
3) 해당임차부분을 빗금으로 표시할 것
4) 임대차목적물의 면적이 변동된 경우 최종 총면적과 위치를 표시
5) 건물의 형상, 길이, 위치 등을 기재하여 상기도면으로 제3자가 해당임차 건물의 위치를 정확히 인지할 수 있도록 작성해야 함</td></tr>
<tr><td colspan="5">[도면제출 대상자]
☞ 임차한 상가건물이 공부상 등기표시된 부분의 일부만 해당되는 경우 및 건물 소유자가 공유자인 건물을 임차한 경우 등
예) 1. 건물공부상 등기표시된 ○○빌딩 5층 (300㎡) 중 2층(60㎡)임차
2. 건물공부상 등기표시된 ○○상가 1층 101호(100㎡) 중 (25㎡)임차
3. 건물공부상 등기표시된 건물(500㎡) 중 소유자○○○지분 5/50 임차
4. 건물이 공동소유지분으로 표시되어 당해 임대차목적물의 위치가 명확하지 아니한 경우</td></tr>
</table>

【별지 제3호 서식】

확정일자 관리부

확정일자번호	건물소재지			면적(㎡)	계약기간	전세(보증금)	차임(월세)	결 재			
임차인/임대인	사업자등록번호	상호(법인명)	주민등록번호 법인등록번호	성명(대표자)	주소(본점)소재지			담당	주무	과장	

【별지 제4호 서식】

확정일자번호 수동부여대장

확정일자코드: 세무서( )-연도( ) 단위: 원

확정일자 일련번호	임 차 인		임 대 인		임대차계약내용		전산입력 확인란	
	성 명 (대표자)	상 호 (법인명)	성 명 (대표자)	상 호 (법인명)	보증금	월세		

【별지 제5호 서식】

접수번호:	확정일자 신청내용 확인서			
임차인 (임 차 법 인)	상호(법인명)			
	성명(대표자)			
	주 소 (본점소재지)			
	사업장소재지			
	사업자등록번호		주민등록번호	
	사업장전화		법인등록번호	
	주소지전화		휴 대 전 화	
임대인 (임 대 법 인)	상호(법인명)			
	성명(대표자)			
	주 소 (본점소재지)			
	사업장소재지			
	사업자등록번호		주민등록번호	
	사업장전화		법인등록번호	
	주소지전화		휴대전화	
임대차 계 약 내 용	임차부동산			
	보증금(전세)		계 약 일	
	차임(월세)		계약기간	
	면 적			

위 입력내용은 확정일자 신청내용과 동일함을 확인합니다.

년 월 일

신청인 (서명 또는 인)

【별지 제6호 서식】

접수번호:	확 정 일 자 신 청 서	처리기간
		즉 시

임차인 (임 차 법 인)	상호(법인명)		사업자등록번호			
	성명(대표자)		주민등록번호 (법인등록번호)			
	사 업 장					
	주 소 (본점소재지)		전화 번호	휴대전화	사업장	주소지
임대인 (임 대 법 인)	상호(법인명)		사업자등록번호			
	성명(대표자)		주민등록번호 (법인등록번호)			
	사 업 장					
	주 소 (본점소재지)		전화 번호	휴대전화	사업장	주소지

임대차 계약 내용				
임 차 부동산	소재지(상가 및 빌딩명, 동, 열, 층, 호수까지 구체적으로 기재)			면적(㎡)
계약일	계 약 기 간	보증금	차임(월세)	확정일자번호
20 . .	20 . . ~ 20 . .	원	원	

상가건물임대차보호법 제5조 제2항의 규정에 의하여 확정일자를 신청합니다.

20 년 월 일

신청인 (서명 또는 인)

세무서장 귀하

구비서류: 1. 상가건물 임대차계약서 원본
2. 사업자등록증 원본(사업자등록신청중에 있는 자는 제외)
3. 대리신청인은 확정일자 신청 위임장 1부

유의사항: 1. 임차한 건물이 주로(총면적의 50%초과 등) 사업에 이용되는 경우만 신청대상이며 주로주거에 이용되는 경우에는 주택임대차보호법에 의하여 신청하여야 합니다.
2. 상가건물임대차보호법의 적용을 받기 위해서는 임차부동산의 소재지를 사업자 등록상 사업장소재지 및 건축물관리대장 등의 공부상 소재지와 일치되도록 기재하여야 합니다.

[별지 제7호 서식]

<table>
<tr><td colspan="5">확정일자 신청 위임장</td></tr>
<tr><td rowspan="4">위임하는 자(임차인)</td><td>성 명
(대표자)</td><td></td><td>주민등록번호</td><td>-</td></tr>
<tr><td>상 호
(법인명)</td><td></td><td>사업자등록번호</td><td></td></tr>
<tr><td rowspan="2">주 소
(본점소재지)</td><td rowspan="2"></td><td>전화번호</td><td></td></tr>
<tr><td>휴대전화</td><td></td></tr>
<tr><td colspan="5">상기 본인은 아래의 위임받은 자에게 상가건물임대차보호법 제5조 2항의 규정에 의한 임대차계약서의 확정일자 신청에 관한 일체의 권리와 의무를 위임합니다.

년 월 일

위임하는 자
(임차인) (인)

세무서장 귀하</td></tr>
<tr><td rowspan="2">위임받은 자</td><td>성 명</td><td>(인)</td><td>주민등록번호</td><td>-</td></tr>
<tr><td>위임하는자와의 관계</td><td></td><td>전화번호</td><td></td></tr>
<tr><td>제 출 처</td><td colspan="2"></td><td>용 도</td><td></td></tr>
<tr><td colspan="5">※ 1. 위임받은 자의 신분증(주민등록증, 운전면허증 등)을 제시하여야 하며, 신분증 사본을 세무서에서 보관하게 됩니다.
2. 다른 사람의 인장 도용 등으로 허위 위임장을 작성하여 요청할 경우에는 형법 제231조와 제232조의 규정에 의하여 사문서 위·변조죄로 5년 이하의 징역 또는 1천만원 이하의 벌금에 처하게 됩니다.</td></tr>
</table>

[별지 제8호 서식]

확정일자입력내역 오류정정 관리부

일련번호	확정일자 번 호	당 초 입력일	정정일	입력내역		정정 사유	*사업자등록 정정여부	결 재		
				당 초	정 정			담 당	주 무	과 장

* 「사업자등록신청(정정신고)과 확정일자 동시신청 입력」, 「확정일자 기신청으로 사업자등록신청(정정신고) 입력」: 확정일자입력내역 오류정정시 반드시 사업자등록사항 정정

참 고 문 헌

◆ 국내 문헌

1. 단 행 본

강대성, 민사집행법(제 3 판), 삼영사, 2006.

강석근, 주택임대차보호법의 유형별 해설과 실무 : 최신법령 · 예규 · 해설 · 판례, 법률정보센타, 1999.

강현중, 민사소송법(제 6 판), 박영사, 2004.

곽용진, 민사집행법, 부연사, 2007.

국회사무처 입법조사국, 주요국의 주택임대제도(입법참고자료 제273호), 1990.

국회법제사법위원회, 상가등임대차보호관련법안에 관한 공청회 자료집, 2001.

김반홍, 임대차분쟁 예방법률(개정판), 구미서관, 2005.

김상수, 민사소송법개론(제 4 판), 법우사, 2007.

김영일, 주택임대차보호법 실무법률지식, 덕수출판, 1997.

김용욱, 민사소송법, 학연사, 1988.

김운용, 일반인을 위한 주택 상가임대차 생활의 기본지식, 가림M&B, 2000.

김정현, 신고경매실무요론(상), 한국사법행정학회, 1983.

김현선, 상가건물 · 주택 임대차보호법실무, 백영사, 2003.

김홍규/강태원, 민사소송법, 삼영사, 2008.
김효석, (판례사례해설)주택임대차보호법, 법률서원, 1998.
———, 주택임대차 분쟁의 법률실무, 법률문화원, 2000.
———, 주택임대차분쟁의 해결, 법률서원, 2005.
———, 주택임대차보호법해설, 법률서원, 2006.
남기정, 실무강제집행, 법률문화원, 1991.
류권홍/최정렬/이도희, 주댁임대차보호법 해설과 관련 소송실무, 동민출판사, 1999.
박갑주, 전·월세 및 임대차 분쟁해설의 법률포인트, 대한법률정보자료사, 1998.
박두환, 민사집행법, 법률서원, 2002 .
박상일, 신민사소송법(하), 법문사, 1963.
박해식, 주택임대차보호법 해설의 법률지식, 청림출판, 2000.
박해식/박정삼, 주택임대차분쟁소송, 법률정보센타, 2006.
박해식/박정삼/이경희, 상가임대차분쟁소송, 법률정보센타, 2004
방순원, 민사소송법(상)(全訂改版), 한국사법행정학회, 1987.
———, 민사소송법(하)(全訂改版), 한국사법행정학회, 1987.
방순원/김광년, 민사소송법(하)(제 2 전정판), 한국사법행정학회, 1993.
법무부, 민사법개정시안에 대한 각계의견서, 1982.
———, 각국의 영업용건물 임대차 법제, 1996.
———, 상가건물임대차보호법시행령제정 공청회 자료집, 2002.
법원도서관, 민사집행법실무연구(재판자료 제109집), 2006.
법원행정처, 민사소송법(강제집행편) 개정착안점, 1996.
———, 부동산입찰제도－실무상 제문제－, 1997.
———, 민사소송법 개정안, 1998.
———, 민사소송법 개정안(집행절차편) 및 민사소송법 순화안 공청회 자료, 1998.
———, (알기쉬운)주택 임대차, 1998.
———, 법원실무제요 민사집행(Ⅰ-Ⅳ), 2002.
———, 민사집행법해설, 2002.
———, 민사집행규칙해설, 2002.
사법연수원, 민사집행법, 2008.

———, 주택임대차보호법－상가건물임대차보호법 해설 포함, 2008.
서상철/서순요, 민사집행법, 정법, 2005.
서울민사지방법원, 보전처분 및 입찰에 관한 실무지침, 1994.
서울지방법원 신청·집행실무연구회, 신청·경매(입찰)의 실무, 2000.
서울지방법원 임대차소송실무연구회, 임대차소송실무, 1999.
서홍렬, 주택임대차실무, 부연사, 1999.
손창환, 민사집행법 실무연구, 법률정보센타, 2001.
송상현/박익환, 민사소송법(신정5판), 박영사, 2008.
신동훈, 알기 쉬운 주택임대차보호법, 청산출판사, 2001.
안효빈, 주택 및 상가 임대차실무해설, 새로운 제안, 2003.
오시영, 민사집행법, 학현사, 2007.
유재복, [상가·주택] 임대차사건 실무편람, 법률정보센터, 2008.
윤 경, 부동산경매의 실무(하), 법률정보센타, 1999.
———, 민사집행(부동산경매)의 실무, 육법사, 2008.
윤대성, 한국전세권법연구, 삼지원, 1988.
윤천희, 신주택임대차보호법, 현대문예사, 1981.
———, 개정주택임대차보호법해설, 문조사, 1985.
이상범, 주택임대차 법대로 해결하기, 법률미디어, 2001.
이승길, 주택임대차와 민사계약의 법률상담, 법출판사, 1997.
이승길/하영주/박정희, 사례로 보는 주택임대차보호법, 책과사람들, 2008.
이시윤, 신민사소송법(제 4 판), 박영사, 2008.
———, 신민사집행법(제 4 판), 박영사, 2007.
이영섭, 신민사소송법(하)(제 7 개정판), 박영사, 1971.
이우재, 민사집행법에 따른 배당의 제문제, 진원사, 2008
이진강, 주택임대차보호법령·가등기담보등에 관한법률해설, 법령편찬보급회, 1985.
전병서, 민사소송법강의(제 4 판보정), 법문사, 2003.
전세정, 민사집행법, 박영사, 2008.
정동윤/유병현, 민사소송법(제 2 판), 법문사, 2007.
정긍식, 주택임대차실태에 관한 연구, 한국법제연구원, 1993.
정승열, 상가·주택 임대차보호법 실무(개정1판), 법률정보센타, 2007.

진영광, 주택임대차의 생활법률, 제일법규, 1998.
———, 실무 상가건물임대차보호법, 진원사, 2002
최정열, 개정 주택임대차보호법실무, 백영사, 1999.
최정열/임치락, 경매총람(최신개정판), 동민출판사, 1994.
최한수, 부동산경매실무요론, 한국사법행정학회, 1998.
하경일, 실무 경매와 주택임대차보호법, 가인, 1987.
———, 실무 부동산경매총론(상)(하), 가인, 1987.
하영주, 알고가자 전세법률 해결가이드: 주택임대차보호법 축조해설 및 사례 판례 상담, 법서출판사, 1999.
하영주/박정희/임승현, 사례로 보는 상가건물임대차보호법, 책과사람들, 2008.
한국민사법학회, 민사법개정의견서, 박영사, 1982.
한벗생활법률연구회, 주택임대차, 고시계, 1987.
한영희/최정열/임상하, 민사집행절차의 문제점과 그 처리실무, 백영사, 1998.
한종열, 민사소송법(상)(개정증보판), 대학출판사, 1995.
———, 민사소송법(하)(개정증보판), 대학출판사, 1995.
호문혁, 민사소송법(제 6 판), 법문사, 2008.
홍완기, 민사집행법, 형설출판사, 2007.

2. 주 석 서

곽윤직 편, 민법주해(Ⅶ) 물권(4), 박영사, 1996.
——— 편, 민법주해(XV) 채권(8), 박영사, 1997.
김상원/박우동/이시윤/이재성 편, 주석 강제집행법(Ⅰ)~(Ⅳ), 한국사법행정학회, 1993.
———, 주석 민사집행법(Ⅰ)~(Ⅵ)(제 2 판), 한국사법행정학회, 2007.
김증한 편, 주석 채권각칙(Ⅰ), 한국사법행정학회, 1985.
——— 편, 주석 채권각칙(Ⅱ), 한국사법행정학회, 1987.
박준서 편, 주석 민법 채권각칙(3)(제 3 판), 한국사법행정학회, 1999.
이영준 편, 주석 물권법(하), 한국사법행정학회, 1993.

3. 논 문

강명훈, "2순위 전세권자는 3순위 근저당권자의 경매로 경락되면 경락인에 보증금 반환 청구 못 하고 배당도 등기된 때만 가능", 법률신문 1986. 2. 17. 7면.

강병호,, "건물임대차가 종료된 경우 보증금반환에 관한 제문제", 사법논집 제20집(1989), 187면 이하.

강종환, "주택임차권의 우선변제권 실행 : 주택임대차보호법 제3조의 2 제2항에 규정된 우선변제권 행사의 요건으로서 대항요건의 존속과 임차권등기명령의 관계에 대하여", 재판실무(창원지방법원 편)(1999), 119면 이하.

강신중, "집행절차에 있어서의 주택임차인의 지위", 재판자료 제71집(1996), 441면 이하.

강영호, "경매절차에 있어서 임차보증금반환채권이 없는 자가 1순위 배당채권자로 된 배당표가 확정된 경우 정당한 권리자의 권리행사방법", 대법원판례해설 제26호(1996), 124면 이하.

강종쾌, "주택임차권의 양도・전대와 대항력의 승계", 법조 1988. 11., 47면 이하.

고규정, "기존채권 회수를 목적으로 한 주택임대차계약의 효력", 판례연구 제14집(부산판례연구회 편)(2003), 467면 이하.

고상룡, "주거용 가옥(아파트 포함)의 임차인 및 전세권자의 보호에 관한 입법론적 연구", 사회과학 제17집(성균관대학교 사회과학연구소 편)(1979), 5면 이하.

———, "주택임대차보호법중 대항력 등의 제문제", 법률신문 1981. 6. 29., 4면.

———, "주택임대차보호법의 민법화에 관한 의문점", 법률신문 1981. 8. 17., 5면.

———, "임차권의 대항력", 월간고시 1981. 10., 32면 이하.

———, "주택임대차보호법상 대항력의 발생요건", 법률신문 1982. 7. 26., 11면.

———, "주택임대차보호법의 문제점과 그 개정방향(상)(중)(완)", 고시연구 1982. 9., 25면 이하(상); 1982. 10., 78면 이하(중); 1982. 11., 103면

이하(완).

———, “주택임대차보호법의 제문제(Ⅰ)(Ⅱ)”, 판례월보 1982. 12., 10면 이하(Ⅰ); 1983. 1., 10면 이하(Ⅱ).

———, “주택임대차보호법시행령안의 문제점과 그 해결방안(상)(하)”, 법률신문 1984. 4. 16., 4면(상); 1984. 4. 23., 4면(하).

———, “전세권의 강화−입법·개정과정을 중심으로−”, 사법행정 1984. 6., 14면 이하.

———, “개정 주택임대차보호법의 제문제”, 판례월보 1984. 9., 11면 이하.

———, “주택임차법 2조의 「겸용주택」이란 의미(상)(하)”, 법률신문 1985. 9. 9., 11면(상); 1985. 9. 16., 11면(하).

———, “주택임대차보호법중 개정법률의 해설”, 개정민사법해설(1985), 220면 이하.

———, “주택임대차법의 문제점과 그 개정·보완방법(상)(하)”, 법률신문 1987. 12. 14., 10면(상); 1987. 12. 17., 10면(하).

———, “임차권 공시는 「거주」만으로”, 법률신문 1988. 10. 3., 10면.

———, “이른바 중간임차권자의 법적 지위”, 월간고시 1988. 10., 78면 이하.

———, “저당권과 임차권”, 고시계 1988. 12., 25면 이하.

———, “주택임대차보호법중 개정법률안에 대한 사견(상)(하)”, 법률신문 1989. 5. 8., 10면(상); 1989. 5. 15., 10면(하).

———, “주택임대차보호법상 임차인의 보호”, 사법행정 1989. 8., 24면 이하.−

———, “전세제도의 재검토−해석론적 시도”, 현대 민법학의 제문제(김증한 회갑 기념 논문집)(1981), 337면 이하.

———, “제2차 개정 주택임대차보호법의 제문제(상)(하)”, 법률신문 1991. 5. 16., 10면(상); 1991. 5. 20., 14면(하).

———, “한국 주택임대차제도의 변천사 소고”, 법제연구 창간호(1991), 222면 이하.

———, “2년 미만의 기간을 정한 임대차와 보증금의 우선변제청구”, 법률신문 1995. 10. 23., 15면.

———, “민법상 임대차에 관한 개정의견”, 법률신문 1996. 12. 26., 15면.

———, "주택임대차보호법 개정안의 제문제(상)(하)", 법률신문 1998. 11. 16., 14면(상), 1998. 11. 19., 14-15면(하).

고영남, "주택임대차보호법의 한계와 공공성의 포기", 민주법학 제23호(민주주의법학연구회 편)(2003), 139면 이하.

고용철, "주택임대차보호법에 관한 연구", 충남대 법률행정연구소 논문집 제16권(1988), 377면 이하.

공순진/오정열, "영업용건물임대차에 관한 비교법적 연구", 동의법정 제17집(동의대학교 편)(2001), 35면 이하.

곽명섭, "상가건물임대차보호법 제 2 조 제 1 항 단서 규정의 문제점", 국회보 2003. 9., 116면 이하.

권광중, "민사소송법 제727조 소정의 담보권의 소멸의 의의", 법학논집(김용철 고희 기념 논문집)(1993), 908면 이하.

권성우, "배당절차 종료 후 부당이득반환청구권의 성립요건에 관한 검토", 재판과 판례 제12집(대구판례연구회 편), 368면 이하.

권영상, "주택임차인의 대항력, 우선변제권", 창원지방변호사회지 창간호(1995), 150면 이하.

권용산, "상가건물임대차보호법의 문제점과 개선방안(Ⅰ), 법무사 2003. 3., 23면 이하.

———, "상가건물임대차보호법의 문제점과 개선방안(Ⅱ), 법무사 2003. 4., 41면 이하.

———, "상가건물임대차보호법의 문제점과 개선방안(Ⅲ), 법무사 2003. 5., 18면 이하.

———, "상가건물임대차보호법의 문제점과 개선방안(Ⅳ), 법무사 2003. 6., 28면 이하.

권용우, "주택임차권의 대항력의 취득과 존속", 판례월보 1989. 5. 33면 이하.

———, "이른바 중간임차권자의 법적 지위", 월간고시 1989. 3., 190면 이하.

———, "주택임차권의 대항력", 고시연구 1992. 7., 105면 이하.

권혁중, "대항력과 우선변제권이 있는 임차인의 임대기간 만료 전 배당요구시 임대인에 대한 통지", 부동산입찰제도(1997), 368면 이하.

김경수, "주택임대차보호법의 개선방안에 관한 소고", 경희대학교 석사학위청구 논문, 2002.
김광일, "상가건물임대차보호법에 관한 연구", 국민대학교 석사학위 청구 논문, 2003.
김권택, "강제집행에 있어서의 각종 우선특권", 재판자료 제36집(1987), 381면 이하.
김교창, "임의경매절차상 청구금액의 확정시기", 민사재판의 제문제 제8권(1994), 876면 이하.
김국자, "주택임대차보호법상 임차인의 보호에 관한 연구", 한양대학교 석사학위 청구 논문, 1989.
김기수, "건물임대차의 대상에 관한 비교법적 고찰", 법률연구 제3집(연세대학교 법과대학 법률문제연구소 편)(1983), 21면 이하.
김남근, "상가임대차보호법의 제정을 제안하며", 인권과 정의 2001. 7., 8면 이하.
———, "상가건물임대차보호법의 개선방향에 대하여", 시민과 변호사 2003. 1., 13면 이하.
김능환, "낙찰자가 인수할 부담의 증가와 낙찰자의 구제", 법조 1999. 5., 155면 이하.
김대규, "상가건물임대차보호법 고찰", 민사법연구 제12집 제1호(대한민사법학회 편)(2004), 315면 이하.
김대호, "소액임차인의 우선변제권", 제19기 사법연수생 논문집(1990), 145면 이하.
김동국, "상가건물임대차보호법의 문제점", 법률신문 2002. 3. 4., 15면
김동윤, "다가구용 단독주택의 경우 주택임대차보호법상의 대항력 취득요건으로서 주민등록의 기재 정도", 대법원판례해설 제29호(1998), 222면 이하.
김만웅, "권리금 통제를 위한 상가임대차보호법의 개선방안", 토지법학 제20호(한국토지법학회 편)(2004.12), 93면 이하.
김명규, "영업용건물임대차보호법 제정의 필요성과 방안", 건국대학교 석사학위 청구 논문, 1999.
김명섭, "임대차계약 체결 목적에 의한 주택임대차보호법 적용범위 제한 여부", 부동산소송 제3집(서울지방법원 편)(2003), 159면 이하.
김번웅, "점포임대차보호법의 제정방향에 관한 연구", 청주대학교 석사

학위 청구 논문, 2000.

김봉석, "민사집행법상 집행법원의 배당에 대한 부복방법 및 그 문제점", 민사집행법연구 제 1 권(한국민사집행법학회 편)(2005), 109면 이하.

김상근, "조세 및 임금채권의 우선권과 배당", 재판자료 제72집(1996), 183면 이하.

김상균, "일본 민사집행법상의 부동산 매각 방법과 우리나라 부동산경매제도의 개선점", 재판자료 제66집(1994), 623면 이하.

김상명, "상가건물임대차보호법의 문제점과 입법적 과제", 법과 정책 제10호(제주대학교 사회과학연구소 편)(2004), 73면 이하.

———, "상가건물임대차 보호제도의 실효성 제고방안", 법학연구 제16집(한국법학회 편)(2004), 287면 이하.

김상수, "강제집행법상의 몇 가지 문제점", 저스티스 제30권 제 2 호(1997), 160면 이하.

———, "절차법에서 본 주택임대차", 법률신문 1998. 12. 10., 14면.

김상용, "임차보증금의 증액과 경락인에 대한 대항력(상)(하)", 법률신문 1991. 1. 14., 15면(상); 1991. 1. 17., 11면(하).

———, "독일민법상의 사회임대차(상)(하)", 법률신문 1991. 4. 15., 14면(상); 1991. 4. 18., 10면(하).

———, "주택임대차에 있어서 순위에 의한 우선특권", 사법행정 1993. 3., 76면 이하.

———, "영업용부동산의 임대차에 관한 소고", 민사법연구 2(1997), 582면 이하.

김상윤, "미등기주택 임차인의 대지환가대금에 대한 우선변제권 행사 가부", 재판과 판례 제16집(대구판례연구회 편)(2008), 237면 이하.

김상찬/송서순, "경매에서의 매도인의 담보책임", 법과 정책 제12집 제 1 호(제주대학교 법과정책연구소 편) (2006. 2.), 89면 이하.

김상태, "상가건물임대차보호법에 관한 연구", 영남대학교 석사학위 청구 논문, 2007.

김석우, "보증금", 중앙대학교 법정논총 제 7 집(1982), 16면 이하.

김선이, "제정 상가건물임대차보호법의 재검토", 민사법학 제22호(2002), 459면 이하.

김성만, “소액임차보증금의 우선변제권에 있어서의 문제점”, 판례월보 1985. 12., 36면 이하.

김성수, “미등기주택 임차인의 우선변제권”, 재판과 판례 제12집(대구판례연구회 편)(2004), 486면 이하.

김성운, “주택임대차보호법상의 문제점과 개선방향”, 조선대학교 석사학위 청구 논문, 2000.

김세옥, “상가건물임대차보호법 시행상의 문제점과 그 개선방향에 관한 소고”, 경희대학교 석사학위 청구 논문, 2003.

김 연, “부동산임차인의 강제집행절차상의 지위 : 강제집행법의 시각에서 본 주택임대차보호법”, 민사소송(Ⅲ)(한국민사소송법학회 편)(2000), 341면 이하.

김영일, “소위 채권적 전세권에 관한 관습”, 재판자료 제11집(1981), 127면 이하.

김오섭, “임대차에 있어서의 소액보증금의 보호를 둘러싼 제문제”, 재판자료 제32집(1986), 489면 이하.

김용우, “영업용건물임대차 보호의 적정성”, 현안분석 제133호(국회도서관 편)(1996), 1면 이하.

김용한, “부동산 임대차에 관한 연구－주택임대차를 중심으로－”, 건국대학교 행정연구 제 6 집(1982), 121면 이하.

———, “민법상 임대차와 주택임대차보호법”, 고시계 1983. 6., 25면 이하.

김은집, “주택임대차보호법 제 3 조 1항의 대항력의 내용”, 형평과 정의 제 4 집(대구지방변호사회 편)(1989), 59면 이하.

김종대, “임차보증금의 법적 성질과 그 전부에 따른 실무상 제문제”, 사법논집 제18집(1987), 119면 이하.

김제완, “주택임대차보호법에 있어서 임차인의 대항력과 우선변제권의 경합문제에 관한 고찰”, 안암법학 제12호(안암법학회 편)(2001), 239면 이하

———, “상가건물임대차보호법의 문제점”, 비교사법 제 9 권 제 1 호(한국비교사법학회 편)(2002. 4.), 92면 이하.

김종기, “주택임대차보호법상 공시방법으로서의 주민등록”, 판례연구 제 6 집(부산판례연구회 편)(1996), 151면 이하.

김종영, “임차인의 주거권 보장에 관한 연구”, 한양대학교 석사학위 청구 논문, 1993.

김증한, “민법개정시안의 개요”, 대한변호사협회지 1982. 9., 78면 이하.

———, “임차권의 양도와 전대”, 고시연구 1983. 1., 23면 이하.

———, “1983년의 서독 신임대차법”, 민사법과 환경법의 제문제(안이준 회갑 기념 논문집)(1986), 234면 이하.

김지영, “소액보증금임차인의 우선변제권”, 서울대학교 석사학위 청구 논문, 1995.

김 진, “새로 제정된 상가임대차보호법은 어떤 법인가”, 월간 노동법률 2002. 2., 115면 이하.

김진수, “대항력 있는 주택임차인의 우선변제청구”, 판례연구 제 7 집(부산판례연구회 편)(1997), 97면 이하.

김진원, “주택임대차보호법에 관한 연구”, 서울대학교 석사학위 청구 논문, 1986.

김진현, “중간임차인의 보호에 관한 비교법적 고찰”, 강원법학 제 8 권(강원대학교 비교법학연구소 편)(1996), 85면 이하.

———, “우리 주택임대차 제도의 문제점에 관한 비교법적 연구”, 민사법학 13 · 14호(1996), 349면 이하.

김충원, “주택임대차보호법상의 우선변제권”, 판례연구 제 9 집(서울지방변호사회 편)(1996), 149면 이하.

김 택, “제정 상가임대차보호법의 과제와 문제점”, 경희대학교 석사학위 청구 논문, 2002.

김택수, “잉여의 가망이 없을 경우의 경매취소”, 재판자료 제36집(1987), 33면 이하.

김학동, “독일에서의 임대차법의 변천(상)(하)”, 사법행정 1982. 3., 21면 이하(상); 1982. 4., 25면 이하(하).

———, “독일에서의 임차인보호법 및 차임법”, 법조 1982. 4., 34면 이하.

———, “주택임대차보호법상의 문제점”, 판례월보 1986. 11., 19면 이하.

———, “임차인의 임차보증금반환채권 등과 유치권”, 판례월보 1996. 12., 8면 이하.

———, “미등기매수인과 맺은 주택임대차의 대항력”, 민법학의 현대적 양상(서민 정년 기념 논문집)(2006), 289면 이하.

김해식, “주택임대차보호법에 있어서 임차인의 보호”, 실무연구(Ⅰ)(광주지방법원 편)(1996), 7면 이하.

김해영, “부동산경매절차에 있어서의 주택임차인의 지위”, 제22기 사법연수생 논문집(1993), 413면 이하.

김현석, “부동산경매절차에서 배당요구를 하지 아니한 임금채권자의 지위”, 민사판례연구(XX)(1998), 216면 이하.

김현태, “민법 및 주택임대차보호법 개정안에 대하여”, 사법행정 1982. 8., 4면 이하.

김형수, “주택임대차보호법에 관한 연구”, 법과 정책 제4호(제주대학교 법과정책연구소 편)(1998), 69면 이하.

———, “영업점포건물의 임대차보호제도에 대한 고찰”, 토지법학 제17호(한국토지법학회 편)(2001), 77면 이하.

———, “상가건물의 임대차보호제도”, 토지법학 제19호(한국토지법학회 편)(2003), 247면 이하.

남기정, “개정 강제집행법상 배당참가채권자의 범위”, 법조 1990. 10., 133면 이하.

———, “경매부동산상의 각종 부담의 처리—인수·소멸·배당 등—”, 법조 1996. 6., 164면 이하.

———, “경매매득금의 배당잔금이 있는 경우 주택임대차보호법상의 임대차로 전환되는지 여부 등”, 법조 1996. 3., 149면 이하.

남상우, “주택임대차보호법개정안 문제 있다”, 법률신문 1998. 12. 24., 15면

남해광, “주택임대차보호법상의 소액임차인과 관련하여”, 재판실무연구 2003(광주지방법원 편)(2004), 77면 이하.

남효순, “프랑스민법에서의 매도인의 담보책임(Ⅰ)(Ⅱ)”, 법학 제34권 제1호(서울대학교 법학연구소편)(1993), 166면 이하(Ⅰ) 및 제34권 제2호(1993), 266면 이하(Ⅱ).

노갑식, “집행절차에서의 배당과 관련된 부당이득반환청구”, 재판실무 제3집(창원지방법원 편)(2005), 310면 이하.

노정희, “직권에 의한 경락(낙찰)불허사유”, 재판자료 제72집(1996), 79면 이하.

대한변호사협회, “임대차보호방안에 대한 의견서”, 인권과 정의 1993.

10., 136면 이하.
문광섭, "임대인의 동의 없는 주택의 전대차와 주택임대차보호법상의 대항요건－주택의 소액임차인이 임대차기간 만료 후 임대인회사의 부도 및 소재불명 등으로 임대인의 동의 없이 임차주택을 전대하여, 그 전차인이 주택을 인도받아 점유하면서 자신의 주민등록을 마치고 있는 경우, 위 임차인을 주택임대차보호법 제8조, 제3조 제1항 소정의 대항요건을 갖춘 소액임차인이라고 본 사례－, 대법원판례해설 제71호(2008), 247면 이하.
문영완, "임대차 법익균형을 통한 최소 주거권 접근에 관한 연구", 비교법학 제8집(전주대학교 비교법학연구소 편)(2008), 547면 이하.
문용선, "대항력 없는 종전 임차인과 낙찰인이 체결한 임대차계약상의 임차권의 대항력 발생시기", 민사판례연구(XXVI)(2004), 191면 이하.
문칠성, "배당절차에 있어서 임차인의 지위 : 주택임대차보호법상 대항력의 인정 여부에 관하여", 판례와 실무 1997년(인천지방법원 편)(1997), 296면 이하.
민문기, "임차인의 보호 거부－반 대법원판례의 변－", 법률신문 1988. 6. 2., 9면.
민유숙, "매매계약의 해제와 임대인 지위의 승계", 대법원판례해설 제46호(2004), 616면 이하.
민일영, "임차주택의 양도인에 대한 임차보증금의 반환청구", 민사판례연구(IX)(1987), 96면 이하.
———, "주택임대차보호법에 관한 제문제", 민사판례연구(XII)(1990), 459면 이하.
———, "부동산경매에 있어 배당표에 대한 이의에 관한 소고", 저스티스 제25권 제2호(1992), 67면 이하.
———, "부동산의 일부에 대한 전세권자의 부동산 전부에 대한 경매청구의 가부", 민사판례연구(XV)(1993), 100면 이하.
———, "경매부동산의 입찰매각제도", 민사재판의 제문제 제8권(1994), 890면 이하.
———, "주택임대차보호법 제3조의2에 관한 일고", 법조 1994. 12., 5면 이하.
———, "주택임대차보증금의 우선변제를 둘러싼 문제점에 관한 소고

– 주택임대차보호법 제3조의 2를 중심으로–", 민법학논총·제2(곽윤직 고희 기념 논문집)(1995), 370면 이하.

———, "위법한 재경매와 직권에 의한 경락불허가의 적부", 민사재판의 제문제(하)(이시윤 회갑 기념 논문집)(1995), 442면 이하.

———, "대항력 있는 주택임차인의 임차기간 만료 전의 배당요구", 인권과 정의 1996. 11., 128면 이하.

———, "부동산입찰에 있어 임차권 처리에 관한 실무상 제문제", 부동산입찰제도(1997), 283면 이하.

———, "체납처분과 배당요구 그리고 부당이득반환청구", 법조 1997. 10., 165면 이하.

———, "배당이의 소송의 판결에 관한 소고", 인권과 정의, 1998. 10., 86면 이하.

———, "주택임차인의 우선변제를 위한 대항요건의 종기", 민사판례연구(XXI)(1999), 337면 이하.

———, "동일주택에 대한 2회의 경매와 임차인의 우선변제권에 관한 시론", 법조 1999. 3. 48면 이하.

———, "주택임차권의 양도·전대와 대항력의 존속 여부", 국민과 사법(윤 관 대법원장 퇴임 기념 논문집)(1999), 77면 이하.

———, "주택임대차보호법상 대항력과 우선변제청구권의 상호관계", 저스티스 제33권 제1호(2000. 3.), 37면 이하.

———, "임차주택의 경매와 담보책임", 21세기 한국민사법학의 과제와 전망(송상현 회갑 기념 논문집)(2002), 192면 이하.

———, "민사소송법 중 강제집행편의 개정방향", 저스티스 제34권 제3호(2001. 6.), 47면 이하.

———, "우리나라 강제집행법의 변천", 민사재판의 제문제 제11권(변재승/권광중 회갑 기념 논문집)(2002) 1143면 이하.

민일영/오종윤, "청구금액의 확장과 배당 후 부당이득반환청구의 허부 : 배당 후의 부당이득반환청구에 대한 의견서", 판례실무연구(I)(1997), 587면 이하.

박경호, "주택임대차보호법이 개정, 시행된 후 대통령령이 개정되기 전에 근저당권이 설정된 경우, 소액임차인 해당 여부의 기준 시행령", 대법원판례해설 제40호(2002), 562면 이하.

박동섭, "확정일자에 관하여", 민사재판의 제문제 제7권(1993), 52면 이하.

박삼봉, "물건명세서 작성의 하자와 최저경매가격의 저감", 민사재판의 제문제(하) (이시윤 회갑 기념 논문집)(1995), 433면 이하.

박성덕, "주택임대차보호법의 대항력", 판례연구 창간호(대구지방법원판례연구회 편) (1987), 134면 이하.

박성철, "소액보증금의 우선변제와 경매실무", 법률신문 1984. 11. 5., 4면

박시환, "입찰희망자에 대한 정보제공의 충실화", 부동산입찰제도(1997), 3면 이하.

박양진, "주택임대차보호법에 관한 연구", 충남대학교 석사학위 청구 논문, 1991.

박영욱, "상가건물임대차보호법", 법제 제539호(2002. 11.), 71면 이하.

박용우, "2분의 1 지분을 가진 공유자 1인이 제3자와 자신의 이름으로 주택임대차계약을 체결한 경우 다른 공유자가 임대차보증금반환의무를 부담하는지 여부", 판례와 실무 2004년(인천지방법원 편)(2004), 97면 이하.

박용표, "주택임대차보호법상 대항력과 우선변제권을 겸유하는 임차인에 대한 배당표가 확정될 때까지의 사용·수익과 부당이득", 판례연구 제17집(부산판례연구회 편)(2006), 285면 이하.

박운길, "우리의 주택임대차계약에 관한 실제적 고찰", 법학논총 제4집(조선대학교 법학연구소 편)(1998), 79면 이하.

박인환, "상가건물임대차보호법의 법정책과 보호범위", 한림법학 FORUM 제16권(한림대학교 법학연구소 편)(2005), 177면 이하.

박장우, "경락을 원인으로 한 소유권이전등기가 원인무효로 말소되어 채권자가 배당받은 경락대금을 경락인에게 반환한 경우 그 배당으로 인한 변제의 효력", 대법원판례해설 제11호(1990), 7면 이하.

박재승, "부동산경매절차에 있어서의 임차인의 지위", 사법논집 제21집(1990), 471면 이하.

박정현, "영업용 건물 임대차에 대한 비교법적 고찰", 경희대학교 석사학위 청구 논문, 1998.

박종만, "상가건물임대차보호법의 문제점과 그 개선방안", 충북대학교 석사학위 청구 논문, 2005.

박주봉, "판례로 본 배당종료와 부당이득", 대전지방변호사회지 제 2 호(2002), 343면 이하.

박준서, "임대차보증금의 법률관계", 민사재판의 제문제 제 7 권(1993), 112면 이하.

박진수, "상가건물임대차보호법에 관한 연구", 서울대학교 석사학위 청구 논문, 2003.

박진원, "상가건물임대차보호법의 문제점 및 개선방안에 관한 연구", 전북대학교 석사학위 청구 논문, 2008.

박 철, "주택임대차보호법 제 3 조 제 1 항 소정의 대항요건으로서의 주민등록의 유효 여부에 관한 판단 기준", 대법원판례해설 제33호(2000), 264면 이하.

박창수, "대지의 경매와 미등기 주택 임차인의 배당－사례를 중심으로－", 법조 2005. 4., 147면 이하.

박치봉, "대항력 있는 주택임차인의 임차기간 만료 전의 배당요구", 재판과 판례 제 6 집(대구판례연구회 편)(1997), 197면 이하.

박태영, "주택임대차보호법의 적용범위", 재판자료 제32집(1986), 435면 이하

박해성, "주택임차인이 임대인(소유자)의 승낙을 얻어 임차주택을 전대한 경우, 전차인의 점유 및 주민등록 이전으로 임차인이 주택임대차보호법상의 대항요건을 갖추었다고 볼 수 있는지의 여부", 대법원판례해설 제21호(1994), 268면 이하.

배건수, "주택임대차보호법상 임차인의 대항력에 관한 연구", 한양대학교 석사학위 청구 논문, 2002.

배용범, "주택임대차보호법상의 대항력(1)(2)(3)", 법률신문 1987. 5. 4., 12면(1); 1987. 5. 11., 12면(2); 1987. 5. 18., 12면(3).

백상기, "임대주택에 관한 연구", 영남대학교 사회과학연구 제 4 집 제 1 권(1984), 5면 이하.

서기석, "배당절차 종료 후 채권자의 부당이득반환청구", 대법원판례해설 제27호(1997), 146면 이하.

———, "부동산입찰에서의 배당에 관한 실무상 제문제", 부동산입찰제도(1997), 325면 이하.

———, "배당절차 종료 후 부당이득반환청구 허용 여부", 고시계 1997.

11., 51면 이하.

서준종, "부동산 강제집행에 있어 주택임차인의 지위 중 주택임대차보호법 제3조 대항력에 관한 연구", 실무연구 II(서울남부지방법원 편)(2002), 279면 이하.

서해용, "상가건물임대차보호법의 몇 가지 문제점", 토지공법연구 제19집(한국토지공법학회 편)(2003), 303면 이하.

성락송, "우선변제권을 행사한 임차인의 경락인에 대한 지위", 민사판례연구[XX](1998), 193면 이하.

성순화, "건물임대차에 대한 연구", 명지대학교 석사학위 청구 논문, 2005.

성윤제, "주택임대차보호법－개정령부칙에 관한 비판", 법률신문 1988. 2. 25., 11면.

성혜영, "주택임대차보호법의 개선방향에 관한 연구", 대전대학교 석사학위 청구 논문, 2001.

소재선, "현행 독일 민법상 사회적 임차인 보호에 관한 소고", 법조 1993. 3., 66면 이하.

———, "독일의 제4차 개정 주택임대차법의 내용과 문제점 소고", 경희법학 제29권 제1호(경희대학교 법과대학 경희법학연구소 편)(1994), 251면 이하.

———, "점포임대차법안의 문제점과 올바른 입법방안", 비교사법 제4권 제1호(한국비교사법학회 편)(1997), 193면 이하.

———, "비교법적 측면에서 본 점포임대차법안의 문제점과 입법과제", 경희법학 제32권 제1호(경희대학교 법과대학 경희법학연구소 편)(1997), 149면 이하.

———, "임대차등기명령제도 신설의 과제와 문제점", 경희법학 제33권 제1호(경희대학교 편)(1998), 189면 이하.

———, "제정 상가임대차법의 문제점과 개선방향", 경희법학 제36권 제2호(경희대학교 법과대학 경희법학연구소 편)(2002), 83면 이하.

———, "상가건물임대차보호법 및 동시행령의 문제점과 개선방향", 시민과 변호사, 2003. 1., 25면 이하

———, "독일 임대차현대화법(2001 개정)의 과제와 전망", 성균관법학 제16권 제3호(성균관대학교 비교법연구소 편)(2004), 73면 이하.

———, “주택임대차보호법상 공시방법으로서의 주민등록”, Jurist 2006. 3., 478면 이하

———, “대항력 있는 주택임차인의 경매에서의 우선변제청구권”, Jurist 2006. 3., 447면 이하.

———, “2년 미만의 약정 임대차를 주장하여 배당요구한 임차인의 경락인에 대한 대항력 행사”, Jurist 2006. 3., 456면 이하.

소진천, “주택임대차보호법에 관한 판례의 입장에서 본 임차인의 지위”, 실무연구(Ⅱ)(광주지방법원 편)(1997), 269면 이하.

손진홍, “배당요구의 종기 결정과 관련된 우선채권자의 보호에 관한 문제점 고찰”, 재판자료 제109집(2006), 333면 이하.

손홍수, “임대주택법에 기한 임차인의 우선매수청구에 관한 실무상의 제문제”, 민사집행법연구 제3권(한국민사집행법학회 편)(2007), 153면 이하.

송동원, “경매절차 진행 중의 경매목적 부동산의 멸실, 훼손”, 재판자료 제36집(1987), 5면 이하.

송인권, “경매와 매도인의 담보책임 : 채무자가 형식적으로는 경매목적물의 소유자로 등재되어 있으나 실질적으로는 소유권을 취득하지 못한 경우를 중심으로”, 저스티스 제91호(2006. 6.), 197면 이하.

신동윤, “부동산경매에 있어서의 배당에 관한 문제점”, 사법논집 제23집(1992), 275면 이하.

신진화, “채무자가 채무초과 상태에서 주택임대차보호법 제8조의 소액보증금 최우선변제권 보호대상인 임차권을 설정해 준 행위가 사해행위취소의 대상이 되는지 여부”, 재판과 판례 15집(대구판례연구회 편)(2007), 225면 이하.

신창수, “임대차보증금관계의 법률적 구성”, 사법논집 제19집(1988), 111면 이하.

신태길, “부동산 인도명령제도의 개선”, 부동산입찰제도(1997), 108면 이하.

신택호, “임차인의 우선변제권의 대상”, 재판실무연구 1998(광주지방법원 편)(1999), 44면 이하.

신현애, “주택임대차의 대항력과 주민등록”, 충북대학교 석사학위 청구논문, 2004.

심중선, “점포임대차계약의 실태와 문제점 : 전남지방을 중심으로”, 민법학의 현대적 과제(고창현 회갑 기념 논문집)(1987), 483면 이하.

안도찬, “주택임대차보호법상의 임차인의 지위”, 현대부동산 제 2 호(현대부동산학회 편)(1986), 51면 이하.

양상훈, “1번 저당권 설정 후에 대항력을 취득한 주택임차권보다 후에 설정된 저당권의 실행으로 목적물을 경락받은 자가 주택임대차보호법 제 3 조 소정의 양수인에 해당하는지 여부”, 대법원판례해설 제 7 호(1988), 99면 이하.

양창수, “타인 소유 물건의 경매와 물상보증인의 담보책임”, 민법연구 제 2 권(1991), 231면 이하.

———, “수량지정매매와 매수인의 권리행사기간”, 민법연구 제 2 권(1991), 275면 이하.

———, “임대차 종료 후 임차인의 목적물 계속 점유와 부당이득”, 민법연구 제 2 권(1991), 329면 이하.

———, “주택임대차와 목적물의 양도 또는 임의경매”, 월간고시 1992. 1., 62면 이하.

———, “전세권”, 고시계 1992. 3. 90면 이하.

———, “해제의 효과에 관한 학설들에 대한 소감”, 민법연구 제 3 권(1994), 267면 이하.

———, “부당배당과 부당이득반환청구”, 판례실무연구(Ⅰ)(비교법실무연구회 편)(1997), 610면 이하.

———, “임대차관계의 종료로 인한 목적물인도의무와 보증금반환의무의 동시이행관계”, 고시연구 2000. 9., 106면 이하.

———, “2003년 민사판례 관견”, 인권과 정의 2004. 4., 53면 이하.

어인의, “상가건물임대차보호법의 특례와 그 문제점”, 법학논집 제19집(청주대학교 편)(2003), 73면 이하.

여상조, “입찰절차의 명확화 · 간결화”, 부동산입찰제도(1997), 67면 이하.

염춘필, “상가건물임대차보호법과 공시의 문제 : 임차권 보호를 위한 ‘부동산등기부등본’ 공시방안을 제안하며”, (월간)법무사저널 2003. 12., 11면 이하.

오기두, “임차주택의 점유를 상실한 임차인에 대한 임차권등기명령신청 허용 여부(소극)”, 법조 2001. 8., 5면 이하.

오석락, "배당표의 하자에 대한 불복방법", 고시계 1975. 5., 42면 이하.
———, "배당이의소송", 민사재판의 제문제 제 1 권(1977), 290면 이하.
오용호, "부동산경매와 임차권", 재판자료 제36집(1987), 339면 이하.
오정열, "영업용건물의 임대차 보호에 관한 연구", 동의대학교 박사학위 청구 논문, 2000.
오종윤, "배당이의와 부당이득반환청구", 사법논집 제26집(1995), 295면 이하.
———, "배당이의소의 성질과 기판력", 인권과 정의 2000. 7., 105면 이하.
유남석, "독일법상 집행채권자의 청구금액 확장 여부와 강제집행절차에서의 배당 후 부당이득반환청구", 판례실무연구(Ⅰ)(비교법실무연구회 편)(1997), 614면 이하.
유상현, "상가건물임대차보호법의 문제점과 개선방안에 관한 연구", 건국대학교 석사학위 청구 논문, 2006.
유원규, "주택임차인의 우선변제권 행사의 일회성", 민사판례연구(XXII)(2000), 138면 이하.
———, "주택임차권의 공시방법", 21세기 한국민사법학의 과제와 전망(송상현 회갑 기념 논문집)(2002), 214면 이하.
유중원, "상가임대차보호법의 졸속제정 반대", 인권과 정의 2001. 7., 20면 이하
유현석, "임대차종료에 따른 목적물반환과 보증금반환의 동시이행", 판례연구 제 2 집(서울지방변호사회 편)(1989), 115면 이하.
———, "경매에서의 조세교부청구의 시기", 판례연구 제 8 집(서울지방변호사회 편)(1995), 79면 이하.
윤 경, "경매(입찰)에서의 주택임차권 등기권자의 지위", 법조 2000. 4., 5면 이하.
———, "제 1 경매절차의 주택임차인의 제 2 경매절차에서의 지위", 법조 2001. 6., 39면 이하.
———, "2년 미만의 약정 임대차를 주장하여 배당요구한 임차인의 경락인에 대한 대항력 행사", 대법원판례해설 제38호(2002), 460면 이하.
———, "미등기주택임차인의 우선변제권", Jurist 2002. 8., 55면 이하.
———, "불법 말소된 저당권의 권리자와 배당이의의 소", 민사소송(VI)

(한국민사소송법학회 편)(2002), 237면 이하.
———, "경매절차에서 최선순위 확정일부 임차인이 배당요구를 한 경우 그 확정일자 이후에 경료된 소유권이전등기청구권의 보전을 위한 가등기는 말소대상인지 여부", 재판자료 제109집(2006), 209면 이하.
윤기택, "상가임대차의 문제점과 법률안의 검토", 청주지방변호사회지 제 1 호(2002), 114면 이하.
———, "뉴질랜드의 임대차법에 관한 연구(주택 임대차를 중심으로)", 민사법학 제28호(2005), 339면 이하.
윤기택/김종현, "독일의 개정 임대차법에 관한 연구 – 주택임대차에 관한 규정을 중심으로 –", 청대학술논집 제 4 집(청주대학교 편)(2004), 95면 이하.
윤대성, "전세제도의 재구성", 성균관법학 제 2 호(성균관대학교 비교법연구소 편)(1988), 87면 이하.
———, "전세임대차론의 재검토", 재산법연구 제 7 권 제 1 호(1990), 91면 이하.
———, "주택임대차보호법 폐지론", 법학연구 제 2 권 제 1 호(충북대학교 법학연구소편)(1990), 389면 이하.
윤방현, " 상가건물임대차보호법에 관한 소고", 법학논총 제11집 제 1 호(조선대학교 법학연구소 편)(2004), 121면 이하.
윤배경, "주택임대차보호법상 대항력 있는 임차인의 임대차 해지의 의사표시와 우선변제권", 판례연구 제10집(서울지방변호사회 편)(1997), 136면 이하.
윤석찬, "가장임대차의 주택임대차보장법상의 대항력", Jurist 2006. 1., 309 이하.
윤우열, "매도인의 하자담보책임에 관한 비교법적 고찰", 건국대학교 석사학위 청구 논문, 1994.
윤우진, "경매법원이 경매물건명세서(민사소송법 제617조의2)에 '경락에 의하여 그 효력이 소멸되는 가처분'을 '경락에 의하여 그 효력이 소멸되지 아니하는 가처분'으로 기재한 것이 민사소송법 제633조 제6호 소정의 경락불허가사유인 물건명세서의 중대한 기재 오류와 경락불허가사유", 대법원판례해설 제21호(1994), 331면 이하.

윤윤수, "우선변제청구권자의 부당이득반환청구", 판례연구 제6집(부산판례연구회 편)(1996), 561면 이하.

윤장근, "주택임대차보호법 해설", 법제 제52호(1981. 4.), 45면 이하.

윤준미, "주택임대차공시방법으로서의 주민등록에 대한 재고찰", 법제현안 제165호(국회사무처 법제실 편)(2004. 12.)

윤진수, "가집행선고의 실효와 경락인인 가집행채권자의 부당이득반환의무", 민사재판의 제문제 제6권(1991), 175면 이하.

윤천희, "주택임대차보호법중의 개정법률안에 대한 문제점(상)(하)", 법률신문 1983. 3. 21., 10면(상); 1983. 3. 28., 10면(하).

———, "주택임차권의 대항력의 득실에 관한 문제(상)(하)", 판례월보 1987. 5., 46면 이하(상); 1987. 6., 49면 이하(하).

———, "주택임차권의 양도, 전대와 대항력", 법률신문 1989. 4. 10., 11면.

———, "주택임차권의 양도 전대시의 대항력 존속요건에 관한 문제", 판례월보 1989. 5., 39면 이하.

———, "개정주택임대차보호법의 문제점－그 불비점과 개정보완점을 중심으로", 법률신문 1990. 2. 8., 10면.

———, "개정 주택임대차보호법의 해설", 사법행정 1990. 4., 92면 이하.

윤철홍, "점포임대차보호법(안)의 문제점과 개선방향", 부동산법학 제4집(한국부동산법학회 편)(1997), 227면 이하.

———, "상가임대차보호법의 주요내용과 문제점", 법률신문 2002. 1. 31., 14면.

———, "상가건물임대차보호법의 문제점", 비교사법 제9권 제1호(한국비교사법학회 편)(2002. 4.), 73면 이하.

———, "상가임대차보호법(안)상의 계약갱신요구권에 관한 소고", 21세기 한국민사법학의 과제와 전망(송상현 회갑 기념 논문집)(2002), 228면 이하.

———, "상가건물임대차보호법의 적용범위에 관한 소고", 법조 2004. 9., 44면 이하.

윤홍근, "경매절차에서 배당요구를 하지 않은 소액임차인의 지위", 민사판례연구(XIII)(1991), 255면 이하.

———, "주택임대차보호법에 의한 우선변제권의 발생시기", 민사판례연

구(XVI)(1994), 121면 이하.

이건호, "주택임대차보호법개정시안", 변호사(X)(1982), 47면 이하.

———, "주택임대차보호법개정시안의 문제점", 대한변호사협회지 1982. 10., 18면 이하.

———, "주택임대차분쟁에 관한 법률상담의 실정", 법조춘추 제134호(1986), 102면 이하.

———, "주택임대차보호법 시행 후의 문제점 – 법의 해석 · 적용과 관련하여 –", 대한변호사협회지 1987. 3., 25면 이하.

이경준, "상가건물임대차보호법의 문제점과 개선방안에 관한 연구", 전남대학교 석사학위 청구 논문, 2004.

이공현, "주택임대차보호법상 대항력요건으로서의 주민등록대상자", 대법원판례해설 제 8 호(1988), 155면 이하.

———, "주택임대차보호법상 대항력요건으로서의 부실한 주민등록", 대법원판례해설 제 8 호(1988), 165면 이하.

이규정, "상가건물임대차보호법의 문제점과 개선방안에 관한 연구", 연세대학교 석사학위 청구 논문, 2007.

이균부, "대항력 있는 주택임차인의 우선변제권 행사", 민사판례연구(XIX)(1997), 155면 이하.

이균용, "최저경매가격의 적정성 확보 및 입찰절차의 합리적 운용방안", 부동산입찰제도(1997), 187면 이하.

이근식, "주택임대차보호법 해설", 고시계 1981. 6., 77면 이하.

이기택, "자치적 집행의 원칙으로부터 본 집행실무", 법조 1995. 3., 46면 이하.

이대경, "임차인이 주택임대차보호법 제 4 조 제 1 항의 적용의 배제를 주장할 수 있는 경우", 대법원판례해설 제25호(1996), 234면 이하.

———, "주택에 관하여 감정평가 외에 임대차사항 조사를 의뢰받은 감정평가사의 주의의무", 대법원판례해설 제29호(1998), 242면 이하.

이동원, "최저경매가격의 결정", 재판자료 제72집(1996), 5면 이하.

이범주, "주택임차권의 대항력 – 주택임대차보호법의 경우에 한정하여 –", 민사법의 제문제(방순원 고희 기념 논문집)(1984), 159면 이하.

이상인, "주택임대차보호법 제 8 조의 소액보증금 보호에 관련된 실무상 문제", 사법연구자료 제16집(1989), 403면 이하.

———, "민법 제578조 경매와 매도인의 담보책임에 관련된 실무상 문제점", 사법연구자료 제18집(1991), 35면 이하.

이상혁, "주택임대차보호법상 임차권의 승계", 부동산법학의 제문제(김기수 회갑 기념 논문집)(1992), 185면 이하.

이상호, "주택임대차보호법에 관한 연구", 건국대학교 석사학위 청구 논문, 1992.

이성호, "미국법상 담보권실행 및 강제집행절차와 채권자의 청구금액 확장의 문제", 판례실무연구(Ⅰ)(비교법실무연구회 편)(1997), 629면 이하.

이세창, "경매절차에서 대항력과 우선변제권을 겸유하고 있는 임차인의 지위", 재판실무연구 2005(광주지방법원 편)(2006), 3면 이하.

이송희, "영업용 건물의 임대차에 관한 연구", 전주대학교 석사학위 청구 논문, 1995.

———, "상가건물임대차보호법 고찰", 비교법학 제 3 집(전주대학교 비교법학연구소 편)(2003), 431면 이하.

이영갑, "배당이의 판결의 기판력과 부당이득반환청구", 판례연구 제12집(부산판례연구회 편)(2001), 1055면 이하.

이영대, "주택임차권의 대항력", 제15기 사법연수생 논문집(1985), 49면 이하

이영숙, "주택임대차보호법 제 3 조 제 2 항 소정의 임대인지위의 승계", 재판과 판례 제 7 집(대구판례연구회 편)(1998), 323면 이하.

이영애, "임대인 지위의 승계와 임대차보증금 반환채무", 대법원판례해설 제 7 호(1988), 63면 이하.

———, "저당권설정등기와 강제경매신청 사이에 대항력을 갖춘 임차권의 대항력", 대법원판례해설 제 7 호(1988), 71면 이하.

이옥형, "소액보증금 우선변제권행사의 요건 : 주택임대차보호법 제 8 조 제 1 항 후문을 중심으로", 재판실무연구 2002(광주지방법원 편)(2003), 115면 이하.

이윤승, "주택임대차에 있어서 소액임차인의 보호", 사법논집 제19집(1988), 145면 이하.

이은영, "주택임대차보호법의 개정에 관한 연구", 법조 1982. 4., 12면 이하

이은희, “저당권과 임차권의 관계에 관한 연구”, 서울대학교 박사학위 청구 논문, 1998.
———, “대항력 있는 임차인의 해지권 인정 여부”, 법학연구 제 9 권(충북대학교 법학연구소 편)(1998), 177면 이하.
———, “대항력 있는 주택임차인의 우선변제권 행사와 임차권의 소멸 여부”, 법학연구 제 5 권(서울대학교 편)(1998), 223면 이하.
———, “주택임차권의 공시방법으로서의 주민등록”, 민주법학 제20호(민주주의법학연구회 편)(2001), 221면 이하.
———, “임대차법의 현황과 과제”, 민사법학 제36호(2007), 437면 이하.
———, “배당요구를 하지 않은 주택임차인의 부당이득반환청구”, 법학연구 제10권(충북대학교 법학연구소 편)(1999), 163면 이하.
이재곤, “주민등록의 퇴거와 주택임차권의 대항력 상실”, 대법원판례해설 제 7 호(1988), 79면 이하.
———, “주택임대차보호법 제 3 조 제 2 항에서 임대인의 지위를 승계한 것으로 보는 임차주택의 양수인”, 대법원판례해설 제 7 호(1988), 89면 이하.
이재성, “압류된 주택을 임차한 임차인의 지위”, 판례월보 1984. 1., 137면 이하.
———, “배당요구의 시한에 관하여”, 이재성판례평석집(Ⅲ)(1989), 114면 이하.
———, “저당채무의 시효소멸과 경매의 효력”, 이재성판례평석집(Ⅴ)(1989), 315면 이하.
———, “부동산의 경락과 가등기의 효력”, 이재성판례평석집(Ⅵ)(1989), 358면 이하.
———, “주택임대차보호법 제 3 조와 경락인의 주택명도청구”, 이재성판례평석집(Ⅸ)(1989), 258면 이하.
———, “경락인의 채권자에 대한 배당금반환청구의 성질”, 이재성판례평석집(Ⅸ)(1989), 481면 이하.
———, “임대주택을 양도한 자의 임차인에 대한 보증금반환책임”, 이재성판례평석집(Ⅹ)(1989), 501면 이하.
이재환, “프랑스법상 부동산압류절차 및 배당절차”, 판례실무연구(Ⅰ)(비교법실무연구회)(1997), 622면 이하.

이종오, "주거 및 비주거용으로 겸용되는 건물에 대한 주택임대차보호법의 적용", 대법원판례해설 제25호(1996), 228면 이하.

이주흥, "전세권과 경매(상)(중)(하)", 법조 1982. 8., 38면 이하(상); 1982. 10., 44면 이하(중); 1982. 11., 45면 이하(하).

———, "경매절차상 임대차의 조사·평가·공고(상)(하)", 대한변호사협회지 1988. 3., 59면 이하(상); 1988. 4., 42면 이하(하).

———, "대항력 있는 소액임차인의 배당요구철회와 경락인의 임차보증금반환채무의 인수 여부", 민사판례연구(X)(1991), 130면 이하.

———, "주택임대차보증금 회수를 위한 우선변제권의 행사와 경매절차상 취급", 법조 1994. 11., 35면 이하.

———, "우선채권의 경매절차상 취급", 민사판례연구(XIII)(1994), 424면 이하.

———, "배당절차와 관련된 부당이득반환청구", 판례실무연구(I)(비교법실무연구회 편)(1997), 575면 이하.

이준현, "민법 임대차규정과 임대차 특별법의 기능 및 역할에 관하여 – 현행 임대차법 체계에 관한 비판적 고찰 –", 민사법이론과 실무 제8권 제1호(민사법의이론과실무학회 편)(2004. 6), 99면 이하.

———, "임대인의 지위의 양도와 임차인의 동의 또는 승낙", 인권과 정의 2004. 1., 149면 이하.

———, "임대인에 의한 임차목적물의 양도와 임대차관계에 대한 영향", 비교사법 제11권 제2호(한국비교사법학회 편)(2004), 175면 이하.

이창한, "경매절차에서 낙찰인이 주민등록은 되어 있으나 대항력은 없는 종전 임차인과의 사이에 새로이 임대차계약을 체결한 경우 종전 임차인이 임차권의 대항력을 취득하는 시기", 대법원판례해설 제42호(2003), 49면 이하.

———, "현황조사보고서 등의 작성시 임대차 관련 내용의 충실한 기재", 부동산 입찰제도(1997), 309면 이하.

이한길, "주택임대차보호법에 관한 소고", 입법조사월보 1987. 5., 40면 이하.

이해진, "소액보증금의 보호와 경매절차", 법률신문 1984. 10. 15., 4면.

———, "소액보증금 보호에 관한 소고", 변호사(XV)(1985), 241면 이하.

———, "주택임대차보호법의 개정 방향", 변호사(XX)(1990), 147면 이하.

이헌숙, “대항력 있는 임차인이 임차목적물의 경매절차에서 우선변제청구를 하였으나 환가대금이 보증금액에 모자라게 되는 경우 경락인에 대한 지위”, 재판과 판례 제7집(대구판례연구회 편)(1998), 303면 이하.

이회규, “부실전입신고와 대항력의 유효성”, 중앙법학 제4집 제3호(중앙법학회 편)(2002), 187면 이하.

이흥복, “임차주택의 경매시 우선변제권을 행사하지 아니한 임차인의 대항력”, 대법원판례해설 제6호(1987), 81면 이하.

임명순, “영업용 건물의 임대차에 관한 연구”, 성균관대학교 석사학위청구 논문, 2001.

임병현, “주택임대차보호법에 관한 소고”, 중앙대학교 법정논총 제23집(1983), 131면 이하.

임승순, “경매의 신청과 요소의 착오”, 사법논집 제17집(1986), 229면 이하.

임승현, “상가건물임대차에 관한 연구”, 명지법학 3호(명지대학교 법학연구센터 편)(2004), 287면 이하.

임윤수/권영수, “영국의 영업용건물임대차 보호와 현행 상가임대차보호법의 문제에 관한 연구”, 법학연구 제12집(한국법학회 편)(2003), 129면 이하.

임형욱, “주택임대차의 법률관계 : 주택임대차보증금의 우선적 회수방법에 관하여”, 감정평가 제31호(1998), 47면 이하.

장동구, “주택임대차보호법의 문제점과 개선방안에 관한 연구”, 건국대학교 석사학위 청구 논문, 2008.

장성원, “대항력 있는 임차인의 배당요구”, 법조 1997. 7., 51면 이하.

장진호, “주택임대차보호법 이대로 둘 것인가”, 법률신문 2003. 9. 4., 14면

장호익, “주택임대차보호법중개정법률”, 법제 제75호(1984), 35면 이하.

장희수, “주택임대차보호법에 있어서 임차인의 대항력과 우선변제권의 경합문제”, 충북대학교 석사학위 청구 논문, 2005.

장희천, “최저입찰가격 결정시 대항력있는 임대차의 평가”, 부동산 입찰제도(1997), 316면 이하.

전하은, “체납처분에 의한 압류와 조세교부청구의 성질 및 종기”, 대법

원판례해설 제20호(1993), 288면 이하.
정길용, "1, 2번 저당권 사이에 대항력을 취득한 임차인의 지위", 판례연구(대구지방법원판례연구회 편)(1987), 148면 이하.
정대민, "주택임대차보호법에 관한 개선방안", 부산외국어대학교 석사학위 청구 논문, 2001.
정동욱, "개정주택임대차보호법 개설", 법률신문 1984. 4. 16., 4면.
정동윤, "배당절차 종료 후의 부당이득반환청구에 관하여", 판례실무연구(Ⅰ)(비교법실무연구회 편)(1997), 602면 이하.
정범석, "주택임대차보호법에 관한 고찰-1987. 2. 24. 제2부 판결 86다카1936 건물명도-", 법조 1993. 9., 79면 이하.
정상태, "개정주택임대차보호법 해설", 법무사 1999. 2., 48면 이하.
정승열, "임차권등기명령제도의 문제점과 대책", 법조 1999. 9., 224면 이하
———, "확정일자제도의 문제점 고찰", 법조 2002. 3., 211면 이하.
———, "상가건물임대차보호법 시행 1년의 회고와 전망", 법조 2004. 4,. 231면 이하.
정원태, "주택임대차보호법 제3조의2 제1항의 임차주택에 대지가 포함되는지 및 위 규정이 대지에 관한 소유권이전등기청구권의 경우에도 유추적용되는지", 대법원판례해설 제34호(2000), 239면 이하.
정웅태, "배당이의소송", 민사법연구 창간호(호남민사법연구회 편)(1991), 195면 이하.
정진련, "상가건물임대차보호법에 관한 소고", 원광대학교 석사학위 청구 논문, 2005.
정총령, "주택임대차보호법상 대항요건으로서 부실한 주민등록의 효력에 관한 판례연구", 재판실무연구 제3권(수원지방법원 편)(2006), 127면 이하.
정호영, "배당이의의 소", 재판자료 제36집(1987), 459면 이하.
조규창, "임대인의 하자담보책임", 고시연구 1991. 11., 93면 이하.
조남대, "배당절차 종료 후의 부당이득반환청구", 청주법률논단 제1집(충북법률실무연구회 편)(1999), 263면 이하.
조병훈, "매각조건의 확정 : 공시제도의 개선", 부동산입찰제도(1997), 88면 이하.

조성민, "부동산담보와 이용권과의 관계", 법학논총 제12집(한양대학교 법학연구소 편)(1995), 39면 이하.

———, "대항력을 갖춘 임차인의 지위", 고시계 1995. 6., 153면 이하.

———, "주택임차인의 대항력", 한국 민법이론의 발전(이영준 회갑 기념 논문집 II 채권편)(1999), 861면 이하.

———, "주택임차권의 공시방법으로서 주민등록의 유효성 여부", 판례월보 1999. 11., 25면 이하.

조성수, "부동산경매절차에 있어서 몇 가지 문제점", 사법논집 제16집(1985), 467면 이하.

조영황, "주택임대차보호법 축조해설", 사법행정 1984. 6., 99면 이하.

조용완, "임대차의 대항력-주택임대차보호법을 중심으로-", 재판자료 제32집(1986), 461면 이하.

조용현, "소액임차인이 별도로 전세권설정등기를 마친 경우 설정 당시 대항력 및 우선변제권을 가졌다 할지라도 이후 주민등록을 이전하여 대항력을 상실하였을 경우 위 전세권설정등기로서 임차권의 대항력 또는 우선변제권이 계속 유지된다고 볼 수 있는지 여부", 대법원판례해설 제68호(2007), 210면 이하.

조은래, "현행 주택임대차보호법상의 문제점과 해설", 비교법학 제12집(부산외국어대학교 비교법연구소 편)(2001), 221면 이하.

조재만, "상가건물임대차보호법의 문제점과 개선방안에 관한 연구", 건국대학교 석사학위 청구 논문, 2006.

조정래, "배당이의와 부당이득반환청구", 판례연구(Ⅰ)(부산판례연구회 편)(1991), 413면 이하.

조종현, "주택임차권보호의 개선방향", 민사법학 제8호(1990), 257면 이하.

———, "주택임차권의 주거보호", 민법학의 현대적 과제(고창현 회갑 기념 논문집)(1987), 448면 이하.

조철호, "배당절차 종료 후 채권자의 부당이득반환청구", 재판과 판례 제7집(대구판례연구회 편)(1998), 347면 이하.

조한창, "신탁법에 따른 신탁등기와 주택임대차보호법에 의한 임대인 지위의 승계", 대법원판례해설 제40호(2002), 410면 이하.

지대운, "임차보증금 증액의 후순위근저당권자에 대한 효과", 법률신문

1991. 3. 7., 11면.

지영난, "미등기주택을 임차하여 주택임대차보호법상 대항력 및 확정일자를 갖춘 임차인이 그 주택 대지환가대금에 대한 우선변제권을 행사할 수 있는지 여부", 대법원판례해설 제68호(2007), 180면 이하.

지철수, "부동산경매절차에서 임차인의 지위와 그 보호에 관한 고찰", 사법연구자료 제23집(1996), 283면 이하.

진성규, "강제집행에 관한 개정민사소송법의 개관", 고시계 1990. 3., 91면 이하.

진 철, "배당절차에 참가하지 않은 채권자의 부당이득반환청구", 판례와 실무 2004년(인천지방법원 편)(2004), 173면 이하.

차영도, "상가건물임대차보호법의 적용범위와 대항력에 관한 연구", 원광대학교 석사학위 청구 논문, 2005.

채영수, "배당이의와 부당이득반환청구", 대법원판례해설 제10호(1989), 93면 이하.

최병조, "주택임대차법을 쇄신하자", 사법행정 1990. 5., 82면 이하.

최성준, "양수인에 대하여 대항할 수 있는 주택의 임대차에 있어서 임차인의 경매절차에서의 우선변제청구권", 민사재판의 제문제(하)(이시윤 회갑 기념 논문집)(1995), 460면 이하.

최세모, "부동산경매와 전세권", 재판자료 제36집(1987), 311면 이하.

최신섭, "주택임대차보호법상 대항력의 유지", 법학연구 제 4 집(인하대학교 법학연구소 편)(2001), 235면 이하.

———, "주택임대차보호법상 우선변제권의 취득시기", 법학연구 제 4 집(인하대학교 법학연구소 편)(2001), 253면 이하.

최 종, "경매절차에 있어서 임차인", 사법논집 제18집(1987), 425면 이하.

최종길, "제삼자에 대한 임차인의 법적 지위", 사법행정 1967. 8., 17면 이하.

최진구, "영업용 건물의 임대차 보호를 위한 과제", 현대법학의 과제와 전망(1998), 359면 이하.

———, "상가임대차보호법(안)의 문제점과 과제", 법학논총 제25집(단국대학교 편)(2001), 315면 이하.

최진이, "상가건물임대차보호법의 문제점과 개선방안에 관한 고찰", 기업법연구 제19권 제 1 호(한국기업법학회 편)(2005. 3), 293면 이하.

최 창, "주택임대차보호법상의 대항력에 관하여", 무등춘추 제 1 호(광주지방변호사회 편)(1988), 43면 이하.

최한수, "부동산경매절차와 등기", 사법연구자료 제23집(1996), 327면 이하.

———, "경매절차에 있어서의 임차인의 지위(주택임대차보호법에 관한 판례)", 사법행정 1997. 5., 48면 이하.

피터 아렌스(손지열 역), "독일연방공화국에 있어서의 사회적 임차권과 그 실제적 작용(Das soziale Mietrecht in der Bundesrepublik Deutschland und seine praktischen Auswirkungen)", 한독법학 제 3 호(한독법률학회 편)(1982), 151면 이하.

하경일, "주택임대차보호법상의 대항력과 전세권설정등기를 병행한 경우의 효력", 경영법무 제22호(1996. 1.), 29면 이하.

———, "근로기준법상 퇴직금의 범위와 주택임대차보호법과의 관계", 경영법무 제34호(1997. 1.), 32면 이하.

———, "근저당권의 원인무효와 주택임대차의 대항력관계", 경영법무 제36호(1997. 3.), 25면 이하.

———, "양도담보와 임대차보호법 제 3 조 제 2 항과의 관계", 경영법무 제37호(1997. 4.), 30면 이하.

———, "주택임대차와 배당요구의 문제점", 경영법무 제57호(1998. 12.), 24면 이하.

———, "토지에 대한 경매신청과 주택임차인의 배당요구 허부", 경영법무 제60호(1999. 3.), 32면 이하.

———, "임차보증금채권의 양도와 우선변제권의 존속관계", 경영법무 제107호(2003. 2.), 19면 이하.

한명수, "주택임대차보호법상 대항요건으로서 부실한 주민등록의 효력에 관한 판례연구", 판례연구(서울지방법원동부지원 편)(1997), 127면 이하.

한상호, "경매절차의 이해관계인", 재판자료 제35집(1987), 581면 이하.

한정덕, "주택임차권의 대항력요건으로서의 주민등록에 관하여", 대법원판례해설 제10호(1989), 165면 이하.

한호형, "경매의 진행과 대항력 있는 주택임차권의 관계", 인권과 정의 1998. 12., 135면 이하.

허부열, "주민등록이 직권말소된 경우, 주택임대차보호법상 주택임차인의 대항력이 상실되는지 여부", 대법원판례해설 제42호(2003), 40면 이하.

황동룡, "주택임대차보호법", 경영법무 제120호(2004. 4.), 16면 이하.

황병하, "부동산경매에 있어서 임차보증금 배당에 관한 몇 가지 문제", 저스티스 제96호(2007. 2.), 103면 이하.

황진효, "주택임대차보호법상 임차주택의 양도에 따른 임대차승계", 판례연구(부산판례연구회 편) 제15집(2004), 371면 이하.

현승종, "전세권 및 임차권의 강화", 민사법개정의견서(1982), 37면 이하.

홍승범, "임차권의 대항력 강화에 관한 연구", 건국대학교 석사학위 청구 논문, 1990.

홍용표, "집행법상의 배당요구에 대한 고찰", 법조 1998. 4., 197면 이하.

◆ 국외 문헌

鈴木忠一/ 三ケ月 章 編, 注解 民事執行法(3), 第一法規, 1984.

山崎 恒/山田俊雄 編, 民事執行法(新裁判實務大系12), 青林書院, 2001.

沈澤利一/園部厚, 民事執行の實務(上)(補訂版), 新日本法規, 2007.

中野貞一郎, 民事執行法(新訂四版), 青林書院, 2000.

Baumbach/Lauterbach/Albers/Hartmann, ZPO, 65. Aufl., Verlag C.H.Beck, München, 2007.

Bernard Gross/Philippe Bihr, *Contrats Ventes civiles et commerciales, baux d'habitation, baux commerciaux*, Presses Universitaires de France, Paris, 2002.

Gramlich, Bernhard, *Mietrecht*, 8. Aufl., Verlag C.H.Beck, München, 2001.

Kinne/Schach, *Miet-und Mietprozessrecht*, 3. Aufl., Haufe Berlin, Freiburg, Berlin, 2002.

Köhler/Kossmann, *Handbuch der Wohnraummiete*, 4. Aufl., Verlag Franz Vahlen,

München, 1995.

Rosenverg/Gaul/Schilken, *Zwangsvollstreckungsrecht*, 11. Aufl, Verlag C.H.Beck, München, 1997.

Schmidt-Futterer, *Mietrecht Kommentar*, 9. Aufl., Verlag C.H.Beck, München, 2007.

Stein/Jonas, *Kommentar zur ZPO*, 22. Aufl., J.C.B. Mohr, Tübingen, 2004.

Thomas/Putzo, *ZPO*, 28. Aufl., Verlag C.H.Beck, München, 2007.

판례 찾아보기

사항 찾아보기

[ㅎ]

민일영 閔日榮

경복고등학교 졸업(1974)
서울대학교 법과대학 졸업(1978)
서울대학교 대학원 법학과 졸업(석사 1983, 박사 2004)
독일 Bonn 대학 연수(1987~1988)
제20회 사법시험 합격(1978), 해군법무관(1980)
서울민사지방법원 판사(1983), 대구고등법원 판사(1989),
대법원 법원행정처 송무심의관(1990), 청주지방법원 충주지원장(1994),
사법연수원 교수(1997), 서울지방법원 부장판사(2000),
대전고등법원 부장판사(2002), 서울고등법원 부장판사(2003)
현재 법원도서관장

저 서
주택의 경매와 임차인 보호에 관한 실무연구
민법주해(공저)
주석 신민사소송법(공저)
주석 민사집행법(공저)
민사집행소송(편저)
보전소송(편저)

주택 · 상가건물의 경매와 임대차

2009年 2月 15日 初版印刷
2009年 2月 20日 初版發行

著 者 민 일 영
發行人 安 鍾 萬
發行處 (株) 博 英 社
서울特別市 鍾路區 平洞 13-31番地
電話 (733) 6771 FAX (736) 4818
登錄 1959. 3. 11. 제300-1959-1호(倫)

저자와 협의하여 인지를 생략함

www.pakyoungsa.co.kr e-mail: pys@pakyoungsa.co.kr

定 價 40,000원 ISBN 978-89-7189-894-9